中国检察年鉴　1993

中国检察出版社　　北京

《中国检察年鉴》编辑委员会

《中国检察年鉴》编辑部编辑人员

《中国检察年鉴》编辑部
各省、自治区、直辖市人民检察院联系人

李柱才	北京市人民检察院
尹　力	天津市人民检察院
刘天明	河北省人民检察院
段庆臣	山西省人民检察院
武天舒	内蒙古自治区人民检察院
王艳红	辽宁省人民检察院
龚　志	吉林省人民检察院
李金栓	黑龙江省人民检察院
华　英	上海市人民检察院
章　琴	江苏省人民检察院
张柏高	浙江省人民检察院
张　静	安徽省人民检察院
张时贵	福建省人民检察院
张亮平	江西省人民检察院
段　彬	山东省人民检察院
赵钟麟	河南省人民检察院
黄德新	湖北省人民检察院
刘志红	湖南省人民检察院
贡晓光	广东省人民检察院
韦乃煌	广西壮族自治区人民检察院
郭胜兰	海南省人民检察院
夏黎阳	四川省人民检察院
张光国	贵州省人民检察院
杨慎言	云南省人民检察院
罗英超	西藏自治区人民检察院
柴定生	陕西省人民检察院
李春发	甘肃省人民检察院
何育秀	青海省人民检察院
赵立志	宁夏回族自治区人民检察院
张明法	新疆维吾尔自治区人民检察院

▲ 1992年5月4日至9日，第九次全国检察会议在北京召开。

▲ 1992年5月7日，中共中央政治局常委、中央政法委员会书记乔石在北京人民大会堂接见出席第九次全国检察会议和全国检察系统先进集体、先进个人表彰大会的代表。

▲ 1992年11月21日至26日，全国检察长会议在广东省顺德市召开。

▲ 1992年12月26日，最高人民检察院举行仪式，为全国检察系统首批司法警察授衔。

编辑说明

一、《中国检察年鉴》是一部记载中国检察工作情况，及时反映检察工作全貌和各个年度的新发展、新成就的大型资料性年刊。年鉴以法律赋予检察机关的任务为轴心，收集了丰富、翔实的信息、数据和来自检察工作实践的第一手资料。年鉴所采用的资料都是由最高人民检察院各业务部门和省、自治区、直辖市人民检察院组织专业人员撰写和提供的，具有准确性和权威性。

二、《中国检察年鉴》从1988年创刊开始，每年编辑出版一期。《中国检察年鉴》1993年刊反映的是1992年的情况，内容包括12个部分及附录共13个栏目。

三、《中国检察年鉴》1993年刊在栏目设置上作了较大调整，部分栏目实行了条目化。增设了“专文”部分；将原“重要会议简介”、“干部教育工作”、“检察宣传工作”、“外事活动”几部分并入“检察工作概况”部分；将原“检察机关负责人名单”和“最高人民检察院表彰的先进集体和先进个人”两部分合并为“人物名录”部分；“统计资料”部分，除收录了1992年的有关资料外，还增加了1988年至1992年五年的各项检察业务统计资料。

四、《中国检察年鉴》收录的资料，均未包括台湾省。

五、《中国检察年鉴》的编辑工作，得到各省、自治区、直辖市人民检察院和最高人民检察院有关业务部门的大力支持和协助，谨在此表示衷心的感谢。

六、《中国检察年鉴》在编辑工作中的缺点和不足，恳请读者提出宝贵意见。

《中国检察年鉴》编辑部

1993年8月

目　　录

第一部分
专　　文

强化法律监督职能为改革开放和经济建设服务 …………………………… 张思卿（ 1 ）

第二部分
工　作　报　告

第七届全国人民代表大会第五次会议关于最高人民检察院工作报告的决议 ……（ 6 ）
最高人民检察院工作报告 ………………………………………………………（ 6 ）
北京市人民检察院工作报告（摘要） …………………………………………（ 11 ）
天津市人民检察院工作报告（摘要） …………………………………………（ 16 ）
河北省人民检察院工作报告（摘要） …………………………………………（ 22 ）
山西省人民检察院工作报告（摘要） …………………………………………（ 27 ）
内蒙古自治区人民检察院工作报告（摘要） …………………………………（ 31 ）
辽宁省人民检察院工作报告（摘要） …………………………………………（ 37 ）
吉林省人民检察院工作报告（摘要） …………………………………………（ 41 ）
黑龙江省人民检察院工作报告（摘要） ………………………………………（ 47 ）
上海市人民检察院工作报告（摘要） …………………………………………（ 51 ）
江苏省人民检察院工作报告（摘要） …………………………………………（ 55 ）
浙江省人民检察院工作报告（摘要） …………………………………………（ 60 ）
安徽省人民检察院工作报告（摘要） …………………………………………（ 66 ）
福建省人民检察院工作报告（摘要） …………………………………………（ 71 ）
江西省人民检察院工作报告（摘要） …………………………………………（ 75 ）
山东省人民检察院工作报告（摘要） …………………………………………（ 80 ）
河南省人民检察院工作报告（摘要） …………………………………………（ 84 ）
湖北省人民检察院工作报告（摘要） …………………………………………（ 90 ）
湖南省人民检察院工作报告（摘要） …………………………………………（ 94 ）
广东省人民检察院工作报告（摘要） …………………………………………（ 97 ）

广西壮族自治区人民检察院工作报告（摘要）……（102）
海南省人民检察院工作报告（摘要）……（106）
四川省人民检察院工作报告（摘要）……（110）
贵州省人民检察院工作报告（摘要）……（115）
云南省人民检察院工作报告（摘要）……（121）
西藏自治区人民检察院工作报告（摘要）……（126）
陕西省人民检察院工作报告（摘要）……（129）
甘肃省人民检察院工作报告（摘要）……（134）
青海省人民检察院工作报告（摘要）……（138）
宁夏回族自治区人民检察院工作报告（摘要）……（142）
新疆维吾尔自治区人民检察院工作报告（摘要）……（146）

第三部分
检　察　工　作　概　况

1992年全国检察工作……（152）
　概述……（152）
　第九次全国检察会议……（154）
　全国检察长会议……（156）
刑事检察……（159）
　综述……（159）
　全国出庭公诉工作座谈会……（160）
贪污贿赂检察……（161）
　综述……（161）
　建立预防贪污贿赂犯罪机构……（162）
　全国检察机关第三次反贪污贿赂侦查工作会议……（163）
打击假冒商标犯罪……（165）
　综述……（165）
　查处假冒商标违法犯罪现场会……（167）
打击偷税抗税犯罪……（168）
　综述……（168）
法纪检察……（170）
　综述……（170）
　中南六省（区）法纪检察调研会……（171）
　南方十省（区、市）玩忽职守犯罪研讨会……（172）
监所检察……（174）
　综述……（174）
　全国监所检察工作会议……（175）

民事行政检察 …………………………………………………………（176）
综述 ………………………………………………………………………（176）
全国民事审判监督程序抗诉工作座谈会 ……………………………（177）
控告申诉检察 …………………………………………………………（179）
综述 ………………………………………………………………………（179）
铁路运输检察 …………………………………………………………（179）
综述 ………………………………………………………………………（179）
铁路运输检察机关重建十周年 ………………………………………（181）
全国铁路检察长会议 …………………………………………………（183）
全国铁路刑事检察综合治理工作座谈会 ……………………………（184）
检察科学技术 …………………………………………………………（185）
综述 ………………………………………………………………………（185）
法律政策研究 …………………………………………………………（185）
司法解释工作 …………………………………………………………（185）
检察工作涉台法律问题座谈会 ………………………………………（186）
检察队伍建设 …………………………………………………………（187）
综述 ………………………………………………………………………（187）
地方各级检察长换届准备工作 ………………………………………（187）
后备干部队伍建设 ……………………………………………………（188）
检察系统司法警察授衔 ………………………………………………（188）
颁发检察机关工作人员荣誉证书和证章 ……………………………（188）
全国检察机关先进集体先进个人表彰大会 …………………………（189）
乡镇检察室工作座谈会 ………………………………………………（189）
纪检监察 ………………………………………………………………（190）
综述 ………………………………………………………………………（190）
干部教育培训 …………………………………………………………（191）
综述 ………………………………………………………………………（191）
全国检察干部岗位职务培训工作会议 ………………………………（193）
全国《法律（检察）专业证书》教育工作会议 ………………………（194）
对外交流与合作 ………………………………………………………（195）
中国检察代表团访问罗马尼亚 ………………………………………（195）
中国检察代表团访问朝鲜 ……………………………………………（195）
中国检察代表团访问葡萄牙 …………………………………………（195）
中国检察代表团访问俄罗斯 …………………………………………（196）
中国检察代表团访问委内瑞拉、古巴 ………………………………（196）
中国代表团出席第五次国际反贪污会议 ……………………………（196）
中国检察学会代表团赴香港考察 ……………………………………（197）
蒙古检察代表团访华 …………………………………………………（197）

马来西亚反贪污局代表团访华 ……………………………………………………（197）
印度尼西亚检察代表团访华 ……………………………………………………（198）
马来西亚检察代表团访华 ………………………………………………………（198）
菲律宾司法代表团访华 …………………………………………………………（198）
奥地利检察代表团访华 …………………………………………………………（199）
邀请国外检察官来华讲学交流 …………………………………………………（199）
计划财务装备 ……………………………………………………………………（199）
综述 ……………………………………………………………………………（199）
第二次全国检察系统计划财务装备工作会议 …………………………………（201）
宣传　档案　信息管理与办公自动化 ………………………………………（202）
全国检察宣传工作和中国检察报宣传会议 ……………………………………（202）
评选全国检察系统先进档案室和优秀档案员 …………………………………（203）
全国检察系统先进档案室和优秀档案员名单 …………………………………（203）
检察系统档案室达标上等级 ……………………………………………………（204）
开发《检察工作应用法规数据库》 ……………………………………………（204）

第四部分
最高人民检察院负责人重要报告和讲话

充分发挥法律监督职能一心一意为经济建设服务
——在第九次全国检察会议上的报告 ……………………………………… 刘复之（205）
认真学习贯彻党的十四大精神强化法律监督职能为加快改革开放和现代化
建设服务——在全国检察长会议上的报告 ………………………………… 张思卿（214）
在全国检察长会议上的总结讲话 …………………………………………… 肖　扬（225）
在《法律（检察）专业证书》教育工作会议上的讲话 ……………………… 梁国庆（233）
在全国铁路检察长会议结束时的讲话 ……………………………………… 陈明枢（236）
在全国监所检察工作会议上的讲话 ………………………………………… 王文元（241）

第五部分
最高人民检察院重要文件选载

最高人民检察院关于印发人民检察院文明接待室评比条件和评比方法（试行）
的通知（1992年1月3日） ……………………………………………………（247）
附：人民检察院文明接待室评比条件和评比方法（试行） …………………（247）
最高人民检察院关于认真查处玩忽职守和重大责任事故案件的情况通报
（1992年8月7日） ……………………………………………………………（249）
最高人民检察院关于印发《人民检察院枪支管理办法》的通知
（1992年8月8日） ……………………………………………………………（250）

附：人民检察院枪支管理办法 …………………………………………………………（250）
最高人民检察院关于重申检察机关赴外地办案的几项规定
（1992年9月12日） …………………………………………………………………（253）
最高人民检察院印发《关于人民检察院司法警察警衔授予和晋级批准权限的规定》的通知（1992年10月21日） ………………………………………………（254）
附：关于人民检察院司法警察警衔授予和晋级批准权限的规定 ………………（254）
最高人民检察院关于加强贪污贿赂犯罪预防工作的通知
（1992年10月30日） ………………………………………………………………（254）
最高人民检察院关于开展1992年度执法执纪检查的通知
（1992年11月13日） ………………………………………………………………（256）
最高人民检察院关于印发全国检察长会议纪要的通知
（1993年1月3日） …………………………………………………………………（258）
附：全国检察长会议纪要 ………………………………………………………………（258）

第六部分
最高人民检察院司法解释选载

最高人民检察院关于印发《最高人民检察院关于贪污受贿案件免予起诉工作的规定》的通知（1992年1月7日） ………………………………………………（265）
附：最高人民检察院关于贪污受贿案件免予起诉工作的规定 …………………（265）
最高人民检察院关于管教干警强奸女犯案件管辖问题的批复
（1992年3月2日） …………………………………………………………………（267）
最高人民检察院关于检察机关严禁使用收审手段的通知
（1992年3月9日） …………………………………………………………………（268）
最高人民法院、最高人民检察院印发《关于办理偷税、抗税刑事案件具体应用法律的若干问题的解释》的通知（1992年3月16日） ……………………………（268）
附：最高人民法院、最高人民检察院关于办理偷税、抗税刑事案件具体应用法律的若干问题的解释 ……………………………………………………………（268）
最高人民检察院关于加强对假冒商标犯罪案件查处工作的通知
（1992年3月20日） ………………………………………………………………（270）
司法部、最高人民检察院关于认真办理公证人员玩忽职守案件的通知
（1992年3月21日） ………………………………………………………………（271）
最高人民检察院关于在厂（矿）区内机动车造成伤亡事故的犯罪案件如何定性处理问题的批复（1992年3月23日） ……………………………………………（272）
最高人民检察院关于刑法第七十七条有关采取强制措施的规定应如何适用的批复（1992年4月9日） …………………………………………………………（273）
最高人民检察院关于严格执行《中华人民共和国收养法》的通知
（1992年4月17日） ………………………………………………………………（273）

最高人民检察院关于严格执行第七届全国人民代表大会第五次会议通过的三项法律的通知（1992 年 4 月 17 日） ……………………………………………………（273）
最高人民检察院关于印发《最高人民检察院关于民事审判监督程序抗诉工作暂行规定》的通知（1992 年 6 月 4 日） ……………………………………………………（274）
附：最高人民检察院关于民事审判监督程序抗诉工作暂行规定 ………………（275）
最高人民检察院关于对携款潜逃的贪污、贿赂等案犯及时立案、报告的通知（1992 年 6 月 18 日） ……………………………………………………（276）
最高人民检察院关于民事、行政审判监督程序抗诉案件再审时人民检察院派员出席法庭问题的批复（1992 年 6 月 25 日） ……………………………………（276）
最高人民检察院、最高人民法院、公安部、安全部、司法部、外交部关于对驻华使、领馆探视被羁押本国公民的安排机关进行调整的通知（1992 年 8 月 26 日） ……………………………………………………（277）
最高人民检察院关于严格执行《中华人民共和国税收征收管理法》和《关于惩治偷税、抗税犯罪的补充规定》的通知（1992 年 9 月 17 日） …………（277）
最高人民检察院关于认真开展未成年人犯罪案件检察工作的通知（1992 年 9 月 22 日） ……………………………………………………（278）
最高人民检察院关于积极配合全国税收财务物价大检查依法查办偷税、抗税犯罪案件的通知（1992 年 10 月 14 日） ……………………………………………（279）
最高人民法院、最高人民检察院印发《关于执行〈全国人民代表大会常务委员会关于严惩拐卖、绑架妇女、儿童的犯罪分子的决定〉的若干问题的解答》的通知（1992 年 12 月 11 日） ……………………………………………（280）
附：最高人民法院、最高人民检察院关于执行《全国人民代表大会常务委员会关于严惩拐卖、绑架妇女、儿童的犯罪分子的决定》的若干问题的解答 ……………………………………………………（280）
最高人民法院、最高人民检察院印发《关于执行〈全国人民代表大会常务委员会关于严禁卖淫嫖娼的决定〉的若干问题的解答》的通知（1992 年 12 月 11 日） ……………………………………………………（282）
附：最高人民法院、最高人民检察院关于执行《全国人民代表大会常务委员会关于严禁卖淫嫖娼的决定》的若干问题的解答 ……………………（283）
最高人民法院、最高人民检察院印发《关于办理盗窃案件具体应用法律的若干问题的解释》的通知（1992 年 12 月 11 日） ……………………………（284）
附：最高人民法院、最高人民检察院印发《关于办理盗窃案件具体应用法律的若干问题的解释 ……………………………………………………（285）
最高人民检察院关于认真执行《中华人民共和国海关法》和《中华人民共和国矿山安全法》的通知（1992 年 12 月 24 日） ……………………………（289）
最高人民检察院关于印发《人民检察院刑事检察工作细则（试行）》的通知（1991 年 12 月 10 日） ……………………………………………………（290）
附：人民检察院刑事检察工作细则（试行） …………………………………（290）

附：部分省人民检察院关于执行最高人民法院、最高人民检察院司法解释的意见 …………（301）
黑龙江省高级人民法院、黑龙江省人民检察院关于执行最高人民法院、最高人民检察院高法明电（1991）20号和省高级人民法院、省人民检察院黑高法发〔1992〕5号两个《通知》的通知 …………（301）
湖北省高级人民法院、湖北省人民检察院、湖北省公安厅关于转发《最高人民法院、最高人民检察院关于修改盗窃犯罪数额标准的通知》的通知 ……（303）
湖北省高级人民法院、湖北省人民检察院关于转发最高人民法院、最高人民检察院印发《关于办理偷税、抗税刑事案件具体应用法律的若干问题的解释的通知》的通知 …………（303）
湖南省高级人民法院、湖南省人民检察院关于确定盗窃"数额较大"、"数额巨大"和"数额特别大"标准的通知 …………（304）
海南省高级人民法院、海南省人民检察院关于贯彻最高人民法院、最高人民检察院《关于修改盗窃犯罪数额标准的通知意见》的通知 …………（304）
四川省高级人民法院、四川省人民检察院、四川省公安厅、四川省司法厅关于修改我省盗窃犯罪数额标准的通知 …………（305）
四川省高级人民法院、四川省人民检察院转发最高人民法院、最高人民检察院《关于办理偷税、抗税刑事案件具体应用法律的若干问题的解释》的通知 …………（305）
甘肃省高级人民法院、甘肃省人民检察院转发《关于修改盗窃犯罪数额标准的通知》的通知 …………（306）

第七部分
案例选载

易芳、刘小虎贪污案 …………（307）
刘淑兰贪污、受贿案 …………（307）
张辛泰受贿案 …………（308）
王秀英受贿案 …………（309）
罗德明等人假冒茅台酒商标案 …………（310）
邹景恒、寇振卿假冒"中州"牌清热解毒口服液商标案 …………（312）
孙永刚等人玩忽职守案 …………（313）
严永春重大责任事故案 …………（315）
邱群英、李福贤等人非法拘禁案 …………（316）
李自根徇私舞弊案 …………（316）
赵国栋徇私舞弊案 …………（317）
段洪宝、段洪财、段洪喜、段洪友等人特大流氓集团案 …………（318）
王生彪、吕庚明、李守国、李春、张林、马万华、唐显柏、张国才、彭前荣等

45 人抢劫 294 次旅客列车案 …………………………………………………………（320）
袁宏、杨明福、弓臣、赵继明抢劫案 ……………………………………………………（325）
蒋传广不服以不法地主和反革命定罪判刑申诉案 ………………………………………（326）
霍城县贸易购销站诉阿克苏昆仑商贸公司购销货款结算纠纷民事审判监督抗诉案 ……………………………………………………………………………………（327）
周德祥诉朱德柱借贷纠纷民事审判监督抗诉案 …………………………………………（330）
庆阳县食品公司诉杨军购销羊绒拖欠货款纠纷民事审判监督抗诉案 …………………（331）
迂金泉诉龙江县广厚乡二村村委会承包纠纷民事审判监督抗诉案 ……………………（334）
刘忠和诉长春市红星剧场承包合同纠纷民事审判监督抗诉案 …………………………（334）
东台镇水产养殖场不服射阳县公安局渔业管理处罚纠纷行政诉讼监督抗诉案 …（336）

第八部分
检 察 理 论 研 究

1992 年检察理论研究工作 ……………………………………………………………（339）
概况 …………………………………………………………………………………（339）
检察理论研究五年规划 ……………………………………………………………（341）
检察理论科研基金 …………………………………………………………………（342）
1992 年检察理论研究观点综述 ……………………………………………………（342）
一、关于贪污贿赂犯罪问题 ………………………………………………………（342）
二、关于职务犯罪中的共犯定罪问题 ……………………………………………（344）
三、关于复制、盗卖单位技术资料应否定罪问题 ………………………………（345）
四、关于检察监督与人权保障问题 ………………………………………………（345）
检察业务新书选介 …………………………………………………………………（346）
《中国检察百科辞典》 ………………………………………………………………（346）
《检察业务概论》 ……………………………………………………………………（347）
《职务犯罪概论》 ……………………………………………………………………（347）
《检察实用侦查学教程》 ……………………………………………………………（347）
《比较检察制度概论》 ………………………………………………………………（348）
《监所检察教程》 ……………………………………………………………………（348）
《刑事审判监督教程》 ………………………………………………………………（348）
《检察实用预审学教程》 ……………………………………………………………（348）
《刑事犯罪案例丛书》 ………………………………………………………………（349）
1992 年检察业务新书目录 …………………………………………………………（350）
1992 年部分检察理论、检察工作文章目录 ………………………………………（351）
检察学会简介 ………………………………………………………………………（362）
中国检察学会 ………………………………………………………………………（362）
北京市检察学会 ……………………………………………………………………（363）

天津市检察学会 …………………………………………………………（363）
山西省检察学会 …………………………………………………………（363）
辽宁省检察学会 …………………………………………………………（364）
吉林省检察学会 …………………………………………………………（364）
黑龙江省检察学会 ………………………………………………………（364）
上海市检察学会 …………………………………………………………（365）
江苏省检察学会 …………………………………………………………（365）
福建省检察学会 …………………………………………………………（365）
江西省检察学会 …………………………………………………………（366）
河南省检察学会 …………………………………………………………（366）
湖北省检察学会 …………………………………………………………（366）
湖南省检察学会 …………………………………………………………（367）
广东省检察学会 …………………………………………………………（367）
广西检察学会 ……………………………………………………………（367）
海南省检察学会 …………………………………………………………（368）
四川省检察学会 …………………………………………………………（368）
贵州省检察学会 …………………………………………………………（368）
青海省检察学会 …………………………………………………………（369）
宁夏检察学会 ……………………………………………………………（369）
新疆检察学会 ……………………………………………………………（370）
新疆生产建设兵团检察学会 ……………………………………………（370）

第九部分
检察报刊和出版

中国检察报社 ……………………………………………………………（371）
综述 ………………………………………………………………………（371）
《中国检察报》创刊一周年 ……………………………………………（372）
参加中国质量万里行活动 ………………………………………………（373）
《人民检察》被确认为中文核心期刊 …………………………………（373）
全国检察刊物主编座谈会 ………………………………………………（373）
中国检察出版社 …………………………………………………………（374）
编纂《中华法学大辞典》 ………………………………………………（374）
参加1992年法兰克福国际图书博览会…………………………………（374）
中国检察出版社出版主要图书目录（续） ……………………………（375）
检察刊物 …………………………………………………………………（377）
《中国检察年鉴》 ………………………………………………………（377）
《北京检察年鉴》 ………………………………………………………（377）

《江西检察年鉴》 …………………………………………………………………… (378)
《云南检察年鉴》 …………………………………………………………………… (378)
《甘肃检察年鉴》 …………………………………………………………………… (378)
《贵州检察》 ………………………………………………………………………… (379)
全国检察期刊一览表 ………………………………………………………………… (379)

第十部分
人物名录

最高人民检察院检察长、副检察长简历 ……………………………………………… (382)
省、自治区、直辖市人民检察院、军事检察院检察长简历 …………………………… (383)
最高人民检察院检察委员会委员名单 ……………………………………………… (387)
最高人民检察院咨询委员会主任、副主任、委员名单 ……………………………… (387)
最高人民检察院特约检察员名单 …………………………………………………… (388)
最高人民检察院表彰的先进集体和先进个人 ……………………………………… (389)
授予模范检察院称号的先进集体事迹简介 ………………………………………… (389)
湖南省华容县人民检察院 ………………………………………………………… (389)
广东省顺德市人民检察院 ………………………………………………………… (390)
四川省平昌县人民检察院 ………………………………………………………… (391)
授予模范检察干部称号的先进个人事迹简介 ……………………………………… (392)
樊　痴 ……………………………………………………………………………… (392)
丁树达 ……………………………………………………………………………… (393)
王殿文 ……………………………………………………………………………… (393)
骆体茂 ……………………………………………………………………………… (394)
姚文淮 ……………………………………………………………………………… (395)
黄增灵 ……………………………………………………………………………… (395)
孙原琍 ……………………………………………………………………………… (396)
吴绍衡 ……………………………………………………………………………… (397)
魏承钦 ……………………………………………………………………………… (397)
李盛春 ……………………………………………………………………………… (398)
格　巴 ……………………………………………………………………………… (398)
唐文明 ……………………………………………………………………………… (399)
王向明 ……………………………………………………………………………… (399)
梁桂洪 ……………………………………………………………………………… (400)
李仲怀 ……………………………………………………………………………… (400)
于旭东 ……………………………………………………………………………… (401)
通令嘉奖的先进集体名单 …………………………………………………………… (402)
通令嘉奖的先进个人名单 …………………………………………………………… (403)

授予先进集体称号的名单 ……………………………………………………………………（404）
授予先进工作者称号的名单 …………………………………………………………………（405）

第十一部分
大 事 记

1992年检察机关大事记 ………………………………………………………………………（412）

第十二部分
统 计 资 料

全国检察机构统计表 …………………………………………………………………………（416）
全国检察机关人员情况统计表 ………………………………………………………………（416）
1992年全国检察机关办理自行侦查案件统计表（一） ……………………………………（417）
1992年全国检察机关办理自行侦查案件统计表（二） ……………………………………（417）
1992年全国检察机关批准、决定逮捕人犯统计表（一） …………………………………（418）
1992年全国检察机关批准、决定逮捕人犯统计表（二） …………………………………（418）
1992年全国检察机关提起公诉案件统计表（一） …………………………………………（419）
1992年全国检察机关提起公诉案件统计表（二） …………………………………………（419）
1992年全国检察机关免予起诉案件统计表（一） …………………………………………（420）
1992年全国检察机关免予起诉案件统计表（二） …………………………………………（420）
1992年全国检察机关出庭支持公诉情况统计表 ……………………………………………（421）
1992年全国检察机关抗诉情况统计表 ………………………………………………………（421）
1992年全国检察机关纠正违法统计表 ………………………………………………………（422）
1992年全国检察机关处理申诉案件统计表 …………………………………………………（422）
1992年全国检察机关受理人民来信来访统计表 ……………………………………………（423）
1992年全国检察干警培训情况统计表 ………………………………………………………（423）
1988年—1992年全国检察机关办理自行侦查案件统计表（一） …………………………（424）
1988年—1992年全国检察机关办理自行侦查案件统计表（二） …………………………（424）
1988年—1992年全国检察机关批准、决定逮捕人犯统计表（一） ………………………（425）
1988年—1992年全国检察机关批准、决定逮捕人犯统计表（二） ………………………（425）
1988年—1992年全国检察机关提起公诉案件统计表（一） ………………………………（426）
1988年—1992年全国检察机关提起公诉案件统计表（二） ………………………………（426）
1988年—1992年全国检察机关免予起诉案件统计表（一） ………………………………（427）
1988年—1992年全国检察机关免予起诉案件统计表（二） ………………………………（427）
1988年—1992年全国检察机关出庭支持公诉、提出抗诉案件统计表………………………（428）
1988年—1992年全国检察机关纠正违法情况统计表…………………………………………（428）
1988年—1992年全国检察机关处理申诉案件统计表…………………………………………（429）

1988 年—1992 年全国检察机关受理人民来信来访统计表……………………（429）
1988 年—1992 年全国检察干警培训情况统计表…………………………………（429）

附 录

全国检察机关名录 ……………………………………………………………………（430）

英文目录 ……………………………………………………………………………（460）

第一部分　　专　文

强化法律监督职能
为改革开放和经济建设服务

张　思　卿

以经济建设为中心，坚持四项基本原则，坚持改革开放，是党的十一届三中全会确定的党的基本路线。十五年来，我国改革开放和社会主义现代化建设的伟大实践，证明了这是非常正确的。我们必须坚持党的“一个中心，两个基本点”的基本路线一百年不动摇。经济建设是党和国家的中心工作，各项工作都必须服从和服务于这个中心，任何时候都不能偏离和干扰这个中心。检察工作也不例外，必须以经济建设为中心，为改革开放和社会主义现代化建设服务。这是检察工作的政治方向。

一、强化法律监督职能，为经济建设服务，是检察机关的历史重任

经济是基础，检察工作作为上层建筑的重要组成部分，必须为经济建设服务。也只有为经济建设服务，检察工作才有目标和生命力，才能发挥职能作用。这已被十几年来检察工作的实践所证明。检察机关恢复建立后，我们一直把坚定不移地坚持党的基本路线，紧紧围绕经济建设这个中心，进一步强化法律监督职能，积极开展各项检察业务工作，为改革开放和社会主义现代化建设服务，作为检察工作的大政方针。这个大政方针，今后要毫不动摇地坚持下去，任何时候都不能改变。

党的十四大提出了建立社会主义市场经济体制的目标，为我国现代化建设绘制了宏伟蓝图，标志着我国改革开放和现代化建设进入了一个新阶段。社会主义市场经济体制的建立和改革开放的不断深入，要求社会主义法制建设与其同步发展。各种经济活动都需要由法律来规范和调节，各种经济秩序都需要由法律来保护。市场越发达，对健全社会主义法制的要求越迫切。健全的社会主义法制的重要内容之一，就是宪法和法律得到统一正确实施。检察机关是国家的法律监督机关，担负着维护社会主义法制的统一，保障宪法和法律正确实施的重任。检察机关为改革开放和现代化建设服务，必须进一步强化法律监督职能，绝不能削弱法律监督职能。检察机关不是直接从事经济建设的。检察工作为经济建设服务，是通过强化法律监督职能，打击各种犯罪活动，维护法制的统一和尊严，为经济建设创造一个良好的外部环境和条件来实现的。离开强化法律监督职能搞服务，只能造成混乱，妨碍甚至破坏经济建设。

强化法律监督职能，坚决而准确地打击各种犯罪活动，是检察机关为经济建设最重要、最直接的服务。1992年检察工作的经验和效果足以说明这一论断是毫无疑义的。1992年，全国检察机关立案侦查贪污贿赂犯罪案件36533件，其中万元以上大案10511件；涉及县处级以上干部587名，其中厅局级干部17名；追缴赃款赃物折合人民币5.5亿元。批准逮捕杀人、抢劫、爆炸、盗抢枪支、持枪作案、强奸、流氓等严重刑事犯罪分子及其他各种刑事犯罪分子487888名，提起公诉489103名。其中，批准逮捕盗窃案犯206984名，起诉214064名；批准逮捕毒品、淫秽物品和拐卖妇女儿童等犯罪案犯及卖淫、嫖娼方面的犯罪案犯26310名，起诉26221名。立案侦查各类"侵权"、渎职犯罪案件17095件（22405人），为国家和集体挽回经济损失2亿多元。

二、为改革开放和经济建设服务，必须进一步解放思想，坚持实事求是

解放思想，实事求是，是做好检察工作的前提条件。检察工作为经济建设服务，必须适应经济建设发展的需要。目前，我国改革开放和经济建设进入了一个蓬勃发展的新阶段。社会主义市场经济体制的建立，带来了社会生活各方面的深刻变化。过去在计划经济体制下不允许的行为，在社会主义市场经济体制下就可能允许；过去是违法的，现在可能就不是违法；在一些领域，会出现新的破坏社会主义市场经济的新的犯罪形式，等等。这在客观上要求检察机关必须适应这些变化，进一步解放思想，实事求是，通过强化法律监督职能，努力为改革开放和经济建设服务。如果思想不解放，被旧的条条框框所束缚，那么强化检察机关的职能便无从谈起，为经济建设服务也就会成为一句空话。解放思想与实事求是是统一的，要把思想统一到实事求是上来。检察机关解放思想绝不能脱离检察工作的实际，必须根据检察工作的实际，用辩证唯物主义和历史唯物主义的世界观、方法论分析和解决大变革时期遇到的各种新问题。坚持用邓小平同志提出的"三个有利于"，即"有利于解放和发展社会主义社会的生产力，有利于增强社会主义国家的综合国力，有利于提高人民的生活水平"，来衡量一切经济现象和经济行为，判断各方面的是非得失，符合"三个有利于"的，就予以支持和保护，否则，就坚决抵制和反对，构成犯罪的坚决依法惩办。工作中，应坚持既重视保护国有经济的发展，又重视保护集体经济、个体经济、私营经济、"三资"经济的合法权益；既保护按劳分配的合法收入，又保护其他形式的正当收入（如股票分红收入、信息收入、奖励收入等等）；既重视通过运用刑事法律惩办犯罪来保障经济发展，又善于运用民事、行政、经济法律去调整社会活动和经济活动；既重视办案的法律效果，也重视社会效果和经济效果。

三、坚持"两手抓，两手硬"的方针，坚决贯彻警惕右，但主要是防止"左"的精神

"两手抓，两手硬"是邓小平同志的一贯思想，是改革开放和现代化建设的一条极其重要的战略方针。检察机关坚决而准确地打击各种犯罪活动，就是"两手抓，两手硬"方针的具体体现。只有打击犯罪这一手硬起来了，才能真正发挥检察工作在保护改革开放和社会主义现代化建设中的重要作用，才能显示出检察机关不可替代的地位和强大的生命力。我们搞改革开放，不仅要求经济建设要搞上去，社会风气、社会秩序也要搞好，要清除各种腐败现象和扰乱经济建设的违法犯罪行为。因此，我们强调为经济建设服务，注意防止一讲坚决就出现简单粗糙，一讲慎重就畏首畏尾，放松打击的偏向。服务绝不意味着放松对犯罪分子的打击，不讲打击犯罪和打击不力都是失职。一定要增强责任感、使命感，强化法律监督职能，使打击这一手真正硬起来。硬不是“左”，但要注意防“左”，更不允许搞“左”。在历史上我们犯过“左”的或右的错误，有过教训，应当牢记，不能再犯。特别是在改革开放的今天，一定要增强警惕右，但主要是防止“左”的意识，防止片面强调打击犯罪而不讲办案质量和社会效果。绝不能用刑事惩罚的办法处理一般违法违纪问题和改革开放中出现的失误问题，特别是绝不能用专政的办法处理人民内部矛盾，不能伤害人民群众改革开放的积极性和创造性。在工作中，必须处理好以下几个问题：①集中力量查办大案要案，依法妥善处理小案。各级领导亲自抓大案要案的查办工作。②旗帜鲜明地保护在改革开放和发展经济中做出贡献但有失误的人，特别是科技人员。对科技人员从事第二职业等活动获得的合法收入，不以受贿论处。保护科技市场，促进科学技术转化为生产力。③对于“踩线”案件、“边缘”案件的处理从缓，不从快；从宽，不从严。④切实加强立案前的初查工作，把调查工作做充分，搞细致，搞扎实；案情复杂的，放长调查时间。不草率立案，更不轻易拘捕人，严禁“以拘代侦”、“以捕代侦”。办理自侦案件，严禁使用收容审查，原则上不使用监视居住。⑤注意办案方法，防止简单粗糙，防止和纠正不重证据，不重调查研究，轻信口供，搞逼供信，越权办案，超期羁押等不严格依法办案的现象。⑥严格掌握免诉条件，切实纠正免诉不当的问题。⑦审慎办理涉外和涉港、澳、台人员的经济犯罪案件，对需要采取法律强制措施的，严格实行一案一报的制度，逐级层报最高人民检察院审批。⑧坚持实事求是，有罪必办，有错必纠。及时复查申诉案件，发现办错的，依法纠正，但不搞普遍复查，不“刮风”。

四、牢牢抓住检察工作的重点

强化法律监督职能，为经济建设服务，必须牢牢抓住检察工作重点。

第一，继续坚定不移地坚持开展惩治贪污贿赂等经济犯罪的斗争。重点查办发生在领导机关、领导干部以及经济管理部门、执法监督部门工作人员中的贪污贿赂犯罪案件，不论涉及到什么人，都要一查到底，依法惩处。集中力量查办大案要案。贪污贿赂犯罪是一种严重的腐败现象，不仅败坏党和政府的形象，严重损害党和政府的威信，破坏党同人民群众的血肉联系，而且严重破坏社会主义市场经济所固有的公平竞争原则，扰乱社会主义市场经济秩序，干扰改革开放和社会主义现代化建设的顺利进行。党的十四大明确指出，在整个改革开放的过程中，都要反腐败。检察机关必须按照党的十四大要求，毫不动摇地坚持把惩治贪污贿赂等经济犯罪作为检察机关的重点工作。在工作中，要把打击与保护紧密结合起来，坚持为改革开放和经济建设服务的六条经验：①分清贪污贿赂犯罪与正常交往应酬的界限，分清哪些是合法的，哪些是违纪违法的，哪些是犯罪的。对于确有犯罪事实和确凿证据的犯罪分子坚决查办，决不手软，但在定性时不拔高，定罪时不凑数。②对于违反国家规定收受各种名义“回扣”的行为，重点查办中饱私囊构成犯罪的；为获取“回扣”而采购、销售假冒、伪劣商品构成犯罪的。③对于重要岗位上的涉嫌人员，需要采取强制措施时，事先建议党委、政府适时进行人事调整，避免工作和生产经营活动脱节；严格保守侦查机密，防止侦查对象畏罪潜逃，并注意维护企业的声誉。④在侦查工作中，不轻易冻结企业的银行帐户。在不影响侦查工作的前提下，允许受审查对象参加必要的生产、科研和业务活动。⑤凡是罪与非罪界限不清或有争议的，不采取法律强制措施；凡是拿不准的，应向上级检察院请示。⑥大力加强贪污贿赂犯罪的预防工作，针对发案单位暴露出来的工作漏洞提出《检察建议》，推动整改，促进会计、审计、监督、管理等规章制度的完善，通过办案加强综合治理，健全防范机制。

第二，始终不渝地坚持依法从重从快严厉打击严重刑事犯罪，积极参加社会治安综合治理，维护社会安定。改革开放和社会主义现代化建设需要有一个安定的社会环境。检察机关的重要任务之一，就是要通过严厉打击各种严重刑事犯罪，维护社会政治稳定，保障和促进改革开放和现代化建设顺利进行。因此，必须坚持依法从重从快的方针，充分发挥人民民主专政工具的作用，对杀人、抢劫、爆炸、盗抢枪支、持枪作案、强奸、流氓等暴力犯罪和带有黑社会性质的犯罪集团及团伙，坚决地予以严厉打击。同时，积极参加扫黄、除“六害”斗争，坚持开展专项打击和专项治理，严查严禁群众深恶痛绝的各种丑恶现象。对治安问题突出的地方，实行重点治理，尽快改变这些地方的治安状况。

第三，加大对“侵权”、渎职犯罪的打击力度，认真查办“侵权”、渎职犯罪案件。把重点放在查办群众反映强烈的徇私舞弊、刑讯逼供、非法拘禁、玩忽职守、重大责任事故等犯罪案件，特别是大案要案和发生在执法人员中的徇私舞弊、刑讯逼供、非法拘禁案件上。在办案中，对商贸流通领域和涉及重大科技问题的玩忽职守和重大责任事故案件，要慎重办理，坚持深入细致查证和反复论证，把大胆探索和科学实验、新产品试制及工作中的失误与犯罪严格区别开来。

抓住上述三项工作，惩治严重的犯罪活动，就抓住了主要矛盾，掌握了主攻方向，工作就能够取得成效。我们在抓住重点工作的同时，还要带动其它工作，积极开展监所、军事、铁路运输、控告申诉、民事行政检察工作和法律政策研究、司法解释、科技工作，全面履行法律监督职能，力争为改革开放和经济建设提供更优质的服务。特别值得注意的是，社会主义市场经济的发展，使经济活动的领域不断扩展，各种经济关系纵横交错，生产、经营、流通、分配领域内的新情况、新问题大量增加，民事、经济、行政法律行为大量涌现，这些都需要法律加以规范和调整；而且，法律监督的内容和对象也将随着社会主义市场经济的发展而发生变化，因此，对民事、经济和行政诉讼的法律监督的任务就突出地摆到了我们面前。我们应该本着加强执法监督的精神，加快开展民事行政诉讼法律监督工作步伐。

五、严格执法是检察工作为经济建设服务的关键

严格执法是由检察机关的性质和我国改革开放和现代化建设的要求所决定的。正确履行法律监督职责，为改革开放和现代化建设服务，就必须严格执法。严格执法是法制建设的中心环节，如果法律不严格执行，势必动摇法律的权威，立法的目的就不能实现，危害是很大的。尽快改变我们工作中存在的不严格执法的状况，是深化改革开放和建立社会主义市场经济体制的迫切要求。检察机关是国家法律监督机关，职责是保障国家法律统一和正确实施，也就是保障严格执法。一定要全面履行法律监督职责，下大气力狠抓严格执法。把严格执法摆到当前检察工作的中心位置上来，按照严格执法的要求进一步研究改进、加强各级检察工作，把各项检察工作都纳入严格执法的轨道。通过抓严格执法来推动各项检察工作的发展，树立人民检察院作为国家法律监督机关的权威。在打击犯罪中，要坚持“一要坚决，二要慎重，务必搞准”的原则，正确区分罪与非罪的界限，在“准”字上下功夫。要防止和纠正打击不力的问题，坚决排除各种阻力和干扰，依法独立行使检察权，坚决抵制以言代法、以权压法，以罚代刑、地方保护主义、部门保护主义等违反法制的现象。这些现象严重干扰法律的统一正确实施，是对社会主义法制的极大破坏，严重危害和破坏社会主义市场经济体制的建立和发展。要坚持以事实为根据，以法律为准绳，公正准确地查办案件，对任何公民在适用法律上一律平等，不允许有任何特权。要敢于坚持原则，对侦查活动、审判活动和其它执法活动中的违法情况要敢于纠正。

严格执法，必须注意政策在指导执法中的作用，运用政策指导执法活动。随着改革开放的不断深入和社会主义市场经济体制的建立与发展，现行法律中的一些条文已明显与之不相适应，又不可能马上制定出新的、与社会主义市场经济体制的建立和发展相适应的法律，立法出现了某些滞后现象。为了更好地执法，必须运用党和国家的政策来指导执法，使执法工作更加符合客观实际，更加准确。因而，对法律有规定的，要按法律办；对法律没有规定的，一般不按犯罪办；对法律具体条文与国家政策规定不一致的，慎重办；对法律规定不明确的，及时请示。

调查研究对于保证严格执法，更好地为经济建设服务，具有十分重要的意义。在建立和发展社会主义市场经济体制过程中，新情况、新问题层出不穷，工作中遇到的政策法律界限问题不断增多，如回扣问题，证券市场中的问题，房地产市场中的问题，金融市场中的问题，期货贸易市场中的问题以及查处走私中的问题，等等，给严格执法带来了难题。为了解决这些难题，我们必须深入实际，依靠群众，进行深入细致的调查研究，在此基础上形成正确的决策并付诸实施，更加准确有力地打击犯罪活动，这样才能确保检察工作大政方针的正确性和为改革开放和社会主义现代化建设提供有效的、高质量的服务。

六、加强检察队伍建设，提高检察人员的素质和队伍战斗力，是做好检察工作，为经济建设服务的组织保障

检察队伍素质的好坏、执法水平的高低，在某种程度上说，是检察工作能否为改革开放和经济建设服好务的关键。因此，要完成检察机关肩负的光荣而艰巨的任务，必须有一支政治立场坚定、业务本领过硬和斗志旺盛、有坚强战斗力的队伍。要加强思想政治教育，教育广大检察干警坚持党的路线、方针、政策，坚持为改革开放和经济建设服务，发扬奉献和拼搏精神。要学习社会主义市场经济知识，放宽眼界，开阔思路。要加强岗位培训和业务练兵，提高工作能力和业务水平。要坚持民主集中制，把各级领导班子建设成为政治坚定、勇于改革、团结协作、联系群众、廉洁务实、秉公执法、精干高效的领导班子。要坚持“依法建院”、“从严治检”的方针。严禁越权办案，坚决反对利用检察职权追款讨债等违法现象，严肃查处少数检察人员存在的不正之风和违法乱纪行为，对不适合做检察工作的人坚决调离，保证检察队伍的纯洁性。要遵照强化法律监督职能，理顺各种关系，提高工作效率的原则，加大检察机关自身改革的力度，搞好检察体制改革。要强化上级检察院对下级检察院的领导，下级检察院必须执行上级检察院的决定，不能有令不行，有禁不止。要加强检察机关正规化、法制化和现代化建设，保证各项检察工作任务的完成，为改革开放和经济建设提供更好的服务。

第二部分　工作报告

第七届全国人民代表大会第五次会议关于最高人民检察院工作报告的决议

（1992年4月3日第七届全国人民代表大会第五次会议通过）

第七届全国人民代表大会第五次会议批准刘复之检察长作的《最高人民检察院工作报告》。

最高人民检察院工作报告

——1992年3月28日在第七届全国人民代表大会第五次会议上

最高人民检察院检察长　刘复之

各位代表：

现在，我就1991年检察工作的主要情况向大会作报告，请予审议。

1991年，最高人民检察院根据第七届全国人民代表大会第四次会议批准的部署，领导各级人民检察院和军事、铁路运输等专门检察院，贯彻执行党的“一个中心，两个基本点”的基本路线，坚持为社会主义经济建设服务的指导思想，履行法律监督职责，各项工作都取得了新的进展。

一

继续深入开展以惩治贪污贿赂为重点的打击经济犯罪的斗争。据统计，全国检察机关共受理贪污贿赂罪案81110件，立案侦查46219件，受案数和立案数都比上年略有减少。其中，万元以上的贪污贿赂大案11316件，则比上年略有增加。到去年底，已侦查终结45155件，涉及人犯51705名，逮捕案犯17973名，已结案并向人民法院提起公诉24176名，占结案人数的51.3%，比上年上升3%；免予起诉17690名，占37.6%，比上年下降14.4个百分点；不起诉488名，占1%；撤案4751名，占10.1%。追缴赃款赃物折合人民币5亿多元。

在惩治贪污贿赂犯罪中，我们主要采

取了五项措施：

第一，明确提出查办贪污贿赂罪案是检察机关对经济建设最重要、最直接的服务，教育干部自觉地把办案工作同促进经济建设紧密结合起来。这样做的效果很好。一年来，以已经结案的41866名案犯中，从党政机关中查出的5390名，占12.9%，从国营企业事业单位中查出的16879名，占40.3%；从集体企事业单位中查出的7491名，占17.9%；从其他基层组织中查出的12106名，占28.9%。干部群众把贪污、贿赂分子叫作“蛀虫”，积极参加了挖“蛀虫”的斗争。检察机关依法从严惩治这些犯罪分子，配合主管部门整顿经济秩序，提高了企业的经济效益和声誉，使那些由于犯罪分子破坏而导致管理混乱、严重亏损甚至濒临倒闭的企业恢复了生机，推进了廉政建设，维护了党和政府的形象，教育、挽救了一大批滑到犯罪边沿的干部。

我们遵循以事实为根据，以法律为准绳的原则办理案件。为了使打击和服务结合得更好，始终坚持“一要坚决、二要慎重、务必搞准”的工作方针，严格区分罪与非罪的罪限。做到既坚决打击犯罪，又保护广大工作人员和企事业单位的合法权益，特别注意保护有开拓精神、改革开放有成绩的人，尤其是科技人员。为此，我们继续推广了一些好的做法，主要有：一、分清正常的交往应酬与贪污贿赂犯罪的界限，分清哪些是合法的，哪些是违纪违法的，哪些是犯罪的。对于确有犯罪事实和确凿证据的犯罪分子坚决查办，决不手软，但在定性时不拔高，定罪时不凑数。二、对于违反国家规定收受各种名义回扣的行为，重点查办中饱私囊或私分公款构成犯罪的。三、查办居于重要岗位的涉嫌人员，需要采取强制措施时，事先建议党委、政府及时进行人事调整；同时，严格保守侦查机密，避免工作和生产活动脱节。四、在侦查工作中，不轻易冻结企业的流动资金和银行帐户。在不影响侦查工作的前提下，允许受审查对象进行一些业务活动。五、凡是罪与非罪界限不清或有争议的，不采取法律强制措施；凡是拿不准的应向上级检察院请示。六、对于犯有严重官僚主义行为的有关领导人，构成犯罪的，依法追究其玩忽职守的刑事责任，针对暴露出来的工作漏洞，推动整改，完善会计、审计、监督、管理等规章制度，健全防范机制。

第二，集中精力查办大案要案。侦破一件大案或要案，政治、经济和社会效果都很好，能够教育一片，影响一片。在去年侦破的11316件大案中，贪污案8050件，贿赂案3266件。十万元以上的有447件，其中十万元以上不满五十万元的391件，五十万元以上不满一百万元的35件（上年为17件），一百万元以上的21件（上年为9件）。查办了924名县处级以上干部的罪案。其中县处级干部889名，厅局级干部34名，副部级干部1名。查办大案要案难度比较大，需要强有力的专门侦查工作，各级检察院的反贪污贿赂局发挥了重要作用。检察机关已经建立和加强了内部制约制度，由刑事检察部门对贪污贿赂罪案的侦查部门实行监督，承办决定批捕和提起公诉这两个环节的工作；由控告申诉部门受理不服免诉决定的申诉。由于实施了制约，保证了办案的质量。

第三，发扬专门侦查与发动群众相结合的优良传统。很多地方抓住侦破大案要案的有利时机，结合案例，宣传国家法律，通过各种新闻媒介和生动活泼的大小展览会等方式，进行宣传和发动，号召有问题的人走自首坦白从宽的道路。全国已有200多个地、市和县、区检察院运用了这种做法，取得明显效果。这样做，能够形成一定的群众声威，强化法制的威慑作用，使隐藏的犯罪分子暴露出来或投案自首。去年，投案自首的贪污贿赂分子有2389名，教育了一大批有轻微违法犯罪行为的人。

第四，切实加强了举报工作。一年来，全国检察机关共受理举报贪污贿赂案件线索142597件，群众举报发挥了举足轻重的作用。举报有些明显的变化：署名举报多，大约占60%左右；单位举报也增多；举报的内容比较具体，成案率高。全国立案侦查的贪污贿赂罪案，来自举报的占60%以上。去年5月，最高人民检察院发布了《关于保护公民举报权利的规定》。全国已奖励了举报有功人员772名；受理打击报复举报人案件1835件，被追究刑事责任的39人，受到党政纪处分的530人，其余的有关部门正在调查处理。

第五，派出调查组，结合党政领导，深入到问题比较突出的金融、基建、物资、粮食、商贸等行业以及管理混乱、亏损严重的企业，挖出了一批隐藏较深、手段狡猾的犯罪分子。在少数问题成堆的单位，往往查出一案带出一窝一串。

当前，检察机关查办行贿罪案的重点是：(一）名为公家实为个人通过行贿获取巨额不法利益的；(二）与受贿人串通，以行贿方式侵吞公共财产的；(三）以行贿手段套取国家统配、紧俏物资进行倒卖牟取个人不正当利益的；(四）以行贿手段拉拢腐蚀国家工作人员致使国家和集体遭受重大损失的；(五）通过行贿推销伪劣、假冒商品的。

1991年，全国检察机关直接立案查办了偷税、抗税罪案9258件，比上年增长22.4%；假冒商标罪案849件，增长近1.4倍；挪用公款罪案11041件，增长4.6%。为国家挽回经济损失1.66亿元。

我们的工作也存在一些缺点和问题。一是少数地方存在打击不力、处理偏轻的偏向，不敢严肃纠正以行政处分代替法律制裁；应当起诉的案件有的作了免诉处理；对人民法院判免刑、缓刑不当和判刑畸轻的案件，该抗诉的没有抗诉。二是工作发展不平衡，有的检察院办案的自觉性、主动性不够高，克服困难的劲头不足，遇到阻力往往手软。三是人力、科技装备、办案经费还有很大困难，以致对举报线索的初步调查进展迟缓，制约了工作的开展。

当前，贪污贿赂犯罪仍然是严重的，特别是内外勾结，携款潜逃的增多。据不完全统计，去年全国有上千名贪污、贿赂犯罪分子携款潜逃，有的已逃往国外境外。种种情况表明，对贪污贿赂犯罪必须进行坚决的持久的斗争，这个领域的斗争是长期的、复杂的。这是维护国家和人民利益，保障经济建设，促进改革开放的需要，也是教育干部、增强抵御和平演变能力的需要。因此，我们要长期坚持邓小平同志提出的一手抓改革开放，一手抓打击各种犯罪活动的方针，依法坚决惩治贪污贿赂犯罪。

二

各级人民检察院坚决执行全国人大常委会关于禁毒、打击卖淫嫖娼、拐卖妇女儿童和加强社会治安综合治理等决定，积极参加严厉打击严重刑事犯罪的斗争。去年，受理公安、安全机关提请批捕人犯601117名，批准逮捕了521610名；受理公安、安全机关移送起诉的案犯613056名，经审查已提起公诉511667名。

在严厉打击刑事犯罪活动中，我们着重做了四项工作：

第一，重点打击杀人、抢劫、强奸、爆炸、盗窃抢夺枪支、持枪作案等暴力罪案，批准逮捕案犯130951名，已提起公诉124324名，分别占批捕和起诉总数的25%和24.3%。还惩办了一批破坏农业水利电力设施和林业、矿产资源的犯罪分子。去年9至12月，检察机关积极参加了全国性的反盗窃斗争，批捕盗窃犯、销赃犯、窝赃犯92541名，已起诉94951名。

第二，批准逮捕毒品犯罪和走私、制作、贩卖、传播淫秽物品，拐卖、绑架妇女、儿童等案犯30568名，已起诉26231名。

第三，检察机关在审查批捕环节上提前介入重大、特大刑事案件44819件次，在审查起诉环节上提前介入13204件次。提前介入侦查、预审活动，提高了批捕、起诉工作的效率和质量，使检察人员深入实际，联系群众，减少了坐堂办案、主观臆断的失误。

第四，加强侦查监督和审判监督。检察机关对公安机关提请逮捕和移送起诉的案件，经认真审查，对45310名不符合法定逮捕条件的人犯，依法作出了不批准逮捕决定，对3180名人犯作出了不起诉的决定，追捕犯罪分子6814名，追诉3675名。对公安机关侦查活动中的违法情况提出纠正意见11199件次。对人民法院审判活动中的违法情况提出纠正意见2875件次，对确有错误的判决、裁定提起抗诉2239件，到年底，已收到人民法院改判453件。

加强了在检察环节上的社会治安综合治理：通过办案积极提出《检察建议》；对被免诉人员进行帮教、考察工作；对被管制、缓刑、假释、保外就医人员的执行情况进行检查，督促有关单位落实管理教育措施；在农村社会主义思想教育活动中，结合办案进行法制宣传；开展专题调查，分析、研究犯罪的原因、特点、规律，提出预防和减少犯罪的对策；认真处理来信来访，及时对各种闹事的苗头进行疏导，把矛盾解决在萌芽状态；加强对青少年犯罪的预防和教育、挽救工作。

我国的社会治安情况总体上说是好的。但是，问题还很多，诱发犯罪的因素大量存在。当前，杀人、抢劫、强奸、爆炸等重大、恶性案件居高不下，少数城市、地区治安不好，个别交通沿线的某些地段，车匪路霸、流氓盗窃团伙活动比较突出，有的已经演变成黑社会性质的犯罪集团；极少数顽固坚持资产阶级自由化立场的人，仍在进行颠覆人民民主专政国家政权的非法活动；少数地方利用封建迷信坑害群众和利用宗教制造事端等犯罪活动有所蔓延。在农村，因山林、水利、宅基地、婚姻等纠纷引起的杀人、伤害、械斗案件时有发生。因此，必须加强人民民主专政，在保障人民民主的同时，加强社会主义法制，坚持依法从重从快严厉打击严重的刑事犯罪分子。

三

我国人民享有管理国家事务、管理经济和文化事业、管理社会事务的广泛权利。检察机关依照法律通过查办侵犯公民民主权利和渎职犯罪等案件，保障公民享有宪法规定的民主、自由权利不受侵犯，惩办犯有“侵权”罪和渎职罪的分子。1991年，立案查办刑讯逼供案407件，比上年下降13.5%；非法拘禁案4338件，上升23%；诬告陷害案389件，下降16%；报复陷害案49件，下降27%；玩忽职守案3189件，上升5%；重大责任事故案4102件，上升5.2%。这说明国家工作人员法制观念有了加强，“侵权”犯罪有所减少，但由民事、经济、婚姻等纠纷引起的非法拘禁罪案上升幅度较大。由于地方保护主义影响、法制观念淡薄，少数单位和个人在发生纠纷时，不通过法律程序来解决问题，直接采取“扣押人质”的非法手段而导致犯罪。玩忽职守和重大责任事故犯罪是上升的，有些玩忽职守罪案，给国家和人民的生命财产造成重大的损失。

各级人民检察院加强了对法院判决、裁定执行情况和监管改造场所活动的监督。对判决、裁定执行中的违法情况及时提出纠正意见；严肃查办监管改造场所极少数干警体罚虐待、私放罪犯、徇私舞弊等犯罪案件；惩罚劳改犯和被劳教人员的犯罪活动。通过执法监督，维护监管改造的正常秩序，推动监管改造场所依法文明管理，保障被监管改造人员的合法权益。我国劳动改造罪犯的政策是成功的，取得了举世公认的成果。

去年，检察机关复查不服法院刑事判决、裁定的申诉1582件，认为确有错误向人民法院提出纠正意见的113件。复查纠正了不服免诉决定的申诉案件848件。立案审查公民、法人和其他组织不服人民法院已生效判决、裁定的民事、经济纠纷、行政案件申诉530件，对确有错误的判决、裁定依法提出了抗诉，开始显示了法律监督在保障民事、行政法律正确实施中的作用。

检察机关通过查办案件实施法律监督的大量事实，充分表明我们国家是十分重视保护人权的。我国公民的民主、自由权利，受到国家法律的保护，一切侵犯公民合法权利和危害社会安全、国家安全的违法犯罪行为，都要受到法律的制裁。反动势力在人权问题上对我们的攻击和诬蔑，是毫无根据的，别有用心的。

四

各级检察院加强了思想政治工作和干部培训，充实了领导班子，从严治检，干警的政治素质和业务素质都有提高。

组织广大干警学习马克思列宁主义、毛泽东思想的基本原理，学习邓小平同志关于建设有中国特色的社会主义理论，牢固树立人民民主专政的观念。加强了在职干部学习，集中脱产培训也取得了一些进展。中央检察官管理学院已培训县（市）以上检察长251名，全国19个检察官培训中心和5个检察中专学校已培训各级干部9000余名。

去年完成了2761个基层检察院的换届选举工作，一批政治上比较强，文化水平比较高，工作实绩比较突出的干部当选为检察长。

全国人大常委会第25次会议已经通过任命九三学社中央副主席、原辽宁省副省长王文元同志担任最高人民检察院副检察长。最高人民检察院和部分省、市级检察院已聘请特约检察员470余名。检察机关发挥民主党派、无党派爱国人士参政议政的积极作用，加强了各项工作，进一步密切了同各界群众的联系。

最高人民检察院表彰了在抗洪救灾斗争中涌现出的先进集体14个，先进个人19名；表彰了在开展各项业务中涌现出的先进集体166个，先进个人350名。省级检察院也表彰了一大批先进集体和先进人物。

1991年第四季度进行了执法执纪大检查。从检查结果看，广大检察干警发扬艰苦奋斗精神，依法办案，遵守《检察人员纪律》，总的情况是好的。对极少数检察人员违法违纪案件，进行了严肃处理。在全国17万多名检察干警中，受到开除党籍处分的42名，开除公职的17名，被判处刑罚的35名。通过自身的廉政建设，从严治检，整顿纪律和作风，维护了队伍的纯洁。

五

1992年，检察机关的主要任务是：坚定不移地贯彻执行党的“一个中心，两个基本点”的基本路线，贯彻去年中央工作会议、党的八中全会和最近召开的中央政治局全体会议的精神，迎接加快改革和扩大开放的新形势，牢固树立为经济建设服务的思想，严肃履行法律监督职责，继续深入开展打击贪污贿赂犯罪和其他经济犯罪的斗争，坚持严厉打击严重的刑事犯罪和危害国家安全的犯罪活动，加强查办“侵权”、渎职等罪案，积极参加社会治安综合治理，加强检察机关领导班子建设，进行坚持四项基本原则、反对资产阶级自由化和抵御和平演变的教育，继续自觉地维护国家稳定和社会安定。

最高人民检察院根据党中央提出建立健全一套拒腐防变制度的指示，目前正在抓紧起草反贪污贿赂法，将尽快报送全国人大常委会审议。

根据国家人事制度改革的统一部署，最高人民检察院已拟出检察官条例（草稿），力争年内报送全国人大常委会审议。

各位代表：1992年，在以江泽民同志为核心的党中央领导下，最高人民检察院、各级人民检察院和全体干警，将积极开展各项工作，为加快改革、扩大开放服务，为经济建设服务，特别是为搞好国营大中型企业，进一步加强农业和农村工作服务，解放思想，开拓创新，抓办案，抓落实，办实事，讲实效，扎扎实实地把各项工作推向前进！

北京市人民检察院工作报告（摘要）

——1992年4月21日在北京市第九届人民代表大会第五次会议上

北京市人民检察院检察长　何访拔

（1992年4月24日北京市第九届人民代表大会第五次会议通过）

一、1991年检察工作情况

（一）贪污贿赂检察工作

反贪污贿赂犯罪的斗争，是检察机关的第一个工作重点。一年来，在深入上下功夫，狠抓办案，斗争有了新的进展。全市检察机关共受理贪污、贿赂等经济违法犯罪案件1473件。经过审查，立案侦查贪污、贿赂案件985件1096人，其中大案268件、要案65人；立案侦查偷税抗税、假冒商标、挪用公款等案件174件208人。立案侦查的各类经济罪案共逮捕人犯568名。决定向法院提起公诉608件706人，决定免予起诉281件314人。

这一年，反贪污贿赂斗争又深入了一步的主要表现是：挖出一批隐藏较深的犯罪分子，特别是查办大案要案有新的进展，大案数比上年增长4.7%，要案数比上年增长55%；群众进一步动员起来了，举报数量比上年增长4%，立案侦查的案件有528件来自举报，占立案总数的53.6%；各有关单位进一步重视了，使检察机关惩治贪污贿赂犯罪的工作越来越得到了有力的支持。

这一年，反贪污贿赂斗争取得了较好的政治效果和社会效果。各级检察院与人民法院配合，分别相继多次召开群众大会，宣布惩处一批贪污、贿赂犯罪分子。市检察分院与市中级法院配合，先后两次召开大会，惩处原首都钢铁公司所属北京钢铁公司党委书记管志诚（主要罪行是受贿141.8万元，贪污8.2万元，已执行死刑）、原北京市城区第五建筑工程股份有限公司经理李文华（主要罪行是单独和结伙贪污63万余元，个人得赃款43万余元，已判处死刑）等一批严重贪污、贿赂犯罪分子，充分显示了党和国家惩治腐败的决心，在境内外引起了普遍反响，广大人民群众是满意的。市检察院以《法网》为名摄制了管志诚特大受贿案侦查纪实的录像，经市廉政建设领导小组推荐，很多区、县、局、总公司及其下属单位，以及在京的中央党政军机关播放了这个录像，一致反映它是反腐倡廉的好教材。

各级检察机关，坚持把为经济建设服务作为惩治贪污贿赂犯罪工作的根本出发点和最终目标，收到了较好的经济效果。一年来，共办理各企业内部发生的犯罪案件757件，其中涉及大中型企业98家，并且积极稳妥地查办了乡镇企业中的贪污贿赂犯罪案件。在斗争中，坚持贯彻了“一要坚决、二要慎重、务必搞准”的方针，严格区分罪与非罪的界限。同时注意了办案工作要服从并服务于经济建设。特别是克服各种困难、阻力，为国家和集体挽回经济损失2667万元。还积极提出《检察建议》，推动企业完善规章制度，健全防范机制；运用典型案例，开展法制教育。这些做法，深受有关企业职工的称赞，保障和促进了经济建设和改革工作的顺利发展。

在惩治贪污贿赂犯罪工作上，检察机关虽然下了很大功夫，克服许多困难，做了大量工作，但是，工作上还存在许多不足、缺点和问题。主要是工作发展不平衡；侦查工作水平落后于斗争实际的需要，有一些案件调查、取证、定性难度很大，迟迟结不了案，办案周期过长，影响及时有力地打击犯罪；积压的犯罪线索也较多；人力上、技术设施上、经费上都有很大困难，制约了工作的开展。

一年来反贪污贿赂斗争取得了一定成果，但不能估计过高。当前贪污贿赂犯罪活动仍然是严重的。主要表现是：案件数量基本上还处于居高不下的状态，1990年案件数量是历史上最多的一年，而1991年比1990年仅下降1.7%，而且，在1989年“两高”《通告》后顶风继续作案和开始作案的人约占立案侦查人犯总数的60%，其中43%是《通告》后新滋生的犯罪分子。巨额犯罪案件增多，1991年立案查处的五万元以上的特大案件52件，其中五十万元至一百万元的6件，百万元以上的7件，两项合计比上年增长18%，而且出现了从未有过的四百万以上的特别巨大的案件3件。犯罪分子中处级以上干部显著增多，1991年查处处级干部59人，局级以上干部6人，比上年增加55%。具有行业特点的群体性犯罪情况严重，如市绝缘材料厂，从副厂长魏泽民到库工有30人，乘本厂产品走俏而在销售时收受贿赂，其中14人已构成犯罪。犯罪分子的贪婪性及其给国家财产造成的损失越来越大，如中国银行总行营业部二处业务经办员罗玉海挪用公款112万美元，其中60万美元已无法归还（此案已侦查终结移送起诉）。这情况反映了反贪污贿赂斗争的长期性和艰巨性，各级检察机关决心把这个斗争深入持久地坚持下去。

（二）刑事检察工作

严厉打击严重刑事犯罪活动，是检察机关的又一个工作重点。全市检察机关同公安、法院、司法行政部门密切配合，继续开展了“严打”斗争。1991年，共批准公安机关逮捕人犯8854名，比上年增加5.4%，其中重大、特大案犯2589人，占批捕人犯总数的29.2%；向人民法院提起公诉9870人，其中重大、特大案犯2404名，占起诉案犯总数的24.35%；免予起诉700人。在审查批捕、审查起诉工作中，坚持贯彻执行了依法从重从快严厉打击严重刑事犯罪分子的方针，保证了“严打”斗争的顺利进行。

1991年“严打”斗争的一个特点是，在市委的统一领导下，针对社会治安存在的突出问题，有计划地开展了专项斗争。从年初开始，开展了以打击抢劫、打击盗窃机动车辆为重点的专项斗争。9月份，根据中央社会治安综合治理委员会的统一部署，开展了反盗窃斗争第一战役，检察机关同公安局、人民法院在全市联合发布通告，开展了政治攻势。在9至12月期间，批准逮捕盗窃犯1761名，占同期批捕人犯总数的53.9%，其中有重、特大案犯440人，盗窃团伙106人；决定起诉盗窃犯2080人，占同期起诉人犯总数的52%。同时，配合人民法院召开群众大会34次，宣布审判结果，判处犯罪分子159名。各级检察机关对《通告》发布后，有自首、坦白、立功情节的人犯，召开49次政策兑现大会，依法宣布免予起诉151人，促进了犯罪分子的分化瓦解。铁路运输检察院与铁路公安、法院密切配合，重点打击了“车匪路霸”以及严重危害铁路生产运输安全的犯罪团伙和重大盗窃活动。

各级检察机关还认真贯彻了全国人大常委会《关于禁毒的决定》、《关于惩治走私、制作、贩卖、传播淫秽物品的犯罪分子的决定》、《关于严禁卖淫嫖娼的决定》和《关于严惩拐卖、绑架妇女、儿童的犯罪分子的决定》。一年中，就上述《决定》所列的犯罪分子，共批准逮捕66名，决定起诉71名，打击了犯罪分子的嚣张气焰。

在打击刑事犯罪的斗争中，各级检察机关以防错、防漏为重点，认真履行了侦查监督和审判监督的职责。一年中，对公安机关提请批准逮捕和移送审查起诉的案件，经过认真审查，对279名不符合逮捕条件的人作出了不批准逮捕的决定，对339名不构成犯罪的人由公安机关撤了案，追捕人犯44名，追诉犯罪分子129名，对47人作了不起诉的决定。对人民法院确有错误的判决、裁定提出抗诉9件，人民法院已改判5件；出席二审法庭履行审判监督职责的案件有117件，其中改判4人，对公安机关侦查活动和法院审判活动中的违法情况提出纠正意见245件次。所有这些，对“严打”严格在法律规定的范围内进行，起到了保证作用。

在打击刑事犯罪的斗争中，各级检察机关对重大、特大案件提前介入了公安机关的侦查、预审活动，及时对公安机关侦查、预审、取证工作提出意见，既缩短办案周期，又提高办案质量，保证了依法从重从快惩处严重刑事犯罪分子。

各级检察机关结合办案积极参加了社会治安的综合治理工作。帮助发案单位分析原因，完善规章制度，堵塞漏洞；综合分析犯罪原因、特点、规律，提出对策，预防和减少犯罪；设立未成年人案件办案组，全年办理未成年人犯罪案件1990件，针对未成年人特点，加强教育、感化和挽救工作；坚持对被免诉人员的回访考察和教育工作；开展多种形式的法制宣传。检察机关参加社会治安综合治理已初步走上规范化、制度化的道路。

（三）法纪检察工作

法纪检察是检察机关实施法律监督的一个重要方面。1991年，各级检察机关加强了这方面的工作。主要是教育检察人员加深认识，认清法纪检察对于维护法制，惩治腐败，促进廉政建设，具有重要意义，要增强它在整个检察工作中的分量；开展法制宣传，加强同有关部门的联系，大力宣传《人民检察直接受理的侵犯公民民主权利、人身权利和渎职案件立案标准的规定》，发动群众，揭发犯罪；认真总结经验，努力提高侦查工作水平，严格区分罪与非罪界限；结合办案积极为经济建设服务。全年共立案侦查法纪案件140件182人，其中重、特大案件17件，立案数高于上年。在工作中，着重查处了以下四类案件：

司法工作人员渎职犯罪案件，共立案侦查8件。

非法拘禁案件，共立案侦查32件，其中有以强行绑架扣押人质逼索债务和要求赔偿经济损失的“人质型”非法拘禁案件18件。检察机关在查处这类案件时，注意首先采取果断措施，积极解救被非法拘禁的“人质”。在查处非法拘禁犯罪分子的同时，对有经济、民事纠纷的，又尽力促使双方当事人协商解决，以缓解矛盾，安定人心。

玩忽职守案件，共立案侦查36件，其中有造成损失十万元以上的和县处级以上干部的案件18件。

重大责任事故案件，共立案侦查48件。

(四)监所检察、控告申诉检察和民事、行政诉讼检察工作

在监所检察中，做了两个方面的工作：一个方面是对被监管改造人员认罪服法、接受改造的情况进行检察。主要是依法从重从快打击了被监管改造人员重新犯罪活动，共批准逮捕重新犯罪分子12人，起诉重新犯罪案件82件178人；贯彻了市公、检、法和市劳动教养委员会联合发布的“11.5《通告》”，在监所开展坦白检举活动，配合公安、劳改机关在监所召开动员大会47次，政策兑现大会36次，通过贯彻《通告》，查获犯罪分子589名；定期会同监所管教人员分析被监管改造人员的思想状况，有针对性地进行认罪服法教育；会同有关部门加强了对管制、缓刑、假释罪犯的监督考察工作，协助有关部门完善监管制度，建立帮教组织，促进监外执行罪犯改造，减少社会隐患。另一个方面是对监管改造场所安全和执行政策法律的情况进行检察。监所检察人员坚持住所执勤，经常进行安全检查，针对出现的问题提出建议，健全管理制度，落实安全防范措施，对防止各类事故的发生起了积极作用。

全市检察机关，在1991年共受理各类申诉案件900件，处理各类信访6914件。各级检察院在处理申诉案件中，坚持实事求是，严格依法办理，既坚决维护原来的正确的处理决定，又坚决纠正错案，维护了法律的尊严和公民的合法权益。

全市有14个区、县检察院建立了民事行政检察机构，开始受理不服法院判决的民事、行政诉讼案件。这项工作，刚刚起步，需要经过试点，逐步开展。

（五）检察队伍建设工作

在1991年，各级检察机关坚持从严治检的方针，加强了队伍建设。

一是组织全体检察干警学习马克思主义基本理论，深入进行党的基本路线教育，使干警坚定了建设有中国特色社会主义的信念，增强了阶级斗争意识和反和平演变的意识。

二是坚持廉政勤政教育，严明纪律。几年来，各级检察机关每年都进行一次执法执纪大检查，进行遵纪守法教育。去年8月，市检察院专门召开检察系统政治工作会议，研究部署加强思想政治工作，加强纪律和监察工作，研究制定了一些旨在保证廉洁办案，遵纪守法、廉洁奉公的规定和守则。年底，在全市检察系统进行了一

次思想和纪律整顿，共立案调查检察干警违法违纪案件15件。

三是加强业务培训，提高业务素质。市检察院制定了“八五”检察干部培训规划；组织干警参加了夜大、函大学习和自学高考，改善了队伍文化结构；开办了各类短期业务培训班，实行了新调入人员上岗前培训的制度；组织了评选“优秀侦查员”和“侦查能手”、“优秀公诉人”等活动，鼓励检察人员钻研业务。

二、1992年检察工作意见

1992年，国家将加快深化改革、扩大开放的步伐，加速经济建设。全市各级检察机关的主要任务，就是在党的领导下，在人大及其常委会的监督和政府的支持下，坚定不移地坚持党的“一个中心，两个基本点”的基本路线，认真贯彻去年党的中央工作会议、十三届八中全会和最近中央政治局全体会议精神，牢固树立为加快改革开放、为社会主义建设服务的思想，紧紧围绕社会主义经济建设这个中心，以国营大中型企业、农业和农村工作为服务的重点对象，坚决遵循两手抓、两手都要硬的方针，继续深入开展打击贪污贿赂犯罪和其他经济犯罪的斗争，继续坚持严厉打击严重刑事犯罪和危害国家安全的犯罪活动，继续加强法纪检察工作，全面开展各项检察业务，抓好检察队伍建设，为了首都的更加稳定，加快改革开放，加快经济建设而开拓前进。

要进一步深入开展反贪污贿赂斗争。继续坚决贯彻依法从重从严的方针，严厉打击贪污贿赂犯罪活动。要认真总结几年来斗争的经验，提高发现犯罪的能力，提高侦查工作水平，正确执行政策法律，保证办案质量。要深入分析研究贪污贿赂犯罪的新动向、新特点、新规律，不断提高斗争水平，正确处理打击和服务的关系，该打击的绝不手软，该保护的坚决保护。要进一步抓好举报犯罪工作，实行保护和奖励举报有功人员的制度。同时还要着重打击假冒名优产品商标的犯罪活动，依法查处偷税抗税犯罪案件。通过办案发现经济体制、运行机制、管理制度等方面的漏洞和问题，积极向有关部门和单位提出改进和完善的建议，以预防和减少贪污、贿赂犯罪，更好地为改革开放、经济建设服务。

继续坚持严厉打击严重刑事犯罪活动。充分发挥刑事检察职能，继续依法从重从快严厉打击危害国家安全和破坏社会治安的严重刑事犯罪活动，进一步提高“严打”质量，进一步落实社会治安综合治理措施，加强侦查监督和审判监督工作，进一步为首都的改革开放、经济建设创造一个良好的法制环境和社会环境。

继续加强法纪检察工作。目前，全市非法拘禁案特别是“人质型”非法拘禁案和使国家财产受到巨大损失的玩忽职守案呈上升趋势，应引起高度重视。检察机关将采取有效措施，以遏制住这种势头。同时要继续以查处刑讯逼供、徇私舞弊、重大责任事故等案件为重点，开展法纪检察工作，以保证公民的人身权利和民主权利，促进廉政建设，维护社会安定和保护国家利益。

抓好监所检察、控告申诉检察以及民事行政诉讼检察工作。监所检察工作要认真贯彻教育、挽救的方针，促进文明改造，全面开展对监所执法情况的检察和监督，加强对监外执行罪犯的检察，维护社会安定。认真开展控告申诉检察工作，维护公民合法权益。民事行政诉讼检察工作，要抓紧试点，取得经验，逐步开展。

进一步搞好检察队伍建设。针对检察队伍存在的问题，大力开展以坚定建设有中国特色的社会主义信念和以廉政勤政为主要内容的思想政治工作，同时加强业务培训，提高干警的业务水平，更好地履行各项检察职责。

市检察院要在市委和最高人民检察院的领导下，在市人大及其常委会的监督和市人民政府的支持下，加强对各级检察院的领导，团结全体检察人员为完成各项检察任务而努力奋斗。

天津市人民检察院工作报告（摘要）

——1992年3月12日在天津市第十一届人民代表大会第六次会议上

天津市人民检察院检察长　陶毅民

（1992年3月15日天津市第十一届人民代表大会第六次会议通过）

在过去的一年中，我市检察机关坚定不移地贯彻党的“一个中心、两个基本点”的基本路线，认真执行市人大十一届五次会议决议，牢牢把握为社会主义经济建设服务的主线，深入开展反贪污贿赂犯罪斗争，坚持依法从重从快严厉打击严重刑事犯罪活动，加强法纪检察，积极参加社会治安综合治理，各项工作都取得了新的进展。

经济检察工作。共受理各类经济犯罪案件1642件，立案侦查1049件。其中，受理贪污贿赂罪案1417件，立案侦查799件，占全部经济犯罪案件立案总数的76.2%。立案查处贪污贿赂万元以上的大案203件，贪污五十万元的特大案件1件，县处级以上领导干部犯罪的要案16件。通过办案，追缴赃款和赃物折款共计540余万元，协助企业追回款项1300余万元。还积极查办了偷税、抗税、挪用公款罪案230件，追缴税款880余万元。已侦查终结贪污贿赂罪案969件，依法向人民法院提起公诉431件（含大案要案52件），决定免予起诉467件，决定不予起诉10件，撤案61件。

刑事检察工作。共受理公安机关提请逮捕人犯5676名，经审查批准逮捕5026名，占受理总数的88.5%。其中杀人、放火、抢劫、强奸等严重刑事犯罪967名，占批捕总数的19.2%。受理公安机关移送起诉3687件，6257人。经审查向法院提起公诉3356件，5681人。分别占受理总数的91%和90.8%。

法纪检察工作。共受理渎职、重大责任事故和侵犯公民民主权利、人身权利案233件，立案查处153件。其中重、特大案58件，占立案总数的37.9%。在立案查处的案件中，玩忽职守案84件，占54.9%；重大责任事故案29件，占18.9%；因债务和其他纠纷扣留“人质”的非法拘禁案17件，占11.1%。

监所检察工作。受理监管改造场所移送起诉的重新犯罪案24件，35人，经审查向法院提起公诉20件，31人。受理“两劳”人员申诉案件21件，已审结16件，其中维持原判或原处理决定的14件。配合监管改造场所，在劳改犯和劳教人员中开展坦检活动47次，收到揭发检举犯罪线索2万余件，从中侦破各类案件640件。对监管改造工作中执行法律政策情况进行监督，共提出纠正违法建议59件。

举报和控告申诉检察工作。受理群众举报3212件，其中涉嫌贪污贿赂的2089件，占举报总数的65%。根据群众举报，立案查处贪污贿赂罪案616件，占查处贪污贿赂罪案总数的77%。受理各类申诉案1407件，控告、检举案4341件。决定立案复查“两不一免”（不服不捕、不诉和免诉决定）的申诉案172件，经过复查改变原决定16件；立案复查不服法院刑事判决、裁定的申诉案14件，经过审查认为判决、裁定不当，向法院提出纠正意见的4件。

民事行政检察工作。共受理不服人民法院民事、行政案件判决、裁定的申诉案26件。这项工作是在去年4月《民事诉讼法》实施后才正式开始的，还需要逐步完善工作制度，理顺办案程序。

去年，我们在各项工作中，始终强调要全面理解、坚决贯彻党的基本路线，把贴紧经济，服务经济建设，作为整个检察工作的指导思想和主线。正确处理打击与保护、办案与服务的关系，把各项检察工作纳入为经济建设服务的轨道。

一、坚持把查处贪污贿赂犯罪做为对经济建设最直接、最重要的服务

开展反贪污贿赂斗争，严惩严重经济犯罪，是维护社会稳定的重要方面，也是对经济建设最直接、最重要的服务。邓小平同志早就指出，要“一手抓改革开放，一手抓打击经济犯罪”。江泽民总书记在天津视察工作时也强调，反对腐败、打击贪污贿赂是关系党和国家生死存亡的大问题，是一项长期、复杂、艰巨的任务。惩治贪污贿赂犯罪是法律赋予检察机关的重要职责，我们始终把这项工作作为重点，列为第一位的工作，坚持“一要坚决，二要慎重，务必搞准”的方针，对严重贪污贿赂犯罪，坚决打击，毫不手软。我们把查处的重点放在极少数国家工作人员利用职权索贿、受贿和贪污犯罪的大案要案上，对群众举报的大案要案线索，集中力量，抓紧查办，及时反馈。广大干警扎实工作，努力拼搏，排除阻力，克服困难，积极办案。立案查处的大案要案逐月上升。大案要案的比例较立案数最高的1990年有所提高。

各区县检察院针对行业犯罪的特点，依靠党委领导，发动和依靠群众，深入开展反贪污贿赂斗争。蓟县检察院在教育系统连续侦破10起体育教师利用录取特招生索贿受贿案件，和平区检察院在基建行业侦破了12起利用承、发包工程收受贿赂案件。我们及时总结推广了他们的经验，在一些行业和单位开展专项斗争，发动群众举报，敦促有违法犯罪行为的人自首坦白，查处了一批严重贪污贿赂犯罪分子，挽救了一批有轻微罪错的人，教育了干部群众，推动了斗争深入发展。

在反贪污贿赂犯罪斗争中，我们把支持、保护和促进经济发展作为工作的根本出发点和最终目的，把是否有利于促进社会稳定，调动广大干部群众，特别是合法经营者投身改革、发展经济的积极性，解放社会生产力作为衡量办案质量高低、效果好坏的标准，注意处理好打击与保护、办案与服务的关系，坚持做到以下几点：一是为服务经济，多办案、办大案。在1989年贯彻执行“两高”《通告》，1990年全市开展以打击索贿为重点的专项斗争之后，工作转入正常的情况下，我们着重在深入上下功夫，抓住有利时机，在一些系统和单位适时创造反贪污贿赂的“小气候”，发动群众举报，敦促有问题的人自首坦白，挖出了一批“窝案”、“串案”，不仅大案要案的比例有所上升，立案总数也保持了几年来的较高水平，办案的经济效果，法制效果，社会效果有明显提高。二是严格依法办案，正确执行法律政策。在改革开放、发展商品经济情况下，为了正确区分经济交往中正当业务往来同经济犯罪的界限，做到既要坚决打击犯罪，又要保护、促进企业和合法经营者的权益，我们经过调查研究，提出凡是对改革开放、搞好经营、发展生产有利的都支持、保护和鼓励。企业在法律政策规范内，为发展商品经济、竞争市场采取的灵活措施和做法，既使有些不当或失误，检察机关也不去干预，查处的只是那些钻改革、搞活的空子，不择手段攫取钱财的贪污贿赂犯罪分子。三是严格办案程序，注意工作方法。我们认真执行关于办理涉及企业负责人贪污贿赂案件的七项规定，对企业生产、经营、管理部门的业务人员和科技人员涉嫌犯罪，需要采取强制措施时，主动向其上级建议安排接替人员，不使生产、经营活动出现脱节。不轻易冻结企业资金和银行账户，避免影响生产资金的周转。案例宣传，注意保护企业的声誉。四是积极做好预防犯罪工作。结合典型案例，宣传法制，教育群众，增强法制观念和同贪污贿赂犯罪做斗争的自觉性。帮助企业健全完善管理制度和防范机制，堵塞漏洞，有效地预防犯罪。

为使检察工作贴紧经济，更好地为经济建设服务，去年初，我们组织全系统领导干部深入企业、工厂开展谈心服务，对如何深入开展反贪污贿赂斗争，支持搞活国营大中型企业、发展乡镇企业和发展科技、振兴天津经济等问题，广泛地听取了干部、工人的意见，先后制定了关于支持国营大中型企业搞活改革试验的七条规定，关于为发展科技、振兴天津经济服务的八条决定及为加强农业和农村工作服务的若干意见。这些服务措施，受到了企业的欢迎，执行的效果也是好的。我们结合办案，还为企业开辟供销渠道牵线搭桥，提供信息等624件，追回经济损失400余万元。过去，一些经济部门的同志由于对打击经济犯罪和保护经济建设的辩证统一关系认识模糊，对一些法律政策界限也不够理解，思想上有顾虑，工作不敢放开手脚，怕犯错误。通过谈心“交底”，解除了这些困扰着他们的问题。普遍反映，有检察机关的支持，克服困难、做好工作、搞活经济的信心更足了。

二、严厉打击严重刑事犯罪活动，维护社会稳定

一年来，我们始终把维护稳定作为压倒一切的任务，坚持不懈地同敌视、破坏社会主义的敌对势力和敌对分子做斗争，从重从快严厉打击严重刑事犯罪，维护社会稳定。在“严打”斗争中，我们认真贯彻全国人大常委会《关于禁毒的决定》、《关于惩治走私、制作、贩卖、传播淫秽物品的犯罪分子的决定》、《关于严禁卖淫嫖娼的决定》和《关于严惩拐卖、绑架妇女、儿童的犯罪分子的决定》，积极参加全市和区域性的整顿夏季治安，解决市郊结合部治安问题的环城行动，打击、取缔卖淫嫖娼，反盗窃等专项斗争。配合公安机关对倾向性犯罪苗头，坚持露头就打，保持严打态势，不使犯罪活动形成气候。我们牢牢掌握打击重点，依法从重从快打击杀人、抢劫、强奸、重大盗窃、流氓团伙以及惯犯、累犯、流窜犯等严重刑事犯罪。对重大恶性案件，提前介入，参与公安机关的侦查、预审活动，把工作做在前面，快捕快诉，缩短办案流程。

我们认真履行法律监督职责，加强侦查监督和审判监督，对公安机关提请逮捕和移送起诉的案件，经审查，决定不批准逮捕370人，不起诉50人，追捕犯罪分子9人，追诉26人。对人民法院的判决、裁定，认为定性不准，适用法律不当，提起抗诉10件，法院已改判2件，发回原审法院重审1件。

我们认真贯彻人大常委会《关于加强社会治安综合治理的决定》，把综合治理工作列入重要议事日程，加强领导，健全机构，明确职责，完善制度，落实措施。各级检察机关结合办案，共发出检察建议1192件，协助200多个企业改章建制500多项。对依法决定免诉的人员，协助单位和街道建立了帮教组织，进行帮教，定期考察。对青少年犯罪案件在审查起诉部门设专人或专门办案组审查，认真落实"教育、感化、挽救"的方针。对1920名在社会上服刑的缓刑、假释、保外就医、管制、剥夺政治权利人员的改造情况，加强监督检察。并协助有关部门做好劳改释放和劳教解教人员的接茬帮教工作，减少了重新犯罪。我们还认真处理人民群众来信来访，发现闹事苗头，及时做好工作，消除不安定因素。各级检察机关都在工厂、农村、机关、学校建立了一批综合治理联系点，重点帮助落实综合治理措施。还加强同新闻单位的配合，通过广播、电视、报刊及开展法律咨询服务等手段和形式宣传法制。在检察环节上，这些综合治理措施的落实，对维护社会稳定，消除犯罪诱因，提高办案的法制效果和社会效果起到了积极的作用。

三、认真查处"侵权"、渎职案件，维护社会主义民主和法制

为捍卫社会主义民主与法制，保障公民民主权利和人身权利，促进廉政建设，我们在法纪检察工作中，把重点放在查处徇私舞弊、刑讯逼供、非法拘禁、玩忽职守和重大责任事故等五类"侵权"、渎职犯罪案件上，1991年立案153件，是几年来查处案件最多的一年。其中以上五类案件131件，占立案总数的85.6%。

我们在办案中，严格区分执行公务中的过错与职务犯罪的界限；一般经济纠纷与玩忽职守犯罪的界限；重大责任事故与技术事故、自然事故、意外事故的界限，准确认定案件性质。对极少数国家工作人员官僚主义严重，工作极端不负责任，给国家和集体造成巨大经济损失的玩忽职守渎职犯罪和利用职权，刑讯逼供、非法拘禁等侵犯公民民主权利和人身权利的犯罪，都坚决依法查处，追究刑事责任。通过查处玩忽职守案件，共为国家和集体挽回损失200余万元。查处重大责任事故，我们要求尽快清理现场，恢复正常生产，减少企业损失，并帮助发案单位分析原因，制定整改措施，预防和减少法纪案件的发生。

四、坚持"一切为了人民，一切依靠人民"的基本工作思路，实行专门工作与群众路线相结合

我们把"一切为了人民，一切依靠人民"作为各项检察工作的出发点和归宿。为使检察工作适应形势和任务的要求，努力拓宽联系群众的渠道，坚持检察长接待制度，直接接待群众举报和来访。通过新闻发布会，与社会各界人士座谈，深入企业谈心等方式，主动向人民群众征求意见，求计问策，接受监督，使所制定的决策具有科学性和群众基础。我们把群众反映的热点，作为工作的重点，依靠群众做好各项检察工作。去年，我们还在有关部门支持下，从十个民主党派和人民团体聘请了13名特约检察员，直接参与办案和其它检察活动。各级检察院聘请的975名检察助理员也在各项检察业务中发挥了积极作用。我们同人民群众的关系更加密切了，群众支持检察工作，检察机关为群众服务已成为我市检察工作的一大特色。

五、自觉依靠党的领导，主动接受人大监督

党的领导、人大监督是我们履行检察监督职责，维护法律正确、统一实施的根本保证。我们自觉依靠党委领导，主动接受人大及其常委会监督，坚决贯彻实施人大及其常委会的各项决议、决定，及时处理人大代表的提案和建议，认真负责地向人大报告工作，定期邀请人大代表座谈，听取意见。各级人大及其常委会，对检察工作给予了极大的关心和支持，在津的全国人大代表听取了反贪污贿赂工作情况汇报，市人大常委会听取了法纪检察工作汇报，并组织代表到区县检察院视察工作，提出了许多很好的意见和建议，帮助我们不断改进工作，对加强检察监督，保证法律正确、统一实施，起到了重要作用。

六、加强队伍建设，不断提高干警的政治素质和业务素质

我们把建设一支政治上坚强、业务上过硬、有较强战斗力的检察队伍作为一项战略任务。一是从坚持人民民主专政，反对和平演变的高度，对干警加强社会主义基本理论教育，使之学会用马克思主义、毛泽东思想的基本观点分析形势，正确认识世界社会主义事业中出现的曲折和国内经济建设遇到的暂时困难，充分认识肩负的责任，经受住执政、改革开放和反和平演变的考验。二是教育干警加深对党的“一个中心、两个基本点”基本路线的理解，牢固地树立为经济建设服务的思想。我们要求干警解放思想，实事求是，实现观念上的五个转变：即改变小生产者的保守观念，树立改革开放的观念；改变产品经济观念，树立社会主义商品经济观念；改变从本本出发的观念，树立唯实、求新的观念；改变孤立办案、神秘办案的观念，树立党的领导和群众路线的观念；改变就案办案的观念，树立为服务而办案的观念。观念的转变，提高了执法水平，推动了工作开展。三是坚持“从严治检”，不断加强和改善思想政治工作。对干警严格教育，严格管理，严格训练，严格纪律。坚持做好一年一度的执法执纪大检查，发现违法违纪问题，坚决纠正，严肃处理。从总体上看，执法执纪情况是好的，广大干警自觉清廉从检，秉公办案。发现个别案件定性不准、处理不当，我们及时做了纠正，对个别干警违反工作纪律的行为做了严肃处理。四是加强业务培训和岗位练兵。在全系统开展了评选优秀公诉人和办案能手、技术能手活动，鼓励干警钻研业务，争先创优，涌现出一大批立功受奖的先进集体和先进个人。1991 年全市立功受奖的共有 347 人，其中荣立集体和个人二等功的 5 个单位 6 人，三等功的 18 个单位 34 人，受到市委、市政府和最高人民检察院表彰的 12 个单位 50 人。五是加强领导班子建设。我们把领导班子的建设作为队伍建设的关键来抓，从严治“检”，首先是从严治“长”，要求干警做到的各级领导干部先要做到。坚持民主集中制原则，开展批评和自我批评，发扬党的优良传统和作风，努力把各级领导班子建设成为忠于马克思主义，认真贯彻党的路线、方针、政策和执行国家法律的坚强领导核心。

我们的工作虽然取得了一定成绩，但也存在缺点和不足。领导一般布置多，具体检查少，工作发展不平衡，分类指导不够。贿赂案件定性难、取证难的问题，还没有很好解决，有些干警存在畏难情绪。还有工作方法简单，也发现个别违反纪律的行为。这些都需要今后认真加以改进。

今年，我市深化改革，扩大开放，发展国民经济进入了一个新的阶段。做好今年的工作，对巩固三年治理整顿成果，维护稳定，促进经济发展，具有重要意义。当前，我们检察工作的任务仍然是繁重的。从贪污贿赂犯罪情况看，经过几年的连续打击，虽然得到一定程度的遏制，但不能盲目乐观。流通领域及某些管理部门的发案仍然比较突出，查处一案，往往可以带出一批案件。去年，我们立案查处的贪污贿赂罪案，有70%多是1989年以后作案的。犯罪分子的作案手段日趋狡猾、隐蔽，他们钻转变机制过程中的某些空子，肆意侵吞国家和集体财产，连续作案或者在短期内就贪污、受贿几万、十几万甚至几十万元。作案后就销毁、隐匿罪证，订立攻守同盟。从社会治安的情况看，我市虽然一直保持了一个持续稳定的局面，但也还是比较严峻的。杀人、抢劫、盗窃等重大案件上升幅度较大，影响社会安定的因素还较多。这说明同经济犯罪和刑事犯罪做斗争的任务都是很重的，切不可掉以轻心，必须做到思想上不懈怠，工作上不放松。

我们要在市委领导下，在市人大及其常委会监督下，认真贯彻执行市委五届八次全体扩大会议精神和这次会议的各项决议，全面理解、坚决贯彻党的“一个中心、两个基本点”的基本路线，切实把各项检察工作都转移到为社会主义经济建设服务的轨道上来，自觉服从、服务于经济建设这个中心，忠实履行法律赋予我们的职责，努力做好各项检察工作。

要继续把严惩严重经济犯罪做为对经济建设最直接、最重要的服务，深入开展反贪污贿赂犯罪斗争，重点查处大案要案。要坚持“一要坚决，二要慎重，务必搞准”的方针，深入调查研究，确定查处重点，积极办案，多办案，办大案，办好案。严格区分罪与非罪的界限，特别是要分清经济交往中正常往来与贪污贿赂犯罪的界限，既不让犯罪者逃脱惩罚，也不使合法经营者、开拓进取者受到误伤。要严格办案程序和办案纪律，注意保护企业的产、供、销等方面的关系和经营的连续性，在办好案件的同时，帮助发案单位改进、完善管理工作方面的制度和措施，堵塞漏洞，预防和减少犯罪。要进一步加强举报工作，采取多种形式宣传发动群众举报犯罪，拓宽案件来源。对群众举报，及时反馈，表彰、奖励举报有功人员，调动广大人民群众同贪污贿赂犯罪做斗争的积极性。对打击报复举报人的，要及时调查，严肃处理，构成犯罪的，依法追究刑事责任。

要以维护大局的稳定为目标，坚持依法从重从快打击严重刑事犯罪活动。对“七类”严重刑事犯罪，特别是惯犯、累犯和团伙犯罪，以及那些破坏电力、通讯设备，盗窃工农业生产资料、设施和产品，破坏生产秩序，危害经济发展的犯罪活动，配合公安机关和人民法院，坚决打击。在抓好“严打”斗争的同时，落实检察环节上的各项综合治理措施，抓出深度，抓出成效，维护社会稳定，保证改革开放和经济建设的顺利进行。

要维护社会主义民主和法制，继续加强法纪检察工作。对徇私舞弊、刑讯逼供、非法拘禁、玩忽职守和重大责任事故等社会危害严重，造成损失巨大，群众反映强烈的案件，要重点查处。维护社会主义民主和法制，保障公民的民主权利、人身权利和国家、集体利益不受侵犯。

要围绕中心，突出重点，做好各项检察工作。监所检察要把对监管改造场所执行法律情况的检察监督放在首位，落实“改造第一，生产第二”的方针，配合监管改造场所加强防范，打击牢头狱霸和重新犯罪活动。控告申诉检察要严肃负责地处理公民的控告申诉，对集体上访和有闹事苗头的告急案件，及时报告、妥善处理，防止矛盾激化。民事行政检察要重点办理民事、行政抗诉案件，健全办案制度，理顺工作程序。

要加强队伍建设。继续抓好马克思主义理论教育，不断提高干警的政治觉悟和思想水平，坚定共产主义信念，全面理解、自觉贯彻党的基本路线，立足本职，做好工作，尽心竭力为经济建设服务。要加强领导班子建设。坚持“从严治检”，做好一年一度的执法执纪的检查，认真查处违法违纪行为，坚决纠正行业不正之风。抓好干部培训，开展“争先创优”活动，不断提高干警执法水平。

现在，我市政治稳定，经济稳定，社会稳定。在新的一年里，我们要进一步解放思想，大胆实践，务实求是，开拓进取，为巩固人民民主专政，维护社会稳定，保卫深化改革，扩大开放，搞好国营大中型企业，加强农业和农村工作，促进经济发展，做出新的贡献。

河北省人民检察院工作报告（摘要）

——1992年3月6日在河北省第七届人民代表大会第五次会议上

河北省人民检察院检察长　刘宗欣

（1992年3月10日河北省第七届人民代表大会第五次会议通过）

一、1991年全省检察工作的主要情况

1991年，全省检察机关紧紧围绕党的中心工作，深入开展反贪污贿赂斗争，坚持依法从重从快严厉打击严重刑事犯罪，积极参加社会治安综合治理，加强法纪检察工作，扎扎实实地开展其他各项检察业务，取得了很大成绩。

（一）反贪污贿赂斗争持续深入发展。1991年，全省检察机关共受理贪污贿赂案件3498件，立案侦查1977件，已结案1605件，占立案总数的81.2%。通过办案，为国家和集体挽回直接经济损失3834万余元。在深入开展反贪污贿赂斗争中，着重抓了以下工作：

第一，继续深化认识，切实加强领导。在斗争中，全省检察机关重点从三个方面解决认识问题：一是进一步提高对深入开展反贪污贿赂斗争重要性、必要性的认识，增强搞好这场斗争的使命感和紧迫感；二是充分认识坚决地、深入地开展反贪污贿赂斗争，是发挥专政职能的重要体现，是为经济发展最重要、最直接的服务，增强反贪污贿赂的责任感；三是进一步提高反贪污贿赂斗争在检察工作中重要地位的认识，坚持把反贪污贿赂工作摆到首要位置。

第二，坚持为经济建设服务的指导思想。在深入开展反贪污贿赂斗争中，全省各级检察机关十分注意从经济建设这个大局出发，正确处理打击与保护、办案与服务的辩证关系，注意防止和克服就案办案的单纯业务观点，积极为经济建设保驾护航。坚持在斗争中做到：一是依法积极查

处危害经济发展的犯罪案件。对于发生在企业管理、生产和经营过程中的贪污、贿赂等犯罪案件，优先受理，优先查办，并通过办案积极为企业挽回损失，扶持企业发展。二是坚持“一要坚决、二要慎重、务必搞准”的方针，严格区分罪与非罪的界限。注意把经济往来中必要的应酬与贪污贿赂犯罪区别开来；把由于法律、政策没有明确规定，为搞活经济、发展生产所采取的一些灵活做法与违法犯罪区别开来；把科技人员从事正当的技术开发、咨询服务等活动取得的合理报酬与非法收入区别开来。对罪与非罪界限不清或拿不准的案件，加强调查研究，及时向党委和上级院请示，不急于草率定案，不轻易采取法律措施。三是在办理涉及生产、经营、管理部门主要负责人和关键岗位的技术、管理人员案件时，需要采取强制措施的，及时向党委、政府反映情况，建议充实、调整人员，保证企业生产、经营的连续性。注意维护企业的公共关系，保护企业正常的产、供、销渠道。同时，在办案中不轻易冻结企业的流动资金和银行帐户，不轻易发表有损企业声誉的报道，注意保护名优产品的信誉。四是主动深入企业调查研究，了解企业生产经营过程中遇到的法律政策问题，积极为企业提供法律咨询服务。五是针对办案中发现的企业在生产、经营、管理中存在的漏洞，积极开展“检察建议”活动，督促和帮助企业总结教训，建章立制，完善管理，健全防范机制，堵塞漏洞，促进企业发展。

第三，突出抓大案要案。全省各级检察机关都把查处大案要案作为反贪污贿赂的重点来抓，突破了一批有影响的案件。1991 年，全省共立案侦查贪污贿赂大案要案 487 件，占立案总数的 24.6%。查处县处级干部犯罪要案 33 件，五万元以上的特大案件 42 件。

第四，深入宣传发动，加强举报工作。去年 3 月，《全国检察机关惩治贪污贿赂展览》在石家庄巡展，观众达 17 万多人，社会反响强烈。我们抓住这个机会，通过组织参观，发表电视讲话，召开新闻发布会、座谈会，开展法律咨询以及在机关、厂矿、乡村播放展览录像和省检察院录制的《燕赵肃贪录》等，大大激发了人民群众同贪污贿赂犯罪作斗争的积极性。1991 年，全省检察机关受理的贪污贿赂等犯罪案件中，群众举报的占 77.8%；立案侦查的案件中，群众举报的占 68.9%。全省有 114 名犯罪分子向检察机关投案自首，比 1990 年上升 8.6%。

第五，坚持在重点行业和系统发动“小高潮”。在斗争中，各地都注意运用公开处理典型案件等方法，发动群众，深挖犯罪，适时掀起“小高潮”。1991 年，全省检察机关通过发动“小高潮”，共查获贪污贿赂等犯罪案件 763 件，占立案总数的 24.7%。

第六，努力提高免诉案件质量。全省检察机关认真贯彻执行最高人民检察院《关于贪污受贿案件免予起诉工作的暂行规定》和省院《关于办理自侦免诉案件几个问题的通知》，从强化内部制约机制、完善制约程序、严格掌握免诉条件入手，努力提高免诉质量。1991 年，全省检察机关办理贪污贿赂案件的免诉率比 1990 年下降了 10.5 个百分点。

第七，在深入开展反贪污贿赂斗争的同时，积极查办偷税、抗税、假冒商标、挪用公款等犯罪案件，取得了明显成效。1991 年，全省检察机关共立案侦查这类案件 1061 件，比 1990 年上升 2.7%。

总的看，1991 年全省检察机关反贪污贿赂工作发展是正常的，取得的成绩是显著的，但是，对取得的成绩不能估计过高，当前贪污贿赂犯罪仍很严重，我们工作中还存在一些问题和不足。一是工作发展不平衡。有些地方办案数量下降，有的下降幅度比较大。二是有些地方免诉率仍然偏高。其中既有执法不严、打击不力的问题，也有打击重点不够突出的问题。三是办案力量不足，办案经费短缺，技术装备落后，不适应斗争形势的需要。

（二）坚持严厉打击严重刑事犯罪，积极参加社会治安综合治理。全省各级检察机关继续坚持依法从重从快的方针，认真贯彻全国人大常委会《关于禁毒的决定》、《关于严禁卖淫嫖娼的决定》和《关于严惩拐卖、绑架妇女、儿童的犯罪分子的决定》，积极参加反盗窃等专项斗争，同公安、法院、司法等部门密切配合，打击了严重刑事犯罪的嚣张气焰。1991 年，全省检察机关共受理公安机关提请批捕人犯 19359 人，已审结 18387 人，其中，批准逮捕 17606 人，占 95.8%；受理公安机关移送审查起诉、免诉 12024 件 20147 人，已审结 18547 人，其中提起公诉 17000 人，占 91.66%。在“严打”斗争中，我们主要抓了以下工作：

第一，突出打击重点。坚持把严重的刑事犯罪特别是惯犯、累犯以及团伙犯罪作为重点，予以严厉打击。1991 年，全省检察机关共批捕杀人、抢劫、强奸、拐卖妇女儿童、贩毒、重大盗窃等严重刑事犯罪案犯 7460 人，起诉 6487 人，分别占批捕和起诉总数的 42.4%和 38.2%。

第二，积极参加反盗窃专项斗争。全省检察机关按照中央和省社会治安综合治理委员会的统一部署，与公安、法院密切配合，统一行动，积极开展了反盗窃专项斗争。

第三，坚持对重大、特大案件提前介入，从快批捕，从快起诉。1991 年，全省检察机关在审查批捕环节上提前介入 1927 件次，在审查起诉环节上提前介入 643 件次，保证了“严打”斗争的顺利进行。

第四，进一步加强侦查监督和审判监督工作。1991 年，全省检察机关对公安机关提请逮捕和移送起诉的案件，经认真审查，对不构成犯罪或虽构成犯罪但不需要逮捕的 781 人，依法作出了不批准逮捕的决定；对 112 人作出了不起诉的决定。对漏犯和隐蔽较深的犯罪分子，及时追捕 269 人，追诉 142 人。对公安机关侦查活动中的违法情况提出纠正意见 439 件次，对法院审判活动中的违法情况提出纠正意见 58 件次；对法院确有错误的判决、裁定依法提起抗诉 69 件，已改判 13 件。

第五，积极参加社会治安综合治理。全省检察机关认真落实检察环节上的各项综合治理措施，针对发案单位存在的漏洞，及时提出“检察建议”，帮助有关单位建章立制，堵塞漏洞；通过对免诉人员的回访考察工作和对被管制、缓刑、假释、监外执行、剥夺政治权利罪犯的执行检察，帮助有关单位落实帮教措施；结合办案开展对社会治安情况的专题调查，分析、研究犯罪的原因、特点、规律，提出对策，预防和减少犯罪；采取多种形式，开展法制宣传教育等。使全省检察机关参加社会治安综合治理工作初步走上了规范化、制度化的轨道。

（三）法纪检察工作有了进一步加强。全省各级检察机关自觉地把法纪检察工作摆到重要位置，加强队伍建设，充实办案力量，积极主动地办案，狠抓大案要案，有力地推动了法纪检察工作的开展，取得了很大成绩。1991 年，全省检察机关共受理各类“侵权”、渎职等案件 2744 件，比 1990 年上升 5.8%；立案侦查 1110 件，比 1990

年上升13.3%。通过办案，维护了社会主义民主，加强了社会主义法制，促进了廉政勤政建设，有力地回击了国内外敌对势力在人权问题上对我国的攻击和诬蔑，并为国家挽回直接经济损失656万余元。

（四）监所、控告申诉、民事行政检察和检察技术工作，都取得了新的进展。

监所检察工作，以执法监督为重点，积极配合“严打”斗争，与监管改造单位通力合作，加强对劳改、劳教人员的教育改造，严惩牢头狱霸的反改造活动，维护了监管改造场所的秩序。1991年，对监管改造部门的违法情况提出纠正意见1794次，纠正906次。批准逮捕劳教人员犯罪人犯6名，起诉劳教人员和重新犯罪的劳改犯90名。立案查处监管干警犯罪案件4件。

控告申诉检察工作，1991年，共受理公民控告申诉28284件，其中属于检察机关管辖的15081件；受理不服免诉的申诉718件，立案复查245件，纠正45件；受理不服法院判决、裁定的申诉563件，立案复查10件。

民事行政检察工作，到1991年底，全省已有14个分市院、57个县区院设立了民事行政检察机构，有两个分市院、27个县区院配备了专职干部，并开始受理和查办案件。

检察技术工作，1991年，共受理各类技术案件4447件，检验鉴定4256件，文证审查191件。

（五）坚持从严治检，大力加强检察队伍建设。全省检察机关主要抓了以下工作：一是组织广大干警认真学习马列主义、毛泽东思想的基本理论和社会主义基本理论，深入进行党在社会主义初级阶段基本路线的教育。二是结合检察机关的行业特点，认真开展思想作风的教育整顿，增强广大干警全心全意为人民服务的思想。三是深入开展“两争一树”等争先创优活动。1991年全省有2393名检察干警被评为先进工作者，有454个单位被评为先进集体，有380名干警和67个集体受到记功奖励。四是协助党委认真抓后备干部的选拔、培养和考察工作。五是以“八五”规划为目标，狠抓了干部的教育培训工作。全省第一批检察专业大专班已完成全部学业，有346名学员获得了大专毕业证书。六是认真抓党风和廉政建设，严肃查处违法违纪案件。

总的看，全省检察队伍是一支经得起考验的有战斗力的队伍。

二、1992年全省检察工作的主要任务

1992年全省检察工作的指导思想和主要任务是：在省委、最高人民检察院和各级党委的领导下，在人大及其常委会的监督和政府的支持下，认真贯彻中央工作会议、八中全会和省委四届三次全会精神，认真贯彻全国政法工作会议和全国检察长会议精神，坚定不移地坚持党的“一个中心、两个基本点”的基本路线，牢固树立为社会主义建设服务的思想，忠实履行法律监督职责，继续深入开展反贪污贿赂斗争，坚持严厉打击严重刑事犯罪分子和敌对分子的犯罪活动，加强法纪检察工作，积极开展各项检察业务，全面加强社会治安综合治理，加强思想政治工作和队伍建设，反对和抵御敌对势力的和平演变阴谋，维护全省政治稳定，社会稳定和经济发展，巩固人民民主专政。据此，在新的一年里，我们要重点做好以下几项工作：

第一，继续深入开展反贪污贿赂斗争。一是继续提高认识。充分认识深入开展反贪污贿赂斗争的重要性、必要性，树立长期作战的思想，继续把这场斗争深入持久地开展下去。二是进一步牢固树立检察工作为经济建设服务的指导思想，防止和克服就案办案的单纯业务观点。三是按照省委和各级党委抓廉政建设的总体部署，把握好深入开展反贪污贿赂斗争的方向和重点。四是注意发挥大要案的轰动效果和“小高潮”的辐射效应，推动反贪污贿赂斗争的开展。五是继续抓好宣传发动和举报工作。对群众举报的案件线索要及时查处，及时反馈，并认真查处打击报复举报人和借举报诬告陷害他人的犯罪案件，保护群众的举报热情，确保举报工作的健康发展。六是大力加强侦查工作，努力提高侦查破案能力和专业技能。同时，要重视查处挪用公款、偷税抗税、假冒商标等犯罪案件，保护国家税收，维护群众利益，保卫正常的经济秩序。

第二，继续坚持严厉打击刑事犯罪活动，积极参加社会治安综合治理。在“严打”斗争中，要继续认真贯彻依法从重从快的方针，坚决打击反革命犯罪和各种刑事犯罪。对七类重点对象，特别是对团伙犯罪、惯犯、累犯要从重打击；积极参加反盗窃等专项斗争和社会治安综合治理。要教育、引导广大干警坚持阶级分析观点，增强敌情观念和人民民主专政意识。对重大、特大案件坚持提前介入，加快办案速度，不在检察环节上贻误战机。增强监督意识，加强侦查监督和审判监督。加强出庭公诉工作，努力提高公诉水平，不断扩大出庭支持公诉的法制效果和社会效果。加强对社会治安新情况、新问题的调查研究，从社会治安实际出发，针对突出问题，确定或调整打击重点。

第三，继续加强法纪检察工作。重点查办徇私舞弊、刑讯逼供、非法拘禁、玩忽职守、重大责任事故等犯罪案件；及时查办可能引起矛盾激化、诱发闹事和涉及党员领导干部或公安司法人员犯罪的案件，突出抓好对大案要案的查处。要结合农村社会主义思想教育，严肃查处侵犯公民民主权利、人身权利的犯罪案件。

第四，改进工作作风，加强调查研究。我们要求全省各级院的领导同志，进一步改进领导作风和机关作风，深入实际，深入基层，调查了解新情况，研究解决新问题，总结推广新经验。当前，要重点研究惩治贪污贿赂犯罪和“侵权”、渎职犯罪中的政策法律问题；反盗窃、“扫黄”、“除六害”斗争中的政策法律问题；依法行使免诉权，完善程序、加强法律监督问题；自侦案件内部制约的制度化、规范化问题，以及开展检察工作中遇到的其他重大问题。

第五，切实加强思想政治工作，进一步抓好队伍建设。要进一步发挥思想政治工作的优势，抓好以职业纪律、职业责任、职业道德教育为主要内容的、具有检察工作特点的思想教育工作，使全体检察干警牢记“八要八不准”的职业纪律；明确忠实于事实真相、忠实于法律、忠实于社会主义事业，全心全意为人民服务的职业责任；树立秉公执法、清正廉明的职业道德。要继续坚持“从严治检”的方针，从严管好、带好队伍，突出抓好廉政建设。

山西省人民检察院工作报告（摘要）

——1992年3月11日在山西省第七届人民代表大会第五次会议上

山西省人民检察院检察长　扆耀光

（1992年3月14日山西省第七届人民代表大会第五次会议通过）

在过去的一年里，我省检察机关认真贯彻了检察工作为社会主义建设服务的指导思想，把继续深入开展反贪污贿赂斗争，严厉打击严重刑事犯罪活动，依法查处“侵权”渎职案件作为工作重点，带动和促进了各项检察业务的开展。广大检察干警忠于职守，秉公执法，认真履行了法律监督职责，使各项检察工作取得了新的成绩。

一、深入开展反贪污贿赂斗争，自觉地为社会主义建设服务

1991年，我省检察机关认真贯彻全国人大常委会《关于严惩严重破坏经济的罪犯的决定》和《关于惩治贪污罪贿赂罪的补充规定》，继续深入开展反贪污贿赂斗争，取得了比较明显的成效。全省检察机关共受理贪污贿赂等犯罪案件2716件，比上年下降4.9%；立案侦查2056件，比上年上升11.3%，是我省检察机关建院以来立案最多的一年。截止年底，已结案1464件，占立案数的71.2%，通过办案，追缴赃款赃物折合人民币2424万元。

全省检察机关深入开展反贪污贿赂斗争有以下四个特点：

第一，突出查处了贪污贿赂犯罪案件和大案要案。1991年，全省检察机关共立案侦查贪污贿赂罪案1165件1287人，其中贪污案783件，贿赂案382件，两项合计占立案总数的56.7%。查处万元以上大案787件，占立案总数的38.3%。其中一万元以上不满五万元的661件，五万元以上不满十万元的74件，十万元以上的52件。全省还查处了县处级以上干部犯罪的要案51件。

第二，突出查处了金融系统的贪污贿赂罪案。全省检察机关共立案侦查金融系统的贪污贿赂罪案138件，占贪污贿赂案件总数的12%。

第三，结合省委抓廉政建设的三件大事，突出查处了党政机关和执法执纪部门工作人员贪污贿赂犯罪案件。共立案侦查党政机关工作人员贪污贿赂罪案233人，占贪污贿赂案犯总数的18.1%。

第四，查处偷税、抗税案件有新的突破。共立案侦查偷税、抗税案448件，比上年增长93.1%。其中万元以上的偷税、抗税案181件，占偷税、抗税立案总数的40.4%。各级检察机关与税务部门密切配合，把查处偷税、抗税案件和协税、护税结合起来，共为国家挽回税收损失1146万元。

1991年，我省检察机关深入开展反贪污贿赂斗争的主要做法和体会是：

（一）坚决贯彻检察工作为社会主义经济建设服务的指导思想。我们始终把查处贪污贿赂犯罪案件，作为检察机关对经济建设最重要、最直接的服务，注意纠正就案办案和脱离办案搞所谓“服务”的错误倾向。为了做到既坚决打击犯罪，又保护企业及其工作人员的合法权益，省检察院要求全省检察机关在反贪污贿赂斗争中，既要坚持原则，秉公执法，惩治犯罪，又要注意侦查艺术，保护企业声誉。在对企业负责人采取强制措施时，向主管部门建议做好接替工作，防止出现“抓了厂长、垮了工厂”的现象。在侦查中，不随意查封企业的帐册和财产，尽力维护企业的供销渠道和生产、经营活动的正常进行。

（二）努力提高侦查水平。各级检察长亲自抓大案要案的侦查工作，指导干警提高侦查技能。省检察院先后举办了反贪污贿赂侦查骨干研讨班和反贪污贿赂侦查培训班。各地对侦破的一些典型案件都及时进行了总结交流，普遍开展评选优秀侦查员活动，全省有19人被评为省级优秀侦查员。

（三）从实际出发，适时发动“小高潮”。检察机关结合当地实际，深入到群众举报多、管理混乱、亏损严重的单位查处案件，往往查出一案，带出一窝一串，掀起了反贪污贿赂斗争的“小高潮”。检察机关通过查案，还帮助发案单位认真总结经验教训，堵塞漏洞，健全防范机制。既打击了犯罪，又促进了企业的发展。

（四）坚持“一要坚决，二要慎重，务必搞准”的办案原则。对已构成犯罪的贪污贿赂犯罪分子坚决打击，毫不手软。对一些有争议的案件，慎重对待，多方征求意见，及时请示报告。在办案中重证据，重调查研究，忠于事实，忠于法律，从宽从严都要依法进行。各级检察机关建立了严格的内部制约制度，自侦案件的决定批捕和起诉一律由刑事检察部门承办，加强了刑事检察部门对反贪污贿赂侦查部门的制约和监督，提高了办案质量。

二、严厉打击严重刑事犯罪活动，积极参加社会治安综合治理，为社会主义建设创造安定的社会环境

1991年，我省检察机关在省委统一部署下，同公安、法院、司法行政等部门密切配合，对严重刑事犯罪依法从重从快进行了打击。全省检察机关共受理公安机关提请逮捕人犯14165人，已审结批准逮捕12071人。共受理公安机关移送起诉刑事人犯14192人，已审结并起诉人犯11422人。一年来，在刑事检察和综合治理方面，主要抓了以下四项工作：

（一）重点打击了杀人、重大盗窃、抢劫、强奸、爆炸、盗窃枪支、持枪作案等严重刑事犯罪活动。共批准逮捕上述刑事案犯3145人，起诉3376人，分别占批捕、起诉总数的26%和29.5%。对重特大刑事案件检察机关实行提前介入，在批捕环节上提前介入317件，在审查起诉环节上提前介入123件，加快了办案速度，提高了办案质量。

（二）认真贯彻了全国人大常委会《关于禁毒的决定》、《关于惩治走私、制作、贩卖、传播淫秽物品的犯罪分子的决定》、《关于严禁卖淫嫖娼的决定》和《关于严惩拐卖、绑架妇女、儿童的犯罪分子的决定》，依法批捕上述几类犯罪分子249人。起诉207人。我们还积极配合公安、法院等部门，开展了反盗窃专项斗争，共批捕盗窃犯、销赃犯、窝赃犯6109人，起诉5813人。

（三）加强侦查监督与审判监督。全省检察机关经认真审查，对1101名不构成犯罪或已经构成犯罪不需要逮捕的人犯作出了不批准逮捕决定，对94名人犯作出不起诉决定。退还公安机关补充侦查和自行补充侦查各种案件949件1761人，追捕人犯139人，追诉漏犯59人。认为法院的判决、裁定确有错误，提出抗诉案件50件。对公安机关侦查活动和人民法院审判活动中的违法行为，提出书面纠正意见260次，口头纠正意见1780次。对在侦查活动、审判活动中严重违法违纪的人员，向有关部门建议处分16人，构成犯罪立案查处的12人。

（四）积极参加社会治安综合治理工作。我省检察机关积极贯彻执行全国人大常委会《关于加强社会治安综合治理的决定》和全国、全省社会治安综合治理会议精神，落实检察环节的各项综合治理措施。一是认真开展检察建议活动，督促发案单位堵漏建制。全省检察机关先后向发案单位发送《检察建议书》703件，口头建议508次，帮助有关单位建立健全规章制度1200余条。各级检察机关积极推行公开免诉制度，公开宣布免诉666人，建立帮教小组650个，免诉人员中基本没有发生重新犯罪的情况。三是积极协助政府和有关部门开展对刑满释放和解除劳教人员的“接茬帮教”工作，全省已对15000名刑满释放、解除劳教人员落实了帮教协议。四是结合检察业务，开展法制宣传和法律咨询活动。全省检察机关在出庭中共发表公诉词4746篇；结合办案，深入学校、厂矿、街道、乡村讲授法制课700余次，建立法制宣传栏198个，印发各种法制宣传材料25万份。

三、严肃查处“侵权”、渎职案件，加强对国家、集体财产和公民人身权利、民主权利的司法保护

1991年，我省法纪检察工作在上年取得较好成绩的基础上又有了新的发展。全省检察机关共受理“侵权”、渎职等法纪案件1921件，立案侦查937件，比上年上升4.9%，其中有重特大案件94件。我省法纪检察工作主要有以下四个特点：

（一）结合执法队伍整顿，突出查处了执法人员刑讯逼供案件。全省检察机关共立案侦查执法人员刑讯逼供案25件33人。省检察院把我省执法队伍中刑讯逼供、非法拘禁的问题向省委写了专题报告，中央、高检院、省委的领导同志都作了重要批示，有力地推动了此类案件的查处。

（二）突出查处了“人质型”非法拘禁案件。全省检察机关共立案侦查非法拘禁案153件，其中“人质型”非法拘禁案件占33%。

（三）突出查处了重大责任事故案件。全省检察机关共立案侦查各类重大责任事故案367件，占立案总数的39.2%。这些事故造成直接经济损失790多万元。

（四）突出查处了玩忽职守案件。全省检察机关共立案查处玩忽职守案182件，占立案总数的19.4%。这些案件共给国家造成直接经济损失1855万元。

四、围绕工作重点，全面开展各项检察业务，较好地发挥了检察机关职能作用

（一）坚持把对监管改造场所执行法律、政策情况的检察放在监所检察工作的首位。一是狠抓了监所检察规范化建设。全省134个检察院和15个驻劳改劳教场所检察组中，已有143个实现了监所检察规范化，这是我省监所检察工作取得的一个重要成果。二是配合主管部门维护了监管改造场所的安全和稳定。三是加强执法检察，认真纠正违法问题。四是认真办理劳改、劳教人员及其家属向检察机关提出的控告和申诉案件87件，经我们提出意见，有关部门已对34件作出改判或纠正。

（二）控告申诉检察工作发挥了检察机关密切联系群众的“桥梁”和“纽带”作用。全省检察机关共受理人民群众来信来访9955件次，比上年下降18.4%；审查处理控告申诉9842件，比上年下降13.9%。

（三）紧密配合办案开展检察技术工作。全省检察技术部门共受理各类检验鉴定案件1808件，比上年上升30.7%。

（四）民事、行政检察工作逐步开展。全省已有11个分、市人民检察院和部分县级检察院成立了民事行政检察机构。共接待来信来访251次，受理不服民事判决、裁定案121件，不服行政判决、裁定案39件。这些案件大都分别依法作了处理。

五、坚持从严治检，认真搞好检察队伍整顿，促进检察机关廉政建设和思想作风建设

根据省委整顿执法队伍的决定，1991年，全省检察机关认真开展了纪律、作风整顿。主要抓了以下五个方面的工作：

（一）认真学习文件，提高思想认识。在整顿中，全省检察干警结合实际，认真学习党中央对政法工作和廉政工作的重要指示，学习检察人员“八要八不准”纪律。联系实际，揭摆检察队伍中存在的问题，认真听取各方面对我们的批评、意见和建议，使广大干警充分认识到整顿的必要性和紧迫性。

（二）积极开展自查自纠。各级检察院的领导在整顿中坚持原则，敢于碰硬，勇于“亮丑”，不当“和事佬”，不怕伤“情面”，对揭出的问题及时纠正。

（三）整顿了后进领导班子，查处了一批违法违纪案件。全省先后对24个检察院的领导班子进行整顿和调整，增强了领导班子的战斗力。在组织人事部门的协助下，清调出不适合做检察工作的人员40名。

（四）开展整章建制工作。省检察院针对存在的问题，制定了《山西省检察机关赃款赃物管理办法》、《免诉案件审批制度》、《廉政建设的意见》、《关于自觉接受各级人大及其常委会监督的意见》等各项规章制度，印发全省检察机关执行。各级检察机关也结合实际修订完善了各种规章制度，从制度上保证权力的正确行使。

（五）树立榜样，广泛开展“争先创优”活动。经过自下而上的评比，省检察院表彰了1990年以来在工作中做出显著成绩的75个先进集体和152名先进工作者。1992年，全省检察机关要认真贯彻党的十三届八中全会、中央工作会议、省委六届二次全委（扩大）会议和全国检察长会议精神，坚定不移地坚持党的基本路线，牢固树立为社会主义建设服务的思想，忠实履行法律监督职责，为搞好国营大中型企业服务，为进一步加强农业和农村工作服务。

1992年，我们要继续深入开展反贪污贿赂斗争。把查办贪污贿赂犯罪，作为对经济建设最重要、最直接的服务。要重点查处发生在国营大中型企业中的贪污贿赂案件，假冒商标案件，重大责任事故和玩忽职守案件，诬告陷害企业负责人和生产管理人员的犯罪案件，查处企业职工因检举揭发企业管理人员严重违法犯罪而遭到打击报复的犯罪案件。还要依法打击哄抢、破坏、盗窃、诈骗国营大中型企业的生产设备、资金和产品的犯罪活动。在为农业和农村工作服务中，我们要积极稳妥地查处乡镇党政机关干部和乡镇企业中的贪污贿赂犯罪案件。还要紧密结合省委提出的今年在廉政建设上着重抓好三件大事开展检察工作，促进廉政建设。

我们要继续坚持依法从重从快的方针，严厉打击严重刑事犯罪和反革命犯罪。坚决打击流氓团伙和严重暴力犯罪活动以及黑社会性质的犯罪团伙。继续深入开展反盗窃斗争。与公安机关密切配合，及时处理因山林、水利、宗族纠纷引起的群众性械斗事件。打击利用封建迷信坑害群众、图财害命和利用宗教制造事端等破坏治安秩序的犯罪分子。对土改、镇反进行反攻倒算、进行阶级报复的犯罪分子，要依法严肃处理。

我们要进一步加强法纪检察工作。重点查办刑讯逼供、非法拘禁、玩忽职守、重大责任事故、徇私舞弊等“侵权”、渎职犯罪案件。

我们要继续坚持从严治检的方针，提高检察队伍的整体素质，充分调动广大检察干警的积极性，把我省检察工作提高到一个新的水平。

内蒙古自治区人民检察院工作报告（摘要）

——1992年4月24日在内蒙古自治区第七届人民代表大会第五次会议上

内蒙古自治区人民检察院检察长　张鹤松

（1992年4月29日内蒙古自治区第七届人民代表大会第五次会议通过）

1991年，我区各级检察机关认真贯彻执行党的“一个中心、两个基本点”的基本路线，始终坚持为经济建设服务的指导思想，深入开展惩治贪污贿赂犯罪斗争，严厉打击严重刑事犯罪活动，积极参加社会治安综合治理，切实加强法纪检察，全面履行检察职能，进一步强化队伍建设，为维护和促进全区的社会稳定、民族团结和经济发展发挥了积极的作用。

一、深入开展惩治贪污贿赂犯罪斗争情况

1991年，全区检察机关继续把惩治贪污贿赂犯罪作为检察工作的重点，作为打击经济犯罪的第一位工作，加强领导，强化措施，狠抓案件查处，取得了新的成绩。全年共受理贪污贿赂案件1333件，立案侦查656件754人，其中贪污案件499件581人，贿赂案件157件173人。现已结案680件779人（含上年积存案件），其中向人民法院提起公诉316人，占40.6%；决定免予起诉281人，占36.1%；撤案139人，占17.8%。追缴赃款赃物折合人民币581.38万元。去年查处案件的数量虽然比上年有所下降，但查处的大案多、重点行业和系统的案件多，综合治理措施进一步落实，社会效果更加明显。因此，整个斗争形势呈持续深入发展的良好势头。

在惩治贪污贿赂犯罪斗争中，我们主要采取了以下五项措施：

（一）加强教育，不断强化为经济建设服务的指导思想。我们明确提出查办贪污贿赂罪案是检察机关对经济建设最直接、最重要的服务，教育干警把打击与保护、办案与服务统一起来，在斗争中始终坚持四点：一是坚决贯彻执行最高人民检察院提出的关于搞好服务的六条措施，做到五个慎重：一要慎重对待经济活动中的交往应酬，严格区分合法、违法、犯罪的界限。对确已构成犯罪的，坚决查办，决不手软，并在结案处理时，实事求是，不凑数、不拔高。对违法违纪没有构成犯罪的，及时转交党纪政纪部门处理；二要慎重对待经济交往中违反国家规定以各种名义收受回扣的行为，重点查办那些中饱私囊或私分公款构成犯罪的案件；三要慎重对待涉及生产、经营、管理等部门主要成员的犯罪案件，在采取强制措施前要建议党委、政府进行人事调整，避免生产、经营、流通活动脱节。在必需由被告人出面疏通供销渠道又不影响侦查工作的前提下，允许他们继续进行业务活动；四要慎重对待那些罪与非罪界限不清或有争议的案件，凡是拿不准的，都要及时请示上级检察院，不轻易采取强制措施，不急于处理；五要慎重采取冻结企业流动资金和银行帐户等措施，避免影响生产。二是切实落实综合治理的各项措施，坚决避免单纯办案、就案办案的倾向，充分发挥检察建议的作用，帮助发案单位完善制度，堵塞漏洞，健全防范机制。三是积极查处那些在发生大案和要案中犯有严重官僚主义、并且构成犯罪的渎职行为，依法追究有关领导玩忽职守的刑事责任。对不构成犯罪的，也要转党纪政纪部门处理。四是不断改进服务方法，总结服务经验，提高服务质量，摸索提供服务的新路子，更好地发挥检察机关为经济建设服务的职能作用。

（二）突出重点，狠抓大要案件查处工作。1991年，全区检察机关共立案侦查贪污贿赂万元以上大案155件，占立案总数的23.6%，其中贪污案123件，贿赂案32件。大案中五万元以上不满十万元的7件，十万元以上不满五十万元的5件。查处县处级干部15人。查处大要案件，影响大，震动大，教育作用也大，政治、经济和社会效果都很明显。

（三）发动群众，充分发挥举报的案源主渠道作用。1991年，全区检察机关共受理举报线索3525件，其中贪污1722件，贿赂534件，挪用公款173件，偷税抗税60件，其他违法犯罪线索1036件。举报线索数量虽然比上年有所下降，但质量明显提高，呈现出署名举报多、单位举报多、可查性强、成案率高等特点。去年查处的贪污贿赂等经济罪案，有55.5%是根据举报线索侦破的。我们认真执行最高人民检察院《关于保护公民举报权利的规定》，严肃查处打击报复举报人案件，积极奖励举报有功人员，有力地保护和调动了人民群众同贪污贿赂犯罪进行斗争的积极性。

（四）主动出击，深入重点行业、系统和部门查处窝案串案。1991年，我们深入到一些关系到国计民生而又发案多、群众反映强烈的系统、行业和部门深挖“蛀虫”，侦破了一批隐蔽深、作案人数多、犯罪金额大，给国家造成严重损失的贪污贿赂案件。仅就金融系统统计，已查处贪污贿赂罪案41件43人，其中大案28件29人。不少基层院还深入管理混乱、亏损严重、“富了方丈穷了庙”的企业，发动群众，揭发检举，敦促违法犯罪分子坦白交待，投案自首，掀起斗争“小高潮”。

（五）加强调查研究，保证办案质量。全区检察机关始终坚持“一要坚决、二要慎重、务必搞准”的原则，认真贯彻党的政策，严格执行国家法律，加强对经济犯罪规律、特点和对策的调查研究。例如行贿问题，我们根据法律规定，在调查研究的基础上，确定了查办行贿罪案的重点是：名为公家实为个人通过行贿获取巨额不法利益的；通过行贿推销伪劣、假冒商品的；与受贿人串通以行贿方式侵吞公共财产的；以行贿手段套取国家统配、紧俏物资进行倒卖谋取个人不正当利益的；以行贿手段拉拢腐蚀国家工作人员、使国家和集体遭受重大损失的。由于严格掌握了法律、政策和查处重点，查办案件的质量明显提高。

在开展惩治贪污贿赂犯罪斗争的同时，全区检察机关还积极查处了其他经济犯罪案件。去年共立案查处挪用公款案277件309人，比上年增长18.4%和21.7%。其中，五万元以上不满十万元的23件，十万元以上不满五十万元的12件，一百万元以上的1件。查处偷税抗税罪案75件。共追缴赃款赃物折合人民币632.68万元。

当前，贪污贿赂犯罪仍然比较严重，作案手段越来越狡猾，犯罪金额越来越大，犯罪分子趋于低龄化，不少罪犯不计后果，大肆挥霍，携款潜逃，造成更为严重的经济损失。事实表明，惩治贪污贿赂犯罪斗争是长期的、复杂的。因此，我们要继续坚持"一手抓改革开放，一手抓打击各种犯罪活动"的方针，深挖蛀虫，严惩犯罪，把惩治贪污贿赂、惩治腐败斗争进一步引向深入。

二、严厉打击严重刑事犯罪情况

1991年，全区检察机关继续贯彻依法从重从快的方针，坚决执行全国人大常委会关于禁毒、打击卖淫嫖娼、拐卖妇女儿童和加强社会治安综合治理等决定，坚持严厉打击反革命犯罪活动和各种州事犯罪活动。共受理公安机关提请批捕人犯10452人，比上年下降12.1%；经审查批准逮捕9186人，其中重特大案犯3362人。受理公安机关移送起诉10969人，比上年下降10.4%；经审查提起公诉8977人，其中重特大案犯2744人。

在严厉打击严重刑事犯罪的斗争中，我们主要抓了五项工作：

(一)严厉打击了反革命犯罪和严重刑事犯罪。全区各级检察机关始终把严打锋芒指向反革命犯罪和严重刑事犯罪，共批捕反革命案犯6人，起诉10人；批捕杀人、抢劫、强奸、爆炸等七类犯罪案犯4668人，起诉4177人。

(二)积极参加了反盗窃等专项斗争。按照自治区党委、政府的部署，全区检察机关积极参加了反盗窃、禁毒、"打拐"等专项斗争和集中统一行动，批捕盗窃犯4546人，起诉4469人；批捕制造贩卖毒品、走私制作贩卖淫秽物品、引诱容留强迫妇女卖淫和拐卖妇女儿童等犯罪分子470人，起诉399人。

(三)继续坚持了提前介入。对公安机关侦查的重特大案件，共提前介入侦查509件，提前介入预审269次。在"基本事实清楚，基本证据充分"的前提下，做到了依法快捕快诉。有的基层检察院还开展了跟踪监督，保证了提前介入和办理案件的质量。

(四)进一步强化了侦查监督和审判监督。全区检察机关认真审查公安机关提请批准逮捕和移送起诉或免予起诉的案件，对883名不构成犯罪或已经构成犯罪但不需要逮捕的人犯，依法作出不批准逮捕决定；对115名不构成犯罪的被告人作出不起诉决定；追捕、追诉了一批犯罪分子。对公安机关侦查活动中的违法情况提出纠正意见1273件(次)；对人民法院审判活动中的违法情况提出纠正意见580件(次)；对人民法院确有错误的判决裁定提出抗诉62件，法院已审结15件，其中改判11件。

(五)切实加强了检察环节上的社会治安综合治理。全区检察机关认真贯彻加强社会治安综合治理的决定精神，进一步落实检察环节上的各项综合治理措施。加强对免诉人员的回访考察；强化对管制、缓刑、假释、保外就医、监外执行人员的执行检察；协助有关部门做好刑满释放和解除劳教人员的安置、帮教工作；坚持对青少年犯罪的预防、教育、挽救工作；开展社会治安情况调查研究，积极提出检察建议，帮助发案单位消除隐患，堵漏建制，完善防范体系。

当前，我区的政治、经济和社会治安是稳定的，群众的安全感有所增强。但是潜在的不安定因素依然存在；杀人、抢劫、强奸等重特大刑事案件时有发生；走私、贩毒、拐卖妇女儿童等犯罪屡刹不止；某些城镇和交通沿线治安情况不好；一些地方特别是农村牧区封建迷信活动猖獗，地下宗教势力有所抬头；因宅基地、婚姻等民事纠纷激化引起的杀人、械斗等恶性案件增多。特别是我区地处边疆，在当前动荡的国际形势下，面临的敌对势力的破坏捣乱更为直接和严重。因此，我们要继续增强敌情观念和专政意识，始终不渝地把严厉打击反革命犯罪和严重刑事犯罪作为工作重点，坚决做到思想上不懈怠，工作中不放松。

三、法纪、监所、控申等项检察工作情况

1991 年，全区检察机关共受理“侵权”、渎职案件 678 件，立案侦查 256 件 343 人，挽回经济损失 174.15 万元。在查办案件中，我们把严重侵犯公民权利和严重渎职的五类案件作为重点，共查办刑讯逼供案 10 件 19 人，非法拘禁案 43 件 72 人，徇私舞弊案 3 件 3 人，玩忽职守案 54 件 63 人，重大责任事故案 99 件 118 人。同时，各级检察院还注意发现问题，查找漏洞，提出建议，加强防范，扩大办案的社会效果。

全区检察机关进一步加强了对法院判决、裁定执行和监管改造场所执法情况的检察。对发生在监管改造场所的各种违法情况提出口头纠正意见 645 件，提出书面纠正意见 130 件。严肃查处了少数干警的职务犯罪案件，严厉打击了“牢头狱霸”的犯罪活动，起诉劳改犯和劳教人员又犯罪案犯 113 名，维护了监管改造秩序，保障了国家法律在监管改造场所的正确实施。

1991 年，全区检察机关受理公民控告申诉案 7092 件，处理 6618 件，其中属于检察机关管辖的 2735 件；办理不服免诉的申诉案件 56 件，纠正 10 件；同时对不属检察机关管辖的及时移送有关部门处理。

根据中华人民共和国《行政诉讼法》和《民事诉讼法》的规定，检察机关对行政和民事审判活动的法律监督工作已经起步，全区盟市检察院和 33 个旗县检察院已建立了民事行政检察机构。去年共受理民事行政案件 57 件，其中民事 45 件，行政 12 件，已办结 36 件。

我们在办案中认真执行刑诉法的有关规定，坚决保护公民使用本民族语言文字诉讼的权利。大力加强蒙文蒙语翻译工作。自治区检察院翻译了近 50 万字的文件材料，保证了基层工作的实际需要。同时与中央翻译局、中央民族出版社共同翻译了《中华人民共和国新法规汇编》一书，圆满完成了所承担的任务。

四、队伍建设情况

全区检察机关大力加强思想政治工作，坚持从严治检，使检察队伍的思想、组织和作风建设都有较大进展，干警的政治素质和业务素质进一步提高。

（一）深入开展思想政治教育。全区各级检察机关坚持组织广大干警认真学习马克思主义基本理论，学习江泽民同志的“七一”讲话，学习中央工作会议和十三届八中全会文件，学习建设有中国特色社会主义的一系列理论，深入开展了坚持四项基本原则教育和深化改革、扩大开放教育，加强了形势教育和反和平演变教育。

（二）继续加强领导班子建设。全区检

察机关把班子建设作为队伍建设的关键，进一步加强各级领导班子的思想建设、组织建设和作风建设，切实发挥了领导集体的核心作用。1991年，全区基层检察院检察长换届工作圆满结束，应换届的100名检察长中，连选连任56名，新选新任41名。

（三）大力开展争先创优活动。1991年，全区检察机关有1096人（次）和149个先进集体（含党支部）受到了表彰，其中有22名干警荣立二等功，55名干警荣立三等功；3个集体荣立二等功，6个集体荣立三等功；有5名检察长荣立二等功，8名检察长被授予先进工作者称号；有15名干警和3个集体受到最高人民检察院表彰。

（四）全面进行执法执纪大检查和思想纪律作风整顿。1991年第四季度，全区检察机关，积极开展了执法执纪大检查和思想纪律作风整顿。各地本着从严治检的要求，采取走出去、请进来等多种形式，广泛征求有关部门和广大群众的意见，对于发现的问题，分析原因，查找症结，认真整顿，坚决纠正行业不正之风，严肃查处违法违纪案件，对18名违法违纪干警进行了处分，保持了检察队伍的纯洁性。

（五）切实加强干部培训。1991年，自治区检察学校共举办七期培训班，培训干警400多人，重点对新上任的基层院检察长进行了岗位培训。同时通过电大、函大等形式，坚持强化学历教育，使检察机关的文化结构有了较大变化。目前，全系统大专以上文化程度（含专业证书）的干警已占58%。

（六）聘请特约检察员并已开始工作。自治区检察院和呼和浩特市检察院，从民主党派和无党派人士中聘请了九名特约检察员。被聘检察员及时转递人民群众的举报和申诉材料，经常反映社会各界对检察机关的意见和建议，积极参加查办重大经济犯罪案件，发挥了民主党派、无党派人士参政议政的作用。

1991年，全区检察机关的各项工作都取得了一定的成绩，但也存在着一些不容忽视的问题。主要是：惩治贪污贿赂犯罪斗争发展不平衡；有的院查办大案、要案还有畏难情绪；贪污贿赂罪案免诉率偏高；对判处免刑、缓刑不当的案件，认为抗诉无用，该抗诉的没有抗诉；部分干警的政治、业务素质还不能完全适应形势、任务的需要；极少数干警违法违纪现象时有发生，造成不良影响；办案经费短缺、技术装备落后、交通工具不足等问题仍然存在，并一直影响着各项工作特别是办案工作的开展。对于这些问题，各级院正在各级党委、人大和政府的领导、支持和帮助下，积极采取措施，尽力加以解决。

五、今年检察工作的主要任务

1992年全区检察工作的主要任务是：以中央工作会议、十三届八中全会和中央政治局会议精神为指针，在党委、人大、政府的领导、监督和支持下，按照最高人民检察院的工作部署，坚定不移地坚持党的基本路线，牢固树立为社会主义建设服务的指导思想，把是否有利于解放和发展生产力，是否有利于加快改革和扩大开放，是否有利于促进经济建设作为检察工作的根本出发点和落脚点。继续深入开展惩治贪污贿赂犯罪斗争，严厉打击严重刑事犯罪分子和敌对分子的破坏活动，切实加强法纪检察，全面开展各项业务，积极参与综合治理，不断加强队伍建设，进一步维护社会稳定和民族团结，推动社会主义民主和法制建设，促进全区改革开放和经济建设顺利发展。

在惩治贪污贿赂犯罪斗争中，我们要

牢牢把握主攻方向，坚持多办案、办大案、办好案，突出查处大要案。要认真贯彻“一要坚决，二要慎重，务必搞准”的方针，既要严厉惩治犯罪，又要切实保护国营大中型企业、集体企业、“三资”企业和私营企业、个体企业的合法权益。对政策界限不清、法律没有明文规定的案件，对大胆改革、勇于试验、敢闯敢“冒”、做出贡献又有失误的人，对涉及有贡献的改革家、科技人员的案件，都要慎重处理。要坚决查处偷税抗税、挪用公款、假冒商标等经济罪案，在国家开展的“质量、品种、效益年”活动中，对那些制造假冒伪劣商品、坑害消费者、情节严重构成犯罪的案件，要严肃查处，维护社会主义经济秩序。

在打击严重刑事犯罪斗争中，我们要继续贯彻依法从重从快的方针，严厉打击危害国家安全和人民民主专政的反革命犯罪活动和危害社会治安的刑事犯罪活动。严厉打击七类严重刑事犯罪；打击盗窃牲畜、盗窃破坏水利、电力及其它生产设施、生产资料的犯罪分子；打击拐卖妇女儿童、制贩毒品等犯罪活动；打击利用封建迷信坑害群众和利用民族宗教问题挑起事端、制造分裂的严重犯罪分子。要积极配合有关部门，及时处理因山林、草场、土地、水利、宗教纠纷引起的群众械斗事件，避免矛盾激化。要坚持“打防并举、标本兼治、重在治本”的原则，继续落实检察环节上的各项综合治理措施，为全区工农牧业生产的顺利发展，创造良好的社会环境。

在法纪等其它检察工作中，我们要进一步重视保护公民的民主权利、人身权利和其他合法权益，继续狠抓案件查处工作，重点查处刑讯逼供、非法拘禁、徇私舞弊等案件，查处农村牧区侵犯公民民主权利、可能引起矛盾激化、诱发聚众闹事的案件，查处国家工作人员的严重渎职犯罪案件。要继续积极受理、认真查办公民的控告申诉案件。加强对法院判决、裁定执行情况及监管改造场所执法活动的监督，维护监管改造场所的正常秩序。积极开展民事、行政检察工作，维护公民、法人和其他组织的合法权益。

在队伍建设中，我们要继续狠抓具有检察工作特点的思想教育工作，有计划、有重点地组织广大干警认真学习马列主义、毛泽东思想，学习邓小平、江泽民同志的有关讲话，不断提高政治觉悟。要认真贯彻从严治检的方针，继续加强廉政建设，大力开展争先创优活动，全面提高干警素质，努力建设一支政治坚定、业务精通、秉公执法、联系群众、作风扎实的检察队伍。

辽宁省人民检察院工作报告（摘要）

——1992年3月11日在辽宁省第七届人民代表大会第五次会议上

辽宁省人民检察院检察长　徐　生

（1992年3月13日辽宁省第七届人民代表大会第五次会议通过）

1991年，全省各级检察机关坚决贯彻党的十三届七中全会、中央工作会议、八中全会精神和省委的工作部署，认真执行省人大七届四次会议决议和省人大常委会关于依法治省决议，牢固树立以经济建设为中心的思想，切实履行法律监督职能，进一步开展了反贪污、贿赂斗争，严厉打击了严重刑事犯罪活动和积极参与社会治安综合治理，加强了法纪检察工作，注重提高检察队伍的两个素质，积极开展其他各项检察业务，为促进廉政建设、维护社会稳定、保障经济建设发展做出了一定贡献。

一、深入开展了反贪污、贿赂斗争，保卫和促进经济建设的发展

一年来，全省各级检察机关始终把反贪污、贿赂斗争作为检察机关第一位的工作重点，加强领导，深入开展。全年共立案侦查贪污、贿赂案件1417件，其中犯罪金额在万元以上的大案462件，县处级以上干部的案犯48人，追缴赃款赃物折合人民币2507万元，通过办案挽回经济损失折合人民币4624万元。到去年年底，已向法院提起公诉923人。在打击贪污、贿赂犯罪的同时，还查获了挪用公款罪案319件，偷税抗税罪案193件，假冒商标等其他罪案39件。在反贪污、贿赂斗争中，各级院主要抓了以下几项工作：

1、突出打击重点，狠抓大要案件的查处工作。各级检察院坚持把国家机关工作人员利用职权搞权钱交易，进行贪污、索贿、受贿的犯罪案件和严重败坏党群关系、群众反映强烈、腐败现象突出的贪污、贿赂案件以及数额巨大对于经济建设危害严重的大案要案作为重点，积极查办。对犯罪数额特别巨大的案件，集中相应的人力、物力全力突破。查处大案数量比上年同期上升4.3%，查处十万元以上特大案件32件，比上年同期上升68.4%。各级院还主动配合税收物价大检查，治理“三乱”、打击伪劣假冒商品等活动，从中发现一批案件，依法予以查处。

2、紧密结合纠正行业不正之风，开展专项打击和专项治理。各级检察机关根据纠正行业不正之风所揭露出来的问题，在那些问题较多的系统相对集中地查处了一批贪污、索贿、受贿案件，针对犯罪的特点进行重点治理。1991年，在金融系统内共查处贪污、受贿等大案要案46件，其中犯罪金额在十万元以上的案件6件。铁路检察机关查处了一批“以车谋私、以票谋私”的案件。有的检察院还深入到基建、交通等系统和单位集中办理了具有行业特点的贪污、贿赂案件。另外，针对一案多人的犯罪特点，许多检察院根据办案中发现的线索抓住不放，挖出了一批“窝子”案件。

3、坚持专门机关与群众路线相结合的原则，积极开展举报工作。去年以来，各级检察院结合宣传最高人民检察院制定的《关于保护公民举报权利的规定》，注意保护举报人的合法权益，对举报有功人员给予各种方式的奖励，依法惩处了打击举报人的违法犯罪分子，处理了少数诬告陷害他人的分子，调动了广大群众同贪污、贿赂犯罪作斗争的积极性。1991 年受理举报贪污、贿赂线索 5967 件，除转其他部门 1400 件，到年底已初查 3690 件。同时注意将初查结果及时反馈，以取信于民。有些院还运用典型案例，因势利导，适时发动群众检举揭发犯罪。

4、采取多种措施，努力提高办案质量。在办理贪污、贿赂等犯罪案件中，认真坚持“一要坚决、二要慎重、务必搞准”的原则。一方面，对严重的贪污、贿赂等经济犯罪坚决打击，决不手软；另一方面，充分考虑改革开放的复杂情况，严格区分罪与非罪的界限。努力学习党中央、省委、省政府制定的经济政策，在处理案件中都充分予以尊重。对于争议较大、一时把握不准、罪与非罪难以区分的边缘性案件持更加审慎的态度，不急于作结论，多向上级有关部门请示，以正确处理。坚持和加强了内部制约，对于自行侦查的贪污、贿赂案件和其他自侦案件，批捕、起诉部门认真履行制约职责，依法进行严格审查。

5、坚持为经济建设服务的指导思想，积极为搞好国营大中型企业和加强农村工作服务。去年以来，省检察院及一些市院采取派工作组开展调查研究，召开有关经济主管部门和部分大中型企业、小型企业和亏损企业负责人参加的座谈会等方法，就检察机关如何为发展经济、搞活国营大中型企业发展乡镇企业问题，听取他们的意见要求、探讨方法、研究对策。在此基础上制定了通过办理贪污、贿赂案件为经济发展服务的措施。中央工作会议召开之后，省院及时下发了关于运用检察职能为搞好国营大中型企业提供法律服务的 24 条意见。在办案活动中，注意把打击与保护、法律效果与社会效果统一起来。一方面，强化了打击和惩处的手段，坚决打击国家机关中的工作人员以及经济杠杆部门、公用事业部门的工作人员利用职权索贿、受贿、侵犯企业合法权益的犯罪，惩处企业内部的贪污、贿赂等犯罪活动，为企业的生存和发展扫除障碍，提供直接、有力的服务；另一方面，在打击犯罪的同时，采取正确的方法和策略，保护企业发展。在处理企业负责人、业务骨干、科技人员犯罪案件时，既坚持违法必究的原则，又采取正确的工作方法，保证企业生产和经营的连续性，保证供产销渠道的畅通，以利于企业经营活动的正常进行。办案中注意采取一切合法途径，最大限度地为国家和集体挽回经济损失。根据办案中发现企业管理中暴露出来的问题，协助企业建立、健全规章制度，堵塞漏洞，促进企业依法经营和管理。城市郊区和县检察院紧密结合农村社教认真查处农村中的贪污、贿赂犯罪和农业社会化服务部门以服务为名勒索、坑害农民的犯罪案件。

二、严厉打击了严重刑事犯罪活动，维护社会的稳定

各级检察机关充分发挥专政工具的职能作用，坚定不移地开展“严打”斗争，依法开展两个监督工作，结合办案积极参与社会治安综合治理。一年来共受理公安机关提请逮捕人犯 26244 人，审结 24374 人，已批准逮捕 21694 人；受理公安机关移送起诉 17843 件 27276 人，审结 16654 件

25641 人，已向法院提起公诉 15912 件 24164 人，免予起诉 1354 人。

在严厉打击严重刑事犯罪的斗争中，我们坚持把杀人、抢劫等七个方面犯罪作为打击重点，特别加强了对流氓团伙和具有黑社会性质的犯罪团伙的严厉打击。同时，密切注意社会治安新动向，协同有关部门依法打击国内外敌对势力和敌对分子的颠覆、破坏和分裂活动。对反革命犯罪案犯严格按照法律、政策的有关规定妥善处理。积极参加了当地党委统一领导的专项斗争，严厉打击严重危害当地社会治安秩序的犯罪活动。先后参加了反盗窃和反内盗、反破坏专项斗争。斗争的头两个月，全省检察机关就批捕内盗、破坏分子 498 名。同时，对盗窃、毁坏农业生产资料、农田水利、电力设施和利用封建迷信犯罪进行了专项打击。铁路检察机关重点打击了“车匪路霸”犯罪团伙和重大盗窃活动，油田检察机关重点打击破坏油田设施的犯罪活动。在参加专项斗争中，为从快办理重特大刑事案件，坚持了提前介入的作法，通过实践，逐步使这种作法趋于制度化、规范化，使一些影响大的案件和重特大案件得以从快批捕、从快起诉，适时打击了犯罪分子的嚣张气焰。

各级检察院依法开展了侦查监督和审判监督工作。侦查监督方面，通过办案不批准逮捕 2680 人，不起诉 123 人，追捕 242 人，追诉 186 人。对于侦查活动中的违法乱纪现象，口头纠正 666 次，书面纠正 84 次。审判监督方面，对认为确有错误的 98 件判决、裁定依法提出抗诉，同时，对审判活动中的违法情况进行监督，建议纠正违法 250 次。

各级检察院采取多种措施积极参与社会治安综合治理。一是在当地党委的统一领导下，积极参加重点地区、重点部位的整顿治理。二是结合办案进行法制宣传，发动群众揭发、检举犯罪；对发案单位管理工作中存在的隐患提出检察建议、堵塞漏洞。三是对免诉人员加强帮教工作；配合劳改、劳教部门进行教育改造工作。四是及时处理来信来访，耐心疏导教育，避免矛盾激化。在办理未成年人犯罪案件中坚决贯彻“教育、感化、挽救”的方针，防止和减少重新犯罪。

三、积极查处了“侵权”、渎职犯罪案件，促进社会主义民主与法制建设

各级检察院加强了对法纪检察工作的领导，充实了办案力量，积极创造物质条件保证办案。全年共受理法纪案件 1495 件，立案侦查 446 件，其中“侵权”案 165 件，渎职案 105 件，重大责任事故案 154 件。重特大案件 91 件，比上年同期上升 28.5%。

各级检察院把多办案、办大案、办好案作为加强法纪检察工作的重点来抓，集中主要力量查办了大案要案。首先是重点查处了群众反响强烈的刑讯逼供案件、贪赃枉法、徇私舞弊案件和“人质型”非法拘禁案件。对贪赃枉法、徇私舞弊案件，各级检察院在当地党委和人大的支持、监督下，抓住不放，一查到底。对扣押儿童、妇女引起公愤的非法拘禁案及时查处，优先解救人质。其次还查处了致使国家和人民生命财产造成重大损失的重大责任事故和玩忽职守案件，这两类案件占立案总数的 52%。在认真办好构成犯罪、立案侦查的案件的同时，还对占受案总数 70%的不构成犯罪案件进行认真查处，在查清事实、分清是非的基础上，会同有关部门公正处理，纠正违法，伸张正义，做好疏导工作，妥善处理人民内部矛盾纠纷，促进安定团结。

在办理法纪案件中，各级检察院注意利用各种形式进行法制宣传，鼓励人民群众同“侵权”、渎职犯罪现象作斗争。除依法追究犯罪分子外，尽力通过办案为发案单位挽回经济损失。注意帮助一些发案单位建立健全各项规章制度，改善经营管理。促进国家工作人员依法行使职权，促进发案单位依法进行管理。

四、认真开展其他各项检察工作，全面发挥法律监督职能作用

各级检察院坚持以法律监督为主线，继续加强对监改场所执行法律情况的监督，依法检察纠正监改场所的违法问题。全年共依法纠正了2886件。同时，认真查处了监管干警、武警“侵权”、渎职、贪污、贿赂等犯罪案件，严厉打击了被监管改造人员犯罪案件。积极受理、认真查处控告申诉案件，保障公民行使控告申诉权利。共受理公民控告、申诉23958件，其中属于检察机关管辖的14807件，不属检察机关管辖已转有关部门处理的9151件。工作中注意尽快处理，及时反馈，对于容易引起矛盾激化和集体上访的案件，采取有效措施，防止矛盾激化和事态的发展。全省绝大多数院已组建了民事行政检察机构，培训了干部，继续积极、稳妥地进行对民事审判活动实行法律监督的调查研究和试点工作，为将来全面承担监督任务作准备。有的院已开始受理案件。

五、加强了队伍建设，不断提高检察干警两个素质

各级检察院加强了思想政治工作和队伍建设，不断提高检察干警的政治素质和业务素质。第一，普遍抓了干警的政治理论学习，有计划地组织干警学习马列主义和社会主义基本理论。上半年重点抓了对党的七中全会精神和社会主义基本理论的学习，集中搞了坚持四项基本原则、反对资产阶级自由化的教育，全心全意为人民服务的宗旨教育。下半年重点抓学习江泽民总书记“七一”讲话，反和平演变教育、廉政教育和“三职”教育等。第二，重点抓了领导班子建设。加强了领导班子成员的政治学习，提高班子成员的政治理论水平，使各级检察院的领导权真正掌握在忠于马克思主义的人手中。调整和充实了部分领导干部，注重考察培养后备干部。加强了领导班子作风建设，坚持党的民主集中制原则，继承和发扬党的“三大作风”，增强凝聚力。第三，坚持从严治检，加强了纪检、监察工作。根据工作实际需要配置了专职干部，结合纠正行业不正之风开展刹风整纪教育。许多院还结合实际制定了一些操作性较强的规章制度，约束干警的行为。认真进行了检察队伍思想纪律作风整顿工作。对检察干警违法违纪案件一经发现，不护短，敢揭露，不姑息迁就，认真查处。一年来，共查处违法违纪案件36件41人。第四，加强了业务培训工作。省检察院和11个市（分）院制定了“八五”期间干部培训规划，并已开始抓了在职干部的岗位培训。

去年一年，全省检察工作取得了较大成绩，但同时也存在着一些不容忽视的问题，主要有以下几个方面：一是为经济建设服务的工作指导思想虽然明确，但在具体工作中由于调查研究不够，实际效果还不尽人意。二是在执法方面，对一些贪污、贿赂案件存在惩治不力的问题，个别检察院对干扰多、阻力大的法纪案件仍有畏难情绪。三是检察队伍从总体上看是好的，但存在问题不少，违法违纪案件数量上升。上述问题已经引起我们的重视，正在认真研究解决。

1992年是我国实施“八五”计划的重要一年。随着改革的深入，改革力度的加大，必然会给反贪污、贿赂斗争和社会治安带来一些新问题。因此，要认真学习马克思主义的基本原理，联系检察工作实际，深刻理解解放生产力、发展生产力的重大意义，针对经济活动中出现的新情况，在政策上多探讨，在执法上多思考，防止简单化，力争适应生产力的发展。1992年，全省各级检察机关要认真贯彻党的中央工作会议和八中全会精神，认真执行省人大常委会的依法治省决议，把为搞好国营大中型企业、加强农业和农村工作服务作为头等重要的任务，忠实履行法律监督职责。

吉林省人民检察院工作报告（摘要）

——1992年3月8日在吉林省第七届人民代表大会第五次会议上

吉林省人民检察院检察长　李向武

（1992年3月12日吉林省第七届人民代表大会第五次会议通过）

1991年，全省检察机关坚持党的基本路线，不断端正检察工作为社会主义建设服务的指导思想，认真履行法律监督职责，继续深入开展以反贪污贿赂为重点的打击经济犯罪斗争，坚决依法从重从快严厉打击严重刑事犯罪活动，加强法纪检察，努力搞好各项检察业务，积极开展社会治安的综合治理，狠抓检察队伍的自身建设，较好地完成了各项检察工作任务。

一、严厉打击严重经济和刑事犯罪活动，维护社会稳定，促进经济发展

1、从严从重惩处贪污贿赂等严重经济犯罪，维护正常的经济秩序。

去年以来，全省检察机关把深入开展以反贪污贿赂为重点的打击经济犯罪的斗争作为保护经济建设和改革开放顺利进行的重要措施，作为反腐败、防演变的重要内容来抓，取得了较好的成效。据统计，全年共立案查处各类经济犯罪案件2218件，其中贪污贿赂案件1205件，占立案总数的54.3%，大案要案666件。已侦查终结2114件（2267名），侦结率为87%。办结1900名，其中提起公诉1018名，占结案人数的53.98%；免予起诉720名，占37.89%；不起诉13名，占0.68%；撤案149名，占7.84%。为国家挽回经济损失4051万元。在斗争中，我们主要抓了以下几方面的工作：

统一思想，增强斗志，坚定信心。我们狠抓了统一思想的工作。通过召开市分州院检察长座谈会和全省经济检察干警电话会，及时传达中央、省委关于反贪倡廉的指示精神和人大的有关《决定》、《决议》，增强责任感、紧迫感；通过对东欧和苏联剧变经验教训的讨论，联系当前经济犯罪活动的严重性和危害性，引导干警加深对开展反贪污贿赂斗争重要性、必要性的理解；通过各级检察长深入基层，深入实际，面对面地指导工作，直接指挥或参与办理案件，进一步坚定了广大干警查处贪污贿赂犯罪、维护经济秩序、为经济建设服务的思想。

突出工作重点，狠抓大案要案的查处。在工作中，全省检察机关把主要精力放在查处领导机关、领导干部的贪污贿赂大要案上；放在管钱管物和不正之风比较严重的系统和行业的贪污贿赂大要案上；放在群众反映强烈、举报线索多的企事业单位的大要案上。做到大要案线索优先查，集中力量快速查，领导挂帅亲自查，突破了一批有影响的大案要案。全年共办理大案要案666件，占立案总数的30%。其中，犯罪金额五万元以上不足十万元的92件，十万元以上不足五十万元的31件，一百万元以上的2件，县处级以上干部犯罪案件40件。

秉公执法，认真查处国家机关和执法监督部门工作人员贪污贿赂犯罪案件。一年来，全省检察机关依法查办国家机关和执法监督部门工作人员贪污贿赂犯罪案件178件，对推动机关廉政、促进勤政起到了应有的作用。

深入重点单位突破重点案件，掀起反贪污贿赂斗争小高潮。全省检察机关深入犯罪线索多、群众反映强烈、领导班子涣散、管理混乱、行业不正之风严重的企业单位查处贪污贿赂犯罪，取得了较好的成效。一年来，共深入89个单位定点深挖，先后挖出贪污贿赂等经济犯罪案件392件，其中大案要案106件。

坚持开展举报工作，进一步调动广大人民群众同贪污贿赂犯罪作斗争的积极性。全省检察机关认真贯彻执行最高人民检察院《关于保护公民举报权利的规定》，紧紧抓住“及时查处”和“迅速反馈”这两个环节，严肃处理打击报复举报人的犯罪案件，使举报贪污贿赂犯罪的线索不断增多，举报成案率进一步提高。全年共受理举报线索6462件，其中贪污贿赂犯罪线索3955件。在立案查处的2218件案件中，有30.7%来自群众举报。

全省检察机关还积极配合有关部门开展财务、税收、物价大检查，并注意发现犯罪线索，及时查处。共办理偷税、抗税等案件464件，其中大案180件，挽回经济损失860万元。

2、坚决依法从重从快严厉打击严重刑事犯罪，维护国家安定和社会稳定。

过去的一年中，全省检察机关坚持依法从重从快严厉打击严重刑事犯罪的方针，共批准逮捕各类刑事案犯14014人，决定起诉10365件14854人。

密切注视反革命犯罪动向，维护国家安全。在斗争中，全省检察机关注意用政治观点观察和处理问题，不断强化阶级斗争观念和专政意识，密切注视各种制造谣言和进行捣乱破坏活动的动向，以维护政治稳定。

突出打击重点，深入开展“严打”斗争。全省检察机关把严厉打击杀人、抢劫、强奸、爆炸、抢劫枪支和持枪作案等暴力犯罪作为工作重点，共批准逮捕七类重点犯罪案犯10748名，提起公诉11416名，分别占批捕和起诉总数的72.8%和70.7%。全省检察机关普遍坚持了提前介入重特大案件的侦查和预审活动，并积极配合法院召开公判大会，狠刹了刑事犯罪分子的嚣张气焰。

积极参加专项斗争，集中打击严重危害社会治安的犯罪活动。全省检察机关认真贯彻全国人大常委会《关于禁毒的决定》、《关于惩治走私、制作、贩卖、传播淫秽物品的犯罪分子的决定》，积极参加了全国性的专项斗争。6、7、8三个月集中参加了我省的夏季治安攻势。各级院还结合本地社会治安中的突出问题，与有关部门共同开展了打击撬盗、内盗以及危害灾区治安秩序的严重犯罪活动等专项斗争。10月以后，积极参加了反盗窃专项斗争。

全省检察机关还配合监改部门坚决打

击了“劳改”人员的重新犯罪活动，共办理批捕案件43件，起诉案件182件230人。同时配合有关部门开展政治攻势，使在押犯和劳教人员坦白交待各类犯罪线索2169件，已查实588件；配合监管执行场所加强安全防范工作，共纠正和防止逃跑、凶杀、自杀等事故901起，对保障监改场所的安全起到了应有的作用。

3、认真查办侵权渎职犯罪案件，保护公民民主权利和人身权利，加强社会主义法制建设。

全省检察机关把查处侵权渎职犯罪作为惩治腐败、加强廉政和勤政建设的重要内容，摆到重要位置，健全机构，充实人员，使法纪检察工作得到了加强。各级检察院把查处刑讯逼供、非法拘禁、徇私舞弊、玩忽职守、重大责任事故的大要案作为工作重点，领导亲自上阵，精心组织指挥，排除各种干扰和阻力，共立案查处各类法纪案件534件，其中重特大案件108件，占立案总数的20.2%。

各级检察机关注意严肃认真查处性质恶劣、后果严重、危害大、影响大的侵权渎职案件。尤其是根据人民群众的强烈要求，坚决查处了政法队伍中的贪赃枉法、徇私舞弊等犯罪案件。全年共办理此类案件48件。

全省检察机关还积极查处玩忽职守和重大责任事故案件312件。

二、充分发挥法律监督职能作用，维护法律的正确实施

全省检察机关按照《宪法》、《刑事诉讼法》、《人民检察院组织法》的规定，不断强化法律监督职能作用，较好地保证了执法的严肃性和准确性。

1、积极开展侦查监督。一年来，全省检察机关在刑事检察工作中，通过审查批捕、审查起诉和对一些重特大案件提前介入等途径，对公安机关讯问被告人、询问证人、勘验检查、扣押物证、书证和鉴定等侦查活动是否合法进行了监督。对违法问题提出口头和书面纠正意见279件（次）。通过对公安机关提请批准逮捕和移送起诉案件的审查，共追捕漏犯303人，追诉漏犯95人，对972名不符合法定逮捕条件的人依法作出了不批准逮捕决定，对67名人犯作出了不起诉决定。

2、认真开展审判监督。一年来，全省检察机关通过提起公诉、出庭支持公诉、审查刑事案件的判决和裁定、列席法院审判委员会和受理群众申诉、控告等途径，共对审判活动中的违法问题提出纠正意见238件（次），对认为有错误的判决和裁定依法提起抗诉59件，法院已审结改判6件。

根据最高人民检察院关于“打好基础，理顺关系，健全机构，抓好试点，逐步发展”和“积极、认真、稳妥”的要求，开展了民事行政审判监督工作。年初，省检察院与省法院联合进行了试点工作。全省各级检察院大都建立了机构，配备了专门人员。一年来，共受理各类案件248件，立案审查101件，查结81件，驳回32件，提出抗诉16件，建议法院改判25件（现法院已审结12件，改判2件，纠正4件）。

3、加强对监管场所执法活动的监督。一年来，各级检察院对监管场所进行专项执法检察5520次，对违法问题提出口头纠正意见1540次，发出纠正违法通知书78份，纠正劳改犯减刑、假释不当150人，纠正劳教人员减期、提前解教、所外执行不当42人，通过对监外犯执行情况的检察建议收监397人。各级检察机关还把查处监管场所干警违法犯罪案件作为监所检察的工作重点之一，共对20名违法犯罪的干警追究了责任。

4、强化检察机关自侦案件的内部制约监督机制，不断提高办案质量。为了解决检察机关由一个部门对自侦案件进行侦查、预审、起诉活动的弊端，加强自侦案件内部制约监督，确保办案质量，按照最高人民检察院的决定，全省检察机关实行了对贪污、贿赂等自侦案件的侦查、预审与审查逮捕、审查起诉工作分开制度。省检察院结合工作实际制定下发了《吉林省检察机关自行侦查案件审查逮捕程序实施细则（试行）》和《关于检察机关自侦经济犯罪案件移送起诉、免予起诉内部程序的规定（试行）》。全省检察机关还实行了对自侦案件免予起诉决定不服的申诉案件，由上级院控告申诉部门负责受理并复查的制度，对免予起诉实行制约，从而使内部制约监督工作前进了一步。为了加强上级检察院对下级检察院的监督制约，实行了每年一度的执法执纪检查制度。

三、积极参加综合治理，不断扩大办案的法律效果、经济效果和社会效果

全省检察机关把综合治理贯穿于检察工作的全过程，运用各种手段，采取多种措施，把打击与教育、改造、预防结合起来，把治标与治本结合起来，促进了政治稳定、经济稳定和社会稳定。

1、在办理案件中注意保护生产的发展，为社会主义经济建设服务。全省检察机关把为经济建设服务作为检察工作的根本出发点和最终目标，把打击作为手段，把服务贯穿于各项检察工作中和办案的全过程，主动地为经济建设保驾护航。

一是在深入调查研究的基础上，制定了《关于检察工作为经济建设服务的意见》，要求全省检察机关正确处理打击与服务的关系，努力寻求打击与服务的最佳结合点，把为经济建设服务落到实处。同时总结推广了辽源市检察院通过打击经济犯罪促进经济发展和廉政建设的经验，推动了工作的深入开展。今年年初，我们又制定了《关于充分发挥检察职能作用，为促进农业和农村工作发展服务的意见》，要求各级检察机关要为加强农业和农村工作提供良好的社会环境，提供有效的法律保障，提供积极的法律服务，为开创我省农业和农村工作新局面贡献力量。

二是全面执行国家法律和党的政策，严格区分罪与非罪的界限。我们坚持贯彻“一要坚决，二要慎重，务必搞准”的方针，注意把经济交往中正常应酬与违法犯罪区别开来，把企业为推销产品对供销人员的合理奖励与贪污受贿区别开来，把政府行为、企业行为和个人行为区别开来。对少数利用改革中出现的漏洞而进行贪污贿赂的犯罪坚决查处；对罪行轻微、投案自首、认罪态度较好的犯罪人员，坚持依法从宽处理；对少数罪行较轻、但在企业发展中起关键作用、有突出贡献的人员，依法从宽处理后，继续让他们在原岗位上工作，戴罪立功；对罪与非罪界限不清或有争议的案件，不采取法律强制措施；对拿不准的案件，慎重对待，向上级请示，不急于处理。

三是注意策略方法，讲求工作效果。在斗争中，各级检察机关注意把执行法律与执行政策相结合，坚持一切从实际出发，做到具体情况具体分析，实事求是地处理问题。对企业中重大犯罪嫌疑人员采取强制措施时，及时向党委、政府汇报或建议进行人员调整，以维护企业正常生产；对生产、经营、管理部门主要成员和科技人员的处理持慎重态度，避免生产、经营、流通等活动脱节。在侦查过程中，严格保守机密，避免影响生产，保护企业声誉，不轻易冻结企业的流动资金和银行帐户。在必须由被告人出面解决有关的供销渠道问题时，只要不影响侦查工作，允许他们进行正常业务活动。

四是结合办案帮助有关部门加强企业的领导班子建设。一方面对企业领导人员构成犯罪的依法严肃查处，但注意建议有关部门做好衔接工作，保持生产的连续性；另一方面对查明确有经济违法问题，但不构成犯罪的，及时交有关部门处理，并建议和协助整顿好领导班子。一年来，全省检察机关结合办案协助有关部门整顿了25个企业的领导班子，使发案单位加强了经营管理，经济效益有了明显提高，已有14个企业在整顿班子后走出困境，开始扭亏为盈。

五是对办案中发现的因严重官僚主义、管理疏漏、制度不健全而发生犯罪的单位或部门，除对构成玩忽职守罪的直接责任者依法追究刑事责任、对不构成犯罪的提请党政纪部门处理外，我们还特别注意帮助发案单位分析查找产生犯罪的原因，总结经验教训，提出《检察建议》，推动并帮助企业完善会计、审计、监督、管理等规章制度，健全防范机制，堵塞漏洞。同时注意运用典型案例开展法制宣传教育。去年以来，全省检察机关共向企业发出《检察建议》313份，帮助企业建章健制841项，提供法律咨询服务392次。

六是运用典型案例，以案说法，开展法制宣传，提高干部职工的法制观念，增强拒腐防变能力。共通过报刊、电视、录音、广播、展览等形式开展法制宣传1560次，受教育者达10余万人（次）。

七是结合办案尽力为发案单位追回赃款赃物、非法所得、流散资金，挽回经济损失。全年共为企业追回流散资金2700万元，使国家和集体活化了生产资金，促进了企业的生产发展。

2、积极参加创建社会治安良好小气候区活动。各级检察院在当地党委的统一组织下，抽调500多名干警，深入重点乡镇、街道，打击犯罪，依法治理，建立乡规民约，宣传法制，调解纠纷，加强基层基础工作。还与250个单位开展了共建活动，建立和巩固综合治理联系点212个，收到了办一案、治一线、安一片的效果。

3、做好对需要帮教的免予起诉、不捕人员的帮教工作。各级检察机关从教育人、改造人这个根本目的出发，寓帮教于办案之中，通过建立帮教组织、实行重点帮教和包保包教等多种形式，对300余名免诉和不捕人员落实了帮教措施，收到了较好的效果。

4、开展文明接待活动，尽力消除不安定因素。全省各级检察院受理来信11678件，接待来访4965人。通过认真处理和接待群众来信来访，帮助群众排忧解难，使70名长期上访老户息诉，妥善处理集体上访144件，办理“告急”上访案件110件，维护了社会的稳定。

5、认真贯彻对轻微违法犯罪未成年人教育、挽救、感化的方针。省检察院在调查研究的基础上，制定了《关于办理未成年人刑事案件的若干规定》和《关于检察机关审查起诉部门办理少年刑事案件的试行规定》，确定专人负责办理未成年人犯罪案件的批捕、起诉工作。在工作中，注意把办案与对未成年犯的矫治相结合，对有轻微违法犯罪的未成年人坚持少捕或者尽量不捕的原则，并以治病救人的态度对他们进行教育，使其认罪改过，重新做人。

四、加强队伍自身建设，努力提高检察干警的政治和业务素质

一年来，全省检察机关坚持从严治检，不断强化队伍的自身建设，努力提高干警的政治和业务素质，保证了各项工作任务的完成。

1、结合行业特点有针对性地开展了思想政治工作。各级检察院按照最高人民检察院和省委的要求,建立健全了政工机构,普遍实行了“一岗双责制”,把思想政治工作落到实处。在工作中,各级检察院深入开展了马克思主义基本原理和建设有中国特色社会主义理论的学习活动,反复进行了坚持四项基本原则和反和平演变的教育,使广大干警在一系列重大原则问题上,保持了清醒的头脑和坚定的立场,与党中央在思想上、政治上、行动上保持一致。

2、加强了各级领导班子建设。本着“基本稳定,个别调整,提高素质,优化结构”的原则,抓紧了领导班子的整顿和建设,尤其注意抓好思想和作风建设。一年来,省检察院协同组织部门选拔、考察了市分州院正、副检察长人选 8 名,已任用 6 名,交流副检察长 4 名,使市分州院领导班子的组织建设有了进一步加强。

3、坚持从严治检。各级检察院还特别注意加强了队伍的自身廉政建设,建立和完善了纪检、监察机构,配备了专门人员;进一步完善了《关于加强全省检察机关廉政建设的具体措施》,定期进行执法执纪检查和作风纪律整顿;切实体现严格教育,严格管理,严格检查监督,去年共查处违法违纪干警 20 人。为保证严格执法,各级检察院自觉接受人大和政协的监督,召开各种座谈会 189 次,发出征求意见信 1568 封,建立健全了办理交办案件、接受监督的工作制度,还聘请 32 名民主党派和无党派人士为特约检察员。

4、广泛开展了“争先创优”活动。全省有 45 个集体和个人立功,215 个集体和个人受奖,17 个先进集体和个人受到最高人民检察院的通令表彰。

5、继续抓好干部业务培训。在完成了《干部培训“七五”规划》后,又制定了《干部培训“八五”规划》,组织 126 名干部参加高级检察官培训,500 余名干部进行了专业证书教育,检察干校组织短训班 10 余期。还采取以会代训、岗位练兵、经验交流等方法,使干警的实际办案能力和业务水平有了一定的提高。

一年来,全省检察工作也存在不少问题。主要是:反贪污贿赂工作发展得不够平衡;有些地方法律监督不够有力,个别案件存在着执法不严的问题;有的院思想政治工作比较薄弱;人力不足、办案经费短缺、技术装备落后等问题仍然比较突出,在一定程度上影响了工作的开展。这些问题,我们一定要高度重视,并决心在今后的工作中采取切实可行的措施,认真加以解决。

1992 年检察机关的主要任务是:在党委的领导和人大及其常委会的监督下,深入贯彻中央工作会议、八中全会、省委五届八次会议精神,充分发挥检察机关的法律监督和人民民主专政的职能作用,树立一切服从全局的观念,紧紧围绕经济建设这个中心,积极为搞好大中型企业、加强农业和农村工作服务,继续深入开展反贪污贿赂斗争,依法从重从快严厉打击严重刑事犯罪活动,加强法纪检察,大力加强社会治安的综合治理,严格执法,注重效果,保证质量,全面开展各项检察业务,狠抓从严治检,努力提高队伍的政治、业务素质,为促进社会稳定,促进廉政建设,促进经济发展而努力奋斗。

黑龙江省人民检察院工作报告（摘要）

——1992年3月6日在黑龙江省第七届人民代表大会第五次会议上

黑龙江省人民检察院检察长　贾成文

（1992年3月8日黑龙江省第七届人民代表大会第五次会议通过）

1991年，全省检察机关紧紧围绕经济建设这个全党的中心任务，努力落实最高人民检察院的工作要求，深入开展反贪污贿赂斗争，坚持严厉打击严重刑事犯罪和参与社会治安综合治理，加强法纪检察，积极开展其它各项检察工作，加强队伍建设，各项检察工作取得了新的进展。

一、反贪污贿赂斗争进一步深入和发展

1991年，全省各级检察机关共受理经济案件6828件，立案4156件，比上年增长2.57%，其中贪污贿赂案件2305件，占立案数的55.46%；共立案查处重特大案件657件，县处级以上干部犯罪案件58件；共挽回经济损失5617万元。

1、不断提高思想认识，推动反贪污贿赂斗争的深入发展。全省各级检察机关组织检察工作人员认真学习党中央和省委关于惩治贪污贿赂犯罪，开展反腐败斗争的指示，不断提高思想认识，特别是不断提高各级领导同志的思想认识，推动了反贪污贿赂斗争。

2、深入发动群众，加强了举报工作。群众举报是查处贪污贿赂犯罪的主要案源渠道。各级检察机关共受理群众举报经济犯罪线索8769件，查处了17件打击报复举报人的案件，奖励了125名举报有功人员。

3、抓住案件多发单位和系统，实行重点突破。主要是根据群众举报提供的线索，由领导带队深入到管理混乱、亏损严重、贪污贿赂犯罪多发的部门和单位调查研究，选准重点部位，集中优势兵力实施突破。在突破几起案件后，进一步发动群众提供情况，向犯罪分子交待政策，号召他们投案自首，扩大战果，力争挖出一些串案、窝案。

4、进一步提高侦查水平，突破了一批大要案件。省和分、市院都举办了侦查业务培训班，交流了各地在斗争实践中总结的侦查经验，这对于提高侦查水平，特别是提高侦破大要案的水平起到了重要的作用。

5、强化了领导，保证了斗争的深入发展。在反贪污贿赂斗争中，全省各级检察院的检察长亲自组织指挥办案，特别是参与办理一些大要案件。有的深入基层调查研究，摸清影响斗争“深入”的主要问题，帮助扭转被动局面；有的在关键时亲临一线，帮助选择突破口，搞好重点突破；有的抓典型，组织现场办公，解决工作深入的难点，有的实行分片包点、包案责任制。从而，有力地推动了斗争的深入。

6、坚决贯彻为经济建设服务的指导思

想。全省检察机关继续执行省委、省政府“五十条”政策和省检察院制定的“十条”措施。省检察院制定了为搞好国营大中型企业服务的具体措施，严格区分违反政策与违法的界限，违法行为与犯罪行为的界限。

在开展反贪污贿赂斗争的同时，各级检察机关积极查处偷税、抗税、挪用公款等罪案，取得了显著成绩。共立案侦查偷税、抗税罪案 825 件，挪用公款罪案 910 件，对保障国家财政收入，维护财政纪律，促进社会主义建设起了重要作用。

二、坚持了严厉打击严重刑事犯罪

1991 年，全省各级检察机关充分发挥法律监督职能，坚持严厉打击严重刑事犯罪活动，为维护我省的社会稳定，促进经济发展积极贡献力量。共受理提请批捕人犯 24114 人，经审查批捕 20212 人；受理移送起诉 27439 人，经审查起诉 22975 人。在坚持“严打”中，主要抓了以下工作：

1、坚持贯彻依法从重从快的方针。针对我省社会治安的实际，适时地打击严重危害社会治安的各种刑事犯罪活动。坚持对危害严重、影响恶劣的重特大案件实行提前介入，提高了办案效率，增强了打击的力度，扩大了打击效果。坚持“两个基本”的原则，不纠缠细微末节，快捕快诉，不在检察环节贻误战机。坚决执行了全国人大常委会《关于禁毒的决定》、《关于惩治走私、制作、贩卖、传播淫秽物品的犯罪分子的决定》、《关于严禁卖淫嫖娼的决定》和《关于严惩拐卖、绑架妇女、儿童的犯罪分子的决定》，惩处了一批犯罪分子。积极参加了“破大案、抓逃犯”和反盗窃等专项打击活动。

2、加强了侦查监督和审判监督工作。侦查监督活动，共追捕人犯 138 人，追诉人犯 203 人，不起诉 225 人，向公安机关提出纠正违法意见 1922 件。开展了对批捕、不批捕、退回补充侦查案件定期查询的跟踪监督。审判监督活动，提出纠正审判违法意见 362 次，提出抗诉 77 件，法院已审结 33 件，其中已改判 21 件；二审监督也有了新的进展。

3、内部制约机制进一步完善。各级检察院认真贯彻执行最高人民检察院和省检察院的规定，理顺了内部制约工作的关系，建立了比较完善的可操作的制约机制，使自侦案件和公安机关移送的案件一样有章可循，按法律程序办案，解决了“先入为主”、“制约流于形式”和部门之间不够协调等问题，保证了自侦案件质量。

4、坚持严格依法办案，努力提高办案质量。对全省部分错捕、错诉案件进行了分析，提出改进措施，促进了办案质量的进一步提高。评选优秀公诉人的活动有新的发展，自侦案件的出庭公诉水平有所提高。

5、积极参加社会治安综合治理工作。各级检察机关普遍增强了参与意识，结合办案落实检察环节上的各项综合治理措施。在党委统一安排下，建立社会治安综合治理联系点，积极做好包点包片工作。

三、法纪检察得到了加强

全省各级检察机关加强了法纪检察，使这项工作取得了新的进展。共受理法纪案件 2313 件，立案查处 1072 件。主要抓了以下工作：

1、加强领导，摆上重要日程。全省检察机关把法纪检察工作摆上了重要位置，列入目标管理内容，切实加强了领导。普遍调整充实了力量，保证了办案的需要；进一步取得当地党委、人大的领导及政府有关部门的重视和支持；配备和补充了一些常规的技术装备，保证了法纪检察工作的开展。

2、重点抓了办案工作。重点查处刑讯逼供、非法拘禁、徇私舞弊、玩忽职守和重大责任事故案件，特别是大要案，使立案数保持在较高的水平上，比上年增加14.5%，立案查处的五类重点案件占全部立案总数的73.7%，比上年增加25.6%。

3、加强工作指导。通过现场会、研讨会、经验交流会等形式，研究“侵权”、渎职犯罪的特点、规律，严格区分罪与非罪的界限，保证了案件的质量。总结和推广典型经验，强化侦查对策和措施，不断提高侦破案件,特别是侦破大要案件的能力。省检察院及各分、市院根据各地区的不同情况进行了分类指导。许多基层院的主要领导同志，直接指导和参与办案，对保证案件的及时侦破起了重要作用。

4、积极开展预防工作。结合办案，对发案单位管理和生产中暴露出来的问题，帮助整章建制，堵塞漏洞，改善管理，促进生产发展和社会稳定。

四、监所、控申、铁路运输、农林、民事行政诉讼、检察技术等各项检察工作都有明显的进展

监所检察工作：发现监管场所各类违法问题3873件，提出纠正意见3625件，已纠正2553件。会同有关部门制定了减刑、假释工作联系制度和保外就医执行监督办法，加强了执法监督工作；协助监管部门强化了安全防范检查；开展打击牢头狱霸活动，促进监管场所稳定；会同有关部门对监外执行罪犯进行了考察。

控申检察工作：复查处理不服检察机关作出决定的刑事案件463件，复查终结271件，依法改变原决定82件；复查不服法院判决和其他申诉案件64件；受理来信来访13400件次，初查312件，立案侦查394件，向有关部门提供犯罪线索8709件，对49起集体上访和大量告急信访做了妥善处理，维护了社会稳定。

铁路运输检察工作：查处贪污贿赂等经济犯罪案件数量连续六年保持全国铁路检察系统的领先地位，反贪污贿赂斗争稳步发展；打击严重刑事犯罪，配合有关部门整顿和维护站车秩序，加强法纪检察等各项工作都取得了很大成绩，为促进铁路运输生产的发展做出了新的贡献。

农林检察工作：在面临自然灾害、林区“两危”、经费紧缺等诸多困难下，积极进取，各项检察工作都取得了新的成绩，对稳定林区、垦区社会秩序，促进生产恢复和发展做出了积极的贡献。

民事行政诉讼检察工作：省和多数分、市院已建立了机构，配备了人员，进行了上岗前的培训，少数院已经开始办理民事行政诉讼案件。一些基层院的民事行政检察工作正在起步。

检察技术工作：围绕检察工作重点，积极开展检验鉴定、文证审查、现场勘验等各项技术工作。技术装备和三级技术网点建设有所加强。

五、加强了思想政治工作和队伍建设

全省各级检察机关按照最高人民检察院和省委关于检察队伍建设的要求，坚持“从严治检”的方针，使检察队伍的素质有了明显的提高。

1、进一步加强了思想政治工作。组织广大检察人员认真学习马克思主义、毛泽东思想基础理论，从根本上提高检察人员的马克思主义水平。广泛开展了具有行业特点的思想教育。针对检察机关具有广泛的司法权易发生“以案谋私”的特点，积极进行职业责任、职业道德、职业纪律的教育；针对检察机关经常接触社会阴暗面，容易被腐蚀的特点，积极开展拒腐防变的廉政教育；针对检察机关条件艰苦、工作辛苦、生活清苦的特点，进行艰苦奋斗的光荣传统和为人民服务的宗旨教育。广大检察人员努力工作，圆满完成了各项检察任务。据不完全统计，全省检察人员拒礼拒贿 2314 人次，折款 97.8 万元，拒吃请 5900 多人次，为群众做好事 3400 多件，见义勇为 277 人次。

2、推行了以分、市院为单位的目标管理。有 13 个分、市院对各项业务工作和队伍建设实行了目标管理，激发了检察人员争先创优意识，促进了各项检察工作的开展。

3、抓典型，表彰先进。全省各级检察机关在争先创优和学刘平、学东宁县公安局活动中，注意用典型指导工作，广泛开展了学习张金、王学文、孙桂华等模范检察干部的活动，总结推广了哈尔滨市动力区检察院副检察长李凤坤等一批先进典型。全省检察机关受各地党委和政府表彰的先进集体 155 个，精神文明建设先进单位 103 个，先进党委和党支部 99 个；立功受奖 188 人，先进个人 1823 人。

4、加强了班子建设和后备干部队伍建设。

5、干部培训工作由学历教育转向岗位职务培训。省检察院举办了岗位职务培训理论研讨班、新任检察长培训班、政工干部培训班和司法会计专业证书班等 10 期短训班，推动了岗位职务培训，提高了干部的素质。

去年，检察工作存在的主要问题是：部分干部对反贪污贿赂犯罪、打击严重刑事犯罪斗争的长期性认识不足，这两个方面的犯罪在少数地方有打击不够及时、不够有力的问题；部分检察人员仍然存在着厌战和畏难情绪；在办案中，仍然有不严格执法、不文明执办的现象；贪污贿赂犯罪案件免诉率偏高的问题仍需注意解决；有些案件特别是贪污贿赂案件干扰阻力比较大，查处难度增加，侦查技能和措施还不相适应；办案力量不足，技术装备落后，经费短缺问题仍然很突出，致使相当一批举报线索不能及时调查处理。检察人员违法违纪虽有较大幅度下降，但个别性质严重、影响很坏的案件还时有发生。

1992 年我们面临着动荡、复杂、多变的国际形势。全省各级检察机关将紧紧围绕落实省委提出的搞好我省国营大中型企业的要求和 90 年代我省农村经济发展战略，牢固树立为社会主义建设服务的思想，忠实履行法律监督职责，继续深入开展反贪污贿赂斗争，坚持严厉打击严重刑事犯罪分子和敌对分子的犯罪活动，加强法纪检察，积极开展各项检察业务，全面加强社会治安综合治理，加强队伍建设，反对和抵御敌对势力的和平演变阴谋，维护国家稳定和社会安定，保卫国家安全，促进和保证党的中心任务的完成。

第一，继续深入开展反贪污贿赂斗争。惩治贪污贿赂犯罪这种腐败现象是反和平演变的重要方面，我们同贪污贿赂犯罪的斗争是严重的政治斗争，是社会主义初级阶段阶级斗争的重要表现之一。要进一步宣传发动群众，积极参加这场斗争。抓紧对索贿案件和巨额财产来源不明案件的查处，坚决打击贪污贿赂等严重经济犯罪，保卫社会主义建设的顺利进行。

第二，继续坚持严厉打击严重刑事犯罪活动。要继续贯彻依法从重从快方针，严厉打击严重刑事犯罪和危害国家安全的反革命犯罪活动。继续搞好反盗窃斗争和党委、政府统一组织的专项打击斗争。认真贯彻全国人大常委会的决定，严惩贩毒、传播淫秽物品、卖淫嫖娼和拐卖妇女儿童的犯罪。根据八中全会的决定，切实加强农村地区的检察工作。结合检察业务继续搞好社会治安综合治理工作。

第三，继续加强法纪检察工作。要从密切党和人民群众的血肉联系，维护社会稳定，促进廉政勤政建设，加强社会主义民主与法制建设的高度，认识法纪检察的重要性，积极查处“侵权”、渎职案件，保护公民的合法权利，促进社会主义经济建设，反击国内外敌对势力在“人权”问题上对我国的攻击和诬蔑。

在完成上述三项工作的同时，统筹兼顾，做好监所、控告申诉、铁路运输、农林、民事行政、检察技术等各项检察工作。

第四，自觉地接受党委的领导和人大的监督。对于检察工作中的重大问题，要及时向党委汇报，自觉地把检察工作置于党的绝对领导之下；要及时向人大及其常委会报告工作，自觉地接受监督，保障国家法律严格正确地执行。

第五，进一步加强检察队伍建设。今年主要抓好落实省委关于政法队伍建设提出的要求，以班子建设为核心，坚持“从严治检”的方针，进一步提高检察人员的政治素质和业务素质。大力开展以马列主义、毛泽东思想为核心的社会主义思想教育，保持检察队伍坚定正确的政治方向。协助各级党委把各级检察院领导班子建设成为忠于马克思主义，认真贯彻党的路线、方针、政策和执行国家法律的坚强领导核心。继续加强以秉公执法、清正廉洁为内容的廉政建设，坚持执法执纪大检查制度，认真纠正违法违纪和行业不正之风问题。继续开展争先创优活动，大力表彰在斗争实践中做出突出贡献的先进单位和个人。做好干部教育培训工作，有计划地抓好各类业务骨干的培训工作，提高检察队伍的素质。

上海市人民检察院工作报告（摘要）

——1992 年 4 月 25 日在上海市第九届人民代表大会第五次会议上

上海市人民检察院检察长　石祝三

（1992 年 4 月 28 日上海市第九届人民代表大会第五次会议通过）

一、深入开展反贪污贿赂斗争

同贪污贿赂犯罪作斗争，坚决惩治腐败，是检察机关对经济建设最重要、最直接的服务。全年共受理贪污贿赂罪案 3699 件，立件 2153 件。通过办案，追缴赃款赃物和挽回其他经济损失 4262 万元。

一年来，各级检察机关始终把查处贪污贿赂犯罪作为检察工作的首要任务，主要从以下几个方面开展工作：

第一，突出重点，深挖罪犯，采取措施强化侦破工作。

——坚持把大要案作为侦破工作重点。全年共侦破大要案 755 件，占立案总数的 35.1%。工商银行闸北区灵石路分理处记账员顾平伙同他人伪造印鉴共同贪污 170 万元的案件，是建国以来本市查获的最大贪污案件。

——积极配合纠风，深挖行业“蛀

虫”。在菜场、副食品行业，水、电、煤气、电话等公用事业单位，执法部门分别查获一批贪污贿赂罪案，还配合金融系统开展“教育、清理、整顿”活动，查获一批以贷谋私贪污贿赂罪案。

——根据群众举报深入查处“群蛀”罪案。全年在178个企事业单位，依靠党政组织，发动群众，排漏查疑，敦促自首，形成“小高潮”，共侦破贪污贿赂罪案737件。

——通过清理线索，深挖隐藏较深的犯罪分子。全年挖出两院“通告”前作案的犯罪分子675名，其中221名是1988年6月举报中心设立前作案的。在群众举报不断而又长期无案的509个单位中查获罪案799件。有14名携巨款潜逃的犯罪分子被缉拿归案。

——发挥政策法律的威慑力量，促使案犯坦白自首。全年受理贪污贿赂违法犯罪人员投案自首488名，其中万元以上103名。

第二，增强服务意识，注重办案效果。去年，各级检察机关把“打击、保护、促进、服务”的办案指导思想进一步具体化，制定了一系列措施。中央工作会议和十三届八中全会后，又制定了检察机关为搞好国营大中型企业服务，为加强农业和农村工作服务的意见，并在办案中认真贯彻。归纳起来主要有以下几点：

一是保护企业产供销渠道的畅通。查案中确需使用企业帐册、凭证、营业执照和合同协议的，注意不影响生产和经营。宣传报导注意维护企业的声誉和名优产品的信誉。对犯罪情节一般，又不影响侦查的，尽可能不采取逮捕拘留措施。因办案可能造成企业业务中断的，主动帮助牵线搭桥，沟通往来。

二是帮助企业扭亏增盈。去年深入到155家亏损企业挖出“蛀虫”313名，并配合党政领导积极整改，扶持企业发展经济，至年底已有34家扭亏为盈。

三是对个别高级科技人员的犯罪案件，如确系重大科研和工程建设项目的需要，在坚持依法办案的原则下，适当放宽或不采取强制措施，以利于经济建设。

四是尽力为企业挽回经济损失。去年各级检察机关通过办案共为企事业单位挽回经济损失1904万元，起到了稳定职工情绪，缓解资金困难的积极作用，还挽救了一些濒临倒闭的企事业单位。

五是帮助企业堵漏建制，预防犯罪。去年，各级检察机关共向有关单位发出《检察建议》660份，帮助堵塞漏洞，消除隐患，积极预防犯罪。

第三，严格执法，保证办案质量。坚持“一要坚决，二要慎重，务必搞准”的原则，严格区分罪与非罪的界限。对经济体制改革和转换运行机制中出现的新情况，新问题，加强调查研究。在办案程序上，加强了内部制约，保证了办案质量。去年本市贪污贿赂案件起诉率比上年提高14.1个百分点，免诉率比上年降低15.6个百分点。

第四，深入宣传，发动群众举报。去年，本市检察机关统一发布新闻50余次，通过新闻媒介发表和播出稿件1500余篇。坚持随案宣传，案件办到哪里，宣传工作做到哪里。开展了举报中心建立三周年专题宣传活动，创办了《上海检察》双月刊，运用各种形式，宣传发动群众。全年，共受理举报15421件，其中举报贪污贿赂的占65.8%。

第五，紧密依靠党政组织，争取广泛的支持和配合。去年，各级检察机关通过各种形式，主动与有关单位加强联系，取得支持，推动反贪斗争深入开展。据统计，全年由单位、部门控告而查获的贪污贿赂罪案占查获案件总数的28.8%，比上年增加6.5个百分点。

二、坚持严厉打击严重刑事犯罪活动

社会稳定是经济建设的前提。去年，本市检察机关共批准逮捕各类刑事罪犯9866名；提起公诉9954名，免诉760名，做了大量工作，为维护社会治安，保障社会稳定发挥了重要作用。

第一，坚持贯彻依法从重从快的方针，突出打击重点。全年批准逮捕杀人、抢劫、强奸、重大盗窃等重点打击对象占批捕总数的38.8%。配合法院集中公判290场次，判决各类刑事罪犯1217名。工作中坚持提前介入公安机关的侦查和预审活动，加快办案速度，保证了对重大刑案的快捕快诉。

第二，积极投入“反盗”等专项斗争。派出干部深入宣传“反盗”通告281场次，敦促投案自首。深入监管改造场所，发动政治攻势。及时批准逮捕盗窃犯1796名，起诉1760名，对投案自首或有立功表现的61名罪犯兑现政策，依法免诉，促进反盗斗争深入发展。根据“扫黄”、“除六害”的需要，先后对“制作贩卖传播淫秽物品”、“引诱容留强迫妇女卖淫”以及严重暴力犯罪等案犯810名，组织集中起诉和公开宣传报道，显示斗争声威，收到鼓舞群众、震慑犯罪的效果。

第三，加强侦查监督和审判监督。一年中，对构成犯罪但不够逮捕条件或尚未构成犯罪决定不批捕的863名；事实不清、证据不足退回补充侦查的3694名；对不构成犯罪作出不起诉决定的54名；追捕追诉漏犯254名，认为法院判决裁定不当提出抗诉的23件。各级检察机关还加强了对刑事判决裁定执行情况和监管改造场所执法活动的监督。积极配合监管改造场所加强安全防范工作，维护监管秩序的稳定。

第四，认真开展社会治安综合治理。各级检察机关深入发案单位和有关部门以案论法，宣传法制2300场次，选择31个企事业单位和街道、村镇重点治理，对1241名免诉人员落实了帮教措施。认真贯彻执行《未成年人保护法》、《青少年保护条例》，进一步完善未成年人犯审查批捕、起诉制度，做好对失足青少年的教育挽救工作；派出干部担任中小学校校外法制辅导员，在20余所中学、技校开展以法制教育为主要内容的社会治安综合治理。结合办案，针对治安管理上的问题，及时发出检察建议498份（次），促进案发单位堵漏建制，加强防范。

三、积极查处“侵权”、渎职等犯罪案件

加强法纪检察工作，同侵犯公民民主权利和玩忽职守等渎职犯罪作斗争，是检察机关的一项重要任务，也是为经济建设服务的一个重要方面。一年来，法纪案件立案246件，其中大要案占31.7%，比上年增加13.3个百分点。立案查处的玩忽职守、非法拘禁、徇私舞弊、刑讯逼供和重大责任事故等五类重点案件占77.2%，比上年增加7个百分点。

各级检察机关针对近年来玩忽职守渎职犯罪不断发生，造成经济损失惊人的情况，加强对这类案件的查处。全年共立案98件，比上年增加25.3%。这些案件造成直接经济损失8700余万元，其中直接损失50万元以上的16件，损失最大的达1000余万元。

一年来，检察机关受理公民申诉1607件，已处理1578件，占98.2%。其中经审查纠正免诉的25件，向法院提出纠正意见的20件。查明对举报人确有打击报复行为的19件，其中一名情节严重的已立案查处，其余均由党政组织作了处理。妥善处

理易于引起矛盾激化的来信来访74件，及时做好工作，化解矛盾，取得了较好效果。同时，认真履行对行政诉讼和民事审判活动的法律监督职责。

四、开展反偷抗税斗争

近年来，偷抗税案件逐年上升，犯罪数额越来越大，严重影响经济建设。各级检察机关进一步强化税务检察工作，狠狠打击偷税抗税犯罪，保障依法治税，维护正常经济秩序。去年，共查处偷抗税罪案746件，比上年增加68.4%，追缴税款2800万元。工作中，坚持重点查处不法个体户偷税大案，全年共查获503件，占大案总数的95.8%，偷税数额最高的达160万元。与此同时，还查获集体企业偷税罪案6起，私营企业偷税罪案12起，并查获合资企业特大偷税案1起。

各级检察机关还会同税务部门，选择问题较多的十余个个体行业，分别开展专项整顿；支持税务机关严格执法，协助拔除一批长期拖欠或借故拒纳税款的"钉子户"，促使补交税款及罚补滞纳金共917万余元。

五、加强检察队伍建设

良好的队伍素质是做好检察工作的基本条件。去年，各级检察机关面对复杂的国际形势和繁重的检察任务，更加重视思想政治工作，加强政治理论教育。坚持开展争先创优活动和创建文明单位活动，弘扬无私奉献、廉洁奉公的精神。一年中，受到年度表彰的有80个集体、112名个人。13个党支部，24名共产党员被市、区、县各级党组织评为"优秀党支部"和"优秀党员"。5个集体、9名个人受到最高人民检察院通报表扬。还有8个区、县检察院被区县政府评上文明单位，闸北区检察院、白茅岭农场区检察院被评为市文明单位。

各级检察机关坚持"从严治检"，进一步加强纪检、监察工作。严格执行最高人民检察院关于检察人员"八要八不准"的纪律，定期开展执法执纪检查，针对问题落实整改措施，严肃处理违法犯罪事件。

六、自觉服从党委领导，主动接受人大监督

一年来，各级检察机关共向各级党委、人大及其常委会报告工作214次，接受人大代表检查工作48次。市检察院还就反贪斗争、法纪检察和税务检察工作向市人大常委会作了专题报告。认真学习市人大常委会《监督司法工作条例》，提出了贯彻执行意见，定期检查执行情况。对于人大代表的提案、建议和批评认真研究，落实措施，及时处理和回复。对各级人大及其常委会转办、交办的案件抓紧查处。在执法执纪大检查中，及时向党委和人大常委会汇报情况，认真听取意见，切实改进工作，提高执法水平。

各级检察机关还向政协介绍情况44次，并接受政协委员视察、检查工作。检察机关聘请的特约检察员积极参加检察活动，支持和帮助检察机关开展工作，发挥了参政议政作用。

1992年检察机关要继续坚持党的"一个中心、两个基本点"的基本路线，认真贯彻落实中央2号文件精神，紧紧扣住经济建设这个中心，牢固树立为社会主义建设服务的思想，适应加快改革开放和发展经济的形势，大力加强检察工作。坚持贯彻"两手抓"、"两手硬"的方针，忠实履行法律监督职责，坚持惩治犯罪，努力消除各种危害社会稳定的因素，保障改革开放和经济建设顺利进行。要继续深入开展反贪污贿赂犯罪斗争，重点查处大案要案，保持打击的声势和力度，重视办案的社会效果。进一步采取措施，做好预防贪污贿赂犯罪的工作，巩固和发展斗争成果。要坚持严厉打击严重刑事犯罪分子和敌对分子的破坏活动，积极开展社会治安综合治理。加强同“侵权”、玩忽职守等犯罪的斗争。坚决打击偷税抗税和假冒商标等犯罪活动。积极开展监所、控申、民事行政等各项检察业务，努力为经济建设创建良好的社会环境，加强思想政治工作，坚持从严治检，抓好队伍建设，振奋精神，艰苦奋斗，为深化改革，扩大开放，繁荣经济，稳定社会作出新的努力。

江苏省人民检察院工作报告（摘要）

——1992年3月9日在江苏省第七届人民代表大会第五次会议上

江苏省人民检察院代理检察长　赵　虹

（1992年3月12日江苏省第七届人民代表大会第五次会议通过）

一、惩治贪污贿赂犯罪，为经济建设服务

1991年，全省各级检察机关把惩治贪污贿赂犯罪作为反腐败的重要内容，作为对经济建设最重要最直接的服务，抓住重点，深入挖大案要案，依法查处了一大批贪污、贿赂犯罪案件，全年共受案4378件，立案侦查1841件；通过办案，为国家和集体挽回直接经济损失2520万元，从而使惩治贪污贿赂犯罪的斗争又深入了一步，主要表现在以下几个方面：

1、在重点系统和行业开展反贪污贿赂斗争取得了明显成效。省检察院针对一些行业和部门不正之风严重、少数国家工作人员利用职权大肆贪污受贿的现状，在部署和检查工作时一再提出，要紧紧依靠党委，坚持走群众路线，主动深入到群众反映强烈的系统和行业，深挖细查，揭露犯罪，并运用典型案件，及时宣传发动，形成打击犯罪的小高潮。各地检察机关结合本地实际选准深入的方向，精心组织侦破，分别在供销、粮食、金融、商业、物资、供电等系统挖出了一批贪污贿赂犯罪分子，全省共查办案件600余件。

在重点系统和行业侦破了一批案件后，各地检察院抓住有利时机，在党委的领导下，在有关部门的支持下，分别召开一定规模的会议，通报案件查处情况，以案释法，宣讲政策和法律，动员群众举报，敦促犯罪分子投案自首，同时请党政领导到会讲话，扩大影响，有的还协同法院分别从严、从宽宣判和处理一批经济案犯，从而有力地打击和震慑了犯罪分子，形成了各具特点的地区性斗争声势，取得了良好的社会效果。

2、深入亏损企业清除了一批经济“蛀虫”。亏损企业入不敷出，使政府背着沉重的包袱，严重影响着经济的发展。其中有的企业虽然负债累累，甚至濒临倒闭，但少数经营管理人员却腰缠万贯，群众称之为“穷庙富方丈”。去年，全省检察机关围绕以提高效益为中心的经济工作，把亏损企业作为反贪污贿赂斗争的一个重点，深入调查研究，分析亏损原因，抓住那些非

正常亏损严重的企业，深挖细查，破获了一大批贪污贿赂犯罪案件，并使一些企业开始扭亏增盈。据不完全统计，去年检察机关共在亏损企业立案查处了657件贪污贿赂犯罪案件，其中重、特大案223件。

3、集中精力查处了一批大案要案。去年，全省各级检察院把大案要案的查处作为反贪污贿赂的中心环节，集中力量，克服困难，排除干扰，突破了一批有影响的案件，全年共立案侦查贪污贿赂大案要案506件，比上年增加7.7%，其中犯罪金额十万元以上的13件。

4、举报工作得到了进一步开展。全省共受理举报线索16839件，其中属检察机关管辖的10728件，占73%；检察机关从中立案1730件，占全部经济犯罪案件立案总数的66.6%，比上年有所提高。去年全省检察机关还受理违法犯罪人员投案自首158人，奖励举报有功人员160人，查处打击报复举报人的事件20起。

在反贪污贿赂工作中，我们着重抓了四个问题：

第一，坚定不移地贯彻为经济建设服务的指导思想。全省各级检察机关既在反贪污贿赂斗争的工作重点和工作方向上努力和经济工作合拍，更注意围绕党中央关于经济建设的方针、政策，及时调整自己的工作部署。一是从经济建设的全局出发，进一步完善了我省检察机关提出的打击犯罪、保护和促进经济建设的方针，正确处理打击和服务的关系，既注意及时纠正一些地方片面强调服务、打击不力、办案减少的状况，也注意总结检察机关结合办案搞好服务工作的经验。二是积极贯彻中央工作会议精神，为搞好大中型企业服务。一些检察机关召开了大中型企业或当地骨干企业厂长、经理座谈会，认真倾听意见，结合检察职责寻求服务的途径和措施。省检察院在此基础上及时制定下发了为搞好大中型企业服务的八条意见。三是积极配合农村的社会主义教育工作，依法查办基层干部和乡镇企业中的贪污贿赂犯罪案件，为发展农村经济服务。四是从经济和社会效果出发，对于生产和经营管理部门主要负责人、技术和业务骨干的犯罪案件，在立案和采取强制措施前，主动和地方党委、政府及有关部门通气，避免生产、经营和流通等活动脱节。

第二，充分认识新形势下反贪污贿赂犯罪的重要性、长期性，增强紧迫感和责任感。党的十三届四中全会以来，党中央采取了一系列重大措施，坚决惩治腐败，加强廉政建设。在反腐败斗争中，检察机关负有重大的责任。江泽民同志曾经指出：检察机关是人民民主专政的工具；要认清反腐败反贪污斗争的长期性，有长期作战的思想准备；态度要坚决，政策要对头，工作要实事求是。我们认真贯彻落实江泽民同志的这一指示精神，教育广大检察干警，充分认识到反贪污贿赂斗争对于保证党和国家不改变颜色所具有的重要政治意义和深远历史意义，从而增强紧迫感、责任感和使命感。

第三，正确执行政策和法律，努力提高办案质量。一是坚持“一要坚决、二要慎重、务必搞准”的原则，严格区分罪与非罪的界限，特别注意分清经济活动中正常的交往应酬和经济犯罪的界限，细致研究改革开放中出现的新情况，慎重处理有争议的案件。二是在侦查工作中正确运用各种法定的侦查手段和强制措施，以充分、扎实的证据认定或否定犯罪。同时，坚持实行侦查和批捕、起诉工作分部门办理的内部制约机制，一旦发现错案，及时纠正，努力使每一起案件都经得起历史的检验。三是依法正确行使免诉权。全省检察机关认真贯彻最高人民检察院《关于贪污受贿案件免予起诉工作的暂行规定》，针对一度存在的免诉面过宽、打击不力的问题，狠抓免诉案件质量，对罪该起诉的依法提起公诉，对少数立案不当的坚决作撤案处理，慎重而正确地对426件贪污贿赂犯罪案件作免予起诉处理，免诉率为25%，比上年下降了23个百分点。

第四，加强了侦查机构和侦查队伍的建设。按照最高人民检察院的要求，去年省、市检察院加强了专门侦查机构和侦查队伍的建设。省检察院于去年4月成立了反贪污贿赂工作局，充实了人员，增加了装备。同时，全省进一步加强了侦查人员的业务培训工作，组织了侦查经验的总结、交流和推广。

去年，全省检察机关在打击贪污贿赂犯罪的同时，还立案侦查挪用公款案446件，比去年增加15.2%，偷税抗税案243件，比上年增加63%，假冒商标案35件，其他经济犯罪案件34件。在办理这些案件过程中，共为国家和集体挽回直接经济损失1932万元。

二、打击严重刑事犯罪活动，维护社会治安秩序的稳定

1991年，全省各级检察机关继续把打击严重刑事犯罪作为自己的一项重点工作，坚持贯彻依法从重从快的方针，认真履行刑事检察职责，与公安、法院等机关密切配合，严厉打击了各种严重刑事犯罪活动。全省共受理公安机关提请批捕的案犯25584人，经审查批准逮捕22691人，其中重、特大案犯7293人；受理公安机关移送起诉、免诉案件16401件26081人，经审查提起公诉14869件23032人，决定免诉513件973人。

1、突出重点，打击严重刑事犯罪。一年来，各地检察院始终把杀人、抢劫、强奸、爆炸等七类犯罪作为打击重点，坚持提前介入公安机关的侦查活动，预先了解案情，进行主罪、主证复核，及时作出批捕、起诉决定，加快了办案节奏，保持了“严打”声威。全省检察机关共批捕七类案犯5839人，起诉5749人，分别占总数的25.7%和25%。

2、积极维护灾期的社会治安。去年夏秋之际，我省发生了百年未遇的特大洪涝灾害。抗洪救灾期间，全省各级检察机关把维护灾区社会秩序作为当时的主要任务，在党委和政府的统一领导下，密切注视治安动向，与政法其他部门密切配合，对各种趁灾作案的犯罪分子，毫不手软地严厉打击，有力地维护了灾期的社会稳定和治安秩序。

3、认真部署和积极开展反盗窃专项斗争。去年10月以来，全省检察机关根据省委、省政府“今后三年在全省范围内广泛深入地开展一场反盗窃斗争”的总体部署，迅速行动，积极投入反盗窃的专项斗争。省检察院结合检察机关的职能，及时向全省各级检察院发出了通知，提出了具体贯彻意见。各市、县（区）检察院结合本地实际，普遍制定了实施方案，并配合公安、法院，联合发出通告，敦促盗窃犯罪分子投案自首，号召群众检举揭发，形成了一定的声势，初步打开了斗争局面。去年10月至12月，全省检察机关共批捕盗窃案犯3638人，起诉3805人。

4、加强了侦查监督和审判监督工作。全省各级检察机关在打击犯罪的同时，注意对侦查和审判活动进行法律监督，既依法打击犯罪分子，又不使无罪的人受到刑事追究。通过审查批捕和审查起诉活动，共追捕犯罪分子105人，追诉131人，对不够法定逮捕条件的1908人作出了不批捕决定，对依法不应追究刑事责任的63人作出了不起诉决定，对法院的不当判决和裁定依法提出抗诉61件，对侦查和审判活动中的违法行为提出纠正违法意见173件(次)。

5、积极开展了社会治安综合治理工作。去年以来，全省各级检察机关认真贯彻省委、省人大和最高人民检察院关于加强社会治安综合治理的指示精神，结合检察职能，开展多种形式的综合治理工作，如配合有关部门对重点地区、重点部位和重点方面进行专项治理；结合办案开展法制宣传；协助发案单位搞好内部整顿，堵塞犯罪漏洞；加强对免诉人员的回访帮教，等等，收到了较好的社会效果。

三、全面履行法律监督职责，认真开展法纪、监所、控告申诉、民事行政等其他各项检察工作

去年，全省检察机关在抓好反贪污贿赂和打击严重刑事犯罪这两项重点工作的同时，注意全面履行职责，依法开展其他检察工作，使法律监督的各项业务得到了均衡发展。

1、以查处“侵权”、渎职犯罪案件为重点，开展法纪检察工作。全省各级检察院把依法查处侵犯公民的民主权利、人身权利的犯罪案件，作为回击国内外敌对势力对我人权问题的恶意诽谤所承担的一项义不容辞的任务，及时查办了一批刑讯逼供、非法拘禁、诬告陷害、非法侵入他人住宅等“侵权”案件，依法追究了犯罪分子的刑事责任。全省共立案查处各类法纪案件532件，其中“侵权”案件242件，占45%，比上年增加7%。值得注意的是，近年来，人质型非法拘禁案有所增多。少数人为了债务纠纷，非法绑架、扣押人质，严重侵犯了公民的人身权利。去年立案查处的非法拘禁案件，属人质型的有38件，比上年增加了1倍多。

去年，全省检察机关还查办了249件因国家工作人员、厂矿企业事业单位管理人员严重官僚主义或违章作业、瞎指挥，致使人民生命、国家财产遭受重大损失的玩忽职守和重大责任事故案件，为国家和集体挽回直接经济损失678万元。

2、加强对监管改造场所执法活动的监督，履行监所检察职责。全省检察机关为了保障看守所、劳改、劳教机关正确执法，对超期羁押人犯、违规留所服刑、无证收押、违规减刑假释等问题，共向有关部门提出纠正意见3045件（次）；批准逮捕监管改造场所内的刑事案犯31人，起诉164人；立案侦查管教人员贪污、受贿、体罚虐待被监管人等犯罪案件13件。

3、继续以举报和申诉复查为重点，发挥控告申诉检察工作的作用。去年共受理群众控告26457件，均按“归口办理、分级负责”的原则，分清轻重缓急，及时进行了处理，其中包括集体上访72件；受理申诉3020件，对不属于检察机关管辖的2015件及时转有关部门处理，对属于检察机关管辖的1005件作了认真查处，其中立案复查320件。在已办结的案件中，维持原决定的161件，改变原决定的49件。

4、民事、行政检察工作逐步得到了开展。民事、行政诉讼法律监督工作，是法律赋予检察机关的一项新的职责。去年，全省检察机关在加强机构建设和业务培训的同时，受理和查办了一批案件，工作开始起步。共受理不服法院民事、行政判决、裁定的申诉案件282件，已处理156件，其中立案13件，向法院提出抗诉1件，提出改判建议10件。

四、加强队伍建设，提高干警的政治素质和业务素质

检察机关作为法律监督机关，不仅拥有一定的司法权力，而且接触社会阴暗面较多。所以，建设一支立场坚定、方向明确、秉公执法、清正廉洁的检察队伍，是顺利完成各项任务的保证。为此，全省各级检察机关加强了政工机构建设，省检察院成立了政治部，各市检察院成立了政治处，在此基础上，紧密结合检察队伍的现状，大力开展具有行业特点的思想政治工作，继续加强业务教育培训，使自身的政治和业务素质得到了提高。

去年，省检察院作出了在全省普遍开展“新时期人民检察官形象大讨论”活动的决定。全省八千名检察干警围绕新时期人民检察官应是什么形象、自己的形象怎样、如何树好形象这一主题，坚持以自我教育、正面教育为主，采取学习文件、大会报告、小会报告、个别谈心、演讲比赛、革命传统教育等多种形式和方法，生动活泼地开展“大讨论”活动。通过议形象，摆问题，查原因，走访各有关部门征求意见，全省各地找出了一些带有行业不正之风的问题，并分别制定了整改措施，建立健全了相应的规章制度。“大讨论”使广大检察干警精神面貌有了较大的改观。同时开展执法执纪大检查，坚持从严治检，纠正不正之风，坚决查处检察人员中的违法违纪案件，增强广大干警拒腐防变的能力。去年全省共发现和查处检察干警违法违纪12人，比往年有所下降。

大力开展争先创优活动，引导干警奋发向上。全省各级检察院通过理想和信念教育，开展岗位竞赛、互帮互学活动，涌现了一大批政治坚定、业务过硬、作风顽强、成绩突出的先进集体和个人，其中有4个先进集体和9名先进个人受到了最高人民检察院的通报表彰。

继续抓了业务教育培训工作。有2700多人取得了《法律（检察）专业证书》，有1200多人参加了法律专业高等教育自学考试。目前，全省检察干警中，具有大专以上文化的已占67%。

此外，省检察院在省委统战部的协助下，认真贯彻落实中共中央《关于坚持和完善中国共产党领导的多党合作和政治协商制度的意见》，聘请了七位民主党派成员和无党派人士为特约检察员，增强了检察机关与社会各界的联系，为民主党派参政议政提供了条件。一些市检察院也开展了这项工作。

1991年，我们的工作还有许多做得不够的地方，存在不少薄弱环节。如：反贪污贿赂工作存在着严重的不平衡性，一些经济、社会状况大体相似的地方，办案成果悬殊比较大；少数检察院存在执法不严的现象；侦查工作比较薄弱，办案经费紧缺，侦查设施落后。对于去年工作中存在的问题，我们将引起高度的重视，增强紧迫感、责任感，努力克服安于现状、消极畏难等思想障碍，使今年的工作取得新的进展。

1992年，我们面临的任务依然十分繁重。当前，贪污贿赂犯罪仍很严重，一些隐藏较深的犯罪分子还没有被揭露；新的犯罪在继续产生，去年立案的案件中，近两年作案的占一半以上；犯罪分子作案后携款潜逃的也越来越多。同时，社会治安形势依然严峻，极少数顽固坚持资产阶级自由化的敌对分子，在国际大气候的影响下，仍有伺机制造新的动乱的可能；严重刑事犯罪仍很猖獗，一些地方的社会治安问题比较突出。在复杂的形势和艰巨的任务面前，为了做好今年的各项检察工作，我们于1月召开了全省检察长会议。会议确定，今年全省检察工作总的指导思想是：紧紧围绕经济建设这个中心，认真贯彻党的基本路线，忠实履行法律监督职责，深入开展反贪污贿赂斗争和严厉打击严重刑事犯罪斗争，全面开展各项检察业务，进一步抓好队伍建设，使检察工作更好地为搞好大中型企业服务，为加强农业和农村工作服务，为社会主义建设服务，把我省的检察事业继续推向前进。

浙江省人民检察院工作报告（摘要）

——1992年3月9日在浙江省第七届人民代表大会第五次会议上

浙江省人民检察院检察长　胡灿时

（1992年3月13日浙江省第七届人民代表大会第五次会议通过）

省七届人大四次会议以来，全省检察机关认真贯彻执行省七届人大四次会议关于省人民检察院工作报告的决议，反贪污贿赂、打击严重刑事犯罪以及法纪检察等各项检察工作都取得了新的进展，队伍建设有了进一步加强，为维护我省政治稳定和社会安定，促进经济建设和廉政建设作出了积极的贡献。

一、关于反贪污贿赂工作

1991年，全省检察机关继续把反贪污贿赂作为首要任务，工作深入了一步。主要表现在：

第一，立案查处了一大批贪污贿赂犯罪案件。共立案查处贪污贿赂犯罪案件2340件，比上年增加2.8%。现已侦查终结2258件，侦结率为85.5%。在立案查处的贪污贿赂犯罪案件中，隐蔽较深的贿赂罪案有1242件，比上年增加11.4%，首次超过了贪污犯罪案件数。

第二，查处重点系统、行业的贪污贿赂犯罪案件有新的进展。全省在金融系统立案查处贪污贿赂犯罪案件139件，内万元以上大案63件。近有30个检察院，还在基建、林业、土地管理、汽车修理等系统、行业，立案查处贪污贿赂犯罪案件218件，内大案要案70件，并促使253名贪污贿赂等违法犯罪人员投案自首。

第三，群众举报质量有了提高，继续发挥了揭查贪污贿赂案件的主渠道作用。共受理群众举报11541件，从中立案查处贪污贿赂犯罪案件1498件，占立案总数的64%。同时，调查处理打击报复举报人案件110件，其中已构成犯罪予以立案查处4件，移送有关部门处理45件。对80名举报有功人员进行了奖励。

第四，反贪污贿赂为经济建设服务的效果好。各级检察机关通过办案，挖出“蛀虫”，并为国家和集体挽回经济损失5840万元，比上年增加12.6%；帮助发案单位整改堵漏，加强管理，挽救了一批濒临倒闭的企业。

在重点查办贪污贿赂犯罪案件的同时，全省检察机关还立案查办了挪用公款、偷税、抗税、假冒商标等其他经济犯罪案件808件，比上年增加19.5%。为维护经济秩序，支持国营大中型企业，保障国家财政收入，发挥了积极的作用。

为使反贪污贿赂斗争深入下去，全省

检察机关主要抓了以下五个方面的工作：

1、坚持为经济建设服务的指导思想。全省检察机关明确检察机关为经济建设服务的最重要、最直接的手段是打击犯罪、惩治腐败、维护稳定。一方面，对于严重贪污贿赂等犯罪活动，必须坚决打击，决不能手软。另一方面，要切实保护合法权益，保护合法经营。在查处案件中，必须始终注意维护企业生产和经营的正常秩序，并且结合办案积极做好为企业挽回经济损失、帮助企业整改堵漏、加强管理和疏通业务渠道、提供法律咨询等多种具体服务工作。从而，使反贪污贿赂为经济建设服务的作用得到了较好的发挥。

2、突出大案要案的查处。全省检察机关把查处大案要案特别是领导干部及其亲属犯罪的案件作为反贪污贿赂的工作重点，实行分级负责的制度，检察长直接抓，上级院督促帮助下级院抓。去年立案查处的大案要案有659件，比上年增加2%。其中，贪污贿赂五至十万元的46件，十万元以上的24件(内五十万元以上的2件)；处级以上干部犯罪要案26件。

3、注重深挖群案串案。去年，省检察院与省金融各部门对金融系统近几年来的贪污贿赂犯罪情况进行调查分析，并经省委、省政府领导同意，联合召开会议部署开展反贪污贿赂工作，取得了明显的效果。各地在斗争中，注意以典型案件开路，加强宣传发动和兑现政策，注重深挖犯罪。

4、在提高侦查水平上下功夫。省检察院去年2月底召开了全省检察机关第二次反贪污贿赂侦查工作会议，着重总结交流了依靠群众与加强专门工作相结合的侦查工作经验。还举办了侦查骨干参加的侦查技术研讨班。经过努力，侦查思路有所拓宽，破案水平有了提高。

5、坚持质量第一，切实把案件搞准。着重抓了四条：一是抓统一思想，进一步增强质量意识，牢固树立质量第一的观念。二是坚持“一要坚决，二要慎重，务必搞准”的原则。对看不准、有争议的或罪与非罪界限一时难以分清的案件，不急于处理；对科技领域及其他行业性、政策性强的案件，注意多听取各方面的意见，审慎处置。三是认真执行保证办案质量的各项制度。对检察机关自己侦查的案件，坚决实行侦查、审查、复查三道工序分开的内部双重制约机制，防错、防漏。四是重视抓免诉案件的质量。去年全省贪污贿赂犯罪案件免诉率为36.1%，比前年下降10.2个百分点。

二、关于严厉打击严重刑事犯罪活动的工作

1991年，全省检察机关继续贯彻稳定压倒一切的指导思想，坚持把坚决打击严重刑事犯罪活动作为另一个工作重点，常抓不懈。全省共受理公安机关提请审查批捕的各类刑事案犯22051人，已审结21053人，其中依法批准逮捕19541人；受理公安机关移送审查起诉的各类刑事案件14549件23808人，已审结13362件21445人，内已依法决定起诉12498件19449人。在批捕、起诉的案犯中，七类重点打击对象分别占批捕、起诉数的40%和32%。工作中，全省检察机关重点抓了以下四个方面的工作：

1、坚决贯彻依法从重从快的方针。突出抓了三条：一是严密注视社会治安和敌情动态。不少检察院对当地的治安形势和犯罪动向、特点进行调查了解，及时向党委和有关部门报告、反映。对突发事件的苗头，保持高度警惕，快速作出反应。二是突出打击重点。对杀人、抢劫、流氓、强奸、爆炸、重大盗窃等现行重特大犯罪分子特别是其中的团伙犯罪和惯犯、累犯，提前在侦查阶段介入审查的有3414件(次);有些案情很清楚又很紧急的案件,当天受理当天即予批捕、起诉,坚决及时依法严惩。三是牢牢把握“两个基本”。只要案件基本事实清楚,基本证据确凿,就及时批捕起诉。对共同犯罪案件,能查清处理几个,就依法及时处理几个。

2、积极参加专项集中打击。各地根据党委的统一部署,积极与兄弟部门密切配合,分别开展了“扫黄”、“除六害”、打击流窜犯罪、反走私和反盗窃等多种内容的专项集中打击。在反盗窃专项斗争中,派出检察干部到公安派出所了解摸排打击对象的情况,并协同基层宣传发动群众,开展政治攻势;对重点打击对象的案件材料提前了解,需要补充查证的,就地帮助补证,从而,快捕快诉了一大批严重盗窃犯罪案件。9月以来,全省共批准逮捕盗窃案犯3378名,起诉2236件3480人,内重特大案犯分别占批捕、起诉数的40.6%和27.1%。同时,还配合法院等部门对一大批重特大案犯作了集中公开处理。

3、加强对侦查活动、审判活动和监管改造活动的法律监督。依法决定不批准逮捕的有1512名,对84名不构成犯罪的依法作出了不起诉决定。同时通过审查,依法增捕案犯253人,追诉251人。依法向法院提出抗诉117件,已收到法院判决、裁定68件,其中改判32件,维持原判36件。对公安机关侦查活动和法院审判活动,提出纠正违法意见449件(次)。对监管改造活动进行检察,提出纠正违法意见和工作建议2310人次,对超期羁押的问题提出纠正意见804人次。对监管改造干部中体罚虐待人犯、徇私枉法和贪污贿赂等违法犯罪实施了检察。

4、加强社会治安综合治理工作。全省检察机关贯彻执行党中央、国务院和全国人大常委会关于加强社会治安综合治理的决定,在狠抓打击这个首要环节的同时,注意结合办案落实社会治安综合治理其他各项措施。重点抓了四条:一是全面贯彻党的刑事政策,实行宽严相济,分化瓦解犯罪分子。特别是对轻微犯罪的初犯、偶犯尤其是其中的青少年犯,注意加强教育挽救。二是重视对各类告急案件的疏导、处理和出庭支持公诉水平的提高,加强法制宣传,促使罪犯认罪服法。三是针对发案单位在管理和防范上存在的问题和漏洞,及时提出检察建议,帮助整改堵漏。四是积极协同有关部门提高改造质量,减少重新犯罪。仅对在押人犯开展法制教育就达930次,受教育人犯90163人次。

三、关于查处“侵权”、渎职犯罪的工作

查处侵犯公民人身权利、民主权利和渎职等犯罪案件,是反腐败的一个重要方面,去年有了加强。共立案侦查各类法纪案件585件,其中,刑讯逼供、非法拘禁、玩忽职守、重大责任事故、徇私舞弊等五类重点案件410件,占70.1%,重特大犯罪案件115件。立案数、五类重点案件数和重特大案件数分别比上年增加25%、35.3%和29.2%。主要抓了以下三方面工作:一是加强组织领导。省检察院在全省检察长会议上对这项工作提出了“提高认识、加强领导、狠抓办案”的明确要求。各级检察长注意分析反“侵权”、渎职工作的形势,适时提出工作部署,配置必要力量。发现重特大案件,就抓在手上,直接指挥或参与办理。二是拓展案源,加强侦查。开展了法纪犯罪案件立案标准的宣传,使法纪检察工作为更多群众所了解和支持。全省共受理群众举报的各类法纪案件线索2533件,从中立案侦查370件。不少检察院还对当地突出的法纪犯罪情况开展了重

点调查和集中处理。三是讲究政策，注重社会效果。对法纪案件的查处，坚持严厉查办极少数情节与后果严重的犯罪案件和教育挽救多数的原则。随着经济纠纷的增多，在农村的一些地方为索债扣押人质的案件屡有发生，对其中极少数严重犯罪案件认真予以查处，追究了刑事责任；对有轻微违法犯罪行为的则注重于教育，移送有关部门处理。对因国家工作人员或企业负责人违法乱纪而引起矛盾激化的告急案件，做到及时受理，迅速查处，防止矛盾扩大。查处玩忽职守等渎职案件，除依法追究直接责任者的法律责任外，还注意努力挽回经济损失。

一年来，各级检察机关的控告、申诉检察以及检察技术等其他各项业务工作也有所加强，民事行政检察工作有重点地开始起步。共受理公民控告、申诉 44536 件，已处理 40990 件，其中处理不服检察机关不立案、不批捕、不起诉以及免予起诉等决定的申诉案件 664 件，内纠正 44 件；处理不服法院判决、裁定的申诉 1485 件。

四、关于接受人大及其常委会监督的情况

1991 年，全省检察机关以贯彻执行《浙江省地方各级人民代表大会常务委员会监督司法工作的规定》为重点，着重加强了以下三方面的工作：

1、认真报告工作。各地检察院认真向人大及常委会报告工作。同时，采取了邀请人大领导及人民代表视察和评议、与人民代表座谈、发函征求意见等形式，反映工作情况和存在的问题，进一步得到了监督和支持。嘉兴、绍兴等不少地方的检察院还制订了有关接受人大及常委会监督的制度。

2、认真落实人大及常委会对检察工作的决议、决定和人民代表的建议、批评。省七届人大四次会议闭幕后，省检察院即召开检察委员会和院务会议，认真研究省人大会议上审议省检察院工作报告的意见。随后又在 3 月下旬召开全省市、分院检察长会议，通报省人大审议情况和省院的贯彻意见，着重就队伍建设和案件质量两个方面的问题研究落实措施。各地都及时作了贯彻。对人大及常委会交办的案件，也认真进行查处，及时报告结果。

3、加强检查督促。为把接受人大监督落到实处，省检察院专门作了部署，要求把检查省人大常委会有关监督司法工作的规定的贯彻执行情况，作为去年执法执纪情况大检查的一个重点内容，并派出工作组进行重点抽查。市、分院也对 15 个基层院进行了重点抽查。在此基础上，省检察院又总结推广了绍兴市检察院认真接受人大监督推进检察工作的典型经验。

五、关于检察队伍建设

1991 年，全省检察机关认真贯彻党中央关于加强政法队伍建设的要求，坚持“两手抓”的方针，检察队伍的政治、法律和业务素质继续有了提高，经受住了严峻复杂的政治斗争和紧张繁重的工作任务的双重考验。广大检察干部立场坚定，艰苦奋斗，坚持原则，秉公执法，涌现出了许多先进集体和个人。其中，有 29 个集体、141 名个人受到省院的表彰，有 7 个集体、12 名个人受到最高人民检察院的表彰。

一年来检察队伍建设，着重抓了以下五个方面：一是加强马列主义、毛泽东思想基本理论的学习和以坚持党的基本路线、抵御和平演变为主要内容的社会主义思想教育，进一步坚定广大检察干部的政治立场和方向。二是加强思想政治工作。各级检察院普遍建立了政治工作机构。同时，坚持院党组、检察长直接抓思想政治工作，初步形成了院党组、检察长、政工部门、业务处（科）齐抓共管，党、团、工会组织密切配合的思想政治工作的格局。广泛开展了立功创模、表彰先进活动。三是坚持从严治检。全省检察机关普遍开展了党风党纪和廉政教育、思想作风教育整顿、执法执纪检查等活动，并认真进行整改。同时，抓紧了违法违纪案件的查处。全省共查处违法乱纪人员25人，内受刑事处分的1人，调离检察机关的2人，作纪律处分的20人，批评教育的2人。四是加强教育培训工作。省检察院举办了9期各类业务培训班，培训干部600余名；电大检察分校91届746名学员已按期毕业，具有大专以上文化程度的检察人员已占总数的56.3%，其中法律专业毕业的占44.6%。五是加强领导班子的建设。认真贯彻落实《中共中央关于加强同人民群众联系的决定》，清廉、求实、民主的作风有了进一步的发扬。同时，还协同党委，调整充实了部分检察院的领导班子。后备干部队伍建设也有了加强。

一年来，全省检察工作虽然取得了新的成绩，但离形势和任务对检察工作的要求仍有很大的差距，工作中还存在不少问题与困难。主要是：(1) 有的地方工作抓得不够紧，因而出现了基本情况、条件大致相同而工作成效却相差甚远的现象。(2) 少数地方、少数同志对案件质量重视不够，抓得不实，极少数案件特别是有的免诉案件质量不高。共查出近几年免诉不当的案件43件，已全部纠正。同时，对一些重大典型案件进行剖析不够深入，影响了办案社会效果的充分发挥。(3) 对侦查活动和审判活动的法律监督工作虽有加强，但在一些地方仍不够有力。有的案件该抗诉没有抗诉，也有抗诉质量不高的。(4) 有些办案人员的业务素质不高，发现和侦破大案要案尤其是要案的能力不强，不能适应斗争形势的需要。个别人员对文明办案注意不够。(5) 干部中的违法违纪虽比前年有所减少，但仍有发生，个别的甚至走上了犯罪的道路。从我们省检察院的领导工作检查，主要是对某些典型性问题调查研究不够深入，在业务指导上有时也不够具体有力。此外，办案力量、经费、技术装备等方面还存在不少困难。我们一定要正视存在的问题与困难，在今后的工作中认真加以解决。

1992年，全省检察机关要继续认真贯彻党的十三届七中、八中全会、中央工作会议、邓小平同志关于建设有中国特色的社会主义的一系列重要论述和江泽民同志的“七一”讲话精神，紧紧围绕经济建设这个中心，继续坚持“深入开展反贪污贿赂斗争，坚持依法从重从快打击严重刑事犯罪，加强反‘侵权’、渎职工作”的工作格局，大力加强检察队伍建设，在保持近几年来工作好势头的基础上，着重在“提高”上下功夫。力争通过新一年的努力，在贯彻为经济建设服务的工作指导思想上，在侦破和办理案件特别是大案要案上，在案件质量和社会效果上，在干部的政治、业务素质上，在领导班子建设上，都有进一步的提高，以便更好地为社会主义建设服务。

一、要牢固树立检察工作为经济建设服务的指导思想。在当前和今后一段时期内，要充分运用法律武器，重点抓好为搞好国营大中型企业和加强农业、农村工作服务的工作。在为搞好国营大中型企业服务上，检察机关要着重抓好三个方面：一是坚持把查办贪污贿赂犯罪案件，挖“蛀虫”，作为最重要、最直接的服务。积极主动地查处国营大中型企业中特别是那些濒临倒闭、非正常亏损严重的企业中发生的贪污贿赂犯罪案件。二是办案的“服务”工作“一条龙”。即在初查、侦查取证、采取强制措施等办案的各个环节，注意维护企业正常的生产秩序和声誉，维护厂长、经理和企业职工的合法权益，同时，结合办案，做好追赃、疏通业务渠道、帮助建章立制、查漏整改等服务工作，并使之系列化、制度化。三是要重视对个体、私营企业中发生的行贿犯罪、偷抗税犯罪，以及假冒名牌商标等严重犯罪案件的查处，努力为国营大中型企业的发展提供一个良好的法制环境。当然，对个体、私营企业中这方面犯罪案件的处理，也必须全面体现党的政策。在为加强农业和农村工作服务上，检察机关也要抓好三条：一是要积极稳妥地查处乡村干部中的贪污贿赂犯罪和“侵权”、渎职犯罪案件，密切农村党群、干群关系，促进基层建设。同时，要积极协同有关部门依法严肃处理打击报复基层干部和行政执法干部的犯罪案件，保障他们坚持原则，秉公办事，依法行政。二是要重视保护和促进农村集体经济的发展与壮大。对乡镇企业要积极扶持。查办乡镇企业中的贪污贿赂案件，要继续坚持以往行之有效的政策原则和方法，对“行贿”问题要区别不同情况，审慎处置。三是要重视做好维护农村社会稳定工作。积极配合公安等部门，做好打击犯罪和维护农村安定的工作，使广大农民群众安居乐业。

二、要把握好工作重点，推进各项业务工作的全面开展。要继续把反贪污贿赂作为检察工作的第一位任务，树立长期作战的思想，坚定不移地把斗争深入进行下去。要继续突出抓党政机关内部贪污贿赂犯罪案件和大案要案特别是要案的查处。要重点抓好基建领域、“富了方丈穷了庙”、非正常亏损严重的企业和管理混乱、群众反映强烈的单位中的贪污贿赂犯罪案件的查处。要在加强专门业务工作，继续提高侦查技能和办案水平的同时，继续加强群众举报工作，紧紧依靠人民群众，有效地揭露和查办犯罪案件。坚决打击严重刑事犯罪是检察工作的又一个重点，必须坚持不懈地抓紧抓好。对反革命分子和严重刑事犯罪分子，要坚决依法严惩。对反攻倒算等犯罪案件，要及时依法予以查办。反盗窃等专项斗争要继续认真配合抓好。同时，要积极配合兄弟部门做好对突发性事件的预防和处置工作。要继续抓好社会治安综合治理其他各项措施在检察环节上的落实。查处“侵权”、渎职犯罪的工作，也要继续予以加强。要突出抓好非法拘禁、刑讯逼供、徇私舞弊、玩忽职守和重大责任事故五类案件特别是重特大案件的查处。对执法人员中出现的严重违法乱纪行为，要及时依法严肃查处。

三、要进一步提高办案质量，重视社会效果。要进一步增强案件质量第一的观念，认真贯彻“一要坚决，二要慎重，务必搞准”的原则，使所办案件经得起历史的检验。对严重刑事犯罪和贪污贿赂等犯罪活动，一定要依法从重从快和从重从严予以打击，决不手软。对看不准的、有争议的或罪与非罪界限一时难以分清的案件，要持慎重态度，不急于处理；对涉及科技领域的案件，要多听取各方面的意见，慎重对待，妥善处理。要坚持严格依法办案、文明执法。要进一步完善保证办案质量的制度，并狠抓落实。要进一步做好扩大办案社会效果的工作，重视抓好对重大典型案件的分析解剖和检察宣传工作。

四、要继续大力加强检察队伍建设。要突出抓好四件事：一是继续深入开展党的基本路线教育，坚定社会主义信念，牢固树立为经济建设服务的思想。二是要加强思想政治工作，加强自身廉政建设，坚持从严治检。对违法违纪案件，发现一起，严肃查处一起，决不姑息护短。三是要加强检察机关领导班子建设。重点要做好明年各级检察长的换届选举的准备工作。同时继续加强后备干部队伍建设。四是要继续加强业务建设，提高干部的业务素质。

安徽省人民检察院工作报告（摘要）

——1992年3月11日在安徽省第七届人民代表大会第五次会议上

安徽省人民检察院检察长　冯建华

（1992年3月14日安徽省第七届人民代表大会第五次会议通过）

1991年，全省检察机关坚持党的基本路线，坚决贯彻检察工作为经济建设服务的指导思想，认真履行法律监督职责，反贪污贿赂斗争，严厉打击严重刑事犯罪，查处“侵权”、渎职犯罪等各项检察工作都取得了新的成绩。

一、关于开展反贪污贿赂斗争情况

1991年，我省各级检察机关继续把反贪污贿赂斗争作为工作重点，积极查处了一批贪污、贿赂等经济犯罪案件，共受理贪污、贿赂等犯罪案件2850件，立案侦查1735件，其中万元以上大案643件，县处级干部犯罪的要案14件。到年底，已结案1730件，其中依法起诉801件937人，为国家和集体挽回直接经济损失2330万元。各级检察机关在反贪污贿赂斗争中，主要抓了以下几个方面的工作：

（一）提高认识，加强领导，不断把反贪污贿赂斗争引向深入。全省各级检察机关认真组织干警反复学习党中央和中央领导同志关于惩治腐败、加强廉政建设的指示，进一步明确了反贪污贿赂斗争的重大意义，增强了使命感和责任感。各级检察院加强了对反贪污贿赂斗争的领导，经常结合实际，分析斗争形势，研究措施。去年，我省遭受了特大洪涝灾害，各级检察机关在积极参加抗洪救灾的同时，没有放松反贪污贿赂斗争。

（二）集中力量，查办大案要案。各级检察机关都把查处大案要案作为深入开展反贪污贿赂斗争的重点来抓，全省共立案侦查贪污、贿赂大案要案247件，占贪污、贿赂案件立案总数的22%。其中查处贪污、贿赂一万元至五万元的案件208件，五万元至十万元的19件，十万元以上的6件。

（三）不断掀起反贪污贿赂斗争“小高潮”。不少检察机关选择一些经济问题较多、群众反映强烈的单位或行业，广泛发动群众运用典型案件，造成斗争声势，在一个行业或一个单位掀起“小高潮”，收到了明显效果。

（四）继续开展举报工作，发动和依靠群众同贪污、贿赂犯罪作斗争。在深入开展反贪污贿赂斗争中，我们坚持实行专门机关与群众路线相结合的方针，继续发动群众开展举报工作。全省检察机关共受理群众举报案件线索8172件，属于检察机关管辖的案件线索4574件，初查2492件，其中贪污、贿赂等案件线索1298件。对不属于检察机关管辖的案件线索，都及时转给有关部门处理。在开展举报工作中，我们认真贯彻了《安徽省保护公民举报条例》和有关法律规定，共受理打击报复举报人案件129件，查处87件，保护了举报人的合法权益。对于举报有功的人员进行了奖励，同时对于利用举报诬告陷害他人的案件也进行了认真查处。

（五）贯彻了“一要坚决，二要慎重，务必搞准”的方针，严格依法办案。在办案中，坚持“重证据，重调查研究，不轻信口供”，严格按照法律程序办案。检察机关自行侦查的案件坚持内部制约制度，实行侦查与审查逮捕、审查起诉分别由两个部门办理。认真执行最高人民检察院制定的《关于贪污、受贿案件免予起诉工作的暂行规定》，严把免予起诉关。对于法律政策界限不清的及时请示报告。保证了办案质量。

（六）牢固树立为经济建设服务的思想，通过办案促进经济的发展。各级检察院在办理企业中发生的贪污、贿赂案件时，认真掌握最高人民检察院提出的六条原则，注意方法，讲究斗争策略。在查处涉及企业领导班子成员的案件时，对构成犯罪、不适宜做领导工作的，主动建议主管部门及时调整。对罪行轻微确有悔改表现的，建议主管部门，发挥他们的长处，仍放在原岗位上让他们戴罪立功，不致因办案而影响企业正常的生产、经营活动。发现企业在经营管理上存在的问题，及时发出检察建议，帮助企业堵漏建制。

各地还围绕“打击、保护、促进、服务”的精神，积极慎重地查办了一批乡镇企业的贪污、贿赂犯罪案件，促进了乡镇党政机关的廉洁和农村的稳定。

在开展反贪污贿赂斗争的同时，各级检察院还积极查办偷税、抗税、假冒商标、挪用公款等犯罪案件。全省共立案侦查偷税、抗税案件155件，假冒商标案件29件，挪用公款案件410件。通过查处这些案件，保证了国家财政的收入和企事业的合法权益，促进了社会主义经济建设的发展。

二、关于严厉打击严重刑事犯罪的情况

1991年，全省检察机关继续贯彻稳定压倒一切的方针，坚持依法从重从快严厉打击严重刑事犯罪活动。全年共受理公安机关提请批捕的人犯23078人，审结22146人，其中批准逮捕20796人，占93.9%。受理公安机关移送起诉22553人，依法起诉18357人，免予起诉1543人。在打击刑事犯罪斗争中，各级检察机关主要抓了以下几项工作：

（一）继续开展“严打”斗争。各级检察院与公安、法院等部门密切配合，突出打击重点，依法从重从快惩处严重刑事犯罪分子，集中打击了惯犯、累犯以及团伙犯罪。据统计，全省检察机关共批捕杀人、抢劫、强奸、爆炸等严重暴力犯罪案犯6051人，起诉5388人。按照中央社会治安综合治理委员会和省社会治安综合治理领导小组的统一部署，积极配合有关部门开展了反盗窃专项斗争，全省共依法批捕盗窃犯8387人，起诉7649人。各级检察机关还认真贯彻全国人大常委会《关于禁毒的决定》、《关于惩治走私、制作、贩卖、传播淫秽物品的犯罪分子的决定》、《关于严禁卖淫嫖娼的决定》和《关于严惩拐卖、绑架妇女、儿童犯罪分子的决定》，共批捕上述决定中所列的犯罪分子896人，起诉650人。

在特大洪涝灾害期间，灾区各级检察院为了保障社会安定，严厉打击了抗洪救灾中发生的各种刑事犯罪活动。据统计，全省检察机关在抗洪救灾期间，依法从重从快批捕趁灾进行抢劫、强奸、盗窃救灾物资等犯罪分子691人，对维护灾区的治安秩序和社会稳定起到了重要作用。

（二）坚持了对重大、特大刑事案件提前介入制度。各级检察机关在严厉打击严重刑事犯罪的斗争中，实行了提前介入对重大、特大刑事案件的侦查、预审活动制度。据统计，全省检察机关在审查批捕环节上提前介入290件507人，在审查起诉环节上提前介入189件344人。通过提前介入，加快了办案进度，保证了办案质量。

（三）加强了侦查监督和审判监督。各级检察机关在打击刑事犯罪斗争中，认真履行法律监督职责，注意防漏防错。全省检察机关在审查公安机关提请批捕和移送起诉、移送免诉的案件中，对不符合逮捕条件的1350人，依法作出了不批准逮捕的决定；对137人作出了不起诉决定；追捕犯罪分子309人，追诉76人。对公安机关侦查活动中的违法情况提出纠正意见145次。对人民法院审判活动中的违法情况提出纠正意见26次；对确有错误的判决、裁定提出抗诉68件。

（四）积极参加社会治安综合治理工作。全省检察机关认真贯彻全国、全省社会治安综合治理工作会议精神及党中央、国务院和全国人大常委会关于社会治安综合治理的两个决定，在综合治理工作中发挥检察职能作用，主要做了以下几个方面的工作。一是坚持把打击犯罪放在首位，对危害社会的现行犯罪分子，坚决及时地打击。二是结合办案，有针对性地提出检察建议，帮助发案单位完善规章制度，落实防范措施，堵塞漏洞，扩大办案效果。三是通过出庭支持公诉、公开宣布免诉决定、配合法院公开宣判、开展法制宣传教育和法律咨询活动等形式，提高公民的法律意识，增强同犯罪分子作斗争的积极性。四是通过对免诉人员的回访考察工作和被管制、缓刑、假释、保外就医、剥夺政治权利人员的执行检察，督促有关单位落实帮教措施，减少重新犯罪。五是结合办案，开展社会治安情况的专题调查，分析、研究犯罪的原因、特点、规律，提出对策，为党委、政府领导决策当好参谋。六是通过处理人民来信来访，受理举报和控告申诉，注意发现和缓解、疏导社会矛盾，预防犯罪。

三、关于法纪检察工作情况

1991年，全省检察机关加强法纪检察工作。全年共受理各类“侵权”、渎职案件1987件，立案侦查615件，是历年最多的。已审结575件782人，其中起诉191件275人，免予起诉271件400人。通过办案，保护了公民的合法权益，维护了法律的尊严，促进了社会主义民主和法制建设。同时为国家挽回经济损失143万余元。去年，全省检察机关突出查处了以下几类案件：一是刑讯逼供、非法拘禁案件。全省共受理737件，立案查处206件，立案数比1990年上升26%。二是玩忽职守案件。共受理201件，立案侦查111件，其中厂长、经理在生产、经营活动中严重不负责任、玩忽职守49件49人。三是重大责任事故案件。全省共受理408件，立案侦查104件，其中重特大案件12件。四是非法侵入他人住宅案件。共受理329件，立案114件，分别比上年上升18%和28%。在洪涝灾害期间，全省检察机关认真查处了抗洪救灾中的“侵权”、渎职案件。全省共受理62件，立案15件。

四、关于其他检察工作情况

1991年，全省各级检察机关加强了监所检察，认真开展了对监管改造场所执行法律政策情况和对刑事案件判决、裁定执行情况的检察监督。共对监管场所的各种违法情况提出纠正意见 583 次。对无证关押、错押的严重违法情况，做到发现一件纠正一件。对超期羁押人犯的情况进行了检察监督，建议、督促有关单位抓紧处理。继续开展了对监外罪犯执行情况的检察。办理监管场所干警犯罪案件 9 件，办理劳改人员重新犯罪和劳教人员犯罪案件 63 件，打击了牢头狱霸的犯罪活动，维护了监管改造场所的秩序。

各级检察机关加强了控告申诉检察工作。全年共受理公民控告、申诉 21801 件，其中属于检察机关管辖的 9178 件。通过认真审查共立案复查申诉案件 357 件，复查免诉案件 241 件，办理上级交办的案件 760 件，处理不服法院判决、裁定的 611 件，经调查认为确有错误，向人民法院提出纠正意见的 33 件。

民事行政检察工作开始起步。贯彻了行政诉讼法和民事诉讼法，积极培训干部，依法履行职责，共受理民事行政申诉案件 82 件，立案 10 件。

检察技术工作有了新的加强，全年共进行检验鉴定 1907 件，文证审查 456 件，参加各类案件现场勘验 666 次，在侦破案件中发挥了作用，为保证案件质量提供了科学依据。

五、关于加强检察队伍建设情况

1991 年，各级检察机关认真贯彻最高人民检察院召开的政治工作座谈会和纪检、监察工作会议精神，建立了政治工作机构，加强了思想政治工作和队伍建设。各级检察院联系实际，对干警进行了社会主义思想教育和反和平演变的教育，进一步增强了广大干警反和平演变和反腐蚀的能力，提高了执行党的基本路线的自觉性，坚定了在党领导下建设有中国特色的社会主义的信心。

各级检察院坚持了从严治检，对干警进行了党风、党纪教育，勤政、廉政教育和《检察人员纪律》的教育，广泛开展了思想、作风和纪律整顿，增强了广大检察干警遵纪守法的自觉性。

广泛开展了争先创优活动，表彰了一批先进典型。10 月份，省检察院隆重举行大会，表彰了在抗洪救灾斗争中涌现出的 12 个先进集体和 61 名先进个人。还有一些干警受到最高人民检察院和有关部门的表彰。通过这些活动，增强了干警的荣誉感和责任感，推动了各项检察工作的顺利开展。

加强了领导班子的自身建设。各级检察院的领导在抓好队伍建设的同时，注重抓了领导班子自身的建设。上级检察院加强了对下级检察院领导干部的考察、了解，并注意抓了后备干部队伍的建设。

加强了干部的教育培训工作。在继续抓好学历教育的同时，开展了多种形式和内容的短期岗位培训。省检察院举办了 4 期干部培训班，培训各类干部 250 人。干警的政治素质和业务素质有了提高。

进行了执法执纪大检查。各级检察院都把执法执纪检查作为提高执法水平，加强队伍建设的大事来抓，加强了领导。不少检察院通过发征求意见书和走访座谈等形式，广泛听取人大、政协和有关部门的意见。有的由检察长带队，到发案单位征求意见。从检查的情况看，检察机关执法情况总的是好的，执法水平和办案质量都有提高。在检查中也发现一些不容忽视的问题。各级检察院坚持违法必究，有错必纠的原则，认真进行纠正。

1991 年，全省检察工作取得了新的成绩，但也还存在不少缺点和问题。主要是：反贪污贿赂斗争发展不够平衡，宣传声势不够，侦查水平有待进一步提高；一些地方对查处法纪案件有畏难情绪；对侦查、审判活动的监督不够有力；少数干警执法不严，办案中有违法违纪现象；办案力量不足，办案经费、技术装备、交通、通讯以及办公用房等仍然比较困难，不能适应检察工作的开展。

1992年检察机关的主要任务是：在以江泽民同志为核心的党中央领导下，坚定不移地坚持党的“一个中心，两个基本点”的基本路线，认真贯彻中央工作会议和八中全会精神，牢固树立检察工作为社会主义建设服务的思想，忠实履行法律监督职责，继续深入开展反贪污贿赂斗争，坚持严厉打击严重刑事犯罪分子和敌对分子的犯罪活动，加强法纪检察工作，开展各项检察业务，积极参加社会治安综合治理，加强思想政治工作和队伍建设，反对和抵御敌对势力的和平演变阴谋，维护国家稳定和社会安定，保卫国家安全，促进社会主义经济建设，巩固人民民主专政。

继续深入开展反贪污贿赂斗争。反贪污贿赂斗争仍然是检察机关的工作重点。重点查处贪污贿赂犯罪大案要案。特别注意查办重点单位、部门、行业的案件和巧立名目收受回扣中饱私囊、私分公款构成犯罪的案件。要继续搞好宣传工作，发动群众参加反贪污贿赂斗争，适时掀起“小高潮”，保持斗争声势，敦促犯罪分子投案自首。进一步加快举报线索的初查、反馈，严肃查处打击报复举报人的案件。对构成犯罪的一定严惩不贷，推动举报工作深入开展。

继续贯彻稳定压倒一切的方针，依法从重从快严厉打击严重刑事犯罪活动。要与公安、法院等部门密切配合，积极开展反盗窃斗争。坚决打击流氓团伙和严重暴力犯罪活动以及黑社会性质的犯罪团伙。坚持对重大特大案件的提前介入制度。认真贯彻全国人大常委会的决定，严厉打击毒品犯罪和走私、卖淫嫖娼和拐卖妇女儿童等犯罪活动。积极开展社会治安综合治理。切实加强农村的社会治安，突出解决治安混乱的重点乡镇和重点地区的问题。进一步做好青少年犯罪的预防和改造工作。

进一步加强法纪检察工作，重点查办非法拘禁、刑讯逼供、徇私舞弊、玩忽职守、重大责任事故等大案要案，为维护社会主义民主，加强社会主义法制作出新的贡献。

进一步搞好队伍建设。认真抓好马克思主义理论学习，联系实际，对干警进行社会主义思想教育、反和平演变教育和全心全意为人民服务的宗旨教育。要加强领导班子建设。要坚持从严治检，加强廉政建设。继续进行思想、作风和纪律整顿。要继续深入开展争先创优活动，大力表彰和宣传清正廉明、秉公执法的先进典型，进一步调动广大检察干警的积极性。

福建省人民检察院工作报告（摘要）

——1992年4月25日在福建省第七届人民代表大会第五次会议上

福建省人民检察院代检察长　郑义正

（1992年4月28日福建省第七届人民代表大会第五次会议通过）

1991年，全省检察机关认真贯彻执行党的“一个中心，两个基本点”的基本路线，牢固树立为社会主义经济建设服务的指导思想，深入开展反贪污贿赂斗争，坚持严厉打击严重刑事犯罪，加强法纪检察，积极开展社会治安综合治理，搞好队伍建设，各项工作都有新的进展。

（一）

一年来，各级检察机关继续深入开展反贪污贿赂斗争，集中力量查处大案要案。全省共受理贪污贿赂案2337件，经审查立案1784件，受案数和立案数都比上年略有增加。其中立万元以上大案424件，占立案总数的23.8%。查处县、处级干部犯罪33名。至去年底已侦查终结1757件，决定逮捕人犯708名，追缴赃款赃物折合人民币1552万余元。

在惩治贪污贿赂犯罪中，我们的主要做法是：

1、牢固树立为经济建设服务的指导思想，正确处理打击与服务的关系。在工作中，我们把打击犯罪与促进经济建设紧密结合起来，始终坚持“一要坚决，二要慎重，务必搞准”的原则，严格区分罪与非罪的界限。注意做到：一是分清经济活动中正常交往应酬与贪污贿赂犯罪的界限，对构成犯罪的快侦快结；对罪行不大又不影响侦查工作的，采取取保候审，让其边工作边交待问题；对不够立案的，及时转请纪检、监察等有关部门处理。二是当案件涉及企业领导和业务、技术骨干时，适时向党委和主管部门通气，建议先调整人员和采取相应措施，避免生产、工作指挥活动脱节。三是对于巧立名目收受各种回扣的违法行为，着重查办个人中饱私囊或私分公款构成犯罪的案件。四是不轻易冻结企业的银行帐户。五是办理涉外经济案件更为慎重，既要严格依法办案，又要注意保护外方的正当经营活动和合法权益。

2、抓住中心环节，突出查处大案要案。各级检察机关深入到群众反映强烈、举报线索多、问题突出的部门以及管理混乱、非正常亏损严重的单位，宣传发动群众，深挖大案要案。各级院领导深入办案第一线，参与指导查办大案要案。

3、加强举报工作，发动群众同犯罪分子作斗争。去年共受理群众举报贪污贿赂线索6385件，比上年同期上升13.6%，且内容具体，可查性强，初查成案率为42%。我们主要抓了三个方面的工作：一是加强宣传发动。省检察院坚持每周通过省电视台《晨钟》专栏，开办《人民检察举报台》，发动群众举报。此外，我们还利用新闻发布会、组织干警下基层等形式，宣传党和国家惩治腐败、加强廉政建设的政策和决心，以及有关举报的规定等，激发群众同犯罪作斗争的积极性。二是重视举报线索的初查工作，加快消化，取信于民。去年初查 3654 件，立贪污贿赂案 989 件。三是认真贯彻最高人民检察院《关于保护公民举报权利的规定》，奖励举报有功人员 34 名，受理打击报复举报人案件 39 件。

4、深挖“串案”、“窝案”，形成斗争声势。各级检察机关从当地实际情况出发，采取发动群众和深入调查相结合的方法，抓住侦破大要案的有利时机，深查细挖，扩大战果。通过深挖犯罪，形成了一定的威慑力量，全省有 164 名违法犯罪分子到检察机关投案自首。

5、拓展工作领域，把斗争引向深入。各地在重点查处金融系统、工商企业、建筑部门等贪污贿赂案件的同时，把视线扩展到其他有经济问题的部门。三明市检察机关查处的贪污贿赂案件涉及土地、民政、教育、卫生等 40 多个部门行业，其中查处村级干部利用城区土地征用和果园、山林发包等职便贪污贿赂案 121 件，占立案总数的 19.5%。

去年，还立案侦查偷税抗税、假冒商标、挪用公款等罪案 760 件，比上年上升 28.4%。为国家挽回经济损失 1682 万元。

各级党委、人大和政府进一步加强了对检察机关的领导、监督和支持，做了大量的统一思想和协调工作，帮助排除干扰和阻力，解决人、财、物等方面存在的一些实际困难，这对反贪污贿赂斗争的顺利进行起到了保证作用。

我们在工作中也存在一些问题，主要是：工作发展不平衡，有的对打击犯罪与服务经济的认识还不尽一致，怕打击犯罪影响企业搞活；有的存在畏难厌战情绪，克服困难的劲头不足，遇到阻力往往手软；少数地方存在适用法律不当，打击不力的现象。此外，经费不足，侦查设施落后等也影响了工作。

（二）

全省检察机关认真贯彻全国人大常委会关于禁毒、惩治走私、打击卖淫嫖娼、严惩拐卖妇女儿童等决定，在公安、法院、司法行政部门的支持配合下，继续坚持依法从重从快的方针，严厉打击严重刑事犯罪活动。去年共受理公安机关提请逮捕人犯 15231 人，批准逮捕 13284 人，比上年下降 12.3%；受理公安机关移送起诉、免诉 14832 人，已审结 13256 人，其中提起公诉 12134 人，比上年下降 10.5%。

在打击刑事犯罪方面，我们主要抓了以下几项工作：

1、突出打击重点。对杀人、抢劫、强奸、爆炸、盗窃枪支等暴力犯罪案犯，尤其对团伙犯罪、重特大案件，在保证办案质量的前提下，做到依法快捕快诉。共批准逮捕此类案犯 3543 人，占批捕总数的 26.7%。

2、积极参加“严打”和除“六害”的专项斗争。在各级党委、政府的统一领导部署下，先后投入打击“车匪路霸”、卖淫嫖娼、海上抢劫、偷渡私渡等专项斗争。在“反盗窃”专项斗争中，共批准逮捕盗窃犯、销赃犯、窝赃犯 2132 人，起诉 2155 人（含积存数）。

3、坚持对重特大案件提前介入制度。全省在审查批捕环节上提前介入 1835 件次，在审查起诉环节上提前介入 1418 件次。提前介入公安机关对重特大刑事案件的现场勘查、预审活动，提高了批捕、起诉工作的效率和质量。

4、加强侦查监督、审判监督和内部制

约。各级检察机关对公安机关提请逮捕和移送起诉的案件，经认真审查，对1007名不符合法定逮捕条件的人犯，依法作出了不批准逮捕决定；对31名人犯作出了不起诉的决定；追捕犯罪分子242名，追诉83名；对人民法院确有错误的判决、裁定，提出抗诉70件，人民法院已审结22件，其中改判14件。同时，纠正公安、法院在侦查、审判活动中的违法现象149件次。各级检察机关加强了内部制约制度，提高了自侦案件决定逮捕、起诉、免诉的质量。去年共审结贪污贿赂案犯1826人，其中免诉761人，免诉率为41.7%。比上年下降14.5个百分点。

5、积极开展打击毁林犯罪活动。共批准逮捕盗伐、滥伐林木案犯505名，起诉445名。

我省社会治安基本是稳定的，但不安定的因素仍然很多。对此，我们要认真贯彻全国、全省政法工作会议精神，保持清醒头脑，毫不放松地依法从重从快严厉打击严重刑事犯罪活动。

（三）

去年各级检察机关共受理各类法纪案件1041件，立案侦查430件，比上年增长29.1%，其中重大、特大案件49件，增长81.5%，已办结400件。保护了公民民主权利和人身权利，同时为国家和集体挽回经济损失189万元。

法纪检察突出抓了三项工作：一是教育干警正确认识加强法纪检察是保障公民民主权利和人身权利，促进廉政建设的一项重要工作，增强责任感和使命感。二是各级院领导切实把法纪检察工作列入重要议事日程，对重大疑难或有干扰阻力的案件，领导亲自参与，具体指导。三是突出查办刑讯逼供、非法拘禁、徇私舞弊、玩忽职守、重大责任事故等案件。去年查处“五类”案件342件，占立案总数的79.5%。其中非法拘禁最为突出，立案166件，比上年增长95.3%。我们在查办因债权债务纠纷而绑架、扣押“人质”的案件中，既注意保护公民的人身自由不受侵犯，又注意保护债权人的合法权益。

监所检察部门加强了对监管改造场所的执法检查工作。去年共纠正超期羁押、违法收押等2239人。办理监管干警违法犯罪案件13人。开展了严厉打击“牢头狱霸”和“两劳”人员的又犯罪活动，共起诉此类案犯149人。积极配合监管场所搞好安全防范检查和监外执行检察，开展了对看守所检察工作规范化的调查。通过监所检查，维护了监管改造场所的正常秩序，促进了文明管理。

控告申诉检察工作共受理公民来信来访29511件次，其中属于检察机关管辖的9085件。受理不服检察机关作出不批准逮捕、不起诉、免予起诉决定的申诉案175件，纠正错案50件。

民事行政检察部门积极受理和办理公民、法人和其他组织不服人民法院已生效判决、裁定的民事、经济纠纷、行政案件申诉342件，立案审查40件，已提出抗诉7件，初步显示了法律监督在保障民事、行政法律正确实施中的作用。

（四）

全国和全省社会治安综合治理工作会议后，各检察机关加强了在检察环节上的社会治安综合治理措施：一是向发案单位提出检察建议，帮助改章立制，加强管理，堵塞漏洞。二是注意做好被免诉人员的帮教、考察工作，协助监管机关加强对“两劳”人员的教育改造。去年，对犯贪污贿赂罪被免诉的1088人，进行了全面回访考察。三是认真处理来信来访，对可能激化的矛盾，及时进行疏导教育。各基层院继续坚持了检察长接待日制度。有的还与重点乡村、企业建立综合治理联系点。四是积极配合有关部门，对一些违法犯罪青少年进行教育、感化、挽救工作。有的县、区院建立了“少检组”，加强对未成年人犯罪的检察工作。五是结合农村社会主义教育活动，结合办案，开展法制宣传。

（五）

各级检察机关把从严治检，提高干警的政治、业务素质当作一件大事来抓：

1、加强思想政治工作和干部培训。各级院结合实际，组织干警认真学习马克思主义基本原理和建设有中国特色的社会主义理论，坚持党的基本路线，坚定社会主义信念，牢固树立为经济建设服务的指导思想。全省确定11个基层院作为思想政治工作“联系点”，把思想政治工作内容分解成示范课题，在联系点先行一步，取得经验后在面上推开。去年举办了全省性“献身检察事业”的演讲比赛，召开了以“怎样当好基层检察长”为主题的经验交流会，都收到了较好的效果。省院举办了13期业务培训班，培训干部500多人。有584人获得电大法律（检察）大专毕业资格。

2、加强领导班子建设和廉政建设。去年完成了79个基层院检察长换届工作，举办了为期两个月的新任县区院检察长和营级以上军转干部岗前培训班。根据省委对廉政制度建设试点单位的要求，省院和7个基层院结合检察业务特点，相继制定了有关廉政制度，强化内部监督，提高自我约束能力。

3、聘任特约检察员工作有新进展。省检察院和厦门市检察院已聘请特约检察员11名。他们向检察机关反映、传递人民群众的检举、控告和申诉材料，参加了一些调查研究工作，发挥了联系群众的纽带作用和参政议政作用。

4、开展执法执纪检查和机关整顿。去年第四季度和今年初，全省检察系统集中一段时间进行执法执纪检查和思想、纪律、作风整顿。从检查和整顿的结果看，我省检察机关执行法律，履行监督职责，是认真严肃的，办案质量是好的。但也发现一些地方存在执法不严，监督不力的情况。少数单位思想政治工作薄弱，组织纪律松弛，工作效率低。有的单位对枪支管理不严，制度不落实，以致发生了一些问题。个别干警在办案中徇私舞弊，索贿受贿等。对干警中的违法违纪问题，发现一起，查处一起，决不护短。去年共发生违法违纪案件33件37人，其中已作党纪处分9人，政纪处分16人，追究刑事责任1人，其余正在查处中。通过检查整顿，进一步提高了检察队伍的战斗力，维护了队伍的纯洁性。

1992年，我省检察机关的任务，我们已在分、市院检察长扩大会议上做了具体部署，主要是：认真学习邓小平同志的重要谈话，坚决贯彻执行中央工作会议、党的八中全会和七届全国人大五次会议，以及这次省人代会的精神，坚定不移地坚持党的“一个中心，两个基本点”的基本路线，忠实履行法律监督职责，继续深入开展“两反”，坚持“严打”，加强法纪，搞好“综治”，从严治检，加强思想政治工作，为经济建设和改革开放服务，特别是为搞好国营大中型企业，为加强农业和农村工作服务。进一步解放思想，开拓创新，扎扎实实地工作，以优异的成绩，迎接党的十四大胜利召开！

江西省人民检察院工作报告（摘要）

——1992年3月8日在江西省第七届人民代表大会第五次会议上

江西省人民检察院检察长　王树衡

（1992年3月9日江西省第七届人民代表大会第五次会议通过）

一、关于打击贪污贿赂犯罪

全省检察机关把打击贪污贿赂犯罪，挖"蛀虫"，作为为经济建设最重要、最直接的服务，在深入上下功夫，狠抓办案，反贪污贿赂斗争继续保持了好的势头。共受理贪污贿赂案件2490件，立案侦查1505件，立案数比上年上升6.1%。查处县（处）级干部17人。通过办案为国家和集体挽回经济损失2346万元。

按照党委廉政建设总体部署发动反贪污贿赂"小高潮"。一些检察院在党委领导和有关部门的支持下，深入群众反映强烈、问题较多的行业和单位，认真进行调查研究，宣传发动群众举报、深挖细查，敦促贪污贿赂犯罪分子投案自首，形成斗争声势。有19个县（市）区发动了不同规模的"小高潮"。

坚持不懈地抓好举报工作。共受理贪污贿赂等举报近5000件，和上年基本持平，从中立案的占总立案数的60%左右，成案比例高于往年。各级检察机关狠抓了举报线索的初查工作，做到及时反馈，取信于民。不少地方深入重点行业和部门发动群众举报。各地认真执行最高人民检察院《关于保护公民举报权利的规定》，对因举报受到打击报复的来信来访，严肃进行查处。

侦查业务建设。各级检察院成立了反贪污贿赂侦查机构，充实了办案力量和部分技术装备。对反贪污贿赂中的新情况、新问题、新特点，深入进行调查研究，加强了宏观指导。省检察院召开了第二次反贪污贿赂侦查工作会议和"小高潮"现场会，举办了侦查业务培训班，完善了侦查工作制度，提高了侦查工作整体水平。各地针对行业犯罪特点，挖出窝案、串案534件，与公安机关配合追捕负案潜逃犯27名。

运用法律政策分化瓦解犯罪分子。坚持"一要坚决、二要慎重、务必搞准"的方针，对事实清楚，证据确凿的坚决依法查处；对定性一时拿不准的，慎重处理，不拔高，不凑数。在办案中认真执行"惩办与宽大相结合"的政策，召开宽严政策兑现大会100多次，促使368名违法犯罪分子主动向检察机关投案自首，内有县处级干部7人。

认真落实为经济建设服务的各项措施。各级检察院认真执行刘复之检察长在七届全国人大四次会议上提出的为经济建设服务的六条措施。省检察院发出了做好为搞活大中型企业服务的几项工作的通知，强调把打击贪污贿赂犯罪，挖"蛀虫"，作为为经济建设最重要、最直接的服务，防止出现离开办案讲服务和就案办案的偏向。各地把这项工作摆在重要位置，狠抓落实，效果明显。一是严格区分罪与非罪的界限，对企业开放搞活中的正常活动，给予热情支持和保护；对勇于思考、勇于创新的改革者，给予热心的支持和爱护；对钻改革开放空子，进行贪污贿赂犯罪的，坚决予以打击。二是查办企业经营、管理和技术骨干人员犯罪案件，需要采取强制措施的，事先向党委、政府和主管部门建议调整或采取其它灵活办法，防止生产、经营脱节断档。三是初查秘密进行；立案后尽可能的不查封帐号、冻结资金，不发表有损企业声誉的报道；查清事实后属于举报不实的，公开澄清，维护厂长、经理和职工的合法权益。四是在办案中，既当“包公”，又当“红娘”，主动为企业牵线搭桥，保护供销渠道。五是针对发案单位存在的问题，提出检察建议1195份，帮助堵漏建制，为216个企业改善了经营管理，挽救濒临倒闭的企业102个。六是深入厂矿开展法制教育，以案论法，上法制课2000多次，引导企业依法经营，增强干部职工拒腐防变能力。七是为大中型企业和乡镇企业提供法律咨询和法律服务，召开厂长、经理和职工座谈会258次。

在深入开展反贪污贿赂斗争的同时，各地查处偷抗税案件358件，追缴偷抗税款380万元；挪用公款案件433件；假冒商标案件8件，打击了假冒四特酒、培力奶粉和红双喜乒乓球等名牌商标的犯罪活动，保障了国家财政收入和企业的合法权益。

我省去年打击贪污贿赂犯罪工作也存在一些问题。主要是查处大案要案，尤其是要案不够有力；工作发展不平衡，一些条件相近的地方立案数相差甚大；办案经费紧张，技术装备落后，不能适应斗争的需要。

近几年来，我省检察机关每年大体上受理贪污贿赂案件2500多件、立案查处1500多件，并逐年上升。这种事实告诉我们，反贪污贿赂斗争是项长期的任务，对于惩治腐败，加强廉政建设，反对和平演变，建设有中国特色的社会主义，具有重要的意义。我们要增强责任感和紧迫感，坚持为社会主义建设服务的思想，发动和依靠群众，搞好举报，抓好大案要案，因地制宜地发动“小高潮”，依法从重从严惩处严重贪污贿赂犯罪分子，防止“以罚代刑”、执法不严和打击不力的现象。

二、关于严厉打击严重刑事犯罪

去年共受理公安机关提请批捕人犯8705件16114人，经审查批准逮捕8186件14946人，比上年下降9.8%和12.4%，其中重特大案犯2226人，与上年基本持平。受理公安机关移送起诉、免诉9447件16931人，经审查向人民法院提起公诉8062件13768人，比上年下降13.2%和18.3%，打击了严重刑事犯罪活动，维护了我省社会治安的稳定。

坚持依法从重从快的方针，重点打击了严重危害社会治安的杀人、抢劫、强奸、爆炸、盗抢枪支和持枪作案等暴力犯罪分子，突出地打击了惯犯、累犯和团伙犯罪分子，共批捕5127人，起诉4460人，保持了“严打”斗争的声威。各级检察院认真贯彻执行了全国人大常委会《关于禁毒的决定》、《关于惩治走私、制作、贩卖、传播淫秽物品的犯罪分子的决定》、《关于严禁卖淫嫖娼的决定》和《关于严惩拐卖、绑架妇女、儿童的犯罪分子的决定》，共批捕上述决定所列犯罪分子133名。

积极参与了反盗窃等专项斗争和专项治理工作，先后组织1665名干警配合公安机关开展了打流追逃、打击车匪路霸、盗窃自行车、反内盗、整顿铁路沿线和水上治安等专项斗争和治理工作。9月底，中央和省社会治安综合治理委员会部署反盗窃斗争后，省检察院及时发出了《关于检察机关积极参与反盗窃斗争的通知》，各地迅速行动，依法批捕盗窃犯罪案件500件800人。注重抓了国营大中型企业的反内盗斗争，全年批捕内盗犯罪分子950人，维护了企业的治安秩序。

加强了侦查监督和审判监督，公安机关提请批捕和移送起诉的案犯，经审查，对542名不构成犯罪或已构成犯罪不需要逮捕的，作出不批捕决定；对60名人犯作出不起诉决定；追捕210人，追诉41人。对公安机关侦查活动中的违法情况，提出纠正意见168件次；对人民法院审判活动中的违法情况，提出纠正意见67件次。对确有错误的判决、裁定抗诉50件，已收到人民法院审理结果15件，其中改判12件。

坚持对重特大案件提前介入，在审查批捕环节上提前介入304件666人，在审查起诉环节上提前介入225件445人。各级检察院开展了对审查批捕案件的跟踪监督工作，配合公安机关追捕了一批批捕在逃的案犯。

坚持自侦案件内部的“双重制约”，第一重制约是从1989年起实行的对贪污贿赂、“侵权”渎职等自侦案件的侦查、预审和审查逮捕、审查起诉分开，由两个业务部门办理的工作制度。第二重制约是对自侦案件免予起诉和不起诉等决定不服提出的申诉，由控告申诉部门受理并复查。目前，“双重制约”机制已在全省检察机关运行，其中第一重制约已实行多年，自侦案件起诉到人民法院后，退查的案件明显减少，个别免诉不当的及时得到纠正，案件质量明显提高。

当前，我省社会治安形势基本是稳定的，但不安定的因素依然存在。国际敌对势力极力对我进行渗透和破坏，顽固坚持资产阶级自由化立场的人，伺机兴风作浪。少数地方反动会道门组织、非法宗教势力和封建宗族势力气焰嚣张。某些重大恶性刑事案件、团伙案件居高不下，并发现带有黑社会性质的集团犯罪。刑事案件仍呈上升趋势。我们必须保持清醒头脑，进一步增强人民民主专政意识，要继续坚持依法从重从快的方针，严厉打击严重刑事犯罪和反革命犯罪，为我省进一步改革开放创造一个良好的治安环境。

三、关于查处“侵权”、渎职犯罪案件

各级检察院把法纪检察工作摆上重要位置，充实了办案力量，加强了侦查工作，狠抓大案要案的查处，取得了明显的成效。共受理各类法纪案件1451件，立案侦查518件690人，比上年上升13.8%和23.2%。其中重特大案件69件，比上年增加32.7%。这些案件造成407人死亡，直接经济损失2152万元，通过办案为国家挽回经济损失229万元。

各级检察院突出查处了一批重特大和有影响的案件。去年查处的各类法纪案件中，非法拘禁、玩忽职守、重大责任事故案件比较突出。立案侦查非法拘禁案件149件，比上年上升38%，其中“人质型”非法拘禁案件立案112件，比上年增加1倍半。这个问题必须引起社会各方面的重视。还立案查处严重玩忽职守和重大责任事故案件235件286人。

我省法纪检察工作虽有加强，但发展不平衡，一些地方办案甚少，侦查工作仍是个薄弱环节。当前“侵权”、渎职犯罪案件发案情况比较严重，法纪检察的任务还很艰巨。各级检察机关要进一步提高认识，抓好大案要案的查处。对极少数镇反、土改时被法办镇压的人及其子弟非法侵入他人住宅、报复陷害，进行反攻倒算的案件，要坚决依法查处。切实保障广大公民的民主权利和人身权利，推动社会主义民主和法制建设。

四、关于监所、控告申诉和民事行政检察工作

监所检察，把对监管改造场所执法情况的监督放在首位，严厉打击了“两劳”人员、在押人犯的犯罪活动和“牢头狱霸”，共批捕7件15人，决定起诉172件209人；查处管教干警贪污受贿、私放罪犯和体罚虐待被监管人员案件5件10人；加强了对无证关押、超期羁押、应放未放，非法提前释放以及对劳改犯减刑、假释、保外就医和劳教人员提前解教的检察，提出纠正违法意见657件次；开展了安全防范检察，防止各类事故210起；配合有关部门加强了对劳改、劳教人员和在押犯的教育改造工作；进行了看守所检察规范化的试点。

控告申诉检察，共受理刑事申诉案件3031件，经审查立案复查205件，复查后维持原决定意见的71件，改变原决定意见的26件，建议复议的9件。共受理人民来信来访14925件，接待集体上访111件，已处理103件。对252件容易引起矛盾激化的案件作了妥善处理。有95个单位坚持了检察长接待日制度，各级检察长接待来访群众4206人次，批阅群众来信5123件。控告申诉检察工作要把复查刑事申诉案件作为重要任务，形成制约机制。

民事行政检察，去年有7个分、市检察院和5个县、区检察院建立了机构，受理不服法院民事、行政判决、裁定的申诉227件，立案审查134件，建议人民法院改判8件。省检察院举办了民事行政检察干部培训班。民事行政检察工作刚起步，要本着积极、稳妥的精神，认真办好民事、行政抗诉案件，切实履行法律监督职责。

五、关于参与社会治安综合治理

各级检察院根据全国人大和省人大《关于加强社会治安综合治理的决定》以及省综合治理委员会的要求，认真落实检察环节上的综合治理措施。一是大力宣传法制，出庭公诉8059次，发表公诉词6385篇，揭露犯罪，弘扬法制。还通过新闻发布会、案情通报会，发表电视、广播讲话，举办个案展览等形式，开展法制教育。二是在城乡社会治安问题突出的地方和单位，新建立综合治理联系点181个，落实治安承包责任制，扭转治安混乱的状况。三是配合法院召开公开宣判大会240次，处理各类犯罪分子1379人，教育了群众、震慑了犯罪。四是对两劳回籍人员、免诉人员和被判处管制、缓刑、剥夺政治权利以及假释、暂予监外执行的罪犯进行检察，落实帮教措施。五是加强对违法犯罪青少年的感化、教育、挽救工作，有13个基层检察院建立了少年犯罪检察组。六是积极发挥检察建议的作用，帮助发案单位建立和健全规章制度，预防和减少犯罪。七是配合公安等部门，参与重点地方和单位的治乱工作，把“严打”作为治乱的首要环节，解决社会治安中的突出问题。社会治安综合治理要紧密结合检察业务，逐步走上规范化、制度化。

六、关于检察队伍自身建设

全省检察机关针对检察工作特点，坚持从严治检，加强思想政治工作和作风纪律建设。广大干警克服条件艰苦的困难，较好地完成了各项任务。

认真学习马列主义和毛泽东思想，学习邓小平等老一辈无产阶级革命家的著作，深入进行坚持四项基本原则和改革开放的教育，使干警划清马克思主义与反马克思主义、社会主义与资本主义、科学社会主义与民主社会主义的界限。进一步增强了社会主义信念，树立为巩固社会主义政权而奋斗的思想，坚决抵制国内外敌对势力的和平演变阴谋，更加自觉地运用法律武器保护社会主义建设。

坚持从严治检的基本方针。各级检察院深入进行廉政和职业道德、职业责任、职业纪律教育，严格管理，严格检查监督，严明领导职责，严肃查处违法违纪行为。不少干警在办案中不徇私情、拒贿拒礼，顶住说情风。据统计，去年全省检察干警拒贿拒礼的有3000多人次，钱物折款达26万多元。

深入开展争先创优活动。坚持了目标管理和考核奖评制度，涌现了一批忠于职守、秉公执法的先进集体和个人，去年受到最高人民检察院表彰的先进集体有4个，先进个人有10名；受到省检察院表彰的先进集体有30个，先进个人52名。各级检察院还开展了优秀公诉人、侦查能手的评选活动。

重视发挥特约检察员的作用。省检察院聘请了11位民主党派和无党派人士担任特约检察员，参与了各项检察业务和执法执纪大检查活动，加强了对检察机关的监督，推动了检察工作的开展。我们要进一步完善工作制度，使特约检察员发挥更积极的作用。各地税务、乡镇等检察派出机构的工作，也取得了新的成绩。

执法执纪大检查取得了成效。全省检察机关共复查不捕、不诉、撤案、撤诉、免诉和与政法各家有分歧意见的案件1328件，纠正处理和定性不当的167件266人，内有免诉不当24人。走访人大、政协、政法和行政执法等有关部门以及发案单位1198个3012人，召开各种座谈会267次，征求到各种意见和建议2000多条，已改进800多条。各地还邀请人大代表对查处“侵权”、渎职犯罪的情况，进行了视察和指导，进一步提高了执法水平。

干部教育培训工作进一步加强。88级电大法律专业和89级法律（检察）专业证书班1401名学员已结业，还有法律（检察）专业证书学员1103人在学习。高级检察官培训中心在我省设立的函授站，已招生53人。还举办了5期检察业务短训班，干警的政治素质和业务素质有明显提高。

检察机关的基础建设有新的进展。很多地方党委和政府在财力十分困难的情况下，对检察机关的办公、生活用房和交通工具、侦查设施、办案经费给予了大力支持，逐步改善，保证了检察业务的开展。

我省检察干警队伍建设和思想政治工作有很大加强，但存在的问题也不容忽视。个别检察院领导班子涣散，不求进取，有的作风拖沓，纪律松弛；个别干警贪污受贿、吃拿卡要等违法违纪问题仍有发生。去年查处干警违法违纪案件15件15人，已办结11件11人，有10人受到党纪政纪处理，1人受到法纪处理。随着检察机关任务的加重和职权的充分行使，要求我们把队伍建设的着眼点放在提高政治和业务素质上，坚持从严治检，建设一支政治上坚定、业务上精通、秉公办案、廉洁执法、联系群众、有战斗力的队伍。

今年是我省加快改革开放和经济发展的重要一年。全省检察机关要继续坚持党的“一个中心、两个基本点”的基本路线，牢固树立为经济建设服务的观念，认真研究深化改革中的新情况，大胆探索新问题，思想更解放一点，工作更扎实一点，服务更好一点。要紧紧围绕我省深化改革开放和经济建设，忠实地履行法律监督职责，打击贪污贿赂和严重刑事犯罪活动，加强法纪检察和队伍建设，维护我省政治、社会的稳定，促进经济的发展，以优异成绩迎接党的十四大的召开。

山东省人民检察院工作报告（摘要）

——1992年3月11日在山东省第七届人民代表大会第五次会议上

山东省人民检察院检察长　臧　坤

（1992年3月14日山东省第七届人民代表大会第五次会议通过）

1991年，全省各级检察机关紧紧围绕党的“一个中心，两个基本点”的基本路线，把为社会主义经济建设服务作为检察工作的根本指导思想，把认真履行法律监督职责，及时有力地依法打击各种犯罪作为检察机关为经济建设服务的最重要、最直接的服务手段。努力维护政治稳定，社会稳定，促进廉政建设，保护正常经济秩序，巩固人民民主专政，为社会主义经济建设创造良好的社会环境和法制环境。基于这个指导思想，全省各级检察机关在履行法律职责的过程中，更好地体现了打击犯罪与服务于经济建设的一致性，取得了较好的社会效果。

一、认真贯彻党中央关于惩治腐败、加强廉政建设的指示，深入开展了反贪污贿赂斗争

我们继续把惩治贪污贿赂犯罪作为工作重点，不断加强领导，深挖犯罪，依法查办了一批贪污贿赂等经济犯罪案件。全年共查处各类经济罪案4880件。其中贪污贿赂罪案3451件，偷税抗税罪案604件，假冒商标罪案218件，挪用公款罪案584件，其他罪案23件。通过办案，为国家和集体挽回经济损失6940余万元。在反贪污贿赂斗争中，我们重点抓了以下工作：

1、不断深化对反贪污贿赂斗争的认识。各级检察机关坚持用中央、省委关于惩治腐败、加强廉政建设的指示精神，统一思想，引导干警正确分析斗争形势，充分认识贪污贿赂等经济犯罪的严重性、复杂性和危害性，联系国际国内形势，从反和平演变的政治高度来认识开展反贪污贿赂斗争的重要性、必要性和长期性。从而进一步坚定斗争的信心，树立长期作战的思想，增强了使命感、紧迫感和光荣感，保持了比较旺盛的斗志。

2、突出了对重点案件的查办。全省各级检察机关始终坚持把查办贪污贿赂案件作为重点，把查办大案要案作为主攻方向，使查办的贪污贿赂犯罪案件，特别是大案要案保持了比较高的比例。全年查办贪污贿赂案件占立案总数的70.72%，查办贪污贿赂万元以上大案568件。其中一万元以上不满五万元的520件，五万元以上不满十万元的27件，十万元以上不满五十万元的21件；县处级干部犯罪的要案55件。

3、坚持在经济问题比较多的单位深挖“串案”和“群案”。我们在总结近几年来的一些成功经验和做法的基础上，继续组织力量在一些群众反映强烈、问题较多、举报线索集中的单位和系统深挖犯罪，查办了一批贪污贿赂等经济罪案。据不完全统计，全省检察机关共在800余个重点单位进行了宣传发动，挖出了近600个“串案”、“群案”，从中立案查办2107件，占全年立案总数的43.18%。

4、积极发动群众举报贪污贿赂犯罪。各级检察机关普遍重视和加强了举报工作，通过各种有效的宣传活动，发动广大干部群众积极举报。加强了对举报线索的初查和反馈工作，严肃查处打击报复举报人的案件，取信于民，调动了人民群众同贪污贿赂等腐败现象作斗争的积极性。全年共受理举报各类经济案件线索13717件，其中贪污贿赂线索10228件，占举报总数的61.9%，从中立案占查办贪污贿赂案件总数的48.25%。

5、加强了侦查工作。各级检察机关通过多种形式，不断提高办案人员的侦查意识和破案能力。灵活运用各种侦查措施，注意讲究办案方法，改善执法活动。同时，注意加强了反贪污贿赂侦查机构建设，调整充实人员。自省院成立反贪污贿赂工作局后，又有9个分市院和部分县区（市）院成立了反贪污贿赂工作局，为保证反贪污贿赂斗争的深入进行创造了条件。

6、狠抓了办案质量。各级检察机关认真贯彻了“一要坚决，二要慎重，务必搞准”的方针，严格执行政策法律，正确区分罪与非罪的界限，在核实、确认罪证上下功夫，坚持按法定程序办案，加强了内部监督制约。认真执行了最高人民检察院《关于贪污贿赂案件免予起诉工作的暂行规定》，严把立案、逮捕、起诉和免诉关，提高了办案质量。在去年办结的3313名贪污贿赂罪犯中，依法起诉了1381人，免予起诉1601人，免诉率比上年下降了14.8个百分点。

二、坚决贯彻依法从重从快的方针，严厉打击了严重刑事犯罪活动

全省检察机关共受理公安机关提请逮捕人犯30938人，批准逮捕26846人，分别比上年增加9.12%和11.38%；受理公安机关移送起诉29905人，已向人民法院依法提起公诉25036人，分别增加4.21%和3.02%。在斗争中，我们主要抓了以下几项工作：一是按照党委、政府的统一部署，积极参加了“打拐”、“反盗窃”、“禁毒”和“扫黄”等专项斗争。特别是在“打拐”、“反盗窃”斗争中，各级检察机关集中主要力量，依法搞好批捕、起诉工作，保证在检察环节上不贻误战机。共批准逮捕拐卖人口案犯3789人，决定起诉2769人。批准逮捕盗窃案犯10038人，决定起诉9988人。通过开展专项斗争，有效地遏制了犯罪的猖獗势头。二是继续把杀人、抢劫等七个方面的犯罪作为打击重点，特别是对惯犯、累犯、流窜犯及团伙犯罪、暴力犯罪，坚决依法从重从快严厉打击。共批准逮捕杀人、抢劫、强奸、爆炸等严重刑事案犯7910人，已起诉7576人，沉重打击了严重危害社会治安的犯罪分子的嚣张气焰。三是继续坚持提前介入公安机关对重大、特大刑事案件的侦查、预审工作，缩短了办案时间，为快捕、快诉和保证办案质量创造了有利条件。四是依法履行了侦查监督和审判监督职责，确保办案质量。注意及时发现和纠正侦查、审判活动中的违法行为，保证国家法律的正确实施。通过审查批捕和审查起诉工作，对2755人和153人分别作出了不批准逮捕和不起诉的决定；追捕漏犯297人，追诉153人。对侦查、审判活动中的违法情况提出纠正意见103件次，对认为确有错误的刑事判决、裁定依法提出抗诉50件。

三、严肃法纪，认真查处了“侵权”、渎职犯罪案件

切实加强法纪检察工作，认真查处了各类“侵权”、渎职犯罪案件，特别是加强了对刑讯逼供、非法拘禁、徇私舞弊、玩忽职守和重大责任事故五类重点犯罪案件的查处。全年共查办各类法纪案件1284件，比上年增加21.59%。其中大案要案263件，增加66.46%。一是重点查办了执法人员中的违法犯罪案件，严肃了法纪，促进了执法队伍建设。共查办刑讯逼供、徇私舞弊等罪案29件。二是依法查办了一批非法拘禁、非法管制、非法侵入他人住宅、诬告陷害等罪案，保障了公民的民主权利、人身权利。其中查办拐卖妇女儿童犯罪活动中的非法拘禁、非法管制罪案201件，有力地配合了“打拐”专项斗争。三是严肃查办了国家、集体工作人员中的玩忽职守罪案。共立查这类案件184件。四是及时查办了一批重大责任事故罪案，有效地促进了企业的安全生产。

四、按照法律规定，认真履行了其他各项检察职责

各级检察机关在开展监所检察工作中，积极配合监管改造单位认真贯彻落实劳改劳教方针，强化对劳改劳教人员的思想改造，加强了对执法情况的检察监督。全年共向监管改造部门提出改进意见939件次，配合监管部门进行安全检查14876次，消除事故隐患463起，防止逃跑、自杀27起。为保证监管改造场所的稳定，提高改造质量，发挥了较好的作用。

控告申诉检察工作，在突出抓好举报工作的同时，严肃负责地处理了公民的控告、申诉，共受理公民控告、申诉38438件，其中群众举报16508件；妥善处理了“告急”信访、集体上访672件次，努力化解矛盾，消除不安定因素；加强了对申诉案件，特别是对不服检察机关不逮捕、不起诉和免予起诉决定的申诉案件的复查工作，共复查各类控申案件529件，其中“两不一免”案件251件。及时主动地为领导机关提供了一些重要的信访情况，较好地发挥了控申工作的应有作用。

民事、行政诉讼检察工作，继续遵照“积极、认真、稳妥”的原则，认真抓了机构设置和干部培训工作，加强了基础业务建设。一些检察机关已经开始受理案件，全年共受理不服法院民事、行政判决、裁定的申诉案件259件，决定受理258件。

五、积极贯彻综合治理方针，全面落实检察环节上的各项综合治理措施

各级检察机关把综合治理工作作为一件大事来抓，立足于办案，着眼于综合治理，实行“打防”结合，标本兼治，把综合治理工作贯穿于各项业务之中。一是充分发挥检察建议的作用。针对发案单位存在的管理不完善、制度不健全、安全防范措施不落实等问题。提出检察建议15000余条，被有关单位采纳11000余条。二是结合办案开展法制宣传。通过以案释法、上法制课、召开新闻发布会、发表广播电视讲话、举办展览、印发宣传材料等形式，广泛开展法制教育。据不完全统计，去年全省检察机关共举办惩治贪污贿赂等犯罪展览78个，播放惩腐倡廉录像片700余场次，召开新闻发布会75次，发表广播电视讲话175次，到有关单位上法制课2800余次。省检察院举办的《全省检察机关惩治贪污贿赂展览》，先后在12个市地展出，观众达57万余人，引起了强烈反响。这些宣传活动，有力地调动了人民群众同贪污贿赂等腐败现象作斗争的积极性。三是建议、协助有关部门整顿有问题的领导班子。对涉及领导成员违法犯罪的379个领导班子，及时建议党委、政府或协助其主管部门进行了调整和整顿，保持了生产和工作的连续性。四是协助有关部门治理整顿管理混乱、经济效益差的单位。据不完全统计，共参与治理发案单位1500余个，使800余个单位面貌发生了明显变化，救活濒临倒闭的企业172个。五是加强了对劳改劳教人员的教育改造和对监外执行罪犯的考察帮教工作，巩固了办案成果，有效地预防了重新犯罪。六是选择一些暴露问题较多的发案单位建立综合治理联系点。去年共在843个单位建立了综合治理联系点，为这些单位提供经常性的法律服务，协助搞好依法治理，使生产、经营管理等秩序走上正常轨道。七是结合办案，开展对社会治安情况的专题调查，分析研究各类犯罪的特点、规律、原因，提出惩治犯罪和预防、减少犯罪的建议、对策。

六、大力加强思想政治工作，狠抓了检察队伍建设

我们把加强队伍建设工作摆上了更突出的位置，作为一项战略任务来抓，全省检察队伍政治、业务素质有了一定提高，涌现出了一大批忠于职守、秉公执法、勇于拼搏、忘我工作的先进典型。(1)把反和平演变教育作为队伍建设的重要内容来抓。加强了对干部的马克思主义基本理论教育、社会主义思想教育和反和平演变教育，提高了干部的马列主义理论水平，增强了反和平演变的自觉性，坚定了走有中国特色的社会主义道路的决心和信心。(2)积极开展了具有检察工作特点的思想政治工作。针对检察工作特点，坚持抓了对干部的职业道德、职业纪律、职业责任教育，艰苦奋斗、无私奉献和为人民服务的宗旨教育，党的基本路线和拒腐防变教育。同时，深入开展了争先创优活动，激发了干部的工作积极性。(3)坚持了"从严治检"的方针。先后进行了执法执纪大检查和思想、纪律、作风整顿。对执法中存在的问题，认真查摆原因，制定了整改措施，建立和完善了规章制度。对个别干警中的违法违纪行为，严肃认真地进行了查处。去年，共查处检察干警违法违纪案件16起17人。(4)抓了检察机关领导班子建设和后备干部队伍建设。省检察院和各分市院协助党委加强了对下级院主要领导干部的考察了解和管理。对有问题的领导班子重点进行了帮助。重视了对后备干部的选拔、培养工作。(5)加强了业务培训工作。省检察院与省政法管理干部学院联合成立了山东省检察官培训中心，并开始了培训工作；继续抓了学历教育和电大检察专业证书班的学习，队伍的知识化、专业化程度有了明显提高。

各级检察机关在去年的工作中，自觉地接受党委的领导和人大的监督，特别是在贯彻上级重要会议精神和进行工作部署时，都能及时向党委、人大领导汇报。对工作中遇到的困难和问题，主动向党委、人大、政府及有关部门反映。还采取邀请人大代表、政协委员视察工作和向人大代表、政协委员发信征求意见等方法，自觉接受监督。

1991年全省检察工作还存在不少问题。主要是：工作发展不够平衡，条件大体相同的地市、县区之间差距较大；自侦案件免诉率仍然偏高，个别案件免诉不当；办案中的干扰多、阻力大；少数检察干部经不起改革开放条件下的执法考验，特权思想有所滋长，执法不严，个别干警违法违纪；办案经费、交通工具不足和技术装备落后的问题仍很突出，不适应工作任务和斗争形势的需要。对工作中的问题，我们一定严肃对待，认真研究，加以解决。1992年，我们要认真贯彻中央、省委工作会议、党的十三届八中全会、省委五届七次全委（扩大）会议精神，坚定不移地贯彻党的基本路线，牢固树立为社会主义建设和改革开放服务的思想，全面履行监督职责，反对和抵御敌对势力的和平演变阴谋，维护社会稳定，促进经济建设和廉政建设。主要抓好以下几个方面的工作：

——继续深入开展反贪污贿赂斗争。全省检察机关要把查办贪污贿赂大案要案作为主攻方向，把那些管理混乱造成破产或濒临破产、严重亏损的企事业单位和群众反映强烈、不正之风严重的行业和部门作为查办的重点。继续贯彻“一要坚决，二要慎重，务必搞准”的方针，确保办案质量。结合办案，积极开展综合治理，以取得更好的社会效果。

——继续坚持严厉打击严重刑事犯罪和参加社会治安综合治理工作。各级检察机关要继续坚持依法“从重从快”方针，严厉打击严重刑事犯罪活动。积极参加“严打”和各种专项斗争，认真搞好批捕起诉工作。密切注视社会动态，严厉打击各种敌对分子的破坏活动。对少数土改、镇反时被处理的人及其亲属、子女反攻倒算，打击报复当时的积极分子和乡村干部的，要依法严肃处置。不断加强侦查监督和审判监督，保证办案质量。结合刑事检察职能，扎扎实实地落实检察环节上的各项综合治理措施，促进社会治安的持续稳定。

——继续加强法纪检察工作，积极开展各项检察业务。要从惩腐倡廉、反和平演变、促进社会主义民主法制建设、稳定大局的高度来认识这项工作的重要性，依法严肃查办各类“侵权”、渎职犯罪案件，特别是抓好大案要案的查办。对私设“黑牢”、非法拘禁他人的案件，坚决追究有关人员的刑事责任。办案中，严格区分罪与非罪的界限，讲求社会效果，切实保障公民的民主权利、人身权利和其他合法权益，维护正常的工作、生产和经济秩序，为工农业生产服务。同时，要积极开展监所检察、控告申诉检察、民事行政检察、检察技术等业务工作。

——下大气力抓好队伍建设。继续加强马列主义基本原理和党的基本路线的教育，提高干警贯彻党的基本路线的自觉性，坚定走有中国特色社会主义道路的信念；针对检察工作特点，加强反和平演变教育和职业道德、职业纪律、职业责任教育；坚持从严治检，抓好队伍的廉政建设，对检察干警中的违法违纪行为，严肃查处，决不护短，使全体检察干警切实做到秉公执法，廉洁执法，文明执法，依法执法；继续抓好干部的教育培训工作，进一步提高干部的政治、业务素质，以适应斗争形势和工作任务的需要。

河南省人民检察院工作报告（摘要）

——1992年2月29日在河南省第七届人民代表大会第五次会议上

河南省人民检察院副检察长　张　穹

（1992年3月4日河南省第七届人民代表大会第五次会议通过）

一、深入开展反贪污贿赂斗争

1991年，全省各级检察机关始终坚持把反贪污贿赂斗争作为第一位工作。经过艰苦努力，我省反贪污贿赂斗争的成效比较显著。全年共受理贪污贿赂案件5020件，立案侦查3583件，比1990年上升

18.3%，决定逮捕犯罪分子1116人。已经结案2624人，向人民法院提起公诉1106人，占结案总数的42.2%；免予起诉971人，占37%；不起诉及作其他处理的547人，占21.9%。各级检察机关在重点查处贪污贿赂案件的同时，还立案查处偷税抗税案件622件，假冒商标案件169件，挪用公款案件845件。通过办案，共追缴赃款和赃物折合人民币7127万余元。

1991年，我省反贪污贿赂斗争深入发展主要表现在以下几个方面：

1、对反贪污贿赂斗争的认识进一步深化。我们组织全省检察干警认真分析当前贪污贿赂犯罪的严重性和危害性，以及同贪污贿赂犯罪斗争的艰巨性和长期性，认真学习党中央、全国人大常委会关于严惩严重经济犯罪的指示和决定，学习江泽民总书记的“七一”讲话和中央工作会议精神，认真贯彻落实最高人民检察院关于反贪污贿赂斗争的指导思想和部署，使广大检察干警清醒地认识到，同贪污贿赂犯罪的斗争是严重的政治斗争，是社会主义初级阶段阶级斗争的重要表现之一，关系到建设有中国特色的社会主义的前途和命运。

2、集中力量侦破了一批大案要案。1991年，全省共立案查处万元以上的贪污贿赂大案864件，查处县处级领导干部贪污贿赂犯罪的68人。查处的大案要案占立案总数的26%，比1990年上升了29.3%。在查处的贪污贿赂大案中，犯罪数额在五万元以上不满十万元的64件，十万元以上不满五十万元的24件，五十万元以上的1件。

3、在贪污贿赂发案较多的行业和单位查处了一批带有行业性犯罪特点的“窝案”和“串案”。各级检察机关注意根据当地实际情况，认真调查分析，把那些群众反映强烈、不正之风严重的行业和部门，以及那些因管理混乱、亏损严重或濒临倒闭被群众称为“富了方丈穷了庙”的企业，作为斗争深入的重点方向。各地选准突破口，先后在金融、建筑、物资、外贸、供销等发案较多的行业以及管理混乱的企业中，挖出了一批重大贪污贿赂犯罪“窝案”和“串案”。去年，全省共挖出五案以上的“窝案”和“串案”109个，查办案件780件826人，占全省查办贪污贿赂案件总数的21.8%。

4、坚持检察工作为经济建设服务的指导思想，努力扩大办案效果。我们反复强调依法查处贪污贿赂犯罪案件，清除“蛀虫”，就是检察机关对经济建设最直接、最重要的服务。同时，我们还强调了在办案中要严格执行法律，注意斗争的方法和策略，努力扩大办案效果，要求在办案中必须掌握六条原则：一是严格区分罪与非罪的界限。对经济活动中出现的问题，要依据事实和法律认真分析，弄清哪些是合法的，哪些是不合法的。属于贪污贿赂犯罪的，坚决查办；经查证不是犯罪的，不予追究，或转有关党纪、政纪部门处理。二是坚决贯彻“一要坚决，二要慎重、务必搞准”的方针。凡是罪与非罪界限不清或争议较大的案件，不急于处理，及时向上级请示。三是涉及生产、经营、管理部门主要成员和重要技术骨干人员的案件，需要采取强制措施的，及时向党委、政府或主管部门建议予以补充、调整、防止生产、经营活动脱节；对罪行较轻、投案自首的，可以不采取强制措施。四是注意维护企业的产、供、销渠道，不轻易冻结企业的流动资金和银行帐户，不发表有损于企业声誉的报道，注意维护名优产品的信誉。五是坚持专门工作与发动群众相结合，运用典型案例，以案释法，开展法制宣传教育，动员群众参加斗争。六是积极做好预防犯罪工作。在办案中，我们针对企业存在的问题，及时提出检察建议，帮助企业完善规章制度，改善经营管理，预防犯罪。去年，全省检察机关共向企业提出检察建议2676条，协助478个企业进行了整顿。一年来，全省检察机关通过办案，救活了19个濒临倒闭的企业，促使218个企业扭亏为盈。

5、举报工作继续保持好的发展势头。为了促进举报工作的开展，各级检察机关重点抓了三方面的工作：一是从实际出发，采取召开新闻发布会、发表广播电视讲话、有选择地公布重大典型案件等多种形式，大力开展举报的宣传发动工作。有的开展了"举报宣传月"活动，鼓励人民群众积极举报贪污贿赂犯罪线索。二是对受理的举报线索，积极查处，加快消化处理，并及时向举报人反馈，以鼓舞和支持群众举报。三是保护奖励举报有功人员，坚决依法查处打击、报复举报人的案件。对借举报进行诬告的，也依法进行了查处。1991年，全省共受理群众举报案件线索29596件，其中贪污贿赂案件线索8201件。在全省检察机关立案侦查的贪污贿赂案件中，有74.2%来源于举报。

6、严格执行法律和政策，努力提高办案质量。我们一是强调要坚持有法必依，执法必严，违法必究的执法原则。要敢于和善于排除办案中的各种干扰，坚持实事求是，依照事实和法律正确处理案件。特别是在立案侦查、采取强制措施、定性处理这三个关键环节上严格把关，做好过细的工作，防止出现差错。二是坚持和完善内部制约机制。三是坚持定期和不定期地抽查案件质量，发现问题，及时纠正，保证了办案质量。1991年12月，省检察院组织力量，对免予起诉、抗诉和法院已作无罪判决等2157起案件进行了复查。复查情况说明办案质量是好的。对极少数应该起诉而免诉、不构成犯罪而免诉以及该抗诉未抗诉的案件，已采取措施予以纠正。

二、继续严厉打击严重刑事犯罪，积极参加社会治安综合治理

1991年，全省检察机关继续坚持依法从重从快的方针，严厉打击严重刑事犯罪活动，发挥了人民民主专政机关的职能作用。全省共受理公安机关提请批捕的各类人犯52294人，经审查，批准逮捕42246人；受理公安机关移送审查起诉或免予起诉43697人，已审结39108人，其中向人民法院提起公诉36023人，免予起诉2877人。在严厉打击严重刑事犯罪的斗争中，我们重点抓了以下几个方面的工作：

第一，积极参加集中打击和专项斗争，严厉打击严重危害社会治安的犯罪活动。1991年，全省在重点打击杀人、抢劫、爆炸、强奸、流氓集团等七类严重刑事犯罪活动的同时，针对社会治安方面存在的突出问题，先后开展了反盗窃、反抢劫、打击拐卖妇女儿童的专项斗争和"夏季攻势"。全省检察机关共批捕抢劫、杀人、盗窃、强奸和拐卖人口等重特大案犯10235人，起诉8452人，分别占批捕、起诉数的24.2%和23.5%。特别是加强了对惯犯、累犯和团伙犯罪的打击，使一批罪大恶极的犯罪分子受到了法律的严厉制裁。各级检察机关都认真贯彻执行了全国人大常委会《关于禁毒的决定》、《关于惩治走私、制作、贩卖、传播淫秽物品的犯罪分子的决定》和《关于严惩拐卖、绑架妇女、儿童的犯罪分子的决定》，严厉地打击了这些方面的犯罪活动。各级铁路运输检察机关针对部分路段治安秩序混乱的情况，与铁路公安、法院等部门紧密配合，严厉打击了危害铁路运输安全和旅客生命财产安全的各种刑事犯罪活动，惩处了一批“车匪路霸”，维护了铁路运输的正常秩序。

第二，坚决依法打击破坏救灾的犯罪活动，维护灾区的治安秩序。

第三，采取措施，保障办案质量，加快处理速度。各级检察机关在审查批捕和审查起诉中，只要基本犯罪事实清楚、基本证据确凿，就及时批捕、起诉。凡是不符合“两个基本”的，则自行补充侦查或者退回公安机关补充侦查。为了保障集中打击和专项斗争的顺利进行，各级检察机关对重大特大案件和团伙犯罪案件，及时派员参加公安机关的侦查、预审活动，加快案件的处理进度。到去年12月底，全省检察机关审查批捕案件和审查起诉案件的审结率均在95%以上。

第四，积极开展侦查监督、审判监督和执行监督，保证法律的统一正确实施。一年来，全省检察机关通过审查批捕、审查起诉和出庭支持公诉，对公安机关侦查活动中的违法情况提出纠正意见4491人（次），对人民法院审判活动中的违法情况提出纠正意见830人（次）；对不构成犯罪或已经构成犯罪不需要逮捕的5771人作了不批捕决定，对不构成犯罪的208人作了不起诉决定。在审查批捕和审查起诉中，注意发现漏网犯罪分子的线索，并及时进行查处。全省共追捕漏犯1420人，追诉漏犯508人。在审判监督中，对人民法院确有错误的判决、裁定提出抗诉125件，已收到人民法院判决、裁定61件，其中改判40件。在执行监督中，重点是加强对刑事案件的判决、裁定的执行和监管改造场所执行政策与法律的监督，共纠正监管、改造工作中的违法行为4312人（次），办理在押人员重新犯罪案件201人，查处监管干警的职务犯罪案件39人。并积极配合监管改造单位对在押人员进行经常性的法制宣传教育，开展政治攻势，促使在押人犯交待余罪或漏罪，揭发检举他人犯罪线索，维护了监管改造秩序。

第五，积极开展社会治安的综合治理。一是积极配合有关部门作好青少年犯罪的教育、感化和挽救工作。全省已有42个基层检察院在刑事检察部门设立了少年犯起诉组，专门处理少年犯罪案件。二是对决定免予起诉的案件，坚持公开宣布免予起诉决定，协助被免予起诉人员的所在单位建立帮教小组，并定期回访考察，以加强对免诉人员的帮教。同时抓好对在社会上服刑的假释、缓刑、保外就医、监外执行等人员的监改执行情况的检察监督，帮助有关部门落实帮教和考察措施，督促他们认罪服法，加强改造。对那些不符合或已消除保外就医、监外执行条件的人员，一经发现，建议有关部门及时收监执行，减少了重新犯罪因素。三是充分发挥检察建议的作用。通过办案，注意发现发案单位存在的犯罪隐患，督促其完善管理制度，落实改进措施。四是针对本地区的治安状况，开展专题调查研究，提出预防或打击犯罪的意见和建议。五是结合办案，开展法制宣传。

三、进一步加强法纪检察，严肃查处侵犯公民人身权利和民主权利以及渎职犯罪案件

1991年，各级检察机关进一步加强了法纪检察工作，共受理各类法纪案件4096件，立案查处1935件。根据我省实际情况，我们重点抓了以下几类案件的查处：

1、严肃查处发生在执法活动中的刑讯逼供、徇私舞弊案件，纯洁政法队伍，保证法律的正确实施。1991年，全省检察机关共立案查处这类案件71件。

2、重点查处发生在国家工作人员中的玩忽职守案件，以及造成重大人身伤亡和经济损失的重大责任事故案件。去年，全省共立案查处玩忽职守案件443件，重大责任事故案件237件，分别比1990年上升67.8%和9.7%。

3、重点查处了非法拘禁他人造成严重后果的案件。全省共查处非法拘禁犯罪案件473件。

4、认真查处了诬告陷害、报复陷害、伪证和破坏选举的案件，去年，全省共查处此类案件102件。

1991年，全省共立案查处重大特大法纪案件326件，涉及县处级干部犯罪案件9件。

四、控告申诉、民事行政诉讼法律监督等工作有新进展

——全省各级检察机关把认真查处控告、申诉案件作为一项重要工作来抓。一年来，各级检察机关对不属检察机关管辖的及时转有关部门处理；属于检察机关管辖的认真做好查办工作。在已立案查处的案件中，复查不服检察机关不逮捕、不起诉、免予起诉决定的申诉案件567件，改变原决定92件，复查不服人民法院判决、裁定的申诉48件，建议复议4件；立案查处不服公安机关未按犯罪处理的控告案件54件，逮捕犯罪分子10人。在接待来信来访中，对容易引起矛盾激化的集体上访案件，及时采取果断措施，做好教育疏导工作，防止矛盾激化和事态发展。

——民事行政检察是检察机关一项新的业务工作。1991年，我们重点抓了机构建设、培训民事行政检察工作人员等基础工作。同时，本着积极稳妥、准确有效的原则，受理不服人民法院判决的民事行政申诉案件。有的已建议法院作了改判，有的已提起了抗诉。

——检察技术工作在加强基础建设的同时，因陋就简，积极开展工作。目前，大多数地、市检察机关已具有法医检验、痕迹检验、文书鉴定、司法会计鉴定能力。1991年，全省共进行鉴定、检验18683件。运用现代科学技术服务于办案，提高了搜集、鉴别、认定证据的能力。

五、坚持从严治检，进一步加强思想政治工作和队伍建设

一是紧密结合形势，组织检察干警认真学习马克思主义基本理论和党在社会主义初级阶段的基本路线，增强了检察干警的人民民主专政意识和阶级斗争观念，增强坚持四项基本原则、反对资产阶级自由化的自觉性，提高了反对“和平演变”的能力。同时，全省检察机关不断探索思想政治工作的新路子，开展了丰富多彩的活动。使广大检察干警受到了深刻的理想、人生价值观和全心全意为人民服务的教育，振奋了精神，激励了斗志。

二是加强了领导班子建设。全省检察机关普遍成立了党组马列主义学习中心组，认真组织各级领导干部学习马列主义基本理论和党中央的指示。严格组织生活和组织纪律，加强民主集中制，增强集体团结。省检察院还对部分需要换届改选的地、市检察院检察长人选进行了认真考核。同时，我们还注意抓好后备干部的选拔、培养工作。部分地、市检察机关积极从民主党派成员和无党派人士中聘请了特约检察员，有的已经开展了工作。

三是抓好检察队伍的廉政建设和作风建设。我们始终坚持从严治检，严格执行最高人民检察院制定的“八要八不准”的检察人员纪律和省检察院《关于检察系统廉政建设的暂行规定》，坚持和完善各项规章制度，认真抓好检察干警的法制观念、职业纪律、职业道德、职业责任等教育。在抓好正面教育的同时，对发生在检察机关内部的违法乱纪案件坚决进行了查处。据统计，1991年，共处理检察干警违法违纪案件44人，其中作党、政纪处理40人，涉嫌刑事责任正在审理的4人。我们还在全省检察机关普遍开展了执法执纪大检查，实事求是地总结了工作中的经验和做法，检查了在执行法律、政策中存在的问题，及时而有针对性地进行了整改。

四是加强业务培训，提高业务素质和执法水平。我们坚持以岗位培训为重点，以多种形式积极开展了业务培训。1991年，我们组织检察干警参加了电大法律专业和检察专业证书班的学习，其中有250余人获得了大专文凭和专业证书。省检察院还举办了8期专项业务培训班。并及时研究工作中遇到的新问题，总结工作中的新经验，在工作实践中锻炼和提高干警的业务素质和执法水平。此外，我们正在积极建设中国高级检察官培训中心河南分部，作为我省检察干部教育向高层次发展的一个良好基地。

1991年，我省各项检察工作存在不少缺点和问题。主要是：1、反贪污贿赂斗争发展不平衡的问题仍然比较突出。一些地方的条件相同、问题相似，但办案情况悬殊较大。2、对贪污贿赂犯罪，在一定范围内存在打击不力的现象。3、少数检察干警的政治素质、业务素质和思想作风还不适应新时期检察工作的需要。还有个别干警违反办案纪律，利用办案之机吃拿卡要，有的甚至徇私枉法。4、检察机关侦查机构、侦查技术装备、办案经费不适应斗争的需要，严重地影响了办案工作的正常进行，对于以上存在问题，我们将高度重视，并采取有力措施，认真加以解决。

1992年，我们要认真贯彻中央工作会议、党的十三届八中全会精神和全国检察长会议精神，坚定不移地坚持党的“一个中心、两个基本点”的基本路线，牢固树立检察工作服从和服务于经济建设这个中心的指导思想，通过查办案件，积极为改革开放服务，为搞活国营大中型企业服务，为农业和农村工作服务，认真履行法律监督职责，扎扎实实地把各项检察工作推向前进。一是继续深入开展反贪污贿赂斗争。要进一步明确斗争的方向和重点，狠抓大案要案的查处；切实加强反贪污贿赂局这一专门侦查机构的建设，不断强化侦查工作，提高侦查能力；要搞好举报工作，发动人民群众参加斗争。同时，我们还要积极查处偷税抗税、假冒国营大中型企业名优产品商标、挪用公款等犯罪案件。二是坚持严厉打击危害社会治安的严重刑事犯罪活动，坚决打击危害国家安全的犯罪活动，以及翻土改“镇反”的案、进行反攻倒算和阶级报复的犯罪案件。要坚决贯彻依法从重从快的方针，与公安、法院和司法行政部门密切配合，积极开展集中打击行动和专项斗争；坚决依法严惩那些暴力犯罪、团伙犯罪和黑社会性质的犯罪集团，坚持参加公安机关对重特大案件的侦查、预审活动，提前掌握案情，做到快捕快诉；坚持不懈地把“除六害”斗争进行下去，对构成犯罪的坚决依法惩处；积极参加社会治安的综合治理工作，特别是对治安问题突出的地区和行业及时进行重点治理。三是切实加强法纪检察工作，突出查办非法拘禁、刑讯逼供、徇私舞弊，以及玩忽职守、重大责任事故案件。特别是要重点抓好大案要案的查处。四是进一步做好监所检察、控告申诉检察、民事行政检察、铁路运输检察等其它各项检察工作，力争取得新进展。五是努力搞好检察机关的思想、业务和作风建设。要进一步加强马克思主义基本理论和党的基本路线学习，增强坚持四项基本原则的自觉性；进一步加强各级领导班子的建设，更好带领检察干警履行法律职责；进一步加强以岗位培训为重点的检察业务培训，提高执法水平；坚持从严治检，严肃查处执法活动中的违法违纪行为。要努力建立一支政治立场坚定、严格依法办案、廉洁奉公、联系群众、精通业务的检察队伍，保证各项任务的顺利完成。

湖北省人民检察院工作报告（摘要）

——1992年4月23日在湖北省第七届人民代表大会第五次会议上

湖北省人民检察院检察长　钟澍钦

（1992年4月28日湖北省第七届人民代表大会第五次会议通过）

省七届人大四次会议以来，全省检察机关贯彻执行党的“一个中心，两个基本点”的基本路线，履行法律赋予的职能，全面开展检察业务，各项工作取得了新的成绩。

一、深入开展反贪污、贿赂斗争

1991年，共受理贪污、贿赂等经济犯罪案件7262件，立案侦查3736件。其中受理贪污案件3807件，立案侦查1893件；受理贿赂案件1518件，立案侦查818件，受理挪用公款、偷税抗税、假冒商标以及巨额财产来源不明等其他经济案件1937件，立案侦查1025件。已侦查终结3571件。通过办案追缴赃款及赃物折款4841万余元。

在反贪污、贿赂斗争中全省检察机关把握和处理好几个关系。一是正确处理反贪污、贿赂斗争与党的中心工作的关系。经济建设是党和国家的工作重点，是中心，检察工作必须服从、服务于这个中心，通过惩治贪污、贿赂犯罪活动，维护经济秩序，保障经济建设沿着社会主义方向顺利前进。二是正确处理打击经济犯罪与为经济建设服务的关系。法律把查处贪污、贿赂等经济犯罪的任务赋予检察机关，办案就是检察机关的工作重点，办案就是服务，办案的过程就是服务的过程。三是正确处理坚决与慎重的关系。做到惩治贪污、贿赂犯罪态度坚决、措施果断，打击严厉。同时坚持以事实为根据，以法律为准绳，准确定性定罪，讲究斗争艺术。对于罪与非罪的界限不清或者有争议的案件，及时向上级请示，不急于处理。四是正确处理办大案要案与办一般案件的关系。突出查处大案要案。全年侦破万元以上大案1202件，其中十万元以上71件；县处级以上干部犯罪46件（其中地厅级干部1件）。在没有发现大要案的地方，积极办理一般案件。有些地方从办小案入手，挖出了大案，从办单个案件入手，挖出了串案、窝案，去年共挖出窝案、串案480个。五是正确处理不搞办案数量攀比与量化工作目标的关系。各级检察院都不搞办案指标，不搞数量攀比。但强调有案必办，有线索必查。对群众举报或单位移送的案件认真查处。全年受理群众举报12528件，通过初查立案侦查 2855 件，比上年立案数上升 95.5%。

中央工作会议作出搞好大中型企业的决定，省检察院和一些地方的检察院及时组织干部到国营大中型企业调查研究，积极采取措施为搞好大中型企业服务。这就是，坚决打击各类犯罪活动，为维护社会治安稳定服务；深入开展反贪污、贿赂斗争，为维护社会主义经济秩序服务；严肃查处严重玩忽职守和重大责任事故等犯罪案件，为维护正常的生产、工作秩序服务；结合办案开展综合治理，为企业搞活经济服务；开展法制宣传教育，提供法律咨询服务。去年第四季度，在国营企事业单位查处贪污、贿赂案件 277 件，依法及时发还一批赃款赃物，促进企业生产经营。针对一些发案单位工作上的漏洞，提出《检察建议》，健全防范机制，强化综合治理措施。

八中全会以后，全省检察机关努力为加强农业和搞好农村工作服务。去年抽调 624 名检察干部参加农村"社教"，结合业务查处"社教"中群众揭露出来的贪污、贿赂等经济犯罪案件。为了慎重处理这方面的案件，省检察院调查研究，提出了一些原则意见：一是认真贯彻执行中央、省委有关农村"社教"的指示，牢牢把握"坚持思想教育、正面教育、自我教育为主"、"不整干部、不整群众"的原则，明确支持什么，反对什么，保护什么，遏制什么；二是对那些中饱私囊、贪污、受贿、搞垮集体经济，侵吞救灾、救济等款项，情节恶劣的案件，抓住不放，一查到底；三是严格区分罪与非罪的界限，定性定罪坚持以事实为依据、以法律为准绳，不拔高、不凑数；四是严格按照法定程序办案，十分注意办案方法和办案效果，对违法犯罪人员慎重采取强制措施，严格把握法定条件，严防发生事故；五是结合办案，尽力帮助集体挽回经济损失，依法及时发还赃款赃物，帮助乡、镇、村、组搞活经济，运用典型案件开展法制宣传，配合"社教"工作队做好宣传教育工作。

在反贪污、贿赂斗争中，全省检察机关严格执行法律、法令和有关规定，加强了内部制约，保证案件质量。自侦部门提请批捕人犯 2138 名，刑检部门经审查，批准逮捕 1835 名，追捕 9 名，不批准逮捕 83 名，退查 133 名，纠正违法 17 件（次）；自侦部门移送审查起诉、免诉人犯 4739 名，刑检部门经审查，决定起诉 1849 名，免诉 1477 名，追诉 7 名，退查 793 名，纠正违法 19 件（次）。

反贪污、贿赂斗争存在的主要问题是有少数地方对贪污、贿赂犯罪的打击不够得力，一些单位对该移送司法机关查处的贪污、贿赂等经济犯罪案件不移送，以罚代刑；有些贪污、贿赂犯罪该起诉的作了免诉处理，该判处刑罚或从重判处的判了免刑或量刑偏轻。检察机关办案力量不足，装备和经费短缺，也制约了反贪污、贿赂斗争的深入开展。

当前，贪污、贿赂等经济犯罪活动，仍然是严重的，同贪污、贿赂犯罪的斗争将是长期的、艰巨的任务。我们要把反贪污、贿赂斗争继续深入开展下去。

二、严厉打击严重刑事犯罪，参加社会治安综合治理

1991 年，全省检察机关继续贯彻对严重刑事犯罪依法从重从快惩处的方针，对严重危害社会治安的刑事犯罪活动进行了严厉打击。全年受理公安机关提请批捕人犯 34437 名，已审结 34319 名，其中批准逮捕 28490 名，受理公安机关移送审查起诉 29686 名，经审查已提起公诉 27113 名。主要抓的几项工作是：

第一，突出打击重点。始终把严重危

害社会治安的刑事犯罪作为打击重点。全年批捕杀人、抢劫、爆炸、盗抢枪支和持枪作案、强奸等暴力犯罪案犯7158名，起诉6926名，分别占批捕和起诉总数的25.1%和25.5%。认真贯彻全国人大常委会《关于禁毒的决定》、《关于惩治走私、制作、贩卖、传播淫秽物品的犯罪分子的决定》、《关于严禁卖淫嫖娼的决定》和《关于严惩拐卖、绑架妇女、儿童的犯罪分子的决定》，批捕上述“决定”中所列的犯罪分子1364名，起诉830名。对公安机关提请批捕，移送起诉的走私贩私、投机诈骗、伪造货币、票证等各种破坏经济秩序的犯罪案件，依法批捕1213名，起诉1046名。

第二，维护灾区治安秩序。我省遭受洪涝灾害后，省检察院及时发出《关于在抗涝防汛中维护社会治安秩序的紧急通知》，各级检察院对破坏公共安全的犯罪活动，盗窃、抢劫抗洪和救灾物资、破坏电力、排灌、通讯设施的犯罪活动从重从快给予打击，批捕上列案犯1549人。维护了灾区的社会稳定和治安秩序。

第三，积极参加反盗窃专项斗争。根据中央社会治安综合治理委员会决定，与公安、法院等有关部门配合，开展了反盗窃专项斗争。在去年的集中打击行动中，批捕盗窃犯、销赃犯、窝赃犯3470名，起诉3345名。

第四，提前介入重、特大案件的侦查、预审活动。在审查批捕环节上提前介入2319件（次），在审查起诉环节上提前介入1288件（次）。

第五，加强侦查监督和审判监督。对公安机关提请批捕和移送起诉的案件，经审查认为不构成犯罪或者已经构成犯罪而没有逮捕必要的1980人，依法作出了不批准逮捕的决定；对109人作出了不起诉的决定；对3252件事实不清、证据不足的案件退回公安机关补充侦查。通过审查批捕、审查起诉，依法追捕犯罪分子385名，追诉218名。对公安机关侦查活动中的违法情况提出纠正意见248件（次）。对人民法院审判活动中的违法情况提出纠正意见56件（次），对人民法院确有错误的判决、裁定依法提出抗诉65件。

第六，积极参与和推进社会治安综合治理。主要是开展对社会治安情况的调查，提出对策，预防和减少犯罪；根据党委安排，抽调干部到乡、镇任职，分管社会治安综合治理工作；在乡镇、企事业单位建立联系点，对存在的治安问题，帮助整改；运用《检察建议》向发案单位提出改进意见，帮助建章建制，堵塞漏洞；固定专人审理未成年人犯罪案件，既注意打击犯罪，又注意挽救失足者；对免诉人员实行帮教、定期回访考察，减少重新犯罪；运用多种形式开展宣传，对公民进行法制教育。

当前，我省的社会治安，总的看是稳定的，但是，对取得的成绩不能估计过高。一些地方的社会治安问题仍然比较突出。必须保持警惕。“严打”这一手不能松，综合治理的其他各项措施要进一步落实。

三、做好法纪检察等其他各项工作

依法查处侵犯公民民主权利、人身权利和渎职犯罪案件，是检察机关的一项重要职责。1991年，受理各类法纪案件2293件，立案侦查580件，侦查终结553件，已向人民法院提起公诉202件，为国家挽回经济损失288万余元。

从办理的法纪案件看，有几种案件反映出来的问题值得注意：一是玩忽职守案件造成重大损失。二是非法拘禁案件增多。三是重大责任事故犯罪案件突出。四是公安司法人员、治安联防人员刑讯逼供、侵犯公民人身权利案件仍有发生。

监所检察工作通过对刑事案件判决、

裁定执行情况和监所劳改机关活动的监督，促进严格执法，文明管理。对超期在押未结的案件进行检察纠正，对已判决生效，该投劳未投劳的案犯督促及时投劳。坚决打击被监管改造人员的又犯罪活动，稳定监管改造场所秩序。去年依法批准逮捕又犯罪的案犯 27 名，起诉 382 名。办理了一批不服判决、裁定的申诉案件。向监管改造部门提出纠正违法意见 1390 件(次)，对看守所超期羁押人犯提出纠正意见 3715 人（次)，对违法保外就医和不当减刑、假释、提前释放等问题，发现后及时提出纠正意见。

控告申诉检察工作，受理群众来信来访 36817 件，已办理 32630 件。办理不服不批捕、不服不起诉和不服免诉的案件 578 件，其中依法纠正 42 件。复查不服法院刑事判决、裁定的申诉 2111 件，认为确有错误向人民法院提出纠正意见的 3 件。办理重婚案件 43 件。

民事行政检察工作，已建立民事行政检察机构 39 个，贯彻边建边干的原则，受理对发生法律效力的民事、经济、行政判决、裁定不服提出的申诉 171 件，已审结 124 件。

刑事技术检察为侦查破案和认定犯罪事实提供了科学依据。去年受理各类案件证据技术检验 3444 件，受理各类物证照相、录像，现场勘验 2683 件，已办结 4556 件。

向重点乡镇和税务部门派驻检察室，加强检察机关基层基础建设。税务检察室已基本建齐，乡、镇检察室尚在试建。在开展法制宣传，受理群众举报、投诉，协助检察院调查案件，对被免诉人员开展帮教，参加社会治安综合治理等方面发挥了很好的作用。

四、加强检察队伍建设

我们贯彻“两手抓”的方针，坚持从严治检的要求，加强了检察队伍的思想、组织和纪律、作风建设。一年来，有 9 个单位和 16 名个人受到最高人民检察院的表彰，有 23 个单位和 36 名个人受到省检察院记功表彰。受县以上党委表彰的党支部 71 人，优秀党员 324 名；有 74 个检察院被评为双文明单位。对违法违纪的检察人员，一经发现，及时处理，绝不护短。全年严肃处理 23 名带行业特点的违纪人员，其中 1 人受到法律追究。加强了检察人员的教育培训。去年有 1218 人大专毕业，具有大专以上学历的达到检察人员总数的 53.6%。基层检察机关结合换届，领导班子进行了调整，领导力量得到了加强。

1992 年我们将领导全省各级检察院和全省检察人员，坚定不移地全面贯彻党的“一个中心，两个基本点”的基本路线，坚持“两手抓”的方针，牢固树立为社会主义经济建设服务的思想，忠实履行法律监督职责，积极开展各项检察业务，为加快改革和扩大开放，为“八五”计划和十年规划的贯彻实施，为国家的长治久安，做出新的贡献。

湖南省人民检察院工作报告（摘要）

——1992年4月26日在湖南省第七届人民代表大会第五次会议上

湖南省人民检察院检察长　齐振瑛

（1992年4月28日湖南省第七届人民代表大会第五次会议通过）

一、深入开展了以惩治贪污贿赂犯罪为重点的打击经济犯罪的斗争

1991年，全省各级检察机关共受理经济罪案线索8772件，立案查处4922件。其中立案查处贪污贿赂罪案3113件，偷税抗税、假冒商标、挪用公款等罪案1809件。到去年底，已向人民法院起诉2241名案犯。通过查办这些经济罪案，共为国家、集体挽回经济损失6269.15万元。

1991年惩治贪污贿赂等经济犯罪工作突出了以下几点：

（一）坚持把办案、深挖“蛀虫”作为检察机关为经济建设最直接、最重要的服务。全省先后在金融、建筑、化工、煤炭等行业的300多个企事业单位和120多个严重亏损企业，立贪污贿赂案1218件，其中大要案451件，分别占全省查办贪污贿赂罪案总数的39.1%和50%。

在坚决打击犯罪的同时，我们注意工作方法。如在办理涉及企业主要领导成员和生产、经营、技术骨干的案件时，注意适时向有关党政组织或其主管部门反映、通报情况，建议进行人事调整，防止生产、经营、流通等活动脱节；不轻易查封企业帐目和冻结银行帐户，注意保护企业的声誉，以维护企业产、供、销的渠道畅通；对必须由被告人出面解决产供销方面的业务时，在不影响侦查和调查的前提下，允许他们进行业务活动。

（二）重点查办大案要案。全年共立经济犯罪大要案1957件，占立案总数的39.8%，与上年比较，高10.2个百分点。其中立案侦查贪污贿赂大要案902件，比上年上升13.3%。

（三）广泛发动群众，坚持专门机关与群众路线相结合的方针。去年，全省检察机关通过各种方式，宣传发动群众积极参加反贪污贿赂犯罪斗争，不断掀起斗争“小高潮”。据统计，全省检察机关举报中心（站）共受理群众举报线索11816件，其中贪污贿赂等经济罪案线索6926件，经审查立案3698件，占立案查处数的75.1%。有115名贪污贿赂分子投案自首。

（四）严格把好案件质量关。在查办案件中，我们始终坚持“一要坚决、二要慎重、务必搞准”的原则，严格依法办事，注意区分罪与非罪的界限。为了确保案件质量，我们认真实行了内部制约制度。同时，上级检察院加强了对下级检察院的业务指导、把关，有效地保证了办案质量。

二、依法严厉打击了严重刑事犯罪，积极参加社会治安综合治理

1991年，全省各级检察院继续坚持依法从重从快方针，严厉打击严重刑事犯罪，共受理公安机关提请批捕的人犯33872人，审结32313人，依法批准逮捕29108人；共受理公安机关移送审查起诉的案犯35220人，审结31656人，已提起公诉29805人。

在“严打”和综合治理工作中，主要做了五项工作：

(一)依法从重从快惩处严重刑事犯罪分子。去年，共批准逮捕反革命案犯和杀人、抢劫、流氓、强奸、爆炸等七类严重刑事犯罪分子17241人，占批捕总数的59.2%；提起公诉18346人，占起诉总数的61.6%。这些案犯中，有30.5%系惯犯、累犯和团伙犯罪分子。为了从重从快打击严重刑事犯罪分子，各级检察院坚持对有影响的重大案件和特大案件实行提前介入。据统计，全省检察机关在审查逮捕阶段提前介入2882件（次），在审查起诉阶段提前介入1021件（次），有效地加强了法律监督，加快了办案进度，提高了办案质量。

(二)坚决打击毒品犯罪和走私制作贩卖传播淫秽物品、拐卖绑架妇女儿童等犯罪分子。去年全省共批准逮捕上述犯罪分子890人，已起诉808人。同时，批准逮捕破坏林业资源、盗伐、滥伐林木案犯386人，提起公诉486人。

(三)积极参与对重点地区社会治安的集中整治和专项斗争。据不完全统计，全省检察机关参与整治的重点地区513个。积极参加全省性的专项斗争5次、区域性的专项斗争135次，有效地打击了犯罪分子的嚣张气焰。受灾地区的检察机关还配合公安、法院、严厉打击了破坏抗灾救灾的各种严重刑事犯罪活动，维护了灾区社会治安的稳定。

(四)加强了侦查活动监督、审判活动监督和监管改造活动的监督。对公安机关提请逮捕和移送起诉的案件，经认真审查，对不符合法定逮捕条件的3205人，依法作出了不批准逮捕决定；对不构成犯罪的115人，依法作出了不起诉决定。同时，在审查案件中，深挖余罪、漏犯，共追捕犯罪分子234人，追诉218人；对公安机关侦查活动中的违法情况提出纠正意见996件（次）；对人民法院确有错误的判决、裁定提出抗诉168件，到年底，收到人民法院的判决、裁定69件，其中改判44件；对人民法院审判活动中的违法情况提出纠正意见228件（次）；对监管改造机关的违法情况提出纠正意见5884件（次）；起诉了263名重新犯罪的劳改犯；对51名犯有贪污、受贿、体罚虐待等犯罪行为的管教干警进行了立案查处。

(五)落实了检察环节其他综合治理措施。各地检察机关针对办案中发现的问题，向发案单位提出整改建议2175条；对近几年万余名免诉人员普遍进行了回访考察，进一步落实了帮教措施；处理公民来信来访46718件（次）；对管制、缓刑、假释、保外就医等监外执行罪犯实行检察，督促有关单位进一步落实监管措施；加强了对未成年人犯罪的教育、感化、挽救工作；运用多种方式，广泛开展了法制宣传活动。

三、加强了查处侵犯公民民主权利、人身权利和渎职犯罪工作

保障宪法规定的公民的民主、自由权利、人身权利不受侵犯是检察机关的一项重要职责。去年，全省检察机关着力加强了以下工作：

(一)坚持“有案必办”的原则，突出查处玩忽职守、重大责任事故等五类案件。全年共受理各类违法乱纪案件3190件，立案侦查1186件，结案1133件，挽回经济损失467万多元。各级检察机关以主要精力查处发案率较高、社会危害严重的徇私舞弊、刑讯逼供、非法拘禁、重大责任事故、玩忽职守五类案件，全年共查处案件910件，占立案总数的77%。在查处非法拘禁案件中，属于以逼还债务为目的的“人质型”非法拘禁案61件。各地在办案中既依法打击犯罪，又迅速解救人质，有效地保护了公民的人身权利。

（二）重点查办危害大、后果严重的重特大案件。去年查处的违法乱纪犯罪案件中，重特大案件293件，占总数的24.7%。

（三）努力扩大办案效果。在查办案件中，注意选择、运用典型案例，采取多种形式，广泛开展了法制宣传教育活动；对经营管理、安全生产等方面的漏洞和问题积极提出检察建议；对一些尚未构成犯罪，但可能引起矛盾激化的问题，认真做好疏导工作；选择案件多发单位作为综合治理联系点，有效地预防、抑制和减少“侵权”、渎职犯罪的发生。

各地检察机关还积极、认真查处群众控告申诉案件，切实保障公民行使控告、申诉权利。去年直接查办各类控告申诉案件7835件，其中申诉案件1610件，办结456件，有162件改变和撤销原处理决定，维护了法律的尊严。检察技术部门共办理技术检验鉴定和文证审查案件5207件，出具各类检验文书3392份，其中纠正其他部门的错误鉴定结论90份。民事行政检察部门共接待群众不服法院民事行政判决、裁定的申诉1042人（次）。经审查，依法立案107件，已向同级人民法院提出抗诉4件。

四、坚持从严治检，加强了队伍建设

一是加强了社会主义思想教育，狠抓了队伍整顿。各级检察院进行了社会主义思想教育活动，还选送了200多名骨干到各级党校进行系统学习社会主义政治理论。结合一年一度的执法检查，对检察队伍进行了系统的整顿，解决了干警思想、作风上的一些问题，健全完善了各种管理制度，强化了监督机制，加强了廉政建设。据统计，去年全省检察干警中拒吃请2781人次，拒礼2775人次计金额25万余元。对检察队伍中的违法违纪案件和问题进行了严肃查处。其中依法追究刑事责任5人，给予党政纪处分32人。

二是抓紧了干部教育培训工作，突出抓了岗位职务培训。全年举办短训班63期，培训干警2240人。成立了湖南省检察官培训中心，并举办了两期培训班。

三是广泛开展了争先创优活动。全省检察机关有6个集体和73名干警受到最高人民检察院表彰，1名干部受到中央组织部表彰，1个集体、3名干警受到省委、省政府表彰。各地还相继表彰了一批先进集体和先进个人。

去年全省检察工作也存在不少缺点和问题，主要有：少数干警对惩治贪污贿赂犯罪斗争和严厉打击严重刑事犯罪斗争的长期性、艰巨性认识不足，对打击经济犯罪与为经济建设服务的关系结合、处理不够好；少数地方存在执法不严的现象；极少数干警办案不深入，不细致，甚至违法办案、越权办案；法律规定的检察机关上下级领导关系还没有充分体现出来；任务繁重与人员少的矛盾日益突出，技术装备落后，办案经费短缺等实际困难也影响了检察业务的正常开展。

1992年，全省检察机关要坚定不移地贯彻执行党的“一个中心，两个基本点”的基本路线，牢固树立为扩大改革开放、加快经济建设服务的思想，忠实履行法律监督职责。要依法坚决惩治贪污贿赂犯罪，突出查处大要案件。严格区分罪与非罪的界限，既坚决打击犯罪，又认真维护企事业单位和广大职工的合法权益，注意保护有开拓精神，在改革开放中做出成绩但有失误的人。要坚持严厉打击敌对分子和严重刑事犯罪分子的犯罪活动。对于治安问题突出的重点地区要与公安、法院等部门密切配合，进行重点治理，开展专项打击，进一步加强反盗窃斗争。要全面落实检察环节的社会治安综合治理措施，努力为改革开放创造良好的社会治安环境。要加强对侵犯公民民主权利、人身权利和渎职犯罪案件的查处工作，充分发挥人民群众大搞经济建设的积极性。同时，要积极开展其他各项检察业务。要继续从严治检，造就一支政治坚强、业务熟练、又红又专的检察队伍。

广东省人民检察院工作报告（摘要）

——1992年1月13日在广东省第七届人民代表大会第五次会议上

广东省人民检察院检察长　王　骏

（1992年1月16日广东省第七届人民代表大会第五次会议通过）

1991年，我省检察机关认真贯彻党的十三届七中全会精神，紧紧围绕稳定社会、发展经济的中心任务，认真履行宪法和法律赋予的法律监督职责，坚决惩治贪污贿赂犯罪，严厉打击严重刑事犯罪，积极参与社会治安综合治理，依法查处侵犯公民人身权利、民主权利和渎职犯罪行为，全面开展各项检察业务，加强检察队伍建设，各项检察工作都取得了新的成绩。

一、深入开展反贪污贿赂斗争，促进廉政建设和经济建设

1991年，我省检察机关把反贪污贿赂斗争作为工作重点，坚持“一要坚决，二要慎重，务必搞准”的方针，进一步把反贪污贿赂斗争引向深入。1至11月，全省检察机关共受理贪污贿赂等经济犯罪案件3284件，从中立案侦查1992件2304人，其中贪污贿赂案件1592件1784人，占立案总数的76.8%。依法逮捕贪污贿赂案犯643名，向人民法院提起公诉939名，免予起诉846名。追缴赃款赃物共值5680万元。

1991年我省检察机关开展反贪污贿赂斗争取得了明显成效，主要表现在：

1、举报贪污贿赂犯罪保持了好的势头。各级检察机关加强对举报案件的查处，做好宣传发动工作，进一步调动和激发了公民的举报热情，推动了举报工作的深入开展。1至11月，全省检察机关共接受举报贪污贿赂等经济违法犯罪线索9741件，为开展反贪斗争提供了大量的案件线索来源。各级检察机关在认真查处举报案件的同时，依法保护公民行使举报的权利，对举报有功人员给予奖励，依法惩处了少数打击举报人和利用举报诬陷他人的违法犯罪分子。

2、查处大案要案工作有新的突破。各级检察机关把查处大要案作为反贪斗争的重点，充分发挥反贪污贿赂工作局的整体作战能力，领导亲自指挥，集中主要力量，查处大案要案，取得了显著战果。1至11月，全省检察机关立案侦查万元以上重大贪污贿赂等经济犯罪案件1005件，其中一万元至五万元的700件，五万元至十万元的128件，十万元至一百万元的155件，百万元以上的22件；立案侦查犯有贪污受贿罪行的县处级以上干部52人。

3、敦促了一批贪污贿赂犯罪分子投案自首。各级检察机关根据当地反贪斗争的实际情况，选择典型案件，在重点地区、单位适时召开宽严处理大会，兑现宽严政策，发动群众检举揭发，号召和敦促有贪污贿赂问题的人投案自首，取得了良好的法制效果。据不完全统计，1991年，各地通过召开宽严大会，宣传政策法律等工作，共有215名贪污贿赂违法犯罪分子投案自首。

4、预防贪污贿赂犯罪取得明显成效。各级检察机关在开展反贪斗争中，在严厉惩处严重贪污贿赂犯罪的同时，十分重视做好预防贪污贿赂犯罪工作。各级检察机关结合办案，运用典型案例，深入发案单位上法制课，帮助寻找诱发犯罪的原因，建立和健全各项监督制度，堵塞发案漏洞，落实预防措施。各地在做好案后预防工作的同时，积极开展案前预防工作。通过与一些重点单位建立廉政监督机构，开展廉政共建等活动，促进了检察机关和共建单位的廉政建设。有的县区检察院还积极依靠党委，把预防工作纳入党委、政府领导的综合治理工作的总体部署，建立了由党委领导、检察机关为骨干，纪委、监察、审计等执纪执法部门参加的预防贪污贿赂犯罪网络，开展全方位、大范围预防工作。

5、反贪污贿赂展览取得良好的法制效果。1991年底，在广州举办了全国暨广东省惩治贪污贿赂犯罪展览，社会反映良好。不少单位参观后还举行各种形式的座谈会，围绕惩治贪污贿赂展览这个主题展开讨论。不少观众通过参观展览，当场口头举报或参观后写信举报了一批涉嫌贪污贿赂罪案。有的犯有贪污贿赂罪行的人，参观展览后主动到检察机关投案自首。举办这次反贪展览，向广大人民群众展示了党中央惩治腐败的决心和所取得的伟大胜利。同时，又是对广大干部、群众进行一次生动、形象的肃贪倡廉的教育和法制教育。

6、办案的社会效果和经济效果明显提高。为改革开放和经济建设服务，是检察工作总的指导思想，也是检察机关开展反贪污贿赂斗争的出发点和落脚点。1991年初，省检察院制定了《关于检察工作保护和促进经济发展的决定》，提出了保护和促进经济发展的措施。全省各级检察机关在办案工作中注意做到：严格区分罪与非罪的界限，分清经济交往中正常的应酬与贪污贿赂犯罪的界限；凡是罪与非罪界限不清或争议很大的案件不采取法律措施；一时拿不准的不急于处理，并向上级检察机关报告请示；对于收受回扣的各种违法行为，重点查中饱私囊、变相中饱私囊以及私分公款构成犯罪的案件；涉及生产、经营、管理部门主要成员和技术骨干的案件，在采取强制措施时采取十分慎重的态度，对必须要采取强制措施的，及时向党委、政府建议予以补充、调整，防止生产、经营和流通等活动脱节，对于罪行较轻的，投案自首的，依法从宽处理；不轻易冻结企业的流动资金和银行帐户，不发表有损企业声誉的报道，在必须由被告人出面解决产供销渠道时，只要不影响侦查工作，可以让他们进行业务活动，戴罪立功；积极开展预防犯罪工作，针对发案单位工作中存在的问题，积极提出检察建议，协助企业完善各项管理规章制度，健全防范机制；

实行专门工作与发动群众相结合，通过报纸、电视、录像、广播、刊物、展览等形式广泛地开展法制宣传教育，并通过剖析典型案例，以案论法，扩大宣传效果，提高广大群众的法制观念和拒腐防变能力。

二、坚持依法从重从快严厉打击严重刑事犯罪活动，积极开展社会治安综合治理，维护社会的稳定

1991年，我省各级检察机关坚持依法从重从快的方针，与公安、法院、司法等部门密切配合，严厉打击严重刑事犯罪活动，维护了我省社会治安的基本稳定。1至11月，全省检察机关共受理公安机关提请批捕的各类刑事案犯26369人，经审查后批准逮捕24187人。受理公安机关移送起诉刑事案犯27258人，经审查后向人民法院提起公诉22513人，决定免予起诉1233人。

在严厉打击严重刑事犯罪活动中，全省检察机关认真抓了以下几项工作：

一是积极做好全省性集中统一打击行动中的批捕起诉工作。1991年元旦、春节期间，全省检察机关积极参加全省性的统一打击行动，依法及时批捕起诉了一大批严重危害社会治安的犯罪分子。下半年，各级检察机关积极参加“打流窜、抓车匪、挖团伙、破大案、追逃犯”的集中统一打击行动。对统一行动中抓获的严重刑事犯罪分子，集中力量，优先办理，保证统一行动中的案件在检察环节的畅通。

二是积极参加专项斗争，解决突出的治安问题。各级检察机关与公安、法院、司法等部门密切配合，在全省范围内先后开展了“反走私”、“打车匪路霸”、“打拐卖人口”、“扫毒”、“反盗窃”等专项斗争。1至11月，全省检察机关共批准逮捕走私案犯209人，逮捕贩运毒品案犯516人，拐卖人口案犯248人，盗窃案犯11613人。起诉上述案犯12080人。有力地打击了某一类和区域性的严重刑事犯罪活动，较好地解决了地区性突出的治安问题。

三是突出打击重点，严惩严重危害社会治安和威胁人民生命财产安全的犯罪分子。各级检察机关始终把杀人、放火、爆炸、投毒、抢劫、强奸、重大盗窃、重大诈骗等严重破坏社会秩序和威胁人民群众生命财产安全的犯罪分子列为打击重点，坚持依法从重从快的方针，及时予以打击。1至11月，全省检察机关批准逮捕杀人犯328名，放火犯31名，爆炸犯22名，抢劫犯5601名，强奸犯814名，重大盗窃犯5382名，重大诈骗犯295名。各级检察机关还十分注意打击集团性犯罪，特别是严厉打击黑社会和带黑社会性质的犯罪团伙。全省共批准逮捕犯罪团伙成员2495名。

四是坚持提前介入重大刑事案件侦查、预审活动，提高办案效率。各级检察机关进一步加强了同公安机关的联系，及时了解和掌握侦查预审情况，对于重大、特大刑事案件，坚持提前介入，参与公安机关现场勘查和预审等活动，从而提高了办案速度，保证快批捕、快起诉严重刑事案犯。据不完全统计，1至11月，全省检察机关在审查批捕工作中共提前介入重特大刑事案件1490件3155人，约占重特大刑事案件的30%。

五是加强侦查监督和审判监督，保证准确、及时、依法打击严重刑事犯罪。各级检察机关切实履行宪法和法律赋予的法律监督职责，认真把好案件的事实关、证据关、适用法律关，保证批捕、起诉质量，既不放纵犯罪分子，又不使无罪的公民受到刑事追诉。1至11月，全省检察机关通过审查批捕和审查起诉，依法追捕公安机关没有提请逮捕的刑事案犯237人，追诉案犯63人，对安公机关提请逮捕和移送起诉的案犯，经审查决定不批准逮捕的595人，不起诉的86人。检察纠正侦查活动中的违法行为83起，检察纠正审判活动中的违法行为49起，对86件判决、裁定不当的案件依法提出了抗诉。各地在开展侦查监督中，普遍实行了对不批准逮捕和不起诉案件处理情况的跟踪监督，使法律监督逐步走向制度化、规范化，从诉讼程序上确保案件质量。

六是积极参加社会治安综合治理。1991年，全省各级检察机关从全面实现法律监督职能出发，从稳定政治、稳定经济、稳定社会的战略高度出发，在各级党委、政府的统一领导和部署下，认真贯彻中共中央、国务院作出的和全国人大常委会审议通过的两个《关于加强社会治安综合治理的决定》，以及年初召开的中央和全省社会治安综合治理工作会议精神，按照检察机关的职责和分工范围，从本地实际出发，结合各项检察业务活动，多形式、多渠道、多层次地开展综合治理工作。通过开展提检察建议活动，建立综合治理联系点，发表公诉词、协助发案单位改章建制、查犯罪原因、堵塞漏洞，开展法制宣传、考察帮教免诉人员、纠正违法、调解群众纷争等，落实综合治理的各项措施。同时，各级检察机关还根据青少年和在校学生的特点，开展形式多样的法制教育，取得了预防和减少刑事犯罪的法制效果。

三、严肃查处侵犯公民人身权利、民主权利和渎职犯罪行为，维护和促进了社会主义民主和法制建设

1991年，各级检察机关进一步加强法纪检察工作，依法查处各种"侵权"、渎职犯罪案件。1至11月，全省检察机关共受理各类法纪案件1268件，立案侦查360件488人，已办结293件392人，向人民法院提起公诉130件173人，免予起诉149件201人。其中立案查处的重大、特大法纪案件68件。

各级检察机关在查处法纪案件中，注意结合办案开展法制宣传，教育干部群众提高守法执法观念，从多方面预防和减少侵犯公民民主权利和渎职犯罪的发生，以保障公民的合法权益，捍卫社会主义法制。

四、监所检察、控告申诉检察、民事行政检察、铁路运输检察、检察技术等各项检察工作也取得较大成绩

——监所检察加强了对监狱、看守所、劳改、劳教场所执行法律情况的监督。积极配合和协助监管部门做好"两劳"人员的教育改造工作，打击被监管人员犯罪活动，查处和纠正少数监管干部违法行为。1至11月，全省检察纠正监管改造活动中的违法现象844起。纠正超期羁押人犯3317人。共受理被监管人员犯罪案件112件135人，起诉110件133人。通过监所检察，维护了监管场所的改造秩序，积极协助司法部门提高劳改、劳教质量，保证国家法律在监管场所的正确实施。

——控告申诉检察积极受理、认真查处公民的控告、申诉案件，确保公民充分行使控告、申诉权利。1至11月，全省检察机关共受理公民控告、申诉29266件次。复查不服不批准逮捕、不服不起诉、不服免予起诉的申诉案件94件，复查不服法院判决裁定的申诉案件14件，并根据复查的情况，分别作出了妥善处理。同时，协同有关部门及时处理了一批可能引起矛盾激化的群众纷争的来信来访。

——民事行政检察是法律赋予检察机关的一项新的检察业务，是体现和全面实现法律监督职能的重要方面。各级检察机关在积极建立和健全民事行政检察机构的同时，逐步开展了对民事、行政诉讼的检察监督。至11月底止，全省各级检察机关共受理不服法院判决、裁定的民事、经济、行政申诉案件282件，经审查立案16件，已向法院提出抗诉的2件，提出再审建议的10件。

——铁路运输检察机关与铁路公安、法院密切配合，继续打击以“车匪路霸”为重点的刑事犯罪，严厉打击“以车谋私”为重点的贪污贿赂犯罪。1至11月，共批准逮捕刑事犯罪分子1167名，起诉1321名，立案侦查贪污贿赂犯罪案件62件，其中大要案15件，有效地保障了铁路运输的安全。

——检察技术部门在加强刑事技术设施和技术网点建设的同时，积极开展办案活动，为侦查办案提供了一批诉讼证据，对保证办案质量，防止错案发挥了作用。

五、加强检察队伍建设，提高检察干警的整体素质

1991年，各级检察机关结合检察工作行业特点，始终贯彻了从严治检的方针，加强检察队伍的思想建设和业务建设，不断提高检察队伍的政治素质和业务素质，保证了各项检察任务的顺利完成。一是加强政治教育。各级检察机关普遍开展了马克思主义基本理论教育、社会主义教育、形势教育、反和平演变教育等系列教育和专题教育，使广大检察干警提高了马克思主义理论水平，坚定了社会主义信念，提高了执行党的基本路线的自觉性。二是加强行业教育。通过执法执纪大检查，整纪刹风教育，党内法规教育和经常性的检察人员纪律教育，为检清廉教育等，增强了检察人员的廉政意识和纪律观念。在完成各项检察工作任务中涌现出一大批秉公执法、严守法纪、不徇私情、清正廉洁的先进集体和先进人物。1991年，被最高人民检察院授予模范检察长称号的1名，授予先进集体的4个，先进个人的9名，荣立集体一等功的1个，二等功的6个，个人二等功的8名，三等功的16名。三是加强领导班子建设。省检察院在加强自身班子建设的同时，重点抓了市、分院班子，市、分院着重抓了县、区院班子。对个别问题较多的市检察院班子，省检察院多次派人下去帮助整顿，使问题得到了较好的解决。此外，各市检察院领导注意改进领导作风，经常深入基层，调查研究，进行面对面的指导，帮助下级机关解决办案和其他工作中碰到的实际问题。四是加强检察队伍的业务建设。1988届电大法律（检察）班已有1050人毕业，电大检察专业证书班毕业的有710人，使我省检察干部中具有大专以上法律专业水平的达5000多人，占整个检察队伍的65%以上。各市检察院还加强了检察干部的岗位业务培训。省检察院先后举办了刑事检察、法纪检察、民事行政检察、监所检察业务培训班。各市检察院也举办了一些短期业务培训班。通过多形式、多层次业务培训，提高了检察干部的业务能力和执法水平。

1991年我省检察工作是向前发展的，各项业务都取得了一定成绩，较好地完成了全年的任务。但也存在一些问题。主要是：从全省看，工作发展还不够平衡；个别案件还存在质量不高的问题；侦查监督和审判监督在一些单位开展得还不够有力；检察干警中违法违纪现象时有发生。1至11月，全省共发生检察干警违法违纪案件22起。此外，检察机关任务繁重，人力不足，工作条件和干警的待遇等方面仍然存在许多困难。我们工作上的问题今后将采取有力措施加以克服和改进。

最近，我们召开了全省检察长工作会议，确定1992年检察工作的主要任务是：以中央工作会议和党的十三届八中全会精神为指针，坚持“一个中心”、“两个基本点”的基本路线，牢固树立为社会主义建设服务的思想，充分发挥法律监督职能，继续深入开展反贪污贿赂斗争，坚持依法从重从快严厉打击严重刑事犯罪和危及国家安全的敌对分子的破坏活动，努力推进社会治安综合治理，加强查处侵犯公民人身权利、民主权利和渎职犯罪行为，积极开展各项检察业务，坚持不懈地抓好检察队伍建设，从严治检，努力提高检察队伍的整体素质。

广西壮族自治区人民检察院工作报告（摘要）

——1992年3月9日在广西壮族自治区第七届人民代表大会第五次会议上

广西壮族自治区人民检察院检察长　丘栋霖

（1992年3月12日广西壮族自治区第七届人民代表大会第五次会议通过）

1991年，我区各级检察院切实履行法律监督职责，坚持以事实为根据、以法律为准绳，深入开展反贪污贿赂斗争，坚持严厉打击严重刑事犯罪，积极参加社会治安综合治理，加强法纪检察，大力开展其他各项业务活动，工作取得了较好的成绩。

一、深入开展打击贪污贿赂等经济犯罪的斗争，为经济建设服务

1991年，我区各级检察院继续开展打击贪污贿赂等经济犯罪的斗争，工作深入了一步，取得了新的进展。据统计，全年全区检察机关共受理贪污贿赂等经济罪案3452件，立案侦查1852件，其中贪污案698件，贿赂案516件，两项共1214件，占立案总数的65.6%，挪用公款、偷税抗税、假冒商标案638件，占34.4%；决定逮捕案犯907人。到去年底，已侦查终结1905件（包括上年未结案件），侦结率达82.9%。通过办案追缴赃款赃物折合人民币2908万元。

我区反贪污贿赂等经济犯罪的斗争深入了一步，主要表现在以下几个方面：

第一，坚决贯彻为经济建设服务的指导思想。各地在办案中，根据最高人民检察院的规定，注意了六个方面：一是严格区分罪与非罪的界限，特别是分清经济活动中正常的应酬与贪污贿赂犯罪的界限；二是坚决贯彻“一要坚决，二要慎重，务必搞准”的原则，凡是罪与非罪界限不清或争议很大的案件，不采取法律措施；三是涉及生产、经营、管理部门主要成员，特别是重要的科技人员的案件，持谨慎态度，需要拘留逮捕时，事先向党委、政府或有关部门提出，建议调整人员，以免影响生产；四是注意维护产、供、销渠道，不轻易冻结企业的流动资金和银行帐户；五是积极做好预防犯罪工作，提出检察建议，协助企业完善会计、审计、监督管理等规章制度，堵塞漏洞；六是加强法制宣传，引导企业依法经营。由于抓了上述六个方面，既打击了经济犯罪，又促进了企事业的发展。

第二，查处了一批万元以上大案和县处级以上干部犯罪案件。去年全区立案侦查万元以上和县处级以上干部经济犯罪案件552件，其中贪污贿赂大要案362件，占贪污、贿赂立案总数的29.8%，内有五万元以上不满十万元的27件，十万元以上不满二十万元的12件，二十万元以上的4件；县处级以上干部27名。

第三，查处行业和部门的贪污贿赂犯罪案件有新的进展。各地在行业不正之风明显、群众反映强烈的单位、行业和因管理混乱而亏损严重的企业，侦破了一批贪污贿赂犯罪案件。在侦查中往往查了一案就挖出一窝一串。据不完全统计，全区共挖出窝案串案99个445件584人。

第四，不少地方利用已侦破的大案要案作典型，通过各种会议和举办展览等方式，发动群众举报，号召有问题的人投案自首，争取在法律范围内得到从宽处理，从而调动了群众举报的积极性，教育、挽救了一批有轻微违法犯罪行为的干部。据不完全统计，全区共有192名贪污贿赂人员向检察机关投案自首。

第五，举报工作继续保持好的势头。去年全区所立1852件贪污贿赂等经济犯罪案件中，有1205件来自群众的举报，占立案总数的65.1%。由于贯彻执行最高人民检察院《关于保护公民举报权利的规定》和自治区人大常委会通过的《保护公民举报条例》，进一步调动了群众举报的积极性，举报出现四个特点：一是举报的重点更为突出。全区举报贪污贿赂犯罪的线索占举报经济案件线索总数的73.9%，所占比重比上年增加7.5%。举报的贪污贿赂案件线索中，大案要案占20%左右。二是举报目标明确，内容比较具体，成案率较高。三是署名举报多。四是单位举报和群众集体举报较多。单位举报占举报总数的11.9%。

二、坚持严厉打击严重刑事犯罪，维护了社会的稳定

1991年，我区各级检察机关继续坚持依法从重从快的方针，对严重的刑事犯罪进行了严厉打击。全年全区受理公安机关提请批捕刑事案犯25959人，审结24662人，批捕23100人。受理公安机关移送起诉和免诉24950人，审结22103人，决定起诉20995人。工作中，主要抓以下几个方面。

第一，突出打击重点。全年全区批捕杀人、抢劫、强奸、爆炸、盗抢枪支和持枪作案等暴力犯罪案犯4759名，起诉4149名，分别占批捕和起诉总数的20%和19.8%。各地还认真贯彻了全国人大常委会《关于禁毒的决定》、《关于惩治走私、制作、贩卖、传播淫秽物品的犯罪分子的决定》、《关于严禁卖淫嫖娼的决定》和《关于严惩拐卖、绑架妇女、儿童的犯罪分子的决定》，全年共受理上述《决定》中所列罪名的犯罪分子1407名，批捕1205名，打击了犯罪分子的嚣张气焰。

第二，积极参加反盗窃专项斗争。9月以后，我区各级检察机关根据全国、全区反盗窃斗争电话会议的部署，积极投入了反盗窃斗争。四个月共受理公安机关提请批捕盗窃案犯3695人，批捕3573人。

第三，坚持对重大、特大刑事案件的提前介入工作。全年全区检察机关在审查批捕、审查起诉环节上提前介入1254件。

第四，加强侦查监督和审判监督。全年全区检察机关对公安机关提请逮捕和移送起诉的案件，经认真审查，对1562名不符合法定逮捕条件的人犯，依法作出了不批捕决定，对72名人犯作出了不起诉决定，追捕犯罪分子193人，追诉47人。对公安机关侦查活动中的违法情况提出纠正意见68件98人次，对人民法院审判活动中的违法情况提出纠正意见22件次，对人民法院确有错误的判决、裁定提起诉抗 92 件。

第五，积极参加社会治安综合治理。我区各级检察机关认真落实检察环节上的各项综合治理措施，通过办案，帮助发案单位建立健全规章制度，堵塞漏洞；通过对免诉人员的回访考察和对管制、缓刑、剥夺政治权利、假释、监外执行人员的检察，帮助有关单位落实帮教措施和监督考察措施，收到了较好的效果。

三、加强法纪检察工作，保护公民的民主权利、人身权利，促进勤政廉政建设

去年，我区检察机关继续加强了法纪检察工作，积极主动办案，工作取得了新进展。全年全区共受理法纪案件 1466 件，立案侦查 358 件，其中重特大案件 42 件。主要是抓了以下几个方面：一是查处刑讯逼供、徇私舞弊、非法拘禁等犯罪案件 96 件。二是查处在商贸、金融等活动中玩忽职守给国家造成重大经济损失的犯罪案件 60 件。三是查处重大责任事故犯罪案 86 件。四是查处诬告陷害、报复陷害案件 10 件。五是查处邮电工作人员妨害邮电通讯案 13 件。

四、进一步加强各项检察工作，取得明显进展

监所检察工作，一是加强了超期羁押的检察。全年全区检察机关共发出书面和口头纠正通知 1184 次，使 933 名人犯超期羁押得以纠正。二是加强了对减刑、假释、保外就医等方面的检察。全区共发现并纠正了减刑不当的 40 人；检察了 630 名保外就医罪犯，对其中保外就医条件已消失未收监的 86 名犯人，向有关部门提出建议已收监 56 人。三是加强了对监管干部执法情况的检察。全年全区共立案侦查监管改造场所干警职务犯罪 18 件 20 人。四是继续打击监管改造场所犯人又犯罪活动。全区共受理监管改造场所移送起诉 253 件 354 人，已起诉 241 件 307 人。

积极受理、认真查处控告申诉案件。全年全区共受理公民控告申诉 33956 件，处理 32099 件。其中，复查不服检察机关处理决定的申诉 185 件，纠正 36 件；复查不服法院刑事判决、裁定的申诉 43 件，建议法院复议或提起抗诉 15 件，法院已审结改判 11 件；复查其他申诉案 86 件，纠正 11 件。还处理告急案件和集体上访 240 件。

民事行政检察工作已经起步。全年全区共收不服法院判决、裁定的民事、经济、行政申诉案 1492 件，处理 893 件。

检察技术工作在办案中发挥了重要作用。全年全区共做检验鉴定 4379 件，文证审查 728 件，现场勘验 1213 次，提供定案证据 3028 件，提供侦查方向 425 件，改变原结论 72 件。

五、加强思想政治工作和队伍建设，保证法律监督职能的正确履行

按照党中央和最高人民检察院关于加强政法队伍建设的要求，全区各级检察院坚持从严治检，取得了较好的成绩。

第一，对全体干警进行马列主义基本理论教育、党的基本知识教育、发展生产力教育、反腐防变教育，使广大干警坚定了社会主义信念和党的领导的观念，树立了为深化改革、扩大开放，把国民经济搞上去服务的思想，提高了抵御“和平演变”的自觉性。

第二，开展争先创优活动，大力表彰先进，弘扬检察人员清正廉明、秉公执法的精神。全年全区共表彰先进集体 373 个，优秀党员和先进个人 2079 人。记二等功、三等功 193 人，晋级 7 人。

第三，根据自治区人大常委和最高人民检察院的部署，在全区检察系统进行了执法执纪大检查。从检查和整顿的结果看，我区检察队伍总体上说是好的，能够严格执行宪法和法律，严肃履行法律监督职责，执法水平和办案质量都有较大提高。但也发现极少数检察干警法制观念不强，个人主义恶性膨胀，出现一些违法乱纪行为。全年共处理违法违纪的检察干警33名，其中逮捕5名。通过进行思想作风和纪律整顿，严肃查处违法违纪案件，纯洁了检察队伍。

第四，加强干部培训工作。自治区检察院先后开办了检察长、司法会计、民事行政检察干部等5个培训班，共培训260人。有的分、市院也开办了短期培训班，对提高检察干部素质起到了很好的作用。

我区1991年的检察工作还存在着不少问题，主要是：(1) 反贪污贿赂工作发展不平衡。(2) 有的地方侦查监督和审判监督不够有力，自侦案件出庭公诉质量还不够高。(3) 有的思想政治工作抓得不够，干警违法违纪行为时有发生。(4) 检察机关人力、经费紧缺，物质装备、侦查技术手段很差，干警的工作条件、生活条件还远远不能适应形势任务发展的需要。

1992年，我区检察工作的指导思想是：在区党委和最高人民检察院的领导下，在人大常委会的监督和政府的支持下，坚定不移地坚持党的“一个中心，两个基本点”的基本路线，牢固树立为社会主义经济建设服务的思想，忠实履行法律监督职责，为发展国民经济创造政治稳定、社会安定的良好环境，为促进社会主义民主和法制建设而努力奋斗。具体任务是：

第一，继续深入开展反贪污贿赂斗争。牢固树立惩治经济犯罪是为经济建设最重要最直接服务的观点，充分运用检察职能，及时办理、办好各种经济犯罪案件，特别是要突出抓住贪污、贿赂的大案要案不放松。在办案中认真执行最高人民检察院关于惩治贪污贿赂犯罪的六条原则，保证办案质量，更好地为深化政策、扩大开放，为搞好国营大中型企业、进一步加强农业和农村工作服务。

第二，继续坚持依法从重从快严厉打击严重刑事犯罪和参加社会治安综合治理工作。同公安、法院、司法行政部门密切配合，突出打击七类重点对象，尤其是惯犯、累犯、流氓犯罪团伙以及黑社会性质的犯罪团伙；坚决打击盗窃、破坏水利、电力及其他农业生产设施、生产资料的犯罪分子，保障农业生产的顺利进行；按照谁主管谁负责的原则，切实做好由检察机关负责的八项社会治安综合治理工作。加强侦查监督和审判监督工作，保证法律严肃正确地实施。

第三，继续加强法纪检察工作。坚持查办大案要案。重点查办徇私舞弊、刑讯逼供、非法拘禁、玩忽职守、重大责任事故等犯罪案件。在办案中也要贯彻“一要坚决，二要慎重，务必搞准”的原则，保证办案质量。通过检察建议，协助有关单位堵漏建制，提高防范能力。

第四，继续开展其它各项检察工作。依法开展各项监所检察业务，严肃负责地处理公民的控告、申诉，逐步开展民事、行政案件抗诉工作，加强检察技术的建设，加强调查研究和检察宣传工作。

第五，继续抓好思想政治工作。联系检察工作实际，组织干警深入学习马克思主义理论，坚持不懈地进行坚持四项基本原则和为人民服务的教育，使广大检察干警牢固树立在党的领导下，坚持走社会主义道路的信念。同时要加强检察机关的廉政建设和领导班子建设，按照干部“四化”的方针和德才兼备的标准，选择、培养年轻干部和后备干部。加强干部培训工作。坚持一年一度的执法检查，不断提高队伍素质，保持检察队伍坚定正确的政治方向。

海南省人民检察院工作报告（摘要）

——1992年4月28日在海南省人民代表会议第六次会议上

海南省人民检察院检察长　李天相

（1992年4月30日海南省人民代表会议第六次会议通过）

1991年，全省检察机关全面贯彻执行党的“一个中心，两个基本点”的基本路线，牢固树立检察工作为社会主义经济建设服务的指导思想，积极履行法律监督职责，各项检察业务都取得了较大成绩，特别是惩治贪污贿赂犯罪的工作，成效显著，为维护我省的社会稳定，保护和促进特区的经济建设作出了贡献。

一、关于惩治贪污贿赂等经济犯罪的情况

一年来，全省各级检察机关继续把惩治贪污贿赂犯罪作为打击经济犯罪的第一位工作，作为整个检察工作的重点，加强领导，采取有力措施，效果显著。据统计，全省检察机关共受理贪污贿赂等经济犯罪案件520件，比1990年上升23.8%；立案查处380件473人，比1990年上升68.9%，其中贪污贿赂罪案257件，是1990年的1.1倍。受案数、立案数，大要案数均是建省以来最多的一年。已侦查终结331件（416人），侦结率为63.8%。其中移送起诉182件231人，占结案人数的55.5%；移送免诉108人，占33.6%，免诉率比1990年降低近15个百分点。通过办案挽回直接经济损失1548.15万元，是1990年的2.6倍。

在惩治贪污贿赂犯罪的工作中，全省检察机关的主要做法是：

第一，牢固树立惩治贪污贿赂犯罪，就是为经济建设最直接、最重要服务的思想，坚持把打击和保护紧密结合起来，以服务经济建设为办案的出发点和归宿。各级检察机关在办案中坚持做到，严格区分罪与非罪的界限，特别是分清经济活动中的正常交往与贪污贿赂犯罪的界限，把案件办准，确保办案质量，保护企业的合法权益。在需要对企事业负责人或产、供、销环节的关键性人物采取强制措施时，先向党委和上级主管部门报告，选好接替人，尽力避免生产、经营、流通等活动脱节，对其中的个别案犯在不影响侦查工作的前提下，允许其继续工作，戴罪立功；在侦查过程中，注意保护企业的声誉，不轻易冻结企业的活动资金和银行帐户。在打击的同时，不断增强服务意识，积极主动地帮助发案单位查找漏洞，寻找对策，建章立制，综合治理，扶持和引导企业健康发展。我们坚持了以上做法，受到企业的欢迎。

第二，集中力量查办大案要案。过去的一年，全省各级检察院自觉地把查处大案要案放到更加突出的位置，共立案查处各类经济犯罪大案265件，占立案总数的67.4%，比1990年上升70.7%，其中：一万元以上不满五万元的169件；五万元以上不满十万元的 33 件；十万元以上不满五十万元的 40 件；五十万元以上不满一百万元的 3 件；一百万元以上的 11 件。立案查处县处级以上干部犯罪要案 22 人，是 1990 年的 1.75 倍。

第三，积极配合“清房”、“纠风”等党委的中心工作，深入开展反贪污贿赂斗争。全省检察机关在人员少、案件多、任务繁重的情况下仍抽调 200 多名干警参加，同时，注意把党委中心工作和反贪污贿赂斗争结合起来，主动深入重点系统和单位抓重点案件。对“清房”、“纠风”中揭露出来的贪污贿赂等经济犯罪案件，优先受理、优先立案查处。据统计，去年全省检察机关立案查处“清房”、“纠风”工作中揭露出来的贪污贿赂等经济罪案 49 件 61 人，占立案总数的 12.9%。

第四，把惩处党政机关工作人员、执法人员的贪污受贿犯罪作为打击重点。查处这类案件，侦查工作难度大、阻力大、干扰多，各级检察院知难而上，检察长带头办大案要案；工作中坚持向党委请示报告的制度，争取党委和人大的支持，顶住了各种干扰和阻力，取得了较大进展。去年共查处党政机关工作人员贪污贿赂案件 53 件，占立案总数 13.9%；查处执法人员贪污犯罪案件 47 件，占 12.4%。

第五，进一步加强了举报工作。去年全省各级检察机关主要抓了宣传、查处和保护举报人这三个环节。调动了广大人民群众和企事业单位的举报热情，举报数量上升，质量提高，出现了署名举报多，单位举报多，线索具体可查，成案率高等特点。去年共受理群众举报 1375 件，上升 70%，其中举报贪污贿赂犯罪的 771 件，占 56%。群众举报已成为查处贪污贿赂犯罪案件的主要来源。

从去年查办案件的情况看，我省贪污贿赂等经济犯罪出现一些新的特点：一是党政、执法机关中的工作人员贪污受贿犯罪增多，占全年立案总数的 26.3%，二是金融系统中的贪污受贿犯罪日趋严重，占立案总数的 14.7%；三是贿赂犯罪猖獗，且公开索贿的增多，贪婪性愈来愈大；四是大案要案比例上升，比例之大在全国居首位。以上情况说明，我省反贪污贿赂斗争面临的形势还相当严峻，任务很重，全省各级检察机关思想上不能麻痹，工作上不能松劲，要树立长期作战的思想，坚定不移地打击贪污贿赂等经济犯罪，同时要继续解放思想，研究新情况，解决新问题，为改革开放和经济建设服务。

二、关于严厉打击严重刑事犯罪的情况

1991 年，全省各级检察机关继续坚持依法从重从快严厉打击严重刑事犯罪的方针，保持了“严打”声威。共受理提请批捕人犯 4414 名，经审查，批准逮捕 3896 名；受理移送审查起诉、免诉 4515 名，经审查向法院提起公诉 3526 名，决定免诉 311 名，狠狠打击了严重刑事犯罪分子的嚣张气焰，为稳定我省的社会治安秩序作出了贡献。全省各级检察机关突出抓了以下几项工作：

第一，突出打击重点。一年来，各级检察机关坚决贯彻“严打”方针，突出打击严重刑事犯罪以及惯犯、累犯和团伙犯罪，共批捕杀人、抢劫、爆炸、盗抢枪支、持枪作案等严重暴力犯罪案犯 977 名，占批捕总数的 25.1%。各级检察院加班加点工作，在基本事实清楚，基本证据确凿的前提下，依法快捕快诉。

第二，积极参加专项斗争。一年来，各级检察机关与公安机关、人民法院密切配合，宣传发动群众，运用批捕、起诉的法律武器，积极参加了打击抢劫盗窃机动车辆犯罪、反内盗、打击非法制造贩卖枪支弹药及涉枪犯罪、打击取缔卖淫嫖娼等四个专项斗争，取得了重大胜利。同时，各地还根据本地的实际情况，开展重点治乱工作，收到了好的效果。

第三，较好地坚持了提前介入制度。提前介入公安机关对重、特大刑事案件的侦查、预审活动，对于提高批捕起诉工作的效率和质量具有重大作用。一年来，全省检察机关在审查批捕环节上提前介入重特大案件 122 件次；在审查起诉环节提前介入 105 件次。

第四，进一步开展侦查监督和审判监督。一年来，全省检察机关对公安机关提请逮捕和移送起诉的案件，认真审查，注意防错防漏。经审查，对 184 名人犯依法作出不批捕决定，对 47 名人犯依法作出了不起诉的决定；追捕犯罪分子 87 名，追诉 10 人。对公安机关侦查活动中的违法情况提出纠正意见 128 件次；对人民法院审判活动中的违法情况提出纠正意见 30 件次；提起抗诉 20 件，法院已改判 6 件，维持原判 2 件，其它正在审理中。

检察机关自侦案件的内部制约也得到了加强。实行了侦捕、侦诉分开，由刑事检察部门对自侦部门实行监督，承办决定批捕和提起公诉这两个环节的工作；由控申部门受理不服免诉决定的申诉，保证了自侦案件质量。

我省的社会治安是稳定的，但不稳定的因素仍然大量存在。杀人、抢劫、爆炸等恶性刑事案件居高不下；团伙犯罪猖獗，有的已经演化成黑社会性质的犯罪集团，严重威胁着人民群众的生命财产安全；外来人员流窜犯罪突出，并且有继续发展的趋势；农村中因土地、山林、宅基地、婚姻等纠纷问题引发的宗族械斗事件屡有发生。我们要求各级检察机关增强人民民主专政意识，充分认识同刑事犯罪斗争的长期性、复杂性，绝不放松从重从快严厉打击严重刑事犯罪的斗争。

三、关于查处“侵权”、渎职犯罪案件的情况

一年来，全省各级检察机关加强了法纪检察工作，积极查处侵犯公民民主权利、人身权利的“侵权”案件和渎职犯罪案件，有效地保护了公民的民主权利和人身权利，促进了公职人员勤政廉政建设。全年共受理法纪案件 189 件，比 1990 年上升 9.8%；立案侦查 78 件，上升 77.3%。

去年，各级法纪检察部门突出抓了非法拘禁、刑讯逼供、徇私舞弊、玩忽职守、重大责任事故等五类“侵权”、渎职案件的查处。在查处这些案件中，一是国家工作人员的玩忽职守犯罪严重，直接经济损失巨大。立案侦查的 78 件案件中，玩忽职守案 23 件，占 29.5%，给国家造成直接经济损失 9240 万余元。二是“侵权”案件成倍增加，特别是“人质”型非法拘禁案件上升。一年来查处侵犯公民民主权利和人身权利案件 24 件，比 1990 年上升 1 倍。一些经济纠纷的债权人，为了达到索取债务的目的，不择手段地把债务人或其家属子女作为“人质”扣押，非法拘禁。三是立案查处的重特大案件大幅度上升。共立案查处 27 件，上升 92.9%。

四、关于开展社会治安综合治理工作的情况

各级检察院结合检察工作，采取多种形式，坚持把综合治理工作的各项措施贯穿到各项检察业务之中，贯穿到办案的各个环节，使这项工作迈上了新台阶。据不完全统计，一年来针对发案单位管理制度和安全保卫、安全生产上的漏洞，发出检察建议 375 次。建立综合治理联系点和法制宣传点 63 个。对 189 名免诉人员进行了帮教考察。协助有关单位举办违法青少年法制学习班59期，1330名青少年参加了学习。控申检察部门通过处理来信来访，及时耐心疏导教育，避免了矛盾激化。监所检察部门加强对监外执行罪犯的监督考察，提高了改造质量。法纪检察部门与有关单位一道举办全省厂长（经理）依法管理生产培训班4期，700多人参加了培训；配合有关系统和单位，进行生产安全检查，及时消除事故隐患100多起；还在有关单位组织"法制与安全报告会"等活动，较好地拓宽了综合治理工作的广度和深度。

五、关于监所、控告申诉、民事行政检察和检察技术等工作的情况

全省各级检察机关的监所检察工作进一步加强。在劳改、劳教场所和羁押场所认真开展执法检察、安全检察和办案工作。对监管改造部门在监管活动中的违法情况提出纠正意见876次1236人，已纠正556人。对看守所超期羁押人犯的情况提出纠正2409人，已纠正1221人。受理罪犯又犯罪案件58件72人，已起诉47件58人，办理监管改造场所干警私放罪犯案件2件2人。较好地维护了我省监管改造秩序。

全省各级控申部门在继续抓好举报工作的同时，积极搞好信访工作，认真处理来信来访，防止和减少矛盾激化；注意发挥法律监督职能作用，认真办理申诉案件。共受理控告检举3242件次；受理申诉1037件次，立案38件，办结20件，改变原决定的3件；受理打击报复报举人案件33件，办结8件；受理重婚案件19件，办结6件，已起诉4件5人。

民事行政检察工作已经起步。认真履行检察机关对民事审判、行政诉讼实行法律监督的职能，把办理抗诉案件作为工作重点，已依法办理了一批抗诉案件。

检察技术工作，在起步晚、条件差的情况下，边工作边组建，去年共受理各类案件265件（次），为准确打击犯罪分子提供了科学依据。

六、关于加强检察队伍建设的情况

一年来，全省各级检察院坚持"从严治检"的方针，严肃认真地开展整纪刹风，队伍的思想作风建设和纪律建设得到了加强，工作效率明显提高，拒礼拒贿的好人好事不断涌现，在缺编多、案件多、办公装备条件差的情况下，较好地完成了各项任务。我们主要抓了以下几项工作：

第一，积极开展以反"和平演变"、反腐拒变为中心内容的思想教育。各级检察院针对当前风云突变的国际形势和海南大特区的复杂环境，开展了一系列有针对性的反和平演变、反腐倡廉教育，增强了广大检察干警社会主义信念和反腐拒变的免疫力。队伍中出现了许多新气象，去年全省检察机关有3人荣立二等功，有35人荣立三等功；省检察院表彰的先进集体14个、先进工作者30名；分、市、县检察院及地方党政机关表彰的先进集体57个，先进个人339名，优秀党员77名。

第二，结合"纠风"工作，坚持"从严治检"。我们以省委统一部署的"纠风"工作为契机，率先从省检察院自身抓起，依法严肃查处了个别干部受贿犯罪案件，有力地推动了全省检察系统的"纠风"工作和查处违法违纪案件的工作。据统计，一年来全省共查处违法违纪的干警25人，办结15人，其中构成犯罪的4人，受到党纪政纪处分的10人，批评教育1人。在查处违法违纪案件中，各级检察院认真吸取教训，寻求特区环境下带好队伍的良策，制订和完善"从严治检"的各项规章制度，坚持一手抓办案，一手抓管人，做到"两手抓"、"两手硬"。基本扭转了近年来违法违纪案件上升的势头，去年发案数比1990年降低了26.5%。

第三，认真抓了干部教育培训和增编进人工作。一年来，全省有400名检察干警参加了法律专业证书学习，有67人参加了法律函授学习，还选送了一批干部到高级检察官培训中心和其他政法院校学习。增编进人186名，从目前反映看，基本把住了进人质量关。

我省的检察工作，取得了较大成绩。但是，我们的工作中还有不少缺点和薄弱环节：反贪污贿赂犯罪斗争和法纪检察工作开展不够平衡，个别地方气势不大，工作被动；少数单位为改革开放和经济建设服务的积极主动性还不够高，服务的路子还不宽；法律监督的任务还没有全部担负起来；检察干警的政治素质、业务素质还不够高，难以适应形势和任务的要求；检察机关的工作条件虽然年年有改善，但办案力量不足、经费紧张、技术装备落后、交通工具短缺等问题仍很突出，影响了办案效率，等等。所有这些问题，有待于进一步采取措施，继续加以解决。

关于1992年的检察工作，我们在去年12月召开的全省检察长会议上作了部署。主要任务是：全国贯彻执行党的基本路线，牢固树立检察工作为改革开放和经济建设服务的思想，忠实履行法律监督职责，继续突出惩治贪污贿赂犯罪和打击严重刑事犯罪这两个工作重点，加强法纪检察工作，搞好综合治理，全面开展各项检察业务，切实加强思想政治工作和队伍建设。

四川省人民检察院工作报告（摘要）

——1992年1月22日在四川省第七届人民代表大会第五次会议上

四川省人民检察院检察长　龚读纶

（1992年1月25日四川省第七届人民代表大会第五次会议通过）

一、关于惩治贪污贿赂犯罪

惩治贪污贿赂犯罪是检察机关打击经济犯罪的第一位工作。去年，我们在深入上下功夫，加强侦查工作，突出查处大案、要案，取得了明显成效。

第一，立案侦查的案件数量保持了较高水平。全年全省检察机关立案侦查各种经济犯罪案件4131件4751人，犯罪总金额7579万元。其中贪污、贿赂案2930件3419人，分别占立案总件数和人数的70.9%和72%。万元以上的贪污、贿赂大案687件。67名县处级以上干部（内有2名副厅级干部）的贪污、贿赂犯罪行为受到了查处。截至12月底，已结案3995件，追缴赃款赃物折合人民币7089万元。

第二，侦破了一批重大贪污案。全年立案侦查万元以上贪污大案565件，其中十万元以上的重大罪案31人。这些人中，经济实体单位的经理、厂长、负责人21人；企业、事业单位的出纳、会计、供销人员10人，他们利用职务之便，采取各种手段，大肆侵吞国家和集体财产。从大量案件的发生看，贪污分子都是受资产阶级腐朽思想和生活方式的侵蚀，享乐欲望膨胀，个人主义恶性发展而堕入犯罪的。

第三，侦破了一批重大贿赂案。去年立案侦查万元以上贿赂大案122件。行贿和受贿这种钱权交易的不法活动，使一些经不起金钱考验的国家工作人员蜕化变质，甚至少数领导干部也走上了犯罪道路。经济领域中的贿赂行为，助长了“以权谋私”、“以业谋私”等违法犯罪的滋生和蔓延，严重危害了正常的经济秩序和工作秩序，败坏党和政府的威信。从已查处的贿赂案件看，建筑市场中的行贿受贿尤为严重。去年全省检察机关立案侦查的43名县处级以上干部的受贿案中，有20人是利用发包、管理建筑工程收受、索取承包单位贿赂的。此外，在商贸活动中利用回扣方式索贿、受贿的案件也占相当的数量。

第四，查处了一批挪用公款、偷税、抗税和假冒商标等犯罪案件。全年立案侦查挪用公款犯罪案733件，依法惩处了那些利用职务之便，将公款用于个人进行非法活动和营利活动的犯罪行为。立案侦查偷税、抗税罪案367件，及时惩处了不法个体经营者和极少数国营、集体企业有关责任人的偷、抗税犯罪行为，通过办案共追回税款936万元。同时，对假冒商标的犯罪案件也进行了查处，全年立案侦查40件假冒商标案，依法保护了企业的商标权益和产品声誉，维护了消费者的利益。

在惩治贪污、贿赂犯罪中，我们的基本做法是：

（一）明确树立为经济建设服务的思想，把为经济建设服务寓于法律监督之中。去年，我们强调检察工作要立足于办案，清除社会主义的“蛀虫”，通过惩治贪污、贿赂犯罪，为社会主义经济建设服务。克服了就案办案，孤立办案，或离开办案讲服务的片面认识，明确了查处贪污贿赂案件是检察机关对经济建设最重要、最直接的服务。做到服务经济建设坚定不移，惩治贪污、贿赂犯罪坚持不懈。

（二）实行专门机关与群众路线相结合，深入重点单位挖窝案、串案。去年，我们要求全省各级检察院选择一些非正常亏损严重，经营管理混乱，举报线索较多的行业、部门、单位作为重点，集中力量到那里查处贪污、贿赂案件。全省各级检察机关结合当地实际，在建筑市场、航运、金融、供销、烟草、商业、粮食部门和一些企事业单位深入办案，把侦查工作同开展政治攻势相结合，查处了一批贪污、贿赂案件。

（三）结合办案，主动为发案单位服务，取得好的办案效果。去年以来，全省各级检察机关注重办案的综合效益，既严于执法，又讲究政策策略，促进生产发展和廉政建设。

（四）坚持贯彻“一要坚决，二要慎重，务必搞准”的方针。在惩治贪污、贿赂犯罪工作中，我们反复强调，态度要积极，工作要求是，关键要搞准，办案要依法。为此，我们健全了内部制约和配合制度，建立了要案请示报告制度，免诉案件备查制度，执法检查制度等，在各个环节上注意防错防漏，办案质量有所提高。强调要严格执法，文明办案，违法行为明显减少。

（五）继续抓举报工作。主要作法：一是派出检察人员到一些单位和区、乡、镇宣传检察机关反贪污、贿赂职能，发动群众举报。二是在深入重点单位查处案件中，设临时举报点，边办案，边受理举报。各地对举报有功的人员都用多种方式给予了奖励；对打击报复举报人的案件也配合有关部门严肃进行了查处。

当前，贪污、贿赂犯罪仍然是严重的，

已发生的案件没有完全查出来，新的案件还在不断产生，涉及很多行业，犯罪金额越来越大。我们一些同志对贪污腐败的严重性还缺乏足够认识，对贪污、贿赂犯罪惩治不力；一些条件相同的地区，检察院查办贪污贿赂案件工作的成果却悬殊较大。我们的执法水平、侦查水平也还不适应反贪污、贿赂犯罪工作的需要。今后，我们将不断加强这项工作，坚持不懈地同贪污、贿赂犯罪进行斗争。

二、关于严厉打击严重刑事犯罪活动

1991年，全省各级人民检察院同公安机关、人民法院密切配合，依法打击了严重危害社会治安的刑事犯罪分子。全年检察机关共受理公安机关提请批捕人犯50366人，已审结45240人，其中批准逮捕40755人，占90%；受理公安机关移送起诉、免诉52969人，已审结44745人，其中提起公诉42413人，占94.8%。在严厉打击严重刑事犯罪中，各级检察院着重抓了以下几项工作。

第一，突出打击重点。各级检察院始终把杀人、抢劫、强奸、爆炸、盗窃枪支和持枪作案等暴力犯罪作为打击重点，全年共批捕这类案犯21908名，起诉22345名，分别占批捕和起诉总数的53.8%和52.7%。各级检察机关认真贯彻全国人大常委会《关于禁毒的决定》、《关于惩治走私、制作、贩卖、传播淫秽物品的犯罪分子的决定》、《关于严禁卖淫嫖娼的决定》和《关于严惩拐卖、绑架妇女、儿童的犯罪分子的决定》，共起诉上述《决定》中所列的犯罪分子4545人，打击了犯罪分子的嚣张气焰。

第二，积极参加反盗窃专项斗争。全省检察机关与公安、法院协同作战，重点打击了盗窃惯犯、累犯，盗窃团伙的首犯和要犯，窝赃、销赃的严重犯罪分子。对那些罪行特别严重，影响大的案件，检察机关在审查批捕、起诉环节上，坚持了提前介入，了解案情，核实证据，依法从重从快惩处。

第三，认真执行刑事政策，做到宽严相济。在“严打”中，我们既强调坚决依法从重从快严厉打击严重刑事犯罪，又注意对一般刑事犯罪、偶犯、从犯的处理贯彻“惩办与宽大相结合”的政策。具体案件具体分析，依法该严则严，该宽则宽，可捕可不捕的不捕，可诉可不诉的不诉。特别是对未成年犯罪，贯彻执行教育、感化、挽救的方针，坚持教育为主，惩罚为辅的原则。许多检察院成立了未成年人犯罪办案组，或指定专人办理未成年人犯罪案件。1991年，我省批准逮捕的未成年案犯与上年相比下降24.3%。

第四，加强侦查监督和审判监督。1991年，全省各级检察机关对公安机关提请逮捕和移送起诉的案件，经过认真审查，对4485名不构成犯罪或已经构成犯罪不需要逮捕的人犯，作了不批准逮捕的决定；对229人作了不起诉的决定；追捕犯罪分子401人，追诉434人。对公安机关侦查活动中的违法情况提出纠正意见629件（次），对人民法院审判活动中的违法情况提出纠正意见99件（次）；认为人民法院确有错误的判决、裁定提出抗诉131件，到年底，已收到人民法院判决、裁定59件，其中改判36件。

第五，积极参加社会治安综合治理。去年以来，各级检察院普遍建立了综合治理联系点，帮助一些治安问题较多的地方或单位进行治理，为党委、政府抓社会治安综合治理出主意、当参谋。对免予起诉的人员，坚持回访考察，教育他们遵纪守法。办案中发现发案单位在管理上的漏洞，及时提出检察建议，加强防范。结合办案开展法制宣传，预防和减少犯罪。

我省打击严重刑事犯罪工作取得很大成绩，但我们面临的治安形势仍然严峻。我们要进一步增强专政意识，继续抓好“严打”斗争，积极参与综合治理，维护社会安定。

三、关于查办侵犯公民民主权利、人身权利和渎职犯罪

1991年，我省检察机关对查办侵犯公民民主权利、人身权利和渎职犯罪案件的工作，普遍有了加强，很多检察院把法纪检察工作摆上了重要位置，充实办案力量，积极主动地办案。一年来，全省检察机关共受理“侵权”、渎职等法纪案件3198件，立案侦查902件，比1990年上升15.3%。其中，重大案件74件，特大案件37件，县处级干部3人。检察机关通过办案，维护了社会主义民主，加强了社会主义法制，有力地回击了国内外反动势力在“人权”问题上对我们的攻击和诬蔑，并为国家挽回直接经济损失260万元。工作中，我们重点抓了刑讯逼供、徇私舞弊案、非法拘禁案、玩忽职守、重大责任事故和诬告陷害等罪案的查处。

当前，侵犯公民主权利、人身权利和渎职犯罪的发案情况还是严重的，危害很大。我们将继续抓好“侵权”、渎职犯罪案件的查处工作，依法保护公民的民主权利、人身权利和其他合法权益，保护国家财产免受损失。

四、关于监所检察、控告申诉检察、民事行政检察

在监所检察工作方面，各级检察院积极配合监狱、劳教场所、看守所稳定监管改造秩序，提高改造质量，做了大量工作，及时打击了被监管改造人员的又犯罪活动。一年来，办理上述人员的犯罪案件684件899人，依法逮捕43人，起诉682人。配合看守所对在押人犯认真进行了清理，纠正了超期限羁押2805人（次），未按时送劳改单位服刑的624人，促进了积案的“消化”处理。对监狱和劳教场所执行刑事判决、裁定和劳动教养法规进行了监督，针对6964名服刑犯人、劳教人员的减刑、假释、保外就医、劳教减期、提前解除劳教的情况，提出纠正意见150条。查办了31名监管干警贪污受贿等犯罪案件。

在控告、申诉检察工作中，全年共受理控告、申诉86824件，各级检察院按照“归口办理、分级负责”的原则，分别轻、重、缓、急，认真负责地进行了处理。经审查由检察机关立案的668件，已审结334件，其中，维持原处理决定278件，改变原处理决定43件，建议法院复议11件，提出抗诉2件。各地对告急案件，都安排力量优先办理，既办案又做疏导工作，防止矛盾激化。

民事、行政检察工作已经起步。去年，全省检察机关共受理不服人民法院生效的民事、行政判决、裁定申诉693件，立案审查106件，办结102件，其中，维护人民法院正确判决、裁定64件，建议法院纠正34件，已纠正10件；向人民法院提起抗诉4件，法院已改判1件。

五、关于铁路运输检察

去年以来，成都铁路运输检察分院及所属六个铁路检察院，与铁路公安、法院密切配合，大力维护铁路运输安全，重点打击“车匪路霸”、重大盗窃等严重刑事犯罪活动。全年共批准逮捕刑事案犯1190人，其中杀人、抢劫、强奸、走私、贩毒、重大盗窃等严重刑事犯罪分子754人，占62.4%。向铁路运输法院提起公诉1294人，一批严重危害铁路运输安全的犯罪分子受到了法律的严惩。

两级铁路运输检察院把惩治路内的贪

污、贿赂犯罪作为路风建设的一项重要工作，全年立案侦查贪污、贿赂犯罪案件 110 件，追缴赃款 151 万元。一些“以车谋私”、“以票谋私”、以发包工程进行贪污、贿赂的犯罪分子受到了查处。

六、关于队伍建设

去年，全省各级检察院按照党中央关于加强党的建设和政法队伍建设的要求，组织检察干警学习马克思主义基本原理和有中国特色社会主义理论，加强了思想政治工作。广大干警立场坚定，是非分明，坚持党的基本路线，坚定社会主义信念，坚信党的领导；在任务重、条件差的情况下，广大干警斗志昂扬，勤奋工作，严守纪律，秉公执法，涌现了一批先进人物。仅省检察院就在全省表彰、奖励了 95 个先进集体和 225 名先进个人。继续加强干部培训，全省检察机关在职学习的电大、函大等学员 3530 人，离职到检察干校培训的 238 人，参加中国检察官学院学习 105 人。还有一批干警进入各级党校学习。多渠道、多层次的培训干部，加快了全省检察队伍执法水平和业务能力的提高。重视领导班子建设，省院组织培训了一批新任检察长、副检察长，考核、充实、调整了部分检察院领导班子成员，督促领导班子坚持学习制度和民主生活会制度。加强了对后备干部的培养。

我们进行了一年一度的执法执纪检查，认真听取党委、人大及有关方面的意见。从各地报告的情况看，我省检察机关执行法律，依法办案是认真的，严格的，执法水平进一步提高，违纪情况有所减少。检查发现的主要问题是：一、少数检察院办了个别错案；二、个别案件把握批捕条件不准；三、对被告人监视居住，有的搞成了变相收审；四、超期羁押、超时限办案的问题还未得到很好解决；五、检察干警中违纪违法的案件时有发生，全年受党纪政纪处分 39 人，受刑事处罚 2 人。这些问题，我们将列为 1992 年执法执纪检查的重要内容，认真加以解决，不断提高我省检察队伍的政治素质和业务素质，提高执法水平和工作效率。

为了落实中共中央《关于坚持和完善中国共产党领导的多党合作和政治协商制度的意见》，聘请了八位民主党派成员和无党派人士为四川省人民检察院特约检察员。

1992 年全省检察工作的主要任务是：认真贯彻中央工作会议、党的十三届八中全会和省委五届九次全会的精神，贯彻全国检察长会议精神，坚持党的基本路线，认真履行法律监督职责，继续以深入开展反贪污贿赂斗争和坚持严厉打击严重刑事犯罪斗争为重点，加强法纪检察工作，积极参与社会治安综合治理，推动各项检察工作的开展，努力为经济建设服务，为廉政建设和民主法制建设服务，为维护政治稳定、社会稳定服务。

我们要继续深入学习江泽民同志在纪念建党七十周年大会上的讲话，学习中央工作会议和党的十三届八中全会精神，提高全体干警反“和平演变”的自觉性，增强人民民主专政意识和敌情观念；牢固树立为社会主义建设服务的思想，当前尤其要明确树立为搞好国营大中型企业和发展农村经济服务的思想。

我们要严格履行法律监督职责。各项检察工作都要积极办案，主动办案，要敢于排除各种干扰和阻力去办案。要依法办案，办好案件，确保案件质量，既要依法惩治犯罪分子，又要保障无罪的人不受刑事追究。要立足于办案，着眼于治理，把服务寓于监督之中，争取好的办案效果。

我们要重视队伍建设。要加强干警马

列主义基本理论的学习和政治思想工作，搞好形势教育，结合检察工作特点，要常抓秉公执法、清正廉洁的教育。坚持从严治检，维护队伍的廉洁。继续抓好干部的业务培训。要加强班子建设，努力提高领导水平，保证1992年各项检察任务的完成。

贵州省人民检察院工作报告（摘要）

——1992年3月2日在贵州省第七届人民代表大会第五次会议上

贵州省人民检察院检察长　李　玲

（1992年3月7日贵州省第七届人民代表大会第五次会议通过）

一、关于深入开展反贪污贿赂犯罪斗争

一年来，全省检察机关通过进一步学习党中央关于惩治腐败的重要指示，深化了运用检察职能惩治贪污贿赂犯罪的认识，增强了政治责任感和使命感，紧紧围绕党的中心工作，采取有效措施，深入开展了反贪污贿赂犯罪斗争，全年共受理贪污贿赂等经济犯罪案件3470件，立案侦查2555件2769人。其中贪污贿赂案件1587件，占立案总数的62.1%；逮捕839人；起诉1072人，免予起诉882人，不起诉47人；为国家和集体直接追回经济损失1890多万元。

在深入开展反贪污贿赂犯罪斗争中，重点抓了五项工作。

（一）加强宣传工作，发动群众举报。在宣传发动上，举办了惩治贪污贿赂展览。继全国、全省检察机关惩治贪污贿赂展览在贵阳展出后，全省检察机关惩治贪污贿赂展览又在九个地、州、市进行了巡展，部分分、州、市人民检察院也相继举办了展览，一些县的人民检察院还选择典型案件，举办个案展览。参观展览的人数达70多万人次。展出期间，接受群众当场举报贪污贿赂犯罪线索230多件。许多检察院还主动深入贪污贿赂犯罪案件多发的重点行业、部门和系统，进行宣传发动，接受群众举报，并通过新闻媒介，宣传党和国家惩治腐败的决心，宣传检察机关反贪污贿赂犯罪斗争的成果，通报重大贪污贿赂犯罪案件的查处情况。因此，出现了署名举报多，单位举报多，举报初查成案率高的好现象。全年检察机关接到群众举报的贪污贿赂等经济犯罪案件线索2623件，占检察机关受理案件总数的75.6%。

（二）重点查办大要案件，推动斗争深入发展。主要的作法是：采取从受理举报案件线索中筛选大要案件，集中力量重点突破；检察长亲自办理大要案件，抓好大要案件查处工作；坚持查办要案分级负责制度，秉公执法，排除办案工作中的阻力和干扰；坚持“一要坚决，二要慎重，务必搞准”的原则，在“准”字上下功夫，把案件办准办好。针对当前贪污贿赂犯罪中出现的共同犯罪多、内外勾结多、作案毁证多、携款潜逃多、犯罪金额越来越大、犯罪手段越来越隐蔽的新特点，狠抓了强化检察人员的侦查意识，提高破案能力的工作。一是提高办案人员运用法定的手段侦查破案的基本功，克服过去“以拘代侦”、“以捕代侦”的现象。二是初查、侦查并重，扭转了过去重侦查、轻初查的现象。三是讲究侦查策略，克服侦查工作简单化、盲目性。四是注意总结推广侦查破案经验，形成较为系统的侦查破案对策。五是成立了全省检察机关反贪污贿赂斗争指挥中心——贵州省人民检察院贪污贿赂侦查工作局。六是提高业务指导的针对性，运用法律的准确性，使全省检察机关侦破大案的工作有了新的突破。全年共立案侦查万元以上贪污贿赂等经济犯罪大案824件，大案比例由1990年的30.29%上升为32.25%。其中十万元以上不满五十万元的46件，五十万元以上不满一百万元的3件，百万元以上的3件，还有13名县处级干部因贪污贿赂犯罪被立案侦查。

（三）发动斗争“小高潮”，突破重点行业的案件。通过深入贪污贿赂案件多发的系统和单位，抓住典型案件，选准突破口，依靠党委领导，在有关部门的配合下，进行宣传发动，号召群众检举揭发贪污贿赂犯罪，敦促犯罪分子投案自首，形成反贪污贿赂犯罪斗争的“小高潮”。在全年立案侦查的贪污贿赂犯罪案件中有851件是通过发动斗争“小高潮”，挖“群案”挖出来的。

（四）坚持免予起诉标准，保证免予起诉质量。根据最高人民检察院的要求，把依法免予起诉作为正确执法，提高办案质量的一项重要工作来抓，严格掌握免予起诉的条件，严格遵守免予起诉的程序，严格坚持审批制度，建立、完善检察机关自侦工作内部制约机制，加强了对贪污贿赂免予起诉案件的备案审查工作。全年共免予起诉贪污贿赂案犯462人，免予起诉率为28.7%，比1990年的49.4%下降了20.7个百分点。

（五）注重办案效果，保护经济发展。全省检察机关把查办贪污贿赂犯罪案件，作为检察机关为经济建设最重要、最直接的服务。为了贯彻中央工作会议和党的十三届八中全会精神，为搞好国营大中型企业和进一步加强农业和农村工作服务，主动深入到厂矿企业、农村和有关部门调查研究，召开各种座谈会，征求意见，提出了检察机关运用法律手段，为搞好国营大中型企业和进一步加强农业和农村工作创造良好的法制环境的四项措施：1、依法及时查处发生在国营大中型企业和农村中的犯罪案件，为发展企业生产和农业生产清除“蛀虫”；2、正确区分罪与非罪界限，提高办案质量；3、讲究办案方法，提高服务水平；4、开展综合治理，扩大服务效果。在查办案件中，处理好打击与保护的关系，千方百计地为国家和集体挽回经济损失，促进经济的发展。

在开展反贪污贿赂犯罪斗争的同时，还积极查办了偷税、抗税、假冒商标、挪用公款等犯罪案件968件，保障了国家财政收入和企事业单位的合法权益。

二、关于坚持严厉打击严重刑事犯罪活动

同公安、法院、司法行政机关密切配合，充分发挥法律监督职能作用，对严重刑事犯罪分子进行了严厉打击，维护了社会治安秩序。全年共受理公安机关提请批准逮捕案犯27364人，批准逮捕22897人；受理公安机关移送起诉、免予起诉25610人，起诉21125人，免予起诉1444人。另外，有些作了不批准逮捕和不起诉的决定，有些因事实不清，证据不足退回公安机关补充侦查。在严厉打击严重刑事犯罪方面，重点抓了四个方面的工作：

（一）针对社会治安严重问题，突出打击重点。一是对严重危害社会治安的杀人、抢劫、强奸、爆炸、贩毒、重大盗窃、重大诈骗等严重刑事犯罪分子进行了重点打击。共批准逮捕严重刑事犯罪分子9035人，起诉严重刑事犯罪分子7476人。二是对危害国家安全的反革命分子进行了坚决打击。批准逮捕反革命案犯30人。三是对发案突出的盗窃、拐卖妇女儿童、制毒和贩毒等犯罪活动进行了集中打击。批准逮捕盗窃案犯9462人，拐卖妇女儿童案犯3835人，制毒、贩毒案犯263人。四是对带有黑社会性质，严重影响一方治安的集团性犯罪进行了严厉打击。共批准逮捕集团犯罪分子968人。

全省检察机关继续坚持了对公安机关侦查的重特大刑事案件的提前介入制度。在审查批准逮捕环节提前介入977件次，在审查起诉环节提前介入253件次，保证了在检察环节上快审快结。

（二）坚持办案制度，提高办案质量。在打击严重刑事犯罪任务繁重的情况下，十分重视提高办案质量。工作中，严格执行专人审查，集体讨论，检察长决定，重大疑难案件检察委员会决定的办案制度。进一步建立健全了刑事案件的两级备案审查、请示报告等制度。上级检察院加强了对下级检察院工作的指导。全省9个分、州、市人民检察院对所属检察院办理的批捕案件进行了复查。省人民检察院多次派工作组到一些地方，对审查批捕工作进行了检查。各级检察机关注意提高出庭公诉水平，采取了办培训班，开展优秀公诉人评选活动，组织现场观摩评比等措施，加强了公诉人队伍的建设。

（三）增强监督意识，认真履行监督职能。在加强侦查监督方面，对公安机关提请批准逮捕的案犯，经审查有2299名不符合法定逮捕条件，作了不批准逮捕决定；对公安机关未提请批准逮捕的案犯，经审查有320名符合法定逮捕条件，作出了逮捕决定；对公安机关移送起诉、免予起诉的案犯，经审查有132名不符合法定起诉、免予起诉条件，作了不起诉决定；对公安机关未移送起诉，免予起诉的案犯，经审查有101名符合法定起诉、免予起诉条件，作出了起诉、免予起诉决定；在审查批捕和审查起诉中，对主要犯罪事实不清、证据不足的3736件作出了退回补充侦查的决定。对公安机关侦查活动中的违法情况提出纠正意见164件次。对罪该提请逮捕而没有提请逮捕的案件、退回补充侦查后不再提请逮捕的案件、批准逮捕后案犯在逃的案件，实行了跟踪监督制度。针对全省批准逮捕后而人犯在逃比较严重的情况，对1983年“严打”以来批准逮捕在逃的案犯进行了清理，共清理出5519人，并配合公安机关开展追捕逃犯工作，到去年底已追捕1500余人。针对我省重特大交通肇事案件发案高，但追究刑事责任很少的情况，省人民检察院会同公安厅交警总队，对有关地区的250起重特大交通肇事案件进行调查，联合签发了《关于公安、检察机关加强联系依法办理重特大交通肇事案件的通知》，注意了对严重交通肇事案件的查办。在加强审判监督方面，对法院确有错误的判决、裁定，提出抗诉90件，已改判15件；对审判活动中的违法情况提出口头和书面纠正意见33次。

（四）结合办案工作，积极参加综合治理。全省检察机关结合办案，积极落实综合治理措施：参加了当地党委统一组织的对治安混乱地区的重点治理工作，集中打击了严重刑事犯罪活动；建立了检察机关综合治理联系点，帮助发案单位堵漏建制，提出检察建议2581件次；通过对免予起诉人员的回访考察和对被管制、缓刑、保外就医、假释人员的执行检察，帮助有关单位落实帮教措施和监督考查措施；加强对青少年犯罪的预防和教育、感化、挽救工作，一些人民检察院建立了审查青少年犯罪案件小组，摸索办理青少年犯罪案件的经验、方法。在依法从重从快严厉打击严重刑事犯罪的同时，积极协助有关部门做好群众性械斗案件的处理工作，注意调解、疏导，防止矛盾激化，维护了社会的稳定。

三、关于加强法纪检察工作

全省检察机关进一步深化了搞好法纪检察工作对建设社会主义民主法制，密切党群关系，促进廉政、勤政建设和经济建设，维护社会稳定的重要性的认识，进一步加强了法纪检察工作，突出了办案重点，狠抓了大要案件的查办。全年共受理各类“侵权”、渎职案件2314件。立案侦查1012件1345人。其中重特大案件107件，要案8件；逮捕421人；起诉560人；免予起诉535人，不起诉19人。

在开展法纪检察工作中，一是及时查处重大“侵权”案件，维护社会治安秩序。在我省农村中，因拐卖人口和山林、水利、土地、宅基等各种民间纠纷所引起的“侵权”案件比较多，有的造成受害人家破人亡，有的引起家族之间打、砸、抢，甚至聚众闹事，影响社会安定。还有极少数执法人员和基层干部对公民刑讯逼供、非法拘禁，群众反映强烈。对这些直接影响社会稳定和党群关系的案件，及时进行了查办。全年共受理各种“侵权”案件1489件，立案侦查607件，其中重特大案件27件。在办理因民间纠纷等引起的“侵权”案件时，从维护社会稳定的高度，采取查清事实，分清是非，宣传疏导，化解矛盾，打击少数，教育多数，依法处理等行之有效的办法，较好地处理了这一类问题。对国家工作人员的“侵权”案件，坚持了法律面前人人平等的原则，排除干扰阻力，予以严肃查处。

二是严肃查处国家工作人员渎职案件，促进廉政、勤政建设。全省检察机关把国家工作人员的玩忽职守案件、少数执法人员的贪赃枉法、徇私舞弊等案件作为办案重点，进行严肃查处。全年共受理国家工作人员渎职案件105件。立案侦查64件76人，其中县级干部3人。

三是认真查办重大责任事故案件，促进厂矿企业安全生产。全年共受理重大责任事故案536件。立案侦查282件，其中重特大案件68件。为减少这类犯罪，促进工业生产持续稳定的发展，配合有关部门做好重大责任事故的防范工作，去年7月，省人民检察院与省煤炭工业厅联合召开了加强煤炭安全工作研讨会。检察机关与煤炭部门协作配合，结合办案，建立联系点，定期不定期地对职工进行安全生产教育，促进了企业依法办矿。许多检察机关还针对小煤窑管理中存在的问题，积极配合政府和主管部门抓小煤窑安全生产法制宣传教育，注意运用典型案例，以案释法。

四、关于开展其他检察工作

——监所检察工作，加强了对劳改、劳教场所和看守所执行法律情况的检察监督。认真抓了驻场（厂）检察和驻所检察经常化、制度化、规范化建设，全年共向监管改造场所和办案单位提出纠正违法和其它问题的检察建议4195次。审查起诉监管改造场所干警违法犯罪案件14人。检察监督劳改单位报请减刑、假释材料3000余份。认真检察了监外执行罪犯和保外就医罪犯的执行情况。

——控告申诉检察工作，重点抓了群

众举报和申诉案件复查工作。举报工作实行了一个窗口对外，内部分流，及时消化处理的原则。从群众举报的线索中筛选了一批案件，为深入开展反贪污贿赂犯罪斗争提供了案源。重点办理了不服免予起诉决定、不服不批准逮捕决定、不服不起诉决定的申诉案件580件。全年共处理来信来访40191件次。各级检察长坚持了批阅信件，接待来访群众的制度。各地还积极配合有关部门处理了一批矛盾易于激化的“告急”信访，做了不少促进稳定的工作。

——民事行政检察工作，抓了建立机构，培训干部，建立制度，受理案件等项工作。到目前为止，全省检察机关已建立民事行政检察机构67个。接受民事行政申诉案件502件。经过受案审查后，直接答复当事人183件，向人民法院提出改判建议16件，向人民法院提出抗诉1件。

——检察技术工作，在辅助审查、配合侦查、检验鉴定的办案工作中发挥了积极作用。全省共办理各类技术检验、鉴定2636件，其中法医检验1023件、文件检验275件、理化检验5件、物证照相现场勘验和其他检验1333件，为突破一些重大疑难案件提供了证据，为提高办案质量创造了条件。

五、关于思想政治工作和队伍建设

为适应改革开放条件下执法的需要，全省检察机关按照最高人民检察院和省委的要求，加强了思想政治工作和队伍建设，把着眼点集中在提高检察队伍的政治、业务素质上，重点抓了四个方面的工作：

(一) 加强社会主义思想教育。全省各级检察机关把坚定干警的社会主义信念，作为队伍建设的首要问题来抓，组织广大检察干警学习马列主义基本原理和毛泽东、邓小平同志的有关著作，学习江泽民总书记的“七一”讲话，使广大干警充分认识中国走社会主义道路的必然性，牢固树立坚持党的领导，巩固人民民主专政，建设有中国特色的社会主义的信念。各级检察院领导结合国际形势的变化，适时地对干警进行形势教育，提高了广大干警辨别大是大非的能力和作好工作的自觉性。还组织干警认真学习了中央工作会议和十三届八中全会的精神，增强了为搞好国营大中型企业和进一步加强农业和农村工作服务的意识。

(二) 加强领导班子建设。省人民检察院和分、州、市人民检察院加强了对基层检察院领导班子的建设，协助党委考察配备了部分人民检察院领导班子的缺额成员，对某些检察院领导班子存在的软弱涣散、不团结的情况，进行了批评帮助，促进了班子的团结和作风的转变。全省各级检察机关着重抓了后备干部的培养，落实了后备干部的培养计划。

(三) 加强“从严治检”。坚持正面教育，广泛开展争先创优活动。全省各级检察机关共表彰1990年度先进集体312个，先进个人1543名。在此基础上，省人民检察院表彰了先进集体30个和先进个人116名。在最高人民检察院召开的全国检察机关表彰大会上，我省有先进集体6个、先进个人11名受到了表彰。还有不少检察院和干警受到了党委、人大、政府的表彰。同时，在坚持“从严治检”方面，对全省检察干警中发生的30件违法违纪案件，作出了严肃处理。对重大典型的案件，在全系统进行通报，总结教训。通过开展思想和纪律的整顿，进一步完善了管理制度，加强了预防工作。据不完全统计，全省检察干警拒收礼品1200多人次，拒贿260多人次。

(四) 加强教育培训。为提高干警的文化水平和业务素质，采取了学历教育和岗位职务培训相结合的方法，培训了一批干警。去年秋季有1009名电大法律专业学员获得毕业，使全省检察干警大中专以上文化水平人数的比例由六年前的7.7%上升到55%。省人民检察院举办各种培训班11期，共培训干部300多名。还选送一些干部到各级党校和中央检察官管理学院学习。

去年，全省检察工作也还存在着一些问题。主要是：在办案工作方面，有的检察院存在执法不严，适用法律不当的问题，个别案件办得不及时；有的就案办案，不重视扩大办案效果；有的在同等条件下，办理贪污贿赂和“侵权”、渎职案件较少。在队伍建设方面，有少数干警违纪违法，极个别干警甚至走上犯罪道路。在工作条件、技术装备、办案经费方面，仍不能适应检察工作发展的需要。

1992年，是全党和全国人民全面贯彻党的基本路线，深化改革，扩大开放，进一步推动我国政治、经济和社会的稳步发展的一年。全省检察机关决心在最高人民检察院和省委的领导下，在省人大的监督和省政府的支持下，继续坚定不移地贯彻党的基本路线，忠实履行法律监督职责，自觉地为社会主义建设服务，为我省政治、经济和社会的稳步发展创造良好的法制环境。

一、继续深入开展反贪污贿赂犯罪斗争。全省检察机关决心进一步增强斗争的使命感、责任感、紧迫感，坚定信心，振奋精神，继续把反贪污贿赂犯罪斗争作为全省检察工作的重点、第一位的任务来抓。正确运用法律武器，及时查办发生在国营大中型企业中的贪污贿赂犯罪案件，及时查处发生在乡镇企业中的贪污贿赂犯罪案件。严格区分罪与非罪的界限，正确处理打击与保护的关系，提高为经济建设服务的质量和效果；继续突出查处大案要案；坚持从实际出发，适时发动反贪污贿赂犯罪斗争“小高潮”；进一步发动群众，切实抓好举报工作；进一步强化侦查意识，提高侦查水平，并加强对反贪污贿赂犯罪斗争的指导。

二、继续坚持严厉打击严重刑事犯罪活动。在今年工作中，继续坚持贯彻依法从重从快严厉打击严重刑事犯罪活动的方针，坚决打击国内外敌对分子的渗透、颠覆、破坏、分裂活动，打击以反革命为目的的进行反攻倒算的反革命分子，打击利用宗教渗透、封违迷信活动进行反革命宣传煽动的反革命分子；打击那些严重危害社会的严重刑事犯罪活动，特别是惯犯、累犯、流氓犯罪团伙以及黑社会性质的犯罪团伙；打击哄抢、盗窃、破坏国营大中型企业和农业生产设施、生产资料的犯罪分子。同时，积极参加各类专项斗争。进一步加强侦查监督和审判监督；进一步加强检察机关自侦案件的制约机制，确保办案质量；进一步做好检察环节上的社会治安综合治理工作。

三、继续加强法纪检察工作。通过坚决查处各种“侵权”、渎职案件，保护公民民主权利、人身权利和其他合法权益，密切党和人民群众的联系，促进廉政、勤政建设，反击国内外敌对势力在“人权”问题上对我国的攻击和诬蔑。重点查办大案要案，突出查办徇私舞弊、刑讯逼供、非法拘禁、玩忽职守、重大责任事故等犯罪案件；及时查办可能引起矛盾激化、诱发闹事的和涉及领导干部或执法人员犯罪的法纪案件。加强与有关部门的联系和配合，进一步做好预防、减少犯罪的工作。

围绕上述三个工作重点，进一步搞好监所检察、控告申诉检察、民事行政检察、检察技术等工作。

四、进一步加强检察队伍建设。坚持把队伍建设放在突出位置，常抓不懈。大力开展社会主义思想教育，保持检察队伍坚定正确的政治方向；搞好领导班子建设和后备干部培养工作，保持检察队伍旺盛的活力和生机；加强党建工作和廉政建设，坚持“从严治检”，保持队伍清廉，拒腐防变。

云南省人民检察院工作报告（摘要）

——1992年3月13日在云南省第七届人民代表大会第五次会议上

云南省人民检察院检察长　李林阁

（1992年3月18日云南省第七届人民代表大会第五次会议通过）

自省第七届人民代表大会第四次会议以来，我省各级人民检察院围绕着党的以经济建设为中心，坚持四项基本原则，坚持改革开放的基本路线，认真履行法律监督职责，在人员少、任务重的情况下，紧紧抓住反贪污贿赂斗争和严厉打击严重刑事犯罪活动这两个重点，带动各项检察工作的全面发展，较好地完成了1991年工作计划规定的主要任务，为维护社会安定和边疆的稳定，保护和促进经济建设的发展，做出了应有的贡献。

一、继续深入开展反贪污贿赂斗争

1991年，全省各级检察机关在反贪污贿赂斗争中，着重在“深入”上下功夫，狠抓大案要案的查处。去年，全省共受理各类经济案件3139件，其中贪污、贿赂案件2008件，占64％。立案侦查贪污贿赂案1537件，已办结1532件（含上年留存数），起诉1011人，免诉560人。与此同时，立案查办了偷税、抗税案341件，挪用公款案389件，假冒商标案41件，分别比1990年上升了46.35％、4.57％和9.25倍。通过查处以上经济犯罪案件，追缴赃款赃物折合人民币2513.4万余元。

一年来，在深入开展反贪污贿赂斗争中，我们主要抓了以下工作：

（一）提高认识，坚持检察工作必须为社会主义经济建设服务的思想。

去年，各级检察机关通过认真学习党的十三届七中全会和江泽民总书记“七·一”重要讲话的精神，结合国际国内形势和干警的思想实际，教育干警不断加深对新形势下搞好反贪污贿赂斗争重大深远意义的认识，使广大检察干警进一步明确和坚定了“一手抓改革开放，一手抓严厉打击经济犯罪”，“检察机关积极查办贪污贿赂犯罪，就是对经济建设最重要最直接的服务”的指导思想，一方面加强领导，强化措施，注意掌握贪污贿赂犯罪的新情况和新动向，狠抓贪污贿赂案件特别是大案要案的查处；另一方面，不断提高全局观念，在严惩贪污贿赂犯罪的同时，注意策略方法，讲求办案社会效果，维护企业的生产和经营管理秩序，保护和促进经济的发展。去年党的中央工作会议和十三届八中全会后，省检察院和昆明市检察院、曲靖检察分院等单位，相继提出了检察工作为搞好国营大中型企业，为加强农业和农村工作服务的具体意见和措施，推动各级检察机关更好更自觉地为经济建设服务。

（二）突出重点，采取措施，把反贪污贿赂斗争不断引向深入。

从去年的情况看，反贪污贿赂斗争确实深入了一步。其主要表现：一是深入查处大案要案，深挖隐蔽狡猾的贪污贿赂犯罪分子。去年，全省检察机关立案侦查贪污贿赂大案 351 件，占贪污贿赂立案总数的 22.8%，其中五万元以上不满十万元的 22 件，十万元以上不满五十万元的 14 件，一百万元以上的 2 件。因贪污贿赂犯罪被立案查处的县处级以上干部 22 人，司法人员 10 人。二是深入发动群众，把反贪污贿赂斗争建立在坚实的群众基础之上。去年，各级检察院结合办案、下乡巡回接待和通过各种宣传媒介，进一步广泛深入宣传举报工作的重大意义和作用，宣传检察机关办理举报案件的各项规定和保护举报人的措施，对举报有功人员兑现奖励政策，严肃查处打击报复举报人的事件，从而调动了广大群众同违法犯罪作斗争的积极性，扭转了年初一些地方群众举报一度下降的状况。据统计，去年检察机关立案查处的贪污贿赂等经济犯罪案件中，属于群众举报的 1188 件，占 50.40%，比 1990 年上升 1.72 个百分点。而且出现了署名举报增多、举报内容具体、成案率提高的可喜情况。三是深入重点系统和单位，掀起“小高潮”，使反贪污贿赂斗争既显声势，更具实效。去年，各级检察机关普遍注意在掌握情况、心中有数的基础上，深入不正之风严重、行业犯罪突出、群众反映强烈的系统和单位，依靠党委的领导和支持，充分发动群众，揭发犯罪，查处案件，宣传政策，迫使犯罪分子投案自首，掀起反贪污贿赂斗争的“小高潮”，这样做一般都收到较好效果。

（三）正确执行政策法律，不断提高办案质量。

鉴于贪污贿赂犯罪情况复杂，政策性很强，加之有些案件法律政策界限还不够十分具体和明确，各级检察院在工作中都十分重视和更加自觉地坚持贯彻“一要坚决，二要慎重，务必搞准”的原则。在办理具体案件中，注重深入调查研究，查清事实情节，依据政策法律，严格区分罪与非罪界限，把好定性、处理关。对一时拿不准的案件，不急于处理。并注意掌握斗争策略，体现宽、严政策。要求检察干部，不仅要熟悉和正确运用刑事法律政策，而且要学习了解有关经济政策和法规，提高全局观念和分析判断问题的能力，提高正确执法的水平和办案的质量。从去年底全省检察机关进行执法执纪大检查的结果来看，所办案件质量总的情况是好的，没有发生大的偏差。对有的地方的个别错案，一经发现都及时作了纠正。

二、继续严厉打击严重刑事犯罪活动

1991 年，全省各级检察机关同公安、法院等有关部门密切配合，严厉打击严重刑事犯罪活动。全年共受理公安、安全机关以及检察机关自侦部门提请审查批捕人犯 31100 多名，已审结 29400 多名，其中批准逮捕 27300 多名，批捕率为 93.02%。受理公安、安全、劳改机关以及检察机关自侦部门移送审查起诉、免诉案犯 34400 余名，已审结 29200 余名，其中决定起诉 26500 余名，起诉率为 90.7%，决定免予起诉 2400 余名。在严打中，主要抓了以下几方面工作：

第一，突出打击重点。一是始终坚持把打击锋芒对准严重危害社会治安的七类严重刑事犯罪，特别加强了对暴力犯罪、团伙犯罪以及惯犯、累犯的严厉打击。去年，共批捕上列各类案犯12900余名，起诉12060余名，分别占批捕总数和起诉总数的49.6%和46.4%。二是认真贯彻执行全国人大常委会《关于惩治走私、制作、贩卖、传播淫秽物品的犯罪分子的决定》、《关于严禁卖淫嫖娼的决定》和《关于严惩拐卖、绑架妇女、儿童的犯罪分子的决定》，1991年，共批捕上述三个方面的犯罪分子1010余名，起诉1300余名，严厉打击了这些犯罪分子的嚣张气焰。三是根据我省地处边疆的特点，密切注视和严厉打击背叛祖国、特务间谍、利用宗教渗透搞反革命宣传煽动等各种危害国家安全和边疆稳定的反革命犯罪分子。对这类犯罪案件，优先办理，坚决惩处，毫不手软。

第二，积极参加禁毒斗争，坚决打击毒品犯罪。全省检察机关的广大干警都以高度的责任感和战斗的姿态，积极投入这项斗争。广泛深入宣传和坚决贯彻执行全国人大常委会《关于禁毒的决定》和省委、省人大、省政府的有关指示，并组织强有力的办案力量，对毒品犯罪案件做到及时、准确地依法批捕、起诉，运用《禁毒决定》这一强有力的法律武器，严厉打击毒品犯罪活动，使我省去年的禁毒斗争有了突破性的发展。去年全省共批捕毒品案犯4100余名，起诉3400余名，比1990年分别上升了87.2%和63.6%。一些地区的检察机关还组织力量，对毒品犯罪的新情况、新特点和执行法律中遇到的新问题，开展专题调查。省检察院召开了毒品犯罪比较突出的6个地区的分州市院检察长座谈会，进行分析研究，解决疑难问题，统一思想认识，对保证《禁毒决定》的统一、正确实施起了积极作用。

第三，积极投入全省性的“严打严防”统一行动和反盗窃斗争。在斗争中，共批捕各类刑事案犯14900名，起诉14700余名。在反盗窃专项斗争中，批捕盗窃、窝赃、销赃犯罪分子4190余名，起诉4140余名。各地检察机关还积极参加针对制贩枪支弹药、跨国拐卖妇女、卖淫嫖娼等区域性突出犯罪和治安问题所开展的专项斗争和专项治理。一些检察院还积极参加了对“热点”地区的整治工作，维护了城乡特别是重点地区社会治安的稳定。

第四，加强侦查监督和审判监督。1991年，各级检察机关对公安机关提请逮捕和移送起诉的案件，经认真审查，对2050余名未构成犯罪或虽构成犯罪但罪行较轻，没有逮捕必要的，依法作出了不批捕的决定；对310名人犯依法作出了不起诉的决定，对已构成犯罪而未报捕的犯罪分子，决定追捕320余名；对罪该起诉而未移送起诉的犯罪分子，决定追诉160余名。对公安机关侦查活动中的违法情况提出纠正意见111件次；对人民法院在审判活动中的违法情况提出纠正意见67件次。对认为法院确有错误的判决、裁定依法提出抗诉134件，法院已审结43件，其中改判31件。同时，加强了检察机关内部的监督制约机制。1991年，对自侦案件中提请批捕的1400余名人犯，经认真审查，决定不批捕63名，纠正漏捕18名；对自侦案件中移送审查起诉、免诉的3200余名人犯，经审查，决定不起诉59名，纠正漏诉8名。对重特大案件提前介入侦查预审和出庭公诉工作的水平也有新的提高，并逐步走向制度化和规范化。一些地方还实行了对案件的跟踪监督，对提供侦查方向、全面收集证据、加强侦查监督和提高办案效率都起到了积极作用。

三、加强法纪检察工作

去年，我省检察机关从密切党和人民群众的血肉联系，促进廉政勤政建设，加强社会主义民主法制建设的高度，把搞好法纪工作作为反腐败斗争的一个重要内容来抓。工作中突出了对非法拘禁、刑讯逼供、徇私舞弊、玩忽职守、重大责任事故等五类侵权、渎职案件，尤其是重大、疑难、影响较大的法纪案件的查处。据统计，去年共受理各类法纪案件1402件，立案侦查457件703人，已办结451件697人，起诉375人，免诉235人。通过办案，为国家挽回经济损失428.34万元。在去年立案查处的案件中，属于上述五类重点案件的有321件，占立案总数的70%。同时，根据查办法纪案件难度大的实际，在查处大案的工作中，坚持了以下级院为主，上级院派员协助指导的有效办法，去年共办重特大法纪案49件，占立 案数的10.7%，现已办结42件。通过依法查处法纪案件，给严重违法犯罪分子以有力的打击，保护了公民的民主权利和人身权利，维护了法制的尊严。

四、全面开展其它各项检察工作

在监所检察工作方面，去年继续加强了对劳改、劳教和看守所执行政策法律情况的检察，促进了监管工作的加强和改造质量的提高，保证了有关政策法律的正确执行。对发现的监管改造活动中的违法情况和超期羁押情况及时提出纠正意见，纠正了1667人，协助监管改造部门进行安全防范检查2956次，防止了脱逃、自杀、行凶、哄监闹事等331起重大事故的发生。对重新犯罪的“两劳”人员批准逮捕463人，依法起诉531人。为维护监管改造场所秩序，还坚决打击了牢头狱霸等犯罪活动。查处了监管干警的贪污受贿案件23件23人。促进了依法管理、严格管理和文明管理。

在控告申诉检察工作方面，各地继续坚持了领导亲自批阅来信、接待来访的好做法，认真接待群众来信来访。1991年，共受理公民控告申诉27142件，已审查处理26500件，并疏导缓解了一些容易激化的矛盾，将一些闹事苗头解决在萌芽之中。同时，各级控申检察部门突出抓了办案工作，全年直接立案办理270件，较1990年上升23.3%。处理不服免诉申诉350件，纠正21件，占6.1%。处理不服法院判决、裁定的申诉1514件。受理由检察机关办理的重婚案323件551人，立案157件294人，已办结137件232人。通过控告申诉工作，解决了群众的一些切身问题和合理要求，维护了公民的民主权利，密切了党群关系，维护了社会稳定。

在检察技术工作建设方面，各地坚持了“边干边建、以干促建”的方针，去年共受理检验鉴定和文证审查2496件，已办结1946件，其中为办案提供证据1532件，提供侦查方向192件，通过文证审查纠正原结论不准确或有错误的鉴定36件，占办结数的30.77%。出具检验文书1121份，赴现场勘察307次。检察技术工作逐步开展，对于促进办案工作、保证案件质量、加强法律监督起到了重要作用。

在民事行政检察工作方面，省院成立了民事行政检察处，现正积极进行调查研究，为开展这项工作作准备。有的单位还探索性地办理了一些民事行政申诉案件，以总结积累经验。

五、积极参加社会治安综合治理

1991年，各级检察院认真贯彻中共中央、国务院和全国人大常委会关于加强社会治安综合治理的两个《决定》，在开展各项检察和业务办案工作中，坚持打防结合的方针，积极参加社会治安综合治理工作，一年来，主要抓了六项工作：一是积极开展检察建议活动，帮助发案单位整章立制，堵塞漏洞，预防和减少犯罪。据不完全统计，全省检察机关向有关单位提出检察建议1483份，收到一定效果。二是为预防犯罪，变消极因素为积极因素。对659名决定免予起诉人员进行回访考察，巩固了办案成果。三是对4441名监外服刑人犯的执行情况进行了检察，督促加强或落实了帮教措施。四是加强对被监管改造人员的政策法律教育，促使198名在押犯坦白交待余罪和揭发犯罪线索826条，从中破获了一些犯罪案件。五是结合办案工作，利用报刊、广播、电视、展览、宣传栏和法律咨询等形式，开展法制宣传活动。去年，我省检察系统拍摄法制常识片、电视专题片、专题报道片等影视宣传片192部（条），举办展览50余次、办法制宣传栏500余期，受教育面达50余万人次，进行法律咨询3000余人次。六是积极开展对社会治安情况、犯罪动向和青少年犯罪等的调查研究，为领导决策和预防犯罪提供理论依据。

六、进一步抓好思想政治工作和队伍建设

一年来，各级检察机关，结合当前国际国内形势，进一步加强了思想政治工作和队伍建设。一是组织干警认真学习马克思主义基本原理和中央的有关文件，深入进行党的基本路线和国际形势的教育。在与违法犯罪作斗争和完成各项任务中，涌现出一大批秉公执法、拒收贿礼、艰苦奋斗、忘我工作的先进集体和个人。受到省政府、最高人民检察院和省检察院表彰的就有先进集体89个，先进个人198人。二是加强领导班子和后备队伍的建设。重点抓了几个州、市院检察长的换届工作和各级领导班子的自身建设，发扬民主作风，健全民主生活制度。多数检察院经过认真考核，确定了一批政治立场坚定、年富力强的后备干部，为今后检察机关领导班子建设打下了一定基础。三是坚持“从严治检”，严肃查处违法违纪案件，不姑息迁就。维护了法纪的严肃性，教育了广大干警。四是充分发挥“云南省检察官培训中心”的作用，共举办了七期培训班，培训学员528人，对于提高干部的业务素质和执法水平，起到积极作用。

一年来，我省检察工作也还存在一些问题，主要是：省检察院对一些新情况新问题调查研究不够，对下指导工作不够及时有力；工作发展不够平衡，在查处贪污贿赂和法纪案件上，由于难度较大，在少数领导和干警中还存有畏难情绪；个别案件办得质量不高，在依法办案、文明办案上还有不够严格的地方，有的取证方法简单、态度生硬；少数单位领导对“一手硬、一手软”的问题还解决得不够好，政治思想工作抓得不够紧、不够细。这些问题都有待在今后工作中努力克服和解决。此外，在人、财、物和工作条件上，不少单位仍存在不少困难，需要各级政府和有关部门大力帮助解决。

今年1月初，我们召开了分、州、市院检察长会议，研究确定我省今年检察工作的主要任务是：在党委领导、人民代表大会及其常务委员会的监督和政府的支持下，认真贯彻落实党的中央工作会议和八中全会精神，坚持“一个中心、两个基本点”的基本路线，紧密围绕稳定社会和发展经济的方针，充分发挥检察职能作用，切实履行法律监督职责，继续深入开展反贪污贿赂斗争，继续依法从重从快严厉打击危害社会治安和国家安全的严重刑事犯罪分子和敌对分子，继续加强法纪检察工作，加强社会治安综合治理，加强思想政治工作和队伍建设，积极开展各项检察业务，为反对和抵御敌对势力和平演变阴谋，为维护政治稳定和社会安定，为搞好国营大中型企业、加强农业和农村工作、促进科技进步和社会主义建设发展做出新的贡献。

西藏自治区人民检察院工作报告（摘要）

——1992年5月8日在西藏自治区第五届人民代表大会第五次会议上

西藏自治区人民检察院检察长　杨有才

（1992年5月12日西藏自治区第五届人民代表大会第五次会议通过）

1991年，西藏自治区各级人民检察院贯彻执行党的“一个中心，两个基本点”的基本路线和区党委提出的“一个中心，两件大事，三个确保”的方针，坚持为经济建设服务的指导思想，履行法律监督职责，开展各项检察工作，并取得了新的进展。

一、坚持依法从重从快打击少数分裂主义分子和严重刑事犯罪分子

各级检察机关为维护我区局势的进一步稳定，坚持把依法严厉打击少数分裂主义分子和严重刑事犯罪分子作为首要任务。共受理公安、安全机关提请逮捕刑事犯罪分子773人；审查批捕765人；不批准逮捕8人；受理公安、安全机关移送起诉337件；审查起诉319件560人；免予起诉18件22人。批捕起诉比1990年分别减少48件和32件。

检察机关从重从快打击少数分裂主义犯罪分子，突出打击杀人、抢劫、盗窃、强奸等“七类”重点犯罪。对那些基本事实清楚，基本证据确凿的罪犯就依法从重从快批捕起诉。共批捕七类重点打击对象341人。在检察环节上没有贻误战机。

坚持对重特大案件提前介入制度。共提前介入重特大刑事案件侦查预审100多件，占提起公诉案件的三分之一。绝大多数的基层检察机关都坚持了提前介入侦查预审，并及时批捕起诉。

加强了出庭公诉工作，提高了公诉水平。有的分院开展了评优秀公诉人竞赛活动，有的分院出庭前集体讨论研究公诉预案，反复讨论起诉书、公诉词、答辩词，成功地公诉了一批大要案。

履行了法律监督职责。共依法抗诉7件7人，法院改判5件5人；退回公安机关补充侦查14件14人。

加强了监所检察工作，配合监改场所进行大检查，纠正超羁押期限和已决犯不及时投入劳改劳教的情况，其中纠正超收审期限41人，超逮捕期限104人，已决犯送劳改劳教场所74人。

积极参与反盗窃专项斗争，批捕盗窃犯罪分子398人。

积极参加了社会治安综合治理工作。在党委的统一领导下，各级检察机关主要负责同志参加了综合治理领导小组，落实综合治理措施。通过办案，发表起诉书、公诉词、免诉书、免诉词，进行法制宣传，教育广大群众。提出检察建议，帮助发案单位完善规章制度，共向有关单位发出检察建议51份。有的检察机关主动承包社会治安较差的乡、村、居委会，配合基层党政组织抓社会治安综合治理，抓出了成效。

从批捕起诉情况看，分裂与反分裂斗

争形势依然严峻，反革命宣传煽动和不法僧尼游行闹事不断发生。境外分裂主义势力向境内进行政治渗透的情况日趋严重；盗窃案件十分突出；杀人伤害恶性案件增多；青少年犯罪严重；外来流动人员作案仍是我区社会治安的严重问题。盗窃、非法买卖枪支弹药、走私贩毒等犯罪危害日益严重。诱发犯罪的因素大量存在，必须加强人民民主专政，坚持依法从重从快打击少数分裂主义分子和严重刑事犯罪分子。

二、深入开展反贪污、贿赂斗争

各级检察机关把反贪污贿赂斗争作为工作重点来抓，在深入上下功夫，工作有了新的进展。共受理贪污贿赂等经济案件137件；立案侦查82件；逮捕犯罪分子57人，起诉31件33人；追缴赃款赃物折合人民币264万余元。

反贪污贿赂斗争的主要作法是：

自觉处理好打击与保护，办案与服务的关系，树立检察工作为经济建设改革开放服务的指导思想，明确打击就是保护，办案就是直接的、具体的服务。严惩贪污贿赂犯罪，深挖蛀虫，为国家、集体挽回经济损失；对因管理疏漏、制度不健全而发生经济犯罪的单位帮助严密会计、审计、行政管理制度；对有的单位非法冻结企业资金，干扰生产经营的，依法予以解冻，提供法律保护，在具体办案中，坚持一要坚决、二要慎重、务必搞准的方针，严格区分罪与非罪的界限；中央、区党委工作会议后，我们总结办案经验，制定为搞活国营骨干企业服务的八条措施。

把斗争由上往下引向深入。去年，我们把反贪污贿赂斗争引向基层县院，县级院办案继续增多。

狠抓大要案。共立案侦查万元以上大案56件；涉及县（处）级干部要案5件。大要案比1990年增加21件，上升32%。

提高侦查水平。侦破了一些犯罪分子毁灭证据和完全不供的疑难案件，坚持了专门工作与群众路线相结合的方法，发动群众举报犯罪，结合案例宣传法制，把侦查工作建立在广泛的群众基础上。

实行了侦诉分开，侦查部门办理的案件移交刑检部门批捕起诉，由刑检部门实行监督，严格按照最高人民检察院《关于免予起诉的规定》办理免诉案件，并由控申部门复查不服免诉的案件。严格控制了在检察机关内实行监视居住的强制措施。案件质量提高，法院对贪污贿赂等经济犯罪案件作有罪判决28件，无罪判决3件，无罪判决比1990年减少9件；检察机关免诉12件，免诉率比1990年下降13个百分点。

创造了新做法新经验。继1990年抓典型案例，举办个案展览，掀起“小高潮”，创造“小气候”的做法后，各级检察机关继续努力，又创造了一些新的做法和经验。例如，拉萨市检察院为了开辟案件来源，试行了聘请检察联络员工作；昌都分院采取系统抓、抓系统的作法，深入商业、外贸、流通领域，深入调查研究，宣传政策法律，发动群众检举揭发，深挖串案，创造了向问题较多的重点行业和部门深入开展反贪污贿赂斗争的经验；日喀则分院知难而上，对于定性不准、量刑不当的坚持依法抗诉；林芝分院根据不同的案件特点，采取不同的侦查方法，准确、及时收集证据，突破案件。

总结犯罪新特点，有针对性地开展工作。从反贪污贿赂斗争情况看，我区经济犯罪的特点，一是少数党政机关干部贪污贿赂危害很大，对党和政府健康的肌体造成严重腐蚀；二是金融商品流通领域贪污、贿赂、挪用公款犯罪严重，共立案侦查32

件，占立案总数的40%；三是乡镇干部贪污案件增多，共立案侦查10件，比1990年增加31%；四是共同犯罪比例增大，比1990年上升41%；五是贪污贿赂犯罪手段更加隐蔽狡猾。各级检察机关针对新特点，采取有力措施，在千方百计获取证据上下功夫，侦破了案件，制服了犯罪分子。

反贪污贿赂斗争的深入发展，为保卫和促进经济建设和改革开放的顺利进行做出了新的成绩。

三、切实加强法纪检察工作

各级检察机关，切实加强法纪检察工作，共受理法纪案件42件；立案侦查19件30人；比1990年上升19.1%；办结8件14人。其中，玩忽职守案件突出，损失巨大，占立案总数的52%。特别是枪支管理方面的玩忽职守，造成枪支丢失，酿成血案。1991年，玩忽职守造成直接经济损失400余万元；非法拘禁情节恶劣，致人伤残甚至死亡影响很坏。检察机关贯彻全国第二次"侵权"、渎职侦查工作会议精神，全面清理法纪案件线索，制定具体工作计划和措施，充实办案骨干队伍，依法查处法纪案件，法纪检察工作有明显进展。

举报和控告申诉工作在逐步规范化、制度化，重点初查了举报线索和办理了管辖案件。共受理人民群众控告、申诉、来信来访317件（次）、复查案件16件，办理管辖案件11件。

四、加强思想政治工作和队伍建设

去年，检察机关加强思想政治工作，从严治检。

狠抓了组织和思想作风建设。各分（市）院都成立了政治处，配备了专职和兼职的政工纪检干部，配合党委组织部门，培养考察配备了68个县院的换届检察长。加强了马克思主义、毛泽东思想理论教育，进行了马克思主义民族观和宗教观的教育，加强了社会主义信念和前途的教育，围绕建党七十周年、西藏和平解放四十周年，开展了生动丰富的政治思想教育活动。

大力加强了文化业务培训，举办了第二届换届检察长培训班。有33名干警参加了培训，选送到各级党校、中央检察官学院和其他院校学习培训38人。

开展了执法执纪大检查，思想、作风、纪律整顿和民主评议党员工作，严肃查处了8人违法违纪案件，并建章立制以杜绝违法违纪案件发生。

大力表彰先进，受到最高人民检察院、自治区、地市委和自治区检察院表彰的先进集体8个，先进个人55名。

1991年检察工作取得了新成绩，但是，工作中仍然存在执法不严，监督不力，办案质量不高的问题。有的检察机关对打击各种犯罪为经济建设和改革开放服务的认识有待提高。上级检察机关对下级检察院指导督促检查不够。少数干警违法乱纪。机构、编制、人员长期不适应工作的需要，技术装备、基层检察机关的办案经费等都存在一些亟待解决的困难。我们要积极工作，努力进取，克服困难，扎扎实实地把各项工作推向前进。

1992年检察机关要坚持小平同志提出的"两手抓"的战略方针。继续贯彻党的"一个中心，两个基本点"的基本路线，坚持为经济建设和改革开放服务的根本指导思想。"依靠无产阶级专政保卫社会主义制度"，坚持把严厉打击少数分裂主义分子和严重刑事犯罪作为首要任务。把反贪污贿赂作为工作重点，搞经济建设、改革开放和打击各种犯罪，两手都要硬，作为人民民主专政工具的检察机关，打击各种犯罪这一手硬是我们长期的任务。在办案中要严格区分罪与非罪的界限，正确处理打击与保护的关系，凡是有利于提高人民生活水平，有利于发展社会主义生产力，有利于增强综合国力的就要依法保护。我们还要加强法纪检察，积极开展各项检察业务，严肃履行法律监督职能，加强维护祖国统一、增强民族团结为主要内容和有检察特点的思想政治工作和队伍建设，从严治检、推进检察工作的改革。为维护稳定和社会治安，为经济建设和改革开放提供良好的社会环境和法制环境做出新的贡献！

陕西省人民检察院工作报告（摘要）

——1992年3月9日在陕西省第七届人民代表大会第五次会议上

陕西省人民检察院检察长　杨　烈

（1992年3月12日陕西省第七届人民代表大会第五次会议通过）

1991年，我省检察机关认真贯彻执行党的路线、方针和政策，紧紧围绕党和国家的中心工作，认真履行法律监督职责，各项检察业务都取得了新成绩，为维护我省政治稳定，社会稳定，保障改革开放和经济建设顺利进行，做出了应有的贡献。

一、关于深入开展反贪污贿赂犯罪斗争的情况

一年来，全省各级检察机关在继续深入上下功夫，在抓大要案上做文章，使反贪污贿赂犯罪斗争向纵深发展。主要表现是：为经济建设服务的思想更加明确，工作更加主动；立案查处的贪污贿赂案件持续上升，查处大案要案工作有所突破；群众举报保持了良好势头；侦破案件的水平不断提高。

全省检察机关去年共受理贪污贿赂案件1998件，立案侦查1235件，比上年上升2.4%，其中贪污案883件，贿赂案352件。所立案件中，有万元以上的大案和县团级以上干部犯罪案件282件，比上年上升1.4%。已办结1241件，未结213件（含上年结转），结案率为85%。其中向人民法院提起公诉559人，免予起诉471人，撤案235件。追缴赃款赃物折合人民币1030余万元。

我省检察机关还积极查办了一批挪用公款、偷税抗税、假冒商标等经济犯罪案件。共立案侦查挪用公款案件280件，比上年增长17.2%，内有五万元以上大案38件；立案侦查偷税抗税案件275件，比上年增长9.6%，内有万元以上大案107件；假冒商标18件。从中查获赃款赃物折合人民币1165万元。

在深入开展反贪污贿赂犯罪斗争中，检察机关主要做了以下工作：

1、提高认识，统一思想。各地组织干警反复学习党中央会议精神，以及中央、国务院关于反腐败斗争的一系列指示，使广大干警充分认识开展反贪污贿赂犯罪斗争的重要性、长期性、艰巨性；明确开展这场斗争对于反腐倡廉，防止“和平演变”，巩固人民民主专政的深远意义；明确深入开展反贪污贿赂犯罪斗争，对于促进经济发展，维护国营大中型企业的生产经营秩序，加强农业和农村工作，巩固社会主义经济基础的重要作用；正确处理打击与服务，办案数量与质量，坚持党的领导与依法办案的关系，增强了广大干警开展反贪污贿赂犯罪斗争的决心和信心。

2、加强组织领导，使斗争顺利发展。一是从领导精力、人员配备、经费使用、后勤保障等方面实行倾斜，保证办案需要；二是领导亲自办案，继续实行检察长抓大要案、主管检察长参与侦破大要案的制度；三是采取多种形式开展业务培训，提高侦破案件的能力。

3、坚决贯彻为经济建设服务的指导思想，为经济发展提供良好的法制环境。省检察院制定了《关于经济检察工作保护和促进经济建设的几点意见》，强调要充分发挥检察职能作用，积极查处党政机关和问题突出、群众反映强烈的行业、部门的贪污贿赂犯罪案件，积极查处破坏经济建设，损害国家、集体利益的贪污贿赂案件以及挪用公款、偷税抗税、假冒商标等案件，提出正确执行政策和法律，严格区分罪与非罪界限的十个方面的问题。分清经济活动中正常的交往与贪污贿赂犯罪的界限，对于确有犯罪事实和确切证据的涉嫌分子坚决查办；经查证不属于犯罪的，不予追究或转党纪、政纪部门处理。强调既要积极办案，又要注意方式方法，制定每一个方案，采取每一项措施，都要考虑对生产经营是否产生影响，并结合办案，开展综合治理。在打击犯罪分子的同时，各地十分注意扶持企业发展生产。

4、认真查处大案要案。全省检察机关共立案侦查万元以上大案 252 件，占立案总数的 20.4%，比上年增长 2%。其中，万元以上不满五万元的 221 件，五万元以上不满十万元的 20 件，十万元以上不满五十万元的 11 件。查处县团级以上干部 30 名（内有厅局级干部 3 人），比上年增长 15.4%。

5、选准方向，掀起反贪污贿赂犯罪斗争“小高潮”。去年全省不少县区院，在一个地区或一个系统发动群众举报，号召有贪污贿赂违法犯罪行为的人投案自首。各地通过发动“小高潮”，震慑了犯罪，教育了干部群众，揭露出许多违法犯罪线索，其中有不少是大案要案，有不少是查一案，带一撮的窝案和串案。据不完全统计，去年全省各地挖出了 150 个窝案串案，从中立案侦查了 400 多件，占立案总数的 25%。

6、继续依靠和发动群众同贪污贿赂犯罪作斗争。举报工作方面，一是采取多种形式，大力宣传法律、政策，宣传检察机关的职能职责，使群众举报保持了良好势头。全年共受理群众举报贪污贿赂等检察机关管辖内的案件线索 5036 件，属检察机关管辖内的达 80%。举报的事实、情节较过去具体、清楚，可查性强，成案率高。去年办理的 92% 的贪污贿赂案件，都是人民群众举报的，比上年上升了 5.5 个百分点。二是加强对举报线索的查证工作。对成案性大的，及时较交侦查部门查处；对有成案可能，但案情不清的，及时与有关部门联系调查；对不需要或不属于检察机关立案侦查的，及时移送有关部门处理，使举报线索的消化处理工作有明显改进。

7、贯彻执行“一要坚决，二要慎重，务必搞准”的原则，不断提高办案质量。各级检察机关认真执行了自侦案件内部制约制度。内部制约制度包含双重制约机制：第一重制约是将案件的侦查、预审与审查逮捕、审查起诉分开，由两个不同业务部门分别办理。第二重制约是对免诉或不起诉决定不服的申诉案，一律由原决定机关的上一级检察机关控告申诉检察部门负责受理并复查。目前自侦案件的双重制约机制已在我省检察系统全面运行。省检察院制定了加强免诉工作的十条规定，要求各地坚持免诉案件由检察委员会决定和报上级院备案审查的制度，把免诉对象严格限制在法定数额较小，情节较轻的案件上。去年免诉率为 36%，比上年下降 18 个百分点。

反贪污贿赂工作还存在一些问题，主要是斗争发展不平衡；有的对查办大要案存在畏难情绪；检察机关对有的不该免诉的案件作了免诉处理，对人民法院判处不当的案件，该抗诉的没有抗诉等；办案经费短缺，侦查设备落后，力量不足的问题更是亟待解决。我们将坚定信心，振奋精神，严格执法，积极办案，把党中央倡廉肃贪、拒腐防变的指示精神落到实处，推动反贪污贿赂犯罪斗争继续深入。

二、关于严厉打击严重刑事犯罪活动的情况

一年来，我们从维护社会稳定的大局出发，与公安、法院密切配合，继续坚持依法从重从快的方针，开展专项斗争和专项治理，严厉打击各种严重刑事犯罪活动，有效地遏制了刑事犯罪案件增长的势头。去年全省检察机关共受理公安机关提请逮捕人犯 19130 人，比上年下降 17.6%。经审查批准逮捕 16056 人，下降 19.6%。其中批捕重特大案犯 5079 人，下降 12.6%。受理公安机关移送起诉 11109 案 20265 人，经审查，起诉 9403 件 16529 人，免予起诉 499 件 1187 人。

在严厉打击严重刑事犯罪方面，我们做了以下工作：

1、突出打击重点，积极参加专项斗争。各地检察机关始终把七个方面的犯罪作为打击重点，特别加强了对惯犯、累犯以及团伙犯罪的打击。去年共批准逮捕杀人、抢劫、强奸、爆炸、持枪作案等暴力犯罪案犯 4123 名，占批捕总数的 25.7%。各地认真贯彻全国人大常委会《关于禁毒的决定》、《关于惩治走私、制作、贩卖、传播淫秽物品的犯罪分子的决定》、《关于严禁卖淫嫖娼的决定》、《关于严惩拐卖、绑架妇女、儿童的犯罪分子的决定》，积极参加了“扫黄”、除“六害”等专项斗争和专项治理活动。共批准逮捕上述《决定》中所列犯罪分子 1577 名。全省检察机关把开展反盗窃斗争作为开展严打斗争的重点。各地在斗争中，坚持对重特大案件、团伙案件提前介入，在保证办案质量的前提下，做到快批捕、快起诉。去年共提前介入公安机关侦查活动 1489 人次。

2、加强侦查监督和审判监督，积极开展跟踪监督。各地在审查公安机关提请逮捕和移送起诉的案件中，对依法不构成犯罪或已经构成犯罪不需要逮捕的 1534 人，作了不批准逮捕决定；对 90 人作了不起诉决定；追捕公安机关没有提请批捕的犯罪分子 306 名，追诉 179 名。对公安机关侦查活动中的违法情况提出纠正意见 288 次，对人民法院审判活动中的违法情况提出纠正意见 76 次；对人民法院确有错误的判决、裁定提出抗诉 40 件，法院审结 9 件，改判 8 件。为充分发挥检察机关侦查监督的职能作用，根据我省近年来审查批准逮捕中退回补充侦查的，或公安机关对有的共犯作另案处理的，以及经过检察机关批准逮捕而人犯在逃的，有的长期无结果，省院制定出“跟踪监督的十条意见”，要求专人负责，定期检查。

3、积极参与社会治安综合治理。各地结合办案，做了大量工作。一是对免诉案件公开宣布，加强对免诉人员的帮教、回访考察；二是对办案中发现的问题，及时提出检察建议，督促有关部门和单位堵塞漏洞，做好预防犯罪的工作；三是主动配合监管改造部门对在押人犯进行教育，开展对监外服刑犯的督查；四是认真处理“告急”信访案件，尤其是对集体上访，耐心接待，认真疏导，缓解矛盾，解决问题；五是利用出庭公诉、新闻发布会、座谈会、电视广播、宣传栏等形式，大力宣传法制，提高公民知法守法自觉性；六是开展对犯罪问题的调查和研究，提出了许多好的对策，在预防和减少犯罪方面，起到了很好的作用。

监所检察部门加强了对监管干警执法活动的检察。对监管场所超时限羁押，无证收押，不当减刑等违法情况提出纠正11155次；受理移送起诉监管干警违法犯罪案件5案14人，已起诉4案12人。由省检察院牵头，公安、法院、司法紧密配合，对“牢头狱霸”打死在押人员的恶性案件，联合进行检查处理，有效地遏制住了打死在押人员案件上升的势头。

目前我省社会治安形势总的是稳定的，但形势依然严峻，维护社会稳定的任务仍然十分艰巨。我们检察机关一定要充分认识这一斗争的长期性、艰巨性、复杂性，坚持不懈地依法从重从快严厉打击严重刑事犯罪，搞好社会治安综合治理，以维护我省的政治稳定和社会稳定，促进经济发展。

三、关于查处侵犯公民民主权利和渎职犯罪的情况

一年来，全省检察机关从提高认识，加强领导，充实人员，狠抓办案等方面加强法纪检察工作，并取得了显著成绩。全年共受理各类法纪案件1665件，立案侦查705件，比上年增长4.8%。其中重特大案件59件。

在开展法纪检察工作中，突出抓了刑迅逼供、非法拘禁、徇私舞弊、玩忽职守、重大责任事故等五类案件的查处。共立案侦查这类案件611件，占立案总数的62.8%。

为保障公民的控告申诉权利，各地加强了控告申诉检察工作。去年共受理群众控告申诉20367件，直接查办627件，其中受理申诉4295件，立案复查275件，已办结222件，维持原决定156件，建议或改变原决定66件。

四、关于思想政治工作和队伍建设情况

一年来，全省检察机关继续加强队伍的思想、纪律、作风建设，有计划地组织干警学习马克思主义基本原理，学习中央工作会议和八中全会精神，坚定社会主义信念；进行形势教育，树立敌情观念，增强坚持人民民主专政的观念；紧紧围绕工作重点，抓住影响工作深入开展的思想障碍，有针对性地进行思想教育，消除模糊认识，推动工作顺利开展；开展职业纪律、职业道德、职业责任等具有行业特点的思想教育，牢固树立检察工作必须置于党的领导之下，严格依法办案，忠于党，忠于人民，全心全意为人民服务的思想。通过加强思想政治工作，涌现出了一大批不怕苦、不怕累，忠于职守，拒腐倡廉、秉公执法，清正廉明、见义勇为，无私奉献的优秀干警。1991年，全省各级检察机关中，被上级有关部门评为先进集体的检察院及其所属职能部门共有266个，还有1491人受到上级有关部门的表彰和奖励。

为切实做到从严治检，加强廉政建设，在省院、分市院成立了纪检、监察机构，并召开会议，分析队伍现状，交流经验，部署整纪刹风、加强队伍建设的具体措施。各地相继开展了整顿干警纪律作风工作，揭摆问题，排线索，严肃查处了一批违法违纪案件。

五、开展“严肃执法、拒腐倡廉”检查活动情况

全省检察机关在去年下半年以四个多月的时间，对1990年以来检察机关在执行刑法、刑诉法、检察院组织法等法律和检察干警廉政方面的情况，进行了全面检查。重点检查了退回补充侦查案件，不立案、不批捕、不起诉、免予起诉、错捕、错诉的案件，越权办案，办案超过时限等情况以及干警违法乱纪等方面的问题。共复查上述各类刑事案件16553件，占所办案件的31%。复查案件均实行“一案一表”，专人负责，集体研究，检委会审核的办法，保证了检查质量。

针对检查出的问题，各地按照“边查边改”、“有错必纠”的精神，积极研究解决。

六、关于1992年检察工作的任务

今年1月，省检察院召开了全省分市院检察长会议，提出了1992年全省检察机关的主要任务，这就是在省委、最高人民检察院的领导下，在省人大及其常委会的监督支持下，认真贯彻中央工作会议和八中全会精神，坚定不移地坚持党的“一个中心、两个基本点”的基本路线，牢固树立为社会主义建设服务的思想，忠实履行法律监督职责，继续深入开展反贪污贿赂犯罪斗争，坚持严厉打击严重刑事犯罪分子的犯罪活动，加强法纪检察工作，积极开展各项检察业务，全面加强社会治安综合治理，加强思想政治工作和队伍建设，反对和抵御敌对势力的和平演变阴谋，维护政治稳定和社会安定，促进社会主义经济建设，巩固人民民主专政。在具体工作上，一是继续抓紧抓好反贪污贿赂犯罪斗争，深入宣传法制，加强举报工作，发动和依靠群众检举揭发贪污贿赂分子，集中精力查办大案要案，并把发案率高，群众普遍关心和不正之风严重的部门、行业作为继续深入的方向，使反贪污贿赂犯罪斗争向纵深发展。二是严厉打击严重刑事犯罪活动，坚决贯彻依法从重从快的方针，突出打击反革命犯罪分子和其他严重危害社会治安的刑事犯罪分子，继续搞好专项斗争和专项治理，积极参加综合治理，推动我省社会治安继续向好的方向发展。继续加强侦查监督和审判监督，对侦查活动和审判活动中的违法情况及时提出纠正意见，对法院确有错误的判决、裁定，要依法提出抗诉。三是进一步加强法纪检察工作，积极办案，重点查处大案要案和严重损害党和政府形象的刑讯逼供、非法拘禁、徇私舞弊、玩忽职守、重大责任事故案件，以保护公民合法人身权利、民主权利，密切党和人民群众的关系，促进廉政勤政建设，反击国内外敌对势力在“人权”问题上对我们的攻击和诬蔑。同时，全面履行法律监督职责，做好监所检察和控告申诉检察工作，积极开展民事行政检察工作。四是大力加强检察机关队伍建设，继续抓紧思想政治工作，深入开展社会主义思想教育，反和平演变教育，为人民服务的宗旨教育，职业道德、职业纪律、职业责任的教育，自觉接受人民群众监督，严肃查处违法违纪行为，认真纠正行业不正之风，坚持开展争先创优活动，继续做好干部培训工作。

甘肃省人民检察院工作报告（摘要）

——1992年3月2日在甘肃省第七届人民代表大会第五次会议上

甘肃省人民检察院检察长　王　平

（1992年3月6日甘肃省第七届人民代表大会第五次会议通过）

一、深入开展反贪污贿赂斗争，从严惩处严重经济犯罪，努力为社会主义经济建设服务

1991年，全省各级检察院坚持为经济建设服务的指导思想，继续把反贪污贿赂斗争作为工作重点，深入开展打击经济领域犯罪的斗争，取得了新的进展。一年来，共受理贪污、贿赂等经济犯罪案件1292件；立案侦查660件，其中贪污贿赂罪案463件，占70.2%，决定逮捕案犯273人。到年底已侦结案件491件、621人，占74.4%，向人民法院提起公诉350人。通过办案，追缴赃款赃物价值人民币1197万多元。

第一，侦破了一批贪污贿赂案件，查处大案要案取得新进展。一年来，共立案查处万元以上经济犯罪案件266件，占立案总数的40.3%。在国家机关、基层执法部门陆续查处了一批贪污受贿案件；有32名县处级以上干部被立案查处。这些严重的经济犯罪分子，已受到或即将受到法律的制裁。

第二，深入商贸、金融等案件多发单位，结合纠正行业不正之风，查处了一批重大犯罪案件。立案查处的案件中，属于这方面的贪污贿赂案件470人，占案犯总数的56.8%。各地都查办了一批重大案件。一批犯罪分子慑于法律的威严，主动携款投案自首。通过办案可以看出，在一些行业和部门，贪污贿赂等经济犯罪依然是严重的。

第三，查处了一批群众反映强烈的企业内部的经济犯罪案件。一年来，立案查处的这一类案件167件，占立案数的25.3%，其中属于大中型企业的62件。被查处的案件中，有的贪污受贿违法犯罪金额达数十万元。

第四，以往办案较少的地方和单位，查处了一批隐藏较深的贪污贿赂犯罪案件。去年立案查处的案件中两院《通告》以后作案的占56%；大要案中属1986年以前的案件占12%，有的持续作案达五、六年之久。

第五，查办偷税、抗税、挪用公款等罪案取得新成绩。1991年，立案查处偷税、抗税罪案90件，比上年增长34.3%；大案40件，比上年增加48.1%，其中十万元以上偷税案4件，四十万元以上偷税案1件，为国家挽回税款700多万元。查处挪用公款罪案107件，其中一百万元以上案件2件。认真查办这些案件，对保障地方经济建设和财政收入，有着重要作用。

第六，举报工作进一步加强。人民群众举报贪污贿赂经济犯罪的势头不减，共受理群众举报线索1569件，其中贪污贿赂案件线索956件。1991年署名举报增多，单位举报增加，举报内容具体，大要案线索成案率高。

第七，举办反贪污展览，加强法制宣传，取得显著成效。去年7、8月份，《全国检察机关惩治贪污贿赂展览》来兰展出，历时21天，有1800多个单位、22万多人踊跃参展。展览使人民群众进一步看到了党和政府惩治腐败、加强廉政建设的决心和行动，加深了对党和国家的信赖。

一年来，各级检察院增强为经济建设服务的意识，把查办贪污贿赂案件、惩治经济犯罪作为对经济建设最重要最直接的服务，在办案中较好地处理了打击犯罪与保护合法经营、合法权益的关系。一是认真贯彻最高人民检察院通知，依法查处在经济活动和企业生产经营中发生的贪污贿赂犯罪案件。二是发挥企业检察室的作用，与企业纪检、监察部门密切配合，查处破坏企业生产经营的犯罪案件。三是与企业建立联系制度，互通情况，及时查办犯罪案件，促进企业生产经营的发展。四是通过办案为企业挽回损失，帮助企业排忧解难。五是结合办案，积极提出检察建议，协助企业整章建制，完善会计、审计、监督管理制度，健全防范机制，堵塞漏洞，预防和减少犯罪。

1991年反贪污贿赂、打击经济犯罪的工作，存在的问题主要是：(1) 工作发展不平衡，在政治、经济、社会状况大致相同的条件下，有少数地区办案下降比较大，以往办案较多的地方，有的由于种种原因，出现了不正常的情况。(2) 少数地方检察院对查办大要案有畏难情绪，信心不足，对明显构成犯罪的案件表现手软，在一定范围内存在打击不力的问题。有的掌握免诉条件不严，有的对法院判免刑、缓刑明显不当的案件监督不力。(3) 客观条件方面困难多，办案经费紧缺。

1992年工作的重点是：坚定不移地树立为社会主义经济建设服务的思想，充分发挥检察职能，为搞好国营大中型企业，为加强农业和农村工作服务。各级检察院要在党委、人大的领导下，按照最高人民检察院的部署，把握好深入开展斗争的方向和重点，积极办案。

二、严厉打击严重刑事犯罪，维护社会稳定，争取治安状况逐步好转

1991年，全省各级检察院按照省委的统一部署，积极参加了以打击毒品犯罪、反盗窃为重点的专项斗争和专项治理，同公安、法院、司法行政部门密切配合，对严重刑事犯罪进行了严厉打击，维护了社会的稳定。一年来，共受理公安机关提请逮捕人犯12225名，经审查，批准逮捕10699名。受理公安机关移送起诉案犯12634名，提起公诉10568名。批捕起诉案犯人数比上年有所减少。在严厉打击刑事犯罪方面，检察机关主要做了以下工作：

第一，坚持依法从重从快的方针，突出打击重点。各级检察院始终把严重的刑事犯罪作为打击重点，加强了对惯犯、累犯和团伙犯罪的严厉打击。一年来，共批准逮捕杀人、抢劫、强奸等暴力犯罪分子1911名，起诉2134名。各级检察院认真贯彻全国人大常委会《关于禁毒的决定》、《关于惩治走私、制作、贩卖、传播淫秽物品的犯罪分子的决定》、《关于严禁卖淫嫖娼的决定》和《关于严惩拐卖、绑架妇女、儿童的犯罪分子的决定》，共批准逮捕上述犯罪分子618名，起诉693名，打击了犯罪分子的气焰。

第二，严厉打击毒品犯罪活动。各级检察院以大量人力物力投入打击毒品犯罪的专项斗争，积极参与集中打击和铲除罂粟的统一行动，深入毒品犯罪严重的地区，积极参与指导办案。经过几年坚持不懈的努力，毒品犯罪发案有所减少。1991年批捕制贩运毒品犯罪分子523人，其中重大案犯173人，已向法院起诉97人。禁毒工作已取得初步成效。

第三，积极参加反盗窃专项斗争。一年来，共批准逮捕盗窃犯、销赃犯、窝赃犯5556名，起诉5509名。

第四，坚持对重特大刑事案件提前介入。各级检察院普遍与公安机关建立了联系制度，及时掌握重特大案件的发破情况，提前介入侦查预审活动432件，确保受理案件后迅速作出决定，对依法从重从快打击严重刑事犯罪分子，起到了积极作用。

第五，加强侦查监督和审判监督。各级检察院认真履行法律监督职责，对公安机关提请逮捕和移送起诉的案件，经过审查，对1060名不构成犯罪或已经构成犯罪不需要逮捕的人犯，依法作出了不批准逮捕决定；对不构成犯罪的130人作出了不起诉决定。同时，对提请逮捕和移送起诉中遗漏的犯罪分子追捕、追诉134名。对公安机关侦查活动中的违法情况提出纠正意见47件（次）。在审判监督中，通过对人民法院判决、裁定的审查，依法提出抗诉48件，法院已审结31件，改判16件。对人民法院审判活动中的违法情况提出纠正意见28件（次）。检察机关通过法律监督，维护了法律的严肃性。

第六，积极参加社会治安综合治理。针对发案单位管理上存在的问题，帮助完善规章制度。通过对免诉人员的回访考查，解决帮教措施中的具体问题。注意挽救犯罪青少年的工作，对犯罪较轻的未成年犯，贯彻“教育、挽救、感化”的方针，取得了较好的社会效果。各级检察院还通过办案，到发案单位进行法律宣传，利用出庭支持公诉、板报、专栏、法律咨询等各种形式，宣传法制，教育公民遵纪守法，在预防和遏制犯罪中起到了积极作用。

当前，全省社会治安总体上是稳定的。但是，潜在的不安定因素仍然很多，斗争仍将是长期的、复杂的，维护政治稳定和社会的安定仍然是一项重要的任务。在治安仍然严峻的情况下，要坚定不移地继续贯彻“严打”方针，持续不断地开展“严打”斗争。全体干警必须充分认识打击严重刑事犯罪的长期性和复杂性，增强敌情观念和专政意识，坚决打击各种严重刑事犯罪活动。要为经济建设服务，为搞好国营大中型企业和发展农村社会主义经济创造安定良好的社会环境。

1992年，要继续坚持严厉打击杀人、抢劫、爆炸、强奸等各种严重刑事犯罪活动，突出打击毒品犯罪、盗窃犯罪和团伙犯罪。继续贯彻人大常委会决定，严惩制贩淫秽物品、引诱容留卖淫嫖娼、拐卖绑架妇女儿童的犯罪分子。认真贯彻八中全会精神，维护好农村的社会治安秩序，坚决打击横行乡里的车匪路霸、流氓团伙。对盗窃、破坏电力、通讯设备、工农业生产资料设施的严重刑事犯罪分子，及时准确地予以坚决打击；并注意打击利用不法宗教活动和封建迷信进行宣传煽动，蓄意破坏社会安定，破坏民族团结，危害国家安全的反革命活动和反攻倒算、搞阶级报复的犯罪活动。进一步加强社会治安综合治理工作，减少和预防犯罪，维护社会治安的持续稳定。

三、加强法纪检察，认真查处侵权渎职犯罪案件

1991年，法纪检察工作进一步加强。各级检察院把查处侵权、渎职犯罪作为惩治腐败、加强廉政建设的重要内容，把法纪检察工作摆上重要位置，积极主动地办案，取得了新的进展。一年来，立案查处法纪案件211件，其中重特大案件43件。

我们党和国家历来重视保护公民的民主权利、人身权利和其他合法权益。查处侵权、渎职犯罪案件，依法惩办极少数违法犯罪分子，是对公民权利直接的司法保护。这对于促进国家工作人员廉政勤政，正确履行职责，密切党群关系，促进社会主义民主法制建设，具有重要的意义。目前，查办侵权和渎职案件的工作，离实际要求还有较大差距，办案中困难和阻力还很大，在这方面，检察机关同样面临着艰巨的任务。

1992年，我们将继续加强法纪检察工作，坚决查办刑讯逼供、非法拘禁、徇私舞弊、玩忽职守造成重大经济损失和重大责任事故等犯罪案件。对大案要案，一定要坚决查办，发现一件，及时查处一件，以有效地保障公民依照宪法和法律的规定享有充分的民主权利和人身权利。

四、监所检察、控告申诉、民事行政检察、铁路、矿区、林区检察工作都有新的进展

——1991年，监所检察工作进一步加强。各级检察院加强了对监管改造场所执行法律情况的监督，对监管改造部门的违法情况提出纠正意见849件（次）；协助公安、司法部门整顿监管改造场所秩序，严厉打击"牢头狱霸"的犯罪活动；并立案查处了少数监管改造场所干警的职务犯罪，维护了监管改造秩序。

——控告申诉检察工作，一年来，受理公民控告、申诉8645件，已审查处理6713件。各级检察院坚持了检察长批阅来信、接待来访的制度，密切了与人民群众的关系。

——民事、行政诉讼法律监督工作，受理了一批公民、法人和其他组织不服人民法院已生效判决、裁定的民事、经济、行政案件申诉。

——铁路运输、矿区、林区检察工作进一步加强。各级铁路运输、矿区、林区检察院与公安、法院密切配合，严厉打击了发生在火车、车站、铁路沿线和矿区、林区的刑事犯罪活动，对"车匪路霸"、团伙犯罪和重大盗窃、流窜犯罪活动进行了重点打击，共批准逮捕刑事犯罪分子630名，提起公诉756名，维护了铁路运输和矿区、林区的安全。同时还立案查处了一批贪污、贿赂等经济犯罪案件，促进了铁路系统和矿区、林区的廉政建设。

1992年，要求各级检察院在做好重点工作的同时，争取各项检察工作都要做出新的成绩。

五、加强政治思想工作，保持检察队伍坚定正确的政治方向

1991年，按照党中央和省委关于加强政法队伍建设的要求，各级检察院加强政治思想工作，坚持从严治检，检察队伍的思想、纪律、作风建设有了较大改进。

第一，开展社会主义思想教育，组织干警学习马列主义、毛泽东思想基本理论，学习邓小平同志著作，学习建设有中国特色的社会主义理论，进行坚持四项基本原则和改革开放的教育，形势教育、反和平演变教育和政治纪律教育，广大干警的社会主义信念和觉悟进一步提高。牢固树立了为坚持党的领导，为巩固社会主义政权而奋斗的思想，坚持为社会主义经济建设服务，运用法律来保护社会主义经济基础的发展。一年来，在各项检察工作中，涌现出了一大批为检察事业艰苦奋斗的先进集体和模范人物，有137个先进集体、798名先进个人受到最高人民检察院、各级党委和检察机关的表彰奖励。

第二，加强领导班子建设和培养后备

干部的工作。各级检察院领导班子的整体素质进一步提高。多数地区后备干部初具规模，已有一定基础。

第三，坚持“从严治检”的方针，加强检察机关自身的廉政建设。各级检察院结合执法执纪大检查，普遍开展了对干警的思想、纪律、作风教育，高标准、严要求，严明纪律，严格管理，提高了干警拒腐防变、遵纪守法的自觉性。队伍的整体素质有所提高。

第四，认真开展了特约检察员工作。省检察院聘请了民主党派6位同志担任特约检察员，参加检察工作会议，接待群众来信来访，参与对一些案件的调查，深入基层了解检察工作情况。

1992年检察工作总的任务是：以党的基本路线为指针，认真贯彻中央工作会议和八中全会精神，忠实履行法律监督职责，继续深入开展反贪污贿赂、惩治经济犯罪的斗争，坚持严厉打击严重刑事犯罪分子和敌对分子的犯罪活动，加强法纪检察工作，加强社会治安综合治理，维护社会的稳定，为搞好国营大中型企业、加强农业和农村工作，为改革开放，促进经济发展提供更好的保障和法律服务。

青海省人民检察院工作报告（摘要）

——1992年4月26日在青海省第七届人民代表大会第五次会议上

青海省人民检察院检察长　张济民

（1992年4月29日青海省第七届人民代表大会第五次会议通过）

1991年，全省各级检察机关遵照党的十三届七中、八中全会和中央工作会议精神，坚持检察工作为经济建设服务的指导思想，以保持社会稳定、推动廉政建设、保证国家法律统一、正确实施为目的，开展了以反贪污、贿赂和严厉打击严重刑事犯罪为重点的各项检察工作。

一

1991年，全省各级检察机关继续把惩治贪污、贿赂犯罪作为打击经济犯罪的第一位工作。一年中，共受理贪污、贿赂等犯罪案件线索581件，立案侦查318件，比1990年增加2.3%。其中立案侦查贪污、贿赂案250件，增加11.6%；立案侦查大案要案109件，增加12.4%。到去年底，已侦查终结272件332人，逮捕案犯142人。已结案并向人民法院提起公诉150人，占结案人数的50.7%，免予起诉144人，占48.6%。不起诉2人，占0.7%。追缴赃款和赃物折价共计329万余元。

在反贪污、贿赂斗争中，我们突出做了四方面的工作：

一是把查处大要案件作为反贪污、贿赂工作的中心环节。1991年，全省检察机关共立案侦查大要案件109件，占立案总数的34.3%，是历年来办理大要案件最多的一年。这些大要案中，贪污、贿赂大案68件，占62.4%。其中一至五万元的55件，五至十万元的8件，十万元以上的5件，犯罪金额最高的达46.3万元。要案15件，占13.8%。有13名县处级干部因贪污、受贿、挪用公款被立案查处。

二是深入到举报线索多、群众反映强烈和不正之风比较严重的某些行业、部门，宣传法律，发动群众，掀起“小高潮”，形成“小气候”，深挖“窝案”、“串案”。据不完全统计，全省各级检察机关通过掀起“小高潮”立查贪污贿赂“窝案”、“串案”127件，占立案查处的贪污、贿赂案件总数的50.8%。

三是立查了一批偷抗税、挪用公款犯罪案件。一年中共立查偷抗税案19件，挪用公款案44件。

四是调动人民群众参与反腐败斗争的积极性。各级检察院在继续推动群众举报的同时，省检察院于去年7月在西宁承办了《全国检察机关惩治贪污贿赂犯罪展览》，有16万余人参观，在社会上产生了轰动效应。一年中，我们共受理群众举报的贪污、贿赂等案件线索994件，对其中构成犯罪的166件予以立案侦查，占立案总数的52.2%；对虽有错误但不构成犯罪的已转有关部门作党纪、政纪处理；对查无实据的也作了妥善处理，并将上述办理结果及时反馈给举报人。

1990年7月，我们向全省检察机关提出“充分发挥检察职能作用，努力为经济建设服务”的要求，同时采取了相应的工作措施。经过近两年的实践，总结了一些为经济建设服务的初步做法：1、初查案件要采取适当方式进行，防止引起不良后果；2、对涉及企业管理、经营、生产部门主要负责人和主要技术骨干的案件，采取强制措施要慎重，尽量做到不影响企业生产、经营的连续性；3、注意保护企业产、供、销渠道的畅通和企业的声誉，不轻易冻结企业的流动资金和银行帐户；4、对有突出贡献的企业管理人员和技术人员犯罪的，按其犯罪情节可依法作出从宽处理或让其在岗戴罪立功；5、尽可能为企业多挽回经济损失；6、开展法制宣传教育，帮助企业分析发生犯罪的原因，完善规章制度，预防犯罪。

面对这种形势，我们自身的许多工作还不能适应斗争的需要，客观条件上也存在一些亟待解决的问题。一是少数检察院对反贪污、贿赂斗争的重要性和紧迫性认识不足，对本地区的形势缺乏清醒的分析和估计，对实际存在的问题心中无数，措施不力，工作跟不上去。二是几年来长期连续作战和超负荷的工作，第一线的干警过度疲劳。三是经费紧缺，交通工具落后，缺少必需的侦查设备，成为多年来困扰反贪污、贿赂斗争的一个重要因素。四是一些犯罪分子或其亲属，利用关系网，想方设法进行反侦查活动，这种反侦查活动甚至渗透到政法机关内部。五是打击报复举报人的事件屡有发生。由此可见，我省的反贪污、贿赂斗争不容乐观，任务还相当艰巨。

二

坚持依法从重从快严厉打击严重危害社会治安的刑事犯罪活动，是检察机关常抓不懈的另一个工作重点。1991年，全省检察机关共受理公安机关提请逮捕的各类刑事案犯3381人，审查后批准逮捕2976人；受理公安机关移送起诉和免予起诉的案件1978件3438人，审查后决定起诉1686件2857人，免予起诉119件218人，追捕追诉犯罪分子43人。

在严厉打击刑事犯罪活动中，各级检察机关主要抓了以下几项工作：

第一，突出打击重点。各级检察机关始终把杀人、抢劫、流氓等七个方面的犯罪作为打击重点，认真贯彻全国人大常委会《关于禁毒的决定》、《关于惩治走私、制作、贩卖、传播淫秽物品的犯罪分子的决定》、《关于严禁卖淫嫖娼的决定》和《关于严惩拐卖、绑架妇女、儿童的犯罪分子的决定》，共批捕杀人、抢劫、强奸、爆炸、盗窃枪支和持枪作案等暴力犯罪案犯和贩毒、走私、制作贩卖传播淫秽物品，拐卖、绑架妇女、儿童犯罪案犯907名，起诉783名，分别占批捕和起诉总数的30.4%和27.4%。在反盗窃专项斗争中，各级检察机关坚持依法快批捕快起诉，仅9至12月，就批捕盗窃犯、窝赃销赃犯737名，起诉714名。

第二，加强侦查监督和审判监督。提前介入公安机关对重特大刑事案件的侦查、预审活动，提高了批捕、起诉工作的效益和质量。在审查批捕起诉中，退回补充侦查564件，占审结数的15.9%；不批准逮捕254人，占审结数的7.9%。提前介入公安机关和检察机关自侦部门侦查、预审的重特大案件50件，注意了督促依法办案和纠正违法现象。全年对法院确有错误的判决和裁定依法提出抗诉21件，法院已改判7件。共出席二审开庭审判53次，保证了二审刑事案件的办案质量。

第三，积极参加社会治安综合治理。认真贯彻全国人大常委会《关于加强社会治安综合治理的决定》和全国社会治安综合治理工作会议精神，结合检察业务，开展法制宣传教育，认真开展检察建议活动，坚持对免诉的国家工作人员的回访考察和帮教工作。去年上半年，我们同有关单位一起，对西宁地区判处缓刑、管制、剥夺政治权利、假释、监外执行（含保外就医）以及免诉、刑满释放、解教等人员进行了全面调查摸底，督促有关单位落实帮教措施，并根据这些人员违法犯罪的原因、特点提出了预防犯罪的对策。

我们的工作也存在一些缺点和问题，主要是省检察院的业务指导作用发挥不够，基层院的出庭公诉仍然是个薄弱环节；州、市分院二审出庭很少，对某些案件没有把好批捕、起诉质量关。

我省社会治安状况总体是好的。但社会治安的现状仍不能令人满意，不稳定的因素仍然大量存在，需要引起我们高度重视。检察机关必须牢固树立“稳定压倒一切”的思想，继续坚持依法从重从快严厉打击严重刑事犯罪分子，切实做好社会治安综合治理工作，使我省的社会治安秩序继续向好的方向发展。

三

我国的宪法和法律明确规定保护公民的民主权利、人身权利和其他合法权益，实施宪法和法律的这些规定，检察机关负有重要的职责。1991年，我们在履行这项职责方面主要做了以下工作：

第一，依法查处了一批侵犯公民民主权利和人身权利的案件。去年，全省检察机关共受理侵犯公民民主权利、人身权利的“侵权”案件线索112件，立案侦查37件。

从查处的案件情况看，非法拘禁案有所增加。全省共立查非法拘禁案25件，比上年增加25%，占“侵权”案件立案总数的68%。同时，还受理查处了一批“渎职”案件。

第二，依法保护公民的控告、检举权利。各级检察机关自觉地把保护公民的控告、检举权利摆在重要位置上。在工作中，坚持了检察长亲自批阅来信、接待来访制度，积极开展文明接待活动，重视处理初信、初访，减少重复信访和越级上访。在接待举报，处理告急、集体上访，防止矛盾激化，办理申诉案件方面做了大量工作。全年共受理公民来信来访2479件（次），已处理2457件（次）。办理申诉案件48件，从中纠正错案10件。办理无原告的重婚案件12件。

第三，依法维护监管改造场所的正常秩序，保护被监管改造人员合法权益，打击犯人再犯罪活动。去年，各驻监管场（厂）的检察院、检察组和驻所检察员，对监管改造场所罪犯的改造条件、生活条件等方面的情况进行检察。对监管改造部门的违法情况提出纠正意见100件（次）。起诉重新犯罪的劳改人员35人。查处监管改造场所干警体罚虐待被监管人、私放罪犯案4件，管教人员受贿案件10件。

在抓好上述工作的同时，各级检察机关还开展了民事行政检察、检察技术和法律政策研究等工作。

四

一年来，我们继续坚持“从严治检”方针，在加强思想政治工作和队伍建设方面，主要做了这样几项工作：

第一，加强马克思主义基本理论教育。我们采取多种形式，组织干警认真学习马克思主义哲学和社会主义理论，开展形势教育，进行反和平演变教育和为人民服务的宗旨教育，增强了敌情观念和对敌斗争意识，增强了围绕党的中心任务做好各项检察工作的自觉性。

第二，加强领导班子建设和后备干部的培养。为了加强领导班子思想作风建设和后备干部的培养工作，我们不断健全了各级政治工作机构，并将工作向下延伸，与当地主管部门协商，坚持用人标准，选好出任、拟任检察长的人选。

第三，加强干部培训工作。去年年底有309名干部通过电大和法律专业学习，获得了大专法律文凭和专业证书。有28名干部到中央检察官管理学院学习。目前全省检察干部达到大专以上文化程度的比例已上升到53%，其中法律专业的上升到43.15%。今年年初，青海省检察官培训中心正式成立，检察机关有了自己的培训基地。

第四，开展争先创优活动。全省检察系统有3个先进集体、6名先进个人受到最高人民检察院的表彰，1人被评为全国模范军转干部。全省各级检察院还表彰了一批先进工作者和优秀共产党员。

第五，坚持从严治检。去年第四季度我们组织力量对全系统的执法执纪情况进行了全面检查。从检查的结果看，广大检察干警在比较艰苦的条件下，忘我工作，严格执法，队伍的状况是良好的。同时也发现了极少数检察干警在办案中徇私舞弊、包庇犯罪等问题。1991年共查处检察干警违法违纪案件6件6人，其中4人受到行政处分，2人被依法处理。

第六，聘请了一批特约检察员。根据中央和最高人民检察院的要求，省检察院首次聘请了6名民主党派和无党派人士担任特约检察员。

五

1992年，检察机关的任务更加艰巨。最近，省委根据党中央的部署和七届全国人大五次会议精神，结合青海实际，提出了加快我省改革开放和经济发展步伐的意见，我们一定要认真贯彻执行。继续组织全省检察干警认真学习，深刻领会邓小平同志视察南方时的重要讲话，提高认识，统一思想，坚定不移地贯彻执行党的“一个中心，两个基本点”的基本路线，牢固树立为经济建设服务的指导思想，把为经济建设服务作为检察工作的根本出发点和落脚点。继续深入开展反贪污贿赂斗争，严厉打击严重刑事犯罪活动，搞好社会治安综合治理，加强法纪检察工作，全面开展其他各项检察业务。通过发挥检察职能和运用各种法律手段，维护社会稳定，维护经济秩序，推进我省的廉政建设和民主与法制建设，保护公民的合法权益，为青海的经济建设创造良好的社会环境。

宁夏回族自治区人民检察院工作报告（摘要）

——1992年3月12日在宁夏回族自治区第六届人民代表大会第五次会议上

宁夏回族自治区人民检察院检察长　　马　钊

（1992年3月15日宁夏回族自治区第六届人民代表大会第五次会议通过）

1991年，我区检察机关认真履行法律监督职责，突出工作重点，深入开展反贪污贿赂斗争，严厉打击严重刑事犯罪，积极参加社会治安综合治理，加强法纪检察和队伍建设，大力开展各项检察工作，较好地发挥了检察机关的职能作用，取得了新的成绩。

一、深入开展反贪污、贿赂斗争

1991年，全区检察机关共受理贪污、贿赂案件463件，立案侦查192件。立案中贪污案123件，贿赂案69件；万元以上案38件，占立案数的19.79%。涉及县处级干部8人。已结案187件244人。向法院提起公诉80人，占结案人数的32.7%；免予起诉79人，占32.3%。撤案45人。另外，全区检察机关受理挪用公款、偷税抗税等案183件，立案侦查83件，涉及县处级干部4人，结案91件。通过办案为国家和集体挽回经济损失共387.76万元。上述情况表明，我区反贪污贿赂工作的发展是正常的、健康的。一是立案数保持正常年份的水平，除1989年和1990年贯彻“两高”《通告》，立案数上升幅度较大外，1991年的立案数仍高于我区检察机关重建以来的其它年份；二是贪污、贿赂案件比重大，在立案总数中，贪污贿赂两类案件占69.8%，其它罪案仅占30.2%，突出了反贪污贿赂工作重点；三是大要案比重与正常年份基本持平，大案占立案总数的23.6%，要案占立案案犯人数的3.45%；四是免诉率下降，为39.6%，比1990年下降19.3%。

（一）各级检察机关认真贯彻全国、全区检察长工作会议精神，不断深化对反贪污贿赂斗争重要性的认识，进一步明确了查处贪污贿赂犯罪，就是为经济建设最重要最直接的服务。为了加强办案工作，各级检察院加强反贪污贿赂局的组织、制度和干警的思想建设，在办案力量、交通工具、经费使用等方面都给予优先保证。检察长们亲自参与办案，既当指挥员，又当战斗员，在突破大要案件、推动本地区反贪污贿赂斗争发展中起了重要作用。为进一步提高侦查工作水平，自治区检察院及时总结交流了一些基层院在反贪污贿赂斗争中发动“小高潮”，挖“窝案”、“串案”的作法和经验，促进了反贪污贿赂斗争的深入开展。

（二）抓系统、系统抓，积极摸索掌握贪污贿赂犯罪的行业特点和活动规律，主动深入到群众反映强烈、问题较多的单位深挖蛀虫，取得了比较明显的效果。

（三）为加强举报工作，继续大力宣传反贪污贿赂斗争，广泛发动群众举报。同时，走出机关设点接待举报；逐案清理举报线索，及时进行反馈；切实贯彻执行《关于保护公民举报权利的规定》，认真受理查处打击报复举报人的案件，采取措施保护奖励举报有功人员，进一步调动广大群众举报积极性，使举报工作继续保持好的势头。

（四）坚决贯彻为经济建设服务的指导思想，通过办案，努力探索为国营大中型企业、为农业和农村工作服务的多种途径。自治区检察院在调查研究的基础上，制定了《检察机关结合办案为企业生产发展服务的意见（试行）》。许多检察院主动与大型厂矿企业建立联系，了解企业在搞活经济、深化改革中出现的新情况、新问题，注意充分发挥检察建议的作用，协助发案单位堵塞漏洞，健全制度，预防和减少犯罪，从各个方面关心帮助企业，为企业发展创造良好的法制环境。在办案中，我们坚决贯彻“一要坚决，二要慎重，务必搞准”的方针，严格区分罪与非罪的界限，正确而慎重地采取各种强制措施，注意维护产、供、销渠道和企业的声誉，积极引导企业依法经营，取得了良好的社会效果。

我区近三年来的客观事实表明，贪污贿赂犯罪现象是严重的，反贪污贿赂斗争是长期的、艰巨的、复杂的。虽然我们不断打击贪污贿赂犯罪，但这种最腐败的现象还没有遏制住。总结历史和现实的经验教训，使我们清醒地看到，反贪污贿赂斗争是反和平演变的重要方面，是社会主义初级阶段阶级斗争的重要表现之一。对贪污贿赂犯罪是不是坚决打击，关系到改革开放能不能健康发展，现代化经济建设能不能顺利进行，反腐败斗争能不能胜利，关系到建设有中国特色的社会主义的前途和命运，关系到我们宁夏十年规划和“八五”计划第二步战略目标的实现。因此，我们一定要坚定不移地贯彻党中央倡廉反贪、拒腐防变的方针，增强使命感和责任感，振奋精神，克服困难，继续推动反贪污贿赂斗争向深入发展。

二、严厉打击严重刑事犯罪

1991 年，全区检察机关共受理公安机关提请批捕人犯 2999 名，批准逮捕 2513 名，占 83.79%；受理公安机关移送审查起诉 3010 人，已审结 2810 人，其中提起公诉 2540 人，占审结数的 90.39%。

（一）各级检察机关在当地党委的统一部署下，从当地实际出发，与公安、法院等部门共同行动，突出打击重点，开展了“惩治拐卖妇女儿童犯罪”、“打击盗窃自行车活动”、“打击破坏农电线路犯罪”、“打击强奸、爆炸、流氓犯罪”、“扫黄、禁赌”、“反内盗”、“打击贩毒活动”等专项斗争。特别是全国、全区开展反盗窃斗争活动以来，各级检察机关雷厉风行，积极参战。全区已批准逮捕盗窃犯 435 人，起诉 429 人。

（二）广大检察人员在时间紧、任务重、人力紧张的情况下，除连续作战、加班加点工作外，坚持对重大、特大案件提前介入，及时掌握案情，加快办案速度，保证办案质量。据统计，全区检察机关提前介入重、特大案 235 件 382 人，均做到了快捕快诉，既准又狠，有力地打击了严重刑事犯罪分子。

（三）自治区院和分市院经常深入基层，加强对办案工作的检查指导。一查案件质量，防错防漏，防止打击不力；二查办案时限，坚持从快，防止出现超期羁押现象，防止在检察环节贻误战机；三查自侦案件，特别是贪污贿赂案件免诉质量，尽力降低免诉率。1991年，贪污、贿赂犯罪案件免诉率比1990年下降16.6%。全区检察机关还紧紧围绕“办案”这个中心环节，继续坚持并不断健全完善行之有效的办案制度，普遍建立了办案责任制。进一步加强调查研究，对工作中存在的问题及时分析原因及时予以纠正，从而保证了案件质量，提高了执法水平。

（四）加强对“两个活动”监督工作，共向公安机关和人民法院发出书面纠正违法通知27份，口头纠正违法通知50次。通过审查法院的判决裁定，对21件依法提起了抗诉。特别是侦查监督向前延伸和跟踪监督工作有了新的进展，全区检察机关1991年共追加逮捕罪犯19人，追加起诉罪犯18人。

三、进一步加强法纪检察工作

1991年，全区检察机关认真开展法纪检察工作，加强了对“侵权”、渎职案件的查处，重点查处目前在我区发案率较高、社会影响较大的刑讯逼供、徇私舞弊、非法拘禁、玩忽职守和重大责任事故这五类案件，突出查办其中的重特大案件。全区检察机关共受理各类法纪案件262件，立案110件，立案数比1990年上升8.9%。其中，重特大案件8件；五类案件76件，占立案总数的69.1%。

（一）各级检察院把办案作为主要任务，集中力量查办大案要案。坚持领导亲自参与办案，采取各种措施加强侦查工作，突出一个“快”字，及时获取可靠的定案证据。重大责任事故案，是我区发案最多的法纪案件，1991年全区共受理86件，立案37件，分别占各类案件受理数的33%和立案数的34%。在查处这类案件时，各级检察院都及时派员边勘查现场边展开询问调查，获取可靠证据，减少办案中的干扰，缩短了办案周期，使各种规避法律的行为难以得逞，维护了法律尊严。

（二）坚持“打防并重”的方针，抓基础、抓预防。在查办案件的同时，注意查找和分析案件发生的原因，有针对性地开展法制宣传，提出检察建议，帮助发案单位健全制度，加强管理，消除隐患，有效地预防事故和犯罪的发生，有力地促进了企业的安全生产。

四、在突出抓好重点工作的同时，其他各项检察工作也取得了明显进展

1991年，我区检察机关认真开展监所检察，对监管改造工作中的违法活动提出纠正意见54件次。查处干警犯罪案件4件4人，违法案件19件21人。对超期羁押的情况提出纠正意见37件次，已全部催办纠正。依法严厉打击牢头狱霸，受理服刑罪犯重新犯罪案件26件38人，经审查起诉作有罪判决20件30人。

1991年，共受理公民控告申诉3265件，按照法律规定的管辖权限，均严肃认真地进行了处理。其中，由控告申诉检察部门查处“两不一免”申诉案件93件；组织力量重点查处自治区党委、政府、人大常委会和检察长交办的案件43件，办结并反馈结果28件，占65%。其中办结人大交办18件，占78.2%，其余转有关部门查处。同时及时有效地处理23件告急案件，为消除不安定因素，维护社会稳定做了大量工作，取得了很好的社会效果。

1991年，自治区检察院受自治区人大委托起草了《宁夏回族自治区公民举报保护条例》、《宁夏回族自治区关于执行刑事诉讼法办案限期的规定》两个议案，其中《条例》》已在自治区六届人大常委会第二十二次会议上通过，颁布实施。

五、结合办案，积极参加社会治安综合治理

1991年，我区检察机关认真贯彻中共中央、国务院《关于加强社会治安综合治理的决定》和全国人大常委会《关于加强社会治安综合治理的决定》，根据自治区党委、人民政府的统一安排和最高人民检察院的要求，在坚持依法从重从快打击严重刑事犯罪活动的同时，结合检察职能的特点和各地实际，积极参加社会治安综合治理，取得了显著成效：与公安、法院等部门密切配合，抓住时机开展政治攻势，分化、瓦解犯罪分子；采取各种形式大力开展法制宣传活动；充分发挥检察建议的作用，积极帮助有关单位健全完善规章制度，加强管理，减少和预防犯罪；继续坚持和完善对免诉人员的回访考察、帮教制度，减少重新犯罪；加强对监外服刑罪犯监管改造工作的检察，积极配合"两劳"单位，努力提高和巩固改造质量；进一步加强控申接待工作，缓解矛盾，维护社会安定；认真贯彻对失足青少年的"教育、感化、挽救"方针，探索对未成年犯的矫正挽救工作；结合检察业务建立综合治理联系点，着重解决重点地区的社会治安问题。

六、加强思想政治工作和队伍建设

1991年，我区检察机关把加强思想政治工作，搞好队伍建设当作头等大事来抓，以此作为实现工作计划的重要措施和基本保证。自治区检察院成立了政治部，各分、市、县（区）院成立了政工科，配备了专兼职政工干部，自治区院党组为加强思想政治工作统一进行安排，并狠抓落实。各级检察院也较往年更加重视思想政治工作。一是坚持不懈地进行坚持四项基本原则和改革开放的教育，以秉公执法和廉政建设为核心的职业道德和职业纪律的教育，使广大干警进一步坚定社会主义信念，增强拒腐防变能力，树立为经济建设服务意识，强化全心全意为人民服务的自觉性。二是广泛开展学雷锋、焦裕禄，评选"优秀公诉人"、"办案能手"、"模范公仆"、"优秀党员"、"精神文明先进个人"和"先进党支部"等活动。我区两名检察人员和青铜峡市检察院刑事检察科被评为全国优秀刑事检察干部和刑事检察先进集体，受到了最高人民检察院的表彰。三是努力提高检察人员业务素质。1991年，全区共有300名检察人员毕业于电大检察法律专业，有104名检察人员取得检察专业证书。我区检察队伍中具有大专以上文化程度的已占总人数的57%，其中具有大专以上法律专业占总人数的38.1%。各地检察院还根据实际情况，普遍开展了岗位练兵、业务培训活动。四是认真贯彻"从严治检"方针，狠抓检察队伍的廉政建设。全区检察机关坚持开展一年一度的执法执纪大检查，普遍进行了机关内部思想纪律整顿和党员民主评议活动，许多检察院还走出机关，深入到社会各阶层和广大人民群众中广泛征求意见，对于发现的问题，一查到底，严格依照党纪、政纪进行了处理。

1992年，我们要在以江泽民同志为核心的党中央领导下，认真贯彻中央工作会议和八中全会精神，坚定不移地坚持党的"一个中心、两个基本点"的基本路线，牢固树立为社会主义建设服务的思想，忠实履行法律监督职责，继续深入开展反贪污贿赂犯罪斗争，坚持严厉打击严重刑事犯罪分子和敌对分子的犯罪活动，加强法纪检察工作，积极开展各项检察业务，结合检察工作积极参与社会治安综合治理，加强思想政治工作和队伍建设，反对和抵御敌对势力的和平演变阴谋，维护国家稳定和社会安全，保卫国家安全，促进社会主义经济建设，巩固人民民主专政。尽管道路是曲折的，斗争是复杂而艰巨的，但只要我们坚定不移地贯彻执行党的“一个中心、两个基本点”的基本路线，紧紧依靠各级党委的领导，依靠人大及其常委会的监督和支持，按照发展宁夏“黄河经济”战略的总体要求，充分发挥检察机关法律监督的职能作用，振奋精神，努力工作，开拓创新，不断进取，我们就一定能克服各种困难，取得新的成绩，为宁夏经济繁荣、社会进步作出新的贡献。

新疆维吾尔自治区人民检察院工作报告（摘要）

——1992年3月5日在新疆维吾尔自治区第七届人民代表大会第五次会议上

新疆维吾尔自治区人民检察院副检察长　刘　扬

（1992年3月7日新疆维吾尔自治区第七届人民代表大会第五次会议通过）

一、深入开展惩治贪污、贿赂犯罪的斗争

1991年，检察机关共受理贪污、贿赂等经济案件1868件；立案侦查1147件，其中贪污、贿赂案888件。已办结809件932人，其中决定起诉407件472人，免予起诉375件421人。追缴赃款赃物折合人民币1218万元。一年来，惩治贪污、贿赂犯罪工作是有节奏、稳步向前发展的。主要表现在以下六个方面：

（一）发挥检察职能，为搞好国营大中型企业服务。检察机关把“打击、保护、防范”有机地结合起来，积极办案，主动深入到国营企事业单位，清除了一大批“蛀虫”。去年，在企事业单位中挖出贪污、贿赂等犯罪分子729人，占立案数的63.65%。查办的大案要案，多数是发生在企事业单位的。检察机关还结合办案，为企业建章健制，从制度、管理、经营活动等各个环节上堵塞漏洞，促进生产的发展。同时，还通过查处企业内的贪污、贿赂等犯罪案件，主动与企业签订协议书，开展廉政共建活动，促进了企业的廉政建设和经济发展。

中央工作会议和自治区党委常委（扩大）会议后，检察机关进一步明确了为经济建设服务的指导思想，各级检察机关都采取走出去、请进来的方法，分别召开了国营大中型企业厂长、经理、矿长、纪检书记等座谈会，深入企业单位，听取意见和建议，并在深入调查研究的基础上制定了《检察机关为搞好国营大中型企业服务》和《区分国营大中型企业经济活动中罪与非罪》等意见和措施，使检察机关更加自觉地为经济建设服务。

（二）突出重点，集中精力查处大案要案。我们把查处大案要案作为惩治贪污、贿赂犯罪斗争的中心环节，积极采取措施，优先办理大案要案，在查处一般案件中深挖大案要案，使查处大案要案有了突破性进

展。去年，立案侦查贪污、贿赂等大案284件，占立案总数的24.76%。其中，五万元以上不满十万元的44件，十万元以上不满五十万元的30件，五十万元以上的7件。

在查办要案中，我们认真执行要案分级管理和自治区检察院制定的有关规定，去年，立案查处县处级以上干部贪污、贿赂犯罪25人。

（三）深入重点行业、单位突破案件，发动反贪污、贿赂犯罪的"小高潮"，扩大社会效果。检察机关从实际出发，深入调查研究，抓住群众反映强烈的重点行业和单位，选准突破口，通过查处典型案件，不失时机地掀起"小高潮"。实践证明，在目前形势下，抓重点行业、单位，掀起"小高潮"是促进惩治贪污、贿赂犯罪斗争继续深入发展的有效形式，对集中打击"窝案、串案"，深挖犯罪，预防犯罪，有极大的促进作用。

（四）开展宣传，发动群众，举报犯罪。各地检察机关从实际出发，采取有力措施，不断扩大案源，促进惩治贪污、贿赂犯罪斗争的深入开展。一是采取灵活多样的方式，向社会各界和广大群众进行广泛宣传，动员群众举报犯罪。二是加强初查工作，积极查处举报线索。我们对积压待查的举报线索进行了积极清理，组织力量进行查处。三是积极查处打击报复举报人案件，奖励举报有功人员、激发群众的举报热情。去年，检察机关共受理群众举报2242件，其中贪污、贿赂等案件1568件，占69.94%，成案率为67.82%。有21名犯罪分子慑于群众举报、法律的威力和在政策的感召下投案自首。

（五）严格执行法律，办案质量有了提高。检察机关坚定不移地贯彻"一要坚决，二要慎重，务必搞准"的方针，严格执行法律，不断提高办案的质量。一是积极开展侦查工作，在收集证据上下功夫，使侦破案件水平有所提高；二是研究制定了办理贪污、贿赂等案件有关法律和政策的界限，对决定逮捕和审查起诉的贪污、贿赂等案件情况进行通报，对查处的大案要案进行调查和分析等，不断提高办案的质量；三是免诉案件有较大幅度的下降，免诉质量不断提高。我们始终把严格掌握免予起诉的条件，提高免诉质量作为重要工作来抓，坚决贯彻《全国人大常委会关于惩治贪污罪贿赂罪的补充规定》，认真执行最高人民检察院有关贪污、贿赂案件免予起诉工作的规定和制度，严把免诉关，不断提高免诉案件的质量。

（六）严厉打击挪用公款、偷税抗税、假冒商标等经济犯罪活动，维护国家经济秩序，促进经济发展。去年，检察机关在反贪污、贿赂犯罪的同时，查获挪用公款罪案198件、偷税抗税罪案41件。

二、坚持严厉打击严重刑事犯罪，积极开展社会治安综合治理工作

1991年，检察机关共受理公安机关提请逮捕人犯11353人，已审结10823人，其中批准逮捕9463人，占87.43%；受理公安机关移送审查起诉14476人，已审结12079人，其中已向法院提起公诉11011人，占91.16%。在严厉打击严重刑事犯罪分子方面，重点抓了以下工作：

（一）突出打击重点。检察机关始终把反革命、杀人、抢劫、强奸、爆炸等七个方面的犯罪作为打击重点，特别加强了对惯犯、累犯以及团伙犯罪的严厉打击。去年，检察机关共批捕上述七个方面的案犯2888人，起诉3016人，分别占批捕和起诉总数的30.52%和27.4%。检察机关认真贯彻全国人大常委会《关于禁毒的决定》、《关于惩治走私、制作、贩卖、传播淫秽物品的犯罪分子的决定》、《关于严禁卖淫嫖娼的决定》和《关于严惩拐卖、绑架妇女、儿童的犯罪分子的决定》。去年，共批捕上述《决定》所列的犯罪分子2149人，打击了犯罪分子的嚣张气焰。

（二）积极开展“严打”斗争，依法从重从快严厉打击严重刑事犯罪分子。去年8月，在全区范围内组织开展8、9、10三个月“严打”战役行动中，我们根据法律，按照统一部署，迅速有效地开展“严打”斗争，从领导部署、战前动员、力量配备等方面进行了精心组织实施。在斗争中，检察机关积极参加了对打击对象的调查和摸底工作，相继有802名检察干警投入了当地组织的统一行动。在审查批捕、审查起诉工作中，采取切实措施，提前介入公安机关对244件重大、特大案件的侦查预审活动，保证了在检察环节上畅通无阻。据统计，“严打”期间，全区检察机关共受理公安机关提请逮捕案犯5552人，其中批准逮捕467人；受理公安机关移送起诉3992件6064人，其中决定起诉3407件5051人。同时，还选择了一批典型案件及时配合法院召开公判大会，深入看守所、监狱向在押人犯发动政治攻势，扩大斗争成果，使“严打”战役收到了很好的社会效果。

（三）坚持实行对重大、特大案件提前介入的制度。检察机关对重大、特大犯罪案件，特别是重大团伙犯罪案件基本上做到了提前介入。在审查批捕、审查起诉环节上提前介入624件次。缩短了办案时间，提高了工作效率，及时、有力地打击了严重刑事犯罪分子。

（四）侦查监督和审判监督工作不断加强。在批捕、起诉工作中，严格履行法律监督的职责，认真开展侦查监督和审判监督，对公安机关提请逮捕人犯作出不批准逮捕决定的1360人，对移送起诉、免诉的案犯作出不起诉决定的280人，追捕追诉犯罪分子198人，对公安机关侦查活动中的违法情况提出纠正意见140件；对认为人民法院确有错误的判决、裁定提出抗诉130件，在法院已有审判结果的55件中，改判39件，出席二审法庭49件。同时，对法院在审判活动中违法情况提出纠正意见24件。

（五）采取切实措施，不断提高办案质量。我们始终紧紧抓住办案质量这个关键问题，并作为法律监督作用能否实现，执法水平高低的重要标志。一是坚持各项行之有效的办案制度，狠抓落实；二是严格执行人民检察院办理自侦案件的内部制约程序，认真履行对自侦部门的侦查活动是否合法实行监督的职能，做好自侦案件的决定逮捕和审查起诉工作；三是对所办理的案件进行自查、互查、复查和上级抽查，对错案定期通报；四是对疑难、复杂、有分歧的案件，及时向上级请示，把好质量关。同时加强了备案、抗诉案件的审查工作，确保了办案的质量。

（六）积极开展社会治安综合治理工作。各级检察机关认真贯彻落实中共中央、国务院及全国人大常委会《关于加强社会治安综合治理的决定》，相继成立了综合治理领导小组和办公室，进一步明确了检察机关社会治安综合治理工作的任务和职责，落实检察环节上的各项综合治理措施。在坚持严厉打击严重刑事犯罪的同时，通过办案，对发现的有关单位在治安保卫、管理制度等方面的漏洞，及时提出检察建议；利用出庭支持公诉、法律咨询、法制宣传栏和电视、报纸等进行法制宣传；有重点、有步骤地对免诉人员进行帮教和定期回访考察；对被管制、缓刑、假释、保外就医人员执行情况进行检查，帮助有关单位落实帮教和监督考察措施；建立综合治理联系点；结合办案开展对社会治安情况的专题调查、分析，提出对策，预防和减少犯罪；在办理青少年犯罪案件中，贯彻“教育、感化、挽救”的方针，在各个检察环节上做好犯罪青少年的工作，取得了明显的社会效果。

三、加强查办侵犯公民民主权利、人身权利和渎职犯罪工作

1991年，检察机关共受理法纪案件809件，立案侦查304件，其中重大、特大案件35件。通过办案，维护了社会主义民主，加强了社会主义法制，并为国家挽回直接经济损失160.99万元。一年来，在开展法纪检察工作中，重点抓了以下几类案件的查处：

（一）非法拘禁案件。检察机关重点抓了绑架、扣押人质型的非法拘禁案件，对私设牢房非法拘禁的犯罪进行了严厉打击。共受理非法拘禁案件211件，立案查处73件，分别比上年增加56%和49%。

（二）刑讯逼供、徇私舞弊案件。对公安、司法人员刑讯逼供案件，以及贪赃枉法、徇私舞弊犯罪案件进行了重点查处，收到了很好的社会效果。共受理刑讯逼供、徇私舞弊案44件，立案查处18件。

（三）玩忽职守案件。这类犯罪案件给国家、集体造成的经济损失是严重的，去年仅玩忽职守案就造成直接经济损失964万元。检察机关为维护国家和集体的合法权益，促进经济发展，共受理玩忽职守案110件，立案查处70件，比上年增加9%，挽回经济损失126万元。

（四）重大责任事故案件。检察机关共受理重大责任事故案件176件，立案查处55件，其中重大、特大案件10件。针对我区煤矿重大责任事故案件突出的情况，我们与自治区煤炭厅安监局联合召开了加强煤矿安全工作会议，研讨和协调查处重大责任事故案件的有关问题，对于及时、准确查处此类案件，促进煤矿安全生产起到了积极作用。

四、加强对监管改造场所执行法律、政策情况的检察

1991年，检察机关对发生在监管改造场所的各种违法情况提出口头、书面纠正意见644件，已经纠正148件。对减刑、假释、保外就医、减劳教期等活动进行了监督，纠正违法行为。对监管改造场所干警的违法犯罪行为依法严肃查处。检察看守所超期羁押特别是久押不决问题，并提出了纠正意见。保障了在监管改造工作中革命人道主义精神和教育、挽救方针的贯彻执行，促进了文明执法和管理。同时，检察机关把严厉打击重新犯罪活动，保证监改场所的稳定作为重点，坚持依法从重从快方针，打击了在狱所内进行反革命宣传煽动、组织越狱的犯罪分子，严惩了牢头狱霸和反改造分子。去年，共审查起诉重新犯罪案犯372人，维护了监管改造场所的秩序。

五、控告申诉、民事、行政诉讼法律监督等工作都有新进展

积极受理和认真查处控告、申诉，保障公民行使控告、申诉权利。去年，人民群众通过信访的形式向检察机关反映问题6747件次，检察机关已审查处理6456件。在工作中，对大量的控告、申诉都及时作了处理，并尽可能地向控告、申诉人作了信息反馈。对于容易引起矛盾激化和集体上访的案件，及时采取果断措施，做好教育疏导工作，防止矛盾激化和事态的发展。

民事、行政检察工作开始起步。1991年，检察机关共受理民事、经济、行政案件的申诉552件，立案328件，已结案274件。

检察机关紧密结合实际，加强了调研工作。狠抓了惩治贪污、贿赂犯罪、查处

“侵权”、渎职犯罪和严厉打击严重刑事犯罪斗争的政策和法律研究，注意加强对民族地区检察工作中带有特殊性问题的研究，为各级领导决策和依法办案提供了服务。

坚持维、汉两种文字同时行文的制度，加强和改善了少数民族文字材料的编译出版工作。我们把这项工作作为提高少数民族检察人员业务素质和理论水平的重要环节来抓，各地检察机关都普遍重视了这项工作，收到了较好效果。

一年来，还围绕检察工作，积极开展了刑事技术、法制宣传、检察信息、统计、档案、装备等工作。

六、加强思想政治工作和队伍建设

按照党中央关于加强政法队伍建设的要求，我们加强领导，从严治检，保证了我区各项检察工作任务的完成。主要做了以下工作：

（一）加强政治工作。在地方各级党委的领导和有关部门的支持下，检察系统的政工机构建设有了进展。迄今，13个分、州、市院设立了政治部或政工科，部分基层检察院也成立了政工科或配备了专职政治协理员。我们给各地下发了《人民检察院政治工作暂行条例》，明确了政治工作的指导思想、基本任务和原则，使我区检察机关政治工作逐步走向正规化。

（二）积极开展思想教育工作。主要抓了三方面的教育：一是进行坚定共产主义信念和坚持四项基本原则的教育；二是我们把马克思、列宁主义、毛泽东思想基本原理的教育、社会主义基本理论的教育摆在政治工作的首位，加强检察人员的理论学习；三是进行为党的中心工作服务的教育。通过结合实际抓思想教育，取得了好效果。

（三）加强领导班子的建设。按照分级负责的原则，检察机关协助地方党委对分、州、市院和县、区院的领导班子进行了考察、了解，并充实了领导骨干。积极做好后备干部的选拔和培养工作。根据自治区党委的要求，我们在广大党员中开展了党规党法的学习和教育，不断提高党组织的凝聚力和战斗力。

（四）开展争先创优活动，大力表彰在工作中涌现出的先进模范人物，为广大检察人员树立秉公执法、清正廉明、无私奉献的榜样。去年，最高人民检察院表彰了我区检察机关先进工作者10名、先进集体5个；自治区检察院表彰了优秀检察干部18名、先进集体12个。各地也对在各项检察工作中涌现出的一大批先进个人和先进集体进行了表彰，激发了干警的荣誉感和责任感，推动了各项工作的开展。

（五）干部培训工作有了新进展。为了搞好我区检察干警的业务培训，自治区检察院成立了干部教育培训处、中国高级检察官培训中心新疆民族干部培训部，使这项工作得到了加强。去年，我区已有750名干警毕业于电大法律班、检察专业证书班。目前，有大专学历的检察人员已占我区检察人员总数近50%。我们制定了《“八五”期间干部教育培训规划》以及有关制度和措施。在狠抓学历教育的同时，我们先后举办了各项检察业务人员岗位培训班，培训了一批业务骨干。同时，还对换届选举的基层新任检察长进行了专门培训。

（六）坚持从严治检。我们始终坚持一手抓教育，一手抓整顿，从严治检。教育干警严格遵守《检察人员纪律》，并进行对照检查，开展了自我教育。坚持开展一年一度的执法大检查。去年底，检察机关又普遍开展整顿思想、纪律和作风活动，严格执行法律和纪律，积极查处违法违纪行为，共查处检察人员违法违纪 21 人，维护了检察机关的纯洁性。

我们工作中还存在一些不足和问题，主要是：有的检察院领导对办理大案要案，特别是复杂、疑难的案件有畏难情绪，工作没有大的突破；宣传和发动群众的工作不够普遍和深入，举报案件线索下降；个别检察院在个别案件上存在该捕不捕、该诉不诉的问题，免予起诉案件虽有所下降，但仍然偏高；办案的质量和效率有待于进一步提高；少数检察院还存在执法不严的现象；极少数检察干警利用职权，贪赃枉法、徇私舞弊、变相接受当事人的吃请等，败坏了检察机关的声誉。我区各级检察机关目前还存在不少困难，办案经费短缺，侦查设施落后，办案力量不足等。对这些问题和薄弱环节，我们正在积极认真地研究加以解决。

前不久，我们召开了全疆检察长会议，确定 1992 年我区检察工作的主要任务：在自治区党委和最高人民检察院的领导下，在自治区人大及其常委会的监督下，认真贯彻中央工作会议、八中全会、自治区党委四届二次全委（扩大）会议和全国检察长会议精神，坚定不移地坚持党的“一个中心，两个基本点”的基本路线，牢固树立为社会主义建设服务的思想，忠实履行法律监督职责，继续深入开展惩治贪污、贿赂犯罪斗争，继续坚持严厉打击反革命分子和严重刑事犯罪分子的活动，加强法纪检察，加强监所检察，全面开展各项检察业务和社会治安综合治理，切实加强思想政治工作和队伍建设。维护我区社会稳定，为搞好国营大中型企业，为加强农业和农村工作，为深入改革、扩大开放、发展经济提供更多更好的安全保障和法律服务。

第三部分　检察工作概况

1992年全国检察工作

【概述】　1992年，最高人民检察院和地方各级人民检察院认真学习贯彻邓小平同志视察南方重要谈话和党的十四大会议精神，紧紧围绕经济建设这个中心，适应加快改革开放的步伐，解放思想，实事求是，认真履行宪法和法律赋予的各项法律监督职能，在保护、促进改革开放和经济建设中发挥了重要的作用。

各级人民检察院以邓小平同志视察南方重要谈话为指针，继续深入开展反贪污贿赂斗争，坚决查办国家工作人员贪污贿赂犯罪案件，加强了对职务犯罪的监督。坚持严厉打击严重刑事犯罪，积极开展社会治安综合治理。认真查办刑讯逼供、非法拘禁、重大责任事故等“侵权”、渎职犯罪案件。检察机关的队伍建设和廉政建设取得了较大成绩，其他各项工作也都有了新的发展和进步。

一、反贪污贿赂斗争继续深入发展。各级检察机关继续把惩治贪污贿赂犯罪作为检察工作对经济建设最重要、最直接的服务，作为检察工作的重点。坚持“一要坚决，二要慎重，务必搞准”的原则，依法查办贪污贿赂等经济犯罪案件，特别是大案要案。在反贪污贿赂斗争中，各级检察机关集中力量查办大案要案，依法妥善处理小案，把反贪污贿赂斗争的锋芒始终指向严重的贪污贿赂犯罪分子。不断增强群众路线意识，狠抓举报工作。突出抓了贪污贿赂犯罪的预防工作。1992年，最高人民检察院根据各地的经验，进一步充实、完善和推广了为经济建设服务的六条措施，即：1、分清贪污贿赂犯罪与正常交往应酬的界限，分清哪些是合法的，哪些是违纪违法的，哪些是犯罪的。对于确有犯罪事实和确凿证据的犯罪分子坚决查办，决不手软，但在定性时不拔高，定罪时不凑数。2、对于违反国家规定收受各种名义“回扣”的行为，重点查办中饱私囊构成犯罪的；为获取个人“回扣”而采购、销售假冒伪劣商品构成犯罪的。3、对于重要岗位上的涉嫌人员，需要采取强制措施时，应事先建议党委、政府适时进行人事调整，避免工作和生产经营活动脱节；同时，要严格保守侦查机密，防止侦查对象畏罪潜逃，并要注意维护企业的声誉。4、在侦查工作中，不轻易冻结企业的银行帐户。在不影响侦查工作的前提下，允许受审查对象参加必要的生产、科研和业务活动。5、凡是罪与非罪界限不清或有争议的，不采取法律强制措施；凡拿不准的应向上级检察院请示。6、大力加强贪污贿赂犯罪的预防工作，针对发案单位暴露出来的工作漏洞提出《检察建议》，推动整改，促进会计、审计、监督、管理等规章制度的完善，通过办案加强综合治理，健全防范机制。

1992年，各级检察机关突出地加强了打击假冒商标，生产和销售伪劣商品和偷税抗税的犯罪活动。全年共查办假冒商标犯罪案件3122件，比1991年增加2.7倍。查办偷税抗税犯罪案件10041件，挪用公款犯罪案件10918件。

二、继续坚持“从重从快”的方针，严厉打击严重刑事犯罪。各级检察机关突出打击重点，对严重危害社会治安的杀人、抢劫、强奸、爆炸、盗抢枪支等严重刑事犯罪和带有黑社会性质的犯罪集团，坚持提前介入，快捕快诉，从重从快予以严厉打击。按照中政委的统一部署，与公安、法院等部门密切配合，及时开展集中打击、专项斗争和专项治理。1992年，全国检察机关积极参加反盗窃专项斗争，贯彻人大常委会《关于禁毒的决定》、《关于惩治走私、制作、贩卖、传播淫秽物品的犯罪分子的决定》、《关于严禁卖淫嫖娼的决定、《关于严惩拐卖、绑架妇女、儿童的犯罪分子的决定》，积极参加“扫黄”、除“六害”斗争以及“打拐”、禁娼工作，促进了社会风气的好转。

国家安全检察工作和少年犯罪检察工作都得到进一步加强。最高人民检察院成立了国家安全检察机构和少年犯罪检察机构。部分沿海地区检察院也成了国家安全检察机构，相当一部分省、区、市院成立了少年犯罪检察机构。在健全机构的同时，各地积极开展工作，打击了各种危害国家安全的犯罪活动，维护了未成年犯罪人的合法权益。

检察环节上的社会治安综合治理工作也得到了进一步发展。

三、加强法纪检察工作。依法查办侵犯公民民主权利、人身权利和渎职犯罪案件，坚持以查办大案要案为重点，突出查办了刑讯逼供、非法拘禁、徇私舞弊和玩忽职守、重大责任事故等犯罪案件。在查办案件过程中，注意正确认识改革开放新形势下出现的新情况、新问题，严格区分罪与非罪的界限。对在商贸领域和涉及科技人员的玩忽职守和重大责任事故案件，坚持做过细的工作，细致查证，反复论证，把改革开放中的大胆探索和科学试验、新产品试制及工作失误与犯罪严格区别开来，促进了经济发展，保护了公民的合法权利和国家利益不受侵犯。

四、其他各项业务工作也都取得了新的成绩。监所检察工作坚持把执法监督摆在首位，有力地保障了国家法律、政策的正确实施。认真查办监管改造干警职务犯罪案件，促进了监管改造机关的依法管理、文明管理。严厉打击被监管改造人员的又犯罪活动，维护了监管改造秩序的稳定。全国铁路运输检察机关坚持为铁路深化改革和安全运输生产服务的指导思想，严肃查办铁路系统的以车、以票和以发包工程谋私等贪污贿赂案件。依法严厉打击铁路系统的严重刑事犯罪，对犯罪活动猖獗的重点站、段和旅客列车进行集中治理，维护了铁路运输生产的安全。本着实事求是，有错必纠的原则，及时受理、认真查办公民的控告申诉案件，特别是科技人员的申诉案件，取得了良好的社会效果。民事行政检察工作已经起步，办案工作得到了进一步加强。针对在改革开放和经济发展中出现的新情况、新问题，最高人民检察院加强了司法解释工作，并对不适应改革开放的司法解释进行了认真的清理。各级检察院不断提高科技意识，重视科技手段在办案中的应用，为业务工作服务，为办案服务，促进办案水平的提高。

五、大力加强检察队伍建设。各级检

察机关贯彻最高人民检察院“依法建院”、“从严治检”的精神，坚持把加强队伍建设，提高干部素质，提高队伍的战斗力，作为一项重要工作来抓。组织广大干警学习邓小平同志视察南方重要谈话，中央政治局全体会议精神和江泽民同志在中央党校的重要讲话，学习十四大文件精神，努力提高干警的思想政治觉悟。狠抓在职干部的教育和培训，重点是岗位职务培训，提高了干警的业务素质。

各级检察院根据最高人民检察院的有关精神，坚持一级抓一级，按“四化”标准和德才兼备的原则，做好各级检察长的换届选举工作。一批年富力强，德才兼备的中青年干部被选拔到领导岗位上来。

大力开展争先创优活动。1992 年，最高人民检察院和各省级院都表彰了一批先进集体和先进个人，弘扬了正气。同时，对违法违纪的检察干警坚持严肃查处，绝不护短。

（最高人民检察院办公厅
韩晓峰）

【第九次全国检察会议】 1992 年 5 月 4 日至 9 日，最高人民检察院在北京召开了第九次全国检察会议。会议的主要任务是：以邓小平同志视察南方重要谈话和中央政治局全体会议精神为指导，总结 1988 年第七届全国人民代表大会第一次会议和第八次全国检察工作会议四年来的工作，研究建设有中国特色的社会主义检察制度应遵循的原则；提出在加快改革、扩大开放的新形势下，建设和发展检察工作的任务；讨论修改《惩治贪污贿赂法》（第十稿）和《检察官条例》（第十八稿）。参加会议的有：各省、自治区、直辖市检察院，军事检察院和省会市（自治区首府市）、计划单列市、沿海和边境开放城市检察院检察长，直辖市检察分院、部分少数民族自治州检察院、铁路运输检察分院、新疆生产建设兵团检察院检察长，最高人民检察院领导、咨询委员会委员及各厅、室、局负责人，中央有关部门的代表和首都主要新闻单位的记者，共 224 人。

会议期间，中共中央政治局常委、中央政法委员会书记乔石同志接见了会议代表并作了重要讲话。

最高人民检察院检察长刘复之致开幕词，并作了题为《充分发挥法律监督职能，一心一意为经济建设服务》的报告。会议结束时，刘复之检察长作了重要讲话。

会议认为，1988 年以来，在党中央领导下，最高人民检察院领导地方各级人民检察院和专门检察院，认真贯彻执行党的“一个中心，两个基本点”的基本路线，履行法律监督职责，贯彻为社会主义经济建设服务的方针，开展了惩治贪污贿赂犯罪、刑事犯罪和“侵权”、渎职犯罪等项工作，取得了显著成绩，为促进社会主义民主和法制建设，维护国家稳定和社会安定，保障改革开放和经济建设的顺利进行做出了重要贡献。

根据党中央关于反腐败的方针，从 1988 年第四季度起，最高人民检察院调整了工作部署，把惩治贪污贿赂犯罪列为打击经济犯罪的第一位工作，作为检察工作的重点。相继推广了深圳市和广东省检察院的经验，在全国检察机关建立了举报中心和反贪污贿赂的专门机构，并实行了分级负责办理大案要案的制度，强调检察长亲自办案，集中力量查办大案要案，加强了对贪污贿赂等经济犯罪的打击。据统计，从 1988 年 4 月至 1992 年 3 月，全国检察机关共受理贪污贿赂案 347989 件，立案侦查 184237 件，其中万元以上大案 41126 件；查办县处级干部 3200 名，地局级干部

163名，省部级干部5名；提起公诉80237名；共追缴赃款赃物折合人民币20.5亿元。受理举报线索649829件，在侦破的案件中，来自举报的占63%。立案侦查挪用公款、偷税抗税、假冒商标案件57771件，收缴款物折合人民币12.3亿元。各级检察机关与公安、法院、司法行政部门互相配合，严厉打击了杀人、抢劫、爆炸、强奸、盗抢枪支等暴力犯罪，积极参加了反盗窃斗争和各项重点治理、治乱活动，共批准逮捕犯罪分子2106280名，提起公诉2045026名。不断加强法纪检察工作，四年间共受理各类"侵权"、渎职犯罪案件188158件，立案侦查64022件，其中重大特大案件9026件。四年来，监所检察工作稳步发展，全国2816个看守所中，已设置驻所检察室1832个，占73%。向劳改、劳教场所派出检察院66个，检察室597个。对监管改造部门的违法情况提出纠正意见295336件次，对重新犯罪的劳改犯和在劳教期间犯罪的劳教人员起诉27083名。军事、铁路运输专门检察院的工作不断得到加强。各级铁路运输检察院批捕各类刑事犯罪分子38119名，提起公诉39163名，查办铁路系统的贪污贿赂等罪案2867件。控告申诉检察工作有较大改进。四年来共接待人民群众来访750552人次，处理来信2949008件次。民事审判、行政诉讼检察工作已经起步。全国已有1065个检察院设立了民事行政检察机构，配备人员2322名。1990年以来依法受理各类民事行政申诉案件2982件，向法院提出抗诉39件。调查研究和司法解释工作有了进步。四年间，最高人民检察院单独或与最高人民法院等部门联合发布司法解释及其他规范性文件107件。检察科技建设打下了初步基础。以分、市院为重点的省、地、县三级技术网点已建立1191个，拥有各类科技人员4800多名。物质装备条件有了改善。宣传工作开展得有声有色。检察人员的政治素质和业务素质有了明显提高。

会议认为，在党的十一届三中全会以来各级检察机关卓有成效地开展工作并取得显著成绩的基础上，四年来，各项检察工作又有了一些发展和创新，比较突出的是：1、确定了把反贪污贿赂犯罪作为检察工作重点的方针；2、确立了为经济建设服务的指导思想；3、创办了举报中心和举报制度；4、各级检察院设立了反贪污贿赂局，强化了专门的侦查工作；5、全面推行了对重大特大案件的提前介入制度；6、建立了对自行侦查案件的双重制约制度；7、加强了法纪、军事、铁路检察、民事审判行政诉讼监督、科技建设和公开宣传工作；8、加强了干部教育培训工作；9、推广了设置派驻重点乡镇检察室、税务检察室的成功经验；10、制定了查办要案请示报告、免予起诉等一系列规章制度；11、贯彻了从严治检的方针，设立政治部，系统地进行队伍建设；12、拓宽了港澳地区的个案协查，发展了同几十个国家检察机关的友好交往和有关国家的司法协助；13、开展了选调、聘请民主党派成员和无党派爱国人士担任检察机关领导职务和特约检察员的工作。

会议总结了建设有中国特色社会主义的检察制度应当遵循的八条基本原则：1、充分发挥法律监督职能，加强人民民主专政；2、坚持"两手抓"的方针，坚定不移地为改革开放和经济建设服务；3、依法独立行使检察权；4、坚持专门工作与群众路线相结合；5、坚持和完善上级检察院领导下级检察院的体制；6、贯彻民主集中制；7、坚持党的领导；8、接受人民代表大会及其常委会的监督。

会议要求检察机关和全体检察人员继

续深入学习邓小平同志视察南方的重要谈话和中央政治局全体会议精神，深刻领会建设有中国特色社会主义的理论，进一步解放思想，适应加快改革开放和经济建设的新形势，一心一意地搞好为经济建设服务的各项工作。

会议确定了检察机关今后一个时期的主要任务是：坚定不移地执行党的“一个中心，两个基本点”的基本路线，坚持为经济建设服务的指导思想，认真履行法律监督职能，继续深入开展惩治贪污贿赂犯罪，坚持严厉打击严重刑事犯罪和“侵权”、渎职犯罪等工作，积极参加社会治安综合治理，全面开展检察业务，为维护国家稳定和社会安定，为经济建设创造良好的环境，保障国民经济和社会发展十年规划和“八五”计划的顺利实现。

（最高人民检察院办公厅
张仲芳）

【全国检察长会议】 1992年11月21日至26日，最高人民检察院在广东省顺德市召开了全国检察长会议。会议的任务是，认真学习邓小平同志建设有中国特色社会主义的理论，在党的“一个中心，两个基本点”的基本路线指引下，贯彻党的十四大精神，总结1992年的检察工作，部署1993年的检察工作，动员全体检察人员进一步解放思想，转变观念，强化法律监督职能，为加快改革开放和现代化建设步伐做出新的贡献。参加会议的有：各省、自治区、直辖市人民检察院、军事检察院、计划单列市检察院、经济特区检察院、新疆生产建设兵团检察院检察长，最高人民检察院领导和各部门负责人，最高人民检察院咨询委员会委员，共300人。中共中央政治局委员、广东省委书记谢非，广东省省长朱森林，广东省政法委员会书记方苞等，出席了会议并讲了话。

刘复之检察长在会议开幕式和会议结束时作了重要讲话，张思卿副检察长作了题为《认真学习贯彻党的十四大精神，强化法律监督职能，为加快改革开放和现代化建设服务》的报告，肖扬副检察长在会议结束时作了总结讲话。

会议以党的十四大精神为指导，总结了1992年以来的检察工作，对检察机关如何强化法律监督职能，适应加快改革开放步伐和建立社会主义市场经济体制的需要，正确处理面临的新问题，更好地为经济建设服务，进行了认真的讨论，研究安排了1993年的检察工作。

会议认为，1992年检察工作取得了很大成绩。全国各级检察机关认真学习和坚决贯彻邓小平同志视察南方的重要谈话，解放思想，实事求是，继续坚持了检察工作为经济建设服务的指导思想；认真履行法律监督职能，深入查办国家工作人员贪污贿赂犯罪案件，加强对职务犯罪的监督；坚持了“严打”和开展检察方面的综合治理，维护社会政治稳定和治安秩序；严肃查办“侵权”、渎职犯罪案件，保障公民权利和国家、集体利益不受侵犯；监所、军事、铁路运输、控告申诉、民事行政检察工作和法律政策研究、司法解释、检察科技等工作也都有了新的发展；为保护、促进改革开放和经济建设发挥了重要作用；检察队伍建设和物质装备建设得到了进一步加强。据统计，1992年1至10月，全国检察机关共受理贪污贿赂案件64076件，立案侦查36345件，决定逮捕案犯12030名，结案29267件34472人，其中，向人民法院提起公诉16286名，免予起诉13560名，不起诉569名，撤案4057名，追缴赃款赃物折合人民币3.7亿元；共受理公安机关提请批捕人犯490744名，审结

458971名，其中批准逮捕422576名；受理公安机关移送审查起诉、免予起诉案犯518076名，审结447880名，其中提起公诉409711名，免予起诉35483名；共受理各类“侵权”、渎职犯罪案件40329件，立案侦查15657件（20584人），为国家和集体挽回直接经济损失9290多万元。

会议总结了1992年检察工作的主要经验：1、用邓小平同志建设有中国特色社会主义的理论特别是视察南方重要谈话精神，武装广大检察人员的头脑，牢固树立为改革开放和经济建设服务的思想。2、联系检察工作实际，采取有效措施，为经济建设服务。3、抓住重点，带动检察工作的全面开展。4、在思想上和工作中坚决贯彻警惕右，但主要是防止“左”的精神。

与会同志通过深入学习和讨论，在以下几个方面统一了思想：1、为了适应加快改革开放和经济建设，建立社会主义市场经济体制的新形势，必须解放思想，更新观念。2、必须一心一意地为改革开放和现代化建设服务。3、必须坚持“两手抓、两手硬”的方针，强化法律监督职能，严格执法，依法独立行使检察权。4、必须贯彻警惕右，但主要是防止“左”的精神。5、在发展社会主义市场经济体制下，必须注意严格区分罪与非罪的界限。

会议确定了1993年检察工作的主要任务：坚持以邓小平同志建设有中国特色社会主义的理论为指导，坚决贯彻党的十四大和中发〔1992〕7号文件精神，毫不动摇地坚持党的“一个中心，两个基本点”的基本路线，始终不渝地贯彻检察工作为经济建设服务的指导思想，坚持“两手抓、两手硬”的方针，贯彻警惕右，但主要是防止“左”的思想，进一步解放思想，实事求是，坚持不懈地开展反贪污贿赂犯罪斗争，严厉打击严重刑事犯罪活动，认真查办“侵权”、渎职犯罪案件，依法建院，从严治检，加强检察机关自身改革和建设，通过强化法律监督职能，维护社会政治稳定，更自觉地为加快改革开放和现代化建设服务。

会议要求各级检察机关1993年着重抓好以下几项工作：

第一，认真学习十四大文件，用邓小平同志建设有中国特色社会主义的理论武装头脑，统一思想认识。学习要精、要管用，要联系实际，领会精神实质。要通过学习改进我们的思想方法和工作方法。坚持实事求是，一切从实际出发，深入实际，深入群众，调查研究。要把十四大精神和上级检察院的工作部署同本地具体实际紧密结合起来，充分依靠群众的智慧，发挥群众的首创精神，创造性地做好检察工作。

第二，继续坚持不懈地开展反贪污贿赂斗争。要深刻领会十四大报告关于在改革开放的整个过程中都要把反腐败和廉政建设作为一件大事来抓，下决心抓出成效，取信于民的精神。充分认识反腐败斗争的紧迫性、长期性和艰巨性，继续把反贪污贿赂犯罪作为检察工作的重点，千方百计引导斗争不断深入。要集中精力查办大案要案，把斗争锋芒对准严重的贪污贿赂犯罪分子。同时，要依法妥善处理小案。坚持“一要坚决，二要慎重，务必搞准”的原则，继续执行最高人民检察院提出的为经济建设服务的措施。大力加强侦查工作，搞好侦查协作和涉外案件的查办，进一步加强反贪污贿赂局建设，提高侦破案件的能力。继续抓好举报工作，切实加强对贪污贿赂案件的免予起诉工作，严格掌握免诉条件，健全免诉程序。认真执行内部双重制约制度，努力提高办案质量。积极开展犯罪预防工作，采取措施推动在执法部门和直接掌管人、财、物的岗位建立有效的预防贪污贿赂犯罪的机制。进一步加强依法查办假冒商标、偷税抗税、挪用公款等犯罪案件的工作。继续研究修改《惩治贪污贿赂法》(草案)。

第三，坚持依法从重从快的方针，继续把严厉打击严重刑事犯罪作为检察工作的另一个重点。要与公安、法院、司法行政等部门一道，不断强化打击手段，防止出现打击不力的问题。要突出地严厉打击暴力犯罪和犯罪团伙，积极参加专项打击和重点治乱工作，参加反盗窃专项斗争和“扫黄”、除“六害”斗争。继续贯彻全国人大常委会《关于禁毒的决定》，严厉打击毒品犯罪活动。加强侦查监督和审判监督，加强国家安全检察工作，认真落实检察环节上的各项综合治理措施，探索并逐步建立对未成年人犯罪的检察体制。

第四，认真查办“侵权”、渎职犯罪。要进一步加强法纪检察工作，重点查办刑讯逼供、非法拘禁、徇私舞弊和玩忽职守、重大责任事故等犯罪案件，特别是大案要案。对于流通领域和科学实验、新产品试制中的玩忽职守案件，一定要慎重办理。要重视保护在改革开放中敢于试验、大胆创新而受到诬告陷害的人，依法查办诬陷者。

第五，积极开展军事、铁路、监所、控告申诉、民事行政检察工作和检察科技工作。

第六，坚持依法建院、从严治检的方针，加强检察队伍建设。要开展有检察特点的思想政治工作，坚持把宣传教育工作放在重要位置。特别是要组织广大干警联系思想和工作实际学习领会有中国特色社会主义的理论，学习社会主义市场经济知识，不断提高坚持党的基本路线，为改革开放和经济建设服务的自觉性。要把思想政治工作同解决干警的实际问题结合起来，充分调动积极性。要把干部培训作为检察队伍建设的战略任务来抓，重点抓好岗位职务培训，不断提高队伍素质，增强战斗力。要根据中央的统一部署，加大检察机关自身改革的力度，理顺检察管理体制，改革干部管理制度，加快民事行政检察机构、派驻重点乡镇检察室和监所检察派出机构建设，切实加强沿边及少数民族地区的检察工作。要积极推进检察机关管理和建设的法制化，使检察机关的各项活动都有法可依、有章可循。加强纪检和监察工作，健全内部监督制约机制，切实纠正办案和工作中的不正之风，严肃查处违法乱纪案件。要切实加强上级检察院对下级检察院的领导，做到令行禁止。继续加强技术装备建设。继续抓紧《检察官条例》的研究起草工作，对《人民检察院组织法》提出修改建议。加强检察理论研究，继续探讨建设有中国特色社会主义检察制度的理论。

要加强领导班子建设，认真实行民主集中制，真正把各级领导班子建设成一个政治坚定、勇于改革、团结协作、联系群众、廉洁务实、秉公执法、精干高效的领导集体，率领广大检察干警完成履行法律监督职责的任务。

会后形成了《全国检察长会议纪要》，报经中央领导同意，印发全国检察机关执行。

(最高人民检察院办公厅
张仲芳)

刑事检察

【综述】 1992年，全国各级检察机关继续坚持严厉打击严重刑事犯罪，结合办案积极参加社会治安综合治理，充分发挥刑事检察的职能作用，各项工作都取得了较大成绩，为维护社会治安，保障改革开放和现代化建设的顺利进行，做出了应有的贡献。

1992年，全国检察机关共受理公安、安全机关提请批准逮捕各类人犯560820人，经审查，批准逮捕487888人。受理公安机关移送审查起诉、免予起诉案犯592133名，其中提起公诉489103名，免予起诉40587名。

1992年，全国检察机关刑事检察部门共受理内部自侦部门移送审查逮捕案犯25938人，移送审查起诉、免予起诉80256人，其中，决定逮捕23262人，提起公诉31327人，免予起诉40316人。

1992年，各级检察机关在刑事检察工作方面突出抓了以下几项工作：

一、突出重点，积极参加专项斗争，严厉打击严重刑事犯罪。各级检察机关始终把杀人、抢劫、爆炸、强奸、重大盗窃等七个方面的严重刑事犯罪作为重点打击对象，特别是对那些惯犯、累犯和团伙犯罪分子，坚持依法从重从快的方针，快捕快诉，严惩不贷。

各级检察机关在打击各类严重刑事犯罪的同时，积极参加反盗窃、打击卖淫嫖娼、打击拐卖妇女儿童、禁毒、禁赌、反走私等专项斗争。配合有关部门，充分利用检察机关批捕、起诉职能，严厉打击上述犯罪，保证了专项打击活动的顺利进行。

二、采取措施，大力加强出庭支持公诉工作。各级检察机关努力培养建设高质量的公诉人队伍，狠抓出庭支持公诉水平。一是狠抓重大、疑难、有影响的案件和贪污贿赂案件的出庭公诉工作。二是认真组织出庭经验交流活动，交流各地出庭公诉的好经验。三是开展优秀公诉人的评选活动。四是组织观摩庭、示范庭、考核庭。五是举办出庭公诉培训班、研讨班。

三、坚持对重特大案件实行“提前介入”制度。1992年，各级检察机关在审查批捕阶段提前介入42317件次，在审查起诉阶段提前介入13650件次。坚持“提前介入”，提高了工作效率，保证了办案质量。

四、加强侦查监督和审判监督。1992年，全国检察机关对43841名不符合法定逮捕条件的人犯作了不批准逮捕的决定，对3892名依法不应追究刑事责任的人作了不起诉决定，对2949名罪该起诉而未移送起诉的人作了追诉决定。对公安机关侦查活动中的违法行为提出书面和口头纠正意见11143件次，对审判活动中的违法行为提出书面和口头纠正意见2590件次。对人民法院确有错误的判决、裁定依法提出抗诉1988件次，人民法院已改判433件。

五、进一步加强了国家安全检察工作和少年犯罪检察工作。最高人民检察院于1992年，正式成立了国家安全检察处。部分沿海地区检察院也成立了国家安全检察机构，其他地区特别是边疆地区的检察院也加强了国家安全检察工作。

各级检察机关贯彻“教育、感化、挽救”的方针，认真开展未成年人犯罪检察工作。加强与公安、法院、司法行政部门的联系，建立了互相配套的工作体系，实行一条龙的教育方式，取得了良好的社会效果。

（最高人民检察院办公厅
韩晓峰）

【全国出庭公诉工作座谈会】 1992年7月10日至15日，最高人民检察院在吉林省延吉市召开了全国出庭公诉工作座谈会。参加会议的有各省、自治区、直辖市人民检察院刑事检察处（起诉处）处长，吉林省检察院李向武检察长和吉林、北京、天津、河北、山东、江苏、广西等七个省、自治区、直辖市检察院主管刑检工作的副检察长，最高人民检察院政治部、林业部有关部门的负责人以及延边朝鲜族自治州人民检察院和林业检察分院的检察长等，共73人。最高人民检察院副检察长肖扬、咨询委员会副主任冯锦汶在会上讲了话，刑事检察厅厅长张凤阁作了题为《加强公诉人队伍建设，提高出庭水平，在改革开放的新阶段圆满完成出庭工作任务》的报告。

会议的中心议题是：分析全国出庭公诉工作现状，研究拟定新形势下稳定、充实公诉人队伍，提高公诉人素质和出庭水平的措施，总结推广延边朝鲜族自治州人民检察院等单位公诉人队伍建设和出庭工作的经验。

会议强调，出庭公诉在检察工作中有着十分重要的地位。它是检察机关打击犯罪，保护和服务于改革开放和经济建设，保护公民合法权益的重要途径，是检察机关发挥法律监督职能作用，在刑事诉讼中与公安机关、人民法院互相配合、互相制约的中心环节，是检察机关参加社会治安综合治理、宣传法制的有效手段，是人民群众观察了解检察机关执法水平的一面镜子。

会议认为，近年来，出庭公诉工作取得了很大成绩。1987年至1992年5月，全国刑事检察部门完成一审出庭公诉和二审出庭共1447478件，发表公诉词和二审出庭意见1181293件。一审和二审出庭率分别保持在99.7%和94%。出庭业务工作也有较大发展与创新，主要表现在：(1)刑事检察部门全面担负起了贪污贿赂等检察机关直接受理立案侦查案件的出庭公诉任务。健全了制约机制，提高了案件质量，实现了出庭公诉的系统化、专业化，推进了反贪污贿赂斗争的深入发展。(2)一批反应比较快、应变能力比较强的出庭业务能手锻炼成长起来，成为公诉人队伍中的骨干力量。(3)出庭准备阶段普遍实行了对重大疑难案件的提前介入，大大提高了工作效率和出庭质量。(4)适应国际司法发展趋势，开始逐步建立少年犯罪案件起诉出庭制度。(5)开展评选优秀公诉人活动，调动了公诉人工作积极性。(6)少数民族聚居区的检察机关运用少数民族语言出庭公诉的能力和水平明显提高。(7)广泛开展出庭公诉理论研讨活动，促进了出庭工作。

会议提出，今后出庭公诉工作着重抓好以下几项工作：

一、切实加强对出庭公诉工作的领导。各级检察院的检察长对出庭公诉工作应高度重视。要把出庭公诉工作摆上重要议事日程，作为反贪污贿赂斗争和严厉打击严重刑事犯罪的一个重要内容抓紧抓好。“一把手”要亲自主持研究解决出庭公诉工作中的重大问题；分管刑事检察工作的检察长应集中精力，解决好影响出庭公诉工作的突出业务问题；市、分、州院和县（区）院检察长还应亲自办大案，出难庭，作示范。

二、采取切实可行措施，稳定、充实公诉人队伍。各级检察机关要积极选调一批政治上坚定、熟悉业务、适合做出庭公诉工作的干部，充实公诉人队伍。应当制定符合实际的鼓励政策，吸引、鼓励优秀检察干部到出庭公诉第一线。要逐步提高公诉工作的现代化、自动化技术水平。要做好公诉人队伍的思想政治工作，大力提倡拼搏、奉献精神。各级检察院应继续坚持行之有效的“评先创优”制度，对那些出大庭、难庭取得最佳效果的公诉人，或者某个案件出庭效果好、社会影响好的公诉人，要给他们记功授奖。同时，要解决好公诉人的实际困难，提高公诉人的待遇，关心出庭干部的使用、晋职、晋级、培训教育。对于出庭公诉工作的骨干，除提升重用外，不要较易调动，对于不适合做出庭公诉工作的，尽快调整岗位。

三、狠抓出庭工作的重点环节，进一步提高出庭工作水平。要把审查起诉工作这个基础抓好，尤其要提高贪污贿赂等检察机关直接受理立案侦查的案件的审查起诉质量。坚持起诉案件质量标准，防止错、漏。充分做好出庭前的准备工作。出庭过程中，要重视进行庭审活动监督，及时纠正违法现象。要积极参与法庭调查。法庭辩论中，要增强论证水平和应变能力。上级检察院要积极提高二审出庭率和二审出庭水平，要加强对下级检察院的业务指导。

四、加强培训，不断提高公诉人素质。公诉人要精通刑事法律，熟悉经济、民事、行政法律，懂一些经济学、心理学、逻辑学、法医学及有关自然科学知识。各地要从实际出发，制定培训规划。创造条件，通过岗位练兵、成人教育、脱产学习、短期培训、专题讲座等多种形式，帮助公诉人扩大知识面，更新知识，提高理论水平和实际工作能力。

五、注意解决出庭公诉工作中的实际困难。各级检察院要充分认识到，出庭检察人员是代表国家代表检察机关执行职务。要创造条件，保证出庭公诉工作所必需的交通工具、通讯技术设备和业务经费等。

（最高人民检察院刑事检察厅
林　瑾）

贪污贿赂检察

【综述】 1992年，全国各级检察机关继续把反贪污贿赂工作作为检察机关的工作重点和打击经济犯罪第一位的工作，坚持把惩治贪污贿赂犯罪作为检察工作对经济建设最重要、最直接的服务，取得了显著成绩。据统计，1992年全国检察机关共受理贪污贿赂案件66477件，立案侦查36533件，决定逮捕案犯12584名，向人民法院提起公诉18510名，免予起诉16779名。追缴赃款赃物折合人民币5.5亿元。

1992年各级检察机关在反贪污贿赂斗争中，主要抓了以下几项工作：

第一，集中精力查办大案要案，依法妥善处理小案，把反贪污贿赂斗争的锋芒始终指向严重的贪污贿赂犯罪分子。这也是1992年反贪污贿赂斗争的突出特点。在1992年立案侦查的贪污贿赂案件中，有万元以上的大案10511件，占立案总数的28.8%，所占比例是历年最高的。立案侦查县处级以上干部587名，其中厅局级干部17名。在集中力量查办大案要案的同时，依法妥善处理小案，对一些贪污受贿数额较小，犯罪后自首、立功或有悔改表现、积极退赃的，根据具体情况，依法作免予起诉、不起诉、撤销案件或转有关部门作党政纪处理等。随着改革开放的不断深入，新情况、新问题不断出现，各地对“边缘”案件和“踩线”案件，在处理上采取十分慎重的态度，不简单地定性、定罪，而从缓或从宽处理。这样做，取得了较明显的政治和社会效果，也得到了各级党政领导的重视和广大人民群众的支持。

第二，对在加快改革开放和经济建设中做出突出贡献、敢闯敢试但有失误的科技人员、经济工作者坚决予以保护。保护的核心就是划清罪与非罪的界限。为此，各级人民检察院采取走出去、请进来的方法，开展广泛深入的调查研究，了解服务对象，增长经济知识，开阔了视野，增强了改革意识、服务意识和防“左”意识。办理了一批社会效果和法律效果都好，有影响的案件。比如浙江省检察院根据最高人民检察院的指示对省建筑总公司副总工程师、纠偏专家曹时中案件依法作了撤案处理。又如辽宁省鞍山市检察院在办理鞍山钢铁研究院高级工程师韩福义贪污贿赂案时，对案件涉及的47名高级工程师，除起诉4人，免诉2人外，对其他人员区别不同情况暂缓处理或作其他处理。这样，既打击了犯罪，又保护了科技人员，效果明显。

第三，不断增强群众路线意识，继续抓好举报工作。加强举报工作，对反贪污贿赂斗争的深入发展具有重要作用。各地加强举报工作，一是狠抓举报宣传，广辟案源。二是狠抓举报线索的初查和信息反馈。1992年，全国检察机关共受理贪污贿赂举报线索106911件。在立案侦查的贪污贿赂案件中60%以上来自举报。

第四，加强侦查工作，努力提高办案质量。反贪污贿赂斗争贯彻“一要坚决，二要慎重，务必搞准”的原则，关键一点就是必须“搞准”，在“准”字上下功夫、作文章。1992年，各级检察机关加强了侦查工作。首先，加强了秘密调查工作和反贪污贿赂的情报工作。第二，加强了侦查队伍建设，努力提高侦查人员的政治素质和业务素质。江苏、江西、吉林、湖南、安徽等省开展了评选优秀侦查能手活动，有力地促进了检察机关侦查水平的提高。第三，强化检察机关的内部双重制约机制，保证了案件的质量。

第五，把预防犯罪工作作为反贪污贿赂工作的重要组成部分，狠抓犯罪预防工作。最高人民检察院一再强调，打击是服务，保护是服务，预防同样也是服务。各地贯彻最高人民检察院部署精神，有的已经建设起专门的预防机构。继广东省检察机关成立贪污贿赂犯罪预防机构后，1992年，最高人民检察院、上海市检察院等也成立了专门的预防机构，形成了预防、打击、综合治理一条龙服务体系，收到了系统工程系统抓，综合问题综合治的效果。通过抓预防，减少了犯罪发生，推动了廉政建设，促进了经济发展，使广大干部职工拒腐防变的自觉性有了不同程度的提高。

（最高人民检察院办公厅
韩晓峰）

【建立预防贪污贿赂犯罪机构】 检察机关的预防贪污贿赂犯罪工作，开始是由侦查部门结合办案附带进行的。随着反贪污贿赂斗争的深入，这种状况已不适应形势的需要。1989年，广东省人民检察院在总结经验的基础上，率先建立了全国第一个预防贪污贿赂犯罪专门机构——反贪污贿赂局预防处。1992年6月，上海市人民检察院根据形势发展的要求，经市有关部门批准，建立了预防贪污贿赂犯罪检察处。广东、上海预防贪污贿赂犯罪专门机构的建立，标志着预防贪污贿赂犯罪工作开始向专门化的方向发展。

最高人民检察院总结推广了广东、上海的经验。1992 年 10 月 30 日，最高人民检察院下发了《关于加强贪污贿赂犯罪预防工作的通知》，《通知》提出：“检察机关贪污贿赂犯罪预防工作的机构建设要本着从实际出发，因地制宜的原则，积极组建。各省、自治区、直辖市和大中城市，沿海、沿边、沿江开放地区、经济发达地区检察院要争取在 1993 年内建立起贪污贿赂犯罪预防机构，条件尚不成熟的地方可先配备专人负责。”《通知》下发后，一些省、自治区、直辖市检察院陆续建立起预防贪污贿赂犯罪专门机构。最高人民检察院根据刘复之检察长的指示，也成立了预防贪污贿赂犯罪检察处。

预防贪污贿赂犯罪专门机构建立后，积极开展了工作。(1) 研究贪污贿赂犯罪的态势、特点、产生原因和防范对策，为领导决策提供参考。同时在廉政建设方面给党委、政府和有关行业、系统当参谋。(2) 结合办案，针对发案单位存在的问题提出检察建议，帮助发案单位堵漏建制，改善管理，减少诱发犯罪因素，扩大办案效果。(3) 利用报纸、广播、电视等舆论工具，采取多种形势宣传法制，提高公民特别是广大公务人员的廉政意识。(4) 为机关、团体、企事业单位提供法律政策咨询服务，帮助单位和个人解决工作中遇到的法律政策疑难问题，划清合法经营与违法犯罪，合理报酬与非法所得的界限。(5) 在条件成熟的情况下，与有关部门开展共建文明单位活动。

（最高人民检察院贪污贿赂检察厅
苗春瑞）

【全国检察机关第三次反贪污贿赂侦查工作会议】 1992 年 3 月 14 日至 19 日，最高人民检察院在北京召开了全国检察机关第三次反贪污贿赂侦查工作会议。参加会议的有：各省、自治区、直辖市人民检察院和军事检察院主管贪污贿赂检察工作的检察长、反贪污贿赂局局长或贪污贿赂检察处处长，29 个计划单列市、沿海开放城市和经济特区、经济开发区人民检察院主管贪污贿赂检察工作的检察长，20 多个介绍经验的单位代表，会议还邀请了中央政法委员会、中央纪律检查委员会、国家计委、国家安全部等中央国家机关有关部门的领导等，共 140 人。最高人民检察院检察长刘复之、副检察长张思卿、梁国庆、肖扬、陈明枢、王文元出席了会议。刘复之检察长、张思卿副检察长在会上讲了话。

会议的主要任务是：学习贯彻邓小平同志视察南方的重要谈话精神，总结交流侦查工作经验，特别是侦查大案要案的经验，进一步推动反贪污贿赂斗争的深入开展。

最高人民检察院贪污贿赂检察厅厅长赵登举作了题为《总结经验，提高侦查水平，把反贪污贿赂斗争引向深入》的报告。有 20 多个人民检察院介绍了侦破贪污贿赂犯罪案件、开展贪污贿赂犯罪预防工作和反贪污贿赂局建设的经验。会议讨论修改了《关于加强涉外案件查办工作的几点意见》、《关于加强贪污贿赂检察信息工作的意见》、《人民检察院侦查贪污贿赂犯罪案件工作细则（试行）》等文件。

会议认为，1991 年全国各级检察机关根据最高人民检察院的部署，继续把反贪污贿赂斗争作为第一位的工作，把查办案件，深挖犯罪，作为对经济建设最重要最直接的服务，使反贪污贿赂斗争深入了一步。要表现在以下六个方面：

一是坚持以办案为中心，查办案件数保持了较好水平。1991年，全国检察机关共受理贪污贿赂罪案81110件，立案侦查46219件，侦查终结45155件，侦结率为84%。

二是坚持以查办大案要案为重点，工作有了新的进展。1991年，查办万元以上大案11316件，比1990年有所增加；侦破10万元以上贪污贿赂特大案件894件，较1991年有重大突破；查办县处级以上干部贪污贿赂罪犯924名，查办要案工作保持了较好势头。

三是坚持为经济建设服务的指导思想，办案效果更为显著。1991年，各级检察机关坚持把查办贪污贿赂犯罪作为对改革开放和经济建设最重要最直接的服务，认真查办发生在国有企事业单位中的贪污贿赂犯罪案件。在办案中，注意方式方法，改进工作作风；结合办案适时提出检察建议，帮助企业堵漏建制；加强与经济部门的联系，取得了良好的效果。

四是不断探索深入开展反贪污贿赂斗争的新路子，侦查破案工作与发动群众相结合，发动“小高潮”的作法得到普遍运用。

五是加强侦查工作，侦查水平明显提高。1991年，各级检察机关普遍重视侦查经验的总结和推广，促进了反贪污贿赂侦查骨干队伍的形成和侦查水平的提高，办案速度加快，质量显著提高。

六是加强指导工作，推动了斗争的发展。

会议对1992年的反贪污贿赂工作提出了具体意见：(1)联系实际，认真学习领会邓小平同志视察南方的重要谈话精神，并切实贯彻到反贪污贿赂斗争的实践中去；(2)狠抓办案，集中力量查办大案要案，特别是要案；(3)不断总结经验，提高侦查水平，保证案件质量；(4)严格依法办案，文明执法；(5)切实抓好队伍建设，大力开展争先创优活动，抓好培训工作，不断提高侦查干警的业务素质。

会议强调，1992年各级检察机关要把开展反贪污贿赂斗争提高到维护国家长治久安的高度来认识，增强使命感和责任感；在工作部署上要始终把反贪污贿赂斗争作为检察机关第一位的工作，在人力、物力、财力上优先保证；在指导思想上要坚持“一个中心、两个基本点”的基本路线和“两手抓”的方针，积极主动地为改革开放和经济建设服务；在斗争重点上要结合当地实际，选准深入的方向和重点，集中力量查办大案要案，力争有新的突破；在工作方法上要坚持重点深入，适时发动“小高潮”的成功作法；在工作原则上要坚持“一要坚决，二要慎重，务必搞准”；在侦查技能上要着重在秘密调查、以智取胜上下工夫，不断提高综合运用各种侦查手段，获取证据的能力和对策水平；在队伍建设上，要建设一支政治上强、业务上精、能打硬仗的侦查队伍，加速反贪污贿赂侦查骨干专家队伍的培养。会议号召全国反贪污贿赂侦查干警要以极大的政治热情和工作干劲，再接再厉，办实事，求实效，扎扎实实地把反贪污贿赂斗争推向前进。

（最高人民检察院贪污贿赂检察厅
陈　波）

打击假冒商标犯罪

【综述】 1992年，全国各级检察机关加强了对假冒商标犯罪案件的查处工作，把它作为对改革开放和经济建设服务的一项重要工作来抓，查办案件成倍增加，侦破了一批重大有影响的假冒商标犯罪案件，捣毁了一批制售假冒商标和伪劣商品的窝点，销毁了数以万计的假冒伪劣商品，为国家和企业挽回了大批经济损失，有力地配合了全国的“打假”工作，取得了历史上最好成绩。

据统计，1992年全国检察机关共受理假冒商标案件4177件，立案侦查3122件，比1991年增加2.7倍。结案2409件，移送起诉724件，移送免予起诉1173件，挽回经济损失3737.90万元，比1991年增长3.5倍。河南、山东、湖北、江苏、四川、湖南、河北、云南、浙江、山西、安徽、广东等省检察机关立案数均在80件以上，其中河南、山东两省立案数最多，分别为1043件和370件。

1992年查处假冒商标犯罪案件的主要做法是：

一、领导重视，切实把“打假”工作摆上重要位置。为促进社会主义市场经济的健康发展，最高人民检察院从1992年初就强调抓打击假冒商标犯罪工作。刘复之检察长要求“各级检察机关要关心和热心支持国家开展‘质量、品种、效益年’的活动，热心支持‘中国质量万里行’活动，发挥法律监督职能，对那些制造假冒伪劣商品、坑害消费者、情节严重构成犯罪的分子，要依法惩处。去年办了这类案件849件，今年要切实加强这项工作”。3月20日，最高人民检察院发出了《关于加强对假冒商标犯罪案件查处工作的通知》，要求各级检察机关采取有力措施，切实加强对假冒商标犯罪案件的查处工作。为进一步推动“打假”"工作深入发展，交流“打假”经验，7月中旬，最高人民检察院和国家工商行政管理局在云南省联合召开了查处假冒商标违法犯罪现场会。会议推广了云南等省的“打假”工作经验，讨论了《关于人民检察院直接受理的假冒商标案件立案标准的规定》和《关于查处假冒商标案件中加强配合协调工作的意见》两个文件。通过这次会议，全国检察机关的“打假”工作掀起了新的高潮，8月份立案数比7月份上升26.34%，9月又比8月上升38.16%。

二、明确打击重点，突出查处重大假冒商标犯罪案件。各地在“打假”工作中，根据最高人民检察院的指示，重点查办了假冒商标、生产和经销伪劣商品，犯罪情节严重，特别是危及人身安全、健康，给经济建设造成重大经济损失的案件；假冒商标、生产和经销伪劣商品的犯罪团伙案件；利用给予和收受“回扣”经销和采购假冒伪劣商品构成犯罪的案件；国家工作人员支持、纵容、包庇假冒商标、生产和经销伪劣商品，情节严重的案件；以及施行暴力对抗执法人员依法查抄假冒伪劣商品、打击报复举报人的案件。各级检察机关加强办案力量，强化侦查措施，突出查处了一批数额大、影响大的重大案件。例如，河南省郑州市人民检察院侦破的邹景恒假冒“中州”牌清热解毒口服液案，法院已判处邹犯无期徒刑；上海市静安区检察院侦破的杨炳荣假冒“KK”牌衬衫案，非法经营额达46万元，法院已判处杨犯有期徒刑十年。再如，云南省检察院侦破的以韩树林为首的假冒“红塔山”香烟集团案，非法经营额达794万元；湖北省鄂州市检察院侦破的杜和平等人经销假茅台酒等名酒，收受8万余元“回扣”案；湖南省长沙市检察院侦破的肖映前、陈石桥假冒“潭洲”牌电解二氧化锰案等，均已向人民法院提起公诉。1992年立案查处的重大案件，占立案总数的49.49%，比1991年增长5.31倍，其中侦破百万元以上特大案件17件。

三、选择假冒商标、生产和经销假冒伪劣商品犯罪突出、群众反映强烈的地区和问题，开展专项斗争。云南省是我国名烟的主要产区，全省检察机关针对假冒本省名优卷烟的严重情况，与工商、烟草专卖等有关部门密切配合，开展了对假冒名优卷烟商标、生产和经销伪劣卷烟违法犯罪活动的专项斗争。全年查处的假冒名优卷烟商标案件占立案总数的87.4%。贵州、四川两省检察机关把打击假冒名优酒的犯罪活动作为重点，查处的假冒名优酒案件分别占两省立案总数的90%和86%。河南省检察机关针对假冒农用生产资料、危害农业生产的严重情况，重点查处了假化肥、假农药、假种子的犯罪案件。浙江省苍南县检察院针对本县生产、经销假冒商标标识的严重情况，根据县委、县政府的统一部署，先后出动500余名干警，协同公安、工商等部门，在全县7个制售假冒商标标识的重点地区开展了集中打击，捣毁制售假冒商标标识、伪劣商品窝点36个，缴获各种假冒商标标识200余万套，立案10件19人。

四、加强侦查工作，深挖犯罪。各级检察机关根据当前假冒商标犯罪活动量大面广，跨地区流窜作案，作案场所隐蔽多变；现金交易，无账可查；生产、印制、销售一条龙；犯罪主体成份复杂，团伙作案突出等特点，有针对性地加强侦查工作。采取秘密调查，步步深入的策略，从经销环节入手，追根溯源，顺藤摸瓜，深挖假冒商标、生产和经销伪劣商品犯罪的“源头”、“黑窝”，突破全案。福建省云霄县检察院在最高人民检察院和省市院的领导指挥下，在调查上下功夫，交替运用各种侦查手段，艰苦工作，终于将一名潜逃达5个月的特大假冒商标案犯抓获。

五、加强与有关部门的密切配合。1992年5月，最高人民检察院和国家工商行政管理局在京联合召开了有关省检察、工商机关参加的查处假冒“北京”、“BJC”汽车商标案件协调会，部署了案件的查处工作。为配合全国“打假”工作，最高人民检察院参加了全国“打假办”召开的“打假”协调会，并根据会议精神，先后三次发出电传通知，提出具体要求，并及时向“打假办”通报检察机关“打假”工作和重大案件的查处情况。各级检察机关也都加强了与同级“打假办”、工商、公安等部门的联系与配合，定期或不定期地召开联席会议。建立案件移送制度。根据党委和政府的部署，统一行动，形成“打假”的合力，收到了较好效果。上海市检察机关立案侦查的假冒商标案件中，有二分之一是由工商行政管理机关移送或提供的线索。上海市川沙县检察院从工商行政管理机关获悉“霞飞”化妆品商标被假冒的线索后，立即组成检察、工商和企业参加的工作小组，辗转6市3县，行程15万公里，取缔生产、销售假冒窝点14个，查获假冒“霞飞”化妆品总价值达220多万元，为企业挽回经济损失30多万元。

六、大力开展宣传发动工作，搞好预防犯罪。各地检察机关在“打假”工作中，普遍利用广播、电视、报纸等传播媒介，加强宣传发动工作，公开处理典型案件，调动广大干部群众和企业事业单位同假冒商标犯罪活动作斗争的积极性，敦促犯罪分子投案自首。据统计，去年检察机关受理的假冒商标案件中，群众举报的占65.19%，有63名犯罪分子向检察机关自首。为推动全国的“打假”工作，1992年最高人民检察院转发各地“打假”经验材料和动态12期。如山东省检察院临沂分院的如何侦查假冒商标案件的经验；河南省“打假”专项斗争的经验等。在查处案件中，还注意了解和发现企业管理工作中的漏洞，积极提出检察建议，帮助企业建章堵漏和做好商标的防伪工作，预防犯罪。

1992年，全国检察机关查处假冒商标犯罪案件工作中存在的主要问题是：(1)工作发展不平衡。有些地区查处案件少，个别地方甚至未办过一件假冒商标案件。(2)免诉率较高，起诉率较低，存在着一定程度的打击不力问题。(3)执法中遇到一些政策法律问题，如案件管辖等问题急待解决。

(最高人民检察院贪污贿赂检察厅
刘本祥)

【查处假冒商标违法犯罪现场会】 1992年7月14日至18日，最高人民检察院和国家工商行政管理局在云南省昆明市联合召开了查处假冒商标违法犯罪现场会。参加会议的有：最高人民检察院、国家工商行政管理局、国家烟草专卖局的负责同志，河南、山东、湖南、广东、云南等20多个省自治区、直辖市及部分城市的检察、工商、烟草专卖机关，部分烟草企业的代表，共200余人。最高人民检察院副检察长张思卿、国家工商行政管理局副局长卞耀武、国家烟草专卖局副局长关政林，以及云南省委、省政府、省人大的领导同志出席会议并讲了话。

会议以邓小平同志视察南方重要谈话精神为指针，研究贯彻国务院《关于严厉打击生产和经销假冒伪劣商品违法行为的通知》，部署在全国范围内深入开展“打假”工作。会上，云南等14个省、市检察、工商机关的代表及烟草专卖局的同志介绍了打击假冒商标、生产和经销假冒伪劣商品违法犯罪活动的经验和工作情况，讨论修改《关于人民检察院直接受理的假冒商标案件立案标准的规定(征求意见稿)》和《关于在查处假冒商标案件中加强配合、协调工作的意见》。会议期间还组织参观了云南省“查处假冒商标违法犯罪成果展览”，组织了一次较大规模的销毁假冒卷烟、假酒活动。会议对今后如何开展“打假”工作提出了以下四点意见：

一、要认真学习邓小平同志的重要谈话，提高认识。检察机关必须满腔热情地支持、保护改革开放和经济建设，牢固树立检察工作为经济建设服务的思想，把“三个有利于”作为检察工作的出发点和检验工作好坏的根本标准，充分发挥检察职能作用，打击各种犯罪活动，为改革开放和经济建设创造良好的社会环境和法制环境。打击生产和经销假冒商标、伪劣商品犯罪活动，是当前形势的需要，是党中央、国务院和广大人民群众的要求，是法律赋予检察机关的职责。要采取有力措施，抓紧、抓好、抓实。

二、要加强侦查工作，明确打击重点。生产和经销假冒商标、伪劣商品犯罪主体成份复杂，作案活动比较隐蔽，给侦查工作增加了一定难度。但是，假冒商标、伪劣商品进入销售环节时又具有一定的暴露性，必然反映在经销环节或使用环节上，因此，要加强经销环节的侦查工作。

会议确定了打击生产和经销假冒商标、伪劣商品犯罪的重点：（1）假冒商标、生产和经销伪劣商品犯罪情节、后果严重，社会反映强烈的重大案件，特别是生产或经销危及人身安全、健康的商品和给工农业生产造成重大损失的案件。（2）假冒商标、生产和经销伪劣商品的犯罪团伙案件。（3）利用给予和收受“回扣”、“好处费”等，经销和采购假冒伪劣商品构成犯罪的案件。（4）国家工作人员支持、纵容、包庇假冒商标、生产和经销伪劣商品，情节严重，构成犯罪的案件。（5）施行暴力对抗执法人员依法查抄假冒伪劣商品，打击报复举报人的案件。

三、要加强领导。第一，各级检察机关要正确处理打击假冒商标、生产和经销伪劣商品与惩治贪污贿赂犯罪和严厉打击严重刑事犯罪的关系。在突出惩治贪污贿赂犯罪和严厉打击严重刑事犯罪这两项重点工作的同时，要针对当前假冒商标、生产和经销伪劣商品严重的情况，把“打假”作为一项突出任务来抓。第二，要加强上级检察机关对下级检察机关的领导。对因受地方保护主义干扰、阻碍而办不下去的案件，由上一级检察院查办。第三，要认真执行法律和政策，严格区分罪与非罪的界限。一时拿不准的，要慎重对待，并及时向上级请示、报告。

四、要加强检察、工商机关及有关职能部门的密切配合，形成合力。国务院的《通知》中明确指出，这项工作要在党委、政府统一领导下，以工商和技术监督部门为主。检察机关的职责是查处假冒商标犯罪案件。在查处案件中，检察机关要与工商机关等部门密切配合，互相支持，建立联席会议制度和案件移送制度，联合部署，统一行动。在配合的同时，要严格依法办事，各司其职，各负其责，不能互相替代，不能超越职权，不能违法办案。

（最高人民检察院贪污贿赂检察厅
刘本祥）

打击偷税抗税犯罪

【综述】 1992年，全国各级检察机关把打击偷税抗税作为促进社会主义市场经济体制形成发展的有力手段，与各级税务机关密切配合，努力查处偷税抗税案件，为经济建设和改革开放服务，取得了新的进展和成绩。据统计，全年共受理偷税、抗税案件14372件，立案侦查10041件，结案9884件，挽回经济损失20189.17万元，与1991年相比，四项指标分别增长5.6%、9.1%、12.9%、21.8%。其中黑龙江省检察机关立案侦查1129件，居全国首位。

一、集中力量查处偷税抗税大案。1992年，各级检察机关把查处偷税抗税大案件作为工作重点，全年共查处国营、集体企业事业单位偷税十万元以上、个体和私营企业偷税抗税一万元以上的案件4600件，占全年立案总数的45.5%；其中查处偷税数额在五十万元以上不满一百万元的特大案件36件，一百万元以上的8件。河南、上海、湖南三省检察机关查处偷税抗税大案均在300件以上；山东、辽宁、江苏、浙江、山东、四川等检察机关立案查处偷税抗税大案均超过200件。河南省郑州市检察机关侦破的郑州得利娱乐机械经营部王驾宇偷税110万元案；上海市检察机关侦破的个体户陶连春偷税107万元案，个体户吴建华偷税104万元案；贵州省贵阳市检察机关侦破的贵阳黄磷厂厂长梁治国偷税81万元案；浙江省安吉县检察院侦破的安吉县精制茶厂黄春新偷税83万元案；湖南省南县检察院侦破的南县粮食局劳动服务公司经理林光大偷税56万元案；湖北省汉川县检察院侦破的汉川县电力局电器服务公司经理李光生偷税57万元案，都在当地引起震动，收到了良好的社会效果。

二、严肃查处国营、集体企业事业单位偷税抗税案件，正确处理打击与服务的关系，收效显著。1992年，各地检察机关共查处发生在国营、集体企业事业单位的偷税抗税案件2498件，占偷税抗税案件立案总数的24.7%。其中，山西、福建、黑龙江、湖南省检察机关办理的国营、集体企业事业单位偷税抗税案件，分别占其立案总数的34%、33.9%、31.9%、30.3%。各地检察机关在查处国营、集体企业事业单位偷税抗税案件中，正确处理打击与服务的关系，既维护了税法的尊严，又促进了企业事业单位的经济发展，取得了较好的办案效果。如山西省运城市检察院税检室在立案查处运城地区汽车运输公司劳动服务公司偷税案中，发现该公司只抓效益，不抓管理，造成该公司财务混乱，公司全部经济发生额不能在账薄上正确反映。经过核查，证实该公司采取隐瞒销售收入的手段，共偷税74097元，漏交税款242578元。在办案中，不仅对经理追究了刑事责任，追缴了偷漏税款，而且帮助公司建立完善了三项规章制度，使公司走上了依法经营的轨道。

三、各级检察机关积极摸索、总结积累了一些查处偷抗税案件的经验。一是对存在问题较多的重点地区和行业进行清理，获取犯罪线索，查处偷税抗税案件。如福建省龙岩市税务检察室根据本地煤炭行业采取开假发票等手段偷税多的情况，有目的地深入该行业摸排线索，查处偷税抗税犯罪。仅9、10两个月，就在该行业立案查处偷税案12件，追回税款近10万元。二是结合当地党委和政府的中心工作，有计划地开展专项打击。1992年8月至12月，广东省检察机关会同省法院、公安、税务机关结合税收财务物价大检查，开展全省性的打击偷税抗税专项斗争，共查处偷税抗税案件83件，追缴税款2.57亿元。云南省罗平县检察院税务检察室利用当地清查贩运大牲畜工作的机会，深入乡镇开展打击贩运大牲畜中偷税抗税专项斗争，查获偷税违法犯罪案件30余件，立案13件，其中重大案件6件，追缴税款12万余元。实践证明，围绕当地党委和政府的中心工作开展打击偷税抗税犯罪，既容易取得党委和政府的重视和支持，又能较为彻底地解决一个地区或行业的偷税抗税犯罪问题，是开展打击偷税抗税犯罪的有效方法。三是强化侦查意识，深挖案中案。1992年，各级检察机关注意分析掌握偷税抗税案件的特点、规律，有针对性地采取多种侦查对策，深挖犯罪。如辽宁省本溪市检察院税务检察室在查处个体运输户王某偷税案时，细查王某的运输单、发货票等单据，在购销和批发环节上发现了一批犯罪线索，两个月就立偷税案件27件，追缴税款15万余元，还挖出了一起贪污案件。四是在办理偷税抗税犯罪案件的同时，积极采取多种措施，把打击、服务、预防结合起来，坚持办一案，治一片，为改革开放和经济建设保驾护航。有的地方与税务机关共同举办税法学习班和纳税户座谈会，对纳税人进行税法教育；不少地方利用宣传典型案件，兑现政策，形成声势，促使偷税者主动补缴税款或投案自首。此外，许多税务检察室通过办理偷税抗税案件，对发案单位和税收征收工作中存在的问题，及时提出《检察建议》，帮助堵漏建制，对预防犯罪起了积极作用。

四、税务检察室的业务建设和组织建设得到进一步加强。

截止1992年底，全国已有20个省、自治区、直辖市检察院建立了税务检察机构。各地检察机关税务检察人员进一步充实，素质有所提高，由兼职较多正在向专职为主的方向转变，其中上海、吉林、湖南、湖北、云南、福建、贵州、山西、天津等省、市的机构设置和人员配备基本能适应税务检察工作的需要。

1992年各地税务检察室把进一步建立和完善各项规章制度作为一项重要任务来抓。吉林省检察院税务检察室制定了"税检人员业务考核评比办法"，云南省检察院税务检察室制定了"税务检察室工作人员职责规定"等。这些制度的建立，不仅保证了税务检察室工作的顺利开展，而且为全国税务检察室正规化建设提供了经验。

为适应社会主义市场经济对加强税务检察工作的要求，尽快培养一支税务检察工作的专业化队伍，1992年各地检察机关开展了形式多样的业务培训工作。福建、安徽、上海、宁夏、青海、湖南、贵州等12个省、自治区、直辖市检察机关就税务检察业务知识、税收计征财务知识、刑法犯罪理论、偷抗税案件侦查等内容，采取授课、自学、讨论、案例分析等多种形式，对税检干部进行了培训。天津市检察院税检室采取"以会代训"的办法召开了税务检察室主任业务研讨会；上海市检察院税检室对税检室内勤工作人员集中培训。通过培训，提高了税务检察干部业务素质，促进了税务检察工作。

1992年税务检察工作还存在一些问题：一是有的检察机关对税务检察工作重视不够，没有把查处偷税抗税案件提上工作日程，案件办得少，甚至还有办案空白单位。二是有的税检室为了本地区或本部门的利益，违反案件管辖规定，出现了争办案件或者相互推诿的情况。三是有些案件质量不高，证据不够充分，存在不严格依照法律程序办案的现象。四是免诉率偏高。1992年所办偷税抗税案件中，免予起诉6456件，免诉率达65.3%，有的对偷抗税重大案件或情节严重的案件也作了免诉处理。

（最高人民检察院贪污贿赂检察厅
陈　波）

法　纪　检　察

【综述】 1992年，全国检察机关的法纪检察部门进一步加强法纪检察工作，积极同侵犯公民民主权利、人身权利和渎职犯罪行为作斗争。全年共受理各类法纪案件44746件，立案侦查17095件。

1992年，各级检察机关坚持以查办大案要案为重点，突出查办了刑讯逼供、非法拘禁、徇私舞弊和玩忽职守、重大责任事故等法纪案件。全年共受理上述各类案件33407件，立案侦查12532件，已侦查终结11854件。在已结案件中，重大案件1493件，特大案件483件；县处级干部46名，厅局级干部6名。在查处的案件中，影响较大的是人大代表周家良被非法拘禁案。

为切实加强法纪检察工作，维护国家法制的尊严，各地采取的主要措施有：(1)在办案的同时，不断总结经验。推广了深圳市沙头角区人民检察院办理一案促进一个企业发展的经验，湖南省湘阴县人民检察院破除地方保护主义协助外地检察机关办案的经验等。(2)坚持重点案件重点抓。1992年，最高人民检察院针对刑讯逼供、徇私舞弊案件比较突出的特点，下发了《关于严肃查处刑讯逼供和徇私舞弊案件的通知》。各地加强了对上述两类案件的查处工作，特别是通过查处发生在检察机关内部的案件，促进了司法队伍、检察队伍的建设。(3)采取措施，提高严肃执法的自觉性。1992年，各级检察机关认真贯彻最高人民检察院《关于严禁检察机关越权办案插手经济纠纷违法捕人的通知》，加强对干警的严肃执法教育，减少了违法办案、越权办案情况的发生。

面对加快改革开放和经济建设加速发展的新形势，各级检察机关在办理法纪案件中十分注意严格区分罪与非罪的界限，特别是在查办商贸流通领域和涉及重大科技问题的玩忽职守和重大责任事故案件时，坚持了细致查证、反复论证的正确方法，把在改革开放中的大胆探索和科学实验、新产品试制及工作中的失误与犯罪严格区别开来，有效地保护了公民的合法权利和国家利益不受侵犯，保障了国家机关的正常活动和企业的科学管理，促进了经济的发展。

（最高人民检察院办公厅
韩晓峰）

【中南六省（区）法纪检察调研会】
1992年10月17日至20日，最高人民检察院法纪检察厅在广州召开了中南六省（区）法纪检察工作调研会。参加会议的有河南、湖北、湖南、广东、海南、广西六省（区）人民检察院法纪检察处处长，广州、深圳、珠海市人民检察院以及广州铁路运输检察分院法纪检察处处长。会议就当前法纪检察工作的重点，法纪检察工作如何为改革开放和社会主义市场经济服务，如何进一步加强法纪检察工作，进行了研究和讨论。广东省人民检察院副检察长秦醒民在会上讲了话。最高人民检察院法纪检察厅副厅长杨振江主持会议并作了总结讲话。

会议认为，近几年来，中南地区法纪检察工作逐步加强，成绩显著。一是各级检察机关的领导重视法纪检察工作，切实把法纪检察工作摆上了加强的位置；二是许多地方的党委、人大不定期地听取法纪检察工作的专题汇报，法纪检察的社会影响扩大；三是各地查处了一批有影响的“侵权”、渎职案件，为保护公民的人身、民主权利，促进安全生产和科学管理，保证改革开放和经济建设的顺利进行作出了贡献；四是法纪检察干部的侦查水平明显提高，涌现出一批优秀侦查员；五是规范化建设逐步得到加强。

会议认为，法纪检察作为法律监督的重要组成部分，监督的对象重点是国家工作人员，特别是从事执法活动的司法和行政执法人员。从法纪检察管辖的案件看，重点是刑讯逼供、非法拘禁、徇私舞弊、玩忽职守和重大责任事故等五类案件，其中要优先查处公安、司法人员刑讯逼供、徇私舞弊和插手经济纠纷、非法拘禁人质的案件。重点案件中也要有侧重，要抓好大案要案的查处工作。上级检察机关要加强业务指导，抓好重点案件的导向。

会议提出，在新形势下，法纪检察如何为改革开放和社会主义市场经济服务，是急待研究、解决的重大课题。各级检察机关的法纪检察部门，必须认真学习党的十四大精神，转变思想，更新观念，明确树立为经济建设服务的指导思想。既要以办案为基础，又要克服单纯办案的倾向。服务要主动，要有一种意识，要把服务贯穿于办案的全过程。要重视和加强“侵权”、渎职犯罪的预防工作。

关于法纪检察工作如何进一步加强，会议提出如下建议：(1) 必须进一步提高对法纪检察工作重要性的认识。(2) 立足本职，狠抓办案，扩大办案的社会效果。(3) 加快法纪检察干部的培训步伐，增强干警的侦查破案能力。(4) 加强业务指导，抓好业务基础建设和不立案案件的处理工作。(5) 重视预防犯罪工作，为改革开放和经济建设提供最直接最有效的服务。

会议还就当前司法工作人员以及其他行政执法人员徇私舞弊、贪赃枉法的案件如何突破，“人质型”非法拘禁案件如何协调办案和解救“人质”，以及流通经营领域、科学实验和生产活动中的玩忽职守案件如何慎重办理等问题，进行了研讨，并提出了具体意见。

（最高人民检察院法纪检察厅
董同会）

【南方十省（区、市）玩忽职守犯罪研讨会】 1992年1月6日至12日，最高人民检察院法纪检察厅与海南、广东、广西、湖南、湖北、河南、贵州、上海、广州、深圳等十省（区、市）检察机关，在海口市召开了玩忽职守犯罪研讨会。与会代表就玩忽职守犯罪的主体、经济损失的认定、刑罚处罚等问题，作了专题研讨，并对《刑法》第一百八十七条的修改问题，提出了立法建议。

一、关于玩忽职守犯罪的主体问题。大多数代表认为，《最高人民检察院关于正确认定和处理玩忽职守罪的若干意见》中对国家工作人员的规定与解释，即：国家工作人员是指在国家各级机关、军队、社会团体、全民所有制企业、事业单位中的工作人员，以及其他各种依照法律从事公务的人员。所谓依照法律从事公务的人员，是指经人民选举或受国家机关、军队、社会团体、全民所有制和集体所有制的企业、事业单位的委托、聘用，从事管理工作的人员。全民所有制或集体所有制的企业、事业单位，将其全部或部分资产，发包给个人或若干人负责经营，其承包经营的负责人员和管理工作人员，应视为国家工作人员范围。这一规定与解释在当前查处玩忽职守犯罪中基本适用。

也有的代表提出，玩忽职守犯罪侵害的客体是国家正常的管理秩序，与此相统一，对于玩忽职守罪中的主体应严格限制在《刑法》第八十三条规定的范围内。这样才能与玩忽职守犯罪所侵害的客体相统一。

二、关于玩忽职守犯罪直接经济损失的确认问题。在查处玩忽职守犯罪的司法实践中最突出的问题是经济损失难以确定，尤其是对在经贸购销活动中和贷款中的经济损失的认定分歧较大。

1、关于确认直接经济损失的时间界限问题。大多数代表赞同以检察机关将某一案件立案侦查为时间界限。检察机关立案侦查前由责任人和责任人所在单位以及司法机关以合法手段追回的款物不计算为直接经济损失；检察机关在立案侦查后由检察机关依据法律手段追回的款物应计算为直接经济损失。发案单位在向检察机关报案后检察机关尚未立案又向人民法院起诉的，检察机关则以等待人民法院判决执行期满，强制执行已无法执行，损失数额已基本确定时，检察机关可依据具体情况，确定是否立案。

2、关于银行贷款的利息是否计算为直接经济损失问题。大多数代表认为，银行是经营货币的企业单位，它是以利率作为企业的营利，利率是它们存在的基础。因此，银行贷款丧失了利息和企业管理混乱造成亏损的性质与后果是一样的，应当计算为直接经济损失。

也有的代表认为，银行贷款的利息未实现，不能作为直接经济损失计算。

3、被国家行政执法部门查处的罚没款是否应认定为直接经济损失。与会代表认为，此部分款项对企业来说已丧失了所有权与经营权，对该企业来说就是已造成了损失，为了保障经济体制改革的顺利进行和《企业法》的顺利实施，应当计算为直接经济损失。

三、关于对玩忽职守犯罪的刑罚处罚问题。与会代表一致认为，现行《刑法》对玩忽职守犯罪的刑罚处罚过轻，不能起到惩戒与教育犯罪分子的作用，建议提高该罪的最高刑期。但是，在最高刑期的上限上有不同意见。有的认为再高也不能超过七年；有的认为从目前司法实践看有一些玩忽职守犯罪是有犯罪的故意存在的，因此可以将玩忽职守犯罪的最高刑期提高到十五年。

与会代表还指出，目前《刑法》对玩忽职守犯罪的处罚规定太笼统，建议应分挡次予以处理。如“造成国家重大损失的，处二年以下有期徒刑或拘役；造成国家特别重大损失的，处×年以下有期徒刑；造成国家特别巨大损失的，处×年以下有期徒刑”。这样，在司法实践中可以做到罚当其罪，避免同一犯罪情节与损失后果相同，而不同地区不同案件的处罚则截然不同的现象，以维护社会主义法制的尊严。

有的代表还针对目前玩忽职守犯罪与其他经济犯罪相互交织以及有的玩忽职守犯罪分子为贪图私利而给国家造成重大经济损失的实际情况，建议对该罪增处财产刑。

在研讨会上，有的代表还提出，现行《刑法》中“玩忽职守罪”的概念不科学，范围过大是造成目前办理玩忽职守案件困难重重的根本原因。从司法实践中看，按现在的刑法所规定的玩忽职守罪所侵害的客体不仅是复杂客体，有的甚至是不同类别的客体。侵害不同类别的犯罪客体被判处同一个罪名势必造成了犯罪主体、经济损失、责任范围及处罚上的困难与争论。要从根本上解决这个问题，只能依据目前司法实践，将明显不是侵犯国家管理秩序的那些犯罪行为，从玩忽职守罪中分列出去，确立新的罪名，规定相应的刑罚处罚。

（最高人民检察院法纪检察厅
孙佩生）

监所检察

【综述】 1992年，全国各级人民检察院的监所检察部门，紧紧围绕检察机关的工作重点，全面发挥法律监督的职能作用，致力于维护法制和保护被监管改造人员的合法权益。

一、继续坚持把对监管改造场所执行法律政策情况的检察放在首位。1992年，各级监所检察部门严格遵循执法必严、违法必究的原则，深入监管改造场所第一线，认真实行经常化、制度化、规范化的检察监督。一年来，对在检察中发现的执行刑事判决、裁定和监管改造活动中的各类违法情况提出口头和书面纠正意见41132件（次）。其中特别是对超过法定办案时限导致超期羁押人犯的问题，做到逐人逐案检察，及时纠正，务求实效，使这一违法现象比1991年下降6.1%。

二、严厉打击劳改犯、劳教人员在监管改造期间的犯罪活动。1992年，各级监所检察部门继续坚持依法从重从快的方针，针对当地监管改造场所比较突出的犯罪活动，重点打击了组织越狱、集体脱逃、聚众闹事、杀伤监管改造干警以及“牢头狱霸”等严重刑事犯罪活动。一年来，共批准逮捕劳教人员、刑满和解教留场就业人员犯罪分子949人，依法起诉上述人员和劳改犯又犯罪的犯罪分子5647人，稳定了监管改造秩序。

三、严肃查处监管改造场所干警贪污、受贿和“侵权”、渎职犯罪案件。1992年，各级监所检察部门坚决贯彻“一要坚决，二要慎重，务必搞准”的方针，在监管改造场所持续开展惩治贪污贿赂犯罪的斗争；同时坚决遵循“公民在法律面前一律平等”的原则，进一步加强“侵权”、渎职犯罪案件的查处工作。一年来，共立案侦查贪污、贿赂等经济犯罪案件99件，“侵权”、渎职犯罪案件74件，促进了监管改造场所的廉政建设和依法文明管理。针对近年来少数司法干警以给犯人提请减刑、假释、保外就医和给劳教人员减期、所外执行为名，向劳改犯、劳教人员及其家属索贿受贿的案件增多，“侵权”、渎职案件中的体罚虐待被监管人和私放罪犯案件突出等情况，最高人民检察院在1992年9月召开的全国监所检察工作会议上，分析研究了办理该类案件的法律政策界限问题。

四、认真办理被监管改造人员及其家属向检察机关提出的控告申诉案件。1992年，各级监所检察部门遵循实事求是、有错必纠的原则，对羁押人犯、劳改犯、劳教人员及其家属的控告申诉，均认真予以审查处理。一年来，共受理控告、申诉9609件，其中，自行立案查处控告案件318件，自行立案复查申诉案件1121件。对申诉案件经复查认为确有错误的，向有关部门提出改判建议、抗诉或纠正意见484件，原审判机关和劳教审批机关已改判、纠正217件，其中释放无罪（错）人员35名。

五、积极参与社会治安综合治理。1992年，各级监所检察部门认真贯彻全国人大常委会《关于加强社会治安综合治理的决定》，发挥了监所检察部门在社会治安综合治理中的职能作用。一年来，各地监所检察部门在对监外罪犯（包括管制犯、剥夺政治权利犯、缓刑犯、假释犯以及批准暂予监外执行的罪犯）监督考察情况的检察中，积极建议和协助落实监改组织和帮教措施，对监外罪犯进行思想教育，配合执行机关和有关部门联合监督考察，收到明显成效；各地驻看守所、劳改及劳教场所的检察人员，配合主管部门对被监管改造人员进行法制、政策、形势等教育，共集体宣讲45700余次，有重点地对重刑犯和思想顾虑较多的羁押人犯、劳改犯、劳教人员开展个别思想帮教转化活动；许多监所检察干部不辞劳苦，主动走访犯人、劳教人员的家属，动员他们和有关部门搞好规劝帮教工作，还发动社会各方面的力量，到监管改造场所探望本地籍的犯人和劳教人员，促进他们加快改造的步伐；一些地方的基层监所检察部门对刑满释放、解除劳教人员，定期进行回访考察，认真帮助解决接茬教育和安置工作不够落实的问题。通过多渠道、多层次的各种措施，促进提高了改造质量，预防和减少了重新犯罪，对社会治安的稳定做出了应有的贡献。

（最高人民检察院监所检察厅

孙朝英）

【全国监所检察工作会议】 1992年9月4日至9日，最高人民检察院在北京召开了全国监所检察工作会议。参加会议的有各省、自治区、直辖市人民检察院和军事检察院主管监所检察工作的副检察长、监所检察处处长以及部分基层检察院的代表等，共105人。最高人民法院、公安部、司法部、中国人民武装警察部队总部等有关单位应邀派员参加了会议。

最高人民检察院检察长刘复之接见了与会代表，副检察长张思卿、王文元出席了会议，王文元副检察长在会议结束时作了总结讲话，最高人民检察院监所检察厅厅长陈大豪就全国检察机关监所检察工作的基本情况和今后工作的意见作了报告。

会议总结、交流了监所检察部门办理各类案件的经验，研究了办理有关案件适用法律的界限问题，讨论修改了《人民检察院看守所检察工作规范（试行）》和《关于劳改、劳教检察工作实行经常化、制度化的意见》等文件。

会议认为，近几年来，全国检察机关不断深化对监所检察工作的认识，加强了基层监所检察部门，特别是向监狱、看守所、劳动改造和劳动教养等监管改造场所派驻检察机构的工作进展很快。到1992年6月底，在全国看守所中，已设置驻所检察室1924个；在全国劳改、劳教场所中，已设置派出检察院66个，驻场（厂）检察室（组）711个。在全国监管改造场所中，派驻检察机构的已达90%以上。各级监所检察部门在对于刑事案件判决、裁定的执行和监管改造场所的活动是否合法实行监督的工作中，紧紧围绕检察机关的工作重点，充分发挥了法律监督的职能作用，为维护法制和正常的监管改造秩序、促进监管改造机关依法文明管理、保护被监管改造人员的合法权益、预防和减少重新犯罪做出了贡献。自1989年1月至1992年6月，全国各级监所检察部门和派驻检察机构，共对监管改造场所的违法情况提出纠正意见29万余件（次）；审查批准逮捕劳教人员、刑满及解除劳教留场就业人员中的犯罪分子4104名，起诉上述人员及劳改犯又犯罪的犯罪分子22126名；共立案侦查监管改造场所干警和工作人员贪污、受贿犯罪案件712件，“侵权”、渎职犯罪案件478件；共受理劳改犯、劳教人员及其家属提出的控告和申诉17800余件，其中在1991年受理的9289件申诉中，自行立案复查1942件，经复查认为确有错误的，向有关部门提出改判建议、抗诉和纠正意见570件，原审判机关和劳教审批机关改判和纠正380件，其中释放无罪（错）人员141名。

最高人民检察院副检察长王文元在总结讲话中强调：各级检察机关要进一步提高对监所检察工作的认识，把监所检察工作列入重要议事日程，摆到应有的位置；明确业务指导思想，针对监管改造机关执法活动中不同时期存在的突出问题，确定监督的重点，进一步加强监所检察工作经常化、制度化、规范化建设和监所检察派驻机构、监所检察队伍的建设。

最高人民检察院检察长刘复长在接见与会代表讲话时指出，劳动改造罪犯是我们国家独特的创造，把罪犯改造成为社会主义社会有用的新人，改造成为守法的劳动者，这是我们的历史任务，也是我们最大的人道主义。讲保护人权，这是我们保护人权的重要措施之一。监所检察部门要从这个高度，充分认识自己工作的重要性，搞好劳改、劳教、看守所检察工作，维护国家的稳定和社会的安定，也保护罪犯应有的法律规定的权利。

（最高人民检察院监所检察厅
孙朝英）

民事行政检察

【综述】 1992年，全国各级检察机关的民事行政检察部门，认真落实全国民事审判监督程序抗诉工作座谈会精神，依照民事诉讼法和行政诉讼法以及最高人民检察院《关于民事审判监督程序抗诉工作暂行规定》，认真履行法律监督职责，克服困难，开拓进取，积极办案，使民事行政检察工作取得了新的进展。主要表现在两个方面：

第一个方面是突出重点，严格执法，狠抓办案。1992年，民事行政抗诉案件数量呈现上升趋势，与1991年相比较，民事行政抗诉案件的受理数、提请抗诉数、抗诉数、检察建议数都有较大幅度的提高。据25个省、自治区、直辖市的统计，共受理民事、经济、行政申诉案8647件，提出抗诉97件，法院再审12件，改判11件，维持原判1件。其中办理抗诉案件较多的地区是：福建省16件、湖北省15件、新疆维吾尔自治区和河南省各11件。各地检察机关在办理民事行政抗诉案件过程中，注意把握以下几个环节：一是确保抗诉质量。在深入调查研究、收集证据的基础上，严格依据法律，准确提出抗诉理由，认真执行抗诉案件备案审查制度，保证了抗诉案件的质量。二是运用“检察建议”的监督方式，取得了明显的效果。各地向法院提出检察建议或改判建议共368件，法院采纳改判的共111件，占提出检察建议总数的30％。三是调动了基层检察院民事行政检察干部的工作积极性。很多基层检察院受理当理人申诉、检举、审查民事行政判决裁定的工作做得很好。有些基层检察院增加了建议上级检察院提请抗诉的工作内容，为分、市院办理提请抗诉案件和省级院办理抗诉案件分担了大量工作。1992年民事行政检察工作遇到的主要困难是：在司法实践中，因对民事行政审判监督抗诉程序的有关问题，如审级、调卷等问题的认识不一致，检察机关向人民法院提出抗诉的民事行政案件再审的比例很小，只占检察机关提起民事行政抗诉案件总数的

10%左右。

第二个方面是机构建设、人员配备前进了一大步。截止1992年11月，全国30个省、自治区、直辖市检察院除西藏外，均成立了民事行政检察处；据27个省（自治区、直辖市）的统计，已有299个分、州、市检察院成立了民事行政检察处（科），占其分、州、市检察院总数的91%；有1202个县（区）级检察院建立了民行科，占其县级（区）检察院总数的44%。其中，宁夏、天津、上海、吉林四省、自治区、直辖市的三级检察院全部成立了民事行政检察机构；河南、辽宁、北京、河北、福建、山东、内蒙古、湖南、四川等省、自治区、直辖市的基层院的机构建设也发展较快。全国已有民事行政检察干部3200人。民事行政检察机构的增加，干部队伍的发展，为民事行政检察工作进一步发展打下了基础。

（最高人民检察院民事行政检察厅 石小申）

【全国民事审判监督程序抗诉工作座谈会】 1992年3月19日至22日，最高人民检察院在北京召开了全国民事审判监督程序抗诉工作座谈会。会议学习了邓小平同志视察南方的重要讲话，修改了《最高人民检察院关于民事审判监督程序抗诉暂行规定（征求意见稿）》，研究了当前的民事抗诉工作情况和存在的问题。11个省、自治区、直辖市检察院的5位副检察长和11位民事行政检察处处长参加了座谈会。最高人民检察院副检察长张思卿、梁国庆参加了座谈会，并作了重要讲话。

会议认为，近几年来民事行政检察工作经历了一个曲折发展的过程，克服了很多困难，取得了不少成绩。首先，《民事诉讼法》和《行政诉讼法》都明确规定了检察机关有权对民事审判活动和行政诉讼活动实行法律监督，并对审判监督程序抗诉问题作出了较为具体的规定。其次，检察机关重建以来，民事行政检察工作从无到有，得到了很大的发展。目前，全国已有29个省、自治区、直辖市检察院成立了民事行政检察处，72%的分、州、市检察院和26%的县（区）检察院成立了民事行政检察机构。全国已拥有一支2000多人的民事行政检察干部队伍。受理了一大批不服判决裁定的申诉，向法院提出了一批抗诉案件，其中6件经再审改变了原已生效的错误判决、裁定。民事行政检察业务建设开始起步，并建立了一些必要的规章制度。采取多种形式培训了民事行政检察干部。会议强调，要充分认识开展民事行政检察工作的重要意义。民事行政检察工作从试点到依法办理抗诉案件，已经引起了社会各界的重视和关注，受到了人民群众的欢迎，得到了各地党委、人大、政府和人民法院的积极支持和帮助。法律规定人民检察院有权对民事审判活动和行政诉讼实行法律监督，完善了检察机关法律监督的职能。现在，在我国刑事、民事、行政诉讼活动中，检察机关都有法律监督的职能，从而形成了中国式的社会主义检察制度的独特格局。这对于加强我国社会主义法制建设，促进社会主义经济发展，都有重要意义。

会议指出，按照现行法律规定，人民检察院对民事行政诉讼实行法律监督的主要途径是搞好审判监督程序的抗诉工作。为此，第一，要突出办案。通过办案来验证检察机关对民事审判活动和行政诉讼实行法律监督的必要性和重要性，促进民事行政检察工作的开展。各地都要下决心、花力气办理一批有影响的民事行政抗诉案件，特别要敢于办理那些由于非法干预造成判决、裁定错误，争论很大，影响社会稳定，非抗不可的案件。在工作中，要分别情况，区别对待。可抗可不抗的，一定不抗，有的可采取检察建议或纠正违法的方式提出。人民法院已经决定再审的，可将有关申诉材料转交。对那些判决、裁定基本正确的申诉，应当宣传法制，做好息诉工作，并将有关这方面的情况定期向法院通报，这也是检察机关份内的工作。对符合抗诉条件，不通过抗诉就不能纠正已经生效确有错误的判决、裁定，要坚决提出抗诉。人民法院再审后仍然维持错误判决、裁定的，也还可以依法再次提出抗诉。检察机关不能以法院是否改判作为衡量抗诉工作的标准。第二，要把对错误裁判的监督和对审判人员违法犯罪行为的监督有机地结合起来。根据《民事诉讼法》的规定，审判人员有贪污受贿、徇私舞弊、枉法裁判行为，构成犯罪的，检察机关应依法立案侦查，追究刑事责任。如果审判人员在审理该案件时有上述行为的，无论是否构成犯罪，都应按民事行政审判监督程序提出抗诉。第三，要调查研究。办案的过程就是调查研究的过程。加强调查研究可以保证办案质量。要强调搞好专题调查和案例分析。最高人民检察院民事行政检察厅要列出今年重点调查研究的课题，各省、自治区、直辖市检察院也要确定自己的调研题目。经过一段办案实践，总结经验，交流调研成果。

会议认为，民事行政诉讼审判监督程序抗诉应当由上级人民检察院向同级人民法院提出并由同级人民法院再审。第一，审判监督程序抗诉除最高人民检察院对最高人民法院确有错误的判决、裁定向最高人民法院提出抗诉外，多数情况下，主要体现上级人民检察院对下级人民法院的监督。最高人民检察院和上级人民检察院按照审判监督程序提出的抗诉，理应向同级法院提出。第二，审判监督程序抗诉引起的再审不同于法院自身决定的再审，审判监督程序的抗诉如果由原作出生效判决、裁定的法院再审，不但检察院出庭困难，更主要的是不容易纠正确有错误的裁判，必然造成执法不严、违法不纠。第三，审判监督程序抗诉较之上诉程序抗诉更慎重、更严肃，通常是两审终审以后的抗诉，必须是发现确有错误而不是认为确有错误。既然上诉程序抗诉是向上级法院抗，并由上级法院二审，审判监督程序抗诉就更应当向作出生效裁判法院的上级法院抗诉并由其再审，这是符合诉讼程序的，体现的是人民检察院对人民法院审判活动（包括刑事、民事、行政）的监督，为使这个监督有效，以支持人民法院秉公办案，就必须提高审级。第四，审判监督程序抗诉由上级法院受理和再审是有法律根据的。人民法院组织法第二十五条、二十八条、三十二条都明确规定了人民检察院按照审判监督程序提出的抗诉案，由中级、高级和最高人民法院审判，唯独对基层人民法院没有这样的规定。如果上级人民检察院包括最高人民检察院对基层法院作出的已生效的确有错误的裁判提出抗诉，仍由基层法院再审，这不仅不合法理，也违背法律规定。

座谈会上，各地同志对《最高人民检察院关于民事审判监督程序抗诉暂行规定（征求意见稿）》进行了认真的讨论，提出了修改意见。

（最高人民检察院民事行政检察厅

石小申）

控告申诉检察

【综述】 1992年，全国各级检察机关的控告申诉检察部门，继续抓好举报工作，保证惩治贪污贿赂犯罪斗争的深入开展，认真履行法律监督职能，抓好刑事申诉案件特别是不服免诉申诉案件的复查工作，认真接待处理人民来信来访和控告申诉，取得了较好的成绩。

1992年，各级检察院共受理各类举报线索215122件，其中首次举报线索184835件。在首次举报的线索中，贪污贿赂、挪用公款、偷税抗税等经济犯罪线索155385件，其中，贪污贿赂线索106911件，占经济犯罪线索总数的68.3%；“侵权”、渎职等线索59737件。1992年举报工作的主要特点是：(1) 为解决举报线索积压较为严重的状况，根据最高人民检察院的统一部署，各地举报部门共清理积压的举报线索62780件，初查26757件，立案12907件。(2) 以拍摄发行电视专题片《大地的回声》为契机，加强举报宣传工作的力度。(3) 普遍承担了部分举报线索的初查工作。(4) 完善举报线索管理机制，开始实行要案线索移送备案制度。

1992年，各级检察院共受理各类申诉138290件次，其中，来信申诉105865件次，来访申诉32425件次，分别占申诉总数的76.6%和23.4%。在办理申诉案件工作中，坚持了以下三点：(1) 把不服免予起诉的申诉案件作为控告申诉部门复查工作的重点。全年共受理不服免予起诉的申诉10353件，其中，立案复查3975件，占受理数的38.4%；已结案2428件，其中改变原决定的924件。(2) 优先办理科技人员、厂长经理的申诉案件。(3) 切实履行法律监督职能，依法复查不服法院判决的申诉。全年共受理不服法院判决的申诉20251件，对人民法院确有错误的判决，按照审判监督程序，依法向人民法院提出了抗诉。

1992年，各级检察院共受理群众来信来访638285件次，其中，来信494355件次，来访143930件次。在处理来信来访工作中，主要抓了以下几项工作：(1) 为了进一步密切检察机关与广大群众的联系，最高人民检察院决定在各级控告申诉检察部门开展了文明接待室评比活动。(2) 认真处理群众集体上访，告急信访和上访老户，积极参与综合治理工作。(3) 逐步建立健全了检察长接待日制度。

（最高人民检察院控告申诉检察厅
徐　森）

铁路运输检察

【综述】 1992年，全国各级铁路运输检察机关，继续深入进行了打击“以车谋私”等贪污贿赂犯罪的斗争，坚持依法从重从快严厉打击“车匪路霸”等严重刑事犯罪活动，积极开展了其他各项专门检察工作，为铁路的廉政勤政建设、铁路治安的稳定好转和铁路的运输生产及经济发展做出了贡献。

一、在查处铁路系统中的贪污贿赂等经济犯罪中，各级铁检机关始终坚持了“一要坚决、二要慎重、务必搞准”的原则，积极查办具有铁路行业特点的贪污、贿赂犯罪。全年共受理贪污、贿赂等经济犯罪案件1214件，较1991年下降4.6%；立案侦查742件796人，较1991年分别下降2.9%和5.8%。其中，贪污案280件322人，贿赂案404件412人，占立案总数的92.2%。立案侦查万元以上大案156件170人，处级以上干部要案13件13人。决定向法院提起公诉359人，决定免予起诉333人，作撤销案件处理的112人。共为国家挽回经济损失折合人民币1619.4万元。在惩治贪污、贿赂犯罪斗争中，各级铁检机关讲究斗争策略，注意办案的政治效果、社会效果和法律效果的统一。采取了集中力量查办大要案，依法妥善处理小案；深入亏损企业挖“蛀虫”；一手抓办案，一手抓治理；运用侦查策略，强化侦查手段等做法，取得了显著的成效。

二、在维护铁路运输生产秩序、打击危害铁路治安的刑事犯罪活动中，各级铁检机关坚持与铁路公安、法院分工负责，互相配合，互相制约的原则，有力地打击了铁路上的刑事犯罪活动。全年共受理铁路公安机关提请批准逮捕人犯9318人，比1991年下降5.8%，经审查批准逮捕8594人，比1991年下降2.8%。其中，批准逮捕重特大案犯3747人，占批捕总数的43.6%，比1991年下降19%。受理铁路公安机关移送起诉、免予起诉的案犯11675人，比1991年下降4.76%。经审查，决定向铁路法院提起公诉9350人，比1991年下降0.14%；决定免予起诉923人，比1991年上升0.76%。在打击严重刑事犯罪活动的工作中，各级铁检机关把那些严重破坏铁路运输生产、危害旅客人身、财产安全的爆炸、抢劫、杀人、强奸、重大伤害、重大盗窃、贩运毒品等犯罪活动列为打击的重点，认真贯彻依法从重从快的方针，坚持对重特大案件实行“提前介入”制度，坚持“两个基本”的原则，做到快批捕、快起诉，提高了办案效率，保证了办案质量。与此同时，各级铁检机关还积极参加了铁路系统组织的各类专项打击和专项治理工作，结合办案落实铁路治安综合治理的各项措施，帮助发案单位改善内部环境，提出“检察建议”，大力开展法制宣传活动，在重点区段建立铁路治安综合治理联系点，有力地促进了铁路治安的稳定。

在履行侦查监督、审判监督的职责中，各级铁检机关把防错、防漏作为重点，全年共防止错捕351名，追捕人犯39名；防止错诉27名，追诉被告人29名；向铁路公安发出纠正违法通知书89件次，向铁路法院发出纠正违法通知书97件次；对确有错误的判决、裁定提出抗诉24件，有力地维护了法制的统一实施。

三、在维护公民的民主权利、人身权利、保证国家铁路正常的公务活动中，各级铁检机关进一步加强了法纪检察工作。狠抓了重大案件的查处，特别是加强了对铁路公务人员、司法人员中的刑讯逼供、徇私舞弊、玩忽职守、重大责任事故等案件的查处。全年共受理“侵权”、渎职案件265件270人，较1991年下降1.8%；决定立案侦查62件72人，较1991年下降20%；立案侦查重大案件16件19人；共为国家挽回经济损失280万元。在工作中，各级铁检机关注意总结法纪案件侦查工作经验，提高了侦破能力。在办案中针对发案单位存在的问题，积极开展综合治理活动，加强防范工作，减少了犯罪的发生。

四、在维护铁路监管改造场所的工作中，各级铁检机关认真履行监所检察职责。重点抓了驻所检察制度的完善和落实，加强了对监管机关执法活动的检察。全年共发现和纠正违法行为 604 起，配合公安机关进行安全检查 1546 次，发现不安全的隐患 1093 处，防止各类事故 67 起，促进了监管改造机关的文明管理，维护了监管秩序。

五、在控告、申诉检察和举报工作中，各级铁检机关紧紧围绕重点工作，认真妥善地处理控告、申诉案件。对群众举报热情接待，对打击报复举报人的案件和对免诉案件不服的申诉以及“告急”案件优先处理。全年共受理公民控告、申诉案 3341 件次，较 1991 年下降 8%，其中，受理控告、举报 2780 件，向自行侦查部门提供各类犯罪线索 1591 件，在自侦部门立案侦查的案件中有 50%来自公民的控告或举报。受理公民申诉 561 件，其中，不服法院判决裁定的 73 件，不服检察院免诉的 86 件，经过复查已纠正 12 件，维护了公民的控告、申诉权利。

六、随着社会主义法制建设的逐步完善，铁路运输检察工作也不断得到了加强，广大铁路检察干警的政治素质和业务素质不断提高。1992 年，一批先进集体和先进个人受到了各级领导机关的表彰和奖励。其中，受最高人民检察院表彰的先进集体 4 个、先进个人 8 名；受到省级人民检察院表彰的先进集体 25 个，先进个人 81 名；受到各铁路局、铁路分局、检察分院表彰的先进集体 73 个，先进个人 348 名。

（最高人民检察院铁路运输检察厅

王向东）

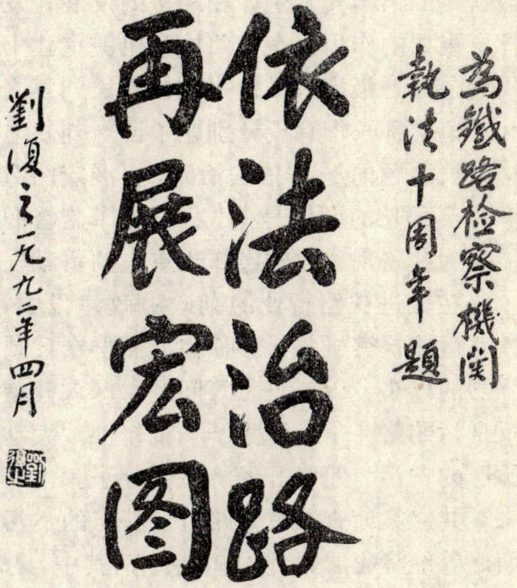

【铁路运输检察机关重建十周年】 根据 1979 年 7 月 1 日第五届全国人民代表大会第二次会议通过的《人民检察院组织法》的规定，全国铁路运输检察机关于 1982 年 5 月 1 日重新建立，至 1992 年 5 月 1 日，已经走过了十年的历程。这十年，是铁路检察工作为改革开放、铁路运输安全生产和经济建设服务不断开拓创新的十年，是艰苦创业、不断发展的十年。十年来，全国各级铁路检察机关始终遵循党的十一届三中全会以来的路线、方针、政策，围绕党和国家的中心工作，认真执行国家的法律，履行专门法律监督职责，全面开展专门检察机关的各项工作，为铁路运输系统的勤政廉政建设，为铁路治安秩序的好转，为保障公民人身权利、民主权利，促进铁路的运输安全生产和经济的发展，发挥了重要的作用。在铁路检察机关重建十周年之际，最高人民检察院检察长刘复之和铁道部部长李森茂分别题了词。刘复之检察长的题词是："依法治路，再展宏图"；李森茂部长的题词是："发挥法律监督职能，为铁路现代化建设作出更大的贡献"。

在促进铁路行业的勤政廉政建设中，铁路运输检察机关紧紧抓住人民群众反映强烈的以车、以票谋私等问题，深入开展反贪污贿赂斗争，清除了一批侵蚀"大动脉"的贪污、贿赂等经济犯罪分子。十年来，共立案侦查具有铁路行业特点的贪污贿赂等经济犯罪案件4500余件，其中，万元以上大案824件，处级以上干部要案74件，为国家挽回经济损失6600余万元。

在维护铁路的正常运输秩序中，铁路运输检察机关与铁路公安、法院分工负责，互相配合，互相制约，坚决贯彻依法从重从快的方针，对严重危害铁路治安的重、特大案件，实行提前介入，做到快捕快诉，严惩了一大批作恶多端的"车匪路霸"等严重刑事犯罪分子，狠刹了犯罪分子的嚣张气焰。十年间共批准逮捕各类刑事犯罪分子65000余名；向铁路法院起诉各类刑事犯罪分子66000余名。

在维护公民的民主权利、人身权利，保证国家铁路正常的公务活动中，铁路运输检察机关认真查处了铁路运输生产中发生的玩忽职守、重大责任事故以及少数铁路执法人员侵犯公民民主权利和人身权利的案件。十年间，共立案查处各类渎职"侵权"犯罪案件363件。

依法履行法律监督职责，认真开展侦查监督、审判监督、执行监督以及控告申诉工作，保证了国家法律在铁路系统的正确实施。十年间，各级铁路运输检察机关通过审查批捕、审查起诉，追捕人犯1425名，追诉被告人642名，防止错捕4247名，防止错诉499名，向公安机关和法院发出《纠正违法通知书》695件，对确有错误的判决、裁定提出抗诉159件，使罪犯受到了应有的惩罚，保障了无罪的人不受刑事追究。同时，积极开展监所检察监督，纠正监管场所中的违法犯罪，维护了正常的监管秩序。对公民的控告、申诉及时进行查处或复查，密切了同人民群众的关系，保障了公民的控告、申诉权利。

在打击犯罪、纠正违法的同时，各级铁路运输检察机关还认真开展了铁路治安综合治理的其他工作，把办案与治理有机地结合起来。一是积极开展检察建议工作，帮助发案单位整章建制，改善企业内部环境。二是建立综合治理联系点，对问题较多的单位进行长期跟踪治理。三是在各基层站、段聘请了3000多名检察联络员，加强了同群众的联系。四是加强对免诉人员的帮教考察，减少了重新犯罪。五是利用检察业务中的各个环节，大力开展法制宣传教育，扩大了办案的社会效果，增强了广大铁路职工的法制观念。

十年来，广大铁路检察干警在斗争实践中得到了锻炼，经受了考验。在人员少、任务重、工作条件差的困难情况下，勤奋工作，忠实地履行了宪法和法律赋予的职责，秉公执法，依法办案，在实践中增长了才干，提高了素质，成为一支人民可以信赖的有战斗力的专门检察队伍。

十年的实践证明，党和国家决定重新建立铁路运输检察机关是确立依法治理国家铁路的重要标志，是一项英明的决策。同时，也证明了铁路运输检察机关是中国特色的社会主义检察制度中不可缺少的重要组成部分，是保障国家法律统一、正确实施，保卫国民经济“大动脉”的重要力量。没有铁路运输检察机关这一专门的法律监督机关，就无法保证国家法律在铁路系统的统一、正确实施。

（最高人民检察院铁路运输检察厅 王向东）

【全国铁路检察长会议】 1992年12月19日至24日，最高人民检察院在云南省昆明市召开了全国铁路检察长会议。会议的主要任务是：深入贯彻落实党的十四大和全国检察长会议精神，总结1992年的铁路运输检察工作，研究和部署1993年的工作任务，讨论在社会主义市场经济体制下如何进一步发挥铁路运输专门检察机关的职能作用，更好地为铁路系统深化改革、运输生产安全和建设提供高质量的服务，交流铁路系统开展反贪污贿赂斗争和严厉打击严重刑事犯罪活动等方面的经验。

会议由最高人民检察院副检察长陈明枢主持，并在会议结束时作了总结讲话。最高人民检察院铁路运输检察厅厅长陈振东作了题为《以党的十四大精神为指针，强化专门检察职能，为铁路系统深化改革和经济建设服务》的工作报告。出席会议的有最高人民检察院咨询委员会副主任冯锦汶、委员袁恭稳以及全国12个铁路运输检察分院、59个铁路运输检察院的检察长，共95人。最高人民法院、铁道部、云南省人民检察院、成都铁路局、昆明铁路分局、昆明市人民检察院、昆明军事检察院等单位的有关负责同志及部分新闻单位的记者，应邀出席了会议。

会议认为，1992年，全国各级铁路检察机关在邓小平同志视察南方重要谈话和第九次全国检察会议精神指引下，牢固树立铁路检察工作为铁路运输安全生产和经济发展服务的指导思想，充分发挥专门检察职能，深入开展打击以车谋私等贪污贿赂犯罪斗争，取得了显著成效；坚持依法从重从快严厉打击车匪路霸等严重刑事犯罪斗争，取得了很大的成绩；其他各项专门检察工作也有了较大的进展。为铁路系统的廉政建设、铁路治安的稳定，为铁路运输安全生产和经济的发展作出了贡献。

会议研究确定了1993年铁路运输检察工作的主要任务：坚持以邓小平同志建设有中国特色社会主义的理论为指导，坚持贯彻党的十四大精神，毫不动摇地坚持党的“一个中心，两个基本点”的基本路线，始终不渝地贯彻铁路检察工作为铁路深化改革、安全运输生产和经济建设服务的指导思想。坚持“两手抓、两手硬”的方针，贯彻警惕右，但主要是防止“左”的精神，进一步解放思想，实事求是。继续深入开展反贪污贿赂斗争，依法从重从快严厉打击严重刑事犯罪活动，认真查办“侵权”、渎职犯罪案件，做好监所、控申检察工作，加强铁路检察机关的自身改革和建设，理顺铁路检察体制，强化专门法律监督职能，更自觉、更直接地为铁路运输安全生产和经济发展服务。

会议指出，在铁路实行社会主义市场经济体制的新形势下，各级铁路检察机关要大力加强调查研究，了解新情况，解决新问题，使铁路检察工作适应铁路发展的需要。在开展检察业务中，仍要坚持“两手抓、两手硬”的方针，要严格执法，依法独立行使检察权。要继续坚持不懈地开展反贪污贿赂斗争，把以车谋私、以票谋私和工程部门中的以包谋私等贪污贿赂犯罪作为打击的重点。与铁路公安、法院密切配合、协同作战，对犯罪活动猖獗的重点站、车、区段进行集中治理、专项打击，严惩车匪路霸，维护铁路治安秩序。继续认真查办铁路系统中的“侵权”、渎职犯罪案件和做好其他各项专门检察工作，为铁路的深化改革和经济发展创造一个良好的法制环境。会议强调，根据党的十四大精神，在新的形势下，铁路检察机关的任务将更加繁重，铁路检察工作只能加强不能削弱。

会议要求各铁路检察分院、有条件的基层铁路检察院要成立反贪污贿赂局；要在铁路地区、重点站、段，有计划、有步骤地设立派出检察室，以保证国家法律在铁路系统的统一正确实施。

（最高人民检察院铁路运输检察厅 王向东）

【全国铁路运输刑事检察综合治理工作座谈会】 1992年9月24日至26日，最高人民检察院铁路运输检察厅在呼和浩特市召开了全国铁路刑事检察部门综合治理工作座谈会。参加会议的有全国12个铁路运输检察分院主管刑事检察工作的检察长和刑检部门的负责同志，部分基层铁路运输检察院的负责同志，共45人。铁道部综合治理办公室、内蒙古自治区人民检察院、呼和浩特铁路局的有关负责同志，应邀出席了会议。

会议总结交流了铁路检察机关刑事检察部门贯彻落实党中央关于社会治安综合治理方针，结合办案积极参加铁路治安综合治理的经验和做法；研究了如何充分发挥刑事检察职能，进一步强化铁路治安综合治理工作，更好地为铁路安全运输生产服务等问题。最高人民检察院铁路运输检察厅副厅长鞠永春作了《加强铁路治安综合治理，为铁路运输生产、建设服务》的专题发言，并在座谈会结束时作了总结讲话。会上，有15个铁路运输检察院介绍了开展铁路治安综合治理工作的经验。

会议认为，铁路检察机关的刑事检察部门在打击和预防犯罪，开展铁路治安综合治理工作中，做了大量的工作，取得了很大的成绩和显著的效果，主要表现在：一是把“严打”作为综合治理的首要环节，坚持“严打”不动摇。明确打击重点，对危害铁路运输安全和旅客人身财产安全的爆炸、杀人、抢劫、强奸、重大伤害、重大盗窃、贩运毒品以及破坏铁路交通工具、设备、通信设施的严重刑事犯罪案件，从重从快批捕、起诉，及时惩处了一大批危害铁路治安的犯罪分子，保持了“严打的声威。二是积极参加全路和各铁路局、铁路分局开展的各类专项打击、专项治理活动，保证了集中打击的案件不在检察环节上贻误战机。三是针对发案单位在管理中存在的漏洞，运用检察建议书，帮助企业整章建制，堵塞漏洞，落实整改措施，改善了发案单位的内部环境。四是选择在管理、防范机制上问题较多的单位，建立综合治理联系点，进行长期跟踪治理，收到了良好的社会效果和经济效果。五是结合办案，在检察工作的各个诉讼环节上，广泛开展法制宣传教育活动，扩大了办案的社会效果，增强了广大铁路职工的法制观念。六是加强了对犯罪青少年和免诉人员的教育挽救、帮教考察工作，并使之向制度化、规范化发展，受到了各方面的好评。七是充分发挥全路基层站段3000余名检察联络员的积极作用，发动群众化解内部纠纷，防止矛盾激化，减少了诱发犯罪的因素。八是积极开展了调查研究工作，掌握铁路治安的新动向，对新情况、新问题及时向有关部门提出整治对策，起到了党委的参谋助手作用。

会议对铁路运输检察机关社会治安综合治理工作提出了意见：(1) 认清当前铁路治安的严峻形势，进一步提高对治安综合治理工作的认识，并把这项工作作为一项长期任务抓下去。各级检察长要亲自抓，下大力气抓，做到综合治理工作有计划、有安排、有检查、有落实。(2) 抓住综合治理的首要环节，坚定不移地贯彻“严打”方针，持续不断地开展“严打”斗争，继续保持“严打”的声威。充分履行法律监督职能，防止打击不力，通过打击带动各项措施的落实。要注意巩固扩大治理成果，解决治安隐患的深层次问题，努力做到治理一处、巩固一处，治理一片、好转一片。要宣传、推广已取得的成功经验，以推动全路治安的好转。(3) 进一步建立健全开展综合治理工作的各项规章制度，使这项工作逐步实现制度化、规范化、程序化、科学化。(4) 要坚持在各级铁路党委和行政机关的统一领导下参加综合治理工作。在工作中要讲究方法，不走形式，不搞花架子，注重社会效果。要与有关单位和职能部门搞好配合，协同作战，整体治理，并注意开展铁路治安的调查和专题研究，当好党委的参谋助手。

(最高人民检察院铁路运输检察厅
王向东)

检察科学技术

【综述】 1992 年，全国各级检察机关不断提高科技意识，重视科技手段在办案中的应用，坚持为检察工作重点服务，为办案服务。

进一步完善检察技术机构，充实办案力量。截止 1992 年，全国检察机关共有 1160 个检察技术机构，检察技术人员已达 3542 人。为提高检察技术人员的素质，各级检察机关积极开展了技术培训工作，促进了检察技术队伍素质的提高。

积极开展办案，为检察业务工作服务，促进了办案质量的提高。1992 年，全国各级检察技术部门共受理检验鉴定 89579 件，出具各类鉴定书和检验报告 37466 份，参与办案现场勘验 14109 件次，其中参与公安机关勘验现场 3979 件。受理文证审查 18766 件，办理 12300 件。

检察技术研究工作也有了进一步发展。

(最高人民检察院办公厅
韩晓峰)

法律政策研究

【司法解释工作】 1992 年，最高人民检察院以邓小平同志建设有中国特色的社会主义理论为指针，贯彻党的十四大精神，进一步解放思想，更新观念，针对在改革开放中不断出现的新情况、新问题，认真进行调查研究，做好司法解释工作。对新形势下检察工作具体应用法律的问题适时作出司法解释。1992年，最高人民检察院单独和与最高人民法院联合发布司法解释及其他规范性文件21件。其中包括：《关于办理偷税、抗税刑事案件具体应用法律的若干问题的解释》、《关于办理盗窃案件具体应用法律的若干问题的解释》、《关于执行〈全国人民代表大会常务委员会关于严惩拐卖、绑架妇女、儿童的犯罪分子的决定〉的若干问题的解答》、《关于执行〈全国人民代表大会常务委员会关于严禁卖淫嫖娼的决定〉的若干问题的解答》、《关于贪污受贿案件免予起诉工作的规定》、《关于民事审判监督程序抗诉工作暂行规定》等。这些司法解释对全国检察机关正确履行法律监督职责，保证各项检察业务工作的开展，发挥了积极的作用。

1992年，最高人民检察院按照“全面清理、先近后远、集中和分散相结合”的原则，对检察机关重建以来的司法解释进行了全面清理。对1988年以来的116件司法解释的清理工作已经结束。已经失效，应当宣布废止或进行修改的共22件。对检察机关重建以来到1987年以前的174件司法解释的文件审查工作已基本结束，全部清理工作将于1993年上半年完成。

（最高人民检察院办公厅 韩晓峰）

【检察工作涉台法律问题座谈会】 1992年8月18日至20日，最高人民检察院台湾事务办公室在厦门市召开了检察工作涉台法律问题座谈会。福建、浙江、广东省部分检察院的代表应邀参加了会议。最高人民检察院副检察长梁国庆参加会议并讲了话，中央台办应邀派员参加了会议。

会议在认真学习中央有关对台政策的基础上，集中讨论了检察机关近年来处理涉台案件的情况、问题和对策，并且对今后两岸有关主管部门在刑事诉讼中的联系与合作问题进行了研究。

根据会议上介绍的情况，近年来随着两岸交流的增多，各种涉台刑事案件不断发生，且有进一步增多的势头。福建、浙江、广东等省是涉台案件的多发区，其中福建省最为突出。据不完全统计，福建省检察机关自1987年以来共办理涉台刑事案件126件，主要有以下几类：一是反革命特务、反动宗教和黑社会势力入境渗透活动案件；二是军火、毒品走私犯罪案件（这类犯罪活动突出，大案多，两岸犯罪分子合伙作案多）；三是海上抢劫、杀人等暴力案件；四是走私文物、珍稀动物、香烟、家用电器和制造、走私假人民币、假台币案件；五是台湾不法商人骗取我方巨额资金携款潜逃的案件；六是大陆不法分子为贪利而对台胞进行抢劫、盗窃、诈骗、敲诈勒索的案件；七是海上偷渡去台或者组织他人偷渡去台的案件。

会议根据各地检察机关在办理涉台刑事案件中反映出的问题，例如，如何处理好严格执法与贯彻执行对台政策的关系，如何根据涉台案件中出现的新情况和新问题正确把握政策法律界限等，进行了深入的讨论；对如何通过处理涉台案件，保护两岸人民的合法权益，促进相互交流，吸引台资，为改革开放、和平统一作贡献，也进行了认真的探讨。与会代表介绍了一些经验和作法。

当前检察机关处理涉台案件遇到的一些突出难题是：由于没有同台湾有关主管部门的联系渠道，致使许多案件无法调查取证，在台人犯无法追究，法律文书无法送达。会议讨论了我主管部门同台湾有关方面在刑事诉讼中联系与合作的问题，主张两岸有关主管部门直接联系与合作，直接联系与合作的具体形式，可以根据中央对台方针政策进行研究。

梁国庆副检察长在讲话中提出了办理涉台案件应坚持的四项原则：坚持一个中国的原则；坚持法制原则；坚持有利于改革开放的原则；坚持积极稳妥的原则。他还强调，检察机关办理涉台案件，要提高认识，加强领导，严密有关规章制度，同时应加强对台湾法律和检察工作的研究。

（最高人民检察院法律政策研究室 于 宏）

检察队伍建设

【综述】 1992年，各级检察机关坚持依法建院、从严治检，把加强队伍建设、提高干部素质、提高队伍战斗力，作为一项重要任务来抓，加强了思想政治教育、干部培训、组织建设，检察队伍的整体素质有了新的提高。

1992年，全国各级检察机关坚持用邓小平同志建设有中国特色社会主义的理论武装干警头脑。积极组织干警学习邓小平同志视察南方重要谈话、中央政治局全体会议精神和江泽民同志在中央党校的重要讲话，学习十四大会议精神。最高人民检察院认真抓了全系统对中央精神的学习、贯彻，先后下发了《关于认真学习邓小平同志重要谈话精神的通知》、《关于认真学习江泽民总书记在中央党校重要讲话的通知》、《关于认真学习贯彻党的十四大文件精神的通知》等。通过学习，广大检察干警进一步统一了思想，提高了认识，增强了坚持党的“一个中心，两个基本点”的基本路线的自觉性，为改革开放和现代化建设服务的指导思想更加明确。

努力做好各级检察长的换届选举工作。1992年是本届的最后一年，为保证1993年顺利换届，各级检察院根据最高人民检察院关于加强检察干部管理若干问题的规定，一级抓一级，按照“四化”标准和德才兼备的原则，协同党委认真做好领导班子的考察和检察长换届人选的协商提名工作。在做好各级检察长换届准备工作的同时，各级检察院还加强了后备干部的选拔培养工作，一批德才兼备、年富力强的干部被选拔到中层以上的领导岗位上来。

大力开展争先创优活动，表彰先进，弘扬正气，鞭策后进，提高了干警秉公执法的自觉性。

加强干部的培训工作，重点抓岗位职务培训。干警的理论水平和业务素质有了较大的提高。

坚持“从严治检”，依法严肃查处检察干警的违法违纪案件。

加强了检察机关司法警察的管理工作。各级检察院陆续开始了向司法警察授予警衔的工作，进一步促进了司法警察的正规化建设。

（最高人民检察院办公厅 韩晓峰）

【地方各级检察长换届选举准备工作】 1992年，最高人民检察院加强了对换届选举准备工作的领导。地方各级人民检察院根据最高人民检察院关于加强检察干部管理若干问题的规定，按照“四化”方针和德才兼备的原则，坚持一级抓一级，注意配好配强第一把手。最高人民检察院在积极考察了解省级检察院领导班子状况，与省、自治区、直辖市党委协商确定检察长人选的同时，通过制发《关于认真搞好1993年地（州、市）、县（市、市辖区）两级人民检察院检察长换届选举准备工作的通知》等文件，加强了对地、县两级人民检察院检察长换届工作的指导，对人选条件、选拔程序以及班子结构提出了具体要求。各省级检察院也及时进行部署，协同地方党委组织部门对地、县两级检察院领导班子普遍进行了考察，研究了人选方案。截止1992年底，全国已有24个省级检察院确定了换届人选，其余各省级检察院也都有了意向性人选；与地方党委协商选配了12名省级检察院的副检察长；有236个分、州、市检察院和2065个基层检察院确定了换届人选，分别占应换届选举或需重新任命检察长总数的87.1%和74.7%。

（最高人民检察院政治部 范子文）

【后备干部队伍建设】 1992年，全国各级人民检察院根据"充实数量、完善结构、提高素质"的原则，积极开展各级领导班子后备干部的选拔、培养和使用工作。按照领导干部职数1∶2的比例，充实后备干部队伍，并纳入各级党委组织部门的"盘子"，采取优进劣汰的滚动式管理办法，不断完善结构，认真落实各项培训措施，后备干部队伍建设有了较大进展。1992年，全国已有2700个检察院建立了后备干部名单，占检察院总数的80%，比1991年增加了12个百分点。后备干部人数从1991年的5000人增至6700人，上升了34个百分点。根据"备用结合"的精神，有900多名后备干部进入了各级领导班子。

（最高人民检察院政治部 范子文）

【检察系统司法警察授衔】 1992年7月1日，《中华人民共和国人民警察警衔条例》由第七届全国人民代表大会常务委员会第二十六次会议通过并公布施行。根据《条例》第二十三条的规定，人民检察院司法警察的警衔工作适用本条例，警衔授予和晋级的批准权限，由最高人民检察院参照本条例规定。为此，最高人民检察院成立了司法警察工作办公室，具体负责检察系统的法警管理工作和授衔事宜。根据《条例》规定和检察机关的实际，最高人民检察院先后制定下发了《关于人民检察院司法警察警衔授予和晋级批准权限的规定》、《关于严格掌握使用检察机关司法警察编制的通知》、《检察机关司法警察评定授予警衔的实施办法及有关补充规定》、《关于举行首次授予司法警察警衔仪式的有关问题的通知》、《关于司法警察统一佩带警衔标志时间的通知》、《关于实施〈中华人民共和国人民警察警衔条例〉的宣传提纲》、关于印发《授予司法警察警衔审批表》表式及《填写说明》等文件。同时，根据检察系统有较大数量的以工代警的情况，向人事部写了《关于检察机关以工代警情况的报告》，申请划拨给检察机关以工代警人员转干指标。

1992年12月26日，最高人民检察院在北京隆重召开了首批授予警监、警督警衔的仪式。最高人民检察院和北京市人民检察院首批被授衔人员代表参加了仪式，全国有926名司法警察被首批授予警衔。

（最高人民检察院政治部 范子文）

【颁发检察机关工作人员荣誉证书和证章】 为表彰长期在政法战线特别是在检察战线上工作的老同志，弘扬他们为建设有中国特色的社会主义检察事业无私奉献的革命精神，进一步增强检察干警的荣誉感，激励检察干警热爱检察工作，献身检察事业，1992年，最高人民检察院机关和22个省级检察院，根据最高人民检察院《关于颁发检察机关工作人员荣誉证书和证章的办法》和《首次颁发荣誉证书和证章的补充规定》，给予黄火青、杨易辰、刘复之等16346名同志，颁发了检察机关工作人员荣誉证书和证章。在这些同志中，有建国前投身革命，征战疆场，建国后从事检察工作的同志；有为我国检察机关的重建和发展做出贡献，现已离退休的同志；有至今仍勤勤恳恳战斗在检察战线上的同志。

（最高人民检察院政治部 范子文）

【全国检察系统先进集体先进个人表彰大会】 1992年5月8日，最高人民检察院在北京召开了全国检察系统第二次先进集体和先进个人表彰大会。这次会议是在第九次全国检察会议期间以电话会议的形式召开的，各省、自治区、直辖市检察院设立了分会场。会议由最高人民检察院副检察长张思卿主持，陈明枢副检察长宣读了最高人民检察院的表彰决定：授予湖南省华容县人民检察院等3个检察院“模范检察院”称号；给予北京市丰台区人民检察院等39个集体通令嘉奖；授予北京市怀柔县人民检察院等96个集体“先进集体”称号；授予樊痴等15名同志“模范检察干部”称号；给予侯智等47名同志通令嘉奖；授予曹福来等227名同志“先进工作者”称号。

5月7日，中共中央政治局常委、中央政法委员会书记乔石同志接见了出席会议的代表。刘复之检察长在会上讲了话。他要求各级检察机关和全体检察人员进一步增强全局观念和改革意识，努力适应新形势，牢固树立为改革开放和经济建设服务的思想。要进一步提高检察人员的政治素质和业务素质，继续开展有检察工作特点的思想政治工作。要把争先创优活动与实现党的中心任务和完成检察工作任务紧密结合起来，作为思想政治工作的一项重要内容常抓不懈常抓常新。要采取多种形式，广泛宣传先进集体和先进个人的模范事迹，大力推广这次会议上总结交流的新经验，及时表彰在检察工作中涌现出来的新典型，使先进思想和先进经验成为检察工作开拓创新的强大推动力。会议期间，最高人民检察院副检察长陈明枢、政治部副主任王克与会议代表进行了座谈。

（最高人民检察院政治部 刘建柱）

【乡镇检察室工作座谈会】 1992年9月14日至20日，最高人民检察院政治部在辽宁省海城市召开了乡镇检察室工作座谈会。河北、山西、辽宁、吉林、福建、江西、山东、湖北、湖南、黑龙江、安徽、河南、广东等13个省检察院负责派出机构工作的领导同志和部分乡镇检察室负责同志参加了会议。这次会议的主要任务是：交流乡镇检察室工作的经验，讨论修改《乡镇检察室暂行组织条例》和《乡镇检察室工作细则》，研究在新形势下乡镇检察室的工作怎样更好地为经济建设和农村法制建设服务等问题。

最高人民检察院政治部副主任王克出席会议并讲了话。

会议认为，几年来，在地方各级党委和政府的大力支持下，乡镇检察室的试点工作得到了稳步发展。截至1992年9月，全国已有22个省、自治区、直辖市检察院开展了试点工作，共设置乡镇检察室628个，配备人员2091人。几年来的试点实践证明，乡镇检察室为维护农村社会稳定，保护和促进农村经济的发展，做出了积极的贡献，成为检察机关联系人民群众的桥梁，实施法律监督的前哨。

会议要求，要进一步提高对乡镇检察室工作的认识，采取切实有效的措施，把乡镇检察室的工作推上一个新台阶。第一，要端正乡镇检察室工作的指导思想，坚持为发展农村经济服务、为乡镇企业服务、为农民群众服务的工作方向。第二，要加强领导，狠抓落实，力争在三年内使乡镇检察室的数量达到8000至1万个。第三，建立健全规章制度，加强对乡镇检察室工作的指导和管理。乡镇检察室统由检察机关的政工部门负责管理，检察室主任由派出检察室的检察院选配科级干部担任。设立乡镇检察室，要报上级检察院审批，同时报省级检察院备案，要配齐配强乡镇检察室的干部，凡聘用人员必须进行上岗前培训。

（最高人民检察院政治部 刘建柱）

纪检监察

【综述】 1992年，全国检察机关的纪检、监察部门，按照中纪委和最高人民检察院的工作部署，坚持从严治党、从严治检的方针，积极开展工作，对促进检察机关的廉政建设和队伍建设，起到了积极的作用。

一是及时贯彻并督促落实中央、中纪委和最高人民检察院有关廉政建设的指示和要求。重点对中办发（1991）17号《关于认真检查对严禁用公款吃喝送礼等有关规定执行情况的通知》、中办发（1992）5号《关于党政机关兴办经济实体和党政机关干部从事经营活动问题的通知》的贯彻情况，进行了检查。根据刘复之检察长“政治部、纪检、监察对系统严格监督”的批示精神，最高人民检察院发出了《关于检察机关和检察干警不准经商办企业等若干问题的通知》。各级纪检、监察部门及时传达文件，监督落实，较普遍地对检察机关办经济实体搞创收的情况进行了调查了解，并分析研究，提出建议，向最高人民检察院党组和中纪委作了报告。各地检察机关的纪检、监察部门还积极参与了一年一度的执法执纪大检查，有的还与当地党委、政府部署的廉政纠风活动结合起来，取得了较好的效果。

二是开展多种形式的党风党纪教育。组织干警学习《党章》、《准则》及中纪委有关纪律规定；学习《检察人员纪律》和最高人民检察院转发的张泓贵、高风英、马国强等7件11人典型违纪案件通报。上海、黑龙江、辽宁、四川等省、市检察院的纪检、监察部门，在开展纪律教育的同时，还积极推动检察机关内部规章制度建设。

三是严肃查处了检察人员违法违纪案件。各级检察院共立案查办检察人员违法违纪535人；共结案处理600人（含上年留存164人）。受到党纪、政纪、法纪处分的487人（有的受两种以上处分）。其中给予党纪处分的180人（开除党籍30人）；给予行政处分的309人（开除公职15人）；追究刑事责任的86人。

四是纪检、监察部门的自身建设有所加强。各级地方检察院实行纪检、监察合署办公，一套机构，两块牌子，两种职能。全系统纪检、监察干部已达1473人，比1991年增加158人。另外，工作制度、工作程序、干部培训、表彰先进等项工作也都有所进展。

（最高人民检察院监察局 尹晋华）

干部教育培训

【综述】 1992年，检察干部教育培训工作紧紧围绕落实“八五”教育培训规划，在全国全面实施岗位职务培训，取得了较大的进展，并逐步走上正规化、制度化、科学化的轨道。

一、全面开展岗位职务培训，建立和完善培训制度。岗位职务培训工作是“八五”期间检察干部教育培训工作的重点。为使这项工作落到实处，1992年4月，最高人民检察院召开了全国检察干部岗位职务培训工作会议。会议全面系统地研究了检察干部岗位职务培训的任务、重点和方法、步骤，对全系统岗位职务培训工作作了全面安排；6月，召开了岗位职务培训教材、教学法研讨会，组织编写了六本主要教材的学习纲要；中央检察官管理学院举办了师资培训班，培训省级检察院骨干教师41人。此外，最高人民检察院教育局在充分调查研究的基础上，制定了《检察人员岗位职务培训实施纲要（暂行）》、《拟任地方各级人民检察院检察长（副检察长）职务培训办法》、《基层人民检察院检察长（副检察长）轮训规划》等三个文件，为岗位职务培训工作制定了基本规范。根据岗位职务培训规范的要求，最高人民检察院举办了检察长研讨班、高级检察官培训班、岗位培训班、民族干部培训班，以及反贪污贿赂检察、刑事检察、民事行政检察、举报等骨干培训班，共18期，培训干部1000余人。同时，指导各地举办各种层次和内容的岗位职务培训班200多期，共培训干部9000余人。其中中央检察官管理学院和省级检察院培训机构共培训地方各级拟任检察长251名，为1993年地方各级检察院检察长换届选举做了准备。

二、完成了《法律（检察）专业证书》教学班的复查验收，做好继续实行专业证书教育的准备工作。按照国家教委、人事部的要求，最高人民检察院干部教育局派出四个调查组，通过各种方式，对全国25个省、自治区、直辖市自1988年以来举办的《法律（检察）专业证书》教学班的情况进行了复查验收。此项验收工作得到了国家教委成人教育司的认可。

为了顺利完成“八五”规划提出的全国检察系统大专以上文化层次的干部要占干部总数75%的任务，经商得国家教委和人事部的批准，决定继续在全国检察系统实行专业证书教育，由最高人民检察院统一规划和管理，中央检察官管理学院为承办院校。受中央检察官管理学院委托，各省、自治区、直辖市检察院教育培训机构负责本地区教学班的教学辅导和管理，第一批招生计划为12000人。为保证质量，加强管理，维护专业证书的声誉，最高人民检察院于12月在石家庄召开了全国检察机关《法律（检察）专业证书》教育工作会议，对这项工作进行了全面部署。会议制定了《法律（检察）专业证书》教育实施方案，对招生、入学考试、教学管理、收费、发证、教学计划和规章制度等做出了具体规定。确定1993年3月份开学。

三、培训机构、基地建设取得重大进展，三级培训网络正在形成。1992年，又有海南、北京、天津、贵州、青海、浙江和西藏等8个省级检察院建立了检察官培训中心；经最高人民检察院批准，西藏自治区和黑龙江省检察院成立了中国高级检察官培训中心分部。至此，全国已有省级检察官培训中心24个，电大检察分校19所，检察干部学校5所，中国高级检察官培训中心设在各省级检察院的分部已达12个。为了使培训工作正规化、规范化，各地的培训基地建设有了较大进展，已有24个省级检察院有了较稳定的培训场所，其中湖南、四川、云南、河北等省过去靠租用场所或依托其他院校开展干部教育培训工作，今年都相继建立起了自己的培训基地。各省级检察院在基地建设中通过借、贷、筹资、财政拨款等途径，投入资金逾5000万元。部分分、州、市院也建立起规模不等的培训场所，全国共有17个分、州、市检察院建成或正在建设培训基地，其中黑龙江省的地、市级检察院基地建设成绩显著，已有4个分、市院建成投入使用，另有4个分、市院正在建设或已经立项。中央检察官管理学院已争取到教学楼和图书馆的基建立项，建筑面积6000平方米。一个以中央检察官管理学院、省级检察院培训中心和分、州、市检察院培训中心构成的三级培训网络正在逐步形成，为完善检察干部培训体系、加快培训工作正规化建设，奠定了坚实的基础。

四、师资培训、教材编写工作有新的进展。各地根据需要，结合本地实际，按照专、兼、聘相结合以专职教师为主的原则，抓紧师资队伍建设，并对教师进行了多种形式的培训，取得了一定成绩。1992年，中央检察官管理学院共举办了两期师资培训班，为省级检察院培训骨干教师79人。

检察业务系列教材已出版12册，还有6册正在加紧编写印刷，争取1993年上半年全部出齐。为使《法律（检察）专业证书》教育充分体现检察特点，经最高人民检察院领导批准，中央检察官管理学院正在编写一套实用性较强的检察专业证书教材，为1993年全面铺开的专业证书教育做准备。

五、学历教育有新的进展。据初步统计，到1992年底，检察系统具有大专以上文化层次的干部已达干部总数的60%，比1991年增加了3.4个百分点。

六、继续加强少数民族地区干部教育培训工作。1992年，最高人民检察院资助西藏举办了反贪污贿赂检察和法纪检察干部培训班；资助湖南省湘西土家族、苗族自治州检察院举办了土家族、苗族检察干部培训班。由吉林省延边朝鲜族自治州检察院向朝鲜派出两名出国访问学者。最高人民检察院教育局继续抓紧少数民族语言文字培训教材的编写和翻译工作，蒙语教材已有五本翻译完成，维语教材也已着手翻译。中央检察官管理学院举办了两期少数民族干部培训班，共培训14个少数民族地区的检察长和业务骨干150人。

七、积极筹备建立高级检察官教育基金会，加快检察官教育步伐。为适应改革开放和经济建设的需要，增进国际司法交流，多种渠道筹措高级检察官培训经费，最高人民检察院决定申请成立中国高级检察官教育基金会。经过半年多的积极工作，中国人民银行于1992年12月29日正式批复同意成立中国高级检察官教育基金会。该基金会将通过多种渠道筹措资金，加快检察官的培训步伐，为全面提高检察官的政治和业务素质，更好地为经济建设和改革开放服务做出贡献。

（最高人民检察院干部教育局）

【全国检察干部岗位职务培训工作会议】 1992年4月10日至14日，最高人民检察院政治部和干部教育局在北京联合召开了全国检察干部岗位职务培训工作会议。参加会议的有北京、内蒙古、甘肃、河南、江西、湖北、西藏等七个省、自治区、直辖市检察院主管教育培训工作的检察长，各省、自治区、直辖市人民检察院政治部主任、教育处处长。最高人民检察院副检察长张思卿、梁国庆、陈明枢，政治部副主任王克，出席了会议。

会议由最高人民检察院干部教育局局长雷铣主持。张思卿、梁国庆副检察长在会议开始和会议结束时分别讲了话。雷铣就在全国检察系统全面开展岗位职务培训工作的紧迫性和必要性，以及开展这项工作已经具备的条件，岗位职务培训的形式、任务、重点、步骤等具体问题，做了全面部署。

会议认为，近几年来，检察干部教育培训工作取得了新的进展。截止1991年底，全国检察机关具有大专以上文化程度的干部已达到94999人，占检察干部总数的56.6%；有25个省级检察院建立了检察官培训中心或检察干部学校；有22个省级检察院已经建成或正在建设培训基地；按照专、兼、聘相结合以专职教师为主的原则，已初步形成了一支教师队伍；检察业务系列教材作为岗位职务培训的指定教材，1992年将出版16本；经过几年的培训工作实践，各地积累了不少经验，并逐步建立起一些基本的培训制度。特别是各级检察机关的领导干部对教育培训工作的重要意义有了进一步的认识，逐步把它摆到了战略位置。这些都为全面实施岗位职务培训创造了条件，奠定了基础。

会议根据国家的有关政策和检察机关现阶段的实际情况，确定了检察干部职务培训工作的主要形式和重点。岗位职务培训的主要形式有：（1）对各类检察人员的拟任（初任）培训；（2）领导干部和业务骨干的轮训；（3）各类检察人员的专项业务培训。岗位职务培训工作的重点是：（1）做好系统外调入检察机关拟任地方各级人民检察院正、副检察长的人选的任职资格培训，保证换届选举工作的顺利进行。（2）用三年时间对尚未培训过的地方各级检察院检察长轮训一遍。（3）抓好地方各级检察院副检察长、检察员（助理检察员）、书记员的拟任（初任）培训。对1992年5月1日以后，拟任地方各级人民检察院的副检察长、检察员（助理检察员）和书记员职务的人员进行任职资格培训，逐步实行先培训后上岗的制度。会议要求，各级各类检察人员在五年内至少要接受一次专项培训；各级检察院要有计划地选送领导干部和后备干部到党校学习培训。使岗位职务培训工作逐步走上正规化、制度化的轨道。

张思卿、梁国庆副检察长在讲话中强调指出：（1）检察干部教育培训工作是一项战略任务，开展岗位职务培训势在必行。检察事业的发展要靠人才保障，提高干部素质是解决检察机关任务繁重与人员不足矛盾的根本途径。而干部素质的提高主要靠培训。岗位职务培训是以直接提高干部工作能力为目的的培训形式，对检察官条例的实施具有重要意义。（2）各级检察机关要把干部培训工作作为一项主要工作，主要工作要由主要领导来抓。抓工作不抓队伍，不抓教育，就没有负起领导责任。(3) 干部培训工作要坚持谁主管谁负责的原则，坚持用人与治事相统一。(4) 岗位职务培训要坚持分级负责的原则，逐步走上科学化、制度化、正规化的发展轨道。(5) 培训基地建设务必抓紧，这是实施岗位职务培训的主要阵地。各级领导要予以充分重视。最高人民检察院要重点扶持几个有条件的地方加快发展，为将来建设地方检察官学院创造条件。(6) 完善培训机构。加快建立培训机构。没有培训中心或学校的省、自治区、直辖市检察院，1992年内要把培训中心建立起来。要加强对培训中心的领导，培训中心委员会主任委员由本院检察长兼任。中国高级检察官培训中心将在各省级检察院设立分部。(7) 统筹兼顾，继续抓紧学历和专业证书教育，确保“八五”培训规划总体目标的实现。

(最高人民检察院干部教育局
王云河)

【全国《法律（检察）专业证书》教育工作会议】 1992年12月3日至7日，最高人民检察院干部教育局在河北省石家庄市召开了全国《法律（检察）专业证书》教育工作会议。参加会议的有各省、自治区、直辖市人民检察院教育处处长或培训中心负责人，中央检察官管理学院有关人员，林业部检法办公室负责同志。会议的主要任务是总结1992年的检察干部教育培训工作，安排部署1993年的任务，着重研究在全国检察系统继续实行《法律（检察）专业证书》教育的有关问题。

会议认为，1992年全国各级检察机关教育行政部门和各级培训机构，按照“八五”培训规划的总体部署，解放思想、真抓实干，积极开展各级各类培训，加强教育培训基础建设，大胆探索教育培训工作新途径，取得了明显成效。主要表现在：一是岗位职务培训向正规化发展。1992年4月召开的全国检察干部岗位职务培训工作会议，制定了有关文件，确定了“先培训、后上岗”、“轮训”、“培训登记”等制度。一年来全国共培训干部10000余人次。二是取得了《法律（检察）专业证书》的独立办学权。1992年8月，最高人民检察院经商请国家教委、人事部同意，联合下发了“关于在全国检察系统继续实行《法律（检察）专业证书》制度”的文件。根据文件规定，法律（检察）专业证书教学和管理工作由检察机关自己承办。这既是一个确保“八五”教育培训规划得以实现的重大措施，也是检察机关首次取得了独立办学权。三是培训机构、基地建设取得重大进展。一个由中央检察官管理学院、省级检察院培训中心、分、州、市院培训中心构成的三级培训网络正在形成，为完善检察干部培训体系，加速培训工作正规化奠定了基础。四是师资培训、教材编写工作有新的进展。五是学历教育成绩喜人。六是积极筹备建立中国高级检察官教育基金会。

会议明确了1993年检察干部教育培训工作的重点：一是抓好岗位职务培训工作；二是要把培养教师放到教育工作的战略位置；三是继续加强培训机构和基地建设；四是开展争先创优活动，表彰优秀教师、优秀教育工作者和教育工作先进集体；五是进一步解放思想，转变观念，深化教育改革。会议明确了培训中心实行事业单位管理。

会议还讨论了检察专业证书教育实施方案。

(最高人民检察院干部教育局
王云河)

对外交流与合作

【中国检察代表团访问罗马尼亚】 1992年5月14日至5月22日，应罗马尼亚总检察长米哈依·乌尔皮乌·波帕·凯勒凯亚努的邀请，最高人民检察院副检察长梁国庆率中国检察代表团一行6人，对罗马尼亚进行了友好访问。这次访问，是对罗马尼亚总检察长凯勒凯亚努1991年访华的回访。代表团成员包括：湖北省人民检察院检察长钟澍钦、上海市人民检察院副检察长余源浩、最高人民检察院监察局局长曾维卓、最高人民检察院法律政策研究室干部杨志宏、外交部翻译陈育明。代表团在访罗期间，同罗马尼亚三级检察院分别进行了工作会谈和座谈；会见了罗马尼亚众议院议长、最高法院院长、司法部部长等司法界要人；参观了布加勒斯特大学法律系、警察学院、“白门”监狱等，以及布加勒斯特市、康斯坦察县和苏恰瓦县等地。5月15日，罗马尼亚总统首席顾问约尼尔在总统府会见了代表团全体成员，转达了伊列埃斯库总统对中国检察代表团的欢迎和问候。

（最高人民检察院办公厅
王　晋）

【中国检察代表团访问朝鲜】 1992年5月18日至5月27日，应朝鲜民主主义人民共和国中央检察所所长韩相奎的邀请，最高人民检察院副检察长张思卿率中国检察代表团一行6人，对朝鲜进行了友好访问。代表团成员包括：山东省人民检察院检察长臧坤、最高人民检察院检察委员会委员、政治部副主任王克、北京市人民检察院分院检察长曾岫萍、吉林省延边朝鲜自治州人民检察院检察长郑成哲、最高人民检察院助理检察员夏道虎。代表团在访朝期间，先后同朝鲜中央检察所进行了两次工作会谈，并与平壤市、开城市、江原道和南浦市检察所以及香山郡、高城郡、卧牛岛区检察所的负责人和检察官进行了广泛的会谈和接触。代表团还参观了平壤、板门店、金刚山、妙香山、西海水闸等处。朝鲜劳动党中央政治局委员、中央书记桂应泰接见了代表团全体成员，并进行了亲切友好的会谈。

（最高人民检察院办公厅
王　晋）

【中国检察代表团访问葡萄牙】 1992年6月15日至6月20日，应葡萄牙共和国总检察长若泽·纳西索·达库尼亚·罗德里格斯的邀请，最高人民检察院副检察长肖扬率中国检察代表团一行6人，对葡萄牙进行了友好访问。代表团成员包括：广东省人民检察院检察长王骏、辽宁省人民检察院副检察长杨业勤、中国检察报社副总编刘佑生、最高人民检察院办公厅外事处干部吴澍农、外交部译员田敏。此次访问，是中国检察机关首次派团出访欧共体国家。访问期间，代表团重点考察了葡萄牙的司法、检察制度和惩治贪污贿赂犯罪等方面的情况。代表团与葡总检察长罗德里格斯进行了工作会谈，拜会了葡萄牙司法部长、最高司法法院院长、宪法法院院长、司法总监等司法界高层人士。参观了葡萄牙司法研究中心、里斯本司法警察局、里斯本大学、科英布拉大学。6月17日下午，葡萄牙总统苏亚雷斯会见了代表团成员并进行了友好的会谈。除葡萄牙首都里斯本以外，代表团还前往科英布拉市和波尔图市进行了参观访问。

（最高人民检察院办公厅
王　晋）

【中国检察代表团访问俄罗斯】 1992年8月3日至8月10日，应俄罗斯联邦总检察长瓦·戈·斯捷潘科夫的邀请，最高人民检察院副检察长张思卿率中国检察代表团一行7人，对俄罗斯进行了友好访问。代表团成员包括：中央政法委员会副秘书长束怀德、最高人民检察院检察委员会委员熊传震、黑龙江省人民检察院检察长贾成文、深圳市人民检察院检察长熊秉权、最高人民检察院办公厅外事处副处长王晋、外交部欧亚司译员李军。代表团在俄期间，先后访问了莫斯科市和圣彼得堡市。张思卿副检察长与斯捷潘克夫总检察长举行了工作会谈。代表团同莫斯科和圣彼得堡两市及其所辖的两个区级检察院也进行了接触与交流。此外，代表团还先后会见了俄罗斯最高法院、司法部、内务部等部门的主要负责人；访问了俄罗斯总检察院科学研究所、莫斯科女犯监狱；参观了红场列宁墓、克里姆林宫、"阿芙乐尔"号巡洋舰、冬宫等。

（最高人民检察院办公厅
王　晋）

【中国检察代表团访问委内瑞拉、古巴】 1992年9月21日至9月28日，应委内瑞拉共和国总检察院和总审计署的邀请，最高人民检察院副检察长陈明枢率中国检察代表团一行5人，对委内瑞拉进行了友好访问。代表团成员包括：江西省人民检察院副检察长阙贵善、最高人民检察院技术局副局长陈佩璋、最高人民检察院办公厅干部林贻影、外交部译员殷恒民。代表团访委期间，分别与委内瑞拉总检察院和总审计署进行了工作会谈和交流，会见了委内瑞拉最高法院、廉政法院、刑事及公共财产保护初审法院、司法部、国家司法委员会等部门的负责人，参观了国家监察学院、卡拉博监狱。代表团在访问了加勒加斯市之后，还分别访问了拉腊州首府巴基西梅托市和阿拉瓜州的巴腊凯市。

中国检察代表团一行在结束了对委内瑞拉的友好访问之后，应古巴共和国总检察院的邀请，于1992年9月28日至10月4日对古巴进行了友好访问。代表团访古期间，与古巴共和国总检察长拉·德拉克鲁斯·奥乔亚进行了工作会谈，会见了古巴全国人大主席、国务委员会副主席、最高法院院长、司法部长等政界和司法界的要人。代表团访问了哈瓦那省和西恩福戈斯省，参观了古巴遗传工程和生物技术中心、酸性水果工程等项目。陈明枢副检察长和奥乔亚总检察长分别代表本国检察机关在《中华人民共和国最高人民检察院和古巴共和国总检察院合作协定》上签了字。

（最高人民检察院办公厅
王　晋）

【中国代表团出席第五次国际反贪污会议】 1992年3月8日至3月12日，第五次国际反贪污会议在荷兰的阿姆斯特丹市举行。参加会议的有来自67个国家和地区以及联合国、欧共体等国际组织的284名代表。大会的主题是：面向未来，控制贪污的国际化趋势。出席本次会议的中国代表团团长由最高人民检察院贪污贿赂检察厅厅长赵登举担任，团员包括监察部法规司副司长刘诗祥、最高人民检察院法律政策研究室副主任雷鹰、最高人民检察院贪污贿赂检察厅副处长何勇、最高人民检察院办公厅外事处干部赵莉。会议期间，中国代表团团长赵登举在自由论文讨论会第一组会议上，作了题为《中国检察机关惩治贪污贿赂工作中的主要策略和方法》的发言。中国代表团还向大会组织委员会正式提出申办第七次国际反贪污会议，会议组织委员会已同意1995年在中国北京召开第七次国际反贪污会议。

（最高人民检察院办公厅
王　晋）

【中国检察学会代表团赴香港考察】 1992年8月5日至15日，以最高人民检察院办公厅主任、中国检察学会常务理事张穹为团长的中国检察学会代表团一行14人，应香港本地检察官协会的邀请，对香港进行了考察访问。

中国检察学会代表团访港的主要目的，是考察了解香港的现行检察、司法制度，交流检察工作和法制建设经验，发展与港方法律界的联系。代表团这次出访，港方有关方面非常重视，破例予以热情友好接待。代表团与香港首席按察司（首席大法官）杨铁梁爵士、律政司马富善、廉政公署副专员兼执行处处长卜国豪、警务处长李君夏、惩教署副署长黎明基、香港本地检察官协会主席陈月好及律师公会和大律师公会主席进行了会晤和业务座谈，参观了香港最高法院、律政署、廉政公署、警务处及西区警署和警察训练学校、赤柱监狱、香港大学法学院、律师行等，还到地方法院旁听了四个典型案件的法庭审理。在会晤和座谈中，代表团对我国内地的检察工作和法制建设情况也作了介绍和宣传。代表团与港方有关方面一致认为，在香港过渡的新的历史时期，开展双方检察机关及其他法律部门之间的联系和交往，这对于维持香港的繁荣与稳定，促进内地经济建设和法制建设，都具有重要意义。今后有必要进一步加强联系、交往和互助。

（中国检察理论研究所
董春江）

【蒙古检察代表团访华】 应最高人民检察院检察长刘复之的邀请，蒙古国家总检察长贡·巴赫达勒率领代表团一行6人，于1992年3月2日至3月9日，对我国进行了友好访问。代表团成员包括：总检察院诉讼监督司司长云·乌诺尔巴雅尔，色楞格省检察长桑·苏伦，总检察院检察员彭·岱丽扎布，乌兰巴托市检察长助理道·色德呼，布尔干省检察长助理奥·哈德巴特尔。刘复之检察长与巴赫达勒总检察长举行了工作会谈。双方各自介绍了本国当前的政治、经济形势，特别就如何以这次中蒙两国检察机关的首次接触为良好开端来发展彼此间的交流合作事宜交换了意见。3月3日，中共中央政治局常委、中央政法委员会书记乔石在人民大会堂会见了蒙古检察代表团全体成员。最高人民法院院长任建新、司法部部长蔡诚、北京市人民检察院检察长何访拔也分别会见了巴赫达勒总检察长一行。代表团在最高人民检察院控告申诉检察厅厅长罗辑的陪同下，还访问了广州、深圳等地，分别同广东省人民检察院、深圳市人民检察院、深圳市罗湖区人民检察院的负责同志进行了座谈，重点了解了我国经济特区检察机关的工作情况和特点。

（最高人民检察院办公厅
王　晋）

【马来西亚反贪污局代表团访华】 应最高人民检察院的邀请，马来西亚国家反贪污局局长苏尔克夫里·默罕默德率代表团一行7人，于1992年7月26日至8月

3日，对我国进行了友好访问。代表团成员包括：苏尔克夫里·默罕默德局长夫人，马来西亚柔佛州反贪污局局长阿里阿斯·宾·塔里布，马来西亚反贪污局行政处处长阿兹米·宾·拉扎克及夫人，马来西亚反贪局侦查处处长森西纳丹，翻译丛莱穆。最高人民检察院副检察长张思卿与苏尔克夫里局长一行举行了工作会谈，最高人民检察院贪污贿赂检察厅厅长赵登举向代表团介绍了中国检察机关的反贪污贿赂机构和工作情况。代表团在京期间，监察部部长尉建行，最高人民法院副院长华联奎，北京市人民检察院检察长何访拔分别会见了苏尔克夫里局长一行。代表团由最高人民检察院贪污贿赂检察厅厅长赵登举陪同，还访问了广州和深圳两地，并与当地检察机关进行了交流。

（最高人民检察院办公厅
王　晋）

【印度尼西亚检察代表团访华】　应最高人民检察院检察长刘复之的邀请，印度尼西亚共和国总检察长辛基偕夫人一行10人，于1992年8月20日至8月28日，对我国进行了友好访问。代表团成员包括：印度尼西亚最高检察院负责情报事务的副总检察长苏加诺和夫人，负责民事和行政事务的副总检察长苏哈迪布罗托，总检察长助理卡托特·亨德拉托，总检察长助理拉斯敏·萨勒，印尼最高检察院驻香港代表海鲁尔·依马姆，印尼驻香港总领事馆官员洪英伟，印尼驻华使馆一等秘书布拉慕迪多。刘复之检察长与辛基总检察长进行了工作会谈，相互介绍了各自国家的检察制度和检察机关的工作情况。8月22日，中共中央政治局常委、中央政法委员会书记乔石在人民大会堂会见了辛基总检察长一行。司法部部长蔡诚、最高人民法院副院长华联奎、北京市人民检察院检察长何访拔也分别会见了印尼代表团。辛基总检察长一行由最高人民检察院咨询委员会副主任冯锦汶陪同，还访问了西安、广州和深圳，并与当地的检察机关进行了座谈。

（最高人民检察院办公厅
王　晋）

【马来西亚检察代表团访华】　应最高人民检察院检察长刘复之的邀请，马来西亚总检察长阿布·塔里布·奥斯曼率代表团一行4人，于1992年9月27日至9月30日，对我国进行了友好访问。代表团成员包括：马来西亚总检察院民事局局长扎莲哈·扎哈里女士，马来西亚总检察院行政长官旺·亚科布，马来西亚总检察院起诉局官员达图·斯坦利·艾萨克思。刘复之检察长、肖扬副检察长与奥斯曼总检察长进行了工作会谈，相互介绍了各自国家检察工作方面的情况，并就双方今后开展交流与合作事宜交换了意见。9月29日，中共中央政治局常委、中央政法委员会书记乔石在人民大会堂会见了奥斯曼总检察长及代表团全体成员。代表团在京期间，参观了故宫、长城、颐和园等名胜和一些市场、商店，并同最高人民法院院长任建新、司法部部长蔡诚以及北京市人民检察院检察长何访拔等负责同志进行了会晤。

（最高人民检察院办公厅
王　晋）

【菲律宾司法代表团访华】　应最高人民检察院检察长刘复之的邀请，菲律宾共和国最高法院大法官特奥多罗·帕迪利亚偕夫人率代表团一行11人，于1992年10月6日至10月13日，对我国进行了友好访问。代表团成员包括：菲律宾监察总长孔拉多·巴斯克斯及夫人，菲律宾廉政法院法官雷希纳·赫莫西西马，菲律宾司法部副部长拉蒙·埃斯格拉，菲律宾副总检察长埃德加多·基莱科，菲律宾最高法院官员罗萨里奥·托伦蒂诺和雷希娜·巴图格巴卡尔，菲律宾总检察署官员伊万·厄伊和何塞·罗伊。刘复之检察长与帕迪利亚大法官举行了工作会谈，就两国司法制度和相互关心的问题进行了交流。10月10日下午，中共中央政治局常委、中央政法委员会书记乔石在人民大会堂会见了菲律宾司法代表团全体成员。司法部部长蔡诚、最高人民法院副院长华联奎、北京市人民检察院检察长何访拔也先后会见了代表团。代表团由最高人民检察院办公厅副主任林有海陪同还访问了上海市。

（最高人民检察院办公厅
王　晋）

【奥地利检察代表团访华】　应最高人民检察院检察长刘复之的邀请，奥地利共和国总检察长奥托·米勒率代表团一行3人，于1992年10月17日至10月25日，对我国进行了友好访问。代表团成员包括：奥地利总检察长驻维也纳最高法院代表弗利德里希·豪普特曼和盖哈尔德·巴斯勒。刘复之检察长、肖扬副检察长、梁国庆副检察长等与奥托·米勒总检察长一行进行了工作会谈。10月20日下午，中共中央政治局常委、中央政法委员会书记乔石在人民大会堂会见了代表团。司法部部长蔡诚、全国人大内务司法委员会副主任委员邹瑜、最高人民法院副院长华联奎、北京市人民检察院检察长何访拔也分别会见了奥地利总检察长一行。代表团在京期间，还参观了北京大学法律系。奥托·米勒总检察长一行由最高人民检察院干部教育局局长雷铣陪同，访问了西安、桂林和上海。

（最高人民检察院办公厅
王　晋）

【邀请国外检察官来华讲学交流】　为配合《检察官条例》的起草工作，了解国外检察制度和检察官管理制度，最高人民检察院办公厅与美国福特基金会驻北京办事处合作，于1992年6月间和11月间，先后邀请了日本最高检察厅高级检察官清水勇男，英国赫特福德郡/贝德福德郡皇家检察院首席检察官查尔斯·尼尔·英厄姆，泰国最高检察院检察官基塔雅拉克·基蒂庞来华，为《检察官条例》起草小组成员介绍各自国家的检察官管理制度和有关检察官管理立法方面的情况，并与最高人民检察院业务、教学、研究等部门的人员进行了交流。

（最高人民检察院办公厅
王　晋）

计划财务装备

【综述】　1992年，全国各级人民检察院计划财务装备部门，认真学习贯彻邓小平同志重要谈话和党的十四大精神，按照第九次全国检察会议的要求，牢固树立计划财务装备工作为检察业务工作服务的指导思想，努力解放思想，更新观念，开拓进取，扎扎实实地开展各项物质保障工作，取得了较大成绩。

一、认清形势，提高认识，增强抓检察装备建设的自觉性和主动性。1992年6月，最高人民检察院在武汉市召开了第二次全国检察系统计划财务装备工作会议。武汉会议的一个重要成果，就是进一步提高了在新形势下对检察机关计划财务装备工作的认识。会议认为，在加快改革开放的新形势下，中央对政法工作很重视，这对检察装备工作是一个良好的机遇，要抓住这一大好时机，努力工作，为检察工作的发展创造良好的物质条件。武汉会议以后，各地将会议精神及时向省(市、区)委、政府作了专门汇报，并在充分调查研究的基础上制定规划，精心组织实施。1992年，共有16个省、区、市检察院与财政、计划部门联合召开了本省、区、市的检察装备工作会议；计划单列市检察院召开了第二次计划财务装备工作研讨会；华东六省一市检察院也召开了检察装备工作联席会议。通过会议交流经验，沟通情况，促进工作。

二、积极依靠财政、计划部门的支持，努力争取经费，保证装备建设的需要。全国绝大多数分、州、市检察院以上检察机关的业务经费都比1991年有不同程度的增加。各省级检察院还争取到了一定数额的装备建设专款。财政部继续给予基层检察院侦查技术设施建设的补助经费，分配给了24个省、区、市和计划单列市。国家计委首次对基层检察院给予的业务技术用房专项补贴投资，分配给了19个省、区的131个基层检察院。此外，多数分、州、市检察院以上检察机关也争取了专项补贴经费，支持基层检察院进行装备建设。

三、紧紧围绕“一抓交通，二抓通讯，三抓侦查技术”的三个重点，全面开展各项检察装备工作，取得了较好的成绩：

——1992年，全系统购进和更新了一批业务汽车，使业务汽车总数比1991年增长了30%。

——全国已有16个省级检察院开通了二级专线通讯网，17个省级检察院和计划单列市检察院开通了无线通讯网，部分检察院还实现了有线、无线转接联网。

——1992年，全系统共购进各类侦查技术器材近2000套(件)，其价值比1991年增加50%。全国有11个省、区、市检察院和计划单列市检察院全部配齐了“四机”(录音机、对讲机、照相机、复印机)。

此外，其他各项检察装备工作也取得了很大进展。服装工作，修订了检察大衣的技术标准，组织了热区换发夏服的生产和发放，组织生产和发放了检察系统法警标志。枪支工作，着重抓了安全管理，全系统进行了一次全面的清理整顿，最高人民检察院还组织了对黑龙江、广西、云南、河南等省、区的重点检查。1992年，全国又有100多个基层检察院建设了办公和业务技术用房。安徽、江苏省检察院的办公和业务技术楼已经选址立项。

四、增强改革意识、开放意识和服务意识，解放思想，更新观念，勇创新意，使计划财务装备工作努力适应由计划经济转变为市场经济的新形势，更好地为检察业务工作服务。各级检察机关的计划财务装备部门，认真学习领会政策，开拓思路，注意了解和利用市场信息，更主动地做好工作。上海、广东、福建、海南等沿海开放地区的检察院，充分利用特区的优惠政策，直接从国外免税进口器材设备，减少环节，节约了资金。云南省检察院在资金不足的情况下，采用先租后买、分期付款的方式添置设备。黑龙江省检察院建立了13个地面卫星站，实现了微波通讯。北京、杭州等检察院还独资或合资建立了BP机传呼台。河南等地的一些检察院还在严格遵守政策的前提下，兴办汽车修理厂一类的服务性实体，所得收入用于补助检察机关装备建设上财政拨款的不足。

五、健全规章制度，强化内部管理，检察机关的计划财务装备工作进一步走向制度化、规范化。1992年，最高人民检察院与财政部联合修订了《检察业务费开支范围和管理办法的规定》，正式印发了《人民检察院枪支管理办法》。各地检察机关也结合本地实际情况，逐步健全了各项管理制度。1992年，全系统还进行了枪支弹药管理和干警着装的清理整顿。此外，最高人民检察院和各地检察机关还举办了各种形式的培训班，提高财务装备人员的管理水平，充分发挥现有物质装备的作用。

（最高人民检察院计划财务装备局
李满旺）

【第二次全国检察系统计划财务装备工作会议】 1992年6月10日至14日，最高人民检察院在湖北省武汉市召开了第二次全国检察系统计划财务装备工作会议。参加会议的有各省、自治区、直辖市人民检察院主管计划财务装备工作的副检察长和装备处处长，国家计委和财政部以及各省、自治区、直辖市计委、财政厅（局）和部分新闻单位应邀派员参加了会议。会议正式代表共110人。最高人民检察院副检察长张思卿、陈明枢出席了会议。张思卿副检察长在会上讲了话，陈明枢副检察长作了总结讲话。最高人民检察院计划财务装备局局长郭纪文作了工作报告。

会议以邓小平同志视察南方的重要谈话和中央政治局全体会议精神为指导，根据第九次全国检察会议提出的检察机关今后一个时期的主要任务，认真回顾总结了1989年全国检察装备工作会议以来，计划财务装备工作五年规划前三年的执行情况，研讨了今后几年的工作任务。会议实地考察了武汉市、武汉市汉阳区、潜江市、沙市市、江陵县、当阳市等六个检察院的办公、业务技术用房建设和技术装备设施等情况，并听取了湖北省财政厅代表省计委、财政厅、检察院所作的检察装备建设经验介绍。会议还讨论修改了最高人民检察院、财政部重新修订的《检察业务费开支范围和管理办法的规定》以及《人民检察院枪支管理办法》等文件。

会议采取检察、计委、财政三个系统联合召开现场会的方式，形式新颖，方法灵活，既听又看，内容充实，效果很好。会议取得了以下成果：一是进一步提高了对新形势下检察装备工作的认识；二是开阔了眼界，开拓了思路；三是交流了情况，找到了差距，也学到了经验；四是明确了今后的努力方向，增强了信心。各地计委、财政部门的代表通过这次会议，进一步增加了对检察机关的理解，增进了对加强检察装备建设的认识，表示今后要对检察机关的工作给予更多的支持。

会议强调指出，当前我国经济发展已进入一个新的发展时期，党中央、国务院对政法工作很重视，计划、财政部门对政法系统很支持，这对于检察装备工作是一个良好的机遇。会议要求，各级检察机关要进一步认清形势，深化认识，增强抓检察装备建设的自觉性和主动性，抓住机遇，大胆工作，力争检察机关物质装备工作再上一个新台阶，从物质基础上保障检察工作更好地为改革开放和现代化建设服务。

（最高人民检察院计划财务装备局
李满旺）

宣传 档案 信息管理与办公自动化

【全国检察宣传工作和中国检察报宣传会议】 1992年8月13日至15日，最高人民检察院在北京召开了全国检察宣传工作和中国检察报宣传会议。参加会议的有各省、自治区、直辖市人民检察院研究室、办公室等部门主管检察宣传工作的负责人，中国检察报驻各地记者站站长、记者等，共300人。最高人民检察院副检察长张思卿、肖扬、梁国庆等出席了会议。司法部、中宣部、广播电影电视部等有关单位，派员参加了会议。

会议的主要任务是：深入学习邓小平同志视察南方的重要谈话、江泽民同志在中央党校的重要讲话和中央政治局全体会议精神，根据第九次全国检察会议精神，回顾总结检察机关近年来的法制宣传工作，交流经验，研究在加快改革开放和经济建设的新形势下，如何进一步搞好检察宣传工作。

最高人民检察院办公厅副主任张德利作了题为《解放思想，大胆探索，开拓检察宣传工作新局面》的报告。

最高人民检察院副检察长张思卿在会上讲了话。他指出，当前，全国上下都在学习贯彻小平同志视察南方重要谈话精神，经济建设进入一个新时期。检察工作的指导思想也要统一到小平同志谈话精神上来，要全心全意为经济建设服务。我们的宣传工作，我们的报刊要紧紧围绕党的中心工作去宣传，去鼓动。要把检察工作的职能、作用和经济工作有机地结合起来，采取生动活泼、群众喜闻乐见的形式宣传检察工作。通过宣传，推动检察事业的发展。

最高人民检察院副检察长肖扬在会议结束时作了总结讲话。他指出，检察宣传工作要特别注意以下几点：第一，大力宣传检察机关在坚决贯彻“坚持两手抓”，“两手都要硬”的方针，充分发挥法律监督职能，一心一意为改革开放和经济建设服务中所做的工作。宣传惩治贪污贿赂犯罪、打击严重刑事犯罪和查办法纪犯罪就是对改革开放和经济建设最重要、最直接的服务。第二，要通过宣传促进检察机关进一步解放思想，实事求是，在思想上和工作中，要警惕右，但主要是防止“左”。打击犯罪这一手要硬，但硬不是“左”，要注意防“左”，更不允许搞“左”。既要警惕打击不力，又要防止简单粗糙。第三，要结合生动的事例，宣传检察机关为经济建设服务的六条重要经验和最近制定的几条新措施。肖扬副检察长在谈到进一步办好中国检察报时强调，要明确办报方向，突出办报重点，宣传报道中要旗帜鲜明，对于符合“三个有利于”的经验和做法，符合“九检”会议精神的具体措施，要大胆地宣传报道。要以积极的态度宣传反腐败、惩治贪污贿赂要靠法制的思想，真正体现“坚持两手抓”，“两手都要硬”的方针。要进一步拓宽报纸的覆盖面，把检察工作同相关连的社会新闻结合起来，以恰当的方式抓好。

会议讨论了《关于大要案个案公开宣传报道备案审批的规定》、《关于检察机关对外新闻宣传的规定》、《关于检察题材电视剧、电视专题片创作摄制备案审批的规定》等文件。会议上还表彰了《中国检察报》宣传和发行工作的先进集体和个人。

（最高人民检察院办公厅宣传处）

【评选全国检察系统先进档案室和优秀档案员】 1992年，最高人民检察院办公厅组织了首次评选全国检察系统先进档案室和优秀档案员活动。8月28日，最高人民检察院办公厅发布文件，表彰了20个先进档案室和17个优秀档案员。

1986年全国检察档案工作会议以来，各级检察机关认真贯彻《中华人民共和国档案法》和《中华人民共和国档案法实施办法》，严格执行《人民检察院诉讼档案管理办法》等三个文件，为检察机关档案工作的恢复、整顿和提高做了大量工作，取得了显著成绩，涌现出了一批热爱检察档案事业、忠于职守、默默奉献、成绩突出的优秀档案员和先进档案室。1991年，山东省莱西市人民检察院档案员范鹏杰被国家人事部和国家档案局评为全国档案系统劳动模范；福建省和河南省人民检察院档案科被评为全国档案系统先进集体。福建省人民检察院档案科科长张爱珍和河北省石家庄市桥西区人民检察院档案员李建平被评为全国检察系统先进工作者，受到了最高人民检察院表彰。为进一步调动广大检察档案工作者的积极性、主动性和创造性，进一步推动检察档案事业的发展，最高人民检察院办公厅组织了这次评选活动。这次评选活动，对全国检察档案事业的发展起到了促进作用。

（最高人民检察院办公厅
李向京）

全国检察系统先进档案室和优秀档案员名单

先进档案室

天津市人民检察院档案科
浙江省人民检察院档案科
四川省人民检察院档案科
内蒙古自治区人民检察院档案科
辽宁省沈阳市人民检察院档案室
河南省郑州市人民检察院档案室
山东省人民检察院临沂分院档案室
福建省三明市人民检察院档案室
山西省晋城市人民检察院档案室
湖南省衡阳市人民检察院档案室
湖北省人民检察院荆州分院档案室
安徽省黄山市人民检察院档案室
河北省人民检察院承德分院档案室
广东省江门市人民检察院档案室
江西省人民检察院上饶分院档案室
江苏省苏州市人民检察院档案室
黑龙江省大庆市人民检察院档案室
上海市嘉定县人民检察院档案室
吉林省榆树市人民检察院档案室
陕西省西安市新城区人民检察院档案室

优秀档案员

龙远慧	山西省人民检察院晋中分院档案员
薛润复	上海市嘉定县人民检察院档案员
张　静	天津市河西区人民检察院档案员
张明才	河南省人民检察院信阳分院档案员
章秀萍	浙江省人民检察院台州分院档案员
张国强	湖北省十堰市人民检察院档案员
钱霞光	安徽省人民检察院阜阳分院档案员
荀迎春	甘肃省人民检察院档案员
魏丽芳	吉林省浑江市人民检察院

档案员

潘凤祥　湖南省邵阳市人民检察院档案员

许美菊　江苏省徐州市人民检察院档案员

孙惠茹　四川省乐山市人民检察院档案员

李继福　云南省大理白族自治州人民检察院档案员

毛慕慧　江西省人民检察院赣州分院档案员

王德祥　陕西省渭南市人民检察院档案员

高顺珍　广东省南海县人民检察院档案员

李金秀　内蒙古自治区人民检察院伊克昭盟分院档案员

【检察系统档案室达标上等级】 截止1992年底，全国有1604个检察院的档案室上了等级，占检察系统档案室总数的50.1%。其中，一级档案室498个，占15.5%；二级档案室600个，占18.7%；三级档案室506个，占15.8%。

全国30个省级检察院档案科（室）中有13个档案科达标上了等级。其中，辽宁、福建、浙江、广东、黑龙江、内蒙古6个省级检察院的档案科达到了一级标准；河南、吉林、天津、甘肃、湖南5个省级检察院的档案科达到了二级标准；四川、广西2个省级检察院的档案科达到了三级标准。

档案室达标上等级，就是将档案室按不同标准划分为几个等级，按要求进行考评的工作。这对档案工作逐步实现规范化，具有十分重要的意义。最高人民检察院办公厅曾多次在有关文件中要求各级检察机关要积极参加当地档案部门组织的档案室达标上等级活动。近年来各地全面开展档案室达标上等级工作，使全国检察档案工作面貌发生了很大变化。

（最高人民检察院办公厅　李向京）

【开发检察工作应用法规数据库】 1992年4月，由最高人民检察院办公厅和法律政策研究室联合开发完成了《检察工作应用法规数据库》。

《检察工作应用法规数据库》是在《国家法规数据库》的基础上，新录入了1979年以来最高人民检察院制定的部分司法解释和规范性文件，并录入了与检察工作有关的法律、行政法规和部门规章，共467件，120余万字，形成了一套共有2400余件文件720余万字的专门为检察系统干警服务的计算机查询系统。这一系统的建立，推动了检察机关办公自动化的进程。

（最高人民检察院法律政策研究室　王保权）

第四部分 最高人民检察院负责人重要报告和讲话

充分发挥法律监督职能 一心一意为经济建设服务

——1992 年 5 月 4 日在第九次全国检察会议上的报告

最高人民检察院检察长　刘复之

同志们：

第七届全国人民代表大会第一次会议和第八次全国检察会议以来，已经四年多了。我代表最高人民检察院，就四年来的工作向第九次全国检察会议作总结报告，请大家讨论。

一、工作的成就和存在的问题

1988 年以来，在党中央领导下，最高人民检察院领导地方各级人民检察院和军事、铁路运输等专门检察院，贯彻执行党的以经济建设为中心，坚持四项基本原则，坚持改革开放的基本路线，履行宪法赋予检察机关的法律监督职责，贯彻为社会主义经济建设服务的方针，开展了惩治贪污贿赂犯罪、刑事犯罪和“侵权”、渎职犯罪等工作，取得了显著成绩，为促进社会主义民主和法制建设，维护国家稳定和社会安定，保障改革开放和经济建设的顺利进行作出了重要贡献。

——从严惩治贪污贿赂犯罪，促进经济建设和廉政建设。根据党中央关于反腐败的方针，从 1988 年第四季度开始，最高人民检察院调整了工作部署，把惩治贪污贿赂犯罪列为打击经济犯罪的第一位工作，作为整个检察工作的重点，强化了对国家工作人员这种职务犯罪的监督职能，开拓了法律监督的新局面。

1988 年春，深圳市检察院建立了举报中心，7 月以后，各地相继仿行，在较短的时间内，全国检察机关确立了举报制度。举报工作极大地调动了群众同贪污贿赂犯罪作斗争的积极性，发挥了巨大威力，形成了专门工作与群众路线相结合的新形式。四年来，共受理举报线索 649829 件。在侦破的案件中，来自举报的占 63%。

1989 年，广东省检察院在最高人民检察院和省委支持下，设立了我国第一个反贪污贿赂局，使反贪工作得到明显加强。最高人民检察院的经济检察厅改为贪污贿赂检察厅，使名副其实，调整、加强了力量。全国多数省级院及部分地、市和县级院也相继在原有经济检察机构的基础上，建立和加强了这个反贪污犯罪的专门机构，加强了专门的侦查工作，推进了侦查工作的专业化建设。

随着侦查工作的加强，检察机关实行了分级负责办理大案要案的制度，强调检察长亲自办案，集中力量查办大案要案。

1989年8月15日，“两高”发布了《关于贪污、受贿、投机倒把等犯罪分子必须在限期内自首坦白的通告》，掀起了反贪污贿赂斗争的高潮，至10月31日，全国投案自首的达3万多人，取得丰硕成果。“两高”《通告》的行动结束以后，全国有200多个县、市、区，继续抓住侦破大案要案的有利时机，发动群众参加斗争，掀起小高潮，推动工作逐步深入。

据统计，1988年4月至1992年3月，四年共受理贪污贿赂案347989件，立案侦查184237件，其中万元以上大案41126件（内有十万元以上不满一百万元的1440件，一百万元以上的63件）；查办县处级干部3200名（其中党政系统负责人335名），地局级干部163名（其中党政系统负责人91名），省部级干部5名；提起公诉80237人，人民法院已审结57401人，其中作有罪判决56676人，一批大贪污犯受到法律的严厉制裁；共追回赃款赃物折合人民币20.5亿元。

这四年，还立案侦查了挪用公款案26481件，偷税、抗税案29088件，假冒商标案2202件，收缴款物折合人民币12.3亿元。

通过实践，广大干部认识到，打击犯罪与服务经济是统一的，不是对立的。在办案中，检察机关坚持以事实为根据，以法律为准绳，贯彻“一要坚决，二要慎重，务必搞准”的原则，严格区分罪与非罪的界限，不断总结经验，从总体上做到了既坚决打击犯罪，又保护企事业单位及职工的合法权益，特别注意保护有开拓精神、改革开放有实绩但也有失误的人，尤其是科技人员，促进了经济建设的发展。同时，各级检察院积极开展《检察建议》活动，对发生大案要案、管理松懈的单位进行综合治理，增强了防范机制，扩大了社会效果。

——**坚持依法从重从快严厉打击严重刑事犯罪活动，维护社会安定**。四年来，检察机关与公安、法院、司法行政等部门互相配合，严厉打击了杀人、抢劫、爆炸、强奸、盗窃抢夺枪支等暴力犯罪，积极参加了反盗窃斗争和各项重点治理、治乱活动，共批准逮捕犯罪分子2106280名，提起公诉2045026名。

提前介入公安机关对重大特大案件的侦查活动，已走上制度化。在审查批捕和审查起诉这两个环节上分别提前介入201405件次和72394件次。通过这个突破口，刑事检察提高了质量和效率，使依法从重从快的方针得到落实。

加强了对公安机关侦查活动和人民法院审判活动的监督。分别提出纠正违法的意见40708件次和10615件次。对184965人作了不批准逮捕的决定，对12289人作了不起诉决定；追捕案犯32842名，追诉案犯17652名；对人民法院确有错误的判决、裁定提出抗诉8377件。出庭公诉水平有所提高，二审监督工作逐步开展。

1991年，在烟台召开的全国政法会议决定大力开展社会治安综合治理工作，经中央批准成立了中央社会治安综合治理委员会。随后，全国人大常委会通过了关于加强社会治安综合治理的决定。各级检察院积极贯彻了这一重大决定。在执行中，通过《检察建议》等方式，帮助发案单位完善规章制度；对免诉人员进行回访考察；对被管制、缓刑、假释、保外就医人员的执行情况进行检察，帮助有关单位落实帮教、监督、考察措施；结合办案开展对诱发犯罪原因的社会调查和专题研究，提出预防犯罪对策等措施，加强了检察环节上的综合治理工作。

——**加强查办"侵权"、渎职犯罪案件，保障公民民主权利和国家机关的正常活动**。最高人民检察院和各级检察院不断深化对法纪检察工作重要性的认识，加强了对公民民主权利和人身权利的法律保护，恢复了各级检察院的法纪检察机构。四年来，共受理各类案件188158件，立案侦查64022件，其中有重大特大案件9026件。通过查办刑讯逼供、非法拘禁、非法侵入他人住宅、侵犯公民通信自由、诬告陷害等案件，有力地回击了国际反动势力在"人权"问题上对我国的攻击和诬蔑，表明了我们党和国家重视保护公民权利的一贯立场。同时，查办了一批玩忽职守、重大责任事故案件，用法律武器同渎职、严重官僚主义作斗争，维护了国家机关的正常活动和经济管理秩序。

——**监所检察稳步发展**。加强了对人民法院判决、裁定执行情况及监管改造场所执法活动的监督，保障了"改造第一，生产第二"的劳改方针和"教育、感化、挽救"的劳教方针的实施，促进了对罪犯和劳教人员的文明管理。目前，在全国2816个看守所中，已设置驻所检察室1832个，占73%。已向劳改、劳教场所派出检察院66个、检察室597个。对监管改造部门的违法情况提出纠正意见295336件次，对重新犯罪的劳改犯和在劳教期间犯罪的劳教人员起诉27083名。

——**军事、铁路专门检察院的工作不断得到加强**。各级军事检察院及时打击军内犯罪活动，为加强人民军队建设和巩固国防作出了贡献。各级铁路运输检察院批捕各类刑事犯罪分子38119名，提起公诉39163名；查办铁路系统的贪污贿赂等罪案2867件。

——**控告申诉检察工作有较大改进**。认真处理控告申诉案件，改进工作作风，及时接待来访、办理来信，努力为群众排忧解难。四年共接待来访750552人次；处理来信2949008件次；复查申诉案件34038件，纠正4984件；妥善处理了11266批集体上访案件。

——**民事审判、行政诉讼检察工作已经起步**。全国已有1065个检察院设立了民事行政检察机构，配备人员2322名。1990年以来已依法受理各类民事行政申诉案件2982件，向法院提出抗诉39件。

——**调查研究和司法解释有了进步**。各级检察院围绕工作重点，对实践中出现的有关执行法律、政策的新问题作了大量的调查研究，为领导决策和依法办案提供了有效服务。最高人民检察院单独或与最高人民法院等部门联合发布司法解释及其他规范性文件107件。

——**科技建设打下了初步基础**。以分、市院为重点的省、地、县二级技术网点已建立1191个，拥有各类科技人员4800多名，共做检验鉴定103047件；现场勘验56389件；文证审查41179件，其中改变原鉴定结论2600件。

——**物质装备条件有了改善**。增加了一批业务用车，改善了交通条件，通讯设施有较大发展，8个省级院开通了二级专线通讯网，16个省级院和计划单列市院开通了二级或三级无线通讯网。侦查技术设施建设有了一定进展。

——**宣传工作开展得有声有色**。普遍建立了新闻发言人制度，通过各种新闻媒介，向社会公布检察工作的重要情况和查办的大案要案。1991年创办了《中国检察报》，1992年改为周二刊，发行40多万份，效果较好。中国检察出版社已出版法律、检察等各类书籍114部100多万册。《全国检察机关惩治贪污贿赂展览》从1990年5月起先后在11个省、自治区、直辖市巡回展出，观众总数达260多万人次。创作检察题材的电视剧67部128集。

——**特约检察员的工作在开拓中前进**。最高人民检察院和一些省、市检察院已聘请470名民主党派成员和无党派爱国人士为特约检察员。他们参加了一些案件的调查研究，在重要问题上提供了咨询，发挥了参政议政的良好作用。

——**检察人员的政治素质和业务素质有了明显提高**。1990年，经党中央批准，最高人民检察院和各级检察院先后设立了政治部、处或政治协理员，加强了思想政治工作和干部管理。几年来，我们坚持进行了马克思列宁主义、毛泽东思想的基本理论、有中国特色的社会主义理论和党的基本路线教育；比较广泛地开展了争先创优活动，大力宣传了检察人员清正廉明、无私奉献的英雄模范事迹；创建了中国高级检察官培训中心和中央检察官管理学院，已培训各级检察长和后备干部1665名；全国已建立了20个检察官培训中心和5个检察学校，已培训各级干部9000余名；有66410名检察人员参加了电大、业大、函授和专业证书学习。到1991年底，大专层次以上干部已占干部总数的56.3%。培养选拔了一批中青年干部，让他们在领导岗位上发挥作用和接受锻炼。在各级检察长中已达到大专以上文化程度的有1878名，占54%。

1988年冬，最高人民检察院确定了从严治检的方针，颁布施行了《检察人员纪律》。纪检、监察机构严肃查办了违法乱纪行为，维护了队伍的纯洁。

党的十一届三中全会以来，最高人民检察院和各级检察院在恢复重建中进行了大量的卓有成效的工作。在党中央统一部署下，拨乱反正，平反冤假错案，打击刑事犯罪和经济犯罪，维护国家安全和社会安定以及队伍建设等都取得了显著成绩。在这个基础之上，这几年，各项工作又有一些发展和创新，比较突出的是：1、确定了把反贪污贿赂犯罪作为检察工作重点的方针；2、确立了为经济建设服务的指导思想，贯彻了“一要坚决，二要慎重，务必搞准”的原则；3、创办了举报中心和举报制度；4、设立了反贪污贿赂局，强化了侦查工作；5、全面推行了对重大特大案件的提前介入制度；6、建立了对自行侦查案件的双重制约制度；7、加强了法纪、军事、铁路检察、民事审判行政诉讼监督、科技建设和公开宣传工作；8、加强了干部教育培训工作；9、推广了设置派驻重点乡镇检察室、税务检察室的成功经验；10、制定了查办要案请示报告、免予起诉等一系列规章制度；11、贯彻了从严治检的方针，设立政治部，系统地进行队伍建设；12、拓宽了港澳地区的个案协查，发展了同几十个国家检察机关的友好交往和有关国家的司法协助；13、开展了选调、聘请民主党派成员和无党派爱国人士担任检察机关领导职务和特约检察员的工作。

检察工作的成就、创新和发展，是在党中央领导下，广大检察人员辛勤劳动、忘我奋斗、不断开拓进取的结果。检察制度的建设和改革是与有中国特色的社会主义经济建设、民主法制建设大体上同步发展的。检察机关的性质、任务和工作内容已为越来越多的干部群众所认识、了解和理解，群众基础日益牢固。

宪法规定人民检察院为国家的法律监督机关。长期的实践证明，在社会主义民主和法制建设，保卫改革开放和经济建设，维护人民民主专政制度中，人民检察院的法律监督职能，具有不可替代的地位和作用。

四年来，检察机关和检察人员经受了国内外重大风浪的锻炼和考验。广大检察人员忠于党，忠于社会主义，政治坚定，业务素质不断提高，纪律作风、队伍建设有很大进步，是党和人民可以信赖的一支护法队伍。

成绩和缺点总是同时存在的。我们工作还有不少缺点，存在不少问题。主要是：1、工作发展不平衡，条件相似的地方，业务进展悬殊较大。2、应当起诉的案件有的作了免诉处理，对人民法院判免刑、缓刑不当和判刑畸轻的案件，该抗诉的没有抗诉；一些地方办案又同时存在简单粗糙的毛病。3、法律规定的检察机关上下级领导关系没有全面、充分地贯彻执行，没有完全规范化制度化。4、重点乡镇派驻检察室设置太少，在农村缺乏与公安派出所、人民法庭配套办案的派驻检察室，广大农民很难找到检察院来告状、申诉。5、检察队伍中的违法违纪问题仍然时有发生。6、任务重与编制紧、人员少的矛盾日益突出，办案经费存在不少困难，科技手段比较落后，交通工具、通讯设备量少质差，不适应工作发展的需要。此外，一些地方的个别领导人，时有“以言代法”、“以权压法”的干扰。

二、建设有中国特色的社会主义检察制度应当遵循的基本原则

我国检察机关是工人阶级领导的、以工农联盟为基础的、人民民主专政的国家机器之一，是国家的法律监督机关。检察制度是有中国特色的社会主义国家制度的重要组成部分。根据正反两方面的历史经验，改革、完善、建设有中国特色的检察制度，应当遵循下面一些基本原则：

（一）要充分发挥法律监督职能，加强人民民主专政

我国宪法第二十八条规定：“国家维护社会秩序，镇压叛国和其他反革命的活动，制裁危害社会治安、破坏社会主义经济和其他犯罪的活动，惩办和改造犯罪分子。”国家这种职能，对检察机关来说，就是通过履行法律监督职能、惩罚犯罪、纠正违法、保护人民来实现的。经过四十多年的实践，我们对宪法规定的国家法律监督的性质有了进一步的认识。检察机关的法律监督的任务，主要是：保障刑法、刑事诉讼法、民法、民事诉讼法、行政法和行政诉讼法等基本法律的统一正确实施。在实际工作中，我们通过使用调查、侦查、拘传、搜查、拘留、逮捕、起诉等法律手段，惩治贪污、贿赂、侵犯公民权利、渎职等犯罪活动，对国家工作人员这些职务犯罪实施监督，保护无辜的人不受法律追究；通过批准逮捕、提起公诉等手段打击刑事犯罪活动，支持公安、安全机关依法进行的侦查活动和法院的审判活动，对是否合法进行监督，保障正确执法；通过派驻检察院、检察室、检察员，支持监管改造场所的执法活动，对是否合法实行监督；运用抗诉手段，保障民事审判和行政诉讼活动依法进行。检察机关和检察人员要牢固树立人民民主专政观念，通过各项检察活动，自觉地保护人民的民主权利不受侵犯，保护大胆改革、勇于试验、敢于闯、做出实绩但有失误的人不受诬陷，而对严重的经济犯罪分子和刑事犯罪分子、反革命分子、特务间谍分子实行专政，维护国家稳定和社会安定。

（二）要坚持“两手抓”的方针，坚定不移地为改革开放和经济建设服务

邓小平同志一贯强调“一手抓改革开放，一手抓打击各种犯罪”，“一手抓经济建设，一手抓法制”。“两手抓”，两手都要硬的方针，是检察工作的指导方针。经济建设是党和国家的中心任务，检察机关必须服从和服务于这个中心。检察机关贯彻“两手抓”的方针，主要体现在坚决而准确地打击犯罪这一手上。这一手硬起来，就发挥了检察工作保障改革开放和经济建设的重大作用。实践证明，贯彻“一要坚决，二是慎重，务必搞准”的原则，依法惩治贪污贿赂等经济犯罪，是对经济建设最重要、最直接的服务。反贪倡廉、拒腐防变是党和国家的长远方针，检察机关必须把反贪污贿赂犯罪斗争当作战略任务长期抓下去。要毫不动摇地把惩治贪污贿赂犯罪列为打击经济犯罪的第一位工作，作为检察工作的重点，坚持不懈地深入开展侦查工作，集中力量查办大案要案。要依法从重从快严厉打击严重刑事犯罪活动，为经济建设创造安定的秩序和良好的社会环境。要严肃查处“侵权”、渎职犯罪，加强对人民民主权利的法律保障，维护国家机关的正常活动。检察机关打击犯罪这一手要硬，不能软。硬不是“左”，但要注意防“左”，更不允许搞“左”。我们一直强调要坚决打击犯罪，又要慎重、搞准。要警惕打击不力，又要防止简单粗糙。在反贪污犯罪中，强调积极办案的同时，经常注意防止拔高凑数、以捕代侦、不重证据、轻信口供、逼供信、越权办案、违法办案、超期羁押。严禁收审，原则上不用监视居住。这样做，能够更好地坚持实事求是，防止片面性。

（三）要依法独立行使检察权

我国宪法和人民检察院组织法明确规定，检察机关依法独立行使检察权，不受行政机关、社会团体和个人的干涉。这是社会主义民主与法制原则的重要体现，也是精神文明的标志之一。坚持这一宪法原则，严格执法，公正准确地依法查办案件，排除阻力和干扰，是我们应尽的义务和责任。依法独立行使检察权，必须以事实为根据，以法律为准绳，对于任何公民，在适用法律上一律平等，不允许有任何特权；要敢于办案，敢于负责，敢于碰硬，对于那些干扰和阻挠办案的人和单位，要坚决抵制；对包庇案犯、触犯刑律的，要依法予以追究；对于确实搞错了的案件，要勇于纠正。

（四）要坚持专门工作与群众路线相结合

专门工作与群众路线相结合，是检察机关的优良传统。人民群众是我们的力量源泉。发现犯罪要依靠群众，调查、侦查、取证也必须依靠群众。在贯彻群众路线方面，已经积累了一些成功经验，突出的是：开展举报工作；依靠党政领导和群众进行秘密调查、侦查，注意保密，但不搞神秘化；建立新闻发言人制度；举办惩治贪污贿赂展览；利用典型案例和出庭公诉开展法制宣传教育；经常深入调查研究，分别召开企业家、科技人员等各界人士的座谈会，征求、听取意见；请进来、走出去倾听人民群众的批评和建议，等等。发动群众和依靠群众，这是衡量检察工作做得好坏的主要标准之一。

（五）要坚持和完善上级检察院领导下级检察院的体制

宪法和人民检察院组织法规定最高人民检察院领导地方各级人民检察院和专门人民检察院，上级人民检察院领导下级人民检察院的工作。这种领导体制保证检察机关能够发挥法律监督的整体功能，能够统一、正确地实施法律，能够排除干扰，能够提高工作的有效性和运转的效率，使全系统上下一贯，步调一致，严格执法。最高人民检察院领导全国检察机关的工作，主要内容是：确定检察工作年度的或一定时期的指导方针，制定工作计划或长远规划，对全局性的重要问题发布指示，制定司法解释，督促检查工作部署和措施的落实；领导全国办案工作和各项检察活动，对各级检察院的业务活动作出决定，直至纠正和撤销各级检察院作出的错误决定；系统地管理检察系统的队伍建设、领导班子建设、思想政治工作和干部培训；考核、提请批准任免省、自治区、直辖市检察院检察长和军事检察院检察长，选拔考核副检察长，决定检察机关内部机构设置和人员编制；规划检察系统物质装备建设。上级检察院在切实加强业务领导的同时，在思想政治工作、机构设置、人员编制、干部培训、正副检察长任免、物质装备等方面，对下级检察院要全面地承担起领导责任；对下级检察院工作中遇到的困难和问题，要负责地帮助解决；对做出突出贡献的下级检察院和检察人员，要及时给以表彰和奖励；对违法违纪的，要严肃处理，绝不护短；对秉公执法而受到不公正待遇的，要坚决予以保护。地方各级检察院受理的要案线索，要按照检察机关分级查办的分工，逐级报上级检察院备案。下级检察院必须服从上级检察院的领导，执行上级检察院的工作部署和有关决定，经常地如实地报告工作情况，特别是查办要案的情况。有令必行，有禁必止，维护国家法律的统一实施。

最高人民检察院要加强领导，监督各级检察院贯彻执行自行侦查案件的内部制约制度，严格实行由刑事检察部门负责审查批准逮捕和提起公诉工作的制度，对侦查部门实行监督；由控告申诉部门负责受理不服免诉决定的制度，对刑事检察部门实行监督，以保证准确有效地执行法律。

（六）要贯彻民主集中制

中共最高人民检察院党组和各级人民检察院党组，是党中央和各级党委派到检察机关的党的领导机构，负有保证党的路线、方针、政策在检察机关切实贯彻执行的责任。

各级检察院的检察委员会，在检察长主持下，依法讨论决定重大案件和其他重大问题。检察委员会是中国检察制度的创造，要充分地发挥它的作用。

各级检察院党组和检察委员会，必须认真实行民主集中制，这可以保证我们少犯错误或不犯大错误，即使犯了错误，纠正起来也比较容易。各级检察院的领导班子特别是检察长，必须模范地执行民主集中制，充分发扬民主，认真倾听各种意见，尤其要听取不同意见，以利正确决策。只有贯彻民主集中制才能维护领导班子的团结，增强战斗力和凝聚力。在处理大案要案和干部问题时，务必防止独断专行，一两个人说了算。

要加强中纪委派驻最高人民检察院的纪检组和各级党的纪委派驻检察院的纪检组的工作，发挥监督执行党的纪律的作用。

（七）要坚持党的领导

党对检察工作的领导，主要是路线、方针、政策的领导。检察机关坚持党的领导最集中的表现是，坚决贯彻执行党的基本路线，一心一意地为改革开放、为经济建设服务，在政治上同党中央保持高度一致。党的领导和依法独立行使检察权是统一的，不是对立的。贯彻党的政策和严格执法也是并行不悖的。

坚持党的领导必须加强检察机关的思想建设和党组织建设，要持久地进行坚持四项基本原则，反对资产阶级自由化和抵制和平演变的教育。要充分发挥各级党组织和党支部的战斗堡垒作用和共产党员的先锋模范作用，保证检察人员忠于党、忠于社会主义、忠于法律、忠于人民，保证各级检察院的领导权牢牢掌握在忠于马克思主义的人手里。

（八）要接受人民代表大会及其常委会的监督

检察机关由人民代表大会产生，向人民代表大会负责并接受监督。检察机关接受监督正在逐步规范化。要做好一年一度向人民代表大会的工作报告。向人民代表大会常务委员会要作经常性的工作报告，定期或不定期地请人民代表大会有关专门委员会、人大代表视察、评议检察工作，认真办理人民代表大会交办的有关事项，诚恳接受人民代表大会及其常委会的批评和建议。

要主动地向各级人民政协通报情况，征求意见。

三、适应加快改革、扩大开放和经济建设的新形势，建设和发展检察工作

检察机关和全体检察人员要继续深入学习邓小平同志在南方视察时的重要谈话和中央政治局全体会议精神，深刻领会建设有中国特色的社会主义理论，进一步解放思想，适应加快改革、开放和经济建设的新形势，一心一意地搞好为经济建设服务的各项工作。

检察机关今后一个时期的主要任务是：坚定不移地执行党的“一个中心、两个基本点”的基本路线，坚持为经济建设服务的指导思想，认真履行法律监督职能，继续深入开展惩治贪污贿赂犯罪，坚持严厉打击严重刑事犯罪和“侵权”、渎职犯罪等工作，积极参加社会治安综合治理，全面开展检察业务，为维护国家稳定和社会安定，为经济建设创造良好的环境，保障国民经济和社会发展十年规划和“八五”计划的顺利实现。

（一）关于从严惩治贪污贿赂犯罪工作。坚持把反贪污贿赂犯罪列为检察机关的工作重点，这是战略方针。要充分认识同贪污贿赂犯罪作斗争的长期性、复杂性，积极办案，集中力量查办大案要案。坚决贯彻“一要坚决、二要慎重、务必搞准”的原则，严格依法办案，既要纠正打击不力，又要防止简单粗糙，保证办案质量。不断完善反贪污贿赂犯罪的有关规章制度，加快反贪污贿赂法的起草工作，今年5月底6月初要报送全国人大常委会审议。通过立法争取赋予检察机关在直接侦查案件中的新的侦查手段和强制措施。没有建立反贪污贿赂局的地市以上检察院和有条件的县区检察院，要在1993年内建立起来。强化侦查队伍，培养反贪污贿赂专家，使大部分侦查人员成为精通业务、能熟练运用各种法定的侦查手段的能手，建立有中国特色的反贪污贿赂侦查体制。

要系统地加强对挪用公款、偷税抗税、假冒商标等经济犯罪案件的查办工作。

（二）关于打击刑事犯罪工作。坚持把“严打”斗争作为检察机关的另一个工作重点，继续贯彻依法从重从快的方针。积极开展国家安全检察工作，同各种危害国家安全的犯罪活动作斗争。对于一切破坏改革开放和经济建设的严重刑事犯罪以及各种社会丑恶现象，要坚决予以打击和取缔。特别是对暴力犯罪务必及时惩办。到1995年要求对半数以上的重大特大案件做到提前介入，以利依法快捕快诉，准确惩治犯罪，不在检察环节贻误战机。未成年人犯罪专门检察工作，应提高到一个新的水平。加强侦查监督和审判监督，完善内部制约程序，使工作规范化。加强出庭支持公诉工作，培养精通法律、应变能力强、功夫过硬的公诉人。继续落实检察环节的各项社会治安综合治理措施。

（三）关于查办“侵权”、渎职犯罪案件的工作。要充分认识查办“侵权”、渎职犯罪案件的重要意义。运用法律监督手段保障人民民主权利，促进科学管理和安全生产，保护生产力。要突出查办大案要案，重点是刑讯逼供致人伤残、死亡的案件；绑架、扣押无辜老人、儿童、妇女等非法拘禁案件；贪赃枉法的徇私舞弊案件；严重的玩忽职守和重大责任事故案件。要总结对不构成犯罪案件的息诉、调解工作的经验。结合办案，以案释法，做好预防犯罪工作。要稳定和健全法纪检察机构。

（四）关于监所检察工作。加强对监管改造场所执法活动的监督。到1995年，全国看守所全部实行驻所检察；在押犯5000人以上的大型劳改、劳教场所全部设置派出检察院；5000人以下的劳改、劳教场所派驻检察室。努力实现看守所、劳改、劳教检察工作的规范化。

（五）关于军事、铁路等专门检察院的工作。各级军事检察院要坚决打击各种危害国防利益和国防设施的严重刑事犯罪活动，依法查办军队内部的贪污贿赂和渎职犯罪案件。各级铁路运输检察院要与铁路公安、法院密切配合，严厉打击发生在铁路沿线和火车、车站的各种犯罪活动，积极查办“以车谋私”的贪污贿赂案件，维护铁路运输安全，促进铁路系统的廉政建设。

（六）关于举报和控告申诉检察工作。要加强举报线索的初查，今年内完成全部积压线索的清理工作。今后，对受理的线索要每月清理，争取做到初查不跨年，彻底改变线索积压状况。改进举报反馈方法，重点搞好向全社会的综合性反馈，把信息反馈同宣传发动有机结合起来，充分动员和依靠人民群众检举、揭发犯罪分子。坚持检察长接待重大来访和批阅重要来信制度。搞好刑事申诉案件和不服免予起诉案件的复查工作，试行允许本人或者委托律师、近亲属为其辩解和申诉，保证免予起诉案件的准确性。妥善处理重大上访和有闹事苗头的“告急”案件。争取三年左右实现省级院和大中城市检察院举报线索管理的微机化。

（七）关于民事行政检察工作。要切实履行对民事审判活动和行政诉讼活动的法律监督职责，保障公民、法人和其他组织的合法权益，保障依法行政，维护正常的经济秩序和新型的政企关系。重点做好依法抗诉工作，完善抗诉程序，制定民事行政检察工作细则，充实和培训工作人员。两三年内，县以上检察院都要建立专门机构开展工作。

（八）关于检察队伍建设。今年第三季度应将修改后的检察官条例，报送全国人大常委会审议。要着手建立科学的检察人员管理体制。加强人民检察院组织法的研究修改工作。继续深入开展具有检察特点的思想政治工作，持久地开展政治理论学习，坚持从严治检，加强领导班子建设，实行干部交流和挂职锻炼，开展争先创优活动，严肃查处违法违纪案件，提高检察人员的政治素质和业务素质，努力建设一支立场坚定，依法办案，秉公执法，掌握政策，实事求是，联系群众，精通业务的检察官队伍。

干部培训工作是队伍建设中的战略任务。要把培训工作重点转向岗位职务培训，有计划地组织在职干部学习和集中脱产培训。实行先培训后上岗制度，对拟担任地方各级检察院正副检察长的人选，凡没有从事过检察工作，又未受过法律专业教育和培训的，都要先行培训。从现在起，用三年或更多一点时间把基层检察院正副检察长轮训一遍。继续抓好学历教育，到 1995 年，争取大专以上层次的干部达到干部总数的 70%左右。各省级检察院要建立健全干部教育机构，有条件的要建立培训基地。

这几年，案件成倍增长，17 万多人的检察队伍难以应付繁重庞杂的任务。计划在二三年内，力争适当增加编制，用以设置重点乡镇派驻检察室、加强反贪污贿赂侦查、开展民事行政检察和国家安全检察等工作。

继续配合有关部门做好推荐民主党派成员和无党派爱国人士担任检察院领导职务和聘请特约检察员的工作。

加强检察机关的外事工作，扩大对外交往。

（九）关于基层派出机构建设。加快设置重点乡镇派驻检察机构的步伐，解决农民告状难的问题，拓展法律监督覆盖面。

（十）关于科学技术和物质装备建设。要从实际出发，分层次发展，重点建设分（市）院，普及发展县、区院，加快三级科技网点建设。要搞好全国检察科技中心建设。开通检察系统的二级专线网和三级专线网，在大、中城市检察院和有条件的县级检察院，建立无线通讯网。建立最高人民检察院和省级院之间信息管理和办公事务处理相结合的管理型办公系统。

进一步改善检察机关的交通装备。“八五”期间，每年要保证配备和更新一定数量的检察业务车、囚车、勘查车和赃物车。

同志们！新时期检察工作的任务繁重而艰巨。我们一定要更加紧密地团结在以江泽民同志为核心的党中央周围，同心同德，实干苦干，克服官僚主义和形式主义，勇于开拓创新，为建设和完善有中国特色的社会主义检察制度而努力奋斗！

认真学习贯彻党的十四大精神　强化法律监督职能　为加快改革开放和现代化建设服务

——1992 年 11 月 21 日在全国检察长会议上的报告

最高人民检察院副检察长　张思卿

同志们：

我们这次会议的任务是，认真学习邓小平同志建设有中国特色社会主义的理论，在党的“一个中心，两个基本点”的基本路线指引下，贯彻党的十四大精神，总结今年工作，部署 1993 年的工作，动员全体检察人员，进一步解放思想，转变观念，强化法律监督职能，为加快改革开放和现代化建设步伐做出新的贡献。

现在，我受刘复之检察长的委托，代

表最高人民检察院向会议作报告，请讨论。

一、1992年的基本情况

今年以来，最高人民检察院和各级人民检察院认真学习贯彻邓小平同志视察南方的重要谈话、中央政治局全体会议精神和中央7号文件精神，紧密围绕经济建设这个中心，适应加快改革开放的步伐，解放思想，实事求是，认真履行法律监督职能，在保护、促进改革开放和服务经济建设中发挥了重要作用。回顾一年来的工作，最高人民检察院和各级检察院以邓小平同志视察南方的重要谈话为思想武器，结合实际，采取了一系列贯彻措施。在反腐败斗争中，深入查办国家工作人员贪污贿赂犯罪，加强对职务犯罪的监督；在维护社会治安中，坚持“严打”和开展了综合治理；在保护公民权利方面，对刑讯逼供、非法拘禁等“侵权”案件加强了检察。在斗争中，检察机关的队伍建设和廉政建设取得了比较明显的成绩，其他各项工作也有了新的发展和进步。

下面，我从五个方面来说明：

（一）反贪污贿赂犯罪斗争继续深入发展

一年来，各级检察机关继续把惩治贪污贿赂犯罪作为检察工作对经济建设最重要、最直接的服务，在办案中，坚持贯彻“一要坚决，二要慎重，务必搞准”的原则，依法查办贪污贿赂等经济犯罪案件，取得了显著成绩。1至10月，全国检察机关共受理贪污贿赂案件64076件，立案侦查36345件，决定逮捕案犯12030名。到10月底，已结案29267件34472人，向人民法院提起公诉16286名，占结案人数的47.2%；免予起诉13560名，占39.3%；不起诉569名，占1.7%；撤案4057名，占11.8%。追缴赃款赃物折合人民币3.7亿元。

今年反贪污贿赂斗争的突出特点是，集中力量查办大案要案，依法妥善处理小案，把反贪污贿赂犯罪斗争的锋芒始终指向严重的贪污贿赂犯罪分子。在1至10月立案侦查的贪污贿赂案件中，有万元以上大案10116件，占立案总数的27.8%，大案所占比例比去年同期增长3.7个百分点，是历年来最高的。有的省、市大案的比例高达40%多。共立案查处县处级以上干部595名，其中厅局级干部17名。追缴赃款赃物比去年同期也有增加。在集中力量查办大案要案中，各地都注意了慎重处理“踩线”、“边缘”案件，不简单地定性、定罪，而从缓或从宽处理。同时，依法妥善处理小案，对一些贪污、受贿不满5000元，犯罪后自首、立功或者有悔改表现、积极退赃的，依法免予起诉；对立案后发现情节显著轻微，危害不大，不认为是犯罪的，依法撤销案件，其中有违反党纪、政纪行为的，移交纪检、监察部门办理；经过初步调查，对不构成犯罪的，不予立案等。今年查处贪污贿赂案件的数量有所减少，这是正常的。我们重点抓了大案要案，又妥善处理了小案，所以，政治和社会效果都很好，各级党政领导和广大干部群众比较满意。

各级检察机关不断增强群众路线意识，继续抓好举报工作。在1至10月全国立案侦查的贪污贿赂案件中，有66.1%来自举报。

贪污贿赂犯罪的预防工作有了发展。有些省和最高人民检察院建立了预防犯罪机构，对贪污贿赂犯罪发生的原因、特点和规律，开展了调查研究，有针对性地采取防范措施。我们开始建立贪污贿赂犯罪的情报工作，掌握犯罪动态的能力有了提高。

今年，突出地加强了打击假冒商标，生产和销售伪劣商品的犯罪活动。3月，最高人民检察院下发了《关于加强对假冒商标犯罪案件查处工作的通知》，7月，与国家工商局在云南召开了“打假”现场会，有力地推动了“打假”工作的开展。1至10月，全国检察机关共查办假冒商标犯罪案件2634件，比去年同期增加了2.7倍，是历年来办案最多的一年，得到了人民群众的拥护和好评。

1至10月，还依法查办了偷税抗税犯罪案件9173件，挪用公款犯罪案件10846件，为国家挽回经济损失2.8亿元。

（二）坚持“严打”和开展具有检察特色的综合治理工作取得了很大成绩

各级检察机关充分发挥人民民主专政职能，对严重危害社会稳定的杀人、抢劫、强奸、爆炸、盗抢枪支等严重刑事犯罪和带有黑社会性质的犯罪集团，坚持提前介入，及时批捕、起诉，依法从重从快予以严厉打击。1至10月，全国检察机关共受理公安机关提请批捕人犯490744名，已审结458971名，其中批准逮捕422576名；受理公安机关移送审查起诉、免予起诉案犯518076名，已审结447880名。其中提起公诉409711名，免予起诉35483名。

积极参加集中打击盗窃犯罪的斗争。1至10月，共批准逮捕盗窃案犯179805名，起诉181484名。

坚决贯彻全国人大常委会《关于禁毒的决定》、《关于惩治走私、制作、贩卖、传播淫秽物品的犯罪分子的决定》、《关于严禁卖淫嫖娼的决定》、《关于严惩拐卖、绑架妇女、儿童的犯罪分子的决定》，按照中政委的统一部署，与公安、法院等部门密切配合，及时开展了集中打击和专项斗争、专项治理。1至10月，批准逮捕毒品、淫秽物品和拐卖妇女儿童等犯罪案犯及卖淫、嫖娼方面的犯罪案犯23893名，起诉22248名。

加强了国家安全检察工作。根据形势发展的需要，最高人民检察院和部分沿海地区检察院成立了国家安全检察机构，其他地区特别是边疆地区的检察院也加强了国家安全检察工作，与公安机关、国家安全机关密切配合，打击各种危害国家安全的犯罪活动。

积极参加社会治安综合治理工作。结合检察工作特点，通过办案，帮助有关发案单位健全各项规章制度，堵塞漏洞，消除了很多隐患。

（三）查办侵犯公民民主权利、人身权利和渎职犯罪案件的工作有了新进展

办理法纪案件同样坚持以查办大案要案为重点，突出查办了刑讯逼供、非法拘禁、徇私舞弊和玩忽职守、重大责任事故等犯罪案件。1至10月，全国检察机关共受理各类“侵权”、渎职犯罪案件40329件，立案侦查15657件（20584人），其中重大案件1913件，特大案件635件；县处级干部66名，厅局级干部4名。为国家和集体挽回直接经济损失9290多万元。

在改革开放的新条件下，我们十分注意严格区分罪与非罪的界限。在查办商贸流通领域和涉及重大科技问题的玩忽职守和重大责任事故案件时，坚持了细致地查证和反复地论证的正确方法，把在改革开放中的大胆探索和科学实验、新产品试制及工作中的失误与犯罪严格区别开来，有效地保护了公民合法权利和国家利益不受侵犯，保障了国家机关的正常活动和企业的科学管理，促进了经济发展。

（四）监所、军事、铁路运输、控告申诉、民事行政检察工作和法律政策研究、

司法解释、科技工作也取得了新的成绩

严厉打击监管改造场所的犯罪活动，维护了正常的监管改造秩序。依法查办监管改造场所干警及工作人员贪污、受贿、私放罪犯、体罚虐待人犯等犯罪案件，促进了监管改造机关的廉政建设和依法管理、文明管理。

各级军事检察院依法查办军队内部的贪污贿赂和渎职犯罪案件，严厉打击各种危害军事利益和破坏国防设施的刑事犯罪活动，取得了显著成绩。

各级铁路运输检察院严肃查办铁路系统的以车谋私、以票谋私、以发包工程谋私等贪污贿赂犯罪案件；与铁路公安、法院一起，对犯罪活动猖獗的重点路段和旅客列车集中进行治理，开展专项斗争，依法严厉打击了发生在火车、车站、铁路沿线及铁路系统的各种刑事犯罪活动，维护了铁路运输生产的安全。

及时受理、认真查办控告申诉案件。1至10月，全国检察机关共受理公民控告、申诉490813件。立案查处不服免诉的申诉3777件，纠正696件；处理不服法院判决、裁定的申诉1957件，经调查认为确有错误，向法院提出纠正意见的91件。本着实事求是，有错必纠的原则，特别注意认真处理了科技人员申诉的案件，社会各界反映良好。

民事行政检察工作已经起步，在加强调查研究的基础上，克服困难，加强了办案工作。

根据加快改革开放和经济发展中出现的新情况、新问题，各级检察机关加强调查研究；最高人民检察院加强了起草、修改法律的建议和司法解释工作，对不适应改革开放的司法解释和业务文件进行了清理，单独和与最高人民法院联合发布司法解释12件。

各级检察院不断提高科技意识，重视科技手段在办案中的应用，本着急需、适用、先进、配套的原则，积极争取经费，购置科学技术设备，抓紧培训科技人才和技术网点建设。1至10月，共做检验鉴定46076件，现场勘验10353件，文证审查10563件。

（五）加强检察队伍建设和物质装备建设，提高了队伍的战斗力

各级检察机关坚持把加强队伍建设、提高干部素质、提高队伍的战斗力作为一项重要任务来抓，从严治检，加强了思想政治教育、干部培训、组织建设等工作。

组织广大干警认真学习邓小平同志视察南方时的重要谈话、中央政治局全体会议精神和江泽民同志在中央党校的重要讲话，学习十四大文件精神，深刻领会精神实质，用邓小平同志建设有中国特色社会主义理论和党的基本路线武装自己的头脑。

加强在职干部的教育和训练，重点抓岗位职务培训。中央检察官管理学院和各省、区、市的检察中专学校、检察官培训中心共培训各级干部26618名。对224名没有从事过检察工作而拟任地方各级检察院正副检察长的人选进行了上岗前的培训，并形成制度。

做好各级检察长的换届准备工作。为了保证1993年顺利换届，各级检察院根据最高人民检察院关于加强检察干部管理若干问题的规定，坚持一级抓一级，按照“四化”方针和德才兼备的原则，协同党委认真做好领导班子的考察和检察长换届人选的协商提名工作。

开展争先创优活动。1至10月，最高人民检察院共表彰奖励先进集体138个，先进个人291名。各省、自治区、直辖市检察院也表彰了一大批先进集体和先进个人。

严肃查处检察干警违纪违法案件。1至10月，依照党纪、政纪和有关法律规定，共立案查处违纪违法的检察干警368名。今年检察干警违纪违法案件比去年下降了26.9%。

在国务院和各级党委、政府及计划财政部门支持下，检察业务经费保持了逐年有所增加的势头；业务用车和通讯设备有所改善；相当一部分基层院办公、生活用房困难的状况有所缓解。

检察宣传工作取得了新的成绩；《中国检察报》的质量不断提高，发行量增加；特约检察员、检察外事及出版等工作，也都在去年的基础上前进了一步。

一年来，经过全国检察机关和全体检察人员的努力，检察工作的成绩是显著的。但是，我们也要清醒地看到存在的问题，从总体上说，在思想认识上还不能完全适应形势发展的需要，特别是不适应正在发展的社会主义市场经济对检察工作提出的新要求，在不少问题上没有摆脱在计划经济历史条件下形成的过时的思想观念和工作方法的束缚。当前和今后我们都面临着很多急待研究和解决的新问题。我们一定要在警惕右的同时，自觉地继续清理“左”的影响。这些不良影响主要反映在，把打击与服务对立起来，或者片面地理解服务，强调服务就不敢办案；超越检察职权办事，插手经济纠纷案件，有的随意抓捕、关押经济纠纷当事人；不能正确理解“集中力量查办大要案，依法妥善处理小案”的部署，大案抓不住，小案也不查；不重视调查和研究，在没有掌握基本罪证的情况下，轻易立案，一立案又轻易拘捕人，不重视侦查工作，不重视证据，而轻信口供；以及有的地方检察干警违纪违法的情况还比较突出，对预防犯罪工作和参加社会治安综合治理不够重视等。这些现象和问题，虽然只在少数检察院和少数干警中存在，但对我们行使国家法律监督职能危害极大，对检察机关的声誉损害极大，必须切实重视，加强学习和教育，加以纠正。

二、1992年的主要工作经验

今年是我们党和国家历史上不寻常的一年，邓小平同志视察南方时的重要谈话，鲜明而精辟地回答了这些年来经常困扰和束缚我们的许多重大认识问题，带来了全党新的思想解放，加速了改革开放和经济建设的步伐。建立社会主义市场经济、解放和发展生产力这场革命，正向广度和深度进军。我们检察工作的成绩，就是在这种大环境和大好形势下取得的。检察工作的主要经验就是坚决地全面地贯彻邓小平同志视察南方重要谈话和中央政治局全体会议精神，坚持党的“一个中心，两个基本点”的基本路线一百年不动摇，牢固树立一心一意为经济建设服务的指导思想，检察工作必须服从和服务于改革开放和经济建设。

第一，用邓小平同志建设有中国特色社会主义的理论特别是视察南方重要谈话精神，武装广大检察人员的头脑，牢固树立为改革开放和经济建设服务的思想。今年5月召开的第九次全国检察会议，以邓小平同志建设有中国特色社会主义理论和视察南方重要谈话精神为指导，总结了建设有中国特色社会主义检察制度的原则和经验；进一步强调必须牢固树立检察机关一心一意为经济建设服务的指导思想，制定了新措施。“九检”会议之后，各地按照会议部署，认真学习贯彻邓小平同志视察南方的重要谈话精神，密切联系思想和工作实际，解放思想，实事求是，更新观念，研究新情况，解决新问题，总结新经验，重点解决好打击与服务、打击与保护的关系。广东、江苏、天津等很多地方的检察长亲自主持召开为经济建设服务的研讨会，研究、探讨检察工作为改革开放和经济建设服务的新措施、新方法。他们的经验，一是走出去，深入到经济部门和企业了解情况，了解服务对象，增长经济知识，开阔视野，增强改革意识、服务意识和防“左”意识。通过实践，进一步提高对邓小平同志视察南方重要谈话精神重大意义的认识，用有利于解放和发展生产力，有利于加快改革开放和坚持四项基本原则，有利于维护政治稳定，来检查我们的工作是否取得成效。二是请进来，请经济界、企业界的同志介绍改革开放和经济建设的大好形势，介绍国有大中型企业转换经营机制的情况和改革中遇到的深层次问题和困难，使检察工作与企业的兴衰息息相关。走出去，请进来，使我们思想统一了，认识一致了，为经济建设服务的积极性、自觉性发挥出来了。

第二，联系检察工作实际，采取措施，为经济建设服务。改革开放的进一步发展，社会主义市场经济的建立与完善，给检察工作提出了更新更高的要求。检察机关是国家的法律监督机关，重要任务之一就是查办国家工作人员的贪污贿赂等职务犯罪案件，这是为经济建设最重要、最直接的服务。根据各地经验，最高人民检察院逐步充实、完善和推广了为经济建设服务的六条措施，这就是：1、分清贪污贿赂犯罪与正常交往应酬的界限，分清哪些是合法的，哪些是违纪违法的，哪些是犯罪的。对于确有犯罪事实和确凿证据的犯罪分子坚决查办，决不手软，但在定性时不拔高，定罪时不凑数。2、对于违反国家规定收受各种名义“回扣”的行为，重点查办中饱私囊构成犯罪的；为获取个人“回扣”而采购、销售假冒伪劣商品构成犯罪的。3、对于重要岗位上的涉嫌人员，需要采取强制措施时，应事先建议党委、政府适时进行人事调整，避免工作和生产经营活动脱节；同时，要严格保守侦查机密，防止侦查对象畏罪潜逃，并要注意维护企业的声誉。4、在侦查工作中，不轻易冻结企业的银行帐户。在不影响侦查工作的前提下，允许受审查对象参加必要的生产、科研和业务活动。5、凡是罪与非罪界限不清或有争议的，不采取法律强制措施；凡是拿不准的应向上级检察院请示。6、大力加强贪污贿赂犯罪的预防工作，针对发案单位暴露出来的工作漏洞提出《检察建议》，推动整改，促进会计、审计、监督、管理等规章制度的完善，通过办案加强综合治理，健全防范机制。各地在坚持这六条措施的前提下，结合当地实际，深入调查研究，广泛听取各方面意见，制定了具体的服务措施和办法。如广东、上海、四川、天津、北京、江苏、辽宁等省、市检察院制定的关于为搞好国有大中型企业服务的意见、保护和促进科技体制改革的意见、保护和促进外向型经济发展的意见等等，受到了当地党委、政府特别是经济、科技部门的欢迎，在工作中发挥了良好作用。采取这些措施，给检察工作为经济建设服务开拓了新思路和新途径，坚持这些行之有效的措施，就能更好地发挥服务作用。

第三，抓住重点，带动检察工作的全面开展。唯物辩证法告诉我们，解决问题必须抓主要矛盾，抓住了主要矛盾其他矛盾也就迎刃而解了。惩治贪污贿赂犯罪，是法律赋予检察机关的职责，是我们对经济建设最重要、最直接的服务。所以我们始终坚持把反贪污贿赂斗争作为打击经济犯罪的第一位工作，作为检察工作的重点，同时把坚持依法从重从快严厉打击严重刑事犯罪作为另一个重点。依照法律，今年我们加强了查办“侵权”、渎职犯罪案件。这主要是从这些犯罪对改革开放和经济建设的危害程度来考虑的。惩治这些严重犯罪活动，就能为经济建设创造一个政治稳定、社会安定的环境，促进廉政勤政建设。抓主要矛盾，还体现在一个时期，什么问题突出、什么犯罪危害经济建设严重，就提出来突出抓。7月以来，大力开展打击假冒商标，生产和销售伪劣商品犯罪斗争，就是基于这种考虑，取得了明显的成效。我们在突出抓重点工作中，又十分注意了抓矛盾的主要方面，在反贪污贿赂斗争中，强调集中精力抓大案要案，依法妥善处理小案，把锋芒集中指向严重的贪污贿赂犯罪分子；在打击刑事犯罪中，把杀人、抢劫和其他暴力犯罪分子作为打击重点，还突出抓了贯彻全国人大常委会的有关决定，对毒品、淫秽物品和拐卖、绑架妇女、儿童、卖淫嫖娼以及盗窃犯罪及时批捕起诉，从重从快予以坚决打击；在查办“侵权”、渎职犯罪案件中，重点查办刑讯逼供、非法拘禁、徇私舞弊和玩忽职守、重大责任事故案件。抓住重点，带动一般，推动检察工作的全面开展，这是一条成功的经验。

第四，在思想上和工作中坚决贯彻警惕右，但主要是防止“左”的精神。邓小平同志关于警惕右，但主要是防止“左”的指示对检察工作有重要的指导意义。今年以来，我们强调打击犯罪这一手一定要硬，不能软。硬不是“左”，但要注意防“左”，更不允许搞“左”。在实际工作中，各级检察院注意正确处理了以下几个问题：1、集中力量查办大案要案，依法妥善处理小案。把反贪污贿赂的锋芒集中指向严重的贪污贿赂犯罪分子。对大案要案，不论涉及到什么人，都要一查到底，依法惩处。各级领导亲自抓大案要案的查办工作。对于贪污贿赂数额较小、情节较轻的案件，分别情况，依法作不立案、不起诉、免予起诉或撤案处理。2、旗帜鲜明地保护在改革开放、发展经济中做出贡献但有失误的人，特别是科技人员。对科技人员从事第二职业等合法活动获得的收入，不得以受贿论处。在办案过程中，保护科技市场，促进科学技术转化为生产力。3、对于“踩线”案件、“边缘”案件的处理宜从缓，不从快；宜从宽，不从严。4、要切实加强立案前的初查工作，调查工作要做充分，搞细致，搞扎实；案情复杂的，调查阶段的时间要放长。不要草率立案，更不要轻易捕人，严禁“以拘代侦”、“以捕代侦”。办理自侦案件，严禁使用收审，原则上不使用监视居住。5、注意办案方法，防止简单粗糙，防止和纠正不重证据，不重调查研究，轻信口供，搞逼供信，越权办案，超期羁押等不严格依法办案的现象。6、严格执行最高人民检察院关于免予起诉的规定。严格掌握免诉条件，切实纠正免诉不当的问题。7、审慎地办理涉外和涉港、澳、台人员的经济犯罪案件，对需要采取法律强制措施的，严格实行一案一报的制度，逐级层报最高人民检察院审批。8、坚持实事求是，有罪必办，有错必纠。对申诉案件，要及时审查，发现办错的，要依法纠正，做好善后工作。

三、关于1993年的工作

党的十四大具有承前启后、继往开来的重要意义，是我们党的历史上新的里程碑。江泽民同志的政治报告，提出了我们党90年代乃至下个世纪中叶的宏伟奋斗目标，也给检察工作提出了明确的要求。江泽民同志在十四大报告中指出，一切部门都要为经济建设服务，要维护社会稳定，要加强人民民主专政，坚决打击各种犯罪活动，要严格执行宪法和法律，反腐败要靠教育、更要靠法制，要强化法律监督机关职能，要依法独立进行检察。检察机关当前和今后一个时期的中心任务，就是狠抓落实这些要求。1993年检察工作的主要任务是：坚持以邓小平同志建设有中国特色社会主义理论为指导，坚决贯彻党的十四大和中发〔1992〕7号文件精神，毫不动摇地坚持党的“一个中心，两个基本点”的基本路线，始终不渝地贯彻检察工作为经济建设服务的指导思想，坚持“两手抓，两手硬”的方针，贯彻警惕右，但主要是防止“左”的思想，进一步解放思想，实事求是，坚持不懈地开展反贪污贿赂犯罪斗争，严厉打击严重刑事犯罪活动，认真查办“侵权”、渎职犯罪案件，依法建院，从严治检，加强检察机关自身改革和建设，通过强化法律监督职能，维护社会政治稳定，更自觉地为改革开放和现代化建设服务。任务已经确定，各级检察机关的领导必须牢牢抓住落实这个中心环节。

最高人民检察院为这次会议起草了一个《纪要》，对各项工作做了全面部署，是明年和今后一个时期检察工作的指导性文件，请大家认真讨论修改。新的一年快要来临了，关于1993年的工作，我着重讲几点意见。

第一，认真学习十四大文件，用邓小平同志建设有中国特色社会主义理论武装头脑，统一思想认识

江泽民同志在十四大上的报告，全面体现了邓小平同志的一贯思想和视察南方重要谈话的精神，是指引我们建设有中国特色社会主义伟大事业胜利前进的纲领性文件，认真学习和坚决贯彻这个报告，是我们做好一切工作的前提和基础。学习要精、要管用，要联系实际，领会精神实质，更新观念，换脑筋。十四大报告中提出建立社会主义市场经济，这是理论上、思想上的重大突破，是一场深刻的社会革命，它必将带来国家社会生活方方面面的变化。换脑筋就是要解决对新事物的态度问题，要“冲破落后的传统观念和主观偏见的束缚，改变因循守旧、不接受新事物的精神状态。我们决不能停留在对马克思主义的某些原则、某些本本的教条理解上，或者停留在对社会主义的一些不科学的甚至扭曲的认识上，或者停留在那些超越社会主义初级阶段的不正确的思想上，而必须用辩证唯物主义和历史唯物主义的世界观、方法论去分析和解决问题，使思想适应发展变化的新形势。”换脑筋，就是要清除陈旧的过时的观念，满腔热情地支持和保护改革开放中出现的新事物，正确对待建立社会主义市场经济和国有企业转换经营机制过程中出现的新情况和发生的问题，正确处理法律与党和国家政策的关系，清理不利于改革开放的司法解释和规章制度。对社会主义市场经济发展过程中出现的新问题，特别对企业转换经营机制、市场流通、国际贸易和科技领域中涉及行贿受贿、回扣等方面的问题，要深入调查研究，注意分清罪与非罪界限，慎重处理，避免用过时的工作方法简单处理新事物，防止把正当的改革开放、搞活经济的措施当成违法犯罪处理，使法律监督与时代主流合拍，与时俱进，适应新形势发展的需要。

要继续贯彻警惕右，但主要是防止“左”的精神。防止“左”主要是不要用过时的、“左”的观念对待和处理新事物。对思想认识问题和具体工作以及处理具体案件中的不同意见以至偏差，不要随意说成是政治倾向上的“左”或右。

第二，继续坚持不懈地开展反贪污贿

赂斗争

江泽民同志在十四大报告中强调，在改革开放的整个过程中都要把反腐败作为一件大事来抓，下决心抓出成效，取信于民。检察机关是国家的法律监督机关，在反腐败斗争中，我们担负着惩治贪污贿赂等经济犯罪的重要任务。各级检察机关要充分认识反腐败斗争的紧迫性、长期性和艰巨性，继续把反贪污贿赂犯罪作为检察工作的重点，运用法律武器，惩治贪污贿赂等经济犯罪。要坚持今年反贪工作的行之有效的经验，把斗争锋芒对准大案要案。严重的贪污贿赂犯罪分子，危害党和人民，不论是什么人，都必须依法坚决惩处。同时，要依法妥善处理小案。要进一步明确妥善处理小案不是不查小案，对举报的案件线索都要认真调查、甄别。实践经验告诉我们，很多大案要案往往都是在查办小案的过程中发现的。如果小案不查，就可能放过一些大案要案，就会影响人民群众同贪污贿赂犯罪作斗争的积极性，同时也不利于教育和挽救犯有轻微贪污贿赂犯罪行为的人。但是，我们还是必须集中力量查办大案和要案。

继续加强举报工作，依靠群众举报侦破贪污贿赂案件。要切实保护举报人的合法权利。同时，也要认真查办利用举报诬告陷害他人的案件。

认真贯彻十四大报告中提出的反腐败、搞廉政建设要靠教育，更要靠法制的精神，在依法惩治贪污贿赂犯罪的同时，加强犯罪预防工作，把预防犯罪工作作为反贪污贿赂工作的一个重要组成部分抓紧抓好，特别是要采取措施，推动在执法部门和直接掌握人、财、物的岗位，建立有效的预防贪污贿赂犯罪机制。要结合办案，加大法制宣传的份量。有条件的地方可以成立贪污贿赂犯罪预防机构。

继续开展打击假冒商标，生产、销售伪劣商品犯罪和偷税抗税犯罪的斗争，维护社会主义市场经济秩序，保障国家的财政收入。

认真执行内部制约制度，努力提高办案质量。该起诉的一定要起诉。严格掌握免诉条件，依法做好贪污贿赂犯罪的免诉工作。

加强反贪污贿赂机构建设，尚未建立反贪污贿赂局的省级检察院、分市级检察院和有条件的县区检察院，要尽快建立起来。

第三，坚持依法从重从快严厉打击严重刑事犯罪，维护社会政治稳定

维护社会政治稳定，是促进改革开放和现代化建设的保障。严厉打击严重刑事犯罪活动，也是我们的一项重要职责。各级检察院要继续把坚持“严打”作为检察工作的主要任务和工作重点来抓。当前，我国政治稳定，全国绝大多数地区的治安秩序是好的，刑事案件大幅度上升的势头已初步得到遏制，案件总量开始得到控制。但是严重影响社会政治稳定的因素仍然大量存在，暴力犯罪和其他重大刑事案件继续增多。我们要坚持依法从重从快的方针，把打击重点指向杀人、抢劫、强奸、爆炸、盗抢枪支等暴力犯罪和团伙犯罪，特别是对那些内外勾结，称霸一方，带有黑社会性质的流氓团伙，要注意深挖余罪漏犯，做到除恶务尽。在办案中，要坚持犯罪的基本事实清楚和基本证据确凿的原则，不纠缠不影响定罪的枝节问题。

加强国家安全检察工作。我们要保持高度警惕，深入研究隐蔽敌情动态，与公安、国家安全机关密切配合，运用检察职能抵制境外间谍情报机关、国内外敌对势力的渗透破坏和颠覆、分裂活动，维护国家统一、安全和社会稳定。

积极参加专项打击工作，认真贯彻全国人大常委会的有关决定，及时批捕、起诉毒品、淫秽物品和拐卖、绑架妇女儿童及卖淫、嫖娼等犯罪分子。重点地区，要切实加强领导和办案力量，加强专门工作。要按照全国反盗窃斗争座谈会的部署，加强反盗窃工作，重点打击重大盗窃犯、惯犯、犯罪集团和团伙，积极参加反内盗、反盗窃公共财物、反盗车、反撬盗、反流窜盗窃等专项斗争。

积极参加社会治安综合治理，认真负责地落实检察环节上的各项综合治理措施。积极参加重点治乱工作。在查处未成年人犯罪案件中，认真贯彻“教育、感化、挽救”的方针，预防和减少青少年的犯罪活动。结合开展各项检察业务工作，特别是在出庭公诉工作中，大力宣传社会主义法制，扩大办案的社会效果。

第四，严格执法，加强执法监督，依法独立行使检察权

检察机关是监督执法的，因此自身首先要严格执行宪法和法律。在新形势下，严格执法就是要用邓小平同志“两手抓、两手硬”的一贯思想为指针，打击各种危害国家安全、严重破坏社会政治稳定和治安秩序的犯罪活动，严重的贪污贿赂犯罪、侵犯公民民主权利、人身权利犯罪和“渎职”犯罪，这一手一定要硬起来，认真履行法律监督职责。硬，就解决了警惕右的问题，防止出现打击不力。同时，也要清除“左”的影响，防止混淆罪与非罪界限，防止用专政的方法处理人民内部矛盾，防止用刑事法律惩办的办法处理改革开放中出现的失误问题，绝不能做伤害群众改革开放积极性和科技人员发明创造积极性的事。严格执法的关键是搞“准”，搞准了，既可以克服手软，又可以避免“左”的偏向。因此，我们必须始终坚持以事实为根据，以法律为准绳的原则，对法律有规定的，要按法律办；对法律没有规定的，一般不要按犯罪办；对法律具体条文与国家政策规定不一致的，要慎重办；对法律规定不明确的，要及时请示。

独立行使检察权是严格执法的保障。江泽民同志在十四大报告中明确指出要保障人民检察院依法独立进行检察，强化法律监督职能，这充分说明了党中央对检察工作的高度重视。我们要按照党中央的要求和宪法的规定，依法独立行使检察权，坚决抵制以言代法、以罚代刑等违反法制的现象，认真纠正公安机关侦查活动和人民法院刑事、民事审判和行政诉讼活动以及刑事判决、裁定执行中的违法情况，对于错误的判决裁定，该抗诉的要抗诉。坚决反对地方保护主义，切实保障国家法律的统一正确实施。

第五，抓好检察机关的组织建设和队伍建设

进一步加强思想政治工作的主要任务是，组织广大检察干警认真学习马列主义毛泽东思想，学习邓小平同志建设有中国特色社会主义的理论，学习十四大文件，这是一项长期的任务。学习要联系思想和工作实际，不断提高坚持党的基本路线，为改革开放和经济建设服务的自觉性。

加强干部培训工作。省、自治区、直辖市检察院要抓紧建立和完善培训机构，落实对各级检察干部的培训任务，提高广大检察干部的素质。

加强领导班子建设，把各级检察院的领导班子建设成为坚决贯彻党的基本路线，团结战斗，能率领广大干警完成任务的核心。建设团结战斗的领导班子，关键在于思想上、政治上要用邓小平同志建设有中国特色社会主义的理论和党的基本

路线统一认识；组织上要实行民主集中制，大政方针、干部问题、查办大要案问题，一定要经过党组或检察委员会讨论并作出决定，实行集体领导制度；在干部工作上尤其要搞五湖四海，团结来自各个方面、各个部门的干部一道工作，自觉地防止搞小圈圈，拉山头，搞宗派。这样，就能够形成一个政治坚定、勇于改革、团结协作、联系群众、廉洁务实、秉公执法、精干高效的领导集体。要做好检察长换届选举工作，一级抓一级，特别要注意选好、配强第一把手。检察机关内部有符合条件的人选可以在内部产生；内部产生有困难的可以从外部选。要按照革命化、年轻化、知识化、专业化的方针和德才兼备的原则选拔政治上强、熟悉业务的年轻干部充实到各级领导班子中，还要做好选拔、培养和使用后备干部工作，真正把培养年轻干部作为一项战略任务。

加大检察机关自身改革的力度。按照中央的要求，检察机关只能加强，不能削弱。要本着十四大提出的强化法律监督机关职能的原则，加快改革和完善检察制度，在坚持“九检”会议提出的八条基本原则的基础上，大胆探索改革新措施、新思路。按照中央的统一部署，加快检察机关机构改革的步骤。强化上级检察机关对下级检察机关的领导，对上级检察院的决定，下级检察院必须执行，不能有令不行，有禁不止。进一步理顺检察管理体制。认真开展调查研究，切实加强沿边及少数民族地区检察机关的建设。搞好派驻重点乡镇检察室的建设。

坚持依法建院、从严治检的方针。加强基层建设，面向基层，狠抓基层，本着依法建院的精神，加强基层检察院正规化建设，提高基层检察院的战斗力。尊重群众首创精神，激励先进，总结推广新经验。关心广大检察人员的生活，尽力改善工作、生活条件，保护和支持基层检察院秉公执法的积极性。认真执行检察人员纪律，对少数检察人员中存在的不正之风和违法乱纪现象，各级领导干部绝不能掉以轻心，切实纠正办案和工作中的不正之风，严肃查处违法乱纪案件。对不适合做检察工作的人员，坚决清理出去。

继续加强检察机关科学技术和装备现代化建设。做好科学技术研究和应用工作，加快通讯、交通现代化和办公自动化建设，提高检察机关的快速反应、获取证据、制服犯罪和搜集情报、信息的能力。要经常向党委、政府和有关部门反映情况，积极主动地做工作，为完成新时期的检察工作提供装备和经费保障。

第六，改进思想方法和工作方法

十四大报告已经明确提出要建立社会主义市场经济体制。这就要求在思想认识、领导方法、工作方法上来一个很大转变。对我们检察机关来说，就是要学习和掌握唯物辩证法，解放思想，实事求是，一切从实际出发。要看到我们对经济方面，尤其是对社会主义市场经济体制，在理论上还不太懂，甚至不懂，对企业深化改革转换经营机制和市场经济，对国际市场和国际商贸活动等情况不太了解，不熟悉的东西很多，更没有处理有关这方面问题的经验。这就要求我们加强学习，学习经济理论，学习党中央、国务院关于经济改革的重大决策和措施，以及在建立社会主义市场经济体制过程中制定的政策。对不了解、不熟悉的情况，就要深入实际，深入群众，进行调查研究，围绕强化法律监督职能、为经济建设服务这个主题开展调查研究，制定和不断完善为经济建设服务的新措施。但应当注意的是，我们为经济建设服务要始终围绕履行法律监督职能进行，不能离开检察工作制定服务措施，不能超越检察职权办事，更不能违背法律做规定。对改革开放和建立社会主义市场经济体制中出现的在适用法律方面的新问题，各地都要加强调查研究，最高人民检察院要适时做出司法解释和提出立法建议。对于发展过程中发生的应由检察机关管辖和负责处理的新问题，要搞清事实，广泛听取意见，反复讨论，慎重处理，并注意积累经验。这样，就可以使我们的思想更符合实际，做好工作。

根据十四大关于加强社会主义民主和法制的精神，要继续研究修改惩治贪污贿赂法（草案）、检察官条例（草案），提出人民检察院组织法的修改意见。

同志们！党的十四大为我国今后一个时期的政治、经济和社会发展规划了宏伟的蓝图，在建立社会主义市场经济，加快改革开放和现代化建设的新的历史时期，检察机关肩负着繁重而光荣的任务。我们要在邓小平同志建设有中国特色社会主义理论指引下，在以江泽民同志为核心的党中央的正确领导下，在社会各界的大力支持下，再接再厉，努力奋战，为社会主义现代化建设做出新贡献！

在全国检察长会议上的总结讲话

最高人民检察院副检察长　肖　扬

（1992 年 11 月 26 日）

同志们：

我们这次会议今天就要结束了。几天来，大家进一步学习了党的十四大精神，听取了谢非同志的重要讲话，讨论了思卿同志的工作报告和会议纪要。大家普遍反映，思卿同志的报告很全面，很有深度；方苞、欧广源同志的讲话，王骏、熊秉权、林宇焕、李林阁同志的发言，也都很好。会议还组织了参观活动。大家一致认为，这次会议的时机、地点选择得好，内容丰富，会议开得很圆满、很成功。

复之同志还要作重要讲话。关于明年的工作，思卿同志在报告中已经讲了，计划要点也作了具体安排，我就不多讲了。下面，我根据大家讨论中提出的问题，着重从指导思想、思想认识方面讲几个问题：

一、关干解放思想、转变观念和严格执法问题

党的十四大提出建立社会主义市场经济体制的目标，是思想上、理论上的重大突破，关系到整个社会主义现代化建设的全局。这一重大变革，必将促动人们思想观念、工作方式、行为准则等方面发生巨大变化。作为上层建筑重要组成部分的检察工作，必须适应经济基础的变化。这个变化必须从解放思想、转变观念开始。

解放思想、转变观念，说到底就是要解决换脑筋的问题，就是要冲破旧的传统观念的束缚，摒弃在计划经济条件下形成的不合时宜的执法观念。各级检察机关和全体检察人员都要用邓小平同志建设有中国特色社会主义的理论武装头脑，牢固树立市场经济观念和检察工作为经济建设服务的指导思想，坚持实践是检验真理的唯一标准，实事求是，一切从实际出发，从思想认识、思维方式、工作思路到工作方法，都要不断地创新、丰富和发展，使检察工作适应发展变化的新形势。

随着社会主义市场经济体制的建立，不仅消费品和生产资料逐步全面走向市场，而且债券、股票、技术、劳务、信息、房地产等市场都在形成过程中，各种新生的经济现象和经济行为会不断涌现。我们不能用计划经济体制下形成的旧的执法观念来衡量人们的行为，不能用旧眼光看待新事物，不能随意把敢闯、敢“冒”、敢试过程中的失误行为作为犯罪去查处。否则，就可能误伤好人，妨碍改革开放和建立社会主义市场经济。时代在发展，有些行为的性质也在发生变化。有些在计划经济条件下不允许的行为，在市场经济条件下就可能允许；过去是违法的，现在可能不违法。衡量各种新的经济现象和经济行为，判断各方面工作是非得失的根本标准就是“三个有利于”。符合“三个有利于”的，我们就满腔热情地予以保护和支持，不符合“三个有利于”的，就坚决抵制和反对，构成犯罪的就依法予以惩处。

解放思想、转变观念，必须与严格执法结合起来。检察工作在强调解放思想、转变观念的同时，还应强调严格执法，依法办事。

目前，要注意以下几点：

1、既要重视保护公有制经济的发展，又要重视保护个体、私营、外资等经济形式的发展；既要保护按劳分配的合法收入，又要保护其他分配形式的正当收入。过去注重保护公有制经济和按劳分配收入的执法观念，是在计划经济条件下形成的，这在当时无疑是正确的，今后还应该坚持。同时，在建立社会主义市场经济的新形势下，个体、私营、外资等经济成份已经成为公有制经济的有益补充，股票分红收入、信息收入、奖励收入、风险收入等其他分配方式获得的收入将不断增加。在执行法律中，对各种经济成份的合法权益和通过各种分配形式获得的合理收入，都要坚决予以保护。这几年，“三资”企业、私营企业的发展，对繁荣经济起了重要作用。我们要十分注意保护这些企业的合法权益，给它们创造一个良好的投资环境，增强外籍商人和港、澳、台商人的投资信心。

2、既要强调打击犯罪，又要重视预防犯罪。惩治犯罪的目的是为了抑制犯罪，使犯罪减少到最低限度。预防和打击是一个问题的两个方面，是统一的。做好预防工作，堵塞了漏洞，帮助建章改制，抑制和减少了犯罪，本身就是保护人的积极性，也就是保护了社会生产力，保护了经济的发展。无论是反贪污贿赂斗争、“严打”斗争还是法纪检察等工作，都有一个参加综合治理、预防犯罪的问题。可以说，重视预防犯罪体现了社会主义国家专政机关和专门法律监督机关的特色。有条件的地方可以首先把贪污贿赂犯罪的预防机构建立起来，把预防工作开展起来。

3、既要重视刑事法律的作用，又要重视民事、行政、经济法律的作用。随着市场经济的不断发展，民事、经济、行政法律、法规将日益显示其重要性。我们要学会运用民事、经济、行政法律去调整那些既非犯罪，又非合法的违反民事、经济、行政法律的行为，不能把民事、经济纠纷案件当作刑事案件处理。对一些问题的认识和处理也不能走极端，要么定罪动刑，要么就认为是合法行为，中间断层。发挥法律监督机关的作用，除了要继续坚持运用刑事法律对经济活动进行调整，按照《刑法》、《刑事诉讼法》的规定，坚决惩治贪污贿赂等经济犯罪，严厉打击严重刑事犯罪，查处“侵权”、渎职犯罪案件外，还要重视民事、行政、经济法律对经济活动的调整作用，加强对民事审判、行政诉讼的法律监督工作。但不能越权办案，插手经济纠纷。

4、既要严格执行法律，该严则严，又要坚持实事求是，当宽则宽。由于受“左”的观念的影响，过去一些同志处理问题，尤其是处理“踩线”案件、“边缘”案件，往往采取就高不就低的做法，对一些情节显著轻微，不构成犯罪的，也轻易动了刑；对一些本来有立功表现、从宽情节的，处理时考虑不够。甚至片面认为，就高，就是坚决，就是打得狠；就低，就是放纵犯罪，就是打击不力。打击不力，会给改革开放和社会主义市场经济造成危害；打击过头，误伤好人，同样也会给改革开放和市场经济带来危害。无论是侦查工作，还是处理案件，都要严格执法，坚持实事求是的原则，反对搞无罪推定或者搞有罪推定。适用法律要做到宽严适度。已构成犯罪，寻找借口，不作犯罪处理，搞宽大无边是不对的；但对确实有从宽情节，或者可以不按犯罪处理的，不敢宽，同样也不对。总之，在执行法律上要做到严有度，宽有限，宽严相济，实事求是。

5、既要重视办案的法律效果，又要重视政治效果、经济效果和社会效果。执行法律，办理案件，是一项极其复杂的工作，社会、政治影响很大。我们要克服就案办案、孤立办案的现象，防止办案方法简单粗糙，随意扣证、抓人，甚至一立案就抓人，搞以捕代侦。特别是对生产、科研、技术岗位上的贪污贿赂等嫌疑犯，不要轻易把他们抓起来。否则，不仅无助于破案，而且会影响生产、科研活动的正常进行，妨碍经济建设。解决这个问题的关键是必须把侦查活动引导到提高搜集各种证据的能力上来，不能把破案的希望全都寄托在突破口供上。在办案中，初查、立案一般应秘密进行。对犯罪嫌疑人，尤其是重要岗位上的嫌疑人，只要他们态度老实，不防碍侦查，就不一定采取拘押的强制措施，需要起诉的可以直接提起公诉。这样做，可以有效地减少副作用，扩大办案的政治效果、经济效果和社会效果。

二、关于全面正确地理解和贯彻“两手抓”问题

“两手抓”是改革开放和现代化建设的一条极其重要的战略方针。打击犯罪和改革开放、发展经济两者是有机统一的整体，是一个问题不可分割的两个方面。实践中，少数同志认为，现在是集中精力抓经济、讲服务，打击犯罪可以松口气；经济要发展，打击犯罪要“松绑”，等等。这是一种片面认识，是对“两手抓”的误解。应该说，当前反腐败的大气候仍然是好的。党中央加强廉政建设的决心始终是坚决的。小平同志也多次强调，不仅经济要搞上去，社会秩序、社会风气也要搞好，在整个改革开放过程中都要反对腐败。因此，惩治各种犯罪不存在“松绑”的问题。要看到在新旧体制交替过程中，犯罪分子是无孔不入的，我们要保护高度警惕，绝不能放松对犯罪分子的打击。检察工作在保障改革开放和现代化建设中，具有不可替代的地位和作用，我们必须增强责任感、使命感，强化检察机关的专政职能，理直气壮地把打击犯罪这一手真正硬起来。

贯彻“两手抓”，要处理好以下几个关

系：

1、打击与服务。打击与服务二者是辩证统一的关系。坚决而准确地打击犯罪是检察机关对经济建设最重要、最直接的服务，而服从、服务于经济建设又是我们打击的目的所在。打击与服务统一于办案的过程中。当然，这种统一并不是自然而然实现的，而需要办案人员的自觉行动才能达到。尽管打击本身是最重要、最直接的服务，但不能理解为就是全部的服务内容，服务的范围还应该包括在斗争策略、斗争方法、适时适度采取法律措施等方面，都要充分考虑到是否有利于改革开放和经济建设；在办案中积极开展“检察建议”工作，帮助发案单位建章立制，做好防范工作，促进生产发展，等等。所以说，办案本身就是服务的过程，服务当中有惩办犯罪，惩办犯罪中也有服务的内容。这就要求我们在工作中不能搞“两张皮”，而应自觉地把服务贯穿于办案的始终，做到打击不忘保护，办案不忘服务，使打击与服务达到最佳的统一。

同时，要注意防止离开检察职能去搞各种不正当的所谓“服务”。社会有分工，一切服务工作都必须通过各自的职能活动来实现。检察机关同经济主管部门直接抓经济建设不同，我们主要通过惩治犯罪，全面履行检察职能，从政治上保障改革开放、经济建设的顺利进行。检察机关为经济建设服务的任何措施，都必须通过检察职能来实现。最高人民检察院在实践基础上总结出来的为经济建设服务的“六条措施”及今年提出的一系列新措施，无一不是围绕着职能活动展开的。如果有犯罪不打击，有“蛀虫”不去挖，建立社会主义市场经济所必需的正常秩序就得不到有效的维护，现代化建设的成果就会被吞噬，那我们就是失职，就愧为人民检察官。离开职能活动，一切所谓的服务都只能陷入空谈；放松对各种严重犯罪分子的打击，去热衷于搞那些不该管也管不好的所谓“服务”，势必把检察工作引向歧途。

2、坚决与慎重。“一要坚决，二要慎重，务必搞准”，是惩治贪污贿赂犯罪的一项重要原则。贪污贿赂犯罪必须坚决惩治，这一点不能有丝毫的含糊。但在新旧体制交替过程中，新情况、新问题层出不穷，司法实践中遇到的法律政策界限问题会越来越多。这就要求我们必须保持慎重的态度，对看准了的问题，要坚决办；政策法律界限不清，一时还看不准的，可以暂时放一放，深入开展调查研究，而不要轻易当犯罪处理。坚决和慎重最终都要落到“准”字上，搞准是关键，是为了更好地服务。只有打得准，才能打得稳，打得狠。办错案件，是难免的，只要我们敢于实事求是，有错必纠，也不可怕，但错案毕竟会影响我们的声誉，有时还会影响我们的工作。我们应当力求最大限度地防止办错案。要搞准，就要求对办案过程中的每一个环节都要做到慎之又慎。特别是使用技侦手段更要慎重。

处理好坚决与慎重的关系，要求我们在工作中注意防止两个方面的倾向：一方面在强调坚决的时候，要防止工作作风、工作方法的简单粗糙，防止片面强调抓得多、抓得快，不强调抓得准、质量高；另一方面在强调慎重的时候，要防止畏首畏尾、缩手缩脚，看准了的也不敢办。

3、数量和质量。实践证明，办案数有升有降、时多时少是正常的，只要实事求是地查处案件，即使立案比较少，也有成绩。对被举报人的问题，通过初查，证明举报不实或系诬告，就可以使他们放下包袱，解除思想负担，这也是很大的成绩。反过来说，立案再多，质量不好，也是空的、虑的，质量好才是最重要的。我们不要被办案数量的升降问题所困扰。在工作中，不搞数量攀比，不搞数字竞赛，不能把立案多少、捕人多少作为衡量成绩的唯一标准，而应综合考虑办案的社会效果和政治效果。当然，不是办案越少越好，有案不办或不敢办也是失职。处理质量与数量的关系，关键是要实事求是，积极办案。要把注意力放到查办大要案、提高案件质量、扩大办案效果上来。

4、大案与小案。这几年，复之同志多次强调，要把反贪污贿赂斗争的锋芒对准大案要案。今年他又进一步提出，要坚决查办大要案，依法妥善办理小案。这不是一般的工作要求，而是适应新形势，加强反贪污贿赂工作的一个重要策略思想。大案要案危害大、影响大，政策法律界限比较清楚，认识比较容易一致。突出抓大案要案，可以集中有限的力量抓住重点，抓出成效，避免产生“只打苍蝇，不打老虎”的错觉，增强人民群众反腐败的信心；能加大对贪污贿赂犯罪的打击力度，为经济建设提供最有效的服务。因此，要始终不渝地坚持这个策略思想，采取切实有效的措施，提高侦破大要案的能力。但这决不是说小案可以不查。突出抓大要案，是项战略部署，是就全国的情况而言的，具体到一个地区，要具体分析，积极办案，但处理小案要慎重。小案往往是在政策法律界限的边缘，能不追究刑事责任的就不追究，交党、政纪部门处理；能从轻的，不要从重。妥善处理小案，有助于我们集中精力去抓大案要案。

三、关于重视政策在指导执法中的作用问题

发挥政策的指导作用与依法办案是一致的。用政策来指导执法，可以弥补立法的某些滞后现象，使执法工作更加准确、全面地体现国家意志和人民群众的根本利益，紧跟时代的发展，更符合客观实际。现行法律中的一些条文已明显不适应建立社会主义市场经济体制的要求；在从计划经济过渡到社会主义市场经济的过程中，不少经济现象和经济行为，成功与失误交识在一起，合法与违法、犯罪交织在一起，过去不允许的与现在又可行的交织在一起；贪污贿赂犯罪在新形势下变得更加复杂，而且如何依法恰当处理才能对经济建设有利，也大有文章可做。所以，保证正确执法，需要十分重视党和国家政策的指导作用。

党中央、国务院为加快改革开放和建立社会主义市场经济制定的一系列政策，我们必须认真贯彻执行，执法工作必须以此为指导。遇到政策与法律不一致的问题，要慎重妥善处理，不轻易以犯罪追究。目前司法实践中比较复杂的“回扣”问题，我们既不能不加区别地都予以法律追究，也不能笼统地讲都可以不追究。衡量的根本标准就是看是否有利于经济发展这个大政策。如果是为搞活企业，收取或给付一定的“回扣”，没有中饱私囊，又有利于生产发展的，就不能追究。如果违反国家规定收受“回扣”，中饱私囊，使国家和集体利益遭受重大损失的；或为“回扣”而购销假冒、伪劣商品，危害社会、危害人民健康，对经济发展不利的，就应当坚决予以追究。

运用政策指导执法，要注意处理好执行国家政策与地方政策、全局利益与局部利益的关系。对那些因执行地方不妥当的政策而妨碍国家政策实施的行为，那些对某个局部、某个地方有利但对全局、对国家不利的行为，我们不能狭隘地只考虑本单位、本地区的利益，而要考虑对整个国家、整个民族大局的利害得失。如果对国家利益造成重大损害，即使对某个局部有利，也应当予以法律追究。

“惩办与宽大相结合”是党和国家的基本刑事政策。对哪些犯罪应该从严惩办，哪些犯罪应该从宽，不同时期是不相同的。今年以来，最高人民检察院提出对贪污贿赂大案要案从严惩治，对“踩线”案件和“边缘”案件的处理宜从缓不从快、宜从宽不从严的精神，就是宽严政策在反贪污贿赂斗争中的具体体现。立功从宽是一条具体的刑事政策。如何理解立功，是司法实践中遇到的一个新问题。传统的立功含义，只限于同犯罪分子作斗争的范围，主要是指检举、揭发其他犯罪分子重大罪行得到证实或协助缉捕其他罪犯的行为。随着司法实践的发展，这种理解已显得过于狭窄，形势要求对立功的内涵要充实，外延应扩大。比如，一个人在犯了贪污贿赂罪后，又在生产、经营、科研或业务活动中对经济建设作出重大贡献，就应视为立功。因为贪污贿赂罪的行为人很多掌握着一定生产、经营、管理上的技能，或者是科技领域的专家、能手。对这些被审查对象，如果认罪态度较好，愿意坦白交待罪行，不妨碍侦查，本职工作确实离不开的，可以给他们更多的机会和条件，去争取立功，为经济建设继续作出贡献。这样做，有利于化消极因素为积极因素，充分挖掘人的技能潜力，为经济建设服务，也完全符合“三个有利于”的指导思想。

这里讲一下是否可闯法律“禁区”的问题。一些地方提出，要敢闯法律的“禁区”，对此，我们执法机关应该有个明确的态度。从实际情况看，一些法律条文确已不能适应建立社会主义市场经济的需要，因而提出冲破不合时宜的法律条文的要求，有其时代的背景。如果说闯法律的“禁区”是指要求修改、完善那些不合时宜，甚至束缚社会生产力发展的法律或法律条文的话，是可以理解的。对过时的法律进行修改和补充，这是法制建设的要求，但必须由立法机关按照法定程序和原则来进行，其他任何部门和个人都不得擅自更改法律。如果说闯法律的“禁区”是指任何单位或个人可以不按法律办事，随意另立标准的话，那是绝对不允许的。作为国家法律监督机关的人民检察院对这个问题必须有清醒的认识。立法机关对不合时宜的法律条文的修改、补充和完善，需要有个过程。在法律没有修改之前，我们执法既不能死抠条文，又不能脱离现行法律，另立标准。解决的办法就是要用党和国家的现行政策来指导，根据现行政策来解释、适用法律。如果允许擅自不执行法律，势必导致执法的混乱，给以言代法、以言废法、以权压法开了“绿灯”，会破坏国家的法制建设。

四、关于坚决惩治犯罪，强化法律监督职能问题

党的十四大报告明确提出要强化法律监督机关的职能。这是党中央对检察工作的殷切期望。法律监督，是检察机关的一面旗帜。我们要发挥检察机关在社会生活中的作用，就必须进一步强化法律监督职能，依法独立行使检察权，做好本职工作。任何削弱或丢掉法律监督职能的做法，都是对检察机关形象的损害，是不能允许的。

对检察机关来说，打击各种犯罪活动，既是发挥人民民主专政工具的作用，也是履行法律监督的职能。具体讲就是通过直接受理、立案侦查贪污贿赂等职务犯罪案件，保证国家工作人员的公务活动依法进行；通过对刑事犯罪案件的批捕、起诉、出庭支持公诉等活动，对侦查、审判和执行活动进行监督。

最近复之同志特别强调，这次全国检

察长会议要加重关于法律监督问题、惩治刑事犯罪问题的份量，以保证社会稳定和经济发展。这是符合十四大精神和强化法律监督职能要求的。我们在强调惩治贪污贿赂犯罪这个工作重点，把它列为打击经济犯罪的第一位工作的同时，决不能忘记打击刑事犯罪这另一个工作重点。反腐败、惩治贪污贿赂犯罪这面旗帜要坚决举下去，严厉打击严重刑事犯罪的方针也要长期坚持，不能放松。

在惩治犯罪，强化法律监督职能方面还要注意如下几点：

第一，要加强对贿赂犯罪的研究。随着社会主义市场经济的建立，经济体制的变化，以权钱交易为特点的贿赂犯罪将会突出出来，惩治贿赂犯罪斗争会更加复杂，任务会更加艰巨。我们要深入研究贿赂犯罪的特点，掌握规律，正确区分罪与非罪的界限，以保证准确地认定和处理。

第二，要严厉查办假冒商标、偷税抗税犯罪活动。这两类犯罪对社会主义市场经济的破坏性大，加重惩罚份量，是客观形势发展的需要。

第三，要继续加强举报工作。举报工作是反贪污贿赂斗争的重要组成部分，或者说是反贪污贿赂斗争的“第一道工序”。要进一步发挥举报工作的优势，加重举报宣传的份量，增强透明度；加强基础建设，完善工作制度，培养、提高现有人员的业务水平，引入现代化设备，提高工作效率。既保护举报人不受打击报复，又保护好人不被诬陷。

第四，要进一步健全内部双重制约机制，逐步建立一套较为完善、规范化的内部双重制约程序。刑检部门要切实承担起责任，严格审查，严格把关，真正发挥内部制约的功效，防止走过场，流于形式。控申部门要加强复查申诉工作。要有勇气纠正办案中的错误，对确实搞错了的案件要坚决纠正。但不要搞普遍复查，避免起哄、“刮风”。

第五，要加强出庭支持公诉工作。在法庭上，公诉人往往被人们看作是检察机关的化身，代表检察机关的形象。明年刑检工作的一个重点，就是要切实提高公诉水平，采取多种形式培养优秀公诉人。

第六，要加强调查研究和司法解释工作。要深入基层，接触、了解新生事物，掌握新情况，研究新问题。调查研究不单是研究部门的事，也是全体检察人员特别是领导机关、领导同志的事。各地要及时上报调研成果和建议，以便于最高人民检察院适时作出司法解释。

侦查监督、审判监督和执行监督工作，都应围绕职能活动，不断开拓新的工作领域。小平同志说：“改革开放胆子要大一些，敢于试验。”“看准了的，就大胆地试，大胆地闯”。检察机关要适应飞速发展的新形势，胆子也要更大一点，要积极探索，勇于开拓，敢于试验。只要有利于强化法律监督职能，更好地为改革开放和社会主义现代化建设服务，最高人民检察院都将给予支持和鼓励，并及时推广成功的经验。

五、关于依法建院、从严治检问题

法律监督机关正人必须先正己，无论是行使职权的各项活动，还是自身建设，都必须在宪法和法律的范围内进行，坚持依法建院、从严治检。依法建院是从严治检的依据，从严治检是依法建院的具体实践与保证。

依法建院的重点应放在加强基层建设上，这是检察机关自身建设的最重要的基础工作。检察工作的各项方针、政策以及上级检察院的决定、指示等的贯彻、执行，都必须通过基层检察院来组织实施、落实。绝大部分检察业务工作和日常工作也都集中在基层检察院。做好基层检察院的工作，是确保有力地惩罚犯罪、正确执行法律的重要措施。我们一定要面向基层，心想基层，重视基层，狠抓基层，切实提高基层检察院的战斗力。

依法建院的主要内容是要依法进行各项业务建设和规章制度建设，并逐步走向规范化、制度化、现代化的轨道，使检察机关的各项活动都有法可依、有章可循。业务建设要坚持统筹兼顾、加强重点、照顾一般的原则，重点部门要重点建设。无论是上级院，还是基层院，现有的业务机构都不得随意撤并，待检察机关机构改革的方案确定后按规定执行。要逐步理顺内部关系，协调好外部关系，完善检察管理体制。要把派驻重点乡镇检察室的建设当作一件大事继续抓紧抓好，在机构和人员编制等方面给予必要保障。

这几年，贯彻从严治检方针，收效是明显的。但同时又不可否认，改革开放的不断深入特别是建立社会主义市场经济体制的新形势，给我们广大检察干警带来了一些思想观念上的新矛盾、新问题。检察干警与社会上其他部门人员之间经济收入的差距在拉大，干警工作、生活中的困难还很多。客观形势要求我们必须进一步加强思想政治工作，密切联系实际，进一步探索、实践具有检察工作特点的思想政治工作。要加强廉政建设，保持干警洁身自好，不被“糖衣炮弹”所击倒。改革开放愈是深入，愈要加强思想政治工作，愈要警钟长鸣。要继续大力宣传《检察人员纪律》，坚持从严治检，对少数检察人员中存在的不正之风，要采取果断措施坚决予以纠正，对违法违纪的现象要严肃查处。

思想政治工作必须同解决实际问题结合起来，适应改革开放新形势、新任务的要求，在化解矛盾、协调关系、理顺情绪、调动积极性等方面发挥作用。解决实际问题，首先是要解决思想认识上的实际问题。毋庸讳言，目前我们的干警中还有这样或那样的认识问题需要澄清，领导同志要帮助他们提高认识，解除思想上的疙瘩。其次，要解决工作中的实际问题，如工作难做，案件难办等，都需要领导同志帮助解决。再就是要解决干警生活中的实际困难。检察机关是清水衙门，待遇低，生活中的实际困难较多。我们的各级领导干部一定要一级抓一级，经常深入到干警中去，既要关心他们政治上的进步，又要关心他们生活上的疾苦，为他们创造和改善必要的生活条件，解除后顾之忧，使他们感到在我们的检察院有温暖，有奔头，从而能全身心地投入到检察工作中去。

明年将有一批老同志包括在座的一些同志从领导岗位上退下来，他们在几十年的革命生涯和检察工作中，兢兢业业，呕心沥血，为党的事业作出了重要贡献，我们向他们表示衷心的感谢和崇高的敬意！各级检察院对老同志要服务好，照顾好。也希望老同志继续关心检察工作，发挥余热。

同志们，让我们在以江泽民同志为核心的党中央正确领导下，乘党的十四大加快改革开放和现代化建设的东风，解放思想，实事求是，勇于开拓，把检察工作推上一个新的台阶！

在《法律（检察）专业证书》教育工作会议上的讲话

最高人民检察院副检察长　梁国庆

（1992年12月5日）

同志们：

我们这次会议的主要任务是，以党的十四大精神和中央7号文件为指导，贯彻刚刚结束的全国检察长会议精神，总结今年干部教育培训工作，部署明年的任务，具体讨论了从明年开始在全国检察系统继续实行《法律（检察）专业证书》制度的有关事项。会议开始时雷铣同志做了工作报告，我完全同意，会上发的几个文件，将根据大家的意见抓紧修改，尽快下发。下面根据与会同志在讨论中提出的问题，我讲三点意见。

一、干部教育培训工作是战略任务，要常抓不懈，年年有新的进展

把干部教育培训工作看作是一项战略性任务，把它作为检察队伍的基本建设来抓，这是最高人民检察院党组抓干部教育培训工作的一贯思想，因此，我们逢会必讲，大家常抓不懈，抓出了成绩，积累了经验，这是有目共睹的，得到了有关方面的充分肯定和赞许。就今年的干部教育培训而言，突出地抓了以下几项工作：

（一）岗位职务培训工作开始向正规化的方向发展

岗位职务培训是我们实际工作部门教育培训工作的主要任务。在长沙会议上，我们提出在不放松学历教育的同时，要把岗位职务培训作为工作重点，放到重要位置。年初，我们根据党和国家的有关规定，认真研究了其他系统、部门的经验，从检察机关的实际情况出发，制定了实行岗位职务培训的有关文件，开始实行岗位培训证书制度；上岗前培训开始起步，主要是对书记员和从政法系统以外选调拟任地方各级人民检察院检察长、副检察长的人选，实行先培训后任职，再上岗的制度；晋升职务的资格培训开始试点，各级人民检察院领导干部（政治理论和检察业务）的轮训按计划进行，专项业务培训和其他更新知识的培训也有新的进展。

（二）培训机构、基地建设有大的进展

目前，全国检察系统除中国高级检察官培训中心、中央检察官管理学院外，尚有29个省、自治区、直辖市检察院建立了检察干部培训中心或检察干部学校，12个省级检察院设立了高级检察官培训中心函授站（部）。绝大多数省、区、市检察官培训中心有机构、有教员、有基地。令人欣慰的是，已有一部分有条件的分、州、市院也千方百计克服困难，建起了自己的培训中心，特别值得提出的是，如江苏省无锡市、黑龙江省鹤岗市、墨河地区和湖南省湘西土家族自治州等检察院的培训中心已经建立，开始发挥作用。

（三）学历教育继续发展，成绩喜人

几年来，检察干部队伍的文化水平和专业素质不断提高，到目前为止，全国检察干部大专以上文化（含专业证书）已达60%以上。学历教育，近几年来有突出的变化，一是向高层次学历发展，这是顺理成章的事，二是发展速度是快的，与建院初的8%相比提高了52个百分点，与1990年相比，也提高了16个百分点。可以预见，《法律（检察）专业证书》继续实行后还会有新的发展。

（四）中央检察官管理学院边培训、边建设，发展顺利

按照成人高校评估的六项指标要求，师资队伍、图书资料、教学设备、基建都有新的进展。与此同时，积极创造条件，开展对外交流工作。

（五）教材、教师队伍建设也有了进展，中国高级检察官教育基金会筹备就绪。

上述情况说明，今年的干部教育培训工作是继续发展的一年，是取得明显进展的一年。这是大家把干部教育培训工作看作战略任务，摆在重要位置上，常抓不懈的结果。绝大多数省、区、市院在抓干部教育培训工作中做到了统筹兼顾，突出重点，每年办一两件，两三件实事，争取年年有新进展，五年上一个大台阶。从各地的经验看，关键是两条，一叫领导身体力行，二叫实实在在办事，情况比较好和情况比较差的地方都可以从这条去总结。

二、认真总结经验，努力提高培训水平

党的十四大报告明确指出，要强化法律监督机关的职能，高度重视法制建设，严格执行宪法和法律。强调"加强政法部门自身建设，提高人员素质和执法水平。"对此大家要认真学习，深刻领会，充分认识干部教育培训工作面临着新的形势和任务。同时，《检察官条例》（草案）也将在今年内上报，草案对培训工作是作为一章专门规定的。这就要求我们不但要加快培训步伐，更重要的是要认真总结经验，努力提高培训水平。提高培训水平的内容是多方面的，涉及到许多具体工作，下面我想强调几点，请大家考虑。

第一，要把党的基本路线教育贯穿各项业务培训工作的始终。要认真组织参训人员学习十四大报告和小平同志视察南方的重要讲话，用建设有中国特色的社会主义理论武装干部的头脑，用十四大精神统一大家的思想，牢固树立为改革开放和经济建设服务的思想。要提倡学习经济，明确认识市场经济是社会主义条件下的市场经济，是现代市场经济，是法制经济，充分运用检察职能，切实保护市场主体的合法权益，认真维护市场的正常秩序。按照小平同志关于要警惕右，但主要是防止"左"的指示精神，认真清理"左"的影响，增强防"左"意识，决不能用专政的办法处理人民内部矛盾，决不能用刑罚的手段去解决一般的违法行为，决不能用旧眼光看待新的事物。

第二，实行分类指导、分级培训的制度。我们通常讲的岗位职务培训大体可分为岗前培训、晋升职务资格培训、专项业务培训、更新知识培训和对领导干部的轮训。中央检察官管理学院和省、区、市培训中心都要根据各自的培训任务研究出每项培训的不同教学内容和管理办法，要下力气总结探索适合成人特点，适应检察事业发展需要的培训内容和学习方法，认真贯彻按需施教、讲求实效的原则。法律（检察）专业证书制度，是对检察干部进行检察工作所要求的法律专业知识的一种教育证书制度，证书是相当于大专层次法律专业知识水平的一种证明，是人民检察院

检察人员任职的基本依据。从广义上讲，也属于岗位培训的范畴，鉴于它的主要教学内容是成人高等教育的课程，因此，原则上按学历教育严格管理，保证教学计划的顺利实现。在考试、考核过程中，决不能弄虚作假、进行舞弊，请大家严格自律。

第三，从实际出发，坚持理论联系实际的原则。各类岗位培训都要从当前检察工作的实际出发，抓住执法工作中的突出问题，切忌空对空，讲大话，讲空话，坐而论道。如当前在市场经济发育过程中出现的回扣现象、贪污贿赂犯罪主体和客体的复杂化问题、在市场经济转轨时期存在的分配不合理问题，以及地区间发展不平衡，要求办案要从实际出发等等，所有这些都要求在发展社会主义市场经济体制的具体情况下，学会运用三个是否有利于，即是否有利于发展社会主义的生产力，是否有利于增强社会主义国家综合国力，是否有利于提高人民的生活水平的理论来划清罪与非罪的界限，通过培训，要使参加学习的同志真正学到知识，提高执法水平。

第四，精心安排，认真组织教学。在岗位培训过程中，教与学贯穿始终，根据成人教育的特点和这些年的经验，要突出抓好三个环节，即读书、讲座和研讨。三个环节有机结合，坚持少而精的原则，组织者、管理者和教师要多想办法引导学员学习正确思考问题的方式方法，学员要通过学习学会分析问题的正确思维方式，提高解决实际问题的能力。不能提倡满堂灌和你讲我听，要千方百计把教与学搞活跃，搞实在，充分发挥学员在学习过程中的主体作用，鼓励他们的主动精神。

第五，加强教师队伍建设。我们教师队伍有很大发展，要实事求是地予以肯定，同时要看到还很不适应岗位培训的要求，必须下大决心，想方设法加强教师队伍建设，特别要注意培养和选择中青年教师，对那些又有法学理论造诣又有检察工作实践经验、能授课会管理的同志要大胆重用，放在关键岗位上发挥作用。为了推动干部教育培训工作，促进教师队伍的建设，在明年适当的时候要开展一次干部教育培训表彰活动。

三、加强培训机构建设，充分发挥培训基地的作用

大家知道，《检察官条例（草案)》已明确写上了：“国家检察官学院、地方检察官学院和其他检察培训机构，按有关规定承担培训检察官的任务。”从长远看，检察官队伍的管理，在很大程度上是培训，检察官队伍的素质和执法水平的提高主要靠培训。多年实践证明，培训机构、基地是进行岗位培训的重要组织保证和物质基础。许多同志、特别是各级领导同志越来越感到培训中心的重要，除个别地方外，大家都在积极筹划和发展各自的培训中心或学校。根据吉林、河南、上海、新疆等省、区、市的经验，在培训中心建设上要认真抓好以下几项工作：

一是领导动手，狠抓落实。省、区、市和部分有条件的分州市院都要有自己的培训中心，培训中心要做到机构、人员、基地和经费落实，否则，要么无法开展培训工作，要么有名无实。凡是搞得好的地方，无一不是领导亲自动手，大家同心协力，每进一步，都付出了很多的心血。这是对检察事业高度负责的表现，是对属下干部最重要的关心，是应当树碑立传的德政。请你们如实向本院领导同志汇报我们的意见。

二是培训中心要实行开放性办学，积极争取社会各界的支持。检察机关的人力、财力有限，培训经验不多，培训任务又重，我们要进一步解放思想，更新观念，破除凡事不求人的思想，采取有效措施扩大开放的程度，建立广泛的社会联系，在章程中可明确规定接受港澳台胞、侨胞和社会各界的捐赠，也可设置教育基金。有条件的地方也可依据有关规定开展为社会、为企事业单位举办短期培训班，适当收取费用也是应当允许的。

三是大胆改革，以培训为主，适当办产业，以收补训。成人学校校办产业，势在必行，我们已将铁映同志的信印发与会同志，各地可以从实际出发，在政策、法律、法规允许的范围内，各显神通。这里要强调的是我们的培训中心要实行事业单位管理，根据有关国家成人教育的政策，把岗位培训推向新的高度，适当地办一些产业，以收补训，改善办学条件。办产业要量力而行，要促进培训工作，所得收益主要用于改善办学条件和教职工生活，要看准了再办，不能一哄而起，不能搞乱。更不允许把培训任务放在次要位置一味去作买卖。对此，一开始就要明确，大家都要头脑清醒，因为我们的岗位培训属成人教育的范畴，但毕竟有自己的特殊性，一举一动也联系到检察机关的声誉，务请同志们胆大心细，积极稳妥。

四是不断完善各级培训中心的规章制度，实行规范化管理。各级培训中心的任务日益繁重，它的功能也在不断地变化和完善，加强管理是应有之义，要继续完善有关规章制度，使我们的各级培训中心健康发展。

为了加强培训中心的建设，在明年适当的时候，打算专门召开一次研讨会，总结交流经验。

同志们，我们这次教育培训工作会议的精神，大家回去后可先向本院党组汇报，有关文件待修改后再正式下发，希望同志们发扬成绩，再接再厉。

在全国铁路检察长会议结束时的讲话

最高人民检察院副检察长　陈明枢

（1992年12月24日）

同志们：

全国铁路检察长会议今天就要结束了。这次会议是在党的十四大胜利闭幕后不久，全国人民欢欣鼓舞，改革开放进一步深化和扩大，经济建设热气腾腾的大好形势下召开的。全国检察长会议也刚刚结束。我们这次会议开得适时、及时。会议联系铁检工作实际，贯彻十四大会议精神和全国检察长会议精神，进一步学习了邓小平同志关于建设有中国特色的社会主义理论；在党的基本路线指引下，研究了在社会主义市场经济新体制建立过程中铁检工作面临的新情况、新问题；讨论了陈振东同志的工作报告和明年铁检工作要点；昆明等铁检院的领导还介绍了他们在办案实践中探索出的成功经验。大家反映很好，统一了认识，鼓舞了干劲。会议达到了预期目的，取得了圆满成功。

这次会议得到了成都、昆明铁路局的大力支持，在此，我代表最高人民检察院党组表示衷心的感谢。

关于今年的工作和明年的安排陈振东同志在报告中已经讲了，我都赞成。下面我就会上大家提出的一些问题，再讲几点意见。

一、1992 年全国铁检各项工作都取得了很大成绩

全国检察长会议工作报告中已经对我们的铁检工作给予了充分肯定，一年来的成绩是显著的。

第一,为改革开放和经济建设服务,特别是为铁路经济建设服务的指导思想进一步明确。今年在我们党和国家的历史上确实是不平凡的一年，在改革开放和经济建设的关键时刻，邓小平同志视察了南方几个城市，发表了重要谈话，鲜明而精辟地回答了多年来一直困扰和束缚我们的许多重大认识问题。各级铁检机关通过认真学习小平同志谈话精神，学习“九检”会议文件，思想认识已逐步统一到小平同志谈话精神上来，使我们的各项法律监督工作能够在党的基本路线指引下，紧紧围绕经济建设这个中心，为铁路的改革服务，为铁路的经济发展服务。这也是一年来铁检工作的一个突出特点。

广大铁检干警密切联系铁路实际，解放思想，实事求是，更新观念，进一步增强了服务意识，改革意识和防“左”意识。在工作中，能自觉地贯彻最高人民检察院制定的为经济建设服务的六条措施；认真学习经济知识，特别是有关铁路运输方面的经济知识，充分了解服务对象，开阔了视野；认真学习、领会铁路系统在深化改革扩大开放中出台的新政策、新措施；及时了解掌握在改革开放中铁路系统出现的新情况、新问题，并在认真调查研究的基础上，积极提出对策，探索铁检工作为经济建设和改革开放服务的新路子。

第二，坚持把打击铁路系统各种犯罪活动作为对经济建设最重要最直接的服务，全面履行法律监督职责。为经济建设服务，为铁路的生产发展服务落实到我们的工作中，就要“两手抓，两手都要硬”，严厉打击铁路系统的各种犯罪活动。

各级铁路运输检察院积极查办铁路系统的以车、以票谋私和以发包工程谋私等贪污贿赂犯罪案件，促进了铁路系统的廉政建设；与铁路公安、法院一起，严厉打击铁路沿线的各种刑事犯罪，加强对犯罪活动猖獗的重点站、段的专项打击和综合治理，保证了铁路运输的安全畅通和旅客生命财产的安全；认真查处发生在铁路系统的“侵权”、渎职犯罪案件，保护了铁路职工和旅客的合法权益。

其他各项工作也都取得了很大成绩。

第三，在思想和工作上自觉地贯彻小平同志关于警惕右但主要是防止“左”的精神。打击犯罪这一手要硬，不能软。硬不是“左”，但要注意防“左”，更不允许搞“左”。各级铁检机关贯彻这一精神，在工作中注意了以下几个问题：1、集中精力查办大案要案，依法妥善处理小案。对大案要案，不论涉及到什么人都一查到底，依法惩处。查处一起大案或要案，社会效果、法律效果都好。对数额较小，情节较轻的案件，依法作多种处理，挽救了一批罪行较轻、偶尔失足的人。2、严格区分罪与非罪的界限。对于“踩线”、“边缘”案件的处理从缓不从快，从宽不从严。对在铁路改革和生产发展中做出贡献但有失误的人，特别是铁路科技人员，要旗帜鲜明地予以保护。对在铁路改革、开放中，钻铁路的空子，以权谋私，构成犯罪的，则坚决地予以打击。3、注意了把调查阶段的工作做充分，搞细致，搞扎实。不草率立案，不轻易采取强制措施。贯彻高检院的部署，办理自侦案件，严禁使用收审，原则上不使用监视居住。注意办案办法，防止和纠正了不重证据，不重调查研究，轻信口供，搞逼供信等违法办案的现象。4、坚持实事求是，有罪必办，有错必纠。

第四，铁检队伍初具规模，干警的整体素质较高，这是做好工作的组织保障。铁检工作已有十几年的历史，经过这十几年的努力，已经造就了一支政治上坚定、熟悉法律、精通业务、善打硬仗的铁检队伍。铁检工作有它自己的特点，战线长、跨地区、人员流动性大，犯罪分子容易潜逃，而且也容易发生一些重、特大案件。这些都给我们做好工作增加了难度。但在各级铁路党委的领导下，行政部门的支持下，经过广大铁检干警的辛勤工作，各项工作完成得都很出色。在此，请允许我代表最高人民检察院领导向帮助和支持过我们的铁路党、政领导表示谢意，向辛勤工作的广大铁检干警及其家属表示亲切的慰问。

二、关于明年的铁检工作

首先，应当明确铁路检察工作在铁路经济发展中所处的地位。大家都知道，铁路是国民经济的大动脉，在国民经济发展中具有举足轻重的地位。目前铁路运输能力低的状况已远远不能适应经济加速发展的需要，而且还有可能严重影响到经济发展的速度。经济要快上，铁路要先行，这已成为人们的共识。造成铁路承运能力低的原因目前还很多，有的作为铁检机关还无能为力，而有的，比如，铁路沿线的严重刑事犯罪，铁路系统内部的以权谋私、贪污受贿犯罪等，我们铁检机关则有责无旁待的责任去清除，以保证铁路承运能力的提高和运输的畅通。正是在这样的形势下，铁路机关只能加强不能消弱。

顺便讲一下关于铁检机构改革的问题。这也是会议中大家讨论较多，普通关心的一个问题。在最高人民检察院制定的关于检察机关机构改革方案中，对这个问题已有了初步的设想，无论怎么改，铁检工作只能加强，不能削弱这一点不会变。对这个问题也希望大家多做调查研究，积极向最高人民检察院提出建议。

关于明年的工作，就是要认真贯彻不久前召开的全国检察长会议精神，学习复之、思卿、肖扬同志的讲话。这几个讲话不但有利于开阔我们的视野，给我们提供了正确的思维方法，对明年工作也作了具体部署。要按照这次会议的要求，把铁检各项工作抓紧、抓实，抓出成效。

第一，要继续学习贯彻党的十四大会议精神。党的十四大是承前启后、继往开来的一次大会，是我党历史上新的伟大的里程碑。江泽民同志的报告系统地阐述了邓小平同志关于建设有中国特色社会主义的理论，提出了我们党90年代乃至下个世纪中叶的宏伟奋斗目标，给检察工作包括我们的铁检工作指明了方向。各级铁检机关领导要把学习贯彻党的十四大精神当作一件大事来抓。学习要精，要联系实际，要通过学习更新观念，换脑筋，要改变过去的一些思想方法和工作方法，冲破落后的传统观念和主观偏见的束缚，清除陈旧过时观念的影响，要满腔热情地支持铁路改革中出现的有利于经济发展的新事物。慎重对待社会主义市场经济新体制在建立和发育过程中铁路运输系统出现的一些新问题。避免用过时的思维方法、工作方法来简单地对待、处理新事物，防止把改革开放、搞活铁路经济的措施当作违法犯罪处理。使我们的铁检工作适应新形势发展的需要。

第二，要继续加强对铁路系统贪污贿赂等犯罪案件的查处工作。铁路运输在国民经济中所处的重要地位和目前铁路承运能力严重不足的实际情况决定了具有铁路行业特点的以车、以票、以发包工程谋私等贪污贿赂案件的发案率短时间内不但不会降下来，还有上升的可能。各级铁检干警要充分认识到在铁路系统反贪污贿赂斗争的长期性、艰巨性和复杂性。继续把反贪污贿赂斗争作为铁检工作的重点。工作中，应注意：1、集中精力查办大案要案。要把斗争锋芒牢牢指向严重的贪污贿赂犯罪分子，特别是那些乘铁路改革之机，以权谋私，大肆贪污受贿，严重影响铁路改革顺利进行的犯罪分子。2、妥善处理好小案，但绝不是不查小案，如果小案不查，就很可能放过一些大案要案线索。实践中，许多大案要案都是在查办小案的过程中挖掘出来的。3、要继续加强调查研究工作。要坚持以往为经济建设、为铁路发展服务行之有效经验 的同时，努力探索为铁路经济建设服务的新路子。通过调查研究，及时发现在铁路系统贪污贿赂犯罪的一些新特点、新动向。积极提出预防措施，加强犯罪预防工作。4、继续贯彻警惕右，但主要是防止“左”的精神，严格区分罪与非罪的界限，对一时看不准的，不要轻易按犯罪追究，要在“准确”和“慎重”上下功夫。

第三，依法从重从快严厉打击危害铁路治安秩序的严重刑事犯罪活动。铁路治安秩序的好坏，直接影响到国民经济大动脉的畅阻，影响到铁路改革能否顺利进行，影响到铁路的声誉。铁路经常出问题，人民群众没有安全感，国际、国内影响都十分恶劣。面对目前仍十分严峻的铁路治安形势，各级铁检机关一定要与铁路公安、法院密切配合，狠狠打击危害铁路治安秩序的严重刑事犯罪，即使经过打击、治理已有好转的地区，也不能有丝毫的放松，防止出现反复。这是铁检工作的另一个工作重点，打击的重点是：在铁路沿线、旅客列车上杀人、抢劫、强奸等暴力犯罪和团伙犯罪，特别是内外勾结的“车匪路霸”及流氓团伙；破坏铁路设备、交通工具等严重危害交通运输安全的犯罪活动；扒窃货车、进站盗窃等重大的盗窃犯罪等。对这些重大犯罪案件，要坚持提前介入，及时了解案情，做到快捕快诉，防止打击不力。

要积极参加铁路治安综合治理，落实检察环节上的综合治理措施。铁路延伸到哪里，我们的综合治理工作就做到哪里。通过综合治理为铁路生产和建设创造良好的外部环境。这项工作要常抓不懈，真正做到治理一处，好转一处；好转一处，巩固一处。

第四，加强对铁路系统“侵权”、渎职犯罪案件的查办工作。重点是玩忽职守、重大责任事故及铁路执法机关的刑讯逼供、非法拘禁、徇私舞弊案件。查办这类案件，要熟悉政策、尊重科学。对铁路流通领域里的科学试验、新产品试制过程中的玩忽职守案件，要慎重处理。办理铁路运输过程中发生的重大责任事故案件，要做认真细致的查证，看事故的原因是否属不可抗力或自然灾害，保证无辜者不受追究。

三、进一步加强领导班子建设和队伍建设

加强领导班子建设就是要把各级铁路检察院的领导班子建设成为坚决贯彻党的基本路线，团结战斗，能率领广大干警完成各项任务的核心。加强领导班子建设，必须“建好上层，配好中层，选好后备”。在领导班子中起关键作用的是第一把手。第一把手要抓好大事，要善于发挥各个领导成员的作用，大胆使用和支持他们的工作。针对铁路检察相对独立于地方，具有跨省(区)、市的特点，要赋予其他领导成员为完成工作所必须的权力，在分工上，要用其所长。其他领导成员都要以搞好全院工作为己任，增强责任感，一心一意地协助第一把手抓好自己分管的工作。在领导班子内部要坚持实行民主集中制原则，重大问题，都要集体讨论，集体决定，各领导成员对集体决定的事都要坚决贯彻落实。要正确对待权力和分工，把权力当成责任，领导成员之间要讲团结，互相尊重，互相支持，防止搞小圈、拉山头、闹宗派。领导成员要以身作则，严于律己，凡是要求干警做到的，自己首先做到，规定禁止的事，自己首先不违反。各级院的中层领导是直接带领广大干警进行各项业务工作的骨干力量，起着承上启下的作用，应配好、配强。同时，注意选拔、培养那些政治上强，有开拓进取精神，廉洁奉公、实事求是，密切联系群众、善于团结同志，业务素质较好的年轻干部作为后备干部，真正把培养年轻干部作为一项战略任务来抓。

要进一步加强队伍建设，提高铁检队伍的整体素质。第一，要始终坚持把思想政治工作摆在重要位置上。必要的思想政治工作绝不能少。要紧密结合铁路检察工作实际，开展具有行业特点的思想政治工作。进行坚持四项基本原则教育，形势政策教育，理想道德教育和秉公执法教育。使各级铁路检察机关和广大铁检干警保持坚定的政治方向，增强贯彻执行党的路线、方针和政策的自觉性。第二，要有针对性地进行有关制度建设。要结合铁路工作的特点，制定出有关制度。制度一经制订，必须坚决执行，并要经常进行检查对照。第三，根据最高人民检察院关于从严治检的要求，加强对干警进行职业责任、职业道德、职业纪律和为检清廉的教育。要将对干警的教育工作延伸到八小时以外，并做好家属拒腐的工作。对干警的教育、管理，要有较高的目标，不要仅限于不出问题，要着眼于提高干警的整体素质。当然，出了问题就要严肃查处，绝不护短。第四，要大力开展争先创优活动。各级领导对好人好事和工作中做出贡献者要及时给予表彰，表扬先进，鞭策后进，弘扬正气。第五，加强教育培训。发生在铁路系统的各类案件往往与有关的铁路专业知识有密切的联系，有的还涉及铁路内部的各项规程，案件涉及的专业性技术性较强，这就要求从事铁路检察的干部除具有检察干部的基本素质外，还需要有铁路运输方面的专业知识，为此应加强对在职铁检干警的培训工作。够条件的可送中央检察官培训中心培训；有些省、市检察院的培训中心也要为铁检系统培训一批干部；有条件的铁检院也可以自己搞一些短期的培训。第六，要努力改善干警生活。检察机关比较清苦，干警工作、生活方面还存在不少困难。铁检机关干警在生活待遇方面与铁路机关干部相比，差距可能更大。对待干警，各级铁检院领导，不仅在政治上要严格要求，也要关心和照顾他们的生活，以解除干警的后顾之忧，这样也有利于铁检队伍稳定，保证铁检工作的正常进行。

要继续加强技术装备建设。铁检工作如何更好地为经济建设服务，关键是要解决好人员紧缺与任务不断加重的矛盾。从目前情况看，靠大量增编来解决矛盾，既不现实，也非良策，切实可行的措施就是在努力提高干警素质的基础上，大力加强物质装备建设，以提高铁检机关快速反应、获取证据，制服罪犯的能力。

四、继续加强党的领导

坚持党的领导是党的基本路线的重要

内容。铁检机关十几年来的成绩是在各级铁路党委的领导下，铁路行政部门的支持下取得的。当前，各级铁检院面临的任务仍十分繁重，做好工作，必须继续加强党的领导。第一，发挥各级党组织的战斗堡垒作用。各级院党组要更自觉、更有效地抓好党组织的建设，充分发挥党员在各项检察工作中的先锋模范作用。第二，坚持党的领导与独立行使检察权是一致的。党的领导主要是方针、政策上的领导。我们在查办大案要案，特别是要案，要全面理解、正确执行党内请示报告制度，在报告党委的同时，一定要报上级院。与党委领导认识不一致的，由上一级检察院协调处理，上级检察院要加强对查办要案的领导，帮助下级院排除阻力，依法办案。只要我们工作做得细，有足够的证据，是会取得党政领导的支持的。需对铁路系统负责人或产、供、销环节的关键性人物采取强制措施时，要先向铁路党委或上级主管部门报告，选好适当的接替人，保证铁路生产、经营的连续性，维护正常的生产经营秩序。第三，要及时向铁路党委反映和汇报铁检的工作，汇报上级检察机关的有关会议精神和工作部署，多与铁路行政部门沟通情况。勤请示、多汇报、多沟通，就能使铁路党委和行政机关对铁路检察工作有更多的了解，增加共识，赢得铁路党委和行政机关的支持。由于铁检案件政策性较强，涉及面宽，我们对一时拿不准的，要及时请示，不要擅自做主。第四，地方各级检察院要大力支持配合铁路检察工作，铁路检察院在办案中有需要地方检察院配合的，也应主动与地方检察院联系，铁路检察院也要积极配合地方检察院的工作，以共同搞好检察工作。第五，要虚心听取各方面的意见，特别是批评意见，自觉接受监督。不要一听到不同意见，就认为是干扰独立办案。有则改之，无则加勉，取得了共识，人家就会更好地支持我们的工作。

同志们，会议结束后，希望大家及时向铁路党委汇报会议精神和做好传达贯彻工作。同时，在铁路党委和行政机关的统一领导下，与铁路公安、法院密切合作，搞好春运期间的治安管理工作，保证春运工作顺利进行。最后，祝大家新年好！

在全国监所检察工作会议上的讲话

最高人民检察院副检察长　王文元

（1992年9月9日）

同志们：

全国监所检察工作会议今天就要结束了。几天来，同志们听取和讨论了陈大豪同志的工作报告；交流了监所检察部门承办各类案件的经验；研究了有关办案适用法律的界限等问题；讨论修改了《人民检察院看守所检察工作规范（试行）》和《关于劳改、劳教检察工作实行经常化、制度化的意见》。在大家的共同努力下，会议开得是成功的，达到了预期的目的。提交会议讨论的文件，根据同志们的意见进行修改后，将印发各地贯彻执行。

最高人民检察院党组对这次会议很关心，院领导今天都到了会，刘复之检察长还要作重要指示，这充分体现了最高人民检察院领导对监所检察工作的重视和支持。下面，根据会上大家提出的意见，结合近年来监所检察工作实际，讲几点意见。

一、要进一步提高对监所检察工作的认识

小平同志南巡重要谈话发表后，全国掀起了学习、贯彻谈话精神，加速改革开放和经济建设的热潮。最近，党中央下发了7号文件，这是党中央在加快改革开放和经济建设的新形势下关于加强政法工作的重要文件。最高人民检察院党组根据上述精神，就如何解放思想、联系实际、实事求是地研究解决新形势下检察机关面临的新问题，更好地为经济建设服务，提出了一系列重要措施，要求各级检察机关和检察干部必须坚定不移地贯彻执行党的“一个中心、两个基本点”的基本路线，坚持“两手抓”、“两手都要硬”的方针，充分发挥法律监督职能，一心一意为改革开放和经济建设服务。在思想上和工作中，要警惕右，但主要是防止“左”。这都为我们进一步提高对监所检察工作的认识，做好这项工作指明了方向。

各级检察院的领导同志首先要提高认识。检察机关重建以后，十多年来，监所检察部门在各级检察院的领导下，工作逐步开展起来。各级监所检察部门和干警在监管改造场所，同公安、司法等部门的同志紧密配合，为打击犯罪、改造罪犯、预防犯罪、维护监管改造场所秩序，促进依法文明管理，保障法律的正确实施，做了大量的工作。但是，随着严厉打击严重刑事犯罪和反贪污贿赂斗争这两项重点工作的开展，一些同志对监所检察工作的重视程度有所下降。这是不对的。按照我国法律的规定，检察机关在刑事司法中担负着侦查监督、审判监督和执行监督的任务。监所检察部门不但承担着执行监督的重任，而且还承担着一部分侦查监督和审判监督任务，并对劳动教养机关的执法活动是否合法实行监督。在工作范围上，涉及检察机关的各项业务，因此被喻为“小检察院”。监所检察工作搞得好坏，对监管秩序是否稳定，能否把罪犯改造成新人，以及对社会治安的综合治理，都具有重要影响。因此，各级检察院的领导同志一定要把监所检察工作列入重要议事日程，摆到应有的位置上，帮助他们健全机构，建立各种工作制度，研究业务工作中遇到的新问题，并帮助他们逐步解决必要的工作和生活条件。

从事监所检察工作的同志，也要进一步提高认识。多年来，监所检察的干警，特别是基层的同志，常年驻在监管改造场所，在艰苦的条件下，克服了各种困难，努力完成任务，表现出很高的觉悟。但是也有个别同志对监所检察工作重要性认识不足，认为监所检察不如刑事检察、贪污贿赂检察工作干起来痛快，办一个案子是一个，见成绩快；认为领导对打击经济犯罪、打击刑事犯罪重视，而对监所检察工作重视不够；认为监所检察工作属于第二线，任务是软的，多干不见成绩，少干也无碍大局。对于这些不正确的认识，必须尽快克服。第一，监所检察同刑事检察、打击经济犯罪等工作，都是法律监督的重要组成部分。如果重打击，轻改造，不利于把罪犯改造成为新人；只有侦查监督、审判监督，没有执行监督，法制就不健全。第二，所谓第一线第二线的问题，也要辩证地认识。作为对罪犯的管理、改造来说，监所检察处在第二线，劳改干警在第一线；但对刑事案件判决、裁定的执行是否合法，看守所、劳动改造机关、劳动教养机关的活动是否合法进行监督，监所检察又是在第一线，对此，是没有其他机关、部门的职能所能代替的。所以监所检察不是什么软任务，而是硬任务。第三，关于领导重视不重视的问题，也应有一个正确的认识。当前打击经济犯罪和刑事犯罪的任务十分繁重，领导对这两项重点工作抓得多一些，不等于对监所检察工作不重视。另外，要通过我们的工作，做出成绩，做出贡献，去争得领导的重视和支持。山东省招远县检察院监所检察科监外执行检察工作做得好，为本县的社会治安作出了贡献，引起了检察院领导和县委、政府的重视，县委决定把对监外罪犯的管教、改造作为各级政府评比的一个重要条件。我们对这些问题，有了正确的认识，才会有光荣感、责任感，才会由消极变为积极，由被动变为主动。这是搞好监所检察工作的前提。

二、要进一步明确监所检察工作的业务指导思想

检察机关重建后，经过多年来的实践，绝大部分同志对监所检察的业务指导思想是明确的。但是，也有个别单位少数同志讲起来明白，干起来糊涂，甚至有的同志"荒了自己的地，耕了别人的田"，工作辛辛苦苦，成效不大。因此，对监所检察的业务指导思想有进一步明确的必要。

监所检察部门是检察机关的一个组成部分，其业务指导思想，是由检察机关的法律监督性质所决定的。因此，我们认为1987年第二次全国监所检察工作会议提出的监所检察的业务指导思想是正确的。要认真地贯彻执行。根据这个指导思想，监所检察的主要任务，就是对刑事案件判决、裁定的执行和监狱、看守所、劳动改造机关以及劳动教养机关的活动是否合法进行监督，纠正违反法律和政策的行为，惩罚犯罪，维护监管改造秩序，保障国家法律和方针、政策在监管改造场所内正确实施，保障被监管改造人员的合法权益，促进依法文明管理，提高改造质量，把绝大多数犯人改造成为新人。监所检察部门要认真地贯彻执行这一业务指导思想，把执法监督摆在首位，任何时候都不能动摇。当然，执法监督也要突出重点，各地都要针对监管改造机关执法活动中在不同时期存在的突出问题，确定监督的重点，检察纠正违法，打击犯罪活动。

坚持监所检察这一业务指导思想，必须正确处理好下列两个关系：

第一，监督与被监督的关系。检察机关在监管改造场所行使法律监督职权，与看守所、劳改、劳教机关行使监管、教育、改造被监管改造人员的职权，是法律上的分工不同，目的是一致的。因此，监所检察部门在履行职责时，要注意三点：一要敢于监督。对于监管改造机关的违法活动及其干警的违法犯罪行为，必须严格依法提出纠正或进行查处，不能遇到困难就绕道走，更不能因私人利益或照顾关系，违法不纠，犯罪不办。这是一种渎职行为。二要注意监督效果，讲究工作方法。监督的目的是促使监管改造机关严肃执法，文明管理。因此，监所检察部门在纠正违法时，要把坚定的原则性和适当的灵活性结合起来。另外，监督的范围仅限于违反法律和政策的行为，至于监管改造机关内部的行政管理、生活管理方面的问题，不能滥加干预。三要在实施监督的过程中，实行有效的配合。对监管改造机关的违法行为，不能简单地发出一份"纠正违法通知书"了事，要积极地帮助他们分析发生违法问题的原因，提出纠正的具体建议，建立健全各项规章制度，防止或减少违法行为。并且帮助他们消除因违法造成的不良影响，树立监管改造机关好的形象。

第二，正确理解和处理好执法监督同其他各项监所检察工作的关系。①关于监所检察部门的办案工作。监所检察部门的办案工作是监所检察的重要任务，也是履行法律监督的重要手段。通过惩办抗拒改造的犯罪活动，可以对大多数被监管改造人员起到震慑作用，促使他们老老实实地接受教育和改造；通过查办干警贪污、受贿、私放罪犯、体罚虐待等犯罪案件，可以增强广大干警的法制观念，促进依法文明管理，提高改造质量。因此，不能把法律监督和办案工作对立起来，两者是有机结合的一个整体。②关于配合主管机关对被监管改造人员的教育改造工作。监所检察同监管改造机关的共同任务，就是要把犯罪分子、劳动教养分子教育改造成为新人。因此，监所检察部门在搞好执法监督的同时，要积极配合主管机关对被监管改造人员做好教育改造工作。监所检察部门要严密注视被监管改造人员的思想动态、认罪服法状况，对国内外大事的反映，有针对性地配合主管部门进行法制、政策、形势、前途等帮教活动，有选择地对重点人犯特别是反改造尖子、危险人犯进行个别帮教，促使他们认罪悔过。对于拒不接受教育、继续违法犯罪的人，要同有关部门密切合作给以打击，以教育改造绝大多数罪犯。关于搞好改造工作的"三个延伸"，中共中央明确提出这是政法机关的共同任务，监所检察部门要结合本职工作认真贯彻执行。③关于安全防范的检察。保障监管改造场所稳定，防止各类事故特别是恶性事故的发生，是一项重要的监管工作。监所检察部门应积极协助主管机关搞好安全防范工作，发现不安全的苗头，要向主管部门通报，及时采取预防措施；发现在安全防范工作中的漏洞，要及时向主管部门提出建议；当监管改造场所发生重大事故时，要协助主管机关采取得力的措施，妥善处理，并帮助他们总结经验教训。另外，对监外执行的检察，要紧紧围绕我们的职责来开展，不能越俎代庖。

三、要进一步加强监所检察工作经常化、制度化和规范化建设

刘复之检察长在 1988 年全国检察长工作会议上提出，监所检察工作要逐步实现规范化。各地遵照刘检察长这一指示，在实践中积极探索，积累了许多好的经验。监所检察厅根据各地的经验，提出了《人民检察院看守所检察工作规范》和《关于劳改、劳教检察工作实行经常化、制度化的意见》（讨论稿）。大家提出了很多好的修改意见。我们将在认真修改后，发各地试行，在实践中逐步完善。

实现监所检察工作经常化、制度化、规范化具有重要的意义。1987 年，最高人民检察院印发的《人民检察院看守所检察工作细则（试行）》、《人民检察院劳改检察工作细则（试行）》和《人民检察院劳教检察工作办法（试行）》，规定了监所检察的职责、权限和业务范围。首先，监所检察的"三化"建设，是落实上述文件要求的具体措施。其次，监所检察的"三化"建设，规定了监所检察工作统一的规则和标准，避免工作中的随意性。第三，监所检察的"三化"建设，有利于监所检察队伍的合理配备和相对稳定。因为"三化"对每项业务都提出了具体的标准和要求，这就需要经常保持一定数量的队伍，才能完成监所检察任务，避免人多就多干，人少就少干的现象。第四，监所检察的"三化"建设，为监所检察的立法准备条件。我们已有两个“细则”和一个“办法”，现在又开展“三化”建设，逐步统一工作规范，这就为将来制订监所检察条例奠定了基础。希望各地按照这次会议的要求，根据本地的实际，作出规划，加速监所检察工作的经常化、制度化和规范化建设。

四、要进一步加强监所检察派驻机构的建设

在各级检察院领导的重视下，检察机关重建后经过十多年的努力，监所检察派驻机构已初具规模。到今年6月底，在全国（不包括西藏、军检，下同）看守所中，已设驻所检察室1924个，占应设数的72.2%；实行驻所检察达2452个，占92%。其中北京、山西、吉林、上海、江苏、安徽、山东、河南等地全部实行了驻所检察。在全国劳改和劳教场所中，已设置派出检察院66个，派驻检察室（组）711个，对少数小型的劳改、劳教场所派驻了专职检察员，共担负起817个劳改和劳教场所的检察任务，占劳改、劳教场所总数的92.8%。其中北京、天津、河北、山西、辽宁、吉林、黑龙江、上海、江苏、安徽、江西、山东、河南、湖南、甘肃、宁夏等地全部实现了派驻检察。但是，目前还有一部分看守所、劳改和劳教场所未实行派驻检察；有些地方虽然建立了派驻机构，但派驻人员的数量和质量不适应全面开展工作的需要。监所检察派驻机构的建设十分重要，是搞好监所检察的组织保证。刘复之检察长在“九检”会议的报告中，把“通过派驻检察院、检察室、检察员等方式，对监管改造场所的活动是否合法实行监督”作为建设有中国特色的检察制度的内容之一。希望有监所检察任务的各级检察院，要结合本地的实际，积极规划，分期分批逐步落实刘检察长在“九检”会议上的要求，即：到1995年，全国看守所全部实行驻所检察；凡关押、收容5000人以上的劳改、劳教场所都要设置派出检察院；关押、收容5000人以下劳改、劳教场所都要派驻检察室。至于派驻检察人员的配备，总的原则是，派驻人员的数量和质量，要保证全面开展监所检察工作的需要。根据各地的经验，派出检察院一般不少于20人。派驻劳改、劳教场所检察室的人员配备可分别为：关押、收容千人以下的劳改、劳教场所，需3至4人；1000人以上至3000人的，需4至7人；3000人以上不满5000人的，需7至12人。驻看守所检察人员的配备原则是：经常关押20人以上的看守所，应派驻检察室，配备2至4人；不足20人的，派驻所检察员1人。

各级检察院都要重视监所检察派驻机构的物质和技术装备建设，认真帮助他们解决办公用房、交通工具、办案必需的设备和经费等问题。

五、要进一步加强监所检察队伍建设

监所检察这支队伍总的情况是好的。他们常年生活、工作在监管改造场所，在缺少办公用房、交通和通讯工具、家属宿舍，子女上学和家属就业都比较困难的情况下，兢兢业业地工作，值得称赞。但是，要全面开展监所检察工作，这支队伍从数量到质量都应当进一步加强。

首先，要努力提高监所检察干部的政治素质。监所检察干部在监管改造场所担负着法律监督和配合主管机关改造罪犯的任务。因此，对这些干部从政治上就应提出更高的要求。各级领导同志要注意组织他们学习，提高思想和政策水平。要进一步学习小平同志南巡重要谈话、江泽民总书记在中央党校的讲话，以及最高人民检察院有关重要文件，了解国内外形势，进一步树立为改革开放和经济建设服务的观念。要教育干部树立全心全意为人民服务的宗旨，模范遵守法律和检察人员纪律。同时，认真履行职责，增强专政意识，做到有法必依，违法必究。

第二，要注意提高监所检察干部的业务素质。一是要加强培训工作。监所检察工作涉及到的业务范围广，而且大部分干部被派到监管改造场所独立行使职权。因此，对监所检察干部在业务素质上要有更高的要求。不但要组织他们学习检察业务知识，还要学习公安、司法、法院关于监管改造工作的各项规定；同时，为了适应工作需要，还要努力学习经济知识，学习党和国家的政策，提高业务知识和理论水平。今后最高人民检察院监所检察厅侧重于监所检察业务骨干的培训工作，年底将举办第一期监所检察业务研讨班。二是要到第一线去加强实践锻炼。监所检察的主要岗位在监管改造场所，各级监所检察干部要轮流到派出检察机构工作，留在机关的也要经常深入监所，了解情况，研究解决问题，在实践中增长才干。

第三，要注意配备好监所检察部门的各级领导班子。监所检察工作既要认真履行法律赋予的职责，又要搞好同兄弟部门的协作关系。因此，要将那些业务水平较高，政策观念强，有组织领导能力，讲究工作方法，有奉献精神的同志，充实到各级监所检察部门的领导班子中去。对这些骨干力量要保持相对稳定，不要随意抽调去搞其他工作。对于确实不适应监所检察工作的人员要逐步进行调整。

第四，要关心监所检察干部的生活，帮助他们解决实际困难。派驻检察干部常年驻在监管改造场所，大多远离城镇、机关和家庭，生活上有许多困难。各级领导要积极帮助他们创造必要的工作和生活条件，为他们逐步解决宿舍、家属工作、子女上学和其它福利待遇方面的问题。今年国家为基层检察干部解决了岗位津贴后，有的地方请示，原来按照最高人民检察院和财政部1986年《关于修订〈检察业务费开支范围的规定〉的通知》精神，各地已经为派驻检察干部解决的生活补助费，是否还要继续发放。我认为，这次解决的岗位津贴是解决基层干部生活困难，是基层干部人人有份的。原来的生活补助是对派驻检察人员的生活补助，这是两个不同的问题。因此，原来驻场所检察干部的生活补助不应取消。

同志们，会议结束后，请大家认真向所在院党组汇报这次会议的精神，并安排好传达、贯彻，使之真正落到实处。让我们共同努力，在改革开放新的形势下，把监所检察工作提高到一个新的水平。

第五部分　最高人民检察院重要文件选载

最高人民检察院关于印发人民检察院文明接待室评比条件和评比方法（试行）的通知

（1992年1月3日）

各省、自治区、直辖市人民检察院，军事检察院：

接待人民群众来访，依法受理公民的控告、检举、举报和申诉，是检察机关的重要任务，也是检察机关依靠群众实施法律监督的重要途径。为进一步密切检察机关与群众的联系，改进和完善接待来访工作，加强控告申诉检察部门的业务建设，最高人民检察院决定在全国控告申诉检察部门开展文明接待室评比活动。现将评比标准和评比方法（试行）印发给你们，请结合本地区工作实际，参照办理。各级检察院领导对此项活动，应予重视和支持，开展活动中有什么问题和建议，请及时告诉我们。

附：

人民检察院文明接待室评比条件和评比方法（试行）

为了加强公民来访接待工作，进一步密切检察机关与群众的联系，促进控告申诉检察业务的开展，特制定检察机关文明接待室评比条件和评比方法。

一、评比条件

（一）接待工作

1、设有专用的来访（举报）接待室和举报电话。接待室内部整齐清洁并设置来访须知、文明接待公约、法制宣传材料以及桌、椅等便利群众来访的设施。

2、分、州、市以上检察院的接待室应有相应数量的专职检察干部，负责来访控告、申诉的受理；县、区检察院的接待室每天有人值班接待。

3、接待时间对外公开并严格遵守，接待人员坚守岗位。做到来访或举报电话随时接待、受理。

4、接待人员应具备较强的政治素质和较高的政策法律水平，有高度的负责感和工作热情。

5、接待人员在接待工作中做到仪表端庄、着装整洁，佩戴有本人照片、编号和单位名称的胸牌标志。举止文明，解答问题耐心细致，没有简单生硬和推诿现象。

6、对属于机关管辖的投诉，应及时接谈登记，按分级负责原则及内部业务分工及时正确处理，做到无积压、无差错。对不属于检察机关管辖的投诉，应提供法律咨询和投诉渠道。

7、接待室工作做到制度化、规范化。主要包括：接待人员岗位职责、工作纪律、处理来访工作程序、检察长接待制度等。

8、检察长接待日应向社会公布，每月不少于2次。检察长要亲自处理重大、疑难来访案件。

9、认真处理好每一件矛盾可能激化的来访，做好疏导工作，没有发生来访者自杀、行凶和危重病人在接待室死亡等事故。

10、重访率不高于10%，越级上访率低于5%，使问题解决在本级管辖的范围内。

11、积极开展法制宣传和参与社会治安综合治理。

（二）办案工作

1、认真承办来访的各类案件，无久拖不决案件。

2、经办案件做到程序合法、事实清楚、证据充分、定性准确、适用法律正确、处理得当、诉讼文书齐全。

3、案件办结后，应按规定立卷归档。

（三）信息工作

1、重视信息工作，对来访中反映的重要情况和典型案件等，能及时提供信息。月、季度、年度有综合情况分析或专题反映。

2、接待室提供的各类信息材料如被上级机关或报刊采用，可作为评比的重要内容。

二、评比方法

1、各省（自治区、直辖市）人民检察院可根据上述评比条件，结合本地区的实际情况，制定切实可行的评比标准和评比方法，结合年度总结工作，开展检查评比活动。检查评比工作由控告申诉检察部门组织实施，政治部门审核把关并报请党组审定。

2、评比文明接待室分三个层次进行：

分、市（州、盟）人民检察院对县、区（市、旗）人民检察院进行检查评比，并对评选出的县、区（市、旗）院文明接待室授予称号和标牌。其中工作突出的，可提请省（自治区、直辖市）人民检察院授予称号和标牌。

省（自治区、直辖市）人民检察院负责对分、市（州、盟）人民检察院进行检查评比，对评选出的分、市（州、盟）院和分、市（州、盟）提请授予称号，经审查符合标准的县、区（市、旗）院接待室，授予文明接待室称号和标牌。对其中开展活动成绩显著、工作突出的，可提请最高人民检察院授予称号和标牌。

最高人民检察院不定期对省（自治区、直辖市）人民检察院接待室工作进行检查评比，对符合标准、工作特别突出、开展活动成绩特别显著的省（自治区、直辖市）人民检察院接待室和省院提请的分、市（州、盟）院和县、区（市、旗）院接待室，授予文明接待室称号并颁发标牌。

被授奖的文明接待室，应努力保持荣誉，力争在再次评比中保持称号。如工作下降应限期改进，如无起色，不符合评比条件，应由原授予的上级人民检察院撤销标牌。

说　明

重访是指同一来访人因属检察机关管辖的同一案件的第二次来访，但不包括来访人在规定办案限期内的第二次来访。

重访率＝重复来访件数÷（首次来访件数＋重复来访件数）

越级上访是指来访人越过应属下级检察院管辖而到上级检察院的来访。

越级上访率＝越级上访件数÷来访总件数

最高人民检察院关于认真查处玩忽职守和重大责任事故案件的情况通报

（1992年8月7日）

各省、自治区、直辖市人民检察院，军事检察院：

今年以来，全国各级检察机关进一步加强了法纪检察工作，认真查处玩忽职守和重大责任事故犯罪案件，使法纪检察工作呈现出深入发展的势头。据统计，1至6月，全国检察机关共受理法纪案件23466件，比去年同期上升4.6%；立案9492件，上升17.2%，其中立玩忽职守案1990件，重大责任事故案2244件，分别比去年同期上升35.4%和20%。

上半年，各地在查办这两类案件工作中，采取了一些具体措施，积累了不少经验，现将各地的具体做法通报如下：

一、坚决贯彻执行“两手抓”、“两手都要硬”的方针，集中力量查办大案要案，同时处理好小案。

各级检察机关，根据经济领域玩忽职守犯罪突出，工矿企业重大责任事故逐年上升的特点，切实把法纪检察工作摆上重要位置，加强领导，稳定骨干队伍，领导亲自办理大案要案。在办案中，坚持分级负责、密切配合。各地认真查处国家工作人员由于玩忽职守，致使公共财产、国家和人民利益遭受重大损失的玩忽职守案件和严重失职、渎职因而发生的重大伤亡事故案件，突出查办在经济交往中，特别是生产和经销伪劣商品中的玩忽职守案件和严重失职、渎职造成企业连年亏损和破产的渎职案件，对于因为严重官僚主义、管理疏漏而发生重大贪污贿赂的，依法追究有关领导人的刑事责任。通过办案积极维护经济秩序，努力为改革开放和加快经济发展，创造良好的社会环境。

二、严格依法办案，文明办案，在查办玩忽职守和重大责任事故案件中，注意把立案前审查时间拉长，立案后一般不采取强制措施。对于身居重要岗位的涉嫌人员，事先建议党委、政府及时进行人事调整，严格保守侦查机密，对于因工作需要，经批准允许被告人在侦查期间从事一定的业务活动，“戴罪立功”，避免工作和生产活动脱节。保护在改革开放、搞活经济中做出贡献但有失误的人，特别是科技人员。警惕打击不力，又强调要防止简单粗糙。

三、从严掌握立案标准，严格区分罪与非罪的界限，坚持务必搞准。各地在办案中，特别在查办涉及重大科技问题的玩忽职守和重大责任事故案件时，注意认真细致地查证和会同行家反复论证，把在改革探索和科学试验中的工作失误和玩忽职守罪严格区分开来，在查办玩忽职守案件时决不插手经济纠纷，在查办重大责任事故案件时，主要追究有关领导人渎职的刑事责任。对于“踩线”案件、“边缘”案件的处理从缓、不从快；从宽、不从严，使所办案件经得起历史检验。

四、积极开展综合治理，加强宣传，搞好预防犯罪工作。一些检察院针对当前玩忽职守和重大责任事故发案率高的特点，写出调查报告，提出防范措施，报告党委和政府，引起了各级领导的重视。坚持在办案中注意挽回经济损失，针对发案单位存在的问题，提出检察建议，推动整改，完善会计、审计、监督、管理等规章制度，帮助企业总结经验教训，堵塞漏洞，搞好综合治理，加强了预防犯罪的工作。

五、认真学习，提高执法水平。各级检察机关针对这两类案件情况复杂、专业性强和与经济工作关系密切的特点，认真组织法纪干部学习经济知识，熟悉经济工作，掌握经济政策，了解服务对象，向内行、专家学习，努力提高执法水平。

请各地对查办玩忽职守、重大责任事故案件中遇到的新情况，新问题，特别是涉及政策、法律界限方面的问题，要加强调查研究，并及时报告最高人民检察院。

最高人民检察院关于印发《人民检察院枪支管理办法》的通知

（1992年8月8日）

各省、自治区、直辖市人民检察院，军事检察院：

为了进一步加强枪支弹药的管理，防止各类涉枪事故的发生，现将《人民检察院枪支管理办法》印发给你们，请组织全体干警认真学习，严格遵照执行。

附：

人民检察院枪支管理办法

第一章　总　　则

第一条　根据《中华人民共和国枪支管理办法》的有关规定，结合人民检察院实际情况，制定本办法。

第二条　人民检察院配备的枪支，是检察业务用枪，用于保障检察业务工作的开展。

第三条　人民检察院的枪支管理，实行统一领导，逐级负责的原则。各级人民检察院必须重视枪支管理工作，采取必要措施把各项管理要求落到实处。

第二章　枪支的配发范围

第四条　人民检察院干警佩带枪支，是依法执行公务的需要，不是政治待遇。配发枪支以工作必需为原则，严格控制配枪范围。

第五条 地方各级人民检察院和专门人民检察院的检察长、副检察长、在检察业务部门直接办理案件的检察员、助理检察员、司法警察和枪弹专管人员因工作需要，可配发专用枪。其他人员因执行公务需要时，可借用公用枪。

第六条 省级人民检察院配备的枪支数量，不超过在编人数的40%；分、市级以下人民检察院不超过60%。

第三章 佩带枪支人员的条件

第七条 配发专用枪支或借用公用枪支的人员，必须政治上可靠，作风正派，组织纪律性强，参加司法工作一年以上。

第八条 佩带枪支人员，必须经过对枪支管理使用规定的学习，经过对枪支性能、使用和保养方法方面的培训，经过实弹射击考核合格，做到会使用、会保养、会排除一般故障，取得《人民检察院干警佩带枪支合格证》。

第九条 各级人民检察院要坚持经常对佩枪人员进行纪律、安全方面的教育，定期组织实弹射击训练。

第四章 持用枪支的规定

第十条 检察干警在执行逮捕、搜查、审讯、押解人犯、值班等公务和其他特殊情况必须持枪时，可以佩带枪支。

第十一条 持枪人员应随身携带持枪证。持公用枪到本县、市以外的地区时，应办理持枪通行证，以备检查。

第十二条 持枪人员必须将枪支贴身佩带，做到枪不离身，严防因麻痹大意造成被抢、被盗、丢失。

第十三条 持枪人员必须遵守下列规定：

（一）严禁将枪支、弹药交给他人玩弄、保管和使用；

（二）严禁将枪支、弹药存放在家中、办公室的普通桌柜内或其它不安全的地方；

（三）严禁用枪支开玩笑和枪口对人；

（四）不准带枪酗酒、游览公共场所或探亲访友；

（五）不准带枪进京，如确系需要，必须按规定办理有关手续；

（六）不准用枪在他人面前显耀、耍威风或恫吓群众；

（七）不准玩弄枪支、随意鸣枪或打猎。

第十四条 持枪人员在执行公务中，如遇下列情况之一时，可以开枪射击：

（一）执行逮捕、搜查、审讯、押解人犯、值班等公务时，如遇以暴力抗拒、抢夺枪支、行凶杀人或人犯逃脱，非开枪不能制止时；

（二）犯罪分子以暴力破坏社会秩序，危及人民生命安全，非开枪不能制止时；

（三）检察干警的生命安全遭到犯罪分子的暴力威胁，非开枪不能自卫时。

第十五条 持枪人员依照第十四条的规定向犯罪分子开枪时，除遇特别紧迫的情况外，应当先进行口头警告或鸣枪警告，犯罪分子如有畏罪表示，应当停止射击。开枪后应及时报告并保护好现场。

第五章 枪支的管理

第十六条 人民检察院专用枪和公用枪都实行枪支集中保管制度，即执行公务时佩带，执行公务后及时归还单位统一保管。

第十七条 建立枪支领取和借用制度。因执行公务配发专用枪的人员领取枪支或其他人员借用公用枪时，都要履行审批手续。要经过部门负责人同意，主管检察长批准。

第十八条 各级人民检察院都应指定

专人负责枪支保管工作。枪支要存放在坚固可靠的枪库、枪柜中，枪、弹要分别存放，枪库要安装防盗、报警、消防装置，确保枪弹安全。

第十九条 任何单位和个人都不得将枪支、弹药自行转售、转让或赠送给其他单位和个人；也不得与其他单位和个人调换枪支、弹药或以枪支、弹药交换其它物资。

第二十条 佩带枪支人员离休、退休或调离时，必须将枪支、子弹和持枪证交还原单位，一律不准带走。对已带走的要坚决追回。

第二十一条 建立枪支定期保养制度，及时擦拭、保养，防止锈蚀损坏，使枪、弹经常处于良好的技术状态。

第二十二条 枪支、弹药如发生被抢、被盗、丢失和涉枪伤亡等事故，必须立即报告公安机关和上级人民检察院，并保护好现场，认真追查处理。

第二十三条 各级人民检察院对枪支、弹药的使用、管理情况要定期检查。发现问题要及时处理，并将检查结果逐级上报。

(一)各级人民检察院每月对本院自查一次；

(二)分、市级人民检察院每半年对下属检察院检查一次；

(三)省级人民检察院每年对下属检察院检查一次；

(四)最高人民检察院不定期地对全国检察机关进行抽查。

第二十四条 各级人民检察院每年逐级上报一次枪支、弹药装备统计表，上报时间由上一级人民检察院规定。

第六章 枪支、弹药的购置、运输、封存和消耗

第二十五条 各级人民检察院应指定主管部门和专人负责枪支、弹药的购置计划编造、分发和管理。购置计划报经当地公安机关同意后，逐级汇总上报最高人民检察院，统一申请和分配。所购枪支，应及时建立弹痕档案并办理持枪证。

第二十六条 各级人民检察院应将暂不配发的枪支、弹药封存起来。省级人民检察院可在所辖范围内对封存的枪、弹进行调剂，省级之间调剂时，要报经最高人民检察院批准。已配发的和封存的枪支、弹药都要造册登记，建立档案，并报上一级人民检察院备案。

第二十七条 枪支、弹药的运输，必须事先向运往地公安机关申请运输证明，运输途中要有二人以上押运。

第二十八条 枪支的修理由各省、自治区、直辖市人民检察院负责组织。

第二十九条 执行公务或训练，消耗的子弹要及时办理消耗登记手续，逐级上报，以待补充。对不堪使用的报废枪支、弹药，应造册登记，报各省、自治区、直辖市人民检察院批准后，以省、自治区、直辖市人民检察院为单位，送公安机关统一销毁，并办理注销枪证等手续，同时报最高人民检察院备案。

第七章 奖 惩

第三十条 对模范遵守本办法，在枪支管理工作中做出显著成绩的单位和个人应给予表扬、奖励、记功。

第三十一条 对违反本办法，造成枪支、弹药事故的单位和个人，应视情节轻重，对主管负责人和直接责任人分别给予批评教育或纪律处分，直至追究刑事责任。

第八章 附 则

第三十二条 本办法由最高人民检察院负责解释。

第三十三条 本办法自下发之日起实施。最高人民检察院1983年10月31日下发的《人民检察院业务枪管理办法》，以及1989年3月27日下发的《检察机关枪支、弹药管理工作细则（试行）》即行废止。

最高人民检察院关于重申检察机关赴外地办案的几项规定

（1992年9月12日）

各省、自治区、直辖市人民检察院，军事检察院：

为了加强检察机关之间在办案中的相互配合和协调，依法有效地惩治贪污、贿赂、“侵权”、渎职等犯罪，根据《刑事诉讼法》、《人民检察院组织法》及其他有关法律规定，最高人民检察院于1990年12月下发了《关于检察机关办理贪污、贿赂、“侵权”、渎职等案件时相互配合、协调工作的规定》。总的看，各地执行是认真的，效果也比较好。但也有少数检察院不严格执行规定，赴外地办案时不通过当地检察机关，或法律手续不齐备，随意拘捕人犯、搜查和讯问，造成了一些不良影响。为此，特对有关规定重申如下：

一、各级人民检察院在办理贪污、贿赂、“侵权”、渎职犯罪案件中，需自行到外地拘捕人犯时，应执行最高人民检察院、公安部《关于到外地逮捕人犯手续的几项规定》办理。执行拘捕的人员应当携带有关的法律文书，以及工作证、介绍信和人犯犯罪的主要材料等，与人犯所在地的人民检察院联系办理。

如遇特殊紧急情况，执行拘捕的人民检察院不能出具人犯犯罪的主要材料的，应当及时向人犯所在地人民检察院说明情况并征得同意。

二、人民检察院需要到外地执行搜查任务和讯问被告人的，执行人员应携带有关法律文书、工作证，以及有介绍案情和执行搜查、讯问目的、要求等内容的公函，与当地人民检察院联系。

三、人民检察院到外地追缴赃款赃物，应当请当地人民检察院协助，并出示有关的案件材料和办理必需的法律手续。

四、人民检察院到外地询问证人时，不得以各种理由将证人带回本地询问。

五、各级人民检察院对外地检察机关拘捕人犯、搜查、讯问被告人、询问证人、调取证据、追缴赃款赃物等执法活动要积极予以协助，不得违法阻挠、刁难。

六、各级人民检察院对不执行国家法律和有关规定，违法办案，或违法阻挠办案，造成严重后果的，要严肃处理，追究有关责任人员或领导者的责任。

最高人民检察院印发《关于人民检察院司法警察警衔授予和晋级批准权限的规定》的通知

（1992年10月21日）

各省、自治区、直辖市人民检察院：

现将《关于人民检察院司法警察警衔授予和晋级批准权限的规定》印发给你们，望遵照执行。

附：

关于人民检察院司法警察警衔授予和晋级批准权限的规定

根据《中华人民共和国人民警察警衔条例》第十三条、第二十三条之规定，现对人民检察院司法警察警衔授予和晋级的批准权限作如下规定：

一、首次授予司法警察警衔按照下列规定的权限予以批准：

（一）警监、警督由最高人民检察院检察长批准授予；

（二）警司由省、自治区、直辖市人民检察院检察长批准授予；

（三）警员由省、自治区、直辖市人民检察院政治部主任批准授予；

（四）最高人民检察院机关的警司、警员由最高人民检察院政治部主任批准授予。

二、司法警察警衔晋级的批准权限适用以上规定。警司、警员提前晋升的，由最高人民检察院政治部主任批准。

最高人民检察院关于加强贪污贿赂犯罪预防工作的通知

（1992年10月30日）

各省、自治区、直辖市人民检察院，军事检察院：

几年来，全国各级检察机关坚持把惩治贪污贿赂犯罪作为打击经济犯罪的第一位工作，作为检察工作的重点，在坚决查办贪污贿赂犯罪案件的同时，加强预防犯罪工作，收到了明显的效果。广东省人民检察院及广东一些基层检察院于1989年下半年，上海市人民检察院于今年7月，还先后设立了预防犯罪的专门工作机构。最近，最高人民检察院贪污贿赂检察厅也正式成立了预防贪污贿赂犯罪检察处，以加强对全国预防贪污贿赂犯罪工作的指导。贪污贿赂犯罪预防工作是反贪污贿赂斗争的重要组成部分，是检察机关为改革开放和经济建设服务的重要内容。要不断探索新措施，总结新经验，进一步加强这项工作。

一、要认真贯彻十四大报告中提出的反腐败、搞廉政建设要靠教育、靠法制的精神，把预防工作作为反贪污贿赂工作的一个重要组成部分，作为检察机关为改革开放和经济建设服务的重要措施。要当作一项专门的工作、长期的工作，抓紧抓实抓好。

二、贪污贿赂犯罪预防工作的主要原则是：坚持为改革开放和经济建设服务的指导思想，坚持从发挥法律监督职能出发，围绕惩治贪污贿赂犯罪开展工作，充分发挥检察建议、检察宣传工作的作用，坚持专门工作与群众路线相结合。

三、贪污贿赂犯罪预防工作的主要任务是：结合本地实际，研究经济领域中出现的新情况、新问题，及时了解和分析贪污贿赂犯罪的特点、规律及产生原因，提出预防犯罪的基本对策和具体措施，报告党委和政府，当好参谋；深入发案多的重点行业、部门，开展法制宣传教育；结合办案，提出有针对性的检察建议，帮助发案单位总结经验教训，堵漏建制，改善管理，加强防范，特别是要采取措施推动在执法部门和直接掌握人、财、物的岗位，建立有效的预防贪污贿赂等犯罪的约束机制；加大法制宣传的份量，利用报纸、广播、电视等舆论工具，采取多种形式宣传法制；为机关、团体、企业事业单位提供法律政策咨询服务等。各地在工作中，要大胆实践，积极探索，不断开拓预防工作的新领域。

四、要在党委和政府的统一部署下，加强与各执法、监督部门的联系，密切配合，互相协调，逐步形成一个综合治理、预防贪污贿赂犯罪的网络。要注意积累这方面的经验，发挥积极作用。

五、开展共建文明活动是检察机关贪污贿赂犯罪预防工作的新途径。要将发案突出、管理混乱的单位、系统作为共建文明活动的重点。开展这项工作要逐步深入，坚持自愿的原则，在条件成熟的情况下，采取一定的组织形式，与企事业单位及其系统建立固定的联系，具体指导文明建设工作。

六、各级检察机关既要抓好贪污贿赂犯罪预防工作，也要重视抓好偷税抗税、假冒商标、挪用公款等犯罪的预防工作。要针对一个时期内危害改革开放和经济建设的突出问题，开展专项预防。当前，要重点抓好假冒商标，生产和经销伪劣商品犯罪的预防工作。

七、检察机关贪污贿赂犯罪预防工作的机构建设，要本着从实际出发，因地制宜的原则，积极组建。各省、自治区、直辖市和大中城市，沿海、沿边、沿江开放地区、经济发达地区检察院要争取在1993年内建立起贪污贿赂犯罪预防机构，条件尚不成熟的地方可先配备专人负责。基层检察院不要求普遍建立，但这项工作要加强。上级检察院要加强对这一工作的指导，注意总结经验，逐步建立健全各项规章制度，使贪污贿赂犯罪的预防工作朝着经常化、专门化、规范化方向发展。

八、检察机关预防犯罪工作直接与社会各界接触，特别是与企业事业单位交往较多，因此，各级领导必须充分重视，做好方方面面的工作。在开展这项工作中要严格遵守检察纪律和职业道德，严禁假借为企业服务的名义做有损检察机关形象的事。对发现的问题，要严肃处理，并制定相应的防范措施。

最高人民检察院关于开展1992年度执法执纪检查的通知

（1992年11月13日）

各省、自治区、直辖市人民检察院，军事检察院：

全国检察机关一年一度的执法执纪检查近年来已形成制度，对贯彻落实党和国家的各项方针政策，正确履行法律监督职能，加强检察队伍建设，密切与人民群众的联系，都起到积极作用。要继续坚持并不断完善这一行之有效的制度。

今年以来，为了全面贯彻邓小平同志视察南方重要谈话精神，保障改革开放和现代化建设的顺利进行，党中央强调，要更好地发挥政法机关的职能作用，制定下发了中发〔1992〕7号文件。特别是党的十四大报告进一步强调，要加强社会主义民主和法制建设，强化法律监督职能，加强执法监督和政法部门的自身建设。这为检察机关的工作和队伍建设提出了新的、更高的要求。目前检察机关的执法水平和队伍素质还不完全适应新形势的需要。一些地方不依法办事和违法违纪现象仍屡禁不止，时有发生，严重损害了检察机关的形象和检察职能的发挥。乔石同志9月30日在一份简报上批示，“干警违法乱纪问题，确实到了引起我们严重注意、认真抓一抓的时候了。”刘复之检察长指出：“检察系统也要十分重视检查纠正实际上同样存在的刑讯逼供和变相刑讯逼供、依仗职权、随意采取法律强制措施，特别是轻易拘捕人、徇私枉法、草菅人命、横行霸道、搞收容审查等违法乱纪问题。要坚决贯彻乔石同志批示，认真抓，认真查办这类案件，经常通报这类严重案件，使从严治检落到实处。”因此，要把今年执法执纪检查，作为学习贯彻十四大精神，落实乔石同志批示，推动自身建设的实际步骤和具体措施，严肃认真地抓实抓好。现就有关事宜通知如下：

一、开展检查的要求和重点

以党的十四大精神为指导，按照十四大提出的关于加强政法部门建设的要求，依据中发〔1992〕7号文件的有关规定，从实际出发，坚持思想教育为主，自我教育为主，自查自纠为主，认真查摆问题，解决问题，总结经验教训，强化监督制约机制，使全体干警更加牢固地坚持党的基本路线，树立全心全意为人民服务的思想，增强为改革开放和现代化建设服务的紧迫感和使命感，自觉抵制各种不正之风和腐朽思想意识的侵蚀，严格依法办事，文明执法，进一步树立检察机关的好形象，切实推进队伍建设和检察工作。

自查的重点由各级检察院根据本地区、本单位的实际情况研究确定。一般应包括以下内容：是否正确贯彻执行党的路线、方针、政策，端正为改革开放和现代化建设服务的指导思想；是否坚持党内请示报告制度，坚持向人大及其常委会报告工作的制度；是否认真贯彻党委和上级检察机关的指示、决定，令行禁止，有错必纠；是否敢于排除地方保护主义或以权代法、以罚代刑的干扰，依法独立行使检察权；是否有插手经济纠纷、追款讨债等越权办案，不严格执行自侦案件办案程序、超期羁押、随意采取强制措施、刑讯逼供、徇私枉法的问题；是否有违犯工作纪律，侵占群众利益，吃拿卡要，横行霸道，以权谋私，挪用赃款赃物，进行违法性营利活动以及枪支管理不善造成严重后果的问题；是否认真查处本单位、本地区发生的检察人员违法违纪案件。

此外，以往执法执纪检查中查摆出的遗留问题也应作为这次检查解决的重点内容。

二、方法步骤和时间安排

执法执纪检查大体上应分为学习动员、自查自纠和建章立制、上级院抽查或组织互查、总结验收等几个阶段。

要组织检察干警深入学习的主要内容是：江泽民同志在党的十四大会议上的政治报告和新党章，并重温中发〔1992〕7号文件，中央《关于加强党风和廉政建设的意见》(中发〔1990〕17号)、九检会议文件，最高人民检察院制定的检察人员纪律等，使干警提高对今年检查重要性的认识，为自查自纠打好思想基础。

各级检察院对检查工作开展情况和重要问题，要及时报告上级院和同级党委、人大。上级院要进行重点抽查，对带有普遍性的问题，要及时研究解决。在总结验收阶段，可组织互查，并注意发现和推广好的典型。对问题严重，而又敷衍毛草，不解决问题的，要提出严肃批评，限期重新检查。

在时间安排上，各级检察院要从本地实际情况出发，尽早动手，对检查的各个阶段要制定具体计划，整个检查工作要在1993年春节前完成。

三、需要注意的几个问题

1、各级检察院要切实加强对检查工作的组织领导。坚持一级抓一级，层层负责。党组要认真研究，一把手要亲自过问，制定落实本地区、本单位的实施方案，态度要坚决，重点要明确，措施要得力。要把检查同年终总结评比、民主评议考核干部，以及评定授予法警警衔工作有机结合起来。要主动争取组织、人事、纪检、监察等部门的支持，使检查的各项内容落到实处。

各级领导班子在检查中要召开1～2次民主生活会，领导干部要把自己摆进去，带头自查，作好表率。上级检察院除搞好自身的检查外，要重视掌握了解下级院的情况，区分不同情况，加强分类指导和重点抽查，把工作做得深入、扎实，防止走过场。

2、坚持群众路线，认真听取各方面意见，妥善处理检查出来的问题。这次检查是在加快改革开放和现代化建设的新形势下进行的，涉及的新情况、新问题必然较多。各级检察院要注意采取多种形式，走出去，请进来，广泛征求和听取各有关方面、特别是党委、人大、政府和经济部门、企事业单位的意见。

对查摆出的问题，特别是群众反映强烈的热点问题和苗头性、倾向性问题要随查随纠。属于违法违纪行为的，不管涉及什么人都要坚决依照法纪严肃认真地查处，该清退的坚决清退，该调整的坚决调整，绝不迁就姑息。属于思想认识和工作作风的问题，要着眼于思想教育和引导。对不合格人员的清调，要依照中央六部委《关于清理调出不适合做政法工作人员的通知》（政法〔1992〕7号）规定和干部管理权限，与组织、人事部门联系，做好具体安置和处理。

各省级检察院接到本通知后，应抓紧将本地区开展检查的部署和实施计划书面报最高人民检察院政治部；检查工作进行一段时间后，特别是进入查摆阶段时，进行阶段专报；工作结束后，作书面总结报告。

最高人民检察院
关于印发全国检察长会议纪要的通知

（1993年1月3日）

各省、自治区、直辖市人民检察院，军事察院并请转报省、自治区、直辖市党委：

《全国检察长会议纪要》已经中央领导同志审阅同意，现印发给你们，请及时组织学习，结合实际认真贯彻执行。

附：

全国检察长会议纪要

最高人民检察院于1992年11月21日至26日，在广东省顺德市召开了全国检察长会议。参加会议的有最高人民检察院领导、检察委员会委员，各省、自治区、直辖市检察院、军事检察院、计划单列市检察院、经济特区检察院、新疆建设兵团检察院的检察长，最高人民检察院咨询委员会委员以及有关部门负责同志。刘复之同志主持了会议。张思卿同志作了题为《认真学习贯彻党的十四大精神，强化法律监督职能，为加快改革开放和现代化建设服务》的工作报告，肖扬同志作了会议总结，刘复之同志在会议结束时讲了话。中共中央政治局委员、广东省委书记谢非，广东省委副书记、省长朱森林，广东省委常委、省政法委书记方苞等同志出席会议并讲了话。

会议以党的十四大精神为指导，总结了今年以来的检察工作，对检察机关如何强化法律监督职能，适应加快改革开放步伐和建立社会主义市场经济体制的需要，正确处理面临的新问题，更好地为经济建设服务，进行了认真的讨论，研究安排了1993年的检察工作。

会议认为，今年以来检察工作取得了很大成绩。各级检察机关认真学习和坚决贯彻邓小平同志视察南方的重要谈话、中央政治局全体会议和中发〔1992〕7号文件精神，解放思想，实事求是，继续坚持了检察工作为经济建设服务的指导思想，坚定不移地发挥法律监督职能，深入查办国家工作人员贪污贿赂犯罪，加强对职务犯罪的监督，推进廉政建设；坚持了“严打”和开展检察方面的综合治理，维护社会政治稳定和治安秩序；严肃查办刑讯逼供、非法拘禁等“侵权”案件，保障公民权利不受侵犯；其他各项工作也都有了新的发展，为保护、促进改革开放和经济建设发挥了重要作用。

与会同志通过深入学习和讨论，在以下几个方面统一了思想：

一、为了适应加快改革开放和经济建设，建立社会主义市场经济体制的新形势，必须解放思想，更新观念。改革开放和现代化建设，特别是建立社会主义市场经济体制是一场波澜壮阔的社会大变革，它必将带来社会生活各个方面的深刻变化。作为上层建筑重要组成部分的检察工作，必须自觉地适应经济基础的变化，解放思想，更新观念，换脑筋。换脑筋就要正确对待新事物，要冲破落后的传统观念和主观偏见的束缚，要使我们的思想认识符合客观实际，使检察工作适应发展变化的新形势。因此，各级检察机关和全体检察人员都要用建设有中国特色社会主义的伟大理论武装头脑，善于运用辩证唯物主义和历史唯物主义的世界观、方法论去分析和解决大变革时代遇到的各种新问题，清理和摒弃在高度集中的计划经济历史条件下形成的过时观念，牢固树立社会主义市场经济观念。要学习经济知识，了解经济领域的新情况、新问题，熟悉建立社会主义市场经济体制和国有企业转换经营机制方面的新政策、新措施，防止把改革开放、搞活经济的新措施当成违法犯罪处理，使法律监督与时代主流合拍，避免用过时的工作方法简单处理新事物，使检察工作适应新形势发展的需要。

二、必须一心一意地为改革开放和现代化建设服务。我们坚持党的基本路线一百年不动摇，关键是坚持以经济建设为中心不动摇。各项检察工作都必须紧紧围绕、服从和服务于社会主义经济建设，任何时候都不偏离和干扰这个中心。坚决而准确地打击各种犯罪活动，是检察机关对经济建设最重要、最直接的服务。要防止就案办案、孤立办案的倾向。在工作中，既要十分重视保护国有经济的发展，又要重视保护个体、私营、外资等经济形式的合法权益；要保护按劳分配的合法收入，也要保护其他分配形式的正当收入；要重视刑事法律惩办犯罪保障经济发展的作用，也要重视民事、行政、经济法律对社会、经济活动的调整作用；要重视办案的法律效果，也要重视社会效果和经济效果。坚持把邓小平同志提出的“三个有利于”作为我们在执法活动中衡量各种新的经济现象和经济行为、判断各方面工作是非得失的根本标准，符合“三个有利于”的，就满腔热情地支持和保护，不符合“三个有利于的”，就抵制和反对，构成犯罪的就依法惩办。查办国家工作人员的贪污贿赂等职务犯罪，要继续贯彻为经济建设服务的行之有效的六条重要措施，即：1、分清贪污贿赂犯罪与正常交往应酬的界限，分清哪些是合法的，哪些是违纪违法的，哪些是犯罪的。对于确有犯罪事实和确凿证据的犯罪分子坚决查办，决不手软，但在定性时不拔高，定罪时不凑数。2、对于违反国家规定收受各种名义“回扣”的行为，重点查办中饱私囊构成犯罪的；为获取“回扣”而采购、销售假冒、伪劣商品构成犯罪的。3、对于重要岗位上的涉嫌人员，需要采取强制措施时，应事先建议党委、政府适时进行人事调整，避免工作和生产经营活动脱节；同时，要严格保守侦查机密，防止侦查对象畏罪潜逃，并要注意维护企业的声誉。4、在侦查工作中，不轻易冻结企业的银行帐户。在不影响侦查工作的前提下，允许受审查对象参加必要的生产、科研和业务活动。5、凡是罪与非罪界限不清或有争议的，不采取法律强制措施；凡是拿不准的应向上级检察院请示。6、大力加强贪污贿赂犯罪的预防工作，针对发案单位暴露出来的工作漏洞提出《检察建议》，推动整改，促进会计、审计、监督、管理等规章制度的完善，通过办案加强综合治理，健全防范机制。

在工作中还要注意处理好以下几个关系：1、打击与服务。为经济建设服务必须通过改进和加强检察工作来实现。要自觉地把打击与服务统一于办案的过程中。一切服务活动都必须始终围绕法律监督职能来进行，不能超越检察职能办事，不能离开检察工作甚至违背法律去制定服务措施。2、坚决与慎重。坚决与慎重都要落到“准”字上，搞准是关键，是为了更好地服务。只有打得准，才能打得稳、打得狠。既要防止办案畏首畏尾，又要防止工作简单粗糙。3、数量和质量。办案数有升有降是正常的，工作中不搞数字攀比，既不是抓人越多越好，也不是办案越少越好，而是要实事求是，积极办案，综合考虑办案的社会效果和政治效果。

三、必须坚持“两手抓、两手硬”的方针，强化法律监督职能，严格执法，依法独立行使检察权。“两手抓”、“两手硬”是改革开放和现代化建设的一条极其重要的战略方针。打击犯罪同改革开放两者是统一的，是不可分割的有机整体。检察机关贯彻“两手抓”的方针，主要体现在坚决而准确地打击犯罪这一手上。这一手硬起来，就发挥了检察工作保障改革开放和现代化建设的重大作用。要坚持把惩治贪污贿赂犯罪列为打击经济犯罪的第一位工作，作为检察工作的重点，当作战略任务长期抓下去；坚持不懈地依法从重从快严厉打击严重刑事犯罪活动；严肃查办“侵权”、渎职犯罪，为改革开放和现代化建设创造良好的法制环境和社会环境。

党的十四大报告明确提出，要强化法律监督机关职能、严格执法、保障检察院依法独立进行检察，这充分说明党中央对检察工作的高度重视，也给我们提出了新的更高的要求。健全法制，严格执行宪法和法律，是建立社会主义市场经济体制的迫切要求。检察机关的基本职责是维护宪法和法律的统一正确实施，它在保卫改革开放和现代化建设中具有不可替代的作用。必须按照党的十四大的要求，强化法律监督职能。

要严格执法。必须始终坚持以事实为根据，以法律为准绳的原则。对法律有规定的，要按法律办；对法律没有规定的，一般不要按犯罪办；对法律具体条文与国家政策规定不一致的，要慎重办；对法律规定不明确的，要及时请示。

依法独立行使检察权是严格执法的保障。要公正准确地依法查办案件，排除阻力和干扰，对任何公民，在适用法律上一律平等，不允许有任何特权。要敢于办案，敢于负责，敢于碰硬，坚决抵制以言代法、以罚代刑和地方保护主义等违反法制的现象。认真纠正公安机关侦查活动和人民法院刑事、民事审判和行政诉讼活动及刑事判决、裁定执行中的违法情况，对于错误的判决、裁定，该抗诉的要抗诉，切实保障国家法律的统一正确实施。

四、必须贯彻警惕右，但主要是防止“左”的精神。与会同志一致认为，贯彻这一思想，既要防止对犯罪打击不力，又要防止简单粗糙的现象。打击犯罪这一手一定要硬，不能软。硬不是“左”，但要注意防左，更不允许搞“左”。要注意清除“左”的影响，不要用刑事惩罚的手段处理一般的违纪违法问题，绝不能做伤害群众改革开放积极性和科技人员发明创造积极性的事。在反贪污贿赂斗争中，各级检察院一定要正确地处理以下几个问题：1、集中力量查办大案要案，依法妥善处理小案。把反贪污贿赂的锋芒集中指向严重的贪污贿赂犯罪分子。对大案要案，不论涉及到什么人，都要一查到底，依法惩处。各级领导要亲自抓大案要案的查办工作。对于贪污贿赂数额较小、情节较轻的案件，分别情况，依法作不立案、不起诉、免予起诉或撤案处理。2、旗帜鲜明地保护在改革开放、发展经济中做出贡献但有失误的人，特别是科技人员。对科技人员从事第二职业等合法活动获得的收入，不得以受贿论处。在办案过程中，保护科技市场，促进科学技术转化为生产力。3、对于“踩线”案件、“边缘”案件的处理宜从缓，不从快；宜从宽，不从严。4、要切实加强立案前的初查工作，调查工作要做充分，搞细致，搞扎实；案情复杂的，调查阶段的时间要放长。不要草率立案，更不要轻易拘捕人，严禁“以拘代侦”、“以捕代侦”。办理自侦案件，严禁使用收审，原则上不使用监视居住。5、要注意办案方法，防止简单粗糙，防止和纠正不重证据，不重调查研究，轻信口供，搞逼供信，越权办案，超期羁押等不严格依法办案的现象。6、严格执行最高人民检察院关于免予起诉的决定。严格掌握免诉条件，切实纠正免诉不当的问题。7、审慎地办理涉外和涉港、澳、台人员的经济犯罪案件，对需要采取法律强制措施的，必须严格实行一案一报的制度，逐级层报最高人民检察院审批。8、坚持实事求是，有罪必办、有错必纠。对申诉案件，要及时复查，发现办错的，要依法纠正，做好善后工作，但只做个案复查，不搞普遍复查，注意舆论导向，不做集中报道，不公布复查纠正案件的数字，避免“刮风”。防止“左”主要是不要用过时的、“左”的观念对待和处理新事物。对思想认识问题和具体工作以及处理具体案件中的不同意见以至偏差，不要随意说成是政治倾向上的“左”或右。

五、在发展社会主义市场经济体制下，必须注意严格区分罪与非罪的界限。会议讨论了在新旧体制交替过程中，检察机关实施法律监督面临的新问题，大家一致认为，时代在发展，有些行为的性质也在发生变化。有些在计划经济条件下不允许的行为，在市场经济条件下就可能允许；过去是违法的，现在可能不是违法。随着社会主义市场经济的发展，影响区分罪与非罪界限的新情况、新问题会越来越多，越来越复杂。当前在工作中意见最不易一致，争论最多的是有关区分受贿行贿的罪与非罪界限问题，有几个突出的问题值得注意：一是大量存在的回扣现象。在一些商品经济发展较快的地方，收取回扣或佣金的情况已经相当普遍，经纪人逐渐形成了专门职业，有的地方还成立了经纪人协会。鉴于经济领域正在发生着复杂的变化和经纪人在市场经济发展过程中的作用，经纪人提供服务时收取佣金是正当的，不能作为犯罪来对待。对供销人员利用工作的便利收受回扣的行为，查办时要慎重，要搞准。二是贪污贿赂犯罪主体、客体复杂化。随着改革开放的深入和市场经济的发展，国有企业转换经营机制，企业内部成份、结构日益复杂，这使贪污贿赂犯罪的主体范围发生相应的变化。企业的资产组合形式多样化使犯罪侵犯的客体呈现多元化的趋势。企业的分配方式也变得灵活多样，如信息费、推销活动费、奖励费等，对这些灵活分配的做法不应按犯罪处理。三是在经济建设中科学技术和信息的作用越来越大。要尊重科技人员的智力劳动及其合理报酬，处理科技人员的案件，要特别慎重，把提供科技服务收取报酬与利用职务便利进行贪污、受贿、盗卖经济科技情报等活动获取的非法收入区别开来；对于提供信息而收取报酬的，即使数额很大也不属于受贿，但对于利用职务便利出卖国家秘密科技情报构成犯罪的，则要坚决打击。四是在市场经济形成过程中，解决分配的不合理需要一个过程。一些对社会作出较大贡献、创造较大经济价值的人，采取一些不合法的手段获取了应该享有的报酬的，可移交有关部门作行政处理，不要视为犯罪。

会议指出，鉴于现行法律一些条文已明显不适应社会主义市场经济的要求，司法实践中涉及政策界限问题越来越多，为保证正确执法，需要重视党和国家政策的指导作用。用党和国家的政策指导执法，使执法工作更加准确、全面地体现国家意志和广大人民的根本利益，紧跟时代的发展，更符合客观实际。对于适用法律中遇到的问题，要加强调查研究，最高人民检察院应及时总结各地实践经验和调研成果，适时作出司法解释或者提出立法建议。对于过时的，已不适应新形势需要的司法解释和业务文件要认真进行清理。

经过充分讨论，会议确定了1993年检察工作的主要任务：坚持以邓小平同志建设有中国特色社会主义理论为指导，坚决贯彻党的十四大和中发〔1992〕7号文件精神，毫不动摇地坚持党的“一个中心，两个基本点”的基本路线，始终不渝地贯彻检察工作为经济建设服务的指导思想，坚持“两手抓、两手硬”的方针，贯彻警惕右，但主要是防止“左”的思想，进一步解放思想，实事求是，坚持不懈地开展反贪污贿赂犯罪斗争，严厉打击严重刑事犯罪活动，认真查办“侵权”、渎职犯罪案件，依法建院，从严治检，加强检察机关自身改革和建设，通过强化法律监督职能，维护社会政治稳定，更自觉地为加快改革开放和现代化建设服务。

会议要求各级检察机关1993年着重抓好以下几项工作：

第一，认真学习十四大文件，用邓小平同志建设有中国特色社会主义理论武装头脑，统一思想认识。学习要精、要管用，要联系实际，领会精神实质。要着重领会坚持党的以经济建设为中心，坚持四项基本原则，坚持改革开放的基本路线一百年不动摇的基本精神；着重领会建设有中国特色社会主义理论的主要内容和重大意义；着重领会抓住有利时机，加快改革开放和现代化建设步伐，把国民经济迅速推上一个新台阶的决策；着重领会建立社会主义市场经济体制的重要意义。要通过学习改进我们的思想方法和工作方法。坚持实事求是，一切从实际出发，深入实际，深入群众，调查研究。要把十四大精神和上级检察院的工作部署同本地具体实际紧密结合起来，充分依靠群众的智慧，发挥群众的首创精神，创造性地做好检察工作。

第二，继续坚持不懈地开展反贪污贿赂斗争。要深刻领会十四大报告关于在改革开放的整个过程中都要把反腐败和廉政建设作为一件大事来抓，下决心抓出成效，取信于民的精神。充分认识反腐败斗争的紧迫性、长期性和艰巨性，继续把反贪污贿赂犯罪作为检察工作的重点，千方百计引导斗争不断深入。要集中精力查办大案要案，把斗争锋芒对准严重的贪污贿赂犯罪分子。同时，要依法妥善处理小案。

坚持“一要坚决，二要慎重，务必搞准”的原则，继续执行最高人民检察院提出的为经济建设服务的措施。大力加强侦查工作，搞好侦查协作和涉外案件的查办，进一步加强反贪污贿赂局建设，提高侦破案件的能力。继续抓好举报工作，依靠群众力量制服贪污贿赂犯罪分子，同时既要保护举报人，又要警惕有人利用举报搞诬告陷害和转移视线等活动。切实加强对贪污贿赂案件的免予起诉工作，严格掌握免诉条件，健全免诉程序。认真执行内部双重制约制度，努力提高案件质量。积极开展犯罪预防工作，采取措施推动在执法部门和直接掌管人、财、物的岗位建立有效的预防贪污贿赂犯罪的机制，进一步加强依法查办假冒商标、偷税抗税、挪用公款等犯罪案件的工作。继续研究修改《惩治贪污贿赂法》（草案）。

第三，坚持依法从重从快的方针，继续把严厉打击严重刑事犯罪作为检察工作的另一个重点。要与公安、法院、司法行政等部门一道，不断强化打击手段，防止出现打击不力的问题。要突出地严厉打击暴力犯罪和犯罪团伙，特别是那些内外勾结，称霸一方，带有黑社会性质的流氓团伙。要积极参加专项打击和重点治乱工作，参加反盗窃专项斗争和“扫黄”、除“六害”斗争。继续贯彻全国人大常委会《关于禁毒的决定》，严厉打击毒品犯罪活动。加强侦查监督和审判监督，坚持对重大、特大案件侦查、预审活动的提前介入制度，坚持犯罪的基本事实清楚和基本证据确凿的原则，不纠缠枝节问题。加强国家安全检察工作，深入研究隐蔽敌情动态，与公安、国家安全机关紧密配合，运用检察职能打击反革命犯罪活动，抵制境外间谍情报机关、敌对势力的渗透破坏和颠覆分裂活动以及情报窃密活动。积极参加社会治安综合治理，认真落实检察环节上的各项综合治理措施。贯彻教育、感化、挽救的方针，逐步探索并建立对未成年人犯罪的检察体制，预防和减少未成年人犯罪活动。

第四，认真查办“侵权”、渎职犯罪。各级检察机关要进一步加强法纪检察工作，运用法律监督手段，保障公民权利，促进科学管理和安全生产，保护生产力。法纪检察的重点是查办刑讯逼供、非法拘禁、徇私舞弊和玩忽职守、重大责任事故等犯罪案件，特别是其中的大案要案。对于流通领域和科学实验、新产品试制中的玩忽职守案件，一定要慎重办理。要重视保护在改革开放中敢于试验、大胆创新而受到诬告陷害的人，依法查办诬陷者。对于大胆改革、敢闯敢试、做出贡献而有失误的人，处理要慎重。对构成犯罪但罪行较轻、认罪态度较好的，可以不采取强制措施，也可以减轻或免予处罚。

第五，积极开展军事、铁路、监所、控告申诉、民事行政检察工作和检察科技工作。坚决打击各种危害国家军事利益和国防设施的严重刑事犯罪活动。积极查办铁路运输等经济活动中的贪污贿赂犯罪案件，依法严惩危害铁路治安秩序的严重刑事犯罪活动。加强对刑事判决、裁定执行情况和监管改造机关执法活动的监督。严肃认真地处理公民的控告、申诉，把复查刑事申诉案件当作一项重要的法律监督工作来抓。切实履行对民事、经济审判活动和行政诉讼活动的法律监督职责，重点办好抗诉案件。要加快三级检察技术网点建设，充分发挥科学技术在同各种犯罪作斗争中的重要作用。

第六，坚持依法建院，从严治检的方针，加强检察队伍建设。要开展有检察特点的思想政治工作，坚持把宣传教育工作放在重要位置。特别是要组织广大干警联系思想和工作实际学习领会有中国特色社会主义的理论，学习社会主义市场经济知识，放宽眼界，开阔思路，不断提高坚持党的基本路线，为改革开放和经济建设服务的自觉性。要把思想政治工作同解决干警思想上、工作上、生活上的实际问题结合起来，充分调动积极性。要把干部培训作为检察队伍建设的战略任务来抓，重点抓好岗位职务培训，不断提高队伍素质，增强战斗力。要根据中央的统一部署，加大检察机关自身改革的力度，搞好检察机构改革，理顺检察管理体制，改革干部管理制度，加快民事行政检察机构、派驻重点乡镇检察室和监所检察派出机构建设，切实加强沿边及少数民族地区的检察工作。在检察体制改革方案未出台前，各级检察院现有的业务职能机构不能撤并。要积极推进检察机关管理和建设的法制化，使检察机关的各项活动都有法可依、有章可循。加强纪检和监察工作，健全内部监督制约机制，切实纠正办案和工作中的不正之风，严肃查处违法乱纪案件。要切实加强上级检察院对下级检察院的领导，对上级检察院的决定，下级检察院必须执行，不能有令不行，有禁不止。要继续加强技术装备建设，经常向党委、政府和有关部门反映情况，积极主动地做工作，为完成新时期的检察工作提供装备和经费保障，努力改善检察人员的工作和生活条件。继续抓紧《检察官条例》的研究起草工作，对《人民检察院组织法》提出修改建议。加强检察理论研究，继续探讨建设有中国特色社会主义检察制度的理论。

会议强调，要完成新时期的检察工作任务，就必须建立团结战斗的领导班子，认真实行民主集中制。领导班子一定要在坚决执行党的基本路线的基础上团结起来，形成一个政治坚定、勇于改革、团结协作、联系群众、廉洁务实、秉公执法、精干高效的领导集体，率领广大干警履行法律监督职责。领导班子的成员间应该坦诚相见，互相交心，真诚合作。要健全党的组织生活，正确开展批评与自我批评。检察长要有宏大气度，公道正派，善于发扬民主，能兼听各种不同意见，遇事多商量、多沟通，不搞“一言堂”，尊重和支持副职，放手让干部大胆地、创造性地工作。副检察长要尊重检察长的领导，自觉维护检察长的威信，支持检察长的工作。在干部工作上，要搞五湖四海，不搞小圈圈，拉山头，闹宗派。用人要讲德才兼备，出以公心，看干部的主流。要敢于使用有改革开放和进取精神、热爱本职工作并做出成绩的同志，敢于大胆提拔优秀中青年干部，特别是青年干部，但不提拔伸手要官的人。

民主集中制是我们党和国家的一项根本组织原则，又是领导班子团结的组织保障。各级检察院实行民主集中制应把握住三个环节：一是大政方针、重大决策一定要经过党组或检察委员会民主讨论，然后作出决定。二是在使用干部上一定要坚持集体讨论，按干部任免程序办事，不能一个人或几个人说了算，也要避免简单多数决定。三是检察长主持检察委员会讨论大案、要案和疑难案件，在定性和处理上一定要让每个委员充分发表意见，鼓励讲不同意见；委员要本着忠于事实和法律，对党和人民负责的精神，勇于发表自己的看法。

会议号召全体检察人员高举十四大旗帜，在以江泽民同志为核心的党中央领导下，进一步解放思想，勇于开拓，把检察工作推上一个新台阶。

第六部分 最高人民检察院司法解释选载

最高人民检察院关于印发《最高人民检察院关于贪污受贿案件免予起诉工作的规定》的通知

高检发〔1992〕2号

1992年1月7日

各省、自治区、直辖市人民检察院，军事检察院：

最高人民检察院《关于贪污受贿案件免予起诉工作的暂行规定》(下称《暂行规定》)实施已经半年。我们根据《中华人民共和国刑法》、《中华人民共和国刑事诉讼法》、《全国人民代表大会常务委员会关于惩治贪污罪贿赂罪的补充规定》等有关法律规定和检察工作实践，对《暂行规定》作了进一步的修改，现将修改好的《最高人民检察院关于贪污受贿案件免予起诉工作的规定》印发你们，请严格遵照执行。

附：

最高人民检察院关于贪污受贿案件免予起诉工作的规定

(1991年12月26日最高人民检察院第七届检察委员会第七十一次会议通过)

一、免予起诉的原则

第一条 为保证人民检察院依法行使免予起诉权，根据《中华人民共和国刑法》、《中华人民共和国刑事诉讼法》和《全国人民代表大会常务委员会关于惩治贪污罪贿赂罪的补充规定》，结合检察工作实践，制定本规定。

第二条 对被告人免予起诉是人民检察院依照法律规定，对不需要判处刑罚或者免除刑罚的被告人终止刑事诉讼的决定，一经公开宣布，即发生法律效力。

第三条 对贪污、受贿案件的被告人免予起诉，必须实行刑事检察部门审查、检察长审核、检察委员会决定和报送上级人民检察院备案的制度。

第四条 对被告人决定免予起诉，必须犯罪事实清楚，证据充分，适用法律准确。

二、免予起诉的条件

第五条 对贪污、受贿案件的被告人免予起诉的条件：

(一) 个人贪污、受贿数额在二千元以上不满五千元，犯罪后自首、立功或者有悔改表现、积极退赃，可以免予刑事处罚的；

(二)其他依照法律规定可以免予起诉的。

第六条 有下列情形之一的，不适用免予起诉：

(一)有附带民事诉讼的；

(二)一人犯有数罪，需要数罪并罚的；

（三）共同犯罪案件的同案被告人，由人民法院一并审理更为适宜的；

（四）其他依法不应当免予起诉的。

三、免予起诉的审查

第七条 对已侦查终结的贪污、受贿案件，侦查部门认为应当对被告人免予起诉的，须在侦查终结报告中提出意见，连同案卷、证据移送刑事检察部门审查，赃款、赃物应当列清单附卷。

第八条 刑事检察部门审查免予起诉案件，应当讯问被告人，并告知其享有自行辩护、申请回避、申请重新鉴定和提供新的证人、物证、书证的权利。

第九条 刑事检察部门必须根据《中华人民共和国刑事诉讼法》第九十六条的规定，严格审查免予起诉。

对主要犯罪事实不清、证据不足的，可以退回侦查部门补充侦查或者自行补充侦查，也可以配合侦查部门共同补充侦查。对于补充侦查的案件，被告人被羁押的，应当在一个月内补充侦查完毕。

第十条 刑事检察部门审查终结后，对符合免予起诉条件的，应当报经检察长审核，提交检察委员会讨论决定；对需要撤销案件的，经检察长或检察委员会决定，由侦查部门办理撤案手续。

第十一条 对决定免予起诉的被告人，应当制作《免予起诉决定书》。

第十二条 对被羁押的被告人审查免予起诉，根据《中华人民共和国刑事诉讼法》第九十七条规定，应当在受理后一个月内作出决定，案情复杂的，可以延长半个月。

对未被羁押的被告人审查免予起诉期间，不计入前款规定的办案期限，但是不能中断审理。

四、免予起诉的决定和备案

第十三条 个人贪污、受贿数额在二千元以上不满五千元需要免予起诉的，由承办案件的人民检察院决定，报上一级人民检察院备案。

其他依照法律规定可以免予起诉的，由省级人民检察院核准，报最高人民检察院备案。

第十四条 对贪污、受贿案件被告人免予起诉，应当严格执行备案审查制度。下级人民检察院决定免予起诉的案件，应当在公开宣布后三日内报上一级人民检察院备案。备案的材料包括《免予起诉决定书》、《案件审查报告》。

第十五条 上级人民检察院刑事检察部门应当指派专人审查免予起诉备案材料，必要时可调取全案材料。对确有错误的，经检察委员会决定可以撤销原决定或指令下级人民检察院予以纠正。

刑事检察部门审查备案材料期间被告人申诉的，按申诉案件对待，由控告申诉检察部门复查。

五、免予起诉的宣布

第十六条 免予起诉的决定一律公开宣布。

第十七条 宣布免予起诉决定，应当在被告人所在单位或者居住地进行。

宣布免予起诉决定时，被告人必须到场，并应当通知被告人所在单位或者居住地基层组织派人参加。

检察长或者检察员宣读《免予起诉决定书》后，可以发表免诉词。

宣布免予起诉决定，应当制作宣布笔录。

第十八条 上级人民检察院作出的免予起诉决定，如有必要，可以委托被告人居住地的下级人民检察院代为宣布。被告人居住在外地的，可以委托当地人民检察院代为宣布。

委托宣布免予起诉决定，应当具函说明委托理由，并附《免予起诉决定书》；受委托的人民检察院在收到委托函后，应当立即执行委托，并在宣布后三日内，将宣布笔录送交委托的人民检察院。

第十九条 宣布免予起诉决定后，应当将《免予起诉决定书》交给被告人，并将副本分别送达贪污贿赂检察部门和被告人所在单位或者居住地基层组织。

被告人在押的，应当立即释放。

第二十条 对免予起诉的被告人，可以予以训诫或者责令具结悔过。

六、免予起诉的申诉和复查

第二十一条 对免予起诉的决定，被告人如果不服，可以在七日内向人民检察院申诉。

第二十二条 被告人在收到《免予起诉决定书》后七日内提出申诉的，一律由上一级人民检察院控告申诉检察部门复查。

出具《免予起诉决定书》的人民检察院应当在收到申诉状后三日内，将申诉状连同案卷移送上一级人民检察院。

被告人直接向上一级人民检察院提出申诉的，上一级人民检察院应当在收到申诉状后三日内调卷复查，并将申诉状副本转交出具《免予起诉决定书》的人民检察院。

第二十三条 上一级人民检察院控告申诉检察部门对不服免予起诉决定七日内的申诉，应当认真复查，并经检察委员会讨论，根据事实和法律，分别作出维持原决定、改变原决定或者指令下级人民检察院予以纠正的决定。

对上一级人民检察院复查后作出的决定，出具《免予起诉决定书》的人民检察院必须执行，执行情况应当及时报告上级人民检察院。

复查后改变原决定的，应当公开宣布，并通知申诉人。

第二十四条 对不服免予起诉决定七日内申诉的案件，人民检察院复查的期限为一个月。复杂的案件，经检察长批准，可以适当延长，但是最多不得超过三个月。

第二十五条 被告人不服免予起诉决定，在收到《免予起诉决定书》后，逾七日提出申诉的，由出具《免予起诉决定书》的人民检察院控告申诉检察部门复查。申诉被驳回后继续申诉的，由上一级人民检察院控告申诉检察部门复查。

第二十六条 免予起诉申诉案件的其他复查程序，参照最高人民检察院有关刑事申诉案件复查程序的规定执行。

七、附　　则

第二十七条 本规定自发布之日起施行。在本规定发布以前本院公布的《关于贪污受贿案件免予起诉工作的暂行规定》同时废止。

最高人民检察院
关于管教干警强奸女犯
案件管辖问题的批复

高检发监字〔1992〕1号

1992年3月2日

河北省人民检察院：

你院冀检监字（1991）23号《关于监管改造场所管教干警强奸女犯受案范围的请示》收悉。经研究，并征得最高人民法院和公安部同意，现答复如下：

根据《刑事诉讼法》第十三条以及最高人民法院、最高人民检察院、公安部(79)法研字第28号《关于执行刑事诉讼法规定的案件管辖范围的通知》的规定，管教干警强奸女犯的案件应当由公安机关立案侦查，但有下列情形之一的经上级检察机关决定，对案件有管辖权的检察机关可以直接立案侦查：

1、公安机关不认为是犯罪，而检察机关认为已构成犯罪，并向公安机关提出应立案侦查的建议，公安机关仍不接受的；

2、公安机关立案侦查有困难，而主动要求检察机关直接立案侦查的；

3、上级检察机关及有关部门依法交办的。

此复。

最高人民检察院关于检察机关严禁使用收审手段的通知

高检发〔1992〕4号

1992年3月9日

各省、自治区、直辖市人民检察院，军事检察院：

最高人民检察院曾多次强调检察机关禁止使用收审手段，并于1990年发文要求全国各级检察院严格执行。总的看，执行情况是好的。但是，也发现至今仍有个别地方的检察院在办案中继续使用收审手段。收容审查是国家赋予公安机关用以打击流窜犯罪活动，维护社会治安的一个手段，具有限制人身自由的强制性。检察机关管辖的直接侦查的案件不适用收审这一手段。从实践中看，收审容易发生“以收代侦”等弊端。因此，各地检察院要坚决禁止使用收审手段，同时要杜绝把监视居住搞成变相收审的错误做法。

各级检察院要把禁止使用收审手段作为今年执法检查的一项重要内容，认真进行自查自纠，树立和维护检察机关严格执法的好形象。

最高人民法院 最高人民检察院印发《关于办理偷税、抗税刑事案件具体应用法律的若干问题的解释》的通知

法发〔1992〕12号　高检会〔1992〕5号

1992年3月16日

各省、自治区、直辖市高级人民法院、人民检察院，解放军军事法院、军事检察院：

现将《关于办理偷税、抗税刑事案件具体应用法律的若干问题的解释》印发给你们，请遵照执行。

附：

最高人民法院 最高人民检察院关于办理偷税、抗税刑事案件具体应用法律的若干问题的解释

《中华人民共和国刑法》第一百二十一条：违反税收法规，偷税、抗税，情节严重的，除按照税收法规补税并且可以罚款外，对直接责任人员，处三年以下有期徒刑或者拘役。

一、负有纳税义务的单位和个人（简称纳税人），违反税收法律、法规，采用欺骗、隐瞒等手段，少缴或者不缴应纳税款，

逃避履行纳税义务，情节严重的，以偷税罪对直接责任人员追究刑事责任。偷税通常采用的手段有：伪造、涂改、隐匿、销毁帐册、票据、凭证；转移资金、财产、帐户；不报或者谎报应税项目、数量、所得额、收入额；虚增成本、多报费用、减少利润；虚构事实骗取减税、免税等。

二、纳税人违反税收法律、法规，采取公开对抗或者其他手段，抗拒履行纳税义务，情节严重的，以抗税罪对直接责任人员追究刑事责任。抗税通常采用的手段有：拒绝按照税收法律、法规缴纳税款、滞纳金；以各种借口拖延不缴或者抵制缴纳税款；拒绝按照法定手续办理税务登记、纳税申报和提供纳税资料；拒绝接受税务机关依法进行的税务检查；冲击、打砸税务机关，殴打、污辱税务人员（包括税务助征员、代征员）等。

三、负有代征代缴税款义务的单位和个人（简称代征人）、负有代扣代缴、代收代缴税款义务的单位和个人（简称扣缴义务人），有上述第一、二条所列行为之一的，以偷税罪、抗税罪追究刑事责任。

四、偷税罪、抗税罪的“直接责任人员”，是指偷税、抗税单位中对该罪负有直接责任的法定代表人、主管人员和其他直接参与人员，以及偷税、抗税的个人。

五、各类企业、事业和社会团体等纳税单位以及负有代征、扣缴义务的单位，偷税数额达到下列标准之一的，属于偷税情节严重：

（一）偷税五千元以上不满一万元，且达到该单位同期应纳该税种税款总额的百分之四十的；

（二）偷税一万元以上不满五万元，且达到该单位同期应纳该税种税款总额的百分之三十的；

（三）偷税五万元以上不满十万元，且达到该单位同期应纳该税种税款总额的百分之二十的；

（四）偷税十万元以上不满三十万元，且达到该单位同期应纳该税种税款总额的百分之十的；

（五）偷税总额达三十万元以上的。

对个体工商户、个人承包户、租赁经营户、个人合伙或者其他纳税个人以及负有代征、扣缴义务的个人，认定偷税情节严重的数额起点为二千至五千元。

各省、自治区、直辖市高级人民法院、人民检察院可以结合本地区情况，在本条第二款规定的数额幅度内制定本地区的执行标准，并报最高人民法院、最高人民检察院备案。

六、偷税数额虽未达到但接近前条所定数额标准，并有下列情形之一，尚不构成其他犯罪的，也属于偷税情节严重：

（一）偷税三次以上经教育不改的；

（二）为逃避追查而有意毁坏、伪造计税凭证或者其他纳税资料的；

（三）阻碍税务机关依法检查的；

（四）向税务人员行贿的；

（五）其他偷税情节严重的。

七、抗税数额达到第五条所定数额标准的百分之五十以上的，应当认定为抗税情节严重。

八、抗税数额虽未达到前条所定数额标准，但具有下列情形之一，尚不构成其他犯罪的，也属于抗税情节严重：

（一）以暴力或者暴力威胁抗税的；

（二）抗缴税款、滞纳金三次以上的；

（三）抗拒税务机关依法检查的；

（四）以各种借口拖延不缴或者抵制缴纳税款，时间超过六个月的；

（五）冲击、打砸税务机关，污辱、殴打、报复税务人员或者采取其他恶劣手段妨碍税务机关工作秩序的；

（六）其他抗税情节严重的。

九、同一纳税人同时偷、抗二种以上税的，只要其中一种达到上列构成犯罪标准的，所偷、抗其他税种的数额应当一并计入偷税、抗税的总额。

十、与纳税人、代征人、扣缴义务人勾结，为偷税犯罪提供帐号、发票、证明，或者以其他手段共同实施偷税罪的，以偷税共犯论处。

唆使、煽动纳税人、代征人、扣缴义务人抗税，或者以其他手段共同实施抗税罪的，以抗税共犯论处。

税务人员犯前两款罪的，从重处罚。

十一、对同一税款，既犯偷税罪，又犯抗税罪的，实行数罪并罚。

因暴力抗税实施伤害、杀人行为的，按伤害罪、杀人罪定罪处罚，或者根据案情实行数罪并罚。

十二、人民法院、人民检察院在办理偷税、抗税案件中，如果发现纳税人登记的经济性质（包括所有制性质和分配形式）与实际不符的，应当根据查明的情况，按其实际的经济性质依法处理。

十三、以营利为目的，倒卖发票，情节严重的，以投机倒把罪论处。

十四、1992年5月1日后处理的偷税、抗税刑事案件，适用本解释。

最高人民检察院关于加强对假冒商标犯罪案件查处工作的通知

高检发〔1992〕7号

1992年3月20日

各省、自治区、直辖市人民检察院，军事检察院：

近年来，假冒商标违法犯罪活动相当严重，发案逐年上升。据工商部门统计，1990年全国工商管理机关查处假冒商标案13294件，比1989年上升12%，1991年16112件，比1990年上升21.2%。这些案件大部分由工商部门作了行政处罚，一部分转司法机关追究了刑事责任。1991年全国各级检察机关立案侦查假冒商标案849件，为国家挽回经济损失825万元。从已查处的案件看，当前假冒商标违法犯罪有以下特点：一是非法经营额、获利额大。云南省昆明市五华丰腾包装装璜经理部经理曹明尧1990年8月至12月间，非法印制“云烟”、“红塔山”等名牌香烟商标330万套，经营额达42.6万元，非法获利14.8万元。二是一个名牌商标同时被多个地区和单位假冒。据调查，吉林省生产的我国唯一出口创汇的“新开河”高档人参，在108个县2758个经销单位中，发现有半数以上经销的是假冒产品。三是假冒商标的主体和地域不断扩大。以往假冒商标的多为个体户，现在一些国营、集体企业也参与经销假冒商标的犯罪活动。以往多为地产地销，现在多为甲地产乙地销，从农村乡镇向大中城市蔓延，沿海地区发案更为严重。四是商标印制单位违法犯罪活动严重。一些商标印制单位，为了本企业的利益，无视国家法律，非法印制他人注册商标标识，成为流通领域假冒商标商品泛滥的根源。五是假冒国外名牌商标违法犯罪活动日趋严重。违法犯罪分子与境外不法商人相勾结，通过定牌生产，散件组装，印制商标标识等手段，大肆制造、销售假冒国外驰名商标标识或产品。六是假冒商标的作案手段越来越狡猾，有的利用现代科技手段，使假冒的商标标识越来越难于识别。有的采取“送货上门”、“现金交易”、不签合同、不建帐本的手段来逃避追查。

假冒商标违法犯罪活动严重地败坏了

国家和企业的声誉，侵害了商标注册人和消费者的合法权益，破坏了社会主义经济秩序，引起了名优产品厂家和广大消费者的强烈不满。对这种犯罪活动，必须坚决打击。但是，由于种种原因，特别是一些地区地方保护主义严重，影响了对假冒商标案件的查处。较普遍存在的以罚代刑现象也使一些本该追究刑事责任的案件没有被追究。假冒商标犯罪发案多立案少的状况未能得到改变。为加强对假冒商标案件的查处，现通知如下：

一、要充分认识打击假冒商标犯罪活动的重要性。依法查处假冒商标犯罪，是治理经济环境，整顿经济秩序的一项重要措施，也是检察机关的重要任务之一。搞好这项工作是检察机关为经济建设服务的重要方面。各级检察院要高度重视，在坚持严惩贪污、贿赂犯罪工作重点的同时，采取有力措施，切实加强对假冒商标犯罪案件的查处工作。

二、各级检察机关要结合当地实际情况，在假冒商标犯罪活动严重的部门和地区开展专项斗争。打击的重点是假冒国营大中型企业名优产品商标，情节严重，社会反映强烈的重大案件和印制假冒商标标识、生产假冒商标产品的案件。

三、在查处假冒商标案件工作中，各级检察机关要与工商部门密切配合，积极争取当地党委和政府的支持。各地检察机关要树立全局观念，加强联系、配合与支持，坚决克服地方保护主义和各种阻力干扰，对每起案件都要一查到底。

四、各级检察机关应与工商部门建立经常性的联系制度和案件移送制度，保证案源渠道的畅通。对工商部门查处的案件，构成犯罪的，均应受理、立案或备案。不能因工商部门已作行政处罚而不予查处，要切实防止“以罚代刑”的现象。

五、严格执行法律和有关政策规定。办案中要正确区分假冒商标犯罪行为和一般商标侵权行为的界限。既要有力打击犯罪，又要保护企业的合法经营和正常生产。对构成犯罪的人员，在坚决追究刑事责任的同时，必须最大限度地挽回国家和企业的经济损失，决不能让犯罪分子在经济上占便宜。

六、要加强查处假冒商标案件的宣传工作。各地应从实际出发，采取各种形式广泛进行法制宣传。要充分运用典型案例，以案讲法，适时召开宽严大会，推动打击假冒商标犯罪的斗争。

司法部　最高人民检察院
关于认真办理公证人员
玩忽职守案件的通知

司发通〔1992〕037号

1992年3月21日

各省、自治区、直辖市人民检察院、司法厅（局）：

为了维护国家公证机关的正常工作秩序，促进勤政廉政建设，根据《中华人民共和国刑法》、《中华人民共和国公证暂行条例》以及最高人民检察院《关于正确认定和处理玩忽职守罪的若干意见》的有关规定，现就检察机关与司法行政机关相互配合，密切协作、正确办理公证人员玩忽职守案件的问题作如下通知：

一、维护国家公证机关的正常工作秩序，预防和查处公证人员玩忽职守行为，是各级检察机关和司法行政机关的共同任务。检察机关和司法行政机关在查处公证人员玩忽职守案件中，既要各司其职，秉公执法，又要密切配合、互相支持。

二、公证人员玩忽职守，是指公证人

员在公证活动中严重不负责任，不履行或不正确履行法定职责的行为。具体表现为：

1、无视国家法律、法规和政策规定，对明显违反国家法律、法规和政策或严重损害国家、集体利益或公民合法权益的行为、文书予以公证的；

2、严重违反办证程序，对应当审查的材料不予审查，应当调查核实的事实不予调查核实，应当报送领导审批的事项不报送审批，对不真实、不合法并严重损害国家、集体利益或公民合法权益的行为、事实或文书予以公证的。

三、公证人员具有下列情形者不应视为玩忽职守行为：

1、公证人员在公证活动中虽有失职行为，但不属于严重不负责任，而是由于制度不完善、法律政策规定不明确，或由于工作缺乏经验、业务素质不高造成的；

2、公证人员已尽到自己的职责，由于当事人或有关证人故意提供伪证，或当事人双方串通欺骗公证机关，造成公证书不真实或不合法的。

四、对于公证人员在公证活动中应负职责的认定，应以《中华人民共和国公证暂行条例》和司法部制定的关于公证工作的有关规定为依据。

五、由于公证人员玩忽职守行为，给国家、集体利益或公民合法权益造成重大损失的，检察机关应当立案侦查，依法处理。

六、司法行政机关发现或经初步调查，认为属于触犯《刑法》第一百八十七条的行为，需要追究刑事责任的，应将有关材料和查处建议移送相应的检察机关；检察机关对该移送的案件应及时受理，认真审查。决定立案侦查的，应将查办结果通报移送案件的司法行政机关；决定不予立案的，应将不立案的决定及理由通报移送案件的司法行政机关。

七、检察机关查处的公证人员玩忽职守案件，如不构成犯罪，应予撤案，移送相应的司法行政机关处理；司法行政机关应予受理，并将处理结果通报移送案件的检察机关。

八、司法行政机关对检察机关要求协助调查的公证人员玩忽职守案件，应积极予以协助。司法行政机关对检察机关查处的公证人员玩忽职守案件，如有不同意见，可向承办单位提出，承办单位应及时给予答复。

九、检察机关依法对玩忽职守的公证人员作出提起公诉、免予起诉或撤销案件的决定后，应将有关法律文书送达被告人所在单位及相应的司法行政机关。检察机关认为有必要时，可提出检察建议，有关单位对该检察建议的处理结果，应及时通报承办案件的检察机关。

十、对司法行政机关已经作出处理，尚需移送检察机关立案查处的案件以及司法行政机关已移送检察机关立案侦查和检察机关直接立案侦查尚未终结的案件，不宜公开报道。

各级检察机关和司法行政机关应认真执行上述通知。执行中遇有新的情况和问题，应按系统逐级报告。

最高人民检察院关于在厂（矿）区内机动车造成伤亡事故的犯罪案件如何定性处理问题的批复

高检发研字〔1992〕3号

1992年3月23日

四川省人民检察院：

你院川检研（1991）7号《关于在厂(矿)区内机动车辆作业期间发生的伤亡事故定性处罚的请示》收悉。经研究，现批复如下：

在厂（矿）区内机动车作业期间发生的伤亡事故案件，应当根据不同情况，区别对待：在公共交通管理范围内，因违反交通运输规章制度，发生重大事故，应按刑法第一百一十三条规定处理，违反安全生产规章制度，发生重大伤亡事故，造成严重后果的，应按刑法第一百一十四条规定处理；在公共交通管理范围外发生的，应当定重大责任事故罪。

最高人民检察院关于刑法第七十七条有关采取强制措施的规定应如何适用的批复

高检发研字〔1992〕4号

1992年4月9日

河南省人民检察院：

你院豫检研字〔1991〕第4号《关于刑法第七十七条应如何理解的请示》收悉。经研究，现批复如下：

刑法第七十七条有关在人民法院、人民检察院、公安机关采取强制措施以后，逃避侦查或者审判的，不受追诉期限的限制的规定，既适用于已经执行强制措施后逃避侦查或者审判的，也适用于人民法院、人民检察院、公安机关决定（批准）采取强制措施后，由于犯罪分子逃避而无法执行，以及犯罪分子在逃，经决定（批准）逮捕并发布通缉令后拒不到案的。人民检察院对符合上述情况的犯罪分子，应当依法追诉。

最高人民检察院关于严格执行《中华人民共和国收养法》的通知

高检发研字〔1992〕5号

1992年4月17日

各省、自治区、直辖市人民检察院，军事检察院：

第七届全国人民代表大会常务委员会第二十三次会议通过的《中华人民共和国收养法》(简称《收养法》)自1992年4月1日起施行。各级人民检察院要组织全体干警认真学习，大力宣传，并严格执行。特别是要切实履行对民事审判活动法律监督的职责，对公民不服人民法院有关诉讼的判决、裁定的申诉，要认真进行审查，对人民法院的正确判决、裁定要给予支持，对符合抗诉条件的，要依法提出抗诉。对借收养名义拐卖儿童的犯罪分子要依法严惩；对遗弃婴儿、出卖亲生子女情节恶劣构成犯罪的，也应当依法追究刑事责任。切实保障合法收养关系，保护未成年人的合法权益。

各级人民检察院在贯彻执行《收养法》的过程中，遇到问题要认真研究，注意总结经验，并及时层报最高人民检察院。

最高人民检察院关于严格执行第七届全国人民代表大会第五次会议通过的三项法律的通知

高检发研字〔1992〕6号

1992年4月17日

各省、自治区、直辖市人民检察院，军事检察院：

第七届全国人民代表大会第五次会议通过了《中华人民共和国全国人民代表大会和地方各级人民代表大会代表法》(简称《代表法》，1992年4月3日起施行)、《中华人民共和国妇女权益保障法》(简称《妇女权益保障法》，自1992年10月1日起施行)、《中华人民共和国工会法》(简称《工会法》，自1992年4月3日起施行)。

这是三项重要的基本法律，是进一步完善我国社会主义民主法制建设的重要法律。各级人民检察院要组织全体干警认真学习，大力宣传，并严格执行。为了保证检察机关严格准确地适用法律，正确履行法律监督职责，特通知如下：

一、《代表法》关于各级人民代表大会代表，有权依法提出对本级人民检察院的质询和对检察机关工作进行视察等规定，是完善我国人民代表大会制度的需要，是保障人大代表更好地发挥作用，加强各级人民代表大会对本级人民检察院工作的监督的法律依据。各级人民检察院在检察工作中要严格依法办事，热情接待人民代表对检察机关工作的视察，虚心听取、认真处理人大代表对检察工作的建议、批评和意见。被质询的人民检察院应当重视人大代表在代表大会期间提出的质询案，依照法律规定妥善办理，并及时向上一级检察院报告。在积极开展各项检察工作的同时，各级检察机关要依照法律规定向本级人民代表大会及其常委会负责并报告工作，自觉地使检察工作置于本级人民代表大会的监督之下。

二、妇女的法律地位，体现了一个国家的文明和进步。保障妇女的合法权益，促进男女平等，不仅受到党和国家的一贯重视，也受到广大妇女和人民群众的深切关注。各级人民检察院在办理涉及妇女权益的案件中要认真贯彻《妇女权益保障法》规定的禁止歧视、虐待、残害妇女的原则，依法保障妇女的合法权益。对拐卖、绑架妇女，非法拘禁、剥夺、限制妇女人身自由的犯罪分子；对组织、强迫、引诱、容留、介绍妇女卖淫的犯罪分子；对残害、虐待、遗弃妇女，情节严重的犯罪分子；对暴力干涉妇女婚姻自由的犯罪分子和其他侵害妇女权益的犯罪分子要依法及时惩处。对妇女的政治权利、人身权利、婚姻家庭权益、财产权益、劳动权益要依法予以保护。

三、随着改革开放的深入，工会在社会主义建设事业中的作用更为重要。《工会法》的颁布施行，对工会组织的活动提供了保障。各级人民检察院应发挥法律监督的职能作用，保护工会的正常活动，维护职工的合法权益。

四、各级人民检察院在贯彻执行《代表法》、《妇女权益保障法》、《工会法》的过程中，遇到问题要认真研究，注意总结经验，并及时层报最高人民检察院。

最高人民检察院关于印发《最高人民检察院关于民事审判监督程序抗诉工作暂行规定》的通知

高检发民字〔1992〕2号

1992年6月4日

各省、自治区、直辖市人民检察院：

最高人民检察院《关于民事审判监督程序抗诉工作暂行规定》已经最高人民检察院第七届检察委员会第七十七次会议讨论通过，现印发各地试行。各地在试行中有什么问题和意见，请及时报告最高人民检察院。

附：

最高人民检察院
关于民事审判监督程序
抗诉工作暂行规定

（最高人民检察院第七届检察委员会
1992年4月18日第七十七
次会议讨论通过）

第一条 为了保证人民检察院依法对民事审判活动实行法律监督，做好民事审判监督程序抗诉工作，根据民事诉讼法、人民检察院组织法和人民法院组织法的有关规定，制定本规定。

第二条 各级人民检察院受理民事审判监督程序抗诉案件来源为：

（一）当事人申诉的；

（二）公民、法人和其他组织检举、申诉的；

（三）国家权力机关、上级人民检察院交办或其他组织转办的；

（四）人民检察院自行发现的。

第三条 各级人民检察院受理案件时，应当查明有关情况，有下列情形之一的，不予受理：

（一）判决、裁定未发生法律效力的；

（二）人民法院已经裁定再审的；

（三）判决解除婚姻关系的。

第四条 人民检察院认为已经发生法律效力的民事判决、裁定可能有错误时，应当由作出判决、裁定的人民法院的上级人民检察院或同级人民检察院立案审查，并可指令下级人民检察院协助调查。

第五条 人民检察院立案审查案件，可向人民法院调取案卷材料，调查取证，必要时进行勘验、鉴定。

第六条 最高人民检察院对各级人民法院已经发生法律效力的判决、裁定，上级人民检察院对下级人民法院已经发生法律效力的判决、裁定，发现有民事诉讼法第一百八十五条第一款（一）、（二）、（三）、（四）项规定情形之一的，应当按照审判监督程序向同级人民法院提出抗诉。

第七条 地方各级人民检察院对同级人民法院已经发生法律效力的判决、裁定，发现有民事诉讼法第一百八十五条第一款（一）、（二）、（三）、（四）项规定情形之一的，应当提请上级人民检察院按照审判监督程序提出抗诉。

第八条 人民检察院决定对人民法院的判决、裁定提出抗诉的，应当制作抗诉书。

抗诉书应当载明案由、当事人基本情况、抗诉的根据和理由，加盖人民检察院公章。

第九条 人民检察院按照审判监督程序提出抗诉时，应将抗诉书和有关材料移送人民法院。

第十条 人民检察院提出抗诉的案件，人民法院再审时，应当派员出席法庭。

第十一条 检察长、检察员出席法庭的任务是：

（一）宣读抗诉书；

（二）参加法庭调查；

（三）说明抗诉的根据和理由；

（四）对法庭审判活动是否合法实行监督。

第十二条 抗诉书抄报上级人民检察院，上级人民检察院如果认为抗诉不当，有权撤销下级人民检察院的抗诉，并通知下级人民法院。

第十三条 人民检察院办理民事审判监督程序抗诉案件时，根据民事诉讼法第四十四条第三款和第一百八十五条第一款（四）项规定，发现有贪污受贿，徇私舞弊，枉法裁判行为，构成犯罪的，应按案件管辖立案侦查，依法追究刑事责任。

第十四条 人民检察院办理抗诉案件，实行专人审查、集体讨论、检察长或检察委员会决定的制度。

第十五条 人民检察院对抗诉案件的再审判决、裁定，应当进行审查，并提出审查意见。

第十六条 行政审判监督程序抗诉工作参照本规定进行。

第十七条 本规定自 1992 年 6 月 10 日起试行。

最高人民检察院关于对携款潜逃的贪污、贿赂等案犯及时立案、报告的通知

高检发贪检字〔1992〕39 号

1992 年 6 月 18 日

各省、自治区、直辖市人民检察院，军事检察院：

目前，一些严重贪污、贿赂犯罪分子为逃避法律制裁，作案后携款潜逃，有的逃往境外，使案件的查处工作遇到困难。各级人民检察院对此务必高度重视，严肃对待。为了加强对携款潜逃案犯的打击，便于最高人民检察院和上级检察机关掌握情况，研究对策，特通知如下：

（一）对可能携款潜逃的贪污、贿赂等重大案犯，有管辖权的检察院一经发现或接到举报，应迅速查证，及时立案，不失时机地果断采取逮捕等强制措施。对已经潜逃应当逮捕的案犯，要商公安部门发布通缉令，采取有效措施，追捕归案。对已经逃往境外的案犯，除及时立案、决定采取强制措施外，还应通过我国的国际刑警组织渠道缉捕。切实防止因未及时立案、采取强制措施，使案犯逃避法律惩罚的情况发生。

（二）各地检察机关要密切配合，加强对携款潜逃案件的查办工作。凡发现与潜逃案犯有关的情况应及时向承办单位通报，并配合缉捕，不得贻误。

（三）各级检察机关对于案犯携款潜逃的案件，要按照规定逐级上报。各省、自治区、直辖市人民检察院应按最高人民检察院“贪污、贿赂等案犯潜逃、自杀情况统计专报表”的要求，逐月、按时报告。对于携款潜逃境外的，应实行专项报告制度，一案一报，并随时报告案件进展情况和遇到的问题。

（四）对于因案犯在逃而不能结案的案件，另行统计。

最高人民检察院关于民事、行政审判监督程序抗诉案件再审时人民检察院派员出席法庭问题的批复

高检发民字〔1992〕3 号

1992 年 6 月 25 日

宁夏回族自治区人民检察院：

你院宁检发民行字〔1992〕第 7 号“关于提出抗诉的人民检察院能否派员出席作出生效判决、裁定的人民法院开庭审理民事抗诉案件问题的请示”收悉。经研究，答复如下：根据法律规定，最高人民检察院对各级人民法院、上级人民检察院对下级人民法院已经发生法律效力，确有错误的民事、行政判决、裁定，按照审判监督程序向同级人民法院提出抗诉，同级人民法院再审时，提出抗诉的人民检察院

应当派员出席法庭。

此复。

最高人民检察院 最高人民法院 公安部 安全部 司法部 外交部关于对驻华使、领馆探视被羁押本国公民的安排机关进行调整的通知

高检会〔1992〕25号

1992年8月26日

各省、自治区、直辖市人民检察院，高级人民法院，公安厅（局），国家安全厅（局），司法厅（局），外事办公室，解放军军事检察院、军事法院、总政保卫部：

1987年外交部、最高人民法院、最高人民检察院、公安部、国家安全部、司法部联合发布的《关于处理涉外案件若干问题的规定》（外发〔1987〕54号）第四条第三款中，曾对驻华使、领馆探视被拘留、逮捕和正在服刑的本国公民由哪一机关安排作了规定，根据目前的实际情况，特对安排机关作如下调整：

当事人在侦查终结前的羁押期间，探视的有关事宜由立案侦查的公安机关、国家安全机关或人民检察院安排；侦查终结后移送人民检察院审查起诉的羁押期间，探视的有关事宜由审查起诉的人民检察院安排；人民法院受理案件后在作出终审判决前的羁押期间，探视的有关事宜由审理案件的人民法院安排；人民法院将案件退回人民检察院，或者人民检察院将案件退回公安机关、国家安全机关补充侦查的羁押期间，探视的有关事宜由补充侦查的人民检察院、公安机关、国家安全机关安排；经人民法院判决后在监狱服刑期间，探视的有关事宜由司法行政机关安排。

主办机关需要同有关驻华使、领馆联系时，应当分别经过各省、自治区、直辖市高级人民法院、人民检察院、公安厅（局）、国家安全厅（局）、司法厅（局）进行。如需要，地方外事办公室或者外交部可予以协助。

最高人民检察院关于严格执行《中华人民共和国税收征收管理法》和《关于惩治偷税、抗税犯罪的补充规定》的通知

高检发研字〔1992〕8号

1992年9月17日

各省、自治区、直辖市人民检察院，军事检察院：

第七届全国人民代表大会常务委员会第二十七次会议通过了《中华人民共和国税收征收管理法》（下称《税收征收管理法》）和《全国人民代表大会常务委员会关于惩治偷税、抗税犯罪的补充规定》（下称《补充规定》）。这是在加快改革开放的形势下，进一步保护和促进经济建设，完善我国社会主义民主法制建设的重要法律文件。各级人民检察院要组织干警认真学习，大力宣传，严格执行。为了保证检察机关在税务检察工作中准确适用法律，正确履行法律监督职责，特通知如下：

一、税收是国家财政收入的主要来源，依法保障国家税收对增强国家综合国力具有重要的意义。《税收征收管理法》和《补充规定》的通过实施，对于打击和制止违

反税收法规的偷税、抗税违法犯罪活动，保障国家财政收入提供了法律武器。各级检察机关要提高对税务检察工作的重视程度，把税务检察作为一项促进改革开放的重要工作，进一步开展起来。

二、各级人民检察院要认真查办偷税、抗税犯罪案件。在办理偷税、抗税犯罪案件中，根据《补充规定》正确区分漏税、欠税与偷税、抗税的界限。对于采取《补充规定》中所列举的欺骗、隐瞒手段逃避纳税，或者以暴力、威胁手段拒不缴纳税款的偷税、抗税行为，构成犯罪的，依法追究刑事责任。对于因故未缴或少缴税款的漏税、欠税行为，不应作为犯罪处理，交由税务机关依法追缴、处罚。

三、加强各级税务检察室的组织建设和业务建设。已经建立的税务检察室要不断总结经验，进一步完善；有条件建立但尚未建立税务检察室的，要尽快建立。各级检察机关在办理税务案件中要与税务机关加强联系，密切配合，确保国家税收收入。

四、《税收征收管理法》和《补充规定》将于1993年1月1日起施行。各级人民检察院要结合检察工作实际，采取各种形式，大力宣传这两个法。这两个法生效施行后，最高人民检察院发布的有关办理偷税、抗税案件的规定和司法解释，凡与《补充规定》相抵触的，同时废止。对发生在《补充规定》生效以前的行为，按照刑法第九条规定的原则办理。

五、各地在贯彻执行《补充规定》中有什么问题，请及时上报最高人民检察院。

最高人民检察院关于认真开展未成年人犯罪案件检察工作的通知

高检发刑字〔1992〕108号

1992年9月22日

各省、自治区、直辖市人民检察院，解放军军事检察院：

《中华人民共和国未成年人保护法》（以下简称《未成年人保护法》），已于1992年1月1日起正式实施，这一法律的实施，对于保护未成年人的健康成长，预防和减少未成年人犯罪具有十分重要的意义。为贯彻执行《未成年人保护法》，开展未成年人犯罪检察工作，特作如下通知：

一、各级刑检部门要认真组织干警学习《未成年人保护法》，提高对执行《未成年人保护法》以及开展未成年人犯罪检察工作的重要性的认识，增强责任感和自觉性。对未成年人犯坚持教育为主、惩罚为辅的原则，立足于教育、感化、挽救。各地刑事检察部门应在保证工作重点的同时，加强领导，把这项工作认真开展起来。

二、有计划地逐步建立办理未成年人犯罪案件的专门机构。《未成年人保护法》中对办理未成年人犯罪案件建立专门机构提出了要求。今、明两年，各地应在刑检部门内，建立和健全办理未成年人犯罪案件的专门机构或指定专人负责。

三、加强调查研究，完善工作制度。未成年人犯罪检察工作刚刚起步，实践中遇到的问题很多，各地要认真深入地开展调查研究，及时总结推广经验。要进一步解放思想，积极探索、大胆创新，逐步完善有中国特色的办理未成年人犯罪案件的检察制度。

四、正确掌握法律、政策界限，坚持区别对待。在办理未成年人犯罪案件中，一是要注意正确运用法律、政策，划清罪与非罪的界限，坚持可捕可不捕的不捕，可诉可不诉的不诉的方针；二是要坚持教育为主，惩罚为辅的原则，有针对性地做好教育、感化、挽救工作，促使未成年人犯悔罪服法；三是对于犯罪情节较轻的初犯、偶犯以及对被教唆而犯罪的未成年人犯，可以依法免除处罚。对于犯罪情节较重，但确有悔改表现的，也应依法从轻处理，可以提请人民法院减轻或免除处罚；四是对未成年人犯要坚持给出路的政策，对于免予起诉的未成年人犯，应在帮教的同时，注意配合有关部门帮助他们解决实际困难，使他们在复学、升学、就业等方面不受歧视，以利于他们改过自新。

五、加强侦查和审判活动监督，保障未成年人的合法权利。各地在办理未成年人犯罪案件中，不仅要查清事实，查明证据，做耐心细致的教育、感化、挽救工作，而且要认真履行法律监督职责，对公安、法院的侦查、审判活动是否合法实行监督，充分保护未成年人犯的各项诉讼权利。

以上通知，望认真贯彻执行。

最高人民检察院关于积极配合全国税收财务物价大检查依法查办偷税、抗税犯罪案件的通知

高检发〔1992〕34号

1992年10月14日

各省、自治区、直辖市人民检察院，军事检察院：

为了积极配合9月份以来在全国展开的1992年税收财务物价大检查工作，认真查办大检查中查出的偷税、抗税犯罪案件，现对有关问题通知如下：

一、要高度重视，统一认识。今年的税收财务物价大检查是在全国认真学习贯彻邓小平同志视察南方时的重要谈话，加快改革、扩大开放的新形势下进行的，是遏制经济领域违法违纪行为、防止财政收入流失、惩治腐败现象、促进国民经济更快更好发展的一项重要措施。各级检察机关要以十四大精神和小平同志的重要谈话为指针，认真学习《国务院关于开展1992年税收财务物价大检查的通知》和有关文件，深刻认识大检查的重要意义。在工作中，要按照国务院通知的要求，全面贯彻执行党中央和国务院有关加快改革开放的一系列指示精神，切实履行法律监督职责，积极配合和支持大检查工作的开展，把依法查办偷税、抗税等犯罪案件作为检察机关为经济建设服务的一项重要内容，坚决打击偷税、抗税等犯罪活动，保证国家税收收入，为加快改革开放和经济建设提供良好的环境。

二、要加强组织领导。各级检察机关要根据当地政府的统一部署开展工作，由一名主管副检察长负责，选派得力干部参加，保证案件查办工作顺利进行。要加强请示报告，对查办案件中遇到的重大、疑难或政策性问题，及时向上级检察机关和当地党委汇报请示。上级检察机关要加强领导。

三、要与有关部门密切配合。各级检察机关既要积极主动地支持和配合大检查工作，又要积极主动地争取有关部门对检察工作的支持和配合。要指定专人与当地的大检查办公室进行经常性联系，随时了解掌握大检查的工作进展情况。对大检查

中查出的触犯刑律的偷税、抗税等案件，要依法及时受理和立案侦查。

四、要认真贯彻“一要坚决，二要慎重，务必搞准”的方针，正确执行法律和政策，严格区分罪与非罪的界限。查办案件的重点是一万元以上的重大偷税案件；屡查屡罚屡犯的偷税案件；企业事业单位采取对所生产或者经营的商品假报出口等欺骗手段，骗取国家出口退税款一万元以上的案件以及采取暴力、威胁方法抗税的案件。对受理的案件，要严格把握自查和被查的时间界限，凡在自查期间自查出来的案件，构成犯罪的，应按自首处理。办案中，对各地区、各部门制定的符合国家统一政令和基本财政法规的改革措施，要坚决予以保护和支持。对于法律政策界限不清或争议较大的案件，一般不要以犯罪处理。对重大疑难案件，要多听取各方意见，慎重处理。

五、要加强法制宣传教育，配合有关部门进行综合治理。要把打击与保护、办案与服务、治标与治本有机地结合起来，通过办案积极宣传国家有关法律和政策，增强企事业单位和公民的纳税意识和法制观念。要针对办案中发现的问题，积极地提出检察建议，帮助有关单位推进财税改革，完善财经法规，建立健全财会制度，加强防范机制。

六、要加强调查研究，研究新情况，解决新问题，总结新鲜经验，为明年实施全国人大常委会《关于惩治偷税、抗税犯罪的补充规定》做好充分准备。

最高人民法院　最高人民检察院印发《关于执行〈全国人民代表大会常务委员会关于严惩拐卖、绑架妇女、儿童的犯罪分子的决定〉的若干问题的解答》的通知

法发〔1992〕41 号　高检会〔1992〕35 号
1992 年 12 月 11 日

各省、自治区、直辖市高级人民法院、人民检察院，解放军军事法院、军事检察院：

现将最高人民法院、最高人民检察院《关于执行〈全国人民代表大会常务委员会关于严惩拐卖、绑架妇女、儿童的犯罪分子的决定〉的若干问题的解答》印发给你们，望认真贯彻执行。

附：

最高人民法院　最高人民检察院关于执行《全国人民代表大会常务委员会关于严惩拐卖、绑架妇女、儿童的犯罪分子的决定》的若干问题的解答

一、《全国人民代表大会常务委员会关于严惩拐卖、绑架妇女、儿童的犯罪分子的决定》规定了几个新罪名？

《全国人民代表大会常务委员会关于严惩拐卖、绑架妇女、儿童的犯罪分子的决定》（以下简称《决定》）规定了 6 个新罪名，即：拐卖妇女、儿童罪（第一条）；绑架妇女、儿童罪（第二条第一款）；绑架勒索罪（第二条第三款）；收买被拐卖、绑

架的妇女、儿童罪（第三条第一款）；聚众阻碍解救被收买的妇女、儿童罪（第四条第三款）；利用职务阻碍解救被拐卖、绑架的妇女、儿童罪（第五条第二款）。

上述各罪除绑架勒索罪外，其余均为选择性罪名。

二、怎样认定拐卖妇女、儿童罪？

根据《决定》第一条第二款的规定，拐卖妇女、儿童罪，是指以出卖为目的，拐骗、收买、贩卖、接送或者中转妇女、儿童的行为。只要实施其中一种行为的，即构成本罪。

（一）借收养名义拐卖儿童的，以拐卖儿童罪追究刑事责任。

（二）确属通过介绍婚姻、介绍收养儿童索取了财物的，不构成本罪。

（三）拐卖妇女、儿童以外的人口的，依照刑法第一百四十一条和《全国人民代表大会常务委员会关于严惩严重危害社会治安的犯罪分子的决定》第一条第3项的规定，以拐卖人口罪定罪处罚。

三、怎样理解《决定》第一条第一款第（三）项关于“奸淫被拐卖的妇女的”规定？

《决定》第一条第一款第（三）项所规定的“奸淫被拐卖的妇女的”，是指拐卖妇女的犯罪分子在拐卖过程中，与被害妇女发生性关系的行为。不论行为人是否使用了暴力或者胁迫手段，也不论被害妇女是否有反抗行为，都应当按照该项规定处罚。

四、怎样理解《决定》第一条第一款第（五）项关于“造成被拐卖的妇女、儿童或者其亲属重伤、死亡或者其他严重后果的”规定？

《决定》第一条第一款第（五）项所规定的“造成被拐卖的妇女、儿童或者其亲属重伤、死亡或者其他严重后果的”，是指由于犯罪分子拐卖妇女、儿童的行为，直接、间接造成被拐卖的妇女、儿童或者其亲属重伤、死亡或者其他严重后果的。例如：由于犯罪分子采取拘禁、捆绑、虐待等手段，致使被害人重伤、死亡或者造成其他严重后果的；由于犯罪分子的拐卖行为以及拐卖中的侮辱、殴打等行为引起的被害人或者其亲属自杀、精神失常或者其他严重后果的，等等。

对被拐卖的妇女、儿童进行故意杀害、伤害的，应当以故意杀人罪或者故意伤害罪与拐卖妇女、儿童罪实行并罚。

五、如何区分绑架妇女、儿童罪和绑架勒索罪？

（一）根据《决定》第二条的规定，绑架妇女、儿童罪，是指以出卖为目的，使用暴力、胁迫或者麻醉方法，劫持妇女、儿童的行为。绑架勒索罪，是指以勒索财物为目的，使用暴力、胁迫或者麻醉方法，劫持他人的行为。两罪的主要区别在于：1．犯罪目的不同。前者是以出卖为目的，后者则是以勒索财物为目的。2．犯罪侵犯的客体不同。前者侵犯的是被绑架人的人身权利，后者侵犯的不仅是被绑架人的人身权利，还侵犯了他们的财产权利。3．犯罪对象不同。前者的绑架对象仅指妇女、儿童，后者则是指包括妇女、儿童在内的一切人。

（二）根据《决定》第二条第二款的规定，以出卖为目的，偷盗婴、幼儿的，以绑架儿童罪定罪，并依照《决定》第二条第一款的规定处罚。

（三）以勒索财物为目的，偷盗婴、幼儿的，以绑架勒索罪定罪，并依照《决定》第二条第一款的规定处罚。

（四）以索债为目的，非法剥夺他人人身自由的，定非法拘禁罪，不能定绑架勒索罪。

六、怎样认定拐卖妇女、儿童罪和绑

架妇女、儿童罪中“情节特别严重”的行为？

拐卖妇女、儿童罪中的“情节特别严重”，是指《决定》第一条第一款所列六项情形中特别严重的情节。在具体执行中，不要在这六项情形之外再扩大范围。

绑架妇女、儿童罪中的“情节特别严重”，主要是指绑架妇女、儿童犯罪集团的首要分子情节特别严重的；绑架手段极其残忍、恶劣的；造成被害人或者其家属重伤、死亡或者其他严重后果情节特别严重的；绑架妇女、儿童多人具有极大社会危害性的，等等。

七、怎样认定收买被拐卖、绑架的妇女、儿童罪？

根据《决定》第三条第一款的规定，收买被拐卖、绑架的妇女、儿童罪，是指不以出卖为目的，收买被拐卖、绑架的妇女、儿童的行为。以出卖为目的，收买被拐卖、绑架的妇女、儿童的，以拐卖妇女、儿童罪论处。

（一）收买人必须明知是被拐卖、绑架的妇女、儿童而予以收买的，才能构成本罪。

（二）共同参与了收买被拐卖、绑架的妇女、儿童犯罪行为的（例如，有些收买行为是全体家庭成员或者亲属朋友共同商量决定的等），对于其中的主犯，应当追究刑事责任；对于其他参与者，如果是情节显著轻微危害不大的，不认为是犯罪，不追究刑事责任。

（三）被买妇女与收买人已成婚，并愿意留在当地共同生活的，对收买人可以视为“按照被买妇女的意愿，不阻碍其返回原居住地”，不追究刑事责任。

八、怎样划分婴儿、幼儿、儿童的年龄界限？

《决定》和本《解答》中所说的“儿童”，是指不满十四岁的人。其中，不满一岁的为婴儿，一岁以上不满六岁的为幼儿。

九、如何理解《决定》的时效问题？

（一）对在《决定》公布施行后发生的案件，依照《决定》的规定办理。对在《决定》公布施行前发生、公布施行后尚未处理或者正在处理的案件，依照刑法第九条规定的原则办理。

（二）本《解答》发布后，对应当按照《决定》处理的案件，适用本《解答》。《决定》公布施行前已处理的案件和本《解答》发布前已按《决定》处理的案件，不再适用本《解答》。

（三）本《解答》发布前有关办理拐卖、绑架妇女、儿童案件的司法解释，与本《解答》不一致的，不再适用。

最高人民法院　最高人民检察院印发《关于执行〈全国人民代表大会常务委员会关于严禁卖淫嫖娼的决定〉的若干问题的解答》的通知

法发〔1992〕42 号　高检会〔1992〕36 号

1992 年 12 月 11 日

各省、自治区、直辖市高级人民法院、人民检察院，解放军军事法院、军事检察院：

现将最高人民法院、最高人民检察院《关于执行〈全国人民代表大会常务委员会关于严禁卖淫嫖娼的决定〉的若干问题的解答》印发给你们，望认真贯彻执行。

附：

最高人民法院　最高人民检察院关于执行《全国人民代表大会常务委员会关于严禁卖淫嫖娼的决定》的若干问题的解答

一、《全国人民代表大会常务委员会关于严禁卖淫嫖娼的决定》规定了几个新罪名？

《全国人民代表大会常务委员会关于严禁卖淫嫖娼的决定》(以下简称《决定》)规定了4个新罪名，即：组织他人卖淫罪(第一条第一款)；协助组织他人卖淫罪(第一条第二款)；介绍他人卖淫罪(第三条第一款)；传播性病罪(第五条第一款)。

二、怎样认定组织他人卖淫罪？

根据《决定》第一条第一款的规定，组织他人卖淫罪，是指以招募、雇佣、强迫、引诱、容留等手段，控制多人从事卖淫的行为。

本罪的主体必须是卖淫的组织者，可以是几个人，也可以是一个人，关键要看其在卖淫活动中是否起组织者的作用。

在组织他人卖淫的犯罪活动中，对被组织卖淫的人有强迫、引诱、容留、介绍卖淫行为的，应当作为组织他人卖淫罪的量刑情节予以考虑，不实行数罪并罚。如果这些行为是对被组织者以外的其他人实施的，仍应当分别定罪，实行数罪并罚。

三、怎样认定协助组织他人卖淫罪？

根据《决定》第一条第二款的规定，协助组织他人卖淫罪，是指在组织他人卖淫的共同犯罪中起帮助作用的行为。如充当保镖、打手、管帐人等。

依照《决定》第一条第二款的规定，协助组织他人卖淫的行为，有具体的罪状和单独的法定刑，应当确定为独立的罪名，适用单独的法定刑处罚，不适用刑法总则第二十四条关于从犯的处罚原则。

四、怎样理解《决定》第二条第(三)项关于“强奸后迫使卖淫的”规定？

《决定》第二条第(三)项规定的“强奸后迫使卖淫的”，是指强奸行为与强迫他人卖淫的行为有联系，是强迫他人卖淫的法定从重情节。因此，只定强迫他人卖淫罪即可。如果强奸行为与强迫他人卖淫的行为之间没有联系，则应当分别定罪，实行并罚。

五、哪些是组织他人卖淫罪、强迫他人卖淫罪中“情节特别严重”的行为？

《决定》第一条第一款规定的组织他人卖淫罪中的“情节特别严重”，主要是指组织他人卖淫的首要分子情节特别严重的；组织他人卖淫手段特别恶劣的；对被组织卖淫者造成特别严重后果的；组织多人多次卖淫具有极大的社会危害性的，等等。

《决定》第二条第一款规定的强迫他人卖淫罪中的“情节特别严重”，是指《决定》第二条所列四项情形中特别严重的情节。在具体执行中，不要在这四项情形之外再扩大范围。

六、怎样认定引诱、容留、介绍他人卖淫罪？

引诱、容留、介绍他人卖淫罪是一个选择性罪名。引诱、容留、介绍他人卖淫这三种行为，不论是同时实施还是只实施其中一种行为，均构成本罪。如：介绍他人卖淫的，定介绍他人卖淫罪；兼有引诱、容留、介绍他人卖淫三种行为的，定引诱、容留、介绍他人卖淫罪，不实行数罪并罚。

引诱、容留、介绍他人卖淫是否以营利为目的，不影响本罪的成立。

根据《决定》第三条第二款的规定，引

诱不满十四岁的幼女卖淫的，依照《决定》第二条第一款关于强迫不满十四岁的幼女卖淫的规定处罚，定强迫他人卖淫罪。

七、哪些是引诱、容留、介绍他人卖淫罪中“情节严重”的行为？

引诱、容留、介绍他人卖淫，情节严重的，一般有以下几种情形：

（一）多次引诱、容留、介绍他人卖淫的；

（二）引诱、容留、介绍多人卖淫的；

（三）引诱、容留、介绍明知是有严重性病的人卖淫的；

（四）容留、介绍不满十四岁的幼女卖淫的；

（五）引诱、容留、介绍他人卖淫具有其他严重情节的。

八、怎样认定传播性病罪？

根据《决定》第五条第一款的规定，传播性病罪，是指明知自己患有梅毒、淋病等严重性病而进行卖淫嫖娼的行为。

（一）本罪属特殊主体，即已满十六岁，具有刑事责任能力，且患有梅毒、淋病等严重性病的人。中国公民和外国人均可成为本罪的主体。

（二）必须实施了卖淫、嫖娼的行为。至于实际是否已造成他人染上性病的结果，不影响本罪的成立。行为人通过其他方式（如通奸等）将性病传播给他人的，不构成本罪。

（三）具备以下情形之一的，可以认定为“明知”：

1、有证据证明曾到医院就医，被诊断为患有严重性病的；

2、根据本人的知识和经验，能够知道自己患有严重性病的；

3、通过其他方法能够证明被告人是“明知”的。

九、对《决定》中提到的“他人”、“多人”、“多次”应当怎样理解？

（一）组织、协助组织、强迫、引诱、容留、介绍他人卖淫中的“他人”，主要是指女人，也包括男人。

（二）《决定》和本《解答》中的“多人”、“多次”的“多”，是指“三”以上的数（含本数）。

十、如何理解《决定》的时效问题？

（一）对在《决定》公布施行后发生的案件，依照《决定》的规定办理，对在《决定》公布施行前发生、公布施行后尚未处理或者正在处理的案件，依照刑法第九条规定的原则办理。

（二）本《解答》发布后，对应当按照《决定》处理的案件，适用本《解答》。《决定》公布施行前已处理的案件和本《解答》发布前已按《决定》处理的案件，不再适用本《解答》。

（三）鉴于《决定》对刑法第一百四十条和第一百六十九条以及《全国人民代表大会常务委员会关于严惩严重危害社会治安的犯罪分子的决定》第一条第6项的规定已进行修改、补充，对《决定》公布施行后依照《决定》处理的案件，在诉讼文书中不再引用上述有关条文。

最高人民法院　最高人民检察院印发《关于办理盗窃案件具体应用法律的若干问题的解释》的通知

法发〔1992〕43号　高检会〔1992〕37号

1992年12月11日

各省、自治区、直辖市高级人民法院、人民检察院，解放军军事法院、军事检察院：

现将最高人民法院、最高人民检察院

《关于办理盗窃案件具体应用法律的若干问题的解释》印发给你们，望认真贯彻执行。

附：

最高人民法院　最高人民检察院关于办理盗窃案件具体应用法律的若干问题的解释

一、如何认定盗窃罪？

盗窃罪，是指以非法占有为目的，秘密地窃取数额较大的公私财物的行为。

（一）盗窃数额，是指行为人实施盗窃行为已窃取的公私财物数额。

（二）已经着手实行盗窃行为，只是由于行为人意志以外的原因而未造成公私财物损失的，是盗窃未遂。盗窃未遂，情节严重的，如明确以巨额现款、国家珍贵文物或者贵重物品等为盗窃目标的，也应定罪并依法处罚。

（三）已满十四岁不满十六岁的人，犯惯窃罪或者盗窃数额巨大的，应当依照刑法第十四条的规定，追究刑事责任，并应依法从轻或者减轻处罚。

（四）盗窃的公私财物，既指有形财物，也包括电力、煤气、天然气、重要技术成果等无形财物。

盗用他人长途电话帐号、码号造成损失，盗窃他人非法所得，数额较大的应当以盗窃罪定罪处罚。

（五）盗窃自己家里的财物或者近亲属的财物，一般可不按犯罪处理；对确有追究刑事责任必要的，在处理时也应同在社会上作案有所区别。

二、如何认定盗窃财物“数额较大”、“数额巨大”、“数额特别巨大”？

（一）个人盗窃公私财物“数额较大”，一般可以300—500元为起点；少数经济发展较快的地区，可以600元为起点。

（二）个人盗窃公私财物“数额巨大”，一般可以3000—5000元为起点；少数经济发展较快的地区，可以6000元为起点。

（三）个人盗窃公私财物“数额特别巨大”，一般可以20000—30000元为起点；少数经济发展较快的地区，可以40000元为起点。

各省、自治区、直辖市高级人民法院、人民检察院，可以根据本地区经济发展状况，并考虑社会治安状况，参照上列数额，确定本地区执行的数额标准，并报最高人民法院、最高人民检察院备案。

（四）铁路运输过程中发生的盗窃案件，盗窃“数额较大”以400元为起点；“数额巨大”以4000元为起点；“数额特别巨大”以30000元为起点。

三、如何计算被盗物品的数额？

（一）被盗物品的价格，应当区别不同情况，根据被告人作案当时、当地的同类物品的价格，并按照下列核价原则，以人民币分别计算：

1、流通领域的商品，按市场零售价的中等价格计算；属于国家定价的，按国家定价计算；属于国家指导价的，按指导价的最高限价计算。

2、生产领域的产品，成品按前项规定的办法计算；半成品可根据其在生产过程中实际所处的阶段，比照成品价格进行折算。

3、单位和公民的生产资料、生活资料等物品，原则上按购进价计算，但现行市场价高于原购进价的，按现行市场价的中等价格计算。

4、农副产品，如粮食、猪、羊、家禽、鱼等，一律按农贸市场同类产品的中等价格计算。

大牲畜，如牛、马、驴等，一律按大牲畜交易市场同类同等大牲畜的中等价格计算。

5、进出口物资、物品，按本项之1、规定的办法计算。

6、金、银、珠宝等制作的工艺品（包括饰品和器皿等），按国有商店零售价计算；国有商店没有出售的，按国家主管部门核定的价格计算。

黄金、白银按国家定价计算。

7、外币，按照被盗当日国家外汇管理局公布的外汇卖出价计算。

8、不属于馆藏三级以上的一般文物（包括古玩、古书画等），按照国有文物商店的一般零售价计算，或者按国家文物主管部门核定的价格计算。

（二）有价支付凭证、有价证券、有价票证，按下列方法计算：

1、不记名、不挂失的有价支付凭证、有价证券、有价票证，不论能否随即兑现，均按票面数额和案发时应得的利息、奖金或者奖品等一并计算。股票应按照被盗当日证券交易所公布的该种股票成交的平均价格计算。

2、记名的有价支付凭证、有价证券、有价票证，如果是票面价值已定并能随即兑现的，如活期存折、已到期的定期存折和已填上金额的支票，以及不需证明手续即可提取货物的提货单等，应按票面数额（有利息的应包括案发时应得的利息）或者可提货物的价值计算。如果是票面价值未定，但能随即兑现的（如已盖好印章的空白支票等），则以实际兑现的财物价值计算。

不能随即兑现的记名有价支付凭证、有价证券、有价票证，或者将能随即兑现的有价支付凭证、有价证券、有价票证销毁或丢弃，而失主可以通过挂失、补领、补办手续等方式避免实际损失的，不按票面数额计算，可作为量刑考虑的情节。

（三）同种类的大宗被盗物品，失主以多种价格购进，能够分清的，应分别计算；难以区分的，可按此类物品的中等价格计算。

（四）被盗物品在被盗后损坏的，仍按物品被盗时的原值计算。

被盗物品已被销赃、挥霍，无法追缴或者已被丢弃、毁灭的，或者几经转手，最初形态被破坏的，一般应当根据被害人、证人的陈述、证言和提供的有效凭证以及犯罪分子本人的供述，按照本条第（一）项规定的核价原则，确定原被盗物品价值。

（五）对已陈旧、残损或者使用过的被盗物品，应结合作案当时、当地同类物品的价格和被盗时的残旧程度，由有关部门作价。

（六）残次品，按主管部门核定的价格计算；废品，按物资回收利用部门的收购价格计算；假货、劣货，按假、劣货的实际价值计算。

（七）失主以明显低于被盗当时、当地市场零售价购进的物品，应按照本条第（一）项规定的核价原则计算。

（八）盗窃后的销赃数额，作为量刑情节考虑，但销赃数额高于按本解释计算的盗窃数额的，则盗窃数额应按销赃数额计算。

（九）盗窃违禁品，如毒品、淫秽物品等，按盗窃罪处理的，不计数额，根据情节轻重量刑。

（十）被盗物品价格不明或者难以确定的，应委托有关主管部门或者有关专业人员核定。受委托对被盗物品负责核价的单位，核价后应出具鉴定结论，加盖作价部门的印章，并且由作价人或者估价人签名或者盖章。

（十一）对于多次盗窃构成犯罪，依法应当追诉的，应累计其盗窃数额，论罪处罚。对已经处理过的盗窃行为，即使原处罚偏轻，也不能重新计算其盗窃数额，重复处罚。已满十四岁不满十六岁的人，盗窃数额较大的，依法不负刑事责任，其盗窃数额不应计入满十六岁以后进行的盗窃行为中去。

四、如何看待盗窃案件的情节？

（一）盗窃数额是构成盗窃罪的重要标准，但不是定罪量刑的唯一标准。除根据盗窃财物数额外，还应当根据犯罪的其他具体情节和犯罪分子的认罪态度、退赃表现等，进行全面分析，正确定罪量刑。

个人盗窃公私财物虽未达到“数额较大”的起点标准，但具有下列情节之一的，也可追究其刑事责任：

1、多次扒窃作案的；

2、以破坏性手段盗窃并造成公私财产损失严重的；

3、入户盗窃多次的；

4、教唆未成年人盗窃的；

5、劳改、劳教人员在劳改、劳教期间盗窃的；

6、在缓刑、假释考验期限内或者管制、监外执行期间盗窃的；

7、曾因盗窃被治安处罚三次以上，或者被劳动教养二次以上，解除教养后二年内又进行盗窃的；

8、曾因盗窃被免诉、免刑后二年内，或者因盗窃受过刑罚处罚后三年内又进行盗窃的；

9、盗窃盲、聋、哑等残疾人、孤老或者丧失劳动能力的人的财物的；

10、因盗窃造成严重后果或者具有其他恶劣情节的。

个人盗窃公私财物虽已达到“数额较大”的起点标准，但具有下列情节之一的，可不作为犯罪处理：

1、初犯、偶犯、已满十六岁不满十八岁的未成年人作案情节轻微的；

2、情节轻微并主动坦白或者积极退赔的；

3、自首或者有立功表现的；

4、被胁迫参加盗窃活动，没有分赃或者获赃甚微的；

5、盗窃未遂，情节轻微的；

6、其他情节显著轻微、危害不大的。

（二）在共同盗窃犯罪中，各共犯基于共同的故意，实施了共同的犯罪行为，应对共同盗窃犯罪行为所造成的危害后果负责。

1、对盗窃集团的首要分子，应按照集团盗窃的总数额依法处罚；

2、对其他共同盗窃犯罪中的主犯，应按照参与共同盗窃的总数额依法处罚；

3、对共同盗窃犯罪中的从犯，应按照参与共同盗窃的总数额适用刑法。数额较大的，适用刑法第一百五十一条；数额巨大的，适用刑法第一百五十二条。具体量刑时，应根据犯罪分子在共同盗窃中的地位、作用和非法所得数额等情节，依照刑法第二十四条第二款的规定，比照主犯从轻、减轻处罚或者免除处罚。

4、共同盗窃犯罪后，犯罪分子具有自首、立功、未成年等法定从轻、减轻或者免除处罚情节的，可以或者应当依法从轻、减轻处罚或者免除处罚；具有坦白或者积极退赃等情节的，也可以酌情从轻处罚。

五、如何认定惯窃罪？

（一）惯窃罪，是指盗窃已成习性，并以盗窃所得为其挥霍或者生活的主要来源的犯罪行为。

惯窃罪犯应同时具有盗窃恶习深、连续作案时间长、犯罪次数多、盗窃数额较大等基本特征。

（二）具体认定惯窃罪，要以前项规定的基本特征为前提，结合考虑行为人是否因盗窃罪被处罚过和其他情节。因盗窃罪被判过有期徒刑，又犯盗窃罪，符合累犯条件的，按累犯从重处罚；对于曾因盗窃罪或者惯窃罪被判过刑，时隔三年以上，偶尔又犯盗窃罪的，不应按惯犯或者累犯处理。

六、如何认定盗窃案件的“情节特别严重”以及如何适用刑罚？

（一）具有以下情形之一的，属于盗窃犯罪“情节特别严重”：1、盗窃财物数额特别巨大；2、盗窃数额接近特别巨大并具有其他特别严重的情节；3、盗窃数额特别巨大并具有其他特别严重的情节。

“其他特别严重的情节”，一般是指，盗窃集团的首要分子或者共同盗窃犯罪中情节严重的主犯；盗窃银行金库、国家珍贵文物、救灾、救济款物、重要军用物资的；盗窃他人急需的生产资料，严重妨害生产建设或者造成其他严重损失的；盗窃他人生活、医疗急需款物，造成严重后果的；因已挥霍等原因，未能退赃，造成失主重大损失的；破坏性盗窃，后果严重的；引起被害人死亡、精神失常或者其他严重后果的；累犯、惯犯或者多次流窜作案危害严重的，等等。

（二）盗窃公私财物数额特别巨大的，或者盗窃数额接近特别巨大并具有其他特别严重情节的，依法判处十年以上有期徒刑或者无期徒刑，可以并处没收财产。盗窃公私财物数额特别巨大，同时具有其他特别严重情节的，依法判处无期徒刑或者死刑，可以并处没收财产。

七、如何区分盗窃罪与其他犯罪的界限？

（一）盗窃通讯设备价值数额不大，但危害公共安全已构成破坏通讯设备罪的，或者盗窃通讯设备造成严重后果的，依照刑法第一百一十一条的规定定罪处罚。盗窃通讯设备情节特别严重，罪该判处无期徒刑或者死刑的，依照刑法第一百五十二条或者《全国人民代表大会常务委员会关于严惩严重破坏经济的罪犯的决定》第一条第（一）项的规定，以盗窃罪处罚。

（二）盗掘具有历史、艺术、科学价值的古文化遗址、古墓葬的，依照《全国人民代表大会常务委员会关于惩治盗掘古文化遗址古墓葬犯罪的补充规定》处理。盗窃其他墓葬，窃取财物数额较大的，以盗窃罪论处。盗掘其他墓葬情节严重，即使未盗得财物或者窃取了少量财物的，也应以盗窃罪论处。情节显著轻微危害不大的，不以犯罪论处。

（三）对偷开汽车的，以非法占有为目的，变卖或者留用的，应定为盗窃罪；为进行其他犯罪活动，偷开汽车当犯罪工具使用的，可以按其实施的犯罪从重处罚；在偷开汽车中因过失撞死、撞伤他人或者撞坏了车辆，又构成其他罪的，应按交通肇事罪与他罪并罚；为游乐，多次偷开汽车，并将汽车遗弃，严重扰乱工作、生活秩序，造成严重损失的，可以按扰乱社会秩序罪论处；为游乐，偶尔偷开汽车，情节轻微，可以不认为是犯罪，应当责令赔偿损失。

（四）实施盗窃犯罪，造成公私财物严重毁损的，以盗窃罪从重处罚；同时构成其他犯罪的，择一重罪从重处罚；为掩盖盗窃罪行或者出于报复等动机故意破坏公私财物的，应以盗窃罪和其他罪实行并罚。

八、如何认定窝赃、销赃罪？

窝赃、销赃罪，是指明知是犯罪所得的赃物而予以窝藏或者代为销售的行为。

（一）认定窝赃、销赃罪的“明知”，不能仅凭被告人的口供，应当根据案件的客观事实予以分析。只要证明被告人知道或者应当知道是犯罪所得的赃物而予以窝藏或者代为销售的，就可以认定。

（二）窝藏，既包括提供藏匿赃物的场所，也包括为罪犯转移赃物；代为销售，既包括把赃物卖给他人，也包括以低价买进、高价卖出的行为。买赃自用，情节严重的，也应按销赃罪定罪处罚。

（三）与盗窃犯罪分子事前通谋，事后对赃物予以窝藏或者代为销售或者收买的，应以盗窃共犯论处。

九、如何执行本《解释》？

（一）本《解释》自发布之日起执行。《解释》发布前已处理的案件，不再适用本《解释》；尚未处理或者正在处理的案件，一律适用本《解释》。

（二）本《解释》发布前有关办理盗窃案件的司法解释，与本《解释》重复或者抵触的，以本《解释》为准。

最高人民检察院关于认真执行《中华人民共和国海商法》和《中华人民共和国矿山安全法》的通知

高检发研字〔1992〕9号

1992年12月24日

各省、自治区、直辖市人民检察院，军事检察院：

《中华人民共和国海商法》（简称《海商法》）和《中华人民共和国矿山安全法》（简称《矿山安全法》）已经第七届全国人民代表大会常务委员会第二十八次会议通过，并分别于明年7月1日和5月1日起正式实施。为保证这两部法律的正确贯彻、实施，特通知如下：

一、各级人民检察院要认真学习《海商法》和《矿山安全法》。《海商法》和《矿山安全法》是两部专业性很强的法律，特别是《海商法》中还涉及某些国际公约和国际惯例。因此，一定要认真组织广大检察人员学习这两部法律，掌握有关专业知识，并在开展民事行政检察和法纪检察工作中，结合两法，有针对性地做好宣传教育工作，充分发挥法律监督职能作用，更好地为我国的对外开放和经济建设服务。

二、各级人民检察院要切实履行检察机关的法律监督职责，认真贯彻执行《海商法》和《矿山安全法》。根据中发〔1992〕7号文件明确提出的“加强经济、民事、海事案件的法律监督工作”要求，各级人民检察院民事行政检察部门要认真研究新情况、新问题，积极探索对海事活动实行法律监督的方式和途径。检察机关的法纪检察部门和设置在工矿区的人民检察院，要根据《矿山安全法》第四十六条、四十七条、四十八条的规定，对于矿山企业主管人员违章指挥、强令工人冒险作业，发生重大伤亡事故；或矿山企业主管人员对矿山事故隐患不采取措施，发生重大伤亡事故；以及矿山安全监督人员和安全管理人员滥用职权、玩忽职守、徇私舞弊，构成犯罪的，要依法立案查处，追究其刑事责任。

三、各级人民检察院要切实强化民事行政检察、法纪检察工作，为贯彻、执行《海商法》和《矿山安全法》作好准备。

四、各级人民检察院在贯彻、执行《海商法》和《矿山安全法》过程中，要注意总结经验，有什么问题，请及时上报最高人民检察院。

最高人民检察院关于印发《人民检察院刑事检察工作细则（试行）》的通知

高检发刑字〔1991〕121号

1991年12月10日

各级人民检察院：

《人民检察院刑事检察工作细则》业经最高人民检察院检察委员会第七十次会议原则通过，现印发试行，在试行中遇有什么问题，请随时报告我院。

附：

人民检察院刑事检察工作细则（试行）

（1991年10月10日　最高人民检察院检察委员会第七十次会议原则通过）

第一章　通　　则

第一条　根据《中华人民共和国刑事诉讼法》、《中华人民共和国人民检察院组织法》和全国人民代表大会常务委员会的有关规定，结合人民检察院刑事检察工作的实践，制定本细则。

第二条　刑事检察工作是人民检察院的一项专门业务，其任务是：履行侦查监督、审判监督职责，追究犯罪，保障无罪的人不受刑事追究，保障国家刑事法律的统一正确实施，保护公民的人身权利、民主权利和其他权利，保卫社会主义现代化建设的顺利进行。

第三条　刑事检察工作必须遵守下列原则：

（一）依法独立行使检察权，履行法律监督职责，不受其他行政机关、团体和个人的干涉；

（二）忠实于事实真象，忠实于法律，对一切公民在适用法律上一律平等，不允许有任何特权；

（三）同公安机关、国家安全机关、人民法院实行分工负责，互相配合，互相制约；

（四）重证据、重调查研究，不轻信口供，严禁刑讯逼供；

（五）保障诉讼参与人的诉讼权利。

第四条　刑事检察工作的业务范围包括：

（一）对公安机关、国家安全机关和人民检察院侦查部门提请批准逮捕、移送审查逮捕的案件，审查决定是否逮捕；

（二）对公安机关、国家安全机关和人民检察院侦查部门侦查终结移送审查起诉或免予起诉的案件，审查决定是否提起公诉或免予起诉；

（三）对需要延长羁押期限或重新计算羁押期限的案件，审查是否延长或重新计算羁押期限；

（四）对公安机关、国家安全机关和人民检察院侦查部门的侦查活动是否合法实行监督；

（五）出席公诉案件第一、二审和再审案件法庭；

（六）对人民法院的刑事审判活动是否合法实行监督；

（七）审查人民法院的刑事判决、裁定，对确有错误的判决、裁定提出抗诉；

（八）对执行死刑实行临场监督；

（九）结合办案参与社会治安综合治理。

第五条　人民检察院刑事检察部门是在检察长领导下具体承担前条所列各项工作的业务机构。

第六条　人民检察院在刑事检察工作

中，应加强与公安机关的相互联系，掌握社会治安情况，并及时参加公安机关对特别重大和影响大、危害严重的重大案件的现场勘查，以及重大集团案件、重大复杂案件和影响大的涉外案件的预审活动。

第七条 人民检察院办理审查逮捕、审查起诉或免予起诉的案件，实行专人审查，刑事检察部门负责人审核，检察长或检察委员会决定的制度。

对重大复杂案件，刑事检察部门在提交检察长或检察委员会决定前，应组织集体讨论。

第八条 人民检察院办理涉及国家机密的案件，必须严格保密，应由检察长或检察长指定的检察人员办理。

第九条 人民检察院办理案件，在讯问被告人、询问证人或被害人时，检察人员不得少于二人。

第十条 人民检察院对于已办结的案件，应当定期或不定期地进行检查，发现错误，及时纠正。检查情况应报告上级人民检察院。

第十一条 人民检察院在办理案件中形成的材料，除随案移送人民法院的外，应及时整理归档。归档材料的范围及顺序等按照国家档案局和最高人民检察院的有关规定办理。

第十二条 最高人民检察院刑事检察厅指导、检查地方各级人民检察院和专门人民检察院刑事检察部门的业务工作；上级人民检察院刑事检察部门指导、检查下级人民检察院刑事检察部门的业务工作。

第十三条 上级人民检察院发现下级人民检察院已办结的案件确有错误时，应指令下级人民检察院纠正，下级人民检察院对上级人民检察院的指令应认真执行。如认为上级人民检察院的指令有错误时，可在执行的同时，向更上一级人民检察院报告情况。

第十四条 人民检察院办理国家安全机关提请或移送审查案件的程序，除本细则第六十二条的规定外，与办理公安机关提请或移送审查案件的程序相同。

第二章 审查逮捕

第十五条 公安机关提请批准逮捕的案件，由同级人民检察院受理。对管辖上有争议的案件，由上级人民检察院指定管辖。

人民检察院侦查部门移送审查逮捕的案件，由本院刑事检察部门受理。

第十六条 受理提请批准逮捕、移送审查逮捕的案件，应检查《提请批准逮捕书》或《逮捕人犯意见书》（一式三份）及案卷材料是否齐备，移送的实物与物品清单是否相符。

第十七条 人民检察院办理审查逮捕的案件，必须查明：人犯的行为是否构成犯罪；主要犯罪事实是否查清，证据是否确实；是否符合《中华人民共和国刑事诉讼法》第四十条规定的逮捕人犯的其他条件。

第十八条 人民检察院刑事检察部门办理审查逮捕的案件，应指定检察员或助理检察员进行审查。承办人接到案件后，应及时、全面、认真地审阅案卷材料，制作阅卷笔录。审查后，应提出审查意见，并制作《审查逮捕人犯表》，报刑事检察部门负责人审核。

刑事检察部门负责人对案件进行审核后，应提出审核意见，呈报检察长。

第十九条 人民检察院刑事检察部门办理审查逮捕的案件，对已被采取其他强制措施的人犯可以进行讯问。如需要对未被采取其他强制措施的人犯进行讯问时，应征得公安机关或本院侦查部门同意后进行。

第二十条 对公安机关提请批准逮捕的人犯，已拘留的，人民检察院应在接到《提请批准逮捕书》后的三日内作出是否批准逮捕的决定；未拘留的，应在接到《提请批准逮捕书》后的二十日内作出是否批准逮捕或者退回补充侦查的决定，重大复杂的案件，不得超过一个月。

对本院侦查部门移送审查逮捕的人犯，刑事检察部门应提出是否逮捕的意见，报请检察长决定，或根据案件情况提出补充侦查的意见，退回侦查部门，对案件审查决定的时限，按前款规定执行。

第二十一条 对符合《中华人民共和国刑事诉讼法》第四十条第一款规定的人犯，人民检察院应作出逮捕决定。

对公安机关提请批准逮捕的人犯，人民检察院作出批准逮捕决定后，应制作《批准逮捕决定书》，连同案卷材料送交公安机关执行。

对本院侦查部门移送审查逮捕的人犯，经检察长或检察委员会作出逮捕决定后，刑事检察部门应将《审查逮捕人犯表》，连同案卷材料送交侦查部门，由侦查部门制作《决定逮捕通知书》，通知公安机关执行。

第二十二条 对公安机关提请批准逮捕的人犯，如主要犯罪事实不清，证据不足，且已拘留的，人民检察院应作出不批准逮捕决定；未拘留的，应制作《退回补充侦查决定书》，写明需要补充侦查的内容，连同案卷材料退回公安机关补充侦查。

对本院侦查部门移送审查逮捕的人犯，如主要犯罪事实不清，证据不足，刑事检察部门应制作《退回补充侦查意见书》，连同案卷材料退回侦查部门补充侦查。

第二十三条 办理审查逮捕案件时，发现应逮捕而公安机关未提请批准逮捕的人犯，人民检察院应建议公安机关提请批准逮捕，并制作《提请批准逮捕人犯建议书》，送交公安机关。对建议不被采纳，而人民检察院认为犯罪事实清楚，证据充分确应逮捕的，可以直接作出逮捕决定，并制作《决定逮捕通知书》，交公安机关执行。

对应逮捕而本院侦查部门未移送审查逮捕的人犯，刑事检察部门应向侦查部门提出移送审查逮捕人犯的建议。如建议不被采纳，刑事检察部门可报请检察长或检察委员会决定。

第二十四条 对逮捕后又改为其他强制措施的人犯，需要再次逮捕的，应重新办理逮捕手续。

第二十五条 对于人犯的行为不构成犯罪的，或具有《中华人民共和国刑事诉讼法》第十一条规定情形之一的，人民检察院应分别情况作出不逮捕决定或建议撤销案件。

对已构成犯罪，但无逮捕必要的人犯，人民检察院也可作出不逮捕的决定，由公安机关继续侦查，直接移送审查起诉或免予起诉。

对公安机关提请批准逮捕的人犯，作出不批准逮捕决定的，应制作《不批准逮捕决定书》，连同案卷材料退回公安机关。

对本院侦查部门移送审查逮捕的人犯，作出不逮捕决定的，刑事检察部门应将《审查逮捕人犯表》，连同案卷材料退回侦查部门。

第二十六条 县级以上的地方各级人民代表大会代表，有犯罪行为需要逮捕的，经相应的人民检察院报请本级人民代表大会主席团或者常务委员会同意后，由犯罪地人民检察院作出逮捕决定。

现役军人（含文职干部、军队在编职工）有犯罪行为需要逮捕的，由军事检察院审查决定；人民武装警察、边防警察、消防警察有犯罪行为需要逮捕的，由犯罪地或人犯驻地的人民检察院审查决定。

第二十七条 人民检察院审查逮捕的下列案件，应报上一级人民检察院备案：

1、不批准逮捕的案件；

2、批准逮捕的反革命案件、涉外案件；

3、作出逮捕或不逮捕决定的检察机关直接受理侦查的案件。

备案材料包括，《审查逮捕人犯表》、《提请批准逮捕书》或《逮捕人犯意见书》等。

上级人民检察院对报送的备案材料应当认真进行审查，发现错误，及时纠正。

第二十八条 人民检察院对已作出决定的案件，发现原决定确有错误时，应及时纠正；

对已作出逮捕决定，又发现原决定错误的，人民检察院应撤销原逮捕决定，并制作《撤销逮捕决定书》，及时送交公安机关执行。

对已作出不逮捕决定，又发现原决定错误，需要逮捕的，人民检察院应撤销不逮捕决定，并重新作出逮捕决定，交公安机关执行。

对已撤销原逮捕决定或已作出免予起诉、不起诉决定而被释放的人犯，又发现有漏罪或新罪，需要逮捕的，人民检察院应重新办理逮捕手续。

第二十九条 对公安机关要求复议的不批准逮捕案件，同级人民检察院应当变更承办人认真复议，并在收到《要求复议意见书》后的七日内作出决定，制作《复议决定书》，通知公安机关。

对公安机关提请上一级人民检察院复核的不批准逮捕案件，上一级人民检察院应认真复核，并经检察委员会讨论，在收到《提起复核意见书》后的十五日内作出决定，制作《复核决定书》，通知下级人民检察院和公安机关执行。如需改变原决定，应通知作出原不批准逮捕决定的人民检察院撤销原决定，另制作《批准逮捕决定书》。必要时，上级人民检察院可以直接作出批准逮捕决定，通知下级人民检察院填写《批准逮捕决定书》，送交公安机关执行。

第三十条 人民检察院发现公安机关将已批准逮捕的人犯予以释放，且释放错误的，应通知公安机关予以纠正；如意见不被接受，可报请上级人民检察院，由上级人民检察院与同级公安机关共同处理。

第三十一条 在侦查中对人犯的羁押期限不得超过两个月。案情复杂、期限届满不能终结的案件，经上一级人民检察院批准可以延长一个月。

公安机关需要延长羁押期限的案件，应由公安机关在羁押期限届满七日前，向同级人民检察院提出《提请批准延长羁押期限意见书》，并提供简要案情。同级人民检察院审查同意后，制作《提请批准延长羁押期限报告书》报上一级人民检察院审查批准。上一级人民检察院应在羁押期限届满前作出是否批准延长的决定。

第三十二条 对重大的犯罪集团案件，流窜作案的重大、复杂案件和交通十分不便的边远地区的重大、复杂案件，在依法延长羁押期限一个月后仍不能办结的，应由公安机关在期限届满十五日前，向同级人民检察院提出《提请批准延长羁押期限意见书》，并提供简要案情。同级人民检察院审查同意后，制作《提请批准延长羁押期限报告书》，层报省、自治区、直辖市人民检察院批准，侦查羁押期限可以延长两个月。省、自治区、直辖市人民检察院应在羁押期限届满前作出是否批准延长的决定。

对特别重大、复杂的案件，按上述规

定延长羁押期限后仍不能终结的，应由公安机关在期限届满十五日前，向同级人民检察院提出《提请批准延长羁押期限意见书》，并提供简要案情。同级人民检察院审查同意后，制作《提请批准延长羁押期限报告书》，层报最高人民检察院转报全国人民代表大会常务委员会审批。

第三十三条 人民检察院直接受理侦查的案件，需要延长人犯羁押期限的，由侦查部门办理报批手续。

第三十四条 公安机关在侦查期间发现已被羁押的人犯另有重要罪行，经同级人民检察院批准补充侦查后，可以重新计算羁押期限。

人民检察院侦查部门在侦查期间发现已被羁押的人犯另有重要罪行的，参照前款办理。

第三十五条 对已决定逮捕的人犯，公安机关到外地执行逮捕或用函件委托外地公安机关代为逮捕的，应依照最高人民检察院、公安部《关于到外地逮捕人犯手续的几项规定》办理。

第三章 审查起诉

第三十六条 各级人民检察院提起公诉的案件，应与人民法院审判管辖相适应。

(一)基层人民检察院受理同级公安机关移送审查起诉的案件，经审查，认为属于上一级人民法院管辖的第一审案件时，应写出审查报告，连同案卷材料报送上一级人民检察院；也可以由基层公安机关向上级公安机关报送，由其向同级检察机关移送审查起诉，再由人民检察院分院或自治州、省辖市人民检察院向中级人民法院提起公诉。

人民检察院分院或自治州、省辖市人民检察院受理下级人民检察院报送的审查起诉案件，经审查认为不属中级人民法院管辖的第一审案件，一般应退回基层人民检察院，必要时也可直接向中级人民法院提起公诉。

（二）人民检察院分院或自治州、省辖市人民检察院受理的应向省、自治区、直辖市高级人民法院起诉的案件，应报送省、自治区、直辖市人民检察院向高级人民法院提起公诉。

（三）省、自治区、直辖市人民检察院受理的应向最高人民法院起诉的案件，应报送最高人民检察院向最高人民法院提起公诉。

上级人民检察院受理同级公安机关移送审查起诉的案件，如属下级人民法院管辖，可建议同级公安机关按照案件管辖范围，交下级公安机关向同级人民检察院移送审查起诉；也可直接交下级人民检察院审查，由下级人民检察院向同级人民法院提起公诉。

第三十七条 人民检察院受理公安机关移送审查起诉或免予起诉的案件，刑事检察部门受理本院侦查部门移送审查起诉或免予起诉的案件，应检查《起诉意见书》或《免予起诉意见书》（一式三份）及案卷材料是否齐备，移送的实物与物品清单是否相符。

第三十八条 人民检察院办理移送审查起诉或免予起诉的案件，必须查明：

（一）犯罪事实、情节是否清楚，证据是否确实、充分；

（二）犯罪性质和罪名的认定是否正确，适用法律是否适当；

（三）有无遗漏罪行和其他应当追究刑事责任的人；

（四）有无法定从轻、减轻、免除或从重、加重处罚的情节；

（五）是否属于不应当追究刑事责任的；

（六）有无附带民事诉讼；

（七）侦查活动是否合法。

第三十九条 人民检察院刑事检察部门受理移送审查起诉或免予起诉的案件，应指定检察员或助理检察员办理。承办人接到案件后，应及时、认真地阅卷审查，制作阅卷笔录，复核犯罪事实、证据，讯问被告人，调查补充必要的证据。

第四十条 人民检察院认为需要重新勘验和检查时，一般应要求公安机关进行，人民检察院派员参加；也可以由人民检察院进行，请公安机关派员参加；必要时可以聘请专门技术人员参加。

第四十一条 承办人对案件进行审查后，应拟写《案件审查报告》，提出起诉、免予起诉或者不起诉的意见，报刑事检察部门负责人审核。

刑事检察部门负责人对案件进行审核后，应提出审核意见，报请检察长或检察委员会决定。

第四十二条 人民检察院对移送审查起诉或免予起诉的案件，应在一个月内作出决定；重大、复杂的案件，一个月内不能作出决定的，刑事检察部门应填写《延长办案期限审批表》，经检察长批准可以延长十五日。

人民检察院改变管辖的案件，以改变后的办案机关收到案件之日起计算办案期限。

公安机关补充侦查后移送人民检察院的案件，人民检察院可重新计算审查起诉期限。

第四十三条 人民检察院刑事检察部门对本院侦查部门移送起诉或免予起诉的案件，按本细则第四十二条规定的期限办理。

第四十四条 人民检察院对案件进行审查后，认为犯罪事实已经查清，证据确实、充分，依法应当追究刑事责任的，应当作出起诉决定，并制作《起诉书》，连同案卷材料、证据移送同级人民法院。

第四十五条 对公安机关移送审查起诉的案件审查后，认为主要犯罪事实不清，证据不足，或遗漏罪行、遗漏同案犯，需要进一步侦查的，人民检察院应提出具体意见，连同案卷材料一并退回公安机关补充侦查或自行侦查。

对本院侦查部门移送审查起诉的案件，需要退回补充侦查的，可参照前款办理。

第四十六条 人民检察院在办理公安机关移送审查起诉的案件中，发现遗漏依法应当移送审查起诉的同案犯的，应制作《移送审查起诉被告人建议书》，建议公安机关补充移送审查起诉。对建议不被采纳，而人民检察院认为犯罪事实清楚，证据确实、充分，必须追究被告人刑事责任的，可以直接提起公诉。

人民检察院刑事检察部门在办理本院侦查部门移送审查起诉的案件中，发现遗漏依法应当移送审查起诉的同案犯的，应向侦查部门提出补充移送审查起诉的意见。侦查部门如有不同意见，刑事检察部门可报请检察长或检察委员会决定。

第四十七条 被告人的行为已构成犯罪，但依法不需要判处刑罚或免除处罚的，人民检察院可以对被告人作出免予起诉的决定，并制作《免予起诉决定书》。

对人民检察院直接受理侦查的贪污、受贿等案件的被告人，需要作出免予起诉决定的，依照最高人民检察院《关于贪污、受贿案件免予起诉工作的规定》办理。

第四十八条 免予起诉决定由人民检察院公开宣布。

《免予起诉决定书》应送达被告人，其副本应分别送交公安机关、被告人所在单位及被害人等。

对免予起诉的被告人，人民检察院可以按照《中华人民共和国刑法》第三十二条的规定，根据不同的情况，予以训诫，责令具结悔过、赔礼道歉。

第四十九条 对被告人具有《中华人民共和国刑事诉讼法》第十一条规定情形之一的，人民检察院应当作出不起诉决定，并制作《不起诉决定书》。

第五十条 不起诉决定由人民检察院公开宣布。

《不起诉决定书》应送达被告人，其副本应分别送交公安机关、被告人所在单位及被害人等。

第五十一条 对公安机关移送审查起诉的案件，人民检察院发现犯罪事实并非被告人所为的，应将案卷退回公安机关重新侦查；如被告人已被逮捕，应作出撤销逮捕决定，通知公安机关立即释放。

第五十二条 人民检察院对已起诉的案件，如发现依法不应当追究刑事责任的，应当主动撤回起诉，作出不起诉决定或建议撤销案件。

第五十三条 人民检察院受理人民法院退回补充侦查的案件，应当在一个月以内补充侦查完毕。其中对公安机关移送的案件，可以自行侦查，也可以退回公安机关补充侦查；对人民检察院直接受理侦查的案件，可以由刑事检察部门补充侦查，也可以退回侦查部门补充侦查，必要时可由刑事检察部门与侦查部门共同补充侦查。

第五十四条 人民检察院直接受理侦查的案件，决定免予起诉后，刑事检察部门应将《免予起诉决定书》副本及《案件审查报告》报上一级人民检察院刑事检察部门备案审查。

第五十五条 公安机关认为人民检察院作出的免予起诉决定有错误，要求复议、复核或被告人、被害人提出申诉的案件，由同级或上一级人民检察院控告申诉检察部门受理复查。复查后，应起诉的，由控告申诉检察部门提起公诉。

第五十六条 公安机关要求复议的不起诉的案件，由同级人民检察院刑事检察部门受理，并应变更承办人认真复议。人民检察院应在收到《要求复议意见书》后的七日内作出决定，通知公安机关。

下级公安机关向上一级人民检察院提请复核的不起诉案件，上一级人民检察院刑事检察部门应认真复核。人民检察院应在收到公安机关《提请复核意见书》后的十五日内，最迟不超过二十日作出决定，并由刑事检察部门制作《复核决定书》，通知下级人民检察院和公安机关执行。如改变原决定，可由作出原决定的人民检察院撤销原决定，重新制作决定书。

被害人对人民检察院决定不起诉的案件提出申诉的，由控告申诉检察部门受理。

第五十七条 最高人民检察院对地方各级人民检察院或上级人民检察院对下级人民检察院的起诉、免予起诉、不起诉决定，发现确有错误时，应指令下级人民检察院纠正。

第四章 侦查活动监督

第五十八条 人民检察院依照法律规定，对公安机关的侦查活动是否合法实行监督。

人民检察院刑事检察部门在检察长领导下，对本院侦查部门的侦查活动是否合法实行监督。

第五十九条 侦查活动监督主要是发现和纠正以下违法行为：

（一）对人犯刑讯逼供、指供、诱供的；

（二）对被害人、证人以体罚、威胁、诱骗等非法手段获取证言，收集证据的；

（三）伪造、隐匿、销毁、偷换以及私自涂改证据的；

（四）徇私舞弊、放纵、包庇犯罪分子的；

（五）有意制造冤、假、错案的；

（六）利用职务之便谋取非法利益的；

（七）违反有关赃款、赃物保管处理规定，贪污、挪用的；

（八）违反法定期限和有关强制措施规定的；

（九）其他违反《中华人民共和国刑事诉讼法》有关规定的。

第六十条 对公安机关侦查活动中的违法行为，人民检察院应根据情节和后果，分别采用口头、书面形式提出纠正意见；构成犯罪的，应追究刑事责任。

对违法行为的口头纠正意见，一般由案件承办人提出，并及时向刑事检察部门负责人汇报，必要时由刑事检察部门负责人提出；需要发《纠正违法通知书》的，应报请检察长批准。

发出《纠正违法通知书》后，应督促公安机关将纠正情况及时告人民检察院。

对应追究刑事责任的，人民检察院刑事检察部门应移交本院侦查部门立案侦查。

第六十一条 人民检察院刑事检察部门对本院侦查部门侦查活动中的违法行为，应根据情节和后果分别处理。情节较轻的，可直接向侦查部门提出纠正意见，情节较重的，或需追究刑事责任的，应报告检察长决定。

第六十二条 人民检察院派员参加公安机关的现场勘查和预审活动，应在了解案情、熟悉证据的同时，认真履行侦查活动监督职责，发现违法，及时纠正。

第六十三条 人民检察院对已作出批准逮捕、不批准逮捕决定的案件，在送交公安机关后，应及时了解和掌握公安机关的执行情况。对拖延执行或不执行人民检察院决定的，应发出《纠正违法通知书》督促执行，同时将情况报告上一级人民检察院，并抄报上一级公安机关。

第六十四条 下级人民检察院提出的纠正违法意见不被接受时，应及时向上一级人民检察院报告。上级人民检察院如认为下级人民检察院的纠正违法意见正确时，应与同级公安机关共同督促下级公安机关纠正；如认为下级人民检察院的纠正违法意见有错误，应通知下级人民检察院撤销已发出的《纠正违法通知书》。

第五章 出席第一审法庭

第六十五条 提起公诉的案件，除罪行较轻并经人民法院同意不出席法庭的外，人民检察院都应当派员出席法庭，支持公诉。

第六十六条 出庭的检察人员以国家公诉人的身份出席第一审法庭。公诉人应由检察长、检察员或代理检察员一至数人担任，并配备书记员担任记录。

第六十七条 公诉人的任务是：

（一）指控、揭露和证实犯罪，提请人民法院对被告人依法作出判决；

（二）维护诉讼参与人的合法权益；

（三）对法庭的审判活动是否合法，实行监督；

（四）结合案情宣传法制。

第六十八条 检察人员在出庭前，必须认真做好准备工作，进一步熟悉案情，制作公诉词，并针对被告人和辩护人可能进行辩护的重点问题拟写答辩提纲。

第六十九条 公诉人在法庭上应依法进行下列活动：

（一）宣读起诉书，参与法庭调查；

（二）发表公诉词，参加法庭辩论；

（三）对法庭审判活动中的违法行为，提出纠正意见。

第七十条 在法庭上，公诉人应认真听取和积极参与法庭调查，以协助法庭查明案情，揭露和证实犯罪。

有下列情形之一的，公诉人经审判长许可，可以对被告人、被害人、证人进行讯问、询问或建议审判长出示已收集在案的证据：

(一)审判人员对起诉书认定的犯罪事实漏问或未查清的；

(二) 被告人在法庭中供述的犯罪事实、情节与实际情况不符的；

(三) 有关事实、情节、罪名和犯罪动机、目的等方面可能成为辩论焦点的。

第七十一条 法庭辩论中，公诉人对在认定事实、证据、罪名、罪责以及适用法律等方面与被告人及其辩护人有分歧的，应认真进行答辩。

第七十二条 法庭审理过程中，遇有下列情形之一的,公诉人应当建议休庭,延期审理：

(一) 需要通知新的证人到庭，调取新的物证，重新鉴定或勘验的；

(二) 发现案件主要犯罪事实不清，证据不足，需要补充侦查的；

(三)发现有遗漏影响定罪量刑的犯罪事实和应追究刑事责任的人，不能当庭调查清楚的；

(四) 有严重违法行为，影响审判活动正常进行的。

当延期审理的建议不被采纳时，应提请法庭记录在案。庭后报经检察长同意，可以书面形式向人民法院提出纠正意见。

第七十三条 检察人员的出庭笔录，应详细记载庭审的时间、地点、人员、公诉人出庭执行任务情况和法庭辩论等主要内容。

第七十四条 对人民法院认为人民检察院提起公诉的共同犯罪案件中遗漏同案犯的，人民检察院应依照最高人民法院、最高人民检察院《关于共同犯罪案件中对检察院没有起诉、法院认为需要追究刑事责任的同案人应如何处理问题的联合批复》办理。

第六章 按上诉程序提出抗诉

第七十五条 人民检察院在收到人民法院第一审刑事判决或裁定书后，办案人员应及时审查，填写《刑事判决、裁定书审查表》，提出处理意见，报刑事检察部门负责人审核。对需要提出抗诉的案件，刑事检察部门应组织集体讨论，并报检察长或检察委员会决定。

第七十六条 人民检察院认为同级人民法院第一审刑事判决、裁定有下列错误之一的，应制作《抗诉书》，向上一级人民法院提出抗诉：

(一) 有罪判无罪、无罪判有罪的；

(二) 重罪轻判、轻罪重判、量刑明显不当的；

(三) 认定罪名不正确，一罪定数罪、数罪定一罪影响正确量刑的；

(四) 免予刑事处分、适用缓刑错误的；

(五) 严重违反诉讼程序影响正确判决、裁定的。

第七十七条 人民检察院对同级人民法院第一审判决的抗诉，应在接到判决书的第二日起十日内提出；对裁定的抗诉，应在接到裁定书的第二日起五日内提出。

对全国人民代表大会常务委员会《关于迅速审判严重危害社会治安的犯罪分子的程序的决定》中第一条所列犯罪案件的判决的抗诉，应在接到判决书的第二日起三日内提出。

第七十八条 人民检察院对同级人民法院第一审判决、裁定的抗诉，应当通过原审人民法院提出《抗诉书》，并将《抗诉书》抄送上一级人民检察院。

第七十九条 上级人民检察院对下级人民检察院按照上诉程序提出抗诉的案件，认为抗诉正确的，应支持抗诉；认为抗诉不当的，应当制作《撤回抗诉决定书》，向同级人民法院撤回抗诉。下级人民检察院如果认为上一级人民检察院撤回抗诉不当，可以提出复议。上级人民检察院应认真进行复议。

上级人民检察院在上诉、抗诉期限内，发现下级人民检察院应当提出抗诉而没有提出抗诉的案件，可责成下级人民检察院依法提出抗诉。

第八十条 对第二审人民法院发回原审人民法院重新审判的案件，原审人民法院的同级人民检察院在上诉、抗诉期限内，如果认为重新审判后的判决确有错误，仍可通过原审人民法院向上一级人民法院提出抗诉。

第七章 出席第二审法庭

第八十一条 对提出抗诉的案件或者第二审人民法院要求派员出庭的案件，同级人民检察院都应当派员出席第二审法庭。

第八十二条 检察人员出席第二审法庭的任务是：

（一）支持下级人民检察院的抗诉或听取上诉人的上诉意见，对原审法院错误的判决或裁定提出纠正意见；

（二）支持原审人民法院正确的判决或裁定，反驳无理上诉，建议法庭维持原判；

（三）维护诉讼参与人的合法权利；

（四）对审判活动是否合法实行监督；

（五）结合案情宣传法制。

第八十三条 检察人员出席第二审法庭前，应客观全面地审查原审案卷材料，以及下级人民检察院的抗诉书或上诉人的上诉状。重点审查原审判决认定犯罪事实、适用法律是否正确，证据是否确实、充分，量刑是否适当，以及抗诉或上诉的理由是否正确。

第八十四条 人民检察院审查第一审案卷材料，不受上诉或者抗诉范围的限制，必要时应提讯原审被告人，复核主要证据。

第八十五条 检察人员出庭支持抗诉，应制作抗诉词，拟写答辩提纲。对上诉案件出庭时，应制作出庭意见。

第八十六条 检察人员在第二审法庭上进行下列活动：

（一）宣读抗诉书或听取上诉人的上诉意见，参与法庭调查；

（二）发表抗诉词或出庭意见，参加法庭辩论；

（三）对法庭审判活动中的违法情况，提出纠正意见。

第八十七条 在法庭辩论中，检察人员应针对原审判决或裁定认定事实或适用法律、量刑等方面的问题，以及上诉人的上诉意见、辩护人的辩护意见进行重点发言。

第八十八条 法庭审理过程中，遇到本细则第七十二条所列情形之一的，检察人员应当建议休庭，延期审理。

第八十九条 对检察人员出席第二审法庭的其他要求，参照本细则第五章的有关规定执行。

第八章 审判活动监督

第九十条 人民检察院依照法律规定，对人民法院的审判活动是否合法，实行监督。

第九十一条 审判活动监督的重点

是：

（一）人民法院审理案件是否遵守法定审理和送达时限；

（二）法庭组成人员是否合法；

（三）人民法院审理案件是否依照法定程序进行；

（四）被告人和其他诉讼参与人的合法权益是否得到保障；

（五）审判人员有无徇私枉法的行为；

（六）审判活动中有无其他违法行为。

第九十二条 人民检察院对人民法院审判活动中的违法行为提出纠正意见，可参照本细则第六十条、第六十四条的规定执行。

第九章 按审判监督程序提出抗诉

第九十三条 人民检察院认为人民法院已经发生法律效力的判决、裁定确有下列错误之一的，应按审判监督程序向人民法院提出抗诉。

（一）有罪判无罪的、无罪判有罪的；

（二）重罪轻判、轻罪重判，量刑明显不当的；

（三）认定罪名不正确，一罪定数罪、数罪定一罪，量刑明显不当的；

（四）严重违反诉讼程序影响正确判决、裁定的。

第九十四条 对人民法院已经发生法律效力的判决、裁定需要提出抗诉时，刑事检察部门应组织集体讨论，并报检察长提交检察委员会决定。

第九十五条 最高人民检察院发现各级人民法院已发生法律效力的判决和裁定，上级人民检察院发现下级人民法院已发生法律效力的判决或裁定确有错误时，可以直接向同级人民法院提出抗诉，或者责成所作判决、裁定人民法院的上一级人民检察院向同级人民法院提出抗诉。

第九十六条 地方各级人民检察院发现同级或上级人民法院已经发生法律效力的判决或裁定确有错误时，应制作《提请抗诉报告书》，建议上级或层报更上一级人民检察院决定是否提出抗诉。

第九十七条 人民检察院按照审判监督程序提出的抗诉案件，经人民法院审理并作出终审判决或裁定后，如同级人民检察院认为人民法院所作的终审判决、裁定仍有错误，应提请上一级人民检察院按照审判监督程序向同级人民法院提出抗诉。

第九十八条 地方各级人民检察院按照审判监督程序向人民法院提出抗诉时，应将《抗诉书》副本抄送上一级人民检察院。

第十章 出席再审法庭

第九十九条 人民法院通知人民检察院出席再审法庭，人民检察院应派员出席。

第一百条 人民检察院派员出席再审法庭，应区分以下情况，由不同的业务部门承担出庭任务：

（一）人民检察院按照审判监督程序提出抗诉引起的再审案件，出庭任务由承办提出抗诉的业务部门承担；

（二）人民检察院经复查向人民法院提出再审建议后，人民法院决定再审的案件，出庭任务由复查该案的业务部门承担；

（三）人民法院经复查依法决定再审的案件，原审被告人正在服刑的，出庭任务由人民检察院监所检察部门承担；原判决已执行完毕的，出庭任务由人民检察院控告申诉部门承担。

第一百零一条 人民检察院派员出席再审法庭，应与人民法院的审判管辖相适应。

第一百零二条 人民检察院派员出席再审法庭，如果再审案件按照第一审程序审理，可参照本细则第五章的有关规定执行；如果再审案件按照第二审程序审理，可参照本细则第七章的有关规定执行。

第十一章 执行死刑临场监督

第一百零三条 人民法院对罪犯执行死刑时，人民检察院应当派员临场监督。

执行死刑临场监督，由检察长、检察员或助理检察员一至数人担任，并配备书记员担任记录。

第一百零四条 人民检察院收到同级人民法院执行死刑临场监督通知后，应检查同级人民法院是否收到最高人民法院或按规定应由高级人民法院核准死刑的判决（或裁定）和执行死刑的命令。

对停止执行后重新执行死刑的案件，应查明有无重新签发的执行死刑命令。

第一百零五条 在执行死刑前，人民检察院临场监督人员如发现有下列情形之一的，应建议人民法院停止执行：

（一）被执行人并非应执行死刑的罪犯；

（二）罪犯正在怀孕的；

（三）罪犯犯罪时不满十八岁的；

（四）罪犯临场喊冤，提出新的证据、情节，或有其他情况，应暂缓执行的；

（五）执行死刑的场地和现场秩序足以造成他人伤亡的。

第一百零六条 执行死刑后，人民检察院临场监督人员应检查罪犯是否确已死亡，并填写《死刑临场监督笔录》，签字后入卷归档。

第十二章 附 则

第一百零七条 关于本细则中涉及的人民检察院法律文书或文件的格式、要求，由最高人民检察院另行规定。

第一百零八条 本细则自下发之日起施行，《人民检察院刑事检察工作试行细则》同时废止。最高人民检察院的原有关规定与本细则不一致的，以本细则为准。

第一百零九条 本细则由最高人民检察院解释。

附：部分省人民检察院关于执行最高人民法院、最高人民检察院司法解释的意见

黑龙江省高级人民法院 黑龙江省人民检察院 关于执行最高人民法院、最高人民检察院高法明电(1991)20号和省高级人民法院、省人民检察院黑高法发〔1992〕5号两个《通知》的通知

黑高法发〔1992〕40号

1992年4月20日

各市、地、县（区）人民法院、人民检察院，农垦、林业、铁路运输法院、检察院：

最高人民法院、最高人民检察院和省法院、省检察院关于修改盗窃犯罪数额标准的两个《通知》下发后，各地在执行过程中遇到一些问题。现对这些问题提出如下意见：

1、如何理解应当依法判处十年以上有期徒刑或者无期徒刑的条件

两高《通知》第五条规定“盗窃公私财物数额特别巨大的，或者虽然数额尚未达到但已接近特别巨大的标准并有其他特别严重情节的，应当依法判处十年以上有期徒刑或者无期徒刑，可以并处没收财

产”。根据这一规定，只要具备其中之一的就应当判处十年以上有期徒刑或者无期徒刑。

2、对“接近特别巨大的标准”如何掌握

按照我省确定的“特别巨大”的标准为二万元，“接近特别巨大的标准”应掌握在犯罪数额达到一万五千元以上。

3、如何理解可以判处无期徒刑或者死刑的条件

两高《通知》第五条规定“盗窃公私财物数额特别巨大，同时又有其他特别严重情节的，可以依法判处无期徒刑或者死刑，并处没收财产”。根据这一规定，必须同时具备“数额特别巨大”和“其他特别严重情节”两个条件才可以判处无期徒刑、死缓或死刑立即执行。

4、“其他特别严重情节”如何掌握

两高（84）法研字第14号文件对“其他特别严重情节”做了规定，列举了属于“特别严重情节”的五种情节，在列举之后用“等等”表示“其他特别严重情节”并不仅限于列举的五种。根据我省处理盗窃案件的实践，下列情节可以视为“其他特别严重情节”：(1)劳改犯逃跑后又犯罪的；(2)因盗窃、抢劫罪曾被判处有期徒刑以上刑罚构成累犯的；(3)因盗窃、抢劫被多次劳动教养的；(4)赃款赃物大部分用于违法活动的；(5)连续撬盗居民住宅，作案时间长、次数多，危害严重的；(6)赃款赃物大部分被挥霍或损毁，失主遭受其他巨大损失的；(7)长期、多次流窜作案，或者负案在逃期间流窜作案的。

盗杀盗卖耕畜；盗窃通讯设备；盗窃企业生产设备、原材料，严重影响生产的；盗窃市政设施，造成严重损失的，可视为两高（84）法研字第14号文件列举的“严重妨害生产建设”的特别严重情节。

5、如何掌握我省规定的“数额较大”的标准

我省根据盗窃犯罪的对象、手段和危害性，对“数额较大”的起点分别规定为“以绺窃为主的盗窃案件为三百元，以撬门压锁入室盗窃为主的案件为四百元，其他盗窃案件为五百元”。对以“绺窃为主”和“以撬门压锁入室盗窃为主”应理解为主要犯罪或大部分犯罪是绺窃或撬门压锁入室盗窃，一般可掌握在绺窃或撬门压锁入室盗窃的数额占全部数额的三分之二以上。对绺窃和撬门压锁入室盗窃交叉的案件，如绺窃的数额占全部数额的二分之一以上，可视为以“绺窃为主”，数额较大的起点按三百元掌握。对于绺窃和撬门压锁入室盗窃，达不到上述标准，加上其他盗窃案件，合计数额达到五百元的，应按其他盗窃案件标准处理。

抢夺犯罪数额较大的起点仍按二百元掌握。

6、接到两个《通知》时已发生法律效力的案件是否可以按新盗窃犯罪数额标准改判

最高人民法院、最高人民检察院高法明电（1991）20号《关于修改盗窃犯罪数额标准的通知》第七条规定“本《通知》从1992年1月1日起施行。本《通知》施行后办理的盗窃案件，依照本《通知》办理”。根据这一规定，1992年1月1日以后判处的案件，应当适用新的盗窃犯罪数额标准。1992年1月1日以后宣判，在接到两高《通知》时已发生法律效力的案件，如果有问题应当按照新的盗窃犯罪数额标准再审改判。

湖北省高级人民法院
湖北省人民检察院
湖北省公安厅
关于转发《最高人民法院、最高人民检察院关于修改盗窃犯罪数额标准的通知》的通知

鄂高法发〔1992〕4号
1992年1月16日

全省各级人民法院、人民检察院、公安局（处）：

现将最高人民法院、最高人民检察院《关于修改盗窃犯罪数额标准的通知》转发给你们，希遵照执行。

根据《通知》第六条的规定，结合我省实际情况，确定"数额较大"的标准，山区、贫困县为三百元，其他地区为四百元；"数额巨大"的标准，山区、贫困县为三千元，其他地区为四千元；"数额特别巨大"的标准，山区、贫困县为二万元，其他地区为二万五千元。

我省确定的盗窃数额标准从2月1日起执行，在此以前已经判决发生法律效力的案件不再改变。

附：最高人民法院、最高人民检察院关于修改盗窃犯罪数额标准的通知（略）

湖北省高级人民法院
湖北省人民检察院
关于转发最高人民法院、最高人民检察院印发《关于办理偷税、抗税刑事案件具体应用法律的若干问题的解释的通知》的通知

鄂高法发〔1992〕28号
1992年4月29日

全省各级人民法院、人民检察院：

现将最高人民法院、最高人民检察院印发《关于办理偷税、抗税刑事案件具体应用法律的若干问题的解释的通知》转发给你们，希遵照执行。

根据《通知》第五条第二款的规定，结合我省实际情况，对个体工商户、个人承包户、租赁经营户、个人合伙或者其他纳税个人以及负有代征、扣缴义务的个人，认定偷税情节严重的数额起点为三千元。

我省确定的偷税情节严重的数额标准从1992年6月1日起执行，在此以前已经判决发生法律效力的偷税案件不再改变。

附：最高人民法院、最高人民检察院关于办理偷税、抗税刑事案件具体应用法律的若干问题的解释（略）

湖南省高级人民法院
湖南省人民检察院
关于确定盗窃“数额较大”、“数额巨大”和“数额特别巨大”标准的通知

湘高法发〔1992〕1号

1992年1月4日

全省各级人民法院、人民检察院：

现将最高人民法院、最高人民检察院《关于修改盗窃犯罪数额标准的通知》转发给你们，请遵照执行。

根据最高人民法院、最高人民检察院《关于修改盗窃犯罪数额标准的通知》中的有关规定和结合我省当前经济发展以及社会治安的实际情况，经研究，对盗窃公私财物“数额较大”、“数额巨大”和“数额特别巨大”的标准，作如下确定：

一、个人盗窃公私财物“数额较大”，贫困县以四百元为标准，其他地市以五百元为标准。

二、个人盗窃公私财物“数额巨大”，贫困县以四千元为标准，其他地市以五千元为标准。

三、个人盗窃公私财物“数额特别巨大”，以二万元为标准。

附：最高人民法院、最高人民检察院《关于修改盗窃犯罪数额标准的通知》（略）

海南省高级人民法院
海南省人民检察院
关于贯彻最高人民法院、最高人民检察院《关于修改盗窃犯罪数额标准的通知意见》的通知

琼高法研字（1992）第6号

1992年3月12日

全省各级人民法院、各级人民检察院：

依照最高人民法院、最高人民检察院《关于修改盗窃犯罪数额标准的通知》规定，考虑我省经济发展和社会治安的实际状况，经研究决定，将我省办理盗窃案件的数额标准作如下规定：

一、个人盗窃公私财物“数额较大”，海口市和三亚市城区以五百元为标准；其他县、市和三亚市郊区以三百元为标准。

二、个人盗窃公私财物“数额巨大”，海口市和三亚市城区以五千元为标准；其他县、市和三亚市郊区以三千元为标准。

三、个人盗窃公私财物“数额特别巨大”，海口市和三亚市城区以三万元为标准；其他县、市和三亚市郊区以二万元为标准。

四、盗窃数额是构成盗窃罪的重要标准，但不是定罪量刑的唯一标准。除根据盗窃财物数额外，还应当根据犯罪的其他具体情节和犯罪分子的认罪态度、退赃表现等，进行全面分析，正确定罪量刑。

五、盗窃公私财物数额特别巨大，无其他特别严重情节的，或者虽然数额尚未达到但已接近特别巨大的标准并有其他特别严重情节的，应当依法判处十年以上有期徒刑或者无期徒刑，可以并处没收财产；盗窃数额特别巨大，同时又有其他特别严重情节的，可以依法判处无期徒刑或者死

刑，并处没收财产。

六、本通知下达后所办理的盗窃案件，依照本《通知》办理。

四川省高级人民法院
四川省人民检察院
四川省公安厅
四川省司法厅
关于修改我省盗窃犯罪数额标准的通知

川高法发〔1992〕11号

1992年4月1日

各市、地、州、县（市、区）人民法院、人民检察院、公安局（处）、司法局，铁路运输法院、检察院、公安局（处）：

根据最高人民法院、最高人民检察院（研）发（1991）47号《关于修改盗窃犯罪数额标准的通知》的要求，结合我省经济发展和社会治安状况，现对我省盗窃犯罪数额标准作如下修改：

一、个人盗窃公私财物“数额较大”，农村以三百元为标准，城市（包括省辖市市区，专辖市和省辖县级市的城区，下同）以五百元为标准。

牧区个人偷牛盗马“数额较大”以一千元为标准。

扒窃公私财物“数额较大”仍按原规定数额标准执行。

二、个人盗窃公私财物“数额巨大”，农村以三千元为标准，城市以五千元为标准。

三、个人盗窃公私财物“数额特别巨大”以二万元为标准。

四、在押罪犯在劳改场所盗窃公私财物的数额标准，仍然按照1990年9月7日省公、检、法、司《关于当前办理劳改罪犯又犯罪案件的几点意见》中有关规定执行。

五、本《通知》从文到之日起执行。本《通知》执行后未办结的盗窃案件，依照本《通知》规定办理，已审结的案件不再变动。过去我省有关盗窃罪的规定与本《通知》不一致的，不再适用。

以上规定，请各地人民法院、人民检察院、公安机关、司法局遵照执行。

四川省高级人民法院
四川省人民检察院
转发最高人民法院、最高人民检察院《关于办理偷税、抗税刑事案件具体应用法律的若干问题的解释》的通知

川高法发〔1992〕15号

川检（研）〔1992〕22号

1992年5月6日

全省各级人民法院、人民检察院、铁路运输法院、检察院：

现将最高人民法院、最高人民检察院《关于办理偷税、抗税刑事案件具体应用法律的若干问题的解释》转发给你们。根据《解释》第五条第二款、第三款的规定，经研究决定，我省对个体工商户、个人承包户、租赁经营户，个人合伙或者其他纳税个人以及负有代征、扣缴义务的个人，认定偷税情节严重的数额起点标准为三千元。请遵照执行。

附：最高人民法院、最高人民检察院关于办理偷税、抗税刑事案件具

体应用法律的若干问题的解释（略）

甘肃省高级人民法院 甘肃省人民检察院转发《关于修改盗窃犯罪数额标准的通知》的通知

甘高法发〔1992〕4号

1992年2月20日

各地、州、市中级人民法院、人民检察院（分院），各县、市、区人民法院、人民检察院，甘肃矿区法院、检察院，兰州铁路运输中级法院、检察院，铁路运输基层法院、检察院，白龙江林管局检察分院并各林区基层法院、检察院：

现将最高人民法院、最高人民检察院《关于修改盗窃犯罪数额标准的通知》转发你们，望遵照执行。

鉴于我省经济发展比较落后的状况，确定我省执行的数额标准为：

一、个人盗窃公私财物“数额较大”，城市以四百元为标准，农村以三百元为标准。

二、个人盗窃公私财物“数额巨大”，城市以四千元为标准，农村以三千元为标准。

三、个人盗窃公私财物“数额特别巨大”，城市以三万元为标准，农村以二万元为标准。

附：最高人民法院、最高人民检察院《关于修改盗窃犯罪数额标准的通知》（略）

第七部分　案例选载

易芳、刘小虎贪污案

被告人易芳，女，27岁，湖南省涟源县人，原系中国民用航空广州管理局运输公司售票处售票员。1990年4月3日被逮捕。

被告人刘小虎，男，23岁，河北省河间县人，无业。1990年4月16日被逮捕。

广州市白云区人民检察院于1990年3月31日以贪污罪对易芳、刘小虎立案侦查。

1987年9月初，被告人易芳、刘小虎共谋，利用易芳当时担任广州民航运输公司售票处收款员的职务便利，侵吞公款。随后，易芳冒用某售票员的名义从票务员处领取了500张空白机票，从1987年9月12日起至1988年5月30日，将187张机票撕去会计联，在乘机联和旅客联写上虚构的姓名和航程、票价，由刘小虎搞来证明信到售票处退票，骗取人民币外汇兑换券117211元。

1988年6月，易芳由收款员调任售票员。从1988年7月9日至1989年9月15日，易芳采用将机票会计联写为短程低价、乘机联和旅客联写为远程高价的方法，开出机票3426张，与被告人刘小虎分别退票，骗取人民币2050444元，人民币外汇兑换券752342元。

1989年9月16日以后，被告人易芳与马瑛（另案处理）以同样手段骗取人民币166344元，人民币外汇兑换券52608元。

综上，被告人易芳共贪污3138949元，被告人刘小虎参与贪污2919997元。二被告人共挥霍赃款40多万元，其余于案发后被检察机关追缴。

广州市白云区人民检察院于1990年10月24日将此案侦查终结。鉴于此案犯罪数额特别巨大，情节特别严重，依照《中华人民共和国刑事诉讼法》第九十三条、第十五条之规定，将案件移送广州市人民检察院审查起诉。广州市人民检察院经审查后，于1990年12月17日依法向广州市中级人民法院提起公诉。

广州市中级人民法院经公开审理，认定此案事实清楚，证据确实、充分，于1991年4月8日以贪污罪分别判处被告人易芳、刘小虎死刑，剥夺政治权利终身。易芳、刘小虎不服一审判决，提出上诉。广东省高级人民法院于1991年6月26日裁定：驳回上诉，维持原判。

1991年12月24日，经最高人民法院核准，易芳、刘小虎被处决。

（最高人民检察院贪污贿赂检察厅
霍亚鹏）

刘淑兰贪污、受贿案

被告人刘淑兰，女，46岁，天津市人，原系中国华阳技术贸易总公司贸易部贸易处项目经理。

刘淑兰贪污、受贿一案，由中国华阳技术贸易总公司提出控告。北京市宣武区人民检察院于1990年4月29日立案侦查，次日将刘淑兰刑事拘留，同年5月10日将其逮捕。

1988年4月至1989年11月底，刘淑兰在担任北京光大实业公司第一业务部项目经理、中国华阳技术贸易总公司贸易部贸易处项目经理期间，利用为国内厂家办理引进国外生产设备、鉴定项目合同等职务之便，先后收受、索取河北省赞皇县柠檬酸厂、河北省三河县白水泥厂、山西省雁北家具公司、山西省城乡建筑设计院、山西省晋中老龄委员会、河北省廊坊市淀粉厂及美国大唐集团董事长陈达孝、美国太平洋企业有限公司经理郑香芝的贿赂款，共计美元15.25万元（折合人民币55.205万元）、人民币4.81万余元及组合柜1套、金戒指1枚、手提箱等物品（物品价值人民币4500余元）。

1988年4月至1989年9月，刘淑兰利用职务之便，以涂改合同、单据及收款不入帐、虚报冒领等手段，侵吞黑龙江省牡丹江市新型皮革厂、北京光大实业公司、河北省赞皇县柠檬酸厂、河北省三河县白水泥厂、中国华阳技术贸易总公司的人民币49937元，美元2900元（折合人民币10498元）。

综上，被告人刘淑兰收受贿赂人民币及美元、物品（折合人民币）共计60.46万余元；贪污人民币及美元（折合人民币）共计6.043万余元。

北京市宣武区人民检察院于1991年3月3日将此案侦查终结。鉴于该案犯罪数额特别巨大，情节特别严重，宣武区人民检察院依照《刑事诉讼法》第九十三条、第十五条之规定，将此案报送北京市人民检察院分院审查起诉。北京市人民检察院分院经审查认为：被告人刘淑兰利用职务之便大肆索取、收受贿赂，贪污公款，且数额特别巨大，已构成受贿罪、贪污罪。北京市人民检察院分院于1991年9月24日向北京市中级人民法院提起公诉。

北京市中级人民法院经公开审理，认为此案事实清楚，证据确实、充分，于1992年1月23日依法作出判决：被告人刘淑兰犯受贿罪，判处死刑，剥夺政治权利终身；犯贪污罪，判处有期徒刑十三年，剥夺政治权利三年；决定执行死刑，剥夺政治权利终身。

被告人刘淑兰不服一审判决，以原判认定事实与实际不符；在《六·二〇通告》期间坦白全部罪行并检举揭发他人；量刑过重等理由，向北京市高级人民法院提出上诉。

北京市高级人民法院经审理查明：上诉人刘淑兰是在司法机关掌握了其大量犯罪证据并对其进行审查之后，才开始陆续交待犯罪事实，但对收受外商巨额贿赂的犯罪事实至今仍不作如实供述；其检举揭发他人的问题，均系在押人犯违反监规、逃避审查的违法行为，不构成立功。认为一审判决定罪正确，量刑适当。于1992年3月11日作出裁定：驳回刘淑兰上诉，维持原判。

1992年12月19日，经最高人民法院核准，刘淑兰被处决。

（最高人民检察院贪污贿赂检察厅
霍亚鹏）

张辛泰受贿案

被告人张辛泰，男，54岁，河北省蠡县人，原系铁道部副部长，南昆铁路建设筹备领导小组副组长。

被告人张辛泰于1991年4月25日向最高人民检察院铁路运输检察厅投案自首。最高人民检察院于1991年5月6日以受贿罪决定立案侦查。5月21日对其采取取保候审强制措施。经侦查查明：

被告人张辛泰在任铁道部副部长期间，于1987年至1989年11月间，先后收受中国人民解放军总后勤部管理局生产处工作人员李春花（另案处理）贿赂的日本产夏普牌吸尘器一台、松下牌210升、250升电冰箱各一台、夏普牌多制式录相机一台、日立牌54厘米遥控彩色电视机一台、夏普牌转盘式微波炉一台，以上物品共计价值人民币20270元。在此期间，被告人张辛泰于1989年6月利用职权，违反铁路合理运输流向的规定，帮助李春花批办了从山西省大同市某煤矿到湖北省当阳市某玻璃厂的计划外运煤车皮一列（50节）。

1991年11月5日，最高人民检察院将此案侦查终结，移交北京市人民检察院分院审查起诉。1992年1月17日，北京市人民检察院分院将张辛泰受贿一案向北京市中级人民法院提起公诉。

1992年6月29日，北京市中级人民法院开庭公开审理了张辛泰受贿案，认为：北京市人民检察院分院起诉的犯罪事实清楚，证据确实充分，足以认定。被告人张辛泰无视国法，身为国家高级干部竟利用职务之便为他人谋取利益，非法收受他人财物，数额巨大，其行为已构成受贿罪，应予惩处。鉴于被告人张辛泰犯罪后能投案自首，积极退赃，确有悔罪表现，根据被告人张辛泰犯罪的事实、性质、情节和对于社会的危害程度，北京市中级人民法院审判委员会决定，对其减轻处罚。

北京市中级人民法院依照全国人民代表大会常务委员会《关于惩治贪污罪贿赂罪的补充规定》第四条第一款、第五条第一款、第二条第（2）项、第十二条及《中华人民共和国刑法》第六十三条、第五十九条第二款、第六十七条第一款之规定，判处被告人张辛泰有期徒刑三年，缓刑五年。

（最高人民检察院铁路运输检察厅

王向东）

王秀英受贿案

被告人王秀英，女，55岁，汉族，浙江省慈溪县人，原系国家计划委员会生产调度局副局长。1991年4月27日因受贿罪被依法逮捕。

王秀英受贿一案，1991年3月28日由最高人民检察院决定立案侦查。经侦查查明：

被告人王秀英在担任国家经济委员会经济技术协作局总经济师期间，于1988年4月，利用职务帮助北方塑料工业编织集团获得750万美元的外汇额度。7月，王秀英以借款为名，向北方塑料工业编织集团总经理商禄（另案处理）索要1.5万美元，用于支付其子孙远在英国留学的费用。商禄动用公款人民币9万元兑换成美元后，按王秀英指定的地点将款汇给了英国孙远的经济担保人。后被孙远全部支出使用。1990年11月，商禄因经济问题被检察机关审查。王秀英将赃款连同应付的利息全部退缴。

最高人民检察院认为，被告人王秀英身为国家机关干部，目无国家法律，利用职务之便，向他人索取贿赂，且数额巨大，已构成受贿罪。1991年7月15日，最高人民检察院将王秀英受贿案移交北京市人民检察院分院，8月31日，北京市人民检察院分院以受贿罪对被告人王秀英提起公诉。

1992年1月22日，北京市中级人民法院以受贿罪判处被告人王秀英有期徒刑十二年，剥夺政治权利二年。被告人王秀英不服一审判决，以自己的行为不构成受贿罪和量刑过重为由，向北京市高级人民法院提出上诉。北京市高级人民法院经审理认为：一审法院根据王秀英犯罪的事实，犯罪的性质、情节、后果及对社会的危害程度，对王秀英定罪正确，量刑适当，审判程序合法，应予维持。王秀英上诉理由不能成立，遂于1992年3月5日作出终审裁定，依法驳回上诉人王秀英的上诉，维持原判。

（最高人民检察院贪污贿赂检察厅 赵凤祥）

罗德明等人假冒茅台酒商标案

被告人罗德明，男，33岁，汉族，贵州省仁怀县人，原系仁怀县荣禄宫酒厂贵阳经营部经理。1988年12月14日被逮捕。

被告人夏长琴（罗德明之妻），女，31岁，汉族，江西省九江市人，无业。1989年7月23日被逮捕。

被告人罗开霞（罗德明之六姐），女，39岁，汉族，贵州省仁怀县人，原系遵义3420工厂工人。1989年7月19日被逮捕。

被告人夏长平（夏长琴之弟），男，30岁，汉族，江西省九江市人，原系贵阳市建材厂子弟学校教师。1989年7月21日被逮捕。

被告人张前志，男，44岁，汉族，四川省永川县人，无业。1976年因赌博、诈骗等罪被判处有期徒刑二十年，1985年8月被释放；1990年6月15日被逮捕。

被告人夏长基（夏长琴之兄），男，42岁，汉族，江西省九江市人。原系贵阳市花溪区人民法院办公室主任。

被告人罗开先（罗德明之五姐），女，46岁，汉族，贵州省仁怀县人，原系遵义铁合金公司锰矿厂工人。1989年7月18日被逮捕。

被告人邓家骅，男，36岁，汉族，贵州省贵阳市人，原系贵州省委汽车队驾驶员。1990年6月8日被逮捕。

被告人潘正强，男，50岁，汉族，贵州省仁怀县人，原系贵州省化工研究所干部（停薪留职）。1990年6月8日被逮捕。

1988年8月30日，贵州省独山县麻尾检查站发现广东省开平县蚬岗华侨商品商店批发部一车假茅台酒。经查，该车假酒是从贵州省仁怀县荣禄宫酒厂贵阳经营部罗德明处购买的。独山县人民检察院于1988年10月25日以假冒商标罪对罗德明立案侦查，1990年3月26日侦查终结。1990年5月30日，独山县人民检察院将罗德明等人投机倒把、脱逃、包庇、窝赃一案移送黔南布依族苗族自治州人民检察院审查起诉。经审查查明：

1988年3月4日，被告人罗德明、夏长琴在没有茅台酒货源的情况下，以“贵州省茅台酒家贵阳经营部”的名义，与广东省开平县蚬岗供销社经理张志坚、胡国祯签订了一份8000瓶五星彩盒茅台酒的供销合同。4月，罗德明收到蚬岗供销社汇来的32万元货款后，便开始了制造假茅台酒的犯罪活动：通过被告人夏长基租用贵阳市庙中路8号房屋作为制造假茅台酒的场地；被告人罗德明用伪造的注册商标印制证明到武汉市湖北印刷厂订购20万个假茅台酒五星彩盒；向丁政权、梅文灿、汪勇等人（均另案处理）购买用于制造假茅台酒的商标、瓶盖、装箱单；伪造“贵州茅台酒厂”公章及该厂有关人员私章；印制茅台酒专用准印证及仁怀县酒类专卖业管理局的公章；在仁怀县茅台镇大量购买“台良”窖酒、“华文”窖酒、“台酒”等作为制造假茅台酒的酒源。被告人夏长平到重庆市购买打包机；在贵阳订购外包装纸箱6000个（已提货4000个），刻制纸箱上的“贵州茅台酒”板模。被告人罗开霞从遵义县泮水乡找来7名青年，作为生产制造假茅台酒的工人，并由罗开霞负责制造假酒的技术指导，带领7名工人贴商标、压瓶盖、装箱、打包、装卸等。被告人夏长平负责印刷包装纸箱上的字样。被告人夏长琴负责财务工作。

被告人罗德明等人于1988年6月至8月间，共制造五星彩盒假茅台酒3441件，41292瓶，分别以每瓶77.50元和80元、81元的价格销往广东省开平县蚬岗供销社、杭州市望江商业分公司及海南省等地。经营额共计331.9万余元，非法获利209万余元。案发后追回赃款及赃物折款共计111.8万余元。

被告人罗德明一伙以攫取非法利润为目的，违反国家工商管理法规，非法从事工商业活动，扰乱社会主义经济秩序。在两个月的时间内大量制造、销售假茅台酒，严重破坏了国酒的声誉，直接侵害了消费者的利益，情节恶劣，数额特别巨大，后果特别严重。

被告人罗德明在被收审期间，翻越围墙逃跑，后被抓回。其行为已构成投机倒把罪、脱逃罪。在投机倒把的共同犯罪中，起指挥作用，系该案主犯。

被告人夏长琴、罗开霞、夏长平积极参与制造、销售假茅台酒，共同进行投机倒把犯罪活动，均已构成投机倒把罪。

被告人张前志为被告人罗德明转移赃款6万元，并将罗的100多件台良窖酒加工成假茅台酒出售。其行为已构成窝赃罪、投机倒把罪。

被告人罗开先为被告人罗德明转移赃款6万元，茅台酒7件；用2000元人民币贿赂独山县公安局看守所干部常善贞（已另案处理），为被告人罗德明、夏长琴传递信件，进行串供；在被告人夏长琴、夏长平在逃期间，为二犯租房子，致使二犯躲藏近三个月。其行为已构成窝赃罪、窝藏罪。

被告人邓家骅帮助被告人罗德明窝藏赃款6万元。其行为已构成窝赃罪。

被告人潘正强身为国家干部，明知被告人罗德明制造、销售假茅台酒，不控告揭发，还帮助罗德明转移压盖机、纸箱等赃物到遵义隐藏，其行为已构成包庇罪。

被告人夏长基，身为司法干部，明知其弟夏长平、妹夏长琴参与被告人罗德明制造、销售假茅台酒已构成犯罪，而且独山县办案人员曾三次告知，要其协助抓获其弟、妹归案。但是，被告人夏长基在明知其弟、妹隐藏住所的情况下，不揭发，并为罪犯提供帮助，逃避惩罚。其行为已构成包庇罪。

1990年7月15日，黔南布依族苗族自治州人民检察院将此案向黔南布依族苗族自治州中级人民法院提起公诉。

黔南布依族苗族自治州中级人民法院经过审理，于1991年9月25日依法判决：被告人罗德明犯投机倒把罪，判处死刑，剥夺政治权利终身，犯脱逃罪判处有期徒刑二年，决定执行死刑，剥夺政治权利终身；被告人夏长琴犯投机倒把罪，判处有期徒刑十五年，剥夺政治权利四年；被告人罗开霞犯投机倒把罪，判处有期徒刑六年；被告人夏长平犯投机倒把罪，判处有期徒刑五年；被告人张前志犯投机倒把罪，判处有期徒刑六年，犯窝赃罪，判处有期徒刑一年，决定执行有期徒刑六年；被告人罗开先犯窝赃罪，判处有期徒刑一年六个月，犯窝藏罪，判处有期徒刑一年六个月，决定执行有期徒刑三年，缓刑五年；被告人邓家骅犯窝赃罪，判处有期徒刑二年，缓刑三年；被告人潘正强犯包庇罪，判处有期徒刑二年，缓刑二年；被告人夏长基犯包庇罪，判处有期徒刑二年，缓刑二年。

被告人罗德明、夏长琴、罗开霞、夏长平、张前志、夏长基不服一审判决，向贵州省高级人民法院提出上诉。

贵州省高级人民法院经过审理，于1992年6月8日依法作出二审判决：维持原判对被告人罗德明、夏长琴、罗开霞、夏长平、张前志、罗开先、邓家骅、潘正强的定罪量刑；维持原判对夏长基的定性部分，撤销其量刑部分，以包庇罪改判夏长基免予刑事处分。

1992年11月2日，最高人民法院核准对罗德明的死刑，11月18日执行死刑。

（最高人民检察院贪污贿赂检察厅
刘桂平）

邹景恒、寇振卿假冒"中州"牌清热解毒口服液商标案

被告人邹景恒，男，57岁，汉族，河南省沈丘县人，原系河南省项城县经委干部（停薪留职），捕前任河南省华侨公司倩景保健品厂厂长。1992年5月26日被逮捕。

被告人寇振卿，男，36岁，汉族，河南省禹州市人，原系河南省华侨公司倩景保健品厂供销科长。1992年8月24日被逮捕。

1992年5月14日，被告人邹景恒、寇振卿制售假冒"中州"牌清热解毒口服液商标一案被举报，郑州市人民检察院于1992年5月16日立案侦查。经侦查查明：

1990年3月，河南省郑州市中药厂与郑州市邙山制药厂联营时，被告人邹景恒曾在邙山制药厂第二车间生产"中州"牌清热解毒口服液。1991年1月，郑州市中药厂与邙山制药厂解除联营合同。在此期间，被告人寇振卿在推销中药材时结识了被告人邹景恒，邹便让寇找人印制"中州"牌清热解毒口服液商标。1991年1至9月，被告人寇振卿通过河南省长葛县石固镇民办教师周玉修（另案处理），在该乡农民杨清岭、李福贵（均已另案处理）处非法印制"中州"牌清热解毒口服液商标30万张。被告人邹景恒又通过郑州市中药厂工人窦斌峰购买该厂工人贺春新（另案处理）盗窃该厂的"中州"牌清热解毒口服液商标1.5万张。

1991年9月1日，被告人邹景恒租赁了郑州市邙山区下坡杨村原板簧厂生产"肌醇"的车间及设备，由被告人寇振卿提供中药材10吨，在没有办理生产销售药品合格证、许可证及营业执照的情况下，非法生产郑州市中药厂省优、部优产品"中州"牌清热解毒口服液4000余件。被告人邹景恒以低于郑州市中药厂"中州"牌清热解毒口服液的价格，采取现金回扣和使用其它单位发票等手段，将假冒的"中州"牌清热解毒口服液销往平顶山、洛阳、禹州、南阳、郑州、濮阳、巩义、荥阳、密县、郾城等县市，非法经营额40余万元，从中非法获利6.38余万元。被告人寇振卿为邹景恒制造假清热解毒口服液提供商标标识25.6万余张，并提供其在禹州市银行帐号，销售假冒"中州"牌清热解毒口服液700余件，价值7.7万余元。

1992年8月10日，河南省郑州市人民检察院以投机倒把罪将被告人邹景恒、寇振卿向郑州市中级人民法院提起公诉。

1992年10月19日，郑州市中级人民

法院对此案进行了公开审理。认为被告人邹景恒为牟取暴利，假冒他人已注册的名牌商标，非法生产、销售假冒药品，以假充真，以次充好，已构成投机倒把罪，且非法经营额特别巨大，系该案主犯，应从重惩处。被告人寇振卿积极联系非法印制他人已注册的名牌商标并参与生产、销售假冒药品，亦构成投机倒把罪，系本案从犯。依照《中华人民共和国刑法》第一百一十八条、第五十三条及《全国人民代表大会常务委员会关于严惩严重破坏经济的罪犯的决定》第一条第一款之规定，判决被告人邹景恒犯投机倒把罪，判处无期徒刑，剥夺政治权利终身；被告人寇振卿犯投机倒把罪，判处有期徒刑十年，剥夺政治权利二年。

被告人邹景恒、寇振卿不服一审判决，上诉于河南省高级人民法院。1992 年 11 月 12 日，河南省高级人民法院裁定，驳回上诉人邹景恒、寇振卿的上诉，维持原判。

（最高人民检察院贪污贿赂检察厅

刘桂平）

孙永刚等人玩忽职守案

被告人孙永刚，男，35 岁，原系中国农业银行哈尔滨市动力区办事处副主任。

被告人付江涛，男，24 岁，原系中国农业银行哈尔滨市动力区办事处经济警察。

被告人陈刚，男，21 岁，原系中国农业银行哈尔滨市动力区办事处经济警察。

被告人朱朝辅，男，33 岁，原系中国农业银行哈尔滨市动力区办事处前进街分理处储蓄所所长。

被告人孙长满，男，37 岁，原系中国农业银行哈尔滨市动力区办事处经济民警队副队长。

被告人王连恒，男，31 岁，原系中国农业银行哈尔滨市动力区办事处会计科科长。

被告人王新生，男，42 岁，原系中国农业银行哈尔滨市分行保卫处副处长。

被告人曲德福，男，33 岁，原系中国农业银行哈尔滨市动力区办事处保卫科科长。

被告人杨慕，男，19 岁，原系中国农业银行哈尔滨市分行动力区办事处新村储蓄所储蓄员。

孙永刚等人玩忽职守一案，是黑龙江省哈尔滨市动力区人民检察院在追查中国农业银行哈尔滨市动力区办事处 1992 年 3 月 15 日金库被盗 128 万多元的特大盗窃案件的发案原因时发现的。此案于 1992 年 4 月 10 日立案侦查，于 4 月 15 日侦查终结。经侦查查明主要犯罪事实是：

（1）孙永刚等被告人严重不负责任，致使金库设置位置和结构不符合要求，未安装警报装置，警戒设施不符合规定。

（2）曲德福等被告人违反有关规定，擅离职守，因思想麻痹，丧失了起码的警惕性，使犯罪分子盗窃得逞，给国家造成巨大经济损失。

在此案中，被告人孙永刚身为办事处副主任，主管安全保卫工作，又是该单位治安防范负责人，在任职期间，尤其是在迁入新行址前后，在主持金库的改建、警报器的安装工作中，没有按照《中国农业银行安全防范设施规范》的规定施工，把金库设置在毫无防范措施的设备层之上。在银行安全防范工作的安排上，被告人孙永刚明知金库一侧紧贴居民住宅，却没有采取安全防范措施，对金库下面是设备层通道、金库西侧是空闲居民住宅的情况，长期不向值班值宿人员和职能部门保卫科交代，致使案犯利用空房做案得逞。在新行址启用后，单位的值班值宿、警卫制度不落实，脱岗、漏岗、守库警卫不坚持24小时坐更值班制度等严重违章现象长期存在。案犯盗窃做案数日，凿墙响声在办事处各房间都有感觉。因其丧失警惕，思想麻痹，听而不闻，使犯罪分子作案得逞。被告人孙永刚在此案中负有直接领导责任。依据《中华人民共和国刑法》第一百八十七条规定，构成玩忽职守罪。

被告人孙长满身为办事处经济民警队副队长，在1992年3月12日听到本单位干部反映金库内有异常响声，金库有危险时，不仅不重视，不采取相应措施，反而说："金库结实，给你一把镐刨一天也刨不开。"致使盗贼作案的迹象被忽略，使犯罪分子得逞，给国家造成巨额经济损失。对此，孙长满负有直接责任，已构成玩忽职守罪。

被告人王连恒，身为办事处会计科科长，直接管理金库。1992年3月12日上午9时许，王连恒被金库管库员叫到金库内，告知金库左上方有异常响声，并指其方位让其听声音。王连恒也发觉有异常响声。管库员进而向王连恒建议把情况向主任反映。王连恒当时答应了要向主任反映，因当时没找到主任，事后忘记了。致使犯罪分子作案的迹象被忽略，从而使盗窃得逞，给国家造成巨额经济损失。对此，王连恒负有直接责任，已构成玩忽职守罪。

被告人朱朝辅，于1992年3月14日晚担任该办事处值班值宿负责人，因其思想麻痹，丧失警惕，接班后本人先脱岗外出吃饭，18时许又批准另一值班干部和两名警卫同时脱岗外出吃饭。特别严重的是在金库门口听到"咚、咚"异常响声后，仍没能引起警觉，致使盗窃分子凿开金库大墙，盗走巨额现金，给国家造成巨大经济损失。对此，朱朝辅负有直接责任，已构成玩忽职守罪。

被告人付江涛、陈刚，于1992年3月14日晚在该办事处执行警卫任务；被告人杨寡为当晚的值班值宿人员。他们在执行任务期间，擅离职守，不履行职责，脱岗外出吃饭，值勤时睡觉。特别严重的是，当听到金库内有异常响声后，也没有引起警觉，严重失职，致使犯罪分子凿开金库大墙，盗走巨额现金，给国家造成巨额经济损失。对此，三被告人负有直接责任，已构成玩忽职守罪。

被告人王新生，身为哈尔滨市分行保卫处副处长，明知《中国农业银行安全防范设施规范》对金库设置的要求。1991年7月25日，被告人在审批办事处金库改建设施方案时，严重不负责任，草率签署同意意见，又于11月4日草率验收。导致该金库设置不符合安全防范要求，为犯罪分子作案在客观上提供了条件，给国家造成巨额经济损失。对此，王新生负有一定的直接领导责任，已构成玩忽职守罪。

被告人曲德福，身为办事处保卫科长，在1991年11月办事处迁入新址前后，没有组织本科人员认真对新营业室和金库周围的环境进行安全调查，没有向主管领导提出改建金库应采取安全防范措施的意见，致使金库与居民住宅毗邻的西墙和地下管道设备层两处重大隐患被忽略，成为盗窃案犯实施犯罪的两处作案现场。另外，曲对值班人员脱岗漏岗、守库员不在守库室执行"双人24小时武装坐更守库"制度等严重违章行为，没有采取有效的措施，致使一些干部和警卫人员值班值宿违章习以为常。盗窃案犯连续多日凿击金库墙壁声音在其办公室可以清楚听到，但曲疏于职守，未引起警觉。被告人曲德福工作严重失职，对酿成"3·15"特大盗窃案件，负有直接领导责任，已构成玩忽职守罪。

哈尔滨市动力区人民检察院侦查终结后，于1992年4月26日对被告人曲德福、杨寡以玩忽职守罪依法决定免予起诉；于1992年4月27日对被告人孙永刚、付江涛、陈刚、朱朝辅、孙长满、王连恒、王新生以玩忽职守罪，向哈尔滨市动力区人民法院提起公诉。

哈尔滨市动力区人民法院对此案进行了公开审理，于1992年5月7日判决：

被告人孙永刚、付江涛、陈刚、朱朝辅犯玩忽职守罪，各判处有期徒刑五年；

被告人孙长满、王连恒犯玩忽职守罪，各判处有期徒刑四年；

被告人王新生犯玩忽职守罪，判处有期徒刑二年，缓刑二年。

被告人孙长满、王连恒不服一审判决，提出上诉。哈尔滨市中级人民法院二审裁定驳回上诉，维持原判。

（最高人民检察院法纪检察厅
张书文）

严永春重大责任事故案

被告人严永春，男，58岁，汉族，上海市嘉定县人，原系上海海运管理局“大庆”62号油轮轮机长。

1992年1月15日，上海海运管理局“大庆”62号油轮，在上海金山石油化工总厂陈山码头将所装载的22000吨原油卸完后，经过补给，于18日14时30分从临时锚地驶往杨林污水处理站。在行驶途中，该轮为清洗油仓，使用消防蒸汽灭火应急管道施放蒸汽蒸舱。在蒸舱过程中，因发现机舱蒸汽旁通阀右侧的管道被高压蒸汽冲穿破裂，形成直径15mm左右的破口，遂关闭了锅炉炉顶阀门及蒸汽灭火应急总阀，但通往中一舱的分路阀和中一舱的灭火蒸汽阀门仍处于开启状态，与蒸汽旁通阀破口处直接连通。由于停汽后蒸汽管道逐步冷却，蒸汽逐步消失，管道内处于负压，使中一舱内残存的油蒸汽与空气混合成大量的可燃性气体，充盈油舱及蒸汽管道内。该船轮机长严永春得知旁通阀右侧的管道被冲穿破裂后，为了修复管道抓紧蒸舱，竟违反海运局关于在油轮上动火需逐级审批，并应在操作间进行的规定，擅自用一块70×70×3mm的铁板覆盖在蒸汽管破裂处，动用电焊烧焊。在严永春进行烧焊将焊接处熔穿一个3mm左右的熔洞时，又用焊枪直接戳补该熔洞，使具有5000℃高温的明火直接进入管道，引燃了管道内的可燃气体，并使之顺着管道烧往油舱。15时42分，该轮发生连续性的爆炸并起火燃烧，随后该油轮下沉搁浅，造成4名船员失踪，1名船员受重伤，3名船员受轻伤，直接经济损失1220余万元。

上海市黄浦区人民检察院在事故发生后的第二天即派人赴现场进行勘验和调查，1月27日决定对严永春重大责任事故案立案侦查。经侦查认定：被告人严永春身为油轮轮机长，本人没有电焊操作证，明知在油轮上动火作业须填写审批表，履行一定的审批手续，并应在电焊工作间方可进行操作的规定，却无视规章制度，擅自动火违章作业，以致造成国家及人民生命财产的严重损失，其行为已触犯《中华人民共和国刑法》第一百一十四条，构成重大责任事故罪。黄浦区人民检察院于1992年7月17日将该案向黄浦区人民法院提起公诉。

黄浦区人民法院经过审理，认为本案事实清楚，证据充分，已构成重大责任事故罪，但念被告人严永春在案发后能够坦白认罪，态度较好，有悔罪表现，于1992

年9月22日判处严永春有期徒刑二年，缓刑二年。

（最高人民检察院法纪检察厅
刘旭红）

邱群英、李福贤等人非法拘禁案

被告人邱群英，女，68岁，四川省大邑县农民。

被告人李福贤，男，21岁，四川省大邑县农民。

被告人孔祥学，男，29岁，四川省大邑县农民。

被告人孔杰，男，20岁，四川省大邑县农民。

上列被告人非法拘禁案，1992年9月5日，由大邑县人民检察院立案侦查。经侦查查明：

1992年6月5日凌晨，大邑县安顺乡天宫村村民孔祥秀自缢身亡，孔的娘家错误地认为孔的自缢系其夫刘锡明所致，因而对刘怀恨在心，蓄意报复。1992年7月16日20时许，被告人邱群英（孔祥秀之母）在天宫庙街上遇见刘锡明，即与被告人孔祥学、孔杰等人强行将刘拉到孔祥秀灵前，让刘跪在地上烧纸钱。23时许，被告人邱群英喊："把刘锡明捆起来"，被告人孔祥学当即用绳子将刘双手反背捆绑，并令刘跪在孔祥秀的遗像前。24时左右，被告人邱群英又喊："用家法处置！"被告人李福贤、孔祥学、孔杰、邱群英用木棒、拳脚等对刘毒打，逼刘承认害死了孔祥秀。刘被屈打成招后，又将其双脚捆绑装入棺材，派人把守。直到18日下午6时许，刘锡明才被公安干警强行救出送医院治疗，但由于伤势过重，抢救无效，于20日13时死亡。经法医鉴定："刘锡明系生前遭受严重创伤导致呼吸衰竭死亡。"

1992年10月16日，大邑县人民检察院依法对上述被告人提起公诉。

1992年11月25日，大邑县人民法院认定被告人邱群英、李福贤、孔祥学、孔杰的行为已触犯刑律，构成非法拘禁罪，依照《中华人民共和国刑法》有关条款的规定，分别判处邱群英有期徒刑九年，李福贤、孔祥学各有期徒刑八年，孔杰有期徒刑七年。

（最高人民检察院法纪检察厅
顾　华）

李自根徇私舞弊案

被告人李自根，男，49岁，江苏省海安县人，原系新疆维吾尔自治区阿勒泰市人民法院经济审判庭庭长。1991年1月17日被逮捕。

阿勒泰市人民检察院于1990年10月29日以徇私舞弊罪对李自根立案侦查。经侦查查明：

1986年9月中旬，被告人李自根私开公函，到乌鲁木齐市天山区公安分局，向该局办案人员提出：现有六家单位和个人向阿勒泰市人民法院检举商兆琪贪污、欠款等问题。要求天山区公安分局将正在查处的商兆琪诈骗、私刻公章案移交阿勒泰市法院处理。该局领导经与办案人员研究同意了被告人的要求，于1986年9月20日解除了对商兆琪的收容审查，由被告人李自根办理手续，将商犯及案卷一并移交被告人李自根带回。被告人李自根因与商兆琪有私交，带回后将其私自放掉。随后又给乌鲁木齐市天山区公安分局去函谎称：商兆琪被法院"监视居住"。商兆琪被私放后潜逃，至今下落不明。

1987年2月初，被告人李自根再次到乌鲁木齐市，要求天山区人民检察院将正在立案侦查的傅久常贪污案移交阿勒泰市法院，与商兆琪案合并处理，被天山区人民检察院拒绝。之后，被告人李自根便找到自治区政法部门的有关领导，谎称要将商、傅两案并审。经有关部门协商，同意将傅久常贪污案移交阿勒泰市法院，并派专人送达案卷。

被告人李自根为了隐瞒事实，应付法院领导及乌鲁木齐市天山区司法机关的查询，故意编造出一起“商兆琪诉傅久常出售名酒纠纷案”，在没有双方当事人的情况下，于1987年5月9日在自己家中设立合议庭，做出枉法裁判，致使两起案件的被告免受法律追究，并将傅、商二犯案件中的赃款1895.5元及四箱名酒没收后据为己有。

1989年3月下旬，阿勒泰市某建筑公司停薪留职人员邵某某因个人从事经营活动需购买拖拉机缺钱，便通过李自根的儿子向被告人李自根借款5000元。被告人李自根利用其经济审判庭庭长职务之便，于3月27日开出转帐支票一张，将其掌管的诉讼费等公款挪用，供他人从事营利活动。

阿勒泰市人民检察院经过审查认为，被告人李自根，身为国家司法工作人员，徇私舞弊，采用欺骗手段，颠倒黑白，枉法裁判，致使商、傅二人逃避法律追究，并利用职权，挪用公款，数额较大，其行为触犯了《中华人民共和国刑法》第一百八十八条、《全国人民代表大会常务委员会关于惩治贪污罪贿赂罪的补充规定》第三条第一款之规定，构成徇私舞弊罪、挪用公款罪。阿勒泰市人民检察院于1991年10月9日向阿勒泰市人民法院提起公诉。

1992年1月18日，阿勒泰市人民法院经过公开审理，以徇私舞弊罪判处被告人李自根有期徒刑三年；以挪用公款罪判处有期徒刑一年，合并执行有期徒刑三年零六个月。

被告人李自根不服一审判决，提出上诉。阿勒泰地区中级人民法院二审认为，李自根的上诉理由不能成立，于1992年4月23日依法裁定：驳回上诉，维持原判。

（最高人民检察院法纪检察厅

董同会）

赵国栋徇私舞弊案

被告人赵国栋，男，28岁，吉林省前郭尔罗斯蒙古族自治县人，汉族，高中文化程度，原系吉林省油田管理局看守所看守员。1991年12月17日因徇私舞弊罪被刑事拘留，12月23日被逮捕。

赵国栋徇私舞弊案，1991年12月27日由吉林省人民检察院白城分院立案侦查。经侦查查明：

1991年12月8日，吉林省人民检察院白城分院对受贿案案犯潘清海予以刑事拘留，羁押在吉林油田看守所。因赵国栋是经潘清海帮忙而安排到看守所工作的，赵国栋即利用职务之便，于当天晚上暗自与潘接触。二人在密谈中，潘让赵国栋给刘辉（女，潘清海受贿案同案犯，系潘的姘妇）打电话，告知她将收受孙某某、杨某的贿赂款退回，要她谎称“摩托车款已交款1万元”，“潘清海未参予刘辉建房”等等。赵国栋当晚即到县邮电局营业室给刘辉打了电话，向她转述了潘犯所说的上述内容。次日早晨，赵国栋又亲自到刘家相告。刘辉按照赵国栋传递的口信，向行贿人退回赃款37200元并与行贿人订立攻守同盟，还转移了彩电、电冰柜、落地钟等赃物。其后，当潘犯的妻子吕桂兰（已死亡）也被刑事拘留入所后，赵国栋又接收了她为掩盖犯罪事实而写的信件，严重干扰了侦查工作的顺利进行。

吉林省人民检察院白城分院对此案侦查终结后，根据事实和确凿的证据认定：被告人赵国栋身为司法工作人员，利用职务之便，为案犯通风报信，造成了恶劣影响。其行为触犯了《中华人民共和国刑法》第一百八十八条的规定，构成徇私舞弊罪，于1992年6月6日与潘清海受贿案一并向白城地区中级人民法院提起公诉。

吉林省白城地区中级人民法院经依法审理，于1992年12月24日以徇私舞弊罪判处被告人赵国栋有期徒刑一年，缓刑二年。

（最高人民检察院监所检察厅
孙朝英）

段洪宝、段洪财、段洪喜、段洪友等人特大流氓集团案

被告人段洪宝，男，38岁，汉族，辽宁省盖县人，原系盖县芦屯镇芦屯堡村农民。1982年2月9日因犯诈骗罪被盖县人民法院判处有期徒刑八个月；1984年11月10日因犯赌博罪被盖县人民法院判处有期徒刑一年六个月；1985年3月2日刑满释放。

被告人段洪财，男，36岁，汉族，辽宁省盖县人，原系盖县芦屯镇芦屯堡村农民。

被告人段洪喜，男，34岁，汉族，辽宁省盖县人，原系盖县芦屯镇芦屯堡村农民。1985年2月12日因流氓行为被营口市劳动教养委员会劳动教养二年；1987年4月7日因流氓犯罪被盖县人民法院判处有期徒刑一年六个月，1987年4月8日刑满释放。

被告人段洪友，男，30岁，汉族，辽宁省盖县人，原系盖县芦屯镇芦屯堡村农民。

被告人张宝安（绰号大举子），男，36岁，汉族，初中文化，辽宁省盖县人，原系盖县印刷厂停薪留职工人。1983年12月30日因流氓犯罪被盖县人民法院判处有期徒刑三年，1985年9月14日被减刑释放。

被告人薛文恩（薛四），男，30岁，汉族，小学文化，辽宁省盖县人，原系盖县芦屯镇芦屯堡村村民。

被告人曲景明（曲三），男，28岁，汉族，初中文化，辽宁省盖县人，原系盖县芦屯镇芦屯站村村民。

被告人唐玉伟（曾用名唐玉利），男，28岁，满族，初中文化，辽宁省盖县人，原系盖县芦屯镇芦屯堡村村民。

被告人陶桂云，女，55岁，汉族，小学文化，辽宁省盖县人，原系盖县芦屯镇芦屯堡村村民。

被告人周传伟，男，32岁，汉族，初中文化，辽宁省盖县人，原系盖县纸箱厂工人。

被告人张乐翠（张老三），男，34岁，汉族，初中文化，辽宁省大连市人，原系大连市第五建筑工程公司工人。

被告人金宪武，男，28岁，汉族，初中文化，辽宁省盖县人，原系盖县芦屯镇芦屯站村村民。

被告人侯先凯，男，27岁，汉族，小学文化，辽宁省盖县人，原系盖县芦屯镇北李屯村村民。

被告人王建礼，男，30岁，汉族，初中文化，辽宁省盖县人，捕前住盖县芦屯镇芦屯街，无业。

被告人邹忠阳（邹四），男，34岁，汉族，初中文化，辽宁省盖县人，原系盖县

丝绸厂工人。

被告人李祥森（绰号李二虎），男，30岁，汉族，初中文化，辽宁省盖县人，原系营口市鲅鱼圈区建筑公司工人。

被告人唐玉洪，（曾用名唐玉杰），男，32岁，满族，初中文化，辽宁省盖县人，原系盖县芦屯镇芦屯堡村村民。

被告人梁庆文，男，38岁，汉族，初中文化，辽宁省盖县人，原系盖县芦屯镇西柳村村民。

被告人王鹏林，男，37岁，汉族，初中文化，辽宁省盖县人，原系盖县团山乡西崴村村民。

被告人张宝群，男，29岁，汉族，初中文化，辽宁省盖县人，原系营口市鲅鱼圈区三家子村村民。

被告人邹锦利，男，26岁，汉族，初中文化，辽宁省盖县人，原系盖县芦屯镇医院防保所防疫员。

被告人吕忠伟，男，26岁，汉族，初中文化，辽宁省盖县人，原系盖县芦屯镇北李屯村村民。

被告人薛世福，男，37岁，汉族，小学文化，辽宁省盖县人，捕前住盖县芦屯镇芦屯街，无业。

被告人张弘强，男，37岁，汉族，初中文化，辽宁省盖县人，捕前住盖县芦屯镇芦屯街，无业。

被告人刘纯刚，男，31岁，汉族，初中文化，辽宁省盖县人，原系盖县芦屯镇北李屯村村民。

1991年2月10日，盖县人民检察院以被告人段洪宝犯有流氓罪和非法拘禁罪向盖县人民法院提起公诉。3月14日，盖县人民法院以段洪宝犯流氓罪和非法拘禁罪分别判处有期徒刑二年，决定执行有期徒刑三年六个月。段洪宝不服，上诉到营口市中级人民法院。4月9日，营口市中级人民法院改判段洪宝犯流氓罪免予刑事处分，犯非法拘禁罪判处有期徒刑一年六个月。

1991年5月14日，盖县人民检察院以二审人民法院对段洪宝的判决量刑畸轻为由，向营口市人民检察院提出抗诉建议。营口市人民检察院经审查，发现该案不仅量刑失当，而且掩盖着重大犯罪线索和政法干警徇私舞弊的嫌疑。营口市人民检察院及时向辽宁省人民检察院和有关部门汇报了情况，并提出重查本案的意见和措施。1991年11月1日，营口市中级人民法院院长按照审判监督程序提请本院审判委员会，撤销了段洪宝案原一、二审判决。

段洪宝案件经过重新侦查查明：原审被告人段洪宝伙同其弟段洪财、段洪喜、段洪友，通过血缘、家族关系，纠集张宝安、薛文恩、曲景明等20余人，自1987年至1991年间，共实施流氓犯罪活动130余起。其中，寻衅滋事，持械斗殴，伤害无辜，致死1人，致伤40余人；劫持侮辱、强奸妇女40余人；欺行霸市，强买强卖，强掠民财200余万元，受害群众300余人；他们还以“拜干亲”等手段，腐蚀收买、贿赂少数政法干警。

1992年7月13日，营口市人民检察院对段洪宝等25人流氓集团案件提起公诉。1992年8月7日至15日，营口市中级人民法院对段洪宝等人流氓集团案件进行公开审理。经营口市中级人民法院一审判决和辽宁省高级人民法院二审裁定（复核），段洪宝、段洪财、段洪喜、段洪友、张宝安、薛文恩六名主犯被判处死刑，立即执行；曲景明被判处无期徒刑；唐玉伟被判处十五年有期徒刑；陶桂云被判处十年有期徒刑；周传伟被判处八年有期徒刑；张乐翠被判处七年有期徒刑；金宪武被判处六年有期徒刑；侯先凯、王建礼、邹忠阳分别被判处五年有期徒刑；李祥森、唐玉洪分别被判处四年有期徒刑；梁庆文、王鹏林、张宝群分别被判处三年有期徒刑；邹锦利、吕忠伟、薛世福、张弘强分别被判处二年有期徒刑；刘纯刚被判处一年有期徒刑。

（最高人民检察院刑事检察厅
林　瑾）

王生彪、吕庚明、李守国、李春、张林、马万华、唐显柏、张国才、彭前荣等45人抢劫294次旅客列车案

被告人王生彪，男，22岁，汉族，四川省广安县广福乡大寨村农民。1992年5月14日被逮捕。

被告人吕庚明，男，35岁，汉族，四川省渠县人，无业，住四川省渠县三汇镇渡江街新房子145号。1992年1月28日被逮捕。

被告人李守国，男，21岁，汉族，四川省渠县汇南乡九窑村农民。1992年1月28日被逮捕。

被告人李春，男，23岁，汉族，四川省渠县汇东乡炉坪村农民。1992年1月13日被逮捕。

被告人张林，男，27岁，汉族，四川省渠县汇南乡长久村农民。1992年1月27日被逮捕。

被告人马万华，男，23岁，汉族，四川省渠县人，渠县农乐乡砂石厂工人。1992年1月11日被逮捕。

被告人唐显柏，男，19岁，汉族，四川省蓬安县福德乡段家沟村农民。1992年1月28日被逮捕。

被告人张国才，男，29岁，汉族，四川省渠县天星镇天星村农民。1984年8月因盗窃罪被判处有期徒刑一年六个月。1992年1月27日因犯抢劫罪被逮捕。

被告人彭前荣，男，26岁，汉族，四川省渠县观龙乡观龙村农民。1992年1月17日被逮捕。

被告人李长路，男，19岁，汉族，四川省渠县汇南乡长久村农民。1992年1月16日被逮捕。

被告人李明，男，26岁，汉族，四川省渠县汇南乡长久村农民。1992年1月15日被逮捕。

被告人肖正勇，男，22岁，汉族，四川省渠县天星镇天星村农民。1992年5月14日被逮捕。

被告人李兵，男，17岁，汉族，四川省渠县汇南乡九窑村农民。1992年1月18日被逮捕。

被告人李明伟，男，18岁，汉族，四川省渠县三汇镇北坝菜场村农民。1992年1月28日被逮捕。

被告人李建民，男，23岁，汉族，四川省渠县天星镇文昌村农民。1992年1月15日被逮捕。

被告人潘传栋，男，26岁，汉族，四川省达县银铁乡流河村农民。1992年1月28日被逮捕。

被告人张中平，男，18岁，汉族，四川省华莹市人，无业，住四川省广安县浓洄镇河街57号附3号。1992年6月被逮捕。

被告人杨力，男，17岁，汉族，四川省渠县新和乡狮牌村农民。1992年2月25日被逮捕。

被告人黄英通，男，25岁，汉族，四川省渠县大石乡神山村农民。1988年1月因盗窃罪被判处有期徒刑二年。1992年6月因抢劫罪被逮捕。

被告人祝洪兵，男，23岁，汉族，四川省渠县三汇镇北坝菜场村农民。1988年8月因盗窃被劳教三年。1992年5月14日因抢劫罪被逮捕。

被告人李先政，男，20岁，汉族，四川省渠县汇南乡九窑村农民。1992年1月28日被逮捕。

被告人周一华，男，18岁，汉族，四川省广安县石桥乡长埝村农民。1992年5月14日被逮捕。

被告人李清渠，男，25岁，汉族，四川省渠县汇南乡长久村农民。1992年2月28日被逮捕。

被告人赵红卫，男，24岁，汉族，四川省达县人，渠县第二航运公司工人。1992年1月13日被逮捕。

被告人唐国明，男，28岁，汉族，四川省渠县天星镇天星村农民。1992年1月27日被逮捕。

被告人贺绍文，男，20岁，汉族，四川省华莹市人，华莹市观音溪镇李子埡煤矿工人。1992年1月14日被逮捕。

被告人赵茂成，男，26岁，汉族，四川省渠县巨光乡铜佛村农民。1992年2月21日被逮捕。

被告人谭中学，男，19岁，汉族，四川省渠县天星镇天星村农民。1992年1月23日被逮捕。

被告人李小华，男，17岁，汉族，四川省渠县天星镇天星村农民。1992年2月21日被逮捕。

被告人方刚法，男，21岁，汉族，四川省广安县长五乡金山村农民。1992年1月28日被逮捕。

被告人刘长路，男，21岁，汉族，四川省渠县人，渠县天星镇玻璃厂工人。1992年6月4日被逮捕。

被告人杨贤明，男，17岁，汉族，四川省渠县天星镇合力村农民。1992年1月18日被逮捕。

被告人罗高红，男，18岁，汉族，四川省岳池县人，无业，住华莹市庆华镇马路街162号。1992年1月28日被逮捕。

被告人付贤荣，男，26岁，汉族，四川省渠县锡溪乡石嘴村农民。1992年1月17日被逮捕。

被告人杨朝国，男，21岁，汉族，四川省渠县天星镇天星村农民。1992年1月27日被逮捕。

被告人廖勇，男，18岁，汉族，四川省达县市人，达县地区建设水泥厂工人。1992年1月27日被逮捕。

被告人李清余，男，17岁，汉族，四川省渠县汇南乡九窑村农民。1992年1月28日被逮捕。

被告人李奎，男，18岁，汉族，四川省渠县汇南乡长久村农民。1992年5月14日被逮捕。

被告人朱明容，女，21岁，汉族，甘肃省章县人，四川省达县肉联厂工人。1992年2月21日被逮捕。

被告人李先富，男，24岁，汉族，四川省渠县汇南乡长久村农民。1992年1月11日被逮捕。

被告人赵明，男，30岁，汉族，四川省渠县巨光乡铜佛村农民。1992年2月21日被逮捕。

被告人尹先权，男，27岁，汉族，四川省渠县天星镇天星村农民。1992年6月4日被逮捕。

被告人肖长路，男，16岁，汉族，四川省渠县天星镇天星村农民。1992年2月21日被逮捕。

被告人罗春，男，16岁，汉族，四川省广安县人，无业，住广安县浓洄镇象皮沟74号附21号。1992年2月25日被逮捕。

被告人李全燕，男，16岁，四川省渠县汇南乡九窑村农民。1992年1月28日被逮捕。

上列45名被告人抢劫、盗窃一案，经郑州铁路公安局襄樊铁路公安处侦查终结，于1992年3月12日移送襄樊铁路运输检察院，根据案件管辖的规定，襄樊铁路运输检察院将此案移送郑州铁路运输检察分院审查起诉。经审查查明，上列被告人犯有如下罪行：

一、1991年9月16日，上列被告人伙同在逃的李清东等人，分别或结伙在襄渝铁路广安至达县区间运行的重庆至武昌294次旅客列车9号至15号车厢内，采取持刀伤人，拳打脚踢，语言威胁等手段，抢劫旅客财物。

被告人张国才、谭中学、杨朝国、唐国明、杨贤明纠集在一起，在9号至10号车厢连接处，以暴力相威胁，抢劫旅客杜某等7人，共抢得人民币115元，手表3块，造成轻微伤1人；

被告人方刚法、罗高红、贺绍文、李奎和尹先权、付贤荣，分别或交叉结伙，在10号至12号车厢，以语言相威胁，抢劫旅客唐某某等8人，共抢得人民币350元，手表2块；

被告人王生彪、彭前荣、周一华、肖正勇、马万华和在逃的陈其明、李小凡等人交叉结伙，在10号至14号车厢，采用暴力或胁迫手段，抢劫旅客杨某某等7人，共抢得人民币806.3元，造成重伤1人，轻微伤1人；

被人李守国、吕庚明、唐显柏、李兵、李先政、李全燕、李清余与李春、李建民、李明伟、潘传栋、李先富及张中平、杨力、周一华、李小华、肖长路、朱明容、罗春和赵茂成、赵明、祝洪兵、赵红卫伙同在逃的杨文、黎建、谷德贵、跛子、云山娃、王端、王强、黄安、罗忠福等人，在11号至13号车厢内，分别或交叉结伙，采取暴力或胁迫的手段，抢劫旅客30人，共抢得人民币5908元，手表6块，致轻微伤3人。其中，被告人李守国、李兵等7人纠集在一起，对旅客田某某拳打脚踢，持刀刺伤其头部，抢得人民币3030元。李春、李明伟等5人将旅客王某某按倒在地，强行搜去人民币1100元；

被告人马万华、张林、李长路、李明、黄英通、李清渠、廖勇、刘长路和在逃的李清东、戴志国等人事先预谋，在11号至15号车厢，分别或交叉结伙，采取持刀威逼，拳打脚踢，并以语言相威胁等手段，抢劫旅客22人，抢得人民币978元，手表1块，造成轻微伤2人；

二、1991年9月11日和13日，被告人吕庚明、李守国、唐显柏3人经预谋后，结伙持刀在294次列车12号至13号车厢，采取暴力和胁迫的手段，抢劫旅客4人，抢得人民币420元，并刺伤旅客1人。

三、1991年8月21日晚，被告人廖勇伙同刘武（已判刑）在四川省达县地区建设水泥厂舞厅盗窃“珠江”牌PR9388组合音响主机1台，磁带19盘，价值人民币1500余元。

上列各被告人和在逃的李清东等人共计抢劫旅客66人，抢得人民币8606.3元，手表12块，并造成重伤1人，轻微伤6人。其中，被告人王生彪、彭前荣、周一华在抢劫中造成重伤1人；被告人王生彪、吕庚明、李守国、李春、张林、唐显柏、李长路、李明、肖正勇、李兵、李明伟、李建民、潘传栋、黄英通、李先政、李清余、李全燕、杨力在抢劫中均造成轻微伤1人；被告人李守国、吕庚明、唐显柏在共同抢劫中还刺伤1旅客。

郑州铁路运输检察分院认为：被告人王生彪、李守国、李兵、张国才、李春、李建民、张林、马万华、唐显柏、吕庚明、彭前荣、李明、李长路、黄英通、张中平、朱明容、杨力、潘传栋、李明伟、李先政、谭中学、杨朝国、唐国明、杨贤明、李全燕、李清余、李清渠、廖勇、周一华、肖正勇、付贤荣、祝洪兵、赵红卫、方刚法、罗高红、贺绍文、李奎、李先富、赵明、赵茂成、刘长路、尹先权、肖长路、李小华、罗春目无国法，公然持械，分别结伙，在旅客列车上抢劫旅客财物，实属情节严重，性质恶劣，气焰嚣张，危害极大。他们的犯罪活动侵犯了广大旅客的人身及财产安全，破坏了铁路运输治安秩序，其行为触犯了《中华人民共和国刑法》第一百五十条第二款的规定，均已构成抢劫罪；被告人廖勇参与盗窃，数额较大，其行为触犯了《中华人民共和国刑法》第一百五十一条的规定，已构成盗窃罪。于 1992 年 5 月 26 日将此案向郑州铁路运输中级法院提起公诉。

1992 年 7 月 23 日，郑州铁路运输中级法院公开审理此案后认为：起诉书中指控的犯罪，事实清楚，证据确实充分，足以认定。此案被告人目无国法，以暴力或胁迫的方法在旅客列车上抢劫，情节严重，均已构成抢劫罪。被告人廖勇参与盗窃数额较大，亦构成盗窃罪。被告人王生彪、吕庚明、李守国、李春、张林、马万华、唐显柏、张国才、彭前荣、李长路、李明、肖正勇、李兵、李明伟、李建民、潘传栋、张中平、杨力在犯罪中起主要作用，均系本案主犯，应当依法从重处罚。被告人黄英通、祝洪兵、李先政、周一华、李清渠、赵红卫、唐国明、贺绍文、赵茂成、谭中学、李小华、方刚法、刘长路、杨贤明、罗高红、付贤荣、杨朝国、廖勇、李清余、李奎、朱明容、李先富、赵明、尹先权、肖长路、罗春、李全燕在犯罪中起次要作用，系本案从犯，分别比照主犯从轻或减轻处罚。被告人黄英通刑满释放后三年内又重新犯罪，系累犯；被告张国才刑满释放后又犯罪，被告人祝洪兵解除劳教后三年内犯罪，均依法从重处罚。被告人李先富、李全燕犯罪后投案自首，被告人谭中学、杨朝国归案后有立功表现，均应从轻处罚；被告人李全燕、肖长路、罗春犯罪时不满十六岁，被告人张中平、周一华、杨贤明、李兵、李明伟、李清余、罗高红、廖勇、李奎、李小华、杨力犯罪时不满十八岁，均应分别依法从轻和减轻处罚；被告人李全燕、李先政、肖长路、李长路、朱明容、贺绍文认罪态度较好，应酌情予以从轻处罚；被告人王生彪、张国才、李清渠、周一华、李兵、吕庚明、潘传栋、祝洪兵、赵红卫认罪态度不好，应酌情从重处罚。郑州铁路运输中级法院依法判决：

被告人王生彪、吕庚明、李守国、李春、张林、马万华、唐显柏、张国才、彭前荣犯抢劫罪，分别判处死刑，剥夺政治权利终身；

被告人李长路、李明、肖正勇、李兵、李明伟、李建民、潘传栋犯抢劫罪，分别判处死刑，缓期二年执行，剥夺政治权利终身；

被告人张中平、杨力、黄英通、祝洪兵犯抢劫罪，分别判处无期徒刑，剥夺政治权利终身；

被告人李先政、周一华、李清渠、赵红卫犯抢劫罪，分别判处有期徒刑十五年；李先政、李清渠、赵红卫附加剥夺政治权利三年；周一华附加剥夺政治权利一年；

被告人唐国明、贺绍文、赵茂成犯抢劫罪，分别判处有期徒刑十四年；均附加剥夺政治权利三年；

被告人谭中学、李小华、方刚法、刘长路犯抢劫罪，分别判处有期徒刑十三年；谭中学、方刚法、刘长路附加剥夺政治权利二年；李小华附加剥夺政治权利一年；

被告人杨贤明、罗高红、付贤荣、杨朝国犯抢劫罪，分别判处有期徒刑十二年；杨贤明、罗高红附加剥夺政治权利一年；付贤荣、杨朝国附加剥夺政治权利二年；

被告人廖勇犯抢劫罪，判处有期徒刑十一年，附加剥夺政治权利一年；犯盗窃罪判处有期徒刑一年，决定执行有期徒刑十一年，附加剥夺政治权利一年；

被告人李清余犯抢劫罪，判处有期徒刑十一年，附加剥夺政治权利一年；

被告人李奎、朱明容、李先富、赵明犯抢劫罪，分别判处有期徒刑十年；均附加剥夺政治权利一年；

被告人尹先权犯抢劫罪，判处有期徒刑八年；

被告人肖长路犯抢劫罪，判处有期徒刑七年；

被告人罗春犯抢劫罪，判处有期徒刑五年；

被告人李全燕犯抢劫罪，判处有期徒刑四年。

被告人王生彪、吕庚明、李守国、李春、张林、马万华、唐显柏、张国才、彭前荣、李兵、李明伟、杨力、祝洪兵、赵红卫、贺绍文、赵茂成、谭中学不服一审判决，向河南省高级人民法院提出上诉。

河南省高级人民法院审查后认为：被告人王生彪、吕庚明、李守国、李春、张林、马万华、唐显柏、张国才、李兵、杨力、祝洪兵、赵红卫、贺绍文、谭中学的上诉理由不能成立，不予采纳。彭前荣、李明伟、赵茂成的部分上诉理由成立，予以采纳。依照《中华人民共和国刑事诉讼法》第一百三十六条第一、二项之规定，判决如下：

一、维持郑州铁路运输中级法院（1992）郑铁中刑（一）字第27号刑事判决中对被告人王生彪、吕庚明、李守国、李春、张林、马万华、唐显柏、张国才、李长路、李明、肖正勇、李兵、杨力、黄英通、祝洪兵、李先政、周一华、李清渠、赵红卫、唐国明、贺绍文、谭中学、李小华、方刚法、刘长路、杨贤明、罗高红、付贤荣、杨朝国、李清余、李奎、朱明容、李先富、肖长路、罗春、李全燕的判决部分；驳回王生彪、吕庚明、李守国、李春、张林、马万华、唐显柏、张国才、李兵、杨力、祝洪兵、赵红卫、贺绍文、谭中学的上诉。

二、撤销一审判决中对被告人彭前荣、李明伟、李建民、潘传栋、张中平、赵茂成、赵明、尹先权的刑罚部分。以抢劫罪分别判处被告人彭前荣死刑，缓期二年执行，剥夺政治权利终身；李明伟有期徒刑十五年，剥夺政治权利一年；李建民、潘传栋、张中平各有期徒刑十五年，均剥夺政治权利三年；赵茂成有期徒刑十年，剥夺政治权利一年；赵明有期徒刑八年；尹先权有期徒刑五年。

三、撤销一审判决中对被告人廖勇抢劫罪的刑罚部分；维持其盗窃罪的判决部分；以抢劫罪判处廖勇有期徒刑九年，与其盗窃罪有期徒刑一年数罪并罚，决定执行有期徒刑九年。

根据最高人民法院的授权，核准对王生彪、吕庚明、李守国、李春、张林、马万华、唐显柏、张国才的死刑。1992年11月20日将被告人王生彪、吕庚明、李守国、李春、张林、马万华、唐显柏、张国才执行死刑。

（最高人民检察院铁路运输检察厅

王向东）

袁宏、杨明福、弓臣、赵继明抢劫案

被告人袁宏，男，29岁，汉族，辽宁省辽中县人，无业，住黑龙江省齐齐哈尔市碾子山区保卫里5栋4号。1978年11月8日因盗窃被劳教二年；1981年2月23日因犯盗窃罪被判处有期徒刑三年；1985年4月5日因犯抢劫罪被判处有期徒刑四年；1988年11月29日因行凶伤人被劳动教养三年。

被告人杨明福，男29岁，汉族，辽宁省本溪市人，无业，住黑龙江省齐齐哈尔市富拉尔基区正阳委72组54号。1984年8月17日因犯抢劫罪被判处有期徒刑三年。

被告人弓臣，男，21岁，汉族，黑龙江省哈尔滨市人，无业，住齐齐哈尔市碾子山区跃进里8委11组。1988年6月13日因扒窃被劳动教养三年。

被告人赵继明，男，36岁，汉族，山东省安丘县人，原系西宁钢厂工人，住青海省西宁市钢厂家属院55栋4单元1号。1982年3月29日因犯盗窃罪被管制二年；1987年1月23日因犯盗窃罪被判处有期徒刑一年零六个月。

上列各被告人因犯抢劫罪经郑州铁路运输检察分院批准，于1992年6月11日被逮捕。经审查，犯罪事实如下：

一、1992年4月1日凌晨一时许，被告人袁宏、杨明福、弓臣、赵继明携带菜刀、卡簧刀，由巩县火车站乘西安至广州的274次旅客列车伺机行窃。当列车接近郑州火车站时，被告人弓臣在9号车厢对新疆广播电视学校学生杨某某行窃，被杨的同学杨某发现，遭杨斥责制止，杨某的同行人戴某闻声起身，被告人弓臣当即掏出卡簧刀，戴某和同伴王某某等上前夺刀并将弓按在茶几上，在搏斗中，王某某的右上眼睑部和同行人桂某颈前部被弓臣的卡簧刀划伤。被告人袁宏听见吵声立即赶到现场，持卡簧刀为弓解围，被旅客吴某等人按倒在座席上。这时被告人杨明福也赶到现场，用卡簧刀猛砸王某某的头部，并用头猛撞欲夺其刀的同行人陈某面部，继而刺伤陈某鼻部，弓臣趁机脱身。接着，杨明福又窜到袁宏身旁，用刀朝按住袁宏的吴某额顶部猛砸，袁宏乘机用卡簧刀刺伤吴某的左季肋部。在搏斗中，慕某某（女）左手、戴某左上肢也被刺伤。与此同时，被告人赵继明站在座席上，喝令旅客“都坐下”，恐吓旅客之后逃离现场。袁宏、弓臣、杨明福持刀，边退边威胁旅客“都别动，谁动就扎死谁！”相继逃离9号车厢。列车驶进郑州火车站时，袁宏、弓臣、杨明福等跳车逃跑。被害人被送往医院诊治抢救，经诊断：吴某左季肋部、额顶部、左足拇指三处刀外伤，脾脏、结肠破裂、腹腔内大出血、失血性休克。实施脾脏摘除、结肠修补及清创缝合手术，经抢救脱险。经法医鉴定：吴某的损伤为重伤；桂某、陈某的损伤为轻伤；王某、戴某、慕某某的损伤为轻微伤。

二、1991年3月10日晚，被告人杨明福、袁宏纠集李学生、李学营、王殿楼、金河（均另案处理）、刘峰（在逃），携带猎枪等凶器，由刘峰驾驶解放牌汽车窜至内蒙古自治区阿荣旗，于次日凌晨1时许，翻墙进入那吉镇第二副食品商店，蒙面闯入值班室、更房和锅炉房，持猎枪、自制手枪、菜刀等凶器对值班员郭某某、更夫张某某、锅炉工仝某某进行威胁，并打伤更夫，切断电话线，用尼龙绳将三被害人分别五花大绑，捆在暖气管上，并用布堵嘴、棉花塞耳、蒙上棉被，然后将汽车开入院内，撬开库房门，将香烟、茶叶、糖果、罐头、饼干、调料等32种物品装上汽车运走，总价值人民币45000余元，销赃后挥霍。

三、1992年1月31日，被告人杨明福、袁宏与李学生预谋后，由杨、李事先踩点，并准备作案工具，分别纠集李学营、贾文成（另案处理）、刘峰，携带猎枪、自制手枪、玩具手枪、卡簧刀、撬棍、尼龙绳、断丝钳等，由刘峰驾驶东风牌汽车，于凌晨2时许，窜到内蒙古扎赉特旗巴彦高勒镇糖烟酒批发站。杨明福、袁宏、李学生、李学营、贾文成翻墙入院，杨明福持枪、袁宏持卡簧刀分别闯入更房和值班室，对更夫李某某、值班员林某某威胁，袁宏刺伤值班员手部，接着，伙同其余被告人将被害人捆绑于床上，用毛巾堵嘴，蒙上棉被，切断电话线，撬开办公桌抽屉，抢走人民币1839.76元，手表1只。随后，剪断大门和烟酒库房门锁，将汽车开入院内，把香烟、酒、糖、味精等20种物品及1个保险柜装上汽车拉走，总价值人民币60371.68元。

1992年6月22日，郑州铁路运输检察分院将此案向郑州铁路运输中级法院提起公诉。

1992年7月10日，郑州铁路运输中级法院公开审理此案后认为：起诉书指控的犯罪，事实清楚，证据确实充分，足以认定。被告人袁宏、杨明福、弓臣、赵继明目无国法，结伙流窜在旅客列车上伺机盗窃，在盗窃中被失主发现并予以制止时，公然持刀伤害旅客，造成一人重伤，多人受伤，情节严重；被告人杨明福、袁宏还纠集他人，持械入室，实施暴力，抢劫公私财物，数额特别巨大，情节严重，均已构成抢劫罪。上列被告人在列车上抢劫、伤害旅客，应当从重处罚；被告人袁宏、杨明福、弓臣直接实施暴力，伤害他人，在共同犯罪中起主要作用，均系主犯，应予从重处罚；被告人赵继明在共同犯罪中起次要作用，系从犯，应当比照主犯从轻处罚；被告人袁宏、杨明福、赵继明刑满释放后又犯罪，均应从重处罚；被告人弓臣解除劳教后三年内又犯罪，被告人袁宏在劳教期间又犯罪，均应从重处罚。依法判决如下：

被告人袁宏犯抢劫罪，判处死刑，剥夺政治权利终身；被告人杨明福犯抢劫罪，判处死刑，剥夺政治权利终身；被告人弓臣犯抢劫罪，判处死刑，剥夺政治权利终身；被告人赵继明犯抢劫罪，判处有期徒刑十五年，剥夺政治权利五年。

被告人弓臣、赵继明不服一审判决，向河南省高级人民法院提出上诉。河南省高级人民法院经审查，作出终审裁定：维持原判，驳回上诉，并根据最高人民法院的授权，核准对袁宏、杨明福、弓臣的死刑。1992年8月21日对被告人袁宏、杨明福、弓臣执行死刑。

（最高人民检察院铁路运输检察厅
王向东）

蒋传广不服以不法地主和反革命定罪判刑申诉案

申诉人蒋传广，男，62岁，汉族，湖南省常宁县人。

1956年，蒋传广在河南洛阳拖拉机制造厂任工段长期间，因多次请假要求回家完婚未获批准，一气之下拉着人事处长到厂长处评理，人事处长控告其动手打人，蒋传广因此于同年5月被厂方开除。1957年，湖南省常宁县人民法院以不法地主罪判处蒋传广有期徒刑五年。蒋不服判决，提出上诉，同年12月被衡阳地区中级人民法院判处无期徒刑。1958年，常宁县人民法院一审认定，蒋传广进行反攻倒算和呼喊反动口号构成反革命罪；衡阳地区中级人民法院终审判处蒋传广死刑，剥夺政治权利终身；经湖南省高级人民法院复核改判为无期徒刑。

蒋传广被押送到湖南省第四监狱服刑后，一直不服判决，长期进行申诉。1991年6月，湖南省黔阳县人民检察院派驻省第四监狱检察组了解到犯人蒋传广的申诉情况后，进行了初步调查，发现此案存在着许多疑点，遂报请院领导批准立案复查。

办案人员调阅了蒋传广的劳改档案和现存的约17万余字的申诉材料，并多次提讯了蒋传广，还赴原审法院查阅了审判案卷，找有关人员询问甄别原始情况。经复查，黔阳县人民检察院认为：原判认定的1956年蒋传广因个人问题拖打人事处长一事与事实有重大出入；蒋传广虽出身于地主家庭，但其反攻倒算和呼喊反动口号的问题，证据不足；蒋传广因对判决不服而发表的过激言论不构成反革命罪。综上，原判对蒋传广以反革命定罪，证据不足，判刑不当。据此，黔阳县人民检察院于1991年10月12日向常宁县人民法院、衡阳地区中级人民法院提出提请改判建议书；同时向湖南省高级人民法院、省人民检察院作了反映。

此案经湖南省高级人民法院依法审理后认为：原审人民法院以不法地主罪、反革命罪追究蒋传广的刑事责任，定性不准，判刑不当，应予改判。1991年12月25日，湖南省高级人民法院判决撤销对蒋传广的历次有罪判决。1992年1月17日，湖南省高级人民法院、衡阳地区中级人民法院、常宁县人民法院在省第四监狱联合召开宣判会，宣告蒋传广无罪释放。有关部门也按照政策规定，对蒋传广出狱后的生活做了妥善安排。

（最高人民检察院监所检察厅
孙朝英）

霍城县贸易购销站诉阿克苏昆仑商贸公司购销货款结算纠纷民事审判监督抗诉案

1988年8月10日，新疆阿克苏昆仑商贸公司（下简称商贸公司）与深圳新新工贸公司驻新疆阿克苏办事处（下简称新新公司）签定一份购销500吨打瓜籽合同（商贸公司系需方、新新公司系供方），每吨3400元。8月17日，新新公司又与霍城县芦草沟乡综合贸易购销站（下简称购销站）签定了500吨打瓜籽购销合同（新新公司是需方，购销站是供方），每吨3200元。商贸公司为履行合同将17万元交给新新公司负责人穆义（已病故），穆义将此款的7万元作为新新公司的货款交给霍城县工商局作为定金，工商局分二次付给了购销站的负责人叶家树，并出了收据。11月2日和25日，商贸公司又分别给新新公司穆义付了8.69万元和34万元。穆义将此两笔款又以货款交给了叶家树，叶亦出了收据。在供货期间，穆义又给叶家树购买摩托车，价值12000元，彩电一台，价值2700元，另还付了28500元的麻袋款，以上叶家树共收到穆义交的货款及实物折款共540100元。1988年10月20日，新新公司负责人聘用了地区商业局干部顾某为其业务员兼任穆义的秘书。10月27日，穆义和顾某到霍城县又与购销站签了一份补充合同，约定“在原有合同价格上每公斤增加1.65元，其它条款不变”。双方盖了公章并签了名。10月28日，双方在霍城县红星招待所又签了一份协议书，约定：新新公司将实际需方昆仑商贸公司直接交给购销站，合同其它细节不变；利润由新新公司和购销站平分。双方均盖有公章。对此商贸公司并不知道，商贸公司仍依据和新新公司所签合同约定在乌鲁木齐市接受由新新公司从霍城发来的货。10月28日，商贸公司在乌鲁木齐市收到顾某发来的第二批货后，发现短包、缺斤、掺杂使假情况严重，即向霍城县工商局和顾某电告，霍城县工商局即派干部哈某，随同叶家树方的代表吴某同往乌鲁木齐市，于11月6日对存放在乌鲁木齐市利群皮鞋厂的50吨打瓜籽进行抽样检验，结果为：现场存有832袋。抽第一袋含沙5.6公斤，实重54.4公斤；第二袋含沙15公斤，实重45.8公斤；第三袋含沙3公斤，实重56.6公斤。哈某写了检验笔录，吴某、新新公司的穆义、商贸公司的焦满长均签字。后三方商定，经哈某同意，将货运至外贸仓库加工房进行筛选后再进行检验。11月14日，上述一行又对筛选过后的打瓜籽进行检验，在每10公斤中仍含沙390克或480克不等。加工厂对筛选情况出具了证明，几方代表在第二次检验笔录上均签了字。因打瓜籽掺杂使假情况严重，霍城县工商局干部杨某，从霍城赶至乌鲁木齐市处理此事。几方商议后，工商局遂即作出了8条裁决，杨在此裁决中注明“以上协议，按条款执行，违约按法执行”的字样。12月20日，新新公司负责人穆义与购销站的叶家树进行了结算，扣除杂质等全部损失，叶家树应退还货款47027.67元。12月14日，叶家树根据上述结算情况，在工商局的主持下给商贸公司打了一张47027.67元的欠据，工商局干部杨某亦签了名，并注明“工商局负责追款”，新新公司的业务员顾某、商贸公司业务员史某均以见证人的身份签了名。事后，商贸公司多次催促工商局追款，1989年1月，杨某追回1583元交给商贸公司，事后叶家树将剩余款项拖欠至今。1990年11月19日，叶家树突然向霍城县人民法院起诉称：欠条是在用枪胁迫威逼下写的；实际商贸公司欠其156203元，请求追回，并赔偿损失。商贸公司反诉叶家树拖欠货款，制造谎言，企图赖帐，请求返还货款，赔偿损失。霍城县人民法院于1991年1月18日开庭审理此案，经调解无效，于1991年4月15日作出判决，认为1988年8月17日新新公司与购销站签订的500吨打瓜籽购销合同及1988年10月27日三方补充合同均为有效合同。购销站诉请商贸公司偿还122.02吨打瓜籽剩余款94897元及承担违约金，赔偿损失等请求合法有据，商贸公司反诉购销站返还欠款47027.67元无据无理，不予支持。据此判决商贸公司偿还购销站打瓜籽货款94897元，面粉等其他现金合计7958元，支付违约金91660.15元，扣除原告所欠被告其它业务开支2147.04元，剩余292368.11元，在判决生效后15日内全部付清。商贸公司不服霍城县人民法院的一审判决，向伊犁地区中级人民法院提出上诉。伊犁地区中级人民法院于1991年12月21日作出二审判决：“驳回上诉，维持原判”。商贸公司仍不服，向伊犁哈萨克自治州人民检察院提出申诉。伊黎哈萨克自治州人民检察院依法对该案进行了审查，认为原审判决认定事实的主要证据不足，适用法律确有错误，显失公平。主要理由是：(1)新新公司与商贸公司签订的500吨打瓜籽购销合同属无效合同。新新公司于1987年5月7日由阿克苏市工商局颁发临时执照。依照规定，每年2月前经工商机关审查，核发年检注册证。1988年经审查，新新公司的注册资金50万元不属实，市工商局没有核发年检注册。新新公司在1988年期间无资金，无营业执照，不具备法人资格，缺乏签约应具备的条件，所签合同当然无效。最高人民法院1987年7月21日所作的《关于在审理经济合同纠纷案件中具体适用〈经济合同法〉的若干问题的解答》第六条规定:“合同当事人自己无资金无货源，违反工商行政管理法规，采取签订合同的方式，合同标的不过手，从中牟取非法利益，是利用合同买空卖空，对于买空卖空的经济合同，应当确认为无效合同。”新新公司在无资金、无货源、无执照等一系列违反工商行政管理法规的情况下签订合同应确认为无效合同。原审法院对新新公司法人资格未做审查，直接影响了本案的正确判决。(2) 商贸公司与购销站无合同关系，无直接往来。从合同履行情况看，商贸公司同新新公司直接往来款都交予新新公司业务员顾某或直接交其经理穆义，由新新公司转购销站经理叶家树。原审判决认定事实的依据是“三方协议”和“在工商局鉴证下的补充合同”。经审查，商贸公司从未在新新公司与叶家树的协议上签字，此协议对商贸公司无约束力。霍城县工商局鉴证的合同是新新公司同叶家树签订的500吨打瓜籽购销合同，以及双方在没有征得商贸公司同意便提高价格的补充合同，原审判决对本案的合同双方法律关系认定错误。(3) 购销站无履行合同能力。按合同规定应在10月供货100吨，11月供货200吨，12月10日前供货200吨。叶家树从10月22日起供货，到10月底供货60吨，11月至12月仅供货50多吨，商贸公司已将货款付新新公司，而新新公司和叶家树无货可供，为减少损失，商贸公司派人督促，监督新新公司和叶家树尽快履行合同。原审判决对购销站的履约能力、违约责任不予认定，显属错误。(4) 叶家树向原审法院提供其供货14车的运单，而需方只收到13车。经审查，叶家树伪造新新公司业务员顾某的签名，以1988年12月8日送打瓜籽5吨的运单，骗取24000元。原审法院对叶家树提供的伪造运单未作审查，便予认定，使国家利益受到侵害，原判应予改正，并对叶家树的违法行为予以制裁。(5) 关于打瓜籽质量问题，原审判决认定:“根据被告业务员逐车检查及扣除杂质，并记录于发货单之事实，可以认定其货物质量问题在履行合同时双方已予解决，故不存在质量问题。”原审判决认定上述事实是错误的。首先，根据商贸公司与新新公司以及新新公司与购销站的两个合同规定:“交货地点为乌鲁木齐火车站站台，运费由供方负担，发货前15天通知需方到站验货，批货批款，货款两清。”依照合同，验货地应在乌鲁木齐市火车站，不在发货地。其次，新新公司业务员顾某和商贸公司业务员史某都是作为合同一方代表监督合同的履行，而顾某在发货单上签字只表示发往乌鲁木齐市站台的货物件数，对于货物表面的杂质情况应当记录在货单上，且已发现问题。再次，商贸公司在乌鲁木齐市发现质量问题严重，及时通知新新公司，新新公司电告霍城县工商局及供货方叶家树去乌鲁木齐市解决。1988年11月6日由工商局干部哈某、叶家树代表吴某、新新公司经理穆义、商贸公司经理焦满长四方在乌鲁木齐市抽查鉴定，工商局合同仲裁委员会的检验笔录证明，每袋打瓜籽平均含砂石杂质达7—8公斤。原审决院对严重的质量问题未予审查，抛开工商部门的鉴定，认定对方已验收的判决显失公正，应予纠正。(6) 关于违约责任问题，原审判决错误地认为:“根据合同履行期间，被告突然通知原告赴乌鲁木齐市验货，但临时改变主张，提出清算并违法结算，致使合同停止履行的事实，足以认定被告的违法行为，理应承担违约责任”，“支付违约金91660.15元”。而在本案中，商贸公司没有同叶家树签订合同，在新新公司无供货能力，逾期交货并存在严重的质量问题后及时终止合同是合法的，应予保护，而新新公司、购销站的叶家树无资金、无货源，不能履行合同，以次充好、掺杂使假的违法行为应承担法律责任。所签订合同无效，不存在违约问题。此外，结算是在工商局合同仲裁股见证，三方同意下进行，不存在违法结算的问题。（7）关于叶家树欠商贸公司 47027.67 元的问题，原审判决认定的主要证据不足。经查：发现质量问题后，在工商局合同股杨某的主持下结算，结果新新公司欠贸易公司的 107289.67 元，其中，叶家树欠新新公司 47027.67 元。经协议，由叶家树直接还贸易公司货款 47027.67 元，新新公司还贸易公司 60262 元。整个帐目是新新公司经理穆义同叶家树在杨某主持下清算，后经贸易公司同意，不存在在有关人员威胁下写的欠条。工商局杨某始终参与了合同的签订、鉴证、履行、解除、清算，并在欠条上以见证人身份签名"工商局负责追款"。在 1989 年元月，工商局追回 3000 多元，还贸易公司 1580 元。事隔两年后，杨某却出证有人用枪逼叶写欠条。在检察院查证时，又含糊其辞，实不为证。原审法院在认定事实上，没有全面调查，只凭叶家树单方陈述作出判决，证据不足。据此，伊犁哈萨克自治州人民检察院于 1992 年 3 月 30 日依法按照审判监督程序向新疆维吾尔自治区高级人民法院伊犁哈萨克自治州分院提出抗诉。

新疆维吾尔自治区高级人民法院伊黎哈萨克自治州分院受理此案后，依法组成合议庭进行再审，于 1992 年 8 月 12 日作出判决，认为：该案原系一起购销货款结算纠纷。新新公司实属无履约能力的"皮包"公司，所签合同无效。新新公司和购销站单方转让合同，并提高价格，损害商贸公司的合法权益，其有关协议均属无效。新新公司和购销站依据工商局的裁决进行了结算，叶家树事后又写了欠条，商贸公司亦接收了欠条，并据此通过霍城县工商局追款，应认定为对上述协议和结算的追认。一、二审法院否定霍城县工商局关于打瓜籽质量问题的生效裁决是不当的，应予纠正。叶家树在出具欠据二年后，诉称欠据是用枪协迫下所写，其证据不足，不予采信，故对上述结算和欠据应予认定，购销站应承担退还货款和赔偿损失的责任；其原诉讼请求不能成立，应予驳回。商贸公司盲目与"皮包"公司签约，造成资金回收困难亦有责任，故其追款损失自负。其它反诉理由合法有据，应予支持。故依照《中华人民共和国民事诉讼法》第一百八十六条，第一百五十三条第一款第（三）项，《中华人民共和国民法通则》第九十一条，第一百一十七条第一款的规定，并经审判委员会讨论决定，判决：（1）撤销伊犁地区中级人民法院（1991）伊地法经上字第 10 号和霍城县人民法院（1991）霍法字第 94 号判决。（2）驳回原告购销站的诉讼请求。（3）购销站（叶家树）返还商贸公司 45444.67 元，并赔偿损失 18217.14 元（按同期银行利率计息，时间从 1989 年 7 月 1 日起至 1992 年 7 月 31 日止）。一、二审诉讼费 5357 元由购销站（叶家树）负担。

（最高人民检察院民事行政检察厅 石小申）

周德祥诉朱德柱借贷纠纷民事审判监督抗诉案

1987 年 8 月 28 日，江苏省盐城市建湖县对外经济贸易公司门市部（供方）与建湖县高作乡多种经营服务公司（需方）签订了一份代购薄荷油合同，总金额为 85.2 万元。由于供方违约，经双方协商供方赔偿需方损失费18460元，由供方承包人朱德柱与需方经办人徐如成结算。在徐如成向朱德柱追款期间，朱德柱请周德祥帮助借民间贷款1万元（约定利息3%，期限1年）。1989年元月15日下午，周德祥将1万元交给了徐如成，同时，朱德柱立了借据给周德祥。1990年6月，朱德柱还给周德祥500元的利息。以后，周德祥多次催要借款，但朱德柱一直拖着不还。周德祥于1991年4月24日诉至法院。建湖县人民法院经审理，于1991年11月18日作出裁定："原告没有证据证明其与被告有债权债务关系，因此原告对被告没有诉权。"裁定驳回周德祥的起诉。周德祥不服，向盐城市人民检察院提出申诉。

盐城市人民检察院经审查认为，原告周德祥的起诉完全符合民事诉讼法第一百零八条规定的起诉条件，建湖县人民法院驳回起诉明显不当，其主要理由是：(1)原、被告之间有借据。1989年元月15日与1990年6月20日朱德柱亲笔给周德祥立了两份借据。这就充分证明周德祥与朱德柱之间有直接的债权债务关系，周德祥是债权人，朱德柱是债务人。尤其是1990年6月20日的第二份借据，进一步证明了朱德柱已承认借周德祥1万元。《民法通则》第九十条规定："合法的借贷关系受法律保护"，建湖县人民法院裁定驳回周德祥的起诉是错误的。(2)原告有借款的收据。朱德柱向周德祥借款是归还徐如成的。徐如成收到周德祥的1万元现金后，当即立了收据，周德祥已将此据交给朱德柱，但朱德柱不举证。经核实，徐如成一直承认收到周德祥1万元的事实。(3)被告已向原告还了利息。朱德柱于1990年6月20日亲笔立的第二张借据写明："借到周德祥同志原借款利息肆仟元整，已还伍佰元，尚有叁仟伍佰元，经协商不计利息。此据。经借人朱德柱。1990、6、20，见证人徐如成、王春银。"经核实，徐如成、王春银再次证明是事实。朱德柱已还周德祥利息500元。如果原、被告没有债务关系，这笔利息就无从谈起。据此，盐城市人民检察院根据《中华人民共和国民事诉讼法》第一百八十五条第一款第一项规定，于1992年7月22日向盐城市中级人民法院提出抗诉，要求依法撤销建湖县人民法院（1991）建法民字第444号民事裁定书，予以重新审理。

盐城市中级人民法院依法组成合议庭对此案进行了提审。于1992年8月26日作出（1992）民监字第4号民事裁定书，认为本案事实不清、适用法律不当。依据《中华人民共和国民事诉讼法》第一百五十四条、第一百七十七条第二款、第一百八十四条第一款、第一百八十六条的规定，裁定撤销建湖县人民法院（1991）建法民字第444号民事裁定书，发回建湖县人民法院重新审理。同时，盐城市中级人民法院书面通知建湖县人民法院重审此案时注意：（1）周德祥诉朱德柱借贷纠纷符合《民事诉讼法》第一百零八条的起诉条件，应予立案受理。（2）查清事实，依法作出实体判决。

（最高人民检察院民事行政检察厅
石小申）

庆阳县食品公司诉杨军购销羊绒拖欠货款纠纷民事审判监督抗诉案

1989年10月15日，宁夏回族自治区灵武县郝桥乡农民、个体商贩杨军以宁夏灵武县湖滨综合贸易公司吴忠经销部的名义与庆阳县食品公司驿马综合商店（以下简称驿马商店）签订了一份购销羊绒的合同，合同规定：由杨军收购驿马商店的羊绒1500—2000公斤，每公斤单价138元，提货时预付款2万元，双方将货运到兰州，其余货款由杨军10天内办完交货手续后一次付清，否则驿马商店将货拉回，预付款概不退还。杨军收到羊绒后，向驿马商店写了欠驿马商店羊绒款207228.90元的欠条。翌日，杨军与宁县林业局苗木种子公司（以下简称苗种公司）达成购销羊绒的口头协议。10月17日，苗种公司将羊绒运到庆阳县驿马，杨军收货后出具了欠条，称："欠宁县苗种公司羊绒756.5公斤，每公斤单价138元，羊绒款104397.00元，待收货单位付款后一次付清。"10月18日，三方将羊绒一起运到兰州。货到兰州后，杨军找不到销路，无款可付。至11月16日，杨军与甘肃省对外经济贸易委员会西安站（以下简称西安站）业务员王某签订了由西安站代加工、销售羊绒2373.5公斤，按销售价格的10%收取手续费的委托书。西安站即把全部羊绒交由兰州畜产品加工厂加工。后因驿马商店、苗种公司多次向杨军催要货款，杨军找到王某，于1989年12月2日由杨军写了西安站向驿马商店两个月内付款204099.7元的欠条，让王某签名并盖了合同专用章。同日，杨军又同苗种公司和王某签订了两个月内由西安站向苗种公司付款104397.00元的协议。12月10日，杨军对"欠条"和"协议"均予以反悔，并书面通知西安站："所代销的羊绒，待货销后付款时，杨军不到，给任何人绝不付款"。至1990年7月9日，代销羊绒因故一直未能售出。宁县工商局以西安站不给宁县苗种公司付款为由，在兰州畜产品加工厂把已加工为半成品的全部羊绒1538.5公斤扣押，拉回宁县。驿马商店遂通过庆阳县食品公司于1990年10月18日向庆阳县人民法院提起民事诉讼，要求西安站偿还羊绒及利息，赔偿损失，承担诉讼费用。庆阳县人民法院于1991年4月11日作出一审判决：原告与被告签订的购销羊绒合同无效；第三人（西安站）偿付原告羊绒款204099.7元，承担贷款利息24978.16元；被告承担贷款利息5000元，承担原告差旅费1000元；第三人承担诉讼费4200元。西安站不服庆阳县人民法院判决，上诉于庆阳地区中级人民法院。庆阳地区中级人民法院于1991年10月9日作出二审判决：驳回上诉，维持原判。1991年11月15日，甘肃省对外经济贸易委员会西安站不服庆阳地区中级人民法院（91）经上字第9号民事判决，向甘肃省人民检察院申诉，请求省检察院依法按审判监督程序履行法律监督职责，以保护国营企业的合法权益。省检察院民事行政检察处受理申诉后作了初步审查，于1991年12月12日向庆阳检察分院交办此案。1991年12月23日，经庆阳检察分院检察委员会决定，以原审两级法院认定事实不一致、证据不足、执行程序违法等为由，向省检察院提出提请抗诉报告。甘肃省人民检察院对庆阳地区中级人民法院（91）经上字第9号民事判决及案卷材料进行了审查，认为，原一、二审判决认定事实不清，主要证据不足；适用法律有明显错误；遗漏了本案主要当事人。其主要理由是：(1)原一审判决认定杨军隐瞒其既无资金，又无销路的真情，具有欺骗性质，故属无效合同，却又把杨军与西安站协商，在2个月内将货款付给庆阳驿马商店的"欠条"视作有效协议，显属不当。依照《中华人民共和国民法通则》第五十五条、第五十八条、第六十一条、第七十二条，《中华人民共和国经济合同法》第七条一款二项、第十六条第一款，杨军在没有履行合同能力的情况下，采取欺诈手段与庆阳驿马商店签订的羊绒购销合同是无效的，杨军非法占有羊绒后，将羊绒交西安站代加工、销售是无效法律行为，所签订的有关羊绒代加工、销售后的付款欠条也是无效的。一、二审法院认定付款协议为有效协议，西安站与驿马商店买卖关系及债权债务关系成立前后矛盾。（2）二审法院认定杨军以撤销的单位名义与他人签订合同的事实不清、证据不足。经查，杨军与庆阳驿马商店签订合同时的单位名称为："宁夏灵武县湖滨综合贸易公司吴忠经销部"。根据灵武县工商行政管理局的证明，1985 年 9 月 13 日，"灵武湖滨联合公司"被撤销后变更为"灵武县综合服务部"。均与杨军所用的公司名称不符。二审法院对以上事实没有查清，据此认定灵武县湖滨综合贸易公司吴忠经销部在签订羊绒购销合同时已被撤销的证据不足。（3）对无效合同的处理，根据《中华人民共和国经济合同法》第七条一款二项、第十六条一款，《中华人民共和国民法通则》第五十五条、第五十八条、第六十一条，据以无效合同所得的财产，应当返还财产并赔偿损失。一审法院在判决中认定杨军与驿马商店的羊绒购销合同为无效合同，却把杨军据无效合同取得羊绒后，与西安站的代加工、代销售委托书及付款协议认定为购销关系，适用《民法通则》第一百一十一条有效合同的民事责任的规定、《经济合同法》第十七条第三款购销合同的有关价格规定都是错误的。二审法院在判决中认定杨军与第三人西安站双方达成由西安站直接向驿马商店付款的协议并出据了"欠据"，否定了一审法院认定的三方协议，二审法院在一审法院事实不清、认定事实的主要证据不足的情况下，认定原审事实清楚，证据充分，判处并无不当与案件事实不符，适用《中华人民共和国民事诉讼法》第一百五十三条第一款一项，也是错误的。（4）一、二审法院在审理中遗漏了本案主要当事人。经查，自 1989 年 10 月 18 日宁县林业局苗种公司将羊绒 756.5 公斤运到庆阳县驿马后，这批羊绒与驿马商店的羊绒一起，由杨军交给西安站代加工、销售，后宁县林业局苗种公司通过宁县工商局违法将已加工成半成品的羊绒（包括庆阳驿马商店已加工为半成品的羊绒）1560 公斤全部扣回宁县。从庆阳驿马商店提起诉讼到二审判决，时至今日，本案的标的物羊绒并未灭失，而被宁县林业局苗种公司违法侵占。因此，宁县林业局苗种公司在事实和法律上与本案有直接利害关系。依照《民事诉讼法》第五十六条规定，应由人民法院通知其参加诉讼，才能使判决做到依法、公正、合理。二审法院认定宁县林业局苗种公司与本案无法律关系是错误的。因此，决定对二审法院的判决提出抗诉。1992 年 2 月 24 日，甘肃省人民检察院向甘肃省高级人民法院提出抗诉。

1992 年 6 月 10 日，甘肃省高级人民法院依法组成合议庭对此案进行了再审，认为原判确认诉讼主体不当，认定事实不清，甘肃省人民检察院抗诉理由成立，依据《中华人民共和国民事诉讼法》第一百五十三条第一款第三、四项的规定，裁定：(1) 撤销庆阳地区中级人民法院（1991）经上字第 9 号民事判决书和庆阳县人民法院（1991）庆法经字第 2 号民事判决书。(2) 发回庆阳县人民法院重新审理。

（最高人民检察院民事行政检察厅
石小申）

迁金泉诉龙江县广厚乡二村村委会承包纠纷民事审判监督抗诉案

1988年8月，黑龙江省齐齐哈尔市龙江县广厚乡二村村委会与本村村民迁金泉签定了承包苇塘的合同，承包面积为400亩（包括水塘等），期限5年，5年内使芦苇面积扩大到300亩，年交承包费450元，交款日期为每年5月1日前。迁金泉在承包的第三年（1991年），以承包面积不足为由拒交承包费。对此，村委会认为承包合同已经过公证，便先请求县公证处派员进行调解。在调解中，村委会主张重新丈量承包面积，或者由迁按实际面积交承包费，或者收回苇塘，迁金泉均不同意，调解没有达成协议。公证员遂提出可以组织村民去苇塘割部分苇子以抵承包费。1991年10月24日，村委会召集村民去苇塘割了部分苇子。迁金泉于10月27日诉至龙江县人民法院，要求村委会赔偿一切损失。法院受案后，与原、被告共同测量承包面积为511亩。法院聘请县芦苇公司技术员对苇塘中的芦苇面积做鉴定。该技术员没进行实地测量，只听原告说为300亩，以亩产100公斤计算，定总产量为6万市斤。原告称苇塘只剩有3000市斤芦苇。据此，1991年12月，县法院判决：被告龙江县广厚乡二村村委会赔偿原告苇子57000市斤，每市斤按0.10元计算，计折款5700元。村委会不服，申诉至龙江县人民检察院。

龙江县人民检察院受案后进行了实地调查，聘请专家对苇塘面积进行实际测量，发现与原审法院判决认定的事实有明显的出入：一、苇塘面积（按生长芦苇50%以上计算）应为23.18亩；二、亩产量为110公斤；三、总产量为2550公斤；四、根据齐齐哈尔市1991年国家收购价，最高价为每吨70元，因此该村苇塘产苇价值为人民币178.49元。为此，县检察院依据《民事诉讼法》第一百八十五条的规定，以原审判决认定事实不清、证据不足为由，于1992年6月提请齐齐哈尔市人民检察院通过审判监督程序向市中级人民法院提出抗诉。齐齐哈尔市人民检察院经过认真审查，认为龙江县人民检察院提请抗诉的理由成立，遂于1992年9月2日向市中级人民法院提出抗诉。

1992年12月14日，齐齐哈尔市中级人民法院对该案进行再审后作出判决，认定检察机关抗诉理由成立，原审判决认定的主要事实不清、证据不足，予以撤销，发回重审。

（最高人民检察院民事行政检察厅
石小申）

刘忠和诉长春市红星剧场承包合同纠纷民事审判监督抗诉案

1990年2月18日，吉林省长春市红星剧场与停薪留职工人刘忠和签订了红星剧场所属录像厅的承包协议书。协议规定：刘忠和除交抵押金2500元，每月还要上缴承包费1250元；红星剧场提供场地、部分座席和营业执照；承包期为三年，从1990年3月10日至1993年3月10日。协议签订后，承包人刘忠和对录像厅进行了装潢，并购置了录像厅设备，共支出总价值人民币35243.58元。刘忠和于1990年3月11日开始营业，至1991年3月，逐月缴足承包费。1991年3月末，红星剧场发觉把录像厅承包给个人经营与中央、地方有关规定相违背，同时还接到当地工商局要求刘忠和停业整顿的意见。红星剧场先后以口头和书面形式通知承包人停业，但刘仍不理会。红星剧场于1991年5月8日切断了录像厅的电源，为此，双方发生了纠纷。刘忠和诉至法院。长春市南关区人民法院审理后认为：原、被告签订的承包合同有效。根据中央有关规定，此次压缩整顿音像工作由压缩整顿办公室提出方案组织实施。红星剧场在未下达方案和组织实施及请示有关单位未有答复即强行停电，属违约行为。对此作出如下判决：（1）被告赔偿原告停业损失费20452.94元；（2）被告退给原告抵押金2500元；（3）原告购买的录像厅设备，由被告接收并给付原告设备款30426.89元。红星剧场不服长春市南关区人民法院的一审判决，向长春市中级人民法院提出上诉。长春市中级人民法院以（1991）经上字第170号民事判决维持一审判决。红星剧院不服，申诉至长春市人民检察院。长春市人民检察院经审查决定提请吉林省人民检察院按照审判监督程序提出抗诉。

吉林省人民检察院对长春市中级人民法院（1991）经上字第170号民事判决书及案卷材料进行了审查，并作了必要的调查，认为：二审法院认定双方当事人所签订的承包合同是有效合同，属于定性错误，处理失当，适用法律、法规确有错误。其主要依据是：第一，双方当事人于1990年2月28日签订的为期三年的录像厅承包协议，其内容不符合《经济合同法》第四条、第七条一、四项的规定，有违反国家法律和政策的事实存在，实属无效合同。（1）1985年8月26日中共中央办公厅、国务院办公厅《关于禁止营业性录像放映和加强录像管理的通知》（中办发〔1985〕45号文件）中规定："在全国范围内，明令禁止私人从事营业性的录像放映……"。（2）1985年11月4日中共吉林省委办公厅《关于加强录像管理的通知》（吉办发〔1985年〕57号文件）中规定："在全省范围内，明令禁止一切单位和个人以牟利为目的，从事营业性录像放映活动，个人营业试点、个人向单位承包或合作经营的放映点，在11月20日以前，一律停止营业，由工商行政管理部门吊销营业执照。"（3）1988年5月26日吉林省工商行政管理局、吉林省财政厅、吉林省乡镇企业局《关于对名为集体实为个体经营企业清理整顿的通知》（吉工商企联字〔1988〕第87号文件），对清理整顿的时间、方法及处理原则等方面都作了具体规定。（4）1989年9月16日中共中央办公厅、国务院办公厅《关于整顿、清理书报刊和音像市场，严厉打击犯罪活动的通知》（中办发〔1989〕13号文件）中规定："坚决取缔私自开设的营业性放映点和违反规定承包给个人的录像放映点。"原承包协议的内容完全违背上述规定，应属无效的民事法律行为，故此合同从订立之日起，即不具有法律约束力。第二，红星剧院修正错误，执法有据，判令其赔偿停业损失，显失公平。1990年2月11日，中共中央办公厅、国务院办公厅《关于压缩整顿音像单位的通知》（中办发〔1991〕2号文件）下达后，长春市工商行政管理部门于3月19日便提醒发包人红星剧场应按此文件精神自检自查；与此同时，红星剧场向承包人刘忠和口头声明，做好停业准备；4月5日又正式函告其务于10日正式停业，4月6日刘忠和复函表示抗议；4月16日红星剧场又向市工商行政管理局市场管理科提交了《关于录像厅停业整顿的补充报告》，并抄送市文化市场管理处、南关区税务、防火、治安科及评剧院等有关部门。但刘忠和仍强行坚持营业，迫使红星剧场于5月8日采取断电措施而停业。由此可见，红星剧场完全是在有关部门的干预下，遵照中央有关文件精神采取的正当合法行为。但一、二审法院以请示未答复和市里未具体部署便擅自终止协议为由，判令其赔偿由此而造成的停业损失，是没有道理的，也是违反中央、国务院有关规定的，处理显失公正。故应撤销一、二审赔偿停业损失的判决，收缴承包方在通知停业后的非法所得，依法公正审理。为此，吉林省人民检察院于 1991 年 12 月 16 日依法向吉林省高级人民法院提出抗诉。

吉林省高级人民法院于 1992 年 4 月 23 日组成合议庭公开审理了此案。1992 年 7 月 11 日对该案作出再审判决认为：（1）吉林省人民检察院抗诉理由成立；（2）双方所签订的承包合同从订立之日起就违反了中央及有关部门关于音像放映的政策规定，故属无效合同；（3）长春市红星剧场根据中央和地方有关文件规定，及时终止原协议，不应赔偿终止协议后不能营业的损失；（4）长春市红星剧场为租赁房屋与刘忠和签订承包录像厅协议，违反了政策规定，应对无效行为承担主要责任，应对刘忠和为录像厅购置的设备在折旧后予以接收，并返还预交的抵押金。故判决：（1）撤销长春市中级人民法院（1991）经上字第 170 号民事判决；（2）长春市红星剧场给付刘忠和设备价款 29926.89 元，（3）长春市红星剧场退给刘忠和抵押金 2500 元。一、二审案件受理费由当事人双方分别承担。

（最高人民检察院民事行政检察厅
石小申）

东台镇水产养殖场不服射阳县公安局渔业管理处罚纠纷行政诉讼监督抗诉案

1991 年 2 月 17 日，江苏省东台市东台镇水产养殖场（以下简称水产养殖场）与射阳县水产公司新洋港购销站（以下简称水产购销站）签订了一份鳗鱼苗购销合同。协议载明：由水产购销站向水产养殖场提供鳗鱼苗，数量暂定 5 公斤；价格随行就市；水产购销站负责办理准运证和包装鱼苗，保证货源顺利到达水产养殖场等条款。

签约后，水产养殖场于 3 月 22 日应水产购销站的通知到新洋港提货。水产购销站向水产养殖场实际提供鳗鱼苗 9.79 公斤，水产养殖场付货款 86700 元。水产购销站通过渔政部门办理准运证时，渔政人员按合同只给办理了 5 公斤鳗鱼苗的准运证。为防止沿途查扣，水产购销站请渔政部门在运输工具上贴了封条。当水产养殖场运载鳗鱼苗的车辆开始起运时，新洋港镇交通管理所以所运数量与准运证不符为由要求停车检查。该镇负责人认为，水产购销站提供 9.79 公斤鳗鱼苗已经县鳗鱼苗产销管理指挥部同意，故决定放行。新洋港镇交通管理所一方面执行镇领导的决定，另一方面又以电话与射阳县黄尖镇交通管理所和射阳县公安局黄尖派出所（以下简称黄尖派出所）联系称：“东台轿车承运鳗鱼苗的数量与准运证不符，请你们检查。”水产养殖场运输车辆进入黄尖镇路段时，首先由黄尖镇交通管理所拦车检查，接着由黄尖派出所强行扣押了水产养殖场的运输车辆和 9.79 公斤鳗鱼苗以及采购人员随身携带的购货款余额 11200 元。事发后，经射阳县人民政府主管负责人召集有关部门的办公会认为，水产养殖场所运鳗鱼苗虽不属走私，但其数量与准运证不符，故由黄尖派出所分别对水产养殖场和水产购销站处以罚款 11200 元和 10000 元。然后，该所以此款折合成鳗鱼苗 3.212 公斤予以没收，由射阳县水产公司黄沙河购销站开具空头“收购收据”。对水产养殖场所采购的 9.79 公斤鳗鱼苗由渔政部门补办了准运证后，于3月23日仍由水产养殖场如数运回。黄尖派出所对水产养殖场和水产购销站的21200元罚款，动支9800元购置了摩托车，余额保存在该所。同年5月9日，在水产养殖场的追索下，黄尖派出所才开具《罚没财物专用收据》(未向水产购销站送达)。

水产养殖场不服射阳县公安局行政处罚，认为县公安局是越权行为，于1991年7月16日向射阳县人民法院提起行政诉讼。射阳县法院受案后，将射阳县水产供销公司新洋港购销站列为第三人参加诉讼。在案件审理期间，射阳县政府于8月11日由县财政列支向水产养殖场退款6000元。由于有关部门多方调解，水产养殖场于8月12日（即开庭的前一天）申请撤诉。射阳县人民法院于8月13日以（1991）射法行第6号裁定书裁定准予撤诉，并将案件受理费全部退还原告。

盐城市人民检察院根据有关方面的反映，对此案进行了立案审查，发现射阳县人民法院对该案作出准予撤诉的裁定不当，错误明显。其理由是：（1）认定事实不准。此案原告申请撤诉不是出于自愿，是在有关部门反复做工作，出于无奈，被迫申请撤诉的。原告撤诉是违心的。原审法院在裁定中称：撤诉是原告自愿申请的。这是违背客观事实的，是不合法的。（2）对具体行政行为合法性审查不严。首先，原审法院对被告在此案中有无处罚权没有认真审查。我国《渔业法》第三十三条规定："本法规定的行政处罚，由渔业行政主管部门或其所属的渔政监督管理机构决定。"《江苏省实施〈渔业法〉办法》第三十七条规定："本办法所规定的行政处罚，由县级以上的渔政机构决定并填发处罚决定书。"从以上有关法律、法规说明，被告是无处罚权的。其次，对罚没收入的处理不当。按照1991年3月19日江苏省人民政府办公厅153号传真电报《关于抓紧鳗鱼苗产销管理工作的紧急通知》第四条规定："为了保证查处和打击鳗鱼苗走私倒卖活动所必需的管理和奖励，一方面各地要执行罚没收入全部上交财政的规定，同时各市、县财政又要参照一般年景查处打击鳗鱼苗走私的奖励水平，提前安排专项经费，专款专用，以支持与鼓励搞好鳗鱼苗的产销管理工作。"而被告将罚没收入全部占有，且已动用9800元购摩托车，这是不合法的。再次，被告处罚程序不完备，也是不合法的。（1）没有填发处罚决定书。（2）没有交待诉权。(3) 罚没收据是被告单位的，不是财政部门的统一收据。（4）罚没收据是盖的派出所的公章。（5）罚没收据开具的时间，应是3月23日，在原告的多次催促下，直到5月9日才开出。据此，盐城市人民检察院于1991年11月20日依法按照审判监督程序向盐城市中级人民法院提出抗诉。

被告在盐城市中级人民法院对该抗诉案件审理期间，于1991年12月3日自行撤销了其具体行为，再次向原告退款5200元，但仍未向第三人送达，亦未将10000元罚款退给第三人。盐城市中级人民法院经审理，于1992年1月29日作出（1992）行监字第1号行政裁定书，认为：原审原告东台市东台镇水产养殖场申请撤诉，并非出于自愿，且撤诉后侵犯了国家利益；射阳县公安局所作的具体行政行为超越职权；盐城市人民检察院抗诉有理；一审法院裁定准予原审原告撤诉不当。根据《中华人民共和国行政诉讼法》第五十一条、第六十一条第三项、第六十三条第二款的规定，裁定：（1）撤销射阳县人民法院（1991）射法行字第6号行政裁定。（2）不准许原审原告撤诉。（3）此案指令大丰县人民法院审理。大丰县人民法院根据盐城市中级人民法院的指令，依法组成合议庭进行了公开审理，于1992年4月17日作出（1992）大法行字3号行政判决书，认为：原告为养殖生产需要，向第三人采购鳗鱼苗9.79公斤，并未违反法律和合同约定。第三人向原告收取9.79公斤鳗鱼苗货款后，经与有关部门商定只填发5公斤准运证；原告在第三人未如数提供准运证的情况下即开始起运，对此，原告和第三人互有过错，第三人应负主要责任。被告配合有关部门加强鳗鱼苗的市场管理并无不当，但直接对原告和第三人处以罚款21200元，不符合渔业管理法律、法规的规定，属于越权行为，且事实不清，责任不明，程序违法。由此造成原告和第三人的经济损失，应负赔偿责任。被告在案件审理期间，自行撤销其具体行政行为，但对原具体行政行为所造成的后果并未完全解决，仍应通过诉讼程序加以纠正。根据《中华人民共和国渔业法》第三十三条和《中华人民共和国行政诉讼法》第五十四条第二项第四目、第六十七条第三款、第六十八条第一款之规定，判决：（1）撤销被告对原告和第三人罚款21200元的具体行政行为。（2）被告发还原告罚没款11200元（已履行），发还第三人罚没款10000元。在本判决生效后十日内履行完毕。关于被告的侵权赔偿责任，原告与被告当庭达成调解协议，由被告赔偿原告经济损失656元，与本判决同时履行，第三人当庭表示放弃赔偿请求。

（最高人民检察院民事行政检察厅
石小申）

第八部分　检察理论研究

1992年检察理论研究工作

【概况】1992年，中国检察理论研究所、中国检察学会根据第九次全国检察长会议精神和最高人民检察院1992年工作安排，认真贯彻邓小平同志视察南方重要谈话精神，坚持党的"一个中心，两个基本点"的基本路线，围绕建设有中国特色的社会主义检察制度，增强检察机关法律监督职能和检察工作在进一步改革开放、加速社会主义经济建设步伐形势下遇到的新情况、新问题，积极开展检察理论研究和学术活动，取得了一定成绩。

一、制定、落实检察理论研究规划，申报科研课题。

1992年初，将《中国检察理论研究所、中国检察学会1992年工作计划要点》印发给各省、自治区、直辖市检察学会（筹备组），确定了1992年检察理论研究的15个重点课题。

1992年5月10日，中国检察学会第一届理事会第二次会议审议通过了《中国检察学会、中国检察理论研究所检察理论研究五年（1992—1996）规划》。《规划》确定了检察理论研究的指导方针和基本任务，本着以应用研究为主、兼顾基础理论研究的原则，规定了35个理论研究课题，其中重点课题11个。五年中，检察理论研究将着重研究中国特色的社会主义检察制度，台、港、澳检察制度；着重研究检察工作在改革开放形势下遇到的新情况，新问题，以及与检察工作相关的法律问题；着重研究检察机关的自身建设，逐步完善具有中国特色的社会主义检察制度。《规划》还确定了完成课题的组织保障和实施步骤。

1992年，经国家哲学社会科学规划办公室批准，中国检察理论研究所组织申报的《中国执法问题研究》、《检察监督与人权保护》、《职务犯罪监督论》等社会科学研究课题，分别获得哲学社会科学国家重点研究课题基金、中华社会科学基金、青年社会科学基金的资助。三个课题负责人已带领课题组开展研究工作，并通过了国家哲学社会科学规划办公室的年度检查。

1992年工作计划中确立的15个重点选题，其中"检察监督与人权保护"、"检察官条例立法研究"、"修改检察院组织法研究"、"惩治贪污贿赂立法研究"、"惩治渎职犯罪立法研究"已组织了课题研究组。初步拿出了成果，并召开了理论研讨会。《检察理论研究五年规划》确立的35个选题，其中11个重点选题已初步落实，并成立了9个课题研究组。广东、广西、湖南、湖北、安徽、江西、江苏、河南、青海、福建等省（区）检察学会向中国检察学会申报了课题。为了促进检察理论研究工作的开展，中国检察理论研究所还制定了《设立检察理论科研基金暂行办法》和《聘请特约研究员暂行办法》。《基金暂行办法》自1992年4月8日起施行，《聘请特约研究员暂行办法》将于1993年1月1日起执行。

二、召开检察理论研讨会，活跃理论研究气氛，调动检察干部理论研究积极性，提高研究水平。

1992年，中国检察学会组织召开了两次理论研讨会。9月16日至18日和12月10日至13日，分别在北京、江苏昆山召开了“检察监督与人权保护”、“检察立法”理论研讨会。两个会议参加代表100多人，共收到论文120多篇，入选论文76篇。通过研讨，大家认识到，我国党和政府历来十分重视人权保护，并为此做了大量工作，取得了巨大成就。检察机关作为国家的法律监督机关，依法行使检察权，纠正侵犯人权的违法行为，打击侵犯人权的各种犯罪活动，对于社会和国家的稳定及人权的保障，具有不可代替的重要作用。检察人员要认识到保护人权的重要性和肩负的职责，增强人权保护意识，提高对人权保护的自觉性。“检察立法”研讨会针对社会主义市场经济体制下，检察工作遇到的新情况、新问题，从立法角度进行了探讨和分析，对现行法律、法规和司法解释提出了一些修改补充意见，对正在起草的《惩治贪污贿赂法》、《检察官条例》提出了立法建议。会议认为，在加快改革开放步伐，建立社会主义市场经济体制的新形势下，必须加强有关检察监督的立法工作，检察机关应加强司法解释工作。为此建议对那些已明显不适应社会主义市场经济要求的司法解释，在调查研究、总结实践经验的基础上，加以清理，并适时作出新的司法解释和提出立法建议。

全国各级检察机关和各地检察学会，都分别召开了不同内容、不同形式的理论研讨会，有的还加强了横向交流与协作，如南方八省区（广东、海南、广西、江西、湖南、湖北、福建、河南）召开了“检察工作与经济建设”理论研讨会，北方四省区（黑龙江、辽宁、吉林、内蒙古）召开了“检察工作为经济建设服务”为主题的理论研讨会，华东七省市（上海、江苏、浙江、福建、江西、安徽、山东）检察工作协作研讨会，沿海开放城市检察机关调研协作会，全国省会城市检察工作研讨会等，都于1992年相继召开。通过理论研讨活动，使理论研讨的空气活跃起来，调动了全体检察人员参加理论研讨的积极性，提高了理论研究水平，开拓了检察干部的视野和思路，交流了科研成果，并促使这些成果转化为物质力量，发挥应有的作用。据不完全统计，1992年全国检察人员撰写理论文章达2万多篇，在研讨会上交流和在报刊上发表的有2000多篇。

三、办好检察报刊，开辟理论研究园地，发挥科研成果的作用。

中国检察学会、中国检察理论研究所主办的《检察理论研究》，按期完成了1992年共4期的编辑、出版工作。全年共收到稿件1000余篇，4期共发表文章100多篇。这些文章紧密联系了检察工作在改革开放形势下遇到的新情况、新问题，刊物的思想性、科学性和学术性均有明显提高。中国检察学会主办的《检察学会通讯》，1992年共编发8期，注重了信息性和学术性，及时报道了中国检察学会、学会各团体会员及各地检察学会的活动情况，介绍了法学界的学术研究动态、新学术观点等。

全国各地检察学会主办的20余种检察理论刊物，发表了一大批检察理论研究文章，成为开展群众性检察理论研究的重要园地。

四、加强了检察理论队伍的建设。

在最高人民检察院和地方各级人民检察院的领导和支持下，检察学会的组织建设有了长足发展。截止1992年底，全国已有中国检察学会和山西等21个省、自治区、直辖市检察学会及60多个地区、省辖市检察学会。1992年，贵州省检察学会正式成立，甘肃、内蒙古、浙江、安徽四省（区）成立了检察学会筹备组。全国检察学会会员已达2万余人，其中，中国检察学会会员1179人，省、自治区、直辖市检察学会会员13000多人。

五、开展对外学术交流，扩大检察学会的影响。

1992年，中国检察学会首次开展了与境外的学术交流。1992年8月5日至15日，中国检察学会赴香港考察代表团对香港进行了考察访问，取得了圆满成功。广东省检察学会也应邀组织了以会长张培宇为团长的赴澳门考察团，考察了解了澳门的检察、司法制度，发展了双方的联系。通过与港、澳的交流，也扩大了检察学会的社会影响力。

（中国检察理论研究所　石京学）

【检察理论研究五年规划】1992年5月10日，中国检察学会第一届理事会第二次会议通过制定了《中国检察学会、中国检察理论研究所检察理论研究五年（1992—1996）规划》。《规划》共三部分：指导方针和基本任务；检察理论研究重点选题；规划的实施和完成。

该规划确定的检察理论研究的指导方针是：坚持党的“一个中心，两个基本点”的基本路线，按照国家十年规划和“八五”计划纲要提出的任务、目标，组织推动和研究解决检察工作实践中提出的重大检察理论问题，为建设有中国特色的社会主义检察制度服务；旗帜鲜明地坚持四项基本原则，坚决反对资产阶级自由化，积极组织推动和认真研究检察理论问题；遵循马克思主义法学理论，运用马克思主义立场、观点、方法，理论联系实际，切实搞好调查研究；在坚持马列主义、毛泽东思想的指导地位的前提下，贯彻执行“百花齐放，百家争鸣”和“古为今用，洋为中用”的方针，解放思想，实事求是，勇于探索。

关于检察理论研究的基本任务，规划规定了8条：1、研究在改革开放的形势下，检察工作要更好地为经济建设服务。2、研究中国特色的社会主义检察制度，为检察制度的建设和完善提供理论指导。3、开展与检察业务相关的立法问题研究，为健全社会主义法制提供意见和建议。4、探讨检察机构设置、人员编制及其相关的理论问题，为检察机关的组织建设提供参考意见。5、开展检察管理研究，为检察机关正常运行和工作的顺利开展，实现现代化、制度化、规范化做出贡献。6、为检察实践服务，加强检察工作中具体应用法律问题的研究。7、有计划地组织对港、澳、台检察工作制度的研究。8、加强各国检察制度的比较研究。

该规划确定了“毛泽东刑法思想研究”、“邓小平法制思想研究”、“中国执法问题研究”、“检察工作与人权保护”、“职务犯罪监督论”等35个重点选题，并规定：选题时可从实际出发，在规划范围内确定自已的研究题目。

为保证规划的实施和完成，该规划规定：1. 中国检察学会、中国检察理论研究所和中国检察学会团体会员、各地检察学会（筹备组），都要采取各种有力措施，保证本规划的实施，积极申请并认真完成经批准的检察理论研究课题，也可以从实际出发，确定本单位的五年选题计划。2. 中国检察学会、中国检察理论研究所直接组织重点课题的研究。3. 各团体会员（学会筹备组）可申请课题。4. 通过《检察学会通讯》、《检察理论研究》，及时交流研究成果，提供必要的资料，以推动各地的研究工作。5、中国检察理论研究所将积极筹集资金，以资助重点课题的研究活动。6、每年对课题进展情况进行一次检查，1996 年将对五年规划的完成情况进行总结，表彰为执行规划做出重大贡献的先进单位和个人，奖励具有重大意义的优秀科研成果。

（中国检察理论研究所　董春江）

【检察理论科研基金】为了促进检察理论研究工作的开展，1992 年 2 月 1 日，中国检察学会第一届常务理事会第九次会议决定，设立检察理论科研基金，并制定了《暂行办法》。

根据检察理论科研基金暂行办法，基金的主要来源是：领导机关的拨款，中国检察理论研究所科研事业费拨款，个人和社会赞助，中国检察学会会费。检察理论科研基金用于重点检察理论科研课题的资助和对检察理论优秀论文的奖励。办法规定：成立检察理论科研基金管理委员会，由有关部门领导干部、中国检察理论研究所负责人、中国检察学会负责人和专家、学者等组成，设主任委员一人和委员若干人，负责基金的筹集和管理。检察理论科研基金的管理遵循逐年积累、合理利用的原则。《检察理论科研基金暂行办法》自 1992 年 4 月 8 日施行以来，已筹集基金 3 万余元。

（中国检察理论研究所　徐良清）

1992 年检察理论研究观点综述

一、关于贪污贿赂犯罪问题

（一）关于受贿赂罪中“利用与职务有关的便利条件”问题

第一种观点认为，凡国家工作人员要求其他国家工作人员为请托人谋利益，从中收受请托者财物的，都属利用职务上的便利。

第二种观点认为，国家工作人员利用与职务有关的便利条件，必须具备两个特征：一是行为人利用第三者的职务之便，必须以自己的职务为基础；二是请托人得到的利益，无论是合法的还是非法的，都是由于受贿人利用职务从中斡旋的结果。具体讲，主要有以下四种情况：1、第三人为行为人的职务所管辖；2、第三人在工作上与行为人的职务有横向联系，并有求于行为人；3、第三人与行为人以权换权，互相利用；4、行为人利用自己职权和地位的影响，促使第三人实施一定的职务行为，为请托人谋利益。

第三种观点认为，利用与职务有关的便利条件，一般只能发生在职务上存在制约关系的情况下，这种制约关系表现为两种情况：一是存在职务上的从属关系；二是在履行职务范围内的职责过程中存在着制约关系。

（二）关于“为他人谋取利益”问题

第一种观点认为，“为他人谋取利益”是受贿罪的客观要件，表现为“收受贿赂”和“为他人谋取利益”两个行为。为他人谋取利益有三种时态：1、过去时，即已为他人谋取了利益；2、现在时，即正在为他人谋取利益；3、将来时，即将要为他人谋取利益。其中又有两种情况：一是已为他人谋取利益作了预备，二是虽有动机但尚未实施具体行为。有人对后一种情况持否定态度，认为既然“为他人谋取利益”是受贿罪的客观要件，那么，仅有动机没有行为，就不能视为“为他人谋取利益”。

第二种观点认为，“为他人谋取利益”，只是行贿人与受贿人之间财物与权力相互交换达成的一种默契。就行贿人来说，是对受贿人的一种请求；就受贿人来说，是对行贿人的一种许诺。因此，“为他人谋取利益”只是受贿人的一种心理状态，属于主观要件的范畴，法律并不要求实际实施“为他人谋取利益”的行为。

第三种观点认为，“为他人谋取利益”，并不反映受贿罪的本质特征。把它作为收受型受贿罪的客观要件，限制了此类犯罪的外延，易使一些利用职务之便收受贿赂的犯罪分子得不到惩处。同时，也易引起歧义，造成执行上的混乱。因此，建议取消受贿罪“为他人谋取利益”之要件。

（三）关于对“其他经手、管理公共财物的人员”的理解问题

第一种观点认为，凡是经手、管理公共财物的人员，不管是否受单位的正式委托，均可成为贪污罪的主体，不应用“受国家机关、企事业单位、人民团体委托”加以限制。

第二种观点认为，对这一问题的理解，应与贪污罪的客观要件联系起来，“利用职务上的便利”是构成贪污罪的必备要件。“利用职务上的便利”的前提是有职务，而职务的取得无非两个来源：一是依法；二是受委托。而委托必须是单位的正式委托，个人的非正式委托不能成为取得职务的依据。因此，“其他经手、管理公共财物的人员”，必须是受有关单位委托而从事公务的人员。

（四）关于“公务”和“劳务”的关系问题

第一种观点认为，“公务”与“劳务”是两个性质完全不同的概念，对于某种事务来说，不是管理事务（即公务），就是非管理事务（即劳务），两种性质的事务不可能出现在同一人员的同一活动之中。

第二种观点认为，“公务”与“劳务”在某些情况下具有两重性，主要表现在：1、公务活动中具有劳务的性质。如工程师、技术员、医生、护士等是国家工作人员，他们从事的活动是公务，但这种公务活动又具有提供技术劳动服务的性质。2、劳务活动中有公务的性质。如公共汽车司机和售票员、企事业单位门卫、商店营业员等，按其身份是工人，工作性质应属劳务。但他们在卖票、售货、保卫的同时，又经手、管理票款、货款、商品、原料、设备等公共财物，这又具有公务性质。3、相同职业在不同情况下，公务与劳务的性质有所变化。如司机运送货物，在有押运人的情况下，他从事的是单纯的劳务；在没有押运人的情况下，其活动就具有两重性，既有劳务的性质，又有保管货物的公务性质。鉴于公务与劳务存在两重性，处理此类案件，应具体情况具体分析。如果是以公务活动为主要内容，在犯罪中利用了职务之便，则构成贪污罪；反之，则不构成贪污罪。

（五）关于个人经营性承包中贪污罪的认定问题

在国家或集体组织只为承包人提供经营场所、营业执照、银行帐号、经营资料，资金全部或基本上由承包人以全民或集体组织名义贷款、借款、收取预付款来筹集

购买的情况下，承包人在承包期间，采取侵吞、盗窃、骗取等手段，非法占有这些资金以及用这些资金购买来的物品、应上交的利润、应提留的公共积累的行为，是否构成贪污罪，实践中争议较大。对此，有两种截然相反的观点：

一种观点认为，不能认定为贪污罪。理由是：这种经济实体虽然名义上是全民或集体的，但实质上属于个体性质。因为生产资料、资金归谁所有是决定企业性质的根本所在。在上述经济实体中，作为发包方的全民或集体组织并无投入，对企业的财产不享有所有权。生产资料、资金都是承包人自筹的。承包人只是根据所谓的承包协议上交一定的管理费，其他则全是承包者个人的事。由于企业性质实质上属个体性质，其中自然不存在贪污罪的主体和客体问题。如果其违反承包协议，或者违反贷、借款协议，危害了对方的利益，应由法院按经济合同纠纷处理。

另一种意见认为，这种经济实体，发包方虽没有投入，但其资金是以全民或集体经济组织的名义贷来或借来的。这些资金本身就是公款，贷、借来之后仍是公款，如果归还不了，根据有关规定，发包方要承担连带责任。因此，应把贷、借资金看成是发包方的一种间接投入。再从工商管理和税收等方面看，对这种经济组织都是按全民或集体企业对待的，有的也正是靠这些方面的优惠才得发展起来。所以，应把这种经济实体看成是改革开放条件下出现的一种特殊形式的公有制经济组织，承包人可以成为贪污罪的主体。

(六)关于集体私分公款公物的性质认定问题

第一种观点认为，集体私分行为具有一定程度的公开性，责任分散，是一种违反财经纪律的行为，不宜作犯罪处理。

第二种观点认为，这种行为具有较大的社会危害性，应给予刑事惩罚。但它与贪污相比，有自己的特点，因此，刑法应增设“私分公共财物罪”。

第三种观点认为，集体私分与贪污没有本质区别，符合贪污罪的构成要件。对集体私分情节严重的主管人员或直接责任人员应以贪污罪定性处罚。

二、关于职务犯罪中的共犯定罪问题

职务犯罪中的共同犯罪是指国家工作人员之间或者国家工作人员与普通人员相勾结，利用国家工作人员的职务之便，共同故意实施的犯罪。职务犯罪中的共同犯罪，根据犯罪主体不同，可区分为两种情况：一种是国家工作人员利用职务之便共同实施犯罪，即共同犯罪人都具有刑法所规定的特殊主体条件；另一种是国家工作人员利用职务之便与普通人员共同实施犯罪，即共同犯罪中，有的具有刑法规定的特殊主体条件，有的不具有特殊主体条件，俗称内外勾结的犯罪案件。对于第一种情况的共犯定性问题一般没有异议，但对第二种情况的共犯定性问题，在刑法理论和司法实践中均有分歧，主要有以下四种观点：

第一种观点认为，内外勾结的犯罪案件应按照主犯的行为确定罪名。主犯是国家工作人员的，应按照国家工作人员所定之罪（职务犯罪）定罪；主犯是普通人员的，应按普通犯罪定罪。

第二种观点认为，内外勾结的犯罪案件，应根据犯罪主体的不同，区别对待。国家工作人员以职务犯罪论；普通人员以普通犯罪论。

第三种观点认为，职务犯罪中的共同犯罪的性质应以实行犯的犯罪性质确定。国家工作人员是实行犯时，以职务犯罪论；普通人员是实行犯时，以普通犯罪论。

第四种观点认为，国家工作人员利用职务之便与普通人员内外勾结，共同实行犯罪的，应以国家工作人员所定之罪定罪。

三、关于复制、盗卖单位技术资料应否定罪问题

随着我国改革开放的不断深入，一些科研机关和企业，在科技成果的推广运用上，将无偿转让改为有偿推广。伴随这一情况，近年来，复制、盗卖单位技术资料的案件时有发生。对这类案件如何处理，法学界和司法实践中都有不同认识。

第一种观点认为，复制、盗卖单位技术资料，应以犯罪论处。理由是：1、复制、盗卖单位技术资料，是侵犯公共财产所有权的行为；2、复制、盗卖单位技术资料行为，严重扰乱了经济管理秩序，造成的社会危害严重。

第二种观点认为，复制、盗卖单位技术资料，不应以犯罪论处。理由是，我国现行刑事立法对复制、盗卖技术资料的行为没有处罚规定，根据“罪刑法定”原则，不应定罪，只能适用民法，追究侵犯单位技术权益的民事责任。

四、关于检察监督与人权保障问题

（一）检察监督人权保障的含义

有的同志认为，检察机关通过行使检察权，实现惩罚犯罪，保障人权的目的，包括以下三方面的含义：1、通过对部分刑事案件行使侦查权和对公诉案件行使起诉权，维护国家和社会利益，保障被害人和社会全体成员的人权。2、通过审查批捕、审查起诉、抗诉、执行监督等诉讼活动，对侦查、审判和执行活动进行监督，保证准确、及时地查明案件的事实，正确适用法律，以保障被害人的人权，保障无罪的人免受刑事追究，或及时从追究中解脱出来。3、通过对公安司法机关在刑事诉讼活动过程中有无违法行为进行监督，保障刑事诉讼严格依照法定程序进行，保障诉讼参与人特别是被告人的诉讼权利。其中前两项所保障的人权，均由国家实体法所确认并保障，故可称其为实体性人权；后者则属于刑事诉讼法本身所保障的，故可称其为程序性人权。

（二）检察监督人权保障的内容

第一种观点认为，检察监督人权保障的内容非常广泛，概括起来主要有以下几个方面：1、政治权利；2、人身权利；3、社会经济文化权利；4、少数民族以及妇女、儿童、青少年、老人和残疾人享有的一些特殊权利。

第二种观点认为，检察监督人权保障的内容，包括保障人民的生存权和发展权，保障公民的人身权和政治、经济、文化、社会等权利。

（三）检察监督人权保障的途径

第一种观点认为，检察监督人权保障的途径是由法律规定的检察机关的业务范围所决定的。主要有：1、直接受理侦查案件。通过这种直接监督途径，保护国家、集体和个人的财产、生命健康和其他权益。2、侦查监督。通过这一监督形式，保障侦查机关严格依法行事，使国家、集体和个人的各种合法权益不受侵犯。3、审判监督。通过这一途径，保证人民法院判决的公正性，使各种被侵犯的合法权益得到补救。4、监所监督。通过这一途径，保证判决顺利执行，使判决落到实处。在发现违法侵权时采取纠正措施，从而保证在押犯人、人犯或劳教人员的合法权益不受侵犯。5、控告申诉监督。通过接待群众来信来访，复查申诉案件，及时发现以往案件处理上的错误，在职权范围内纠正错案，或依法移交有关部门处理，使受侵犯的合法权益得到保障。

第二种观点认为，检察监督人权保障的途径是行使检察权，履行法律规定的各项检察职权，具体包括：1、行使检察权，保障人民的生存权和发展权。2、监督刑事法律的实施，保障人身自由权，保障公民身体不被非法搜查、住宅不被非法侵入、不受刑讯逼供侵害、不被错误追诉和要求迅速侦查、起诉和审判的权利，保障被告人的辩护权、上诉权。3、监督民事审判活动和行政诉讼活动，确保民事和行政诉讼法律的统一正确实施，保障当事人的合法权益。

（四）检察监督在我国人权保障方面的作用

第一种观点认为，检察监督在我国人权保障体系中的作用主要有以下三点：1、直接保障作用。检察机关对部分犯罪案件的侦查权，对部分违法犯罪案件的处理决定权，依法审查批捕、起诉并支持公诉的行为，都是对人权的直接保障。此外，控告申诉检察监督，认真接待群众来信来访，复查申诉案件，平反冤假错案，也是对人权的一种直接保障。2、间接救济作用。主要是指检察机关的抗诉权在我国人权保障方面的作用。3、监督保障作用。这是指检察机关对公安机关、审判机关和劳动改造机关的执法活动进行监督，及时发现和纠正这些执法机关的违法行为，促使这些机关严格依法办事，使各种法律、法规保障人权的立法目的充分得以实现。

第二种观点认为，检察监督在我国人权保障中的作用，一是依法惩治犯罪，维护社会安定，保护社会成员的实体人权；二是依法惩治“侵权”犯罪，保护公民民主权利不受侵犯；三是履行法律监督职能，保障无罪的人不受刑事追究。

（中国检察理论研究所　韩　英）

检察业务新书选介

《中国检察百科辞典》　我国第一部大型检察专业辞书。主编曾龙跃，副主编董春江（常务）、王钢平、孙谦、陈佩璋、柯汉民、敬大力、潘忠仁。1992年12月由黑龙江人民出版社出版。

该辞典以我国检察机关的法律监督职能为主干，以各项检察职权为类目，以检察专业条目贯穿全书，同时也采集、编写了一定数量的与检察工作直接关联的其它条目。该辞典除了力求各个条目的释文概念准确、文字简明而外，还扼要介绍了与本目相关的法律规定、规章制度，以及所涉及到的检察业务的新进展、新内容，突出了该辞典的知识性、科学性和实用性。因此，该辞典既向广大检察人员和其他司法工作人员、法律工作者提供了一部案头必备的工具书，也向社会各界提供了一部全面系统介绍我国检察机关、检察工作基本知识的法律读物。

该辞典以各项检察业务和其它专门性问题划分，共设13个类目，即：检察制度，检察机构，检察管理，对职务犯罪案件的侦查，侦查监督，提起公诉和刑事审判监督，监所监督，民事审判监督，行政诉讼监督，控告申诉检察，检察技术，检察大事记，检察制度史，外国检察制度。此外，还附有中华人民共和国成立以来国家和各省、自治区、直辖市历届检察机构名称，检察长、副检察长名单及任职时间。为了读者查找使用方便，除书前设目录外，书后还附有索引。

（中国检察理论研究所　董春江）

《检察业务概论》 检察业务系列教材之一。主编梁国庆、副主编严端、丁慕英。1991年8月由中国检察出版社出版。

该书是为全国检察干部参加岗位职务培训,学习检察理论和业务而编写的教科书,是1989年5月版本的再版。再版时,在内容上作了必要的充实和修改,结构上作了适当调整,个别章节进行了重写。全书以党的第十三次全国代表大会精神为指导,坚持四项基本原则,坚持理论联系实际,注意了科学性、应用性和普及性的统一,力求依据宪法和人民检察院组织法等法律规定,在总结建国以来特别是检察机关重建以来我国检察工作实践经验的基础上,正确阐明具有中国特色的社会主义检察制度在社会主义民主和社会主义法制建设中的地位和作用。

该书设绪论、总论和分论三部分,共18章78节,35万字。绪论的内容包括:检察制度的概念、起源和沿革,国外检察制度概况,中国历史上的检察制度,新中国人民检察制度的创建和发展;总论的内容是:人民检察制度的指导思想,我国检察机关的性质、地位、任务、职权、活动原则、组织机构和检察人员,以及几项综合性业务工作;分论的内容有:立案、侦查的一般程序,儿种案件的侦查方法,批准、决定逮捕,提起、支持公诉,侦查活动监督与刑事审判监督,抗诉和出席二审、审判监督审法庭,对执行刑事判决、裁定的监督,对监管改造机关活动的监督,对民事诉讼(应为审判)的监督,对行政诉讼的监督,社会治安综合治理中的检察工作。

(中国检察理论研究所　董春江)

《职务犯罪概论》 检察业务系列教材之一。主编张穹,副主编梁华仁、曹庆晨。1991年8月由中国检察出版社出版。

该书是专门为全国检察干部参加岗位职务培训,自学检察理论和业务而编写的教科书。全书以马列主义、毛泽东思想为指导,以我国刑法和立法机关对刑法的补充、修改,以及最高人民法院、最高人民检察院的有关司法解释为根据,结合检察机关与职务犯罪作斗争的实践,阐述了职务犯罪的历史沿革、社会危害性和同其斗争的长期性,各种职务犯罪的构成要件,罪与非罪、此罪与彼罪的界限,以及如何正确地运用刑罚惩罚犯罪等。

该书共12章57节,36万字。内容分别为:绪论、职务犯罪的概念、分类、刑事责任、构成要件,职务犯罪中的情节,职务犯罪的原因及其预防,侵犯社会主义经济关系的职务犯罪,侵犯公民人身权利和民主权利的职务犯罪,妨碍国家机关正常活动的职务犯罪,军人危害国家军事利益的职务犯罪,与职务相关的其他犯罪,外国刑法中的职务犯罪。

(中国检察理论研究所　董春江)

《检察实用侦查学教程》 检察业务系列教材之一。主编谢宝贵、副主编周惠博、岳茂华。1991年8月由中国检察出版社出版。

该书是全国检察干部学习检察理论和业务的教科书。根据中华人民共和国宪法、刑法、刑事诉讼法和人民检察院组织法等法律规定,在总结建国以来特别是检察机关重建以来我国检察机关进行侦查工作实践的基础上编写而成。全书以党的第十三次全国代表大会精神为指导,坚持四项基本原则,坚持改革开放,坚持理论联系实际,并注意了科学性、应用性和普及性的统一。

该书共23章65节,近34万字。内容包括:侦查学的概念、研究对象和内容、方法、与邻近学科的关系、理论基础，侦查工作的任务、方针、基本原则，检察机关直接受理案件的立案与侦查破案程序，强制措施，侦查方法，现场勘查以及检察机关直接受理的贪污、贿赂等21种案件的侦查。

（中国检察理论研究所　董春江）

《比较检察制度概论》　检察业务系列教材之一。主编金明焕，副主编傅宽芝。1991年11月由中国检察出版社出版。

该书以马列主义、毛泽东思想为指导，以我国检察制度为基点，对世界大陆法系和英美法系主要的、有代表性的国家，以及前苏联等国的检察理论和实践进行了比较研究。该书是全国检察干部参加岗位职务培训，了解、研究国外检察制度的理论和实践的教科书。

该书除绪论外有13章50节，近30万字。主要内容包括：比较检察制度的性质、对象、方法、意义和概论的体系，国外检察制度概述，检察机关的性质、任务、职权和活动原则，刑事侦查、强制措施、起诉、审判、执行刑事裁判中的检察，民事诉讼、行政诉讼中的检察，检察机关的一般监督，检察机关的其他职能，检察组织系统和检察机关内部机构以及检察官等。

（中国检察理论研究所　董春江）

《监所检察教程》　检察业务系列教材之一。主编张永恩。1991年8月由中国检察出版社出版。

该书是全国检察干部参加岗位职务培训，学习检察理论和业务的教科书。全书以党的第十三次全国代表大会的精神为指针，坚持四项基本原则，根据宪法和法律规定，从理论和实践的结合上，总结了我国监所检察工作特别是检察机关重建以来的监所检察实践经验，全面地阐述了具有中国特色的社会主义监所监督制度。

该书共11章44节，25万字。内容包括：监所检察的概念和意义，中国检察制度和监所监督，监所检察的职权、任务、机构设置，对执行刑事判决、裁定的监督，对看守所活动是否合法的监督，对劳动改造机关活动是否合法实行监督，对少年犯管教所活动是否合法实行监督，对劳动教养机关的活动实行监督，监所检察部门的办案工作，监所检察部门办理的申诉和控告案件。

（中国检察理论研究所　董春江）

《刑事审判监督教程》　检察业务系列教材之一。主编程味秋，副主编关绥武、周士敏。1991年5月由中国检察出版社出版。

该书是为全国检察干部参加岗位职务培训，学习检察理论和业务而编写的教科书。全书以马列主义、毛泽东思想为指导，以现行法律为依据，总结实践的经验，从理论与实践的结合上阐述了我国的刑事审判监督的理论问题。

该书设总论和分论两编，共12章37节，24万余字。第一编总论，阐述了刑事审判监督的概念和意义、历史沿革、在法律监督中的地位、对象、范围、内容和要求、任务和原则、途径和方法。第二编分论，阐述了第一审审判监督、第二审审判监督、死刑复核监督、再审审判监督和自诉案件审判监督。

（中国检察理论研究所　董春江）

《检察实用预审学教程》　检察业务系列教材之一。主编谢宝贵，副主编周广玺、刘振起。1991年10月由中国检察出版社出版。

该书是全国检察干部学习检察理论和

业务的教科书，根据中华人民共和国宪法、刑法、刑事诉讼法和人民检察院组织法等法律规定，在总结建国以来特别是检察机关重建以来我国检察机关进行预审工作实践的基础上编写而成。全书以党的第十三次全国代表大会精神为指导，坚持四项基本原则，坚持改革开放，坚持理论联系实际，并注意了科学性、应用性和普及性的统一。

该书共14章44节，27万字。内容包括：检察预审学的概念、研究对象、方法、与邻近学科的关系、指导思想和理论基础，预审的地位、任务、方针、基本原则、策略、组织实施，检察预审的特点、人员素质、心理与形式逻辑，审讯被告人的基本方法、预审中证据的收集和审查，对几种经济犯罪案件的预审、几种“侵权”案件的审讯方法、几种过失犯罪案件的预审、结束预审等。

（中国检察理论研究所　董春江）

《刑事犯罪案例丛书》　检察业务系列教材参考资料，国家“八五”重点图书。共23册，近600万字。最高人民检察院《刑事犯罪案例丛书》编委会编写。编委会顾问江文、王桂五；编委会主任冯锦汶，副主任（按姓氏笔划排列）丁慕英、李天相、李开福、张凤阁、张弥恩（常务）。1990年11月至1992年11月由中国检察出版社陆续出版。

这部丛书有三大特点：1、反映具体犯罪的特点比较全面。该丛书从全国各地选送的5万个案例中复选出约6000个案例编辑而成。每个罪名之下，都尽可能地选用全国各地实际发生的、有代表性的、反映不同特点的各类犯罪案件。2、涉及的罪名比较广泛。该丛书选编了刑法分则54个条文中近百个罪名，以及军职罪22个罪名的案例。3、理论与实际相结合。该丛书对认定上有争议的案件，除了客观地反映不同意见外，还着重从犯罪构成理论，以及如何正确适用法律等方面，运用理论联系实际的方法加以阐明。

该丛书的每一分册都分为三部分：一是涉及本罪名的法律条文部分，包括刑法的有关规定、司法解释、有关的法令和法规等，表明定罪、定性的依据；二是综述部分，包括犯罪的概念、特征、发案情况，以及办案中遇到的难点和应注意的问题；三是本罪名的案例部分，它又分为反映犯罪特点（重在反映手段特点），区分罪与非罪和此罪与彼罪界限等三个方面。其中反映犯罪特点和此罪与彼罪的案例均是构成犯罪的案例；罪与非罪的案例中，既有构成犯罪的，也有不构成犯罪的。

（中国检察理论研究所　董春江）

1992年检察业务新书目录

《敬业求是集——载笔检察四十年》 王桂五著 中国政法大学出版社 1992年6月

《抗诉案件百例评析》 何访拔主编 曾岫萍副主编 中国人民公安大学出版社 1992年2月

《检察心理学》 张继英著 中国政法大学出版社 1992年2月

《法律监督概论》 王建华著 人民出版社 1992年6月

《贪污贿赂罪的认定与对策》 魏平雄 王然冀主编 群众出版社 1992年7月

《贿赂罪检察》 刘英权 李三宝主编 河南人民出版社 1992年9月

《抗诉制度通论》 周士敏著 中国政法大学出版社 1992年11月

《经济刑法学》 赵长青主编 重庆出版社 1991年2月

《中国检察年鉴(1990)》 中国检察年鉴编辑部编 中国检察出版社 1991年11月

《中国检察年鉴(1991)》 中国检察年鉴编辑部编 中国检察出版社 1992年8月

《中国检察年鉴(1992)》 中国检察年鉴编辑部编 中国检察出版社 1992年11月

《刑事检察常用法规汇编(七)》 最高人民检察院刑事检察厅编 中国检察出版社 1992年3月

《刑事检察常用法规汇编(八)》 最高人民检察院刑事检察厅编 中国检察出版社 1992年3月

《〈检察业务概论〉学习纲要》 雷铣主编 中国检察出版社 1992年5月

《检察制度史略》 曾宪义主编 中国检察出版社 1992年5月

《侦查监督教程》 索维东主编 中国检察出版社 1992年11月

《检察制度基础理论》 程荣斌主编 中国检察出版社 1992年10月

《检察管理教程》 赵文隆主编 中国检察出版社 1992年10月

《控告申诉检察概论》 熊传震主编 中国检察出版社 1992年9月

《有关枪支、弹药、爆炸物的犯罪》 鞠永春主编 中国检察出版社 1992年3月

《伤害罪》 丁慕英主编 中国检察出版社 1992年5月

《拐卖人口罪》 崔南山主编 中国检察出版社 1992年5月

《破坏自然资源的犯罪》 刘澄清 王钢平主编 中国检察出版社 1992年5月

《强奸罪奸淫幼女罪》 路安仁 王运声主编 中国检察出版社 1992年5月

《诈骗罪》 崔南山主编 中国检察出版社 1992年6月

《投机倒把罪》 张忠海主编 中国检察出版社 1992年9月

《交通肇事罪》 赵汝昆 王运声主编 中国检察出版社 1992年10月

《反革命罪》 李开福主编 中国检察出版社 1992年11月

《扰乱社会秩序的犯罪》 陈燕麟 董春江主编 中国检察出版社 1992年11月

《劳动教养劳教检察资料法规类编》 最高人民检察院监所检察厅编 中国检察出版社 1992年4月

《〈检察干部政治理论读本〉讲解》 最高人民检察院政治部宣传部、直属机关党委宣传部编 中国检察出版社 1992年7月

《昆明检察志》(1910—1988) 云南省昆明市人民检察院编 中国检察出版社 1992年10月

1992年部分检察理论、检察工作文章目录

一、总 论

"严打"就是专政——记小平同志对"严打"的战略决策 刘复之 《中国检察报》1992年1月13日

应赋予检察院拘留权 周国均《中国检察报》1992年6月1日

谈检察工作中的三个关系 钱中贤 《中国检察报》1992年8月3日

人民检察院应当全面行使法律监督权 马诗文 《法制日报》1992年4月13日

检察机关转变观念的三点思考 杨志宏 孙元芳 《法制日报》1992年12月14日

谈谈制定《检察官条例》的必要性 郑德昌 《人民检察》1992年第1期

论特约检察员 王国庆 《人民检察》1992年第1期

谈聘任检察人员的几个问题 钟国生 《人民检察》1992年第2期

谈中国特色的社会主义检察制度 李士英 《人民检察》1992年第2期

检察工作规范化的初步尝试 张新民 《人民检察》1992年第3期

建立我国检衔制度的思考 郑德昌 《人民检察》1992年第3期

略论检察机关的双重制约制度 李剑 《人民检察》1992年第4期

基层检察长交流任职制度琐议 郭进明 《人民检察》1992年第4期

派驻检察机构领导体制管见 池寒冰 《人民检察》1992年第4期

论检察机关领导班子建设 施向林 张哲 《人民检察》1992年第4期

论检察工作与群众路线相结合 刘砚青 《人民检察》1992年第5期

谈检察院组织法的修改完善 陈健民 《人民检察》1992年第5期

论铁路检察机关的设置和完善 王向东 《人民检察》1992年第10期

内部制约机制若干问题思考 王军 《人民检察》1992年第10期

对建设有中国特色社会主义检察制度的几点思考 徐益初 《检察理论研究》1992年第1期

关于检察学术研究发展的宏观思考 焦喜贵 张维远 李立秋 《检察理论研究》1992年第1期

建设有中国特色的社会主义检察制度应当遵循的基本原则 刘复之 《检察理论研究》1992年第2期

关于建立检察学的方法论 王桂五 《检察理论研究》1992年第2期

浅谈民族地区检察工作应考虑的三个问题 田景能 《检察理论研究》1992年第2期

再论特约检察员 王国庆 《检察理论研究》1992年第3期

检察机关司法警察队伍建设与管理刍议 刘天明 《检察理论研究》1992年第3期

检察机关机构改革浅议 曾岫萍 《检察理论研究》1992年第3期

检察机关在廉政建设中的地位和作用 丁慕英 金明焕 《政法论坛》1992年第2期

关于完善检察制度的几个问题 樊凤林 《法学杂志》1992年第4期

浅谈加强检察机关领导班子建设应注意的几个问题 施向林 张哲 《检索探索》1992年第1期

基层检察机关接受人大监督三题 张鲁光 《山东检察》1992年第1期

试论中国式检察制度的主要特色 刘砚青 《山西检察》1992年第1期

如何当好检察长 钟镇添 《当代检察官》1992年第1期

略论我国检察机关法律监督的范围　李文生等　《中州检察》1992年第1期

建立检察机关基层组织的必要性及构想　万祥太　《江西检察》1992年第2期

检察机关解放思想的几点思考　宋建人　《检察探索》1992年第3期

检察机关在廉政建设中的作用　余明　《贵州检察》1992年第3期

从中外检察制度比较谈中国检察制度的特征　张立群　《内蒙古检察》1992年第3期

特约检察员的实践与启示　王梁　《当代检察官》1992年第3期

检察机关改革干部管理制度的新尝试　韩宝林　《河北检察》1992年第3期

发挥检察助理员在刑事检察工作中的作用　刘义祥　《上海检察》1992年第3期

谈检察机关的侦查权　呼勇　曾月英　《青海检察》1992年第3期

完善检察委员会议案制度的思考　许爱民　《江苏检察》1992年第5期

谈加强和改进检察工作　李正培　《四川检察》1992年第4期

中国检察制度考略　褚兴华　《河北检察》1992年第4期

检察机关也应实行错案追究制度　刘光合　《内蒙古检察》1992年第4期

略论检察监督在我国监督体系中的重要地位　昌登保　《楚天检察》1992年第4期

确定中国特色的检察机关法律监督范围论　张恒立　《江西检察》1992年第4期

检察机关"两手抓"应处理好几个关系　龚读纶　《四川检察》1992年第5期

略论检察处分权　周立平　《广西检察》1992年第5期

完善检察机关网络建设的新思路　徐贞和　《江苏检察》1992年第5期

试论国家权力机关对人民检察院的监督　李联兵　《河北检察》1992年第5期

浅议铁路检察机关的体制改革　董亚平　《当代检察官》1992年第5期

关于完善检察室工作的构想　叶沁　佐军　夏慧　《山东检察》1992年第5期

检察机关进一步解放思想的几点思考　宋建人　《中州检察》1992年第5期

试谈检察机关第二重制约制度的作用　苗慧　《四川检察》1992年第6期

只有更新观念检察工作才能上新台阶　刘宝宜　《河北检察》1992年第6期

关于检察院组织法的修改与完善　王永年　《云南检察》1992年第6期

二、检察工作为经济建设服务

围绕经济建设做好检察工作　顾金池　《中国检察报》1992年3月2日

保护经济　服务农业　李忠雄　《中国检察报》1992年3月23日

为加快改革开放服务的思考　郭祺　《中国检察报》1992年6月8日

政法工作要为经济建设服务　杨瑞广　《中国检察报》1992年7月13日

政法部门为经济建设服务的思考　张邦应　《中国检察报》1992年8月10日

检察工作要适应社会主义市场经济体制　张穹　《中国检察报》1992年11月2日

论打击经济犯罪与经济发展的关系　张春和　宋省有　《法制日报》1992年3月13日

特区检察机关如何为经济建设服务　冯百友　《人民检察》1992年第5期

检察机关为发展科技服务的有益探索　天津市人民检察院研究室　《人民检察》1992年第7期

控申检察工作如何为农村经济建设服务　安徽省岳西县检察院控申科　《人民检察》1992年第8期

牢固树立检察工作为社会主义建设服务的思想　钟澍钦　《楚天检察》1992年第1期

从检察工作为企业服务的实践谈如何减少企业犯罪　温美英　《内蒙古检察》1992年第1期

试论检察服务　池寒冰　《安徽检察》1992年第1期

运用刑检职能确保经济振兴和社会安定　江苏省检察院刑检处　《江苏检察》1992年第1

期

检察机关在为经济建设服务中要注意的三个问题　孙庆芝　《江苏检察》1992年第1期

发挥检察机关的职能作用为促进农村经济发展服务　邹绍均　《检察探索》1992年第1期

牢固树立为经济建设服务思想把检察工作提高到新水平　刘正威　《贵州检察》1992年第1期

检察机关为企业发展服务所面临的问题及对策　冉明　《贵州检察》1992年第1期

检察工作为经济建设服务几个问题的探讨　姚本模　《贵州检察》1992年第2期

检察工作要为加强农业和农村工作服务　石祝三　《上海检察》1992年第2期

浅淡检察机关在加强农村工作中的职能作用　夏世信　《贵州检察》1992年第2期

浅淡检察机关如何为大中型企业服务　孙宝贵　《楚天检察》1992年第2期

充分发挥检察职能作用为农村经济建设服务　贾振友　《河北检察》1992年第2期

检察工作为经济建设服务要正确处理好五个关系　刘向东　《河北检察》1992年第2期

检察机关要为加快改革开放和经济建设步伐服务　王骏　《当代检察官》1992年第2期

检察机关要切实为发展农业提供法律保障和法律服务　《北京检察》编辑部　《北京检察》1992年第3期

检察机关为市场经济服务的新思路　屈玉琨　《四川检察》1992年第3期

检察机关在反腐倡廉促进生产力发展中的地位和作用　吕建平　《内蒙古检察》1992年第3期

充分发挥检察职能作用一心一意地为经济建设服务　胡勋　《安徽检察》1992年第3期

浅谈检察机关如何为大中型企业服务　孙宝贵　《江苏检察》1992年第3期

检察机关为农村经济发展服务的前提条件　邓亚兵　《江西检察》1992年第4期

围绕改革开放和经济建设加强检察工作　姚富喜　《检察探索》1992年第4期

检察工作为社会主义建设服务的几点思考　孙炳南　《江苏检察》1992年第4期

法纪检察服务经济建设的新思路　吕志平　《江苏检察》1992年第4期

检察工作要促进社会主义市场经济的建立和发展　席广禄　《内蒙古检察》1992年第4期

更新观念改进工作使检察工作更好地为经济建设服务　王成群　《河北检察》1992年第4期

检察机关为乡镇企业服务刍议　卢萍　范克勤　《广西检察》1992年第5期

检察机关为经济建设服务的思考　兰天　《检察探索》1992年第5期

检察机关要努力为建立社会主义市场经济体制保驾护航　张海江　《浙江检察》1992年第6期

检察工作要适应经济体制的根本转换　赵建平　《浙江检察》1992年第6期

加强检察工作更好地为改革开放和经济建设服务　刘宗欣　《河北检察》1992年第6期

为经济建设服务不能脱离检察职能　王新光　《河北检察》1992年第6期

检察工作应为市场经济保驾护航　应道学　《四川检察》1992年第6期

三、检察监督与人权保护

看守所检察在保障人权中的作用　乔修红　《人民检察》1992年第10期

监所检察中的人权保护　戴德华　《中国检察报》1992年9月4日

论检察监督与人权保护　冯锦汶　《检察理论研究》1992年第4期

试论刑事诉讼中的检察监督与人权保障　宋英辉　吴杰　《检察理论研究》1992年第4期

试论人民检察院在刑事诉讼活动中的人权司法保障职能　吴锦斌　《检察理论研究》1992年第4期

我国人权的检察监督保障　张永恩　《检察理论研究》1992年第4期

试论检察机关在人权保护中的地位与作用　周清华　杨武力　《检察理论检察》1992年第4期

浅谈检察机关的法律监督与人权保护　苏凤池

《检察理论研究》1992年第4期

发挥检察机关法律监督职能作用保障和促进人权的发展 李明清 《检察理论研究》1992年第4期

试论检察监督对人权的保障作用 张占忠 《检察理论研究》1992年第4期

增强检察人员的人权保障意识 徐良清 张之又 《检察理论研究》1992年第4期

法纪检察与人权保护 王伦轩 董同会 《检察理论研究》1992年第4期

略论控告申诉检察中的人权保护 钟震球 徐敬东 《检察理论研究》1992年第4期

谈监所检察在保障人权中的几个问题 贾慧芝 《检察理论研究》1992年第4期

试论监所检察在保障人权中的作用 张贵龙 《检察理论研究》1992年第4期

监所检察在人权保护中的作用 李文 《检察理论研究》1992年第4期

监所检察与人权保障 姜志彦 申体健 《陕西检察》1992年第4期

四、职务犯罪监督

再谈经济往来中的应酬与犯罪 贺道高 《中国检察报》1992年1月3日

玩忽职守罪研究综述 白木 《中国检察报》1992年1月13日

正确区分应酬与犯罪的界限 欧阳涛 王运声 《中国检察报》1992年1月17日

非法所得罪之我见 曾庆国 《中国检察报》1992年1月27日

建议扩大徇私舞弊罪主体适用范围 李宪道 周安廷 《中国检察报》1992年1月27日

重大医疗责任事故的判定和处理 黄世军 《中国检察报》1992年2月14日

深入开展反贪斗争 王骏 《中国检察报》1992年2月21日

对职务犯罪的法律思考 薛正俭 《中国检察报》1992年3月2日

法人行贿犯罪探讨 韩宝顺 《中国检察报》1992年4月3日

试论被害法人的法律地位 盛建华 《中国检察报》1992年4月3日

论以权入股的法律问题 陈国梁 《中国检察报》1992年4月3日

“不正当利益”之我见 王颀 《中国检察报》1992年4月20日

贪污罪客体分析 赖其生 《中国检察报》1992年4月20日

试论《反贪污贿赂法》设立侵占罪的必要性 王观法 《中国检察报》1992年5月1日

应当设立私分国家财产罪 郝志本 《中国检察报》1992年5月4日

强化财会制度 做好犯罪预防 王玉江 《中国检察报》1992年5月25日

职务犯罪客体新析 余欣喜 《中国检察报》1992年6月1日

公款私存占有利息之定性 邢唐钦 《中国检察报》1992年6月15日

论行贿罪的特征 朱孝清 《中国检察报》1992年7月3日

处理挪用公款给他单位使用之我见 陈建中 《中国检察报》1992年7月13日

惩治贪污贿赂法中应增加受贿罪的新罪状 线杰 《中国检察报》1992年8月3日

也谈公款私存占有利息之定性 马泽龙 《中国检察报》1992年8月3日

浅谈财产性利益的受贿犯罪 张柏高 《中国检察报》1992年10月5日

“戴罪立功”刍议 郑昌文 盛建华《中国检察报》1992年11月6日

市场经济体制与预防贪污贿赂犯罪 徐海法 《中国检察报》1992年12月4日

从科技活动的特点出发审慎对待和处理科技体制改革中出现的案件 杨翱卿 《法制日报》1992年1月10日

负巨债外逃经济案刍议 米雅宣 《法制日报》1992年1月27日

析非法所得罪的证据 霍秀云 《法制日报》1992年3月9日

谈谈贿赂案件的特点 方玉 《法制日报》1992年8月6日

谈经济交往中的必要应酬与贿赂犯罪 姚仕宏 《法制日报》1992年9月10日

回扣有两重性　王希仁　《法制日报》1992年9月24日
《关于惩治贪污罪贿赂罪的补充规定》是区分回扣行为罪与非罪的标准　李鑫　《法制日报》1992年9月24日
对回扣不能一概而论　向明　《法制日报》1992年9月24日
因势利导给回扣以合法地位　黄迪　《法制日报》1992年9月24日
收受“回扣”以“受贿”论处应是有条件的　木子　《法制日报》1992年10月1日
怎样看待经济往来中的“提成”和“回扣”?　刘宗欣　《法制日报》1992年10月1日
不应把收取“好处费”“介绍费”“回扣”等同于“受贿”　张志军　《法制日报》1992年10月1日
能人犯罪之我见　孙力　《法制日报》1992年10月15日
科技人员业余兼职活动中的罪与非罪　高铭暄　钱毅　《法制日报》1992年10月26日
区分经济活动中罪与非罪界限原则与步骤　赵秉志　李希慧　《法制日报》1992年10月26日
从“利用职务上的便利”谈受贿罪　王作富　《法制日报》1992年10月26日
经济活动中应酬与贿赂的区别　支学祥　姜希安　《法制日报》1992年11月12日
严格区分贪污贿赂的罪与非罪　张铁军　林立　《法制日报》1992年11月12日
谈受贿罪的几点特殊性　王宗建　《法制日报》1992年11月12日
浅议科技人员“受贿”的认定　李彦杰　《法制日报》1992年11月12日
论挪用公款罪与非罪的界限　鲁嵩岳　《法制日报》1992年11月16日
析复杂的社会现象——回扣　张启富　《法制日报》1992年12月7日
浅谈打击“能人”犯罪　阿龙　《法制日报》1992年12月21日
行政诉讼与检察机关自侦刑事案件的冲突与协调　曹康　王远明　《法制日报》1992年11月19日
贪污贿赂案件的侦查特点　邢治群　《法制日报》1992年5月18日
举报人应加强自我保护　孙立泉　《中国检察报》1992年5月1日
举报立法的思考　孙立泉　《中国检察报》1992年5月8日
查处假冒伪劣商品的法律问题　许新光　《中国检察报》1992年6月15日
假冒商标犯罪原因及对策　韩玉柱　《中国检察报》1992年10月5日
加强法制依法“打假”　何济川　《中国检察报》1992年10月9日
处理骗税行为之我见　宋波　《中国检察报》1992年11月6日
略谈做好检察预审　刘英权　《中国检察报》1992年9月4日
中国检察机关惩治贪污贿赂犯罪的主要对策和方法　赵登举　《检察理论研究》1992年第2期
预防贪污贿赂犯罪对策探微　李丹　《人民检察》1992年第1期
检察机关适用监视居住的调查与思考　王国社　《人民检察》1992年第1期
反贪法应规定私分公共财产罪　赵刚　《人民检察》1992年第2期
索贿应单独规定罪名　德清　《人民检察》1992年第2期
几种特殊形式受贿罪的比较研究及立法完善　李德敏　《人民检察》1992年第2期
倒送红包行为构成行贿罪　刘天明　《人民检察》1992年第2期
巨额财产来源不明罪的溯及力问题　程华荣　《人民检察》1992年第2期
贪污贿赂案件线索的筛选　白章龙　《人民检察》1992年第2期
谈审查复核贪污贿赂案件证据　胡烈焰　《人民检察》1992年第2期
反侦查活动的可利用性　水宝泉　《人民检察》1992年第2期
如何运用间接证据认定贿赂犯罪　贺恒扬　《人民检察》1992年第3期
《反贪污贿赂法》规定举报制度构想　孙立泉

《人民检察》1992年第3期

对贪污贿赂案犯采取拘留逮捕措施的立法完善 徐益初 《人民检察》1992年第3期

贪污贿赂案件的搜查 孔宪柱 《人民检察》1992年第3期

惩治渎职犯罪的立法思考 王伦轩 《人民检察》1992年第4期

巨额财产来源不明罪客体析 孙宝德 华为民 《人民检察》1992年第5期

关于制定《惩治贪污贿赂法》的若干问题 李剑 《人民检察》1992年第6期

略论建立撤案监督制度 周立平 《人民检察》1992年第7期

论反贪斗争中的保密规范化建设 陈克明 刘怀印 《人民检察》1992年第8期

我国处罚法人犯罪的初步司法实践 刘白笔 《人民检察》1992年第9期

完善玩忽职守罪立法刍议 吕志平 《人民检察》1992年第9期

试论行贿罪的客体 王国社 《人民检察》1992年第9期

贪污贿赂罪犯逃跑现象浅析 张天立 邓本庚 肖骅 《人民检察》1992年第9期

贿赂案证人翻证及其对策 陈志东 国华 《人民检察》1992年第10期

浅谈银行系统贪污案件的侦查 韩先清 《人民检察》1992年第10期

办理企业人员经济犯罪案件运用强制措施刍议 徐建新 《人民检察》1992年第11期

关于完善刑事强制措施的几个问题 彭洁 《人民检察》1992年第12期

关于斡旋受贿罪的比较研究与立法完善 李德敏 《法学研究》1992年第1期

关于反贪污贿赂立法若干问题的比较研究 陈光中 程味秋 初开荣 《法学研究》1992年第1期

惩治贪污贿赂法的立法构想 胡石友 《中国法学》1992年第4期

完善贿赂罪立法——兼论"罪刑系列"的立法方法 储槐植 《中国法学》1992年第5期

受贿罪中利用职务便利探讨 刘光显 《中外法学》1992年第3期

试论我国反贪促廉的机制 文盛堂 《中外法学》1992年第5期

受贿罪的特点和分类 陈瑞林 《政法论坛》1992年第1期

关于经济犯罪疑难案件定罪之探讨 张英忠 《政法论坛》1992年第2期

试论打击经济犯罪的几个问题 樊凤林 《政法论坛》1992年第3期

关于检察机关适用监视居住的问题 王国社 《政法论坛》1992年第4期

关于惩治贪污贿赂犯罪程序问题的研究 郑禄 宋英辉 《政法论坛》1992年第4期

浅议惩治经济犯罪的刑事立法思想 陈春建 《法学杂志》1992年第4期

略析受贿犯罪中的几个问题 王作富 《法学杂志》1992年第6期

反贪污贿赂是检察机关法律监督的重要职责 宫晓冰 《法律科学》1992年第1期

浅议我国刑法中的"国家工作人员" 钟斌 《法律科学》1992年第2期

国家工作人员家属收受贿赂的刑事责任 李广录 《法律科学》1992年第2期

完善共同经济犯罪处罚原则的立法思考 段立文 《法律科学》1992年第3期

职务犯罪中的法人主体 余欣喜 《法律科学》1992年第4期

论贪污贿赂犯罪的新情况与立法完善 石视三 《政治与法律》1992年第3期

对犯罪的"能人"决不能法外施恩 鲍遂献 徐淑芹 《法学》1992年第7期

对"能人"犯罪从轻追究刑事责任的依据 张明楷 《法学》1992年第7期

依法从轻处理"罪人兼能人"案件并非网开一面 金汉标 《法学》1992年第7期

对"能人"经济犯罪能否从宽的看法 孙立泉 《法学》1992年第7期

"能人"经济犯罪的从宽处理与从严掌握 陆世友 钟劲庐 《法学》1992年第7期

"能人经济犯罪"的司法对策 赵秉志 吴宝林 《法学》1992年第10期

对科技人员经济犯罪的思考 郑鲁宁 《法学》1992年第10期

正确划分贪污贿赂犯罪与经济往来中必要应酬界限之我见　权建立　《武汉检察》1992年第1期

集体企业承包中贪污犯罪探析　雷萍　《山西检察》1992年第1期

国家工作人员家属受贿行为的法律责任　屈正凯　《山西检察》1992年第1期

谈基层检察机关办理自侦案件适用监视居住应注意的几个问题　张文照　王培珍　《河北检察》1992年第1期

对检察机关自侦案件实行侦审分开制约制度的法律思考　张贵程　张振高　夏令慧　《山东检察》1992年第1期

谈检察机关自侦案件不起诉与撤销案件的具体适用　张作原　《内蒙古检察》1992年第1期

关于加强经济检察业务建设的思考　胡伟华　《江苏检察》1992年第1期

加强法纪检察工作的核心是加强办案　刘小楚　《江苏检察》1992年第1期

论自侦案件的侦查　陈怀章　李青峰　《陕西检察》1992年第1期

试论检察机关自侦案件的内部制约　彭胜坤　《楚天检察》1992年第2期

制作自侦案件讯问笔录应注意的几个问题　李增寿　《北京检察》1992年第2期

超前监督是法纪检察工作的新任务　郑瑜　《河北检察》1992年第3期

加强法纪检察需要强调的三个问题　秦醒民　《当代检察官》1992年第3期

浅谈侦查贪污贿赂案件中谋略的运用　姜少蓉　《武汉检察》1992年第3—4期

检察机关在侦查贪污贿赂案件中应强化预审环节　刘建宁　《淄博检察》1992第3期

浅谈检察人员的侦查意识　孔宪柱　《检察探索》1992年第3期

浅谈经济检察中"快速制胜"战略的内涵　华为民　《内蒙古检察》1992年第4期

强化法纪检察服务经济建设　朱本松　《安徽检察》1992年第4期

关于经济检察特情建设工作的思考　张百灵　刘光才　《陕西检察》1992年第4期

略论职务犯罪的基本特征　赵长青　《四川检察》1992年第5期

试论受贿要案侦查谋略的运用　周洲　《四川检察》1992年第5期

建立检察机关协查网络之我见　马岳松　范和平　《四川检察》1992年第5期

浅谈检察长在侦查工作中的作用　潘玉林　《检察探索》1992年第5期

侦查贪污贿赂犯罪团伙案的谋略运用　何镒伟　《四川检察》1992年第6期

检察机关在反贪污贿赂斗争中应摆正的五个关系　黄兴烈　《楚天检察》1992年第6期

小议法纪检察要注意划清的几个界限　冀春江　《贵州检察》1992年第6期

当前科技人员贪污贿赂犯罪的特点及对策　邹幼珊　《四川检察》1992年第6期

五、侦查监督

侦查监督范围刍议　方玉　宋省有　《法制日报》1992年7月2日

"立审分开"弊大于利　孙延禄　宫思全　惠从冰　《法制日报》1992年8月10日

谈检察机关对自侦案件的复议与复核　刘立新　苗国富　《法制日报》1992年10月4日

刑事立案监督的完善　刘根菊　《法学》1992年第8期

"提前介入"之我见　胡宗银　《政法论坛》1992年第3期

完善侦查监督立法建议　葛太进　杨余仁　《法学》1992年第3期

对侦查监督工作规范化制度化之浅见　尚东　《北京检察》1992年第3期

浅谈侦查监督和审判监督　肖双仁　《楚天检察》1992年第4期

浅议检察机关提前介入的几个问题　陈旭　陈强　《福建检察》1992年第5期

要着力提高"提前介入"的效果　高文祥　《江苏检察》1992年第6期

六、免予起诉　提起公诉

免予起诉制度的中国特色　苟平　王春　《中

国检察报》1992 年 3 月 2 日

对免诉案件附带民事诉讼处分权的思考 邱灵 《中国检察报》1992 年 4 月 20 日

公诉语言规范化的"六要六忌" 程国民 《中国检察报》1992 年 5 月 25 日

浅议免诉案件附带民事诉讼的管辖权 邱香才 《中国检察报》1992 年 6 月 1 日

对免诉案件附带民事诉讼管辖权的探讨 刁培峰 《法制日报》1992 年 3 月 13 日

检察机关提起附带民事诉讼若干问题探讨 尹德坤 廖羽中 《法制日报》1992 年 10 月 8 日

论坚持与完善免予起诉制度 聂世基 《人民检察》1992 年第 1 期

起诉条件比较研究 卞建林 《人民检察》1992 年第 6 期

免予起诉与刑事责任 刘生 《人民检察》1992 年第 8 期

论完善免诉辩护制 林立 《人民检察》1992 年第 9 期

刑事附带民事诉讼探微 张国臣 马秀华 《人民检察》1992 年第 11 期

关于建立缓予起诉制度的构想 丁慕英 王汉东 《中国法学》1992 年第 1 期

免予起诉若干问题的研究 王敏远 《中国法学》1992 年第 2 期

试析人民检察院提起商标刑事附带民事诉讼 王祺国 《法学》1992 年第 9 期

关于未成年犯罪适用免诉起诉对策的思考 孙宝民 侯锐锋 《检察理论研究》1992 年第 2 期

论起诉裁量原则与免予起诉 柯葛壮 《政治与法律》1992 年第 2 期

公诉制度研究 傅宽芝 《检察理论研究》1992 年第 2 期

认识与评价免予起诉制度的新思路 刘炽 《检察理论研究》1992 年第 3 期

试论刑事公诉案件开庭审理阶段的举证责任 王策来 《法学研究》1992 年第 5 期

近两年免诉制度研究观点综述 常云润 《武汉检察》1992 年第 1 期

浅谈正确行使免诉权的几个问题 周天翔 《河北检察》1992 年第 3 期

试论坚持免予起诉制度 苏位林 《检察探索》1992 年第 4 期

处理免诉不诉案件应当注意的几个问题 孙寿江 《云南检察》1992 年第 5 期

对检察机关适用缓处理有关问题的探讨 赵新元 《河北检察》1992 年第 5 期

检察机关对公诉案件应提出具体量刑意见 王洪富 《检察纵横》1992 年第 5 期

免予起诉是贯彻刑事政策的重要手段 龙宗智 《四川检察》1992 年第 6 期

七、刑事审判监督

刑事诉讼中审判监督程序的适用 谭海军 《中国检察报》1992 年 1 月 20 日

列席审判委员会之我见 乔福胜 《中国检察报》1992 年 3 月 9 日

刑事审判监督的现状和立法建议 杨余仁 《人民检察》1992 年第 6 期

论检察机关对自诉案件的国家干预 吴杰 《检察理论研究》1992 年第 1 期

简论抗诉制度的概念和特征 周士敏 《检察理论研究》1992 年第 2 期

论提起审判监督程序的主体 陈卫东 《中外法学》1992 年第 3 期

修改和完善刑事审判监督程序的思考 庞少华 《法学评论》1992 年第 1 期

浅谈公诉词在法庭辩论中的作用 王忠华 《北京检察》1992 年第 1 期

略论检察院对法院生效裁判的监督 姜小川 《河北检察》1992 年第 2 期

影响抗诉的消极因素及对策 史瑞华 《江西检察》1992 年第 1 期

完善刑事二审法律监督程序的几点思考 张河洁 《武汉检察》1992 年第 3—4 期

对刑事审判监督有关问题的思考 贺道高 《楚天检察》1992 年第 5 期

对人民检察院提起抗诉的一点认识 朱维群 《江苏检察》1992 年第 5 期

加强审判监督搞好刑事抗诉 江北县人民检察院 《四川检察》1992 年第 6 期

八、民事审判监督

民事抗诉案件的再审审级 周焱 《中国检察报》1992年2月14日

民事抗诉工作中的调卷问题 周焱 《中国检察报》1992年6月15日

检察机关应拥有民事强制执行的审批权 李宪伦 李金亭 《法制日报》1992年6月25日

谈民事诉讼中的抗诉条件 潘君 《法制日报》.1992年6月15日

民事抗诉案件的审级 赵文科 《人民检察》1992年第4期

论检察人员出席民事再审庭 周小平 《人民检察》1992年第4期

民事抗诉条件初探 王远明 《人民检察》1992年第11期

民事抗诉案件立案审查初探 张白莉 《人民检察》1992年第12期

现阶段民事诉讼监督探析 王明喜 《检察理论研究》1992年第1期

论民事抗诉案件的再审审级 石小申 《检察理论研究》1992年第2期

人民检察院的民事抗诉与再审人民法院的审级 石小申 《法学研究》1992年第3期

关于民事抗诉案件再审程序的几个问题 周小平 《政治与法律》1992年第1期

检察机关在民事诉讼中的地位 俞灵雨 《人民司法》1992年第6期

浅谈检察机关对民事诉讼法律监督的几个问题 黎新繁 《楚天检察》1992年第1期

谈谈对民事审判活动和行政诉讼依法行使监督职责问题 石小申 《检察探索》1992年第1期

论检察机关民事审判监督中的两个关系 周利人 《当代检察官》1992年第1期

试述人民检察院的民事诉讼监督制度 赵建新 《江苏检察》1992年第1期

浅议检察机关对民事诉讼的法律监督 孔德然 《上海检察》1992年第2期

论检察机关的民事(经济)审判监督 陈铁水 《云南检察》1992年第2期

检察机关在民事诉讼中按照审判监督程序提出抗诉的几个问题 高宗祥 《安徽检察》1992年第2期

检察机关应当有权提起民事诉讼 许爱民 《江苏检察》1992年第2期

检察机关受理民事申诉案件刍议 江勇 《四川检察》1992年第3期

试谈检察机关民事法律监督的几个问题 张新荣 《四川检察》1992年第3期

人民检察院应对民事执行进行法律监督 黄胜春 谭庆华 《四川检察》1992年第3期

试论对民事审判活动实行法律监督的三个问题 常健 《楚天检察》1992年第4期

论检察机关对民事案件的法律监督 江流 《楚天检察》1992年第5期

民事诉讼中检察机关的诉讼地位 关今华 《福建检察》1992年第5期

略论基层检察院的民事行政检察工作 蒲其林 《贵州检察》1992年第5期

九、行政诉讼监督

谈同级检察院的行政抗诉 张罗宝 《法制日报》1992年2月24日

对检察人员出席行政抗诉案再审庭的认识 周小平《法制日报》1992年3月4日

行政诉讼法律监督刍议 陈慧毅 《人民检察》1992年第5期

关于行政诉讼法律监督外延的逻辑思考 路可明 梅崇喜 朱加龙 《检察理论研究》1992年第1期

关于行政检察权与行政监察权关系几个问题的思考 陈雷 《福建检察》1992年第1期

浅谈人民检察院对行政诉讼法律监督的内容 金世泉 王伟柱 《贵州检察》1992年第1期

试论行政抗诉 郭华 《楚天检察》1992年第1期

试论人民检察院参加行政诉讼的法律地位 童海保 余凌云 《安徽检察》1992年第1期

浅述行政诉讼抗诉程序的立法完善 肖红光 《江西检察》1992年第1期

完善检察机关监督行政诉讼立法之我见 刘利军 田爱农 《山西检察》1992年第1期

人民检察院提起行政诉讼的权力应予以法律确定 郑周鹏 《政治与法律》1992年第1期

我国行政诉讼检察监督的沿革 薛伟宏 《中州检察》1992年第1期

试论行政抗诉案件再审庭的监督方式 周小平 《上海检察》1992年第2期

检察机关提起行政诉讼的探讨 傅国云 《楚天检察》1992年第2期

析我国行政诉讼中的抗诉权 王生今 朱兴有 《法律科学》1992年第3期

行政诉讼案件抗诉程序应予明确 肖红光 《上海检察》1992年第4期

十、监所监督

谈监所检察 牛正良 《法制日报》1992年12月14日

监外执行检察工作规范化的初步探索 王凤英 李胜利 《人民检察》1992年第9期

劳改检察机关直接受理侦查案件初查工作刍议 蒋世强 《检察理论研究》1992年第2期

浅析我国刑事案件复议复核制度 陈祖顺 《检察理论研究》1992年第2期

试论监所检察及其完善 郑学强 《广西检察》1992年第1期

加强监所检察规范化建设的几点做法 李学良 《检察探索》1992年第4期

浅议检察机关对劳改工作干警执法活动的法律监督 刘世恩 《内蒙古检察》1992年第2期

谈当前劳教检察监督程序的缺陷及成因 李文 《河北检察》1992年第4期

如何加强对监外执行罪犯的检察监督之我见 图木乐 《内蒙古检察》1992年第4期

论监所检察规范化 王爱林 《内蒙古检察》1992年第4期

法律政策监督是监所检察的首要任务 方广明 《江苏检察》1992年第5期

十一、控告申诉检察

论刑事申诉 徐益初 《法学研究》1992年第3期

论司法申诉立法 王惘求 《人民检察》1992年第10期

切实履行控申检察职能认真办理免诉申诉案件 刘登胜 《江苏检察》1992年第1期

十二、社会治安综合治理

谈检察机关开展综合治理工作的措施 黄海龙 夏道虎 《法制日报》1992年4月2日

从限制权力私化谈对贪污贿赂犯罪的预防 庞汉瑞 《法制日报》1992年5月21日

检察机关开展综合治理三题 阮克英 陈锦驹 《法制日报》1992年6月22日

检察建设在反贪倡廉中的运用 董晓峰《中国检察报》1992年11月2日

论检察建议 王尚国 《人民检察》1992年第7期

论检察机关参与社会治安综合治理的主要渠道和基本方式 侯北光 《检察理论研究》1992年第1期

试论检察机关社会治安综合治理联系点的选择及其工作 许鹤鸣 《检察理论研究》1992年第3期

刑事检察工作与社会治安综合治理 马天山 《青海检察》1992年第2期

试谈经济检察中的综合治理 罗璐 《四川检察》1992年第4期

制作检察建议应做到“六忌” 乐绍光 《浙江检察》1992年第2期

浅谈在综合治理中检察建议的应用 陈丽华 申双银 《河北检察》1992年第2期

“检察建议”之管见 王永道等 《中州检察》1992年第3期

试论检察建议 郑鲁宁 《上海检察》1992年第4期

检察建议是法律监督的形式之一 王树泉 《上海检察》1992年第6期

试述检察建议在经济建设中的作用 吴中泽 《贵州检察》1992年第6期

十三、检察政治思想工作

试论检察政工学的设立和研究 孙晋枝 张志云 《人民检察》1992年第2期

谈加强检察机关的思想政治工作 张殿山 《人民检察》1992年第2期

思想政治工作是充分发挥检察机关职能的保证 张殿山 《河北检察》1992年第1期

结合检察行业特点做好思想政治工作 苏德贵 《云南检察》1992年第1期

加强检察队伍思想建设 王国成 《检察探索》1992年第1期

浅谈思想政治工作在基层检察机关的效应 罗作玉 《武汉检察》1992年第1期

试论检察机关自身的思想政治工作 刘万联 《云南检察》1992年第1期

加强思想政治工作搞好检察队伍建设 倪维尧 《上海检察》1992年第2期

做好思想政治工作是当好基层检察院检察长的关键 刘文广 《河北检察》1992年第2期

浅谈如何结合检察业务开展思想政治工作 袁志文 《河北检察》1992年第3期

对当前检察机关经常性思想工作状况的透视及思考 孙太弟 《北京检察》1992年第3期

浅谈把思想建设摆在检察机关党建工作的首位 马义德 《云南检察》1992年第5期

浅议检察机关在新形势下应如何加强和改善思想政治工作 冯瑞刚 《河北检察》1992年第5期

浅谈发挥检察干部才能的主客观因素 张明德 《四川检察》1992年第5期

十四、其 他

完善刑法司法解释若干原则的探讨 苏惠渔 游伟 《中国法学》1992年第2期

试论刑事司法解释的时间效力 张军《中国法学》1992年第2期

检察文学刍议 朱湘山 《人民检察》1992年第1期

基层人民检察院如何做好统计工作 程大俊 《人民检察》1992年第2期

论检察机关内部"报送案件"的程序问题 娄克平 《人民检察》1992年第3期

论检察机关对未成年人的保护 管祖岩 《人民检察》1992年第3期

检察机关的文件制作亟需规范化 李肇逸 《人民检察》1992年第11期

论法律监督的艺术性 张学军 《检察理论研究》1992年第2期

谈谈检察院工作报告起草工作的几个问题 孙谦 《检察理论研究》1992年第4期

加强调查研究是搞好检察工作的基础和前提 卢泰山 《上海检察》1992年第1期

试论检察干警的法律意识 苏凤池 《河北检察》1992年第1期

浅谈基层检察院的纪检工作 陈乃敖 朱广华 罗锦柱 《江苏检察》1992年第1期

谈谈诉讼档案在检察工作中的地位和作用 周黎 《山东检察》1992年第1期

检察信息工作应实施以"忧"为主的开发战略 梁晨 《内蒙古检察》1992年第1期

试论检察司法文书学 严文贤 《楚天检察》1992年第2期

坚持调查研究指导检察工作 兰天 《检察探索》1992年第2期

检察干部岗位职务培训势在必行 杜宝国 《江西检察》1992年第2期

对检察机关纪检监察工作必须强调的几个问题 罗钧渠 严光辉 《武汉检察》1992年第3—4期

当前搞好检察调研工作的看法 詹群华 《当代检察官》1992年第4期

检察技术工作必须加强 魏中华 《江苏检察》1992年第4期

检察机关技术人员在复验现场中应当注意的问题 石葵阳 《贵州检察》1992年第4期

坚持调查研究做好检察工作 李发全 《四川检察》1992年第4期

浅谈如何做好检察技术管理工作 陈文虎 《浙江检察》1992年第5期

（最高人民检察院法律政策研究室
戴 娟整理）

检 察 学 会 简 介

中国检察学会

中国检察学会是研究检察理论的群众性学术团体。1986年10月3日，经国家经济体制改革委员会批复同意成立，1988年3月5日正式成立，1991年6月27日民政部准予注册登记，具有社团法人资格。其业务主管部门和挂靠单位是中华人民共和国最高人民检察院，会址设在北京。

中国检察学会以马克思列宁主义、毛泽东思想和建设有中国特色的社会主义理论为指导，坚持党在社会主义初级阶段的理论和基本路线，坚持理论联系实际的学风，坚持“百花齐放、百家争鸣”的方针。

中国检察学会团结全国检察工作者及社会各界有志于检察学研究的专家、学者，结合检察工作的实践，认真总结我国检察工作的历史经验，研究中国检察制度的原则和检察工作的规律，为建设具有中国特色的社会主义检察制度，为加强和完善我国检察机关法律监督职能，积极开展各项学术活动。

中国检察学会的会员为团体会员和个人会员。截止1992年底，团体会员有21个，它们是：上海、江苏、广东、山西、江西、青海、四川、吉林、黑龙江、辽宁、湖北、河南、宁夏、广西、新疆、北京、天津、福建、海南、湖南、贵州等省、自治区、直辖市检察学会；个人会员1179人。

中国检察学会的组织机构有会员代表大会、理事会、常务理事会。会员代表大会是最高权力机关，由团体会员和个人会员代表组成。每五年举行一次。其职责是：制定和修改章程；推举名誉会长；聘请顾问；选举理事会。理事会每届任期五年。其职责是：执行会员代表大会的决议；选举会长、副会长、常务理事、秘书长。现届（第一届）理事会共有理事74人。常务理事会由会长、副会长、常务理事、秘书长组成。其职责是：主持会务；组织实施学术活动；批准团体会员入会；批准吸收个人会员。现届常务理事会共有12名成员。中国检察学会会长负责召集常务理事会议，对内领导会务，对外代表中国检察学会。副会长协助会长工作。秘书长在会长领导下，负责处理日常会务。中国检察学会现任名誉会长杨易辰、刘复之，会长王晓光，副会长梁国庆（常务）、肖扬、陈明枢、王文元、冯锦汶、何访拔、严端（女），秘书长王然冀，副秘书长董春江、徐良清。

中国检察学会的学术活动有：制定学术研究规划，组织协调学术研究活动；召开全国性或地区性的检察学术研讨会、报告会，交流研究成果，沟通学术信息；组织社会调查，为检察工作提供建议和咨询意见；编辑《检察理论研究》（与中国检察理论研究所共同主办）、《检察学会通讯》等会刊，开展对检察学的研究和宣传；组织、推动检察学会与其他学术团体、学术部门之间的学术合作和交流；开展国际之间的学术交流和友好往来；收集有关研究检察学的图书资料，建立学会的历史档案。

中国检察学会的经费来源主要有：最高人民检察院补贴；接受社会资助；开展有偿服务和会员交纳的会费。中国检察学会现与中国检察理论研究所合署办公，其工作机构有：办公室、编译室（含《检察理论研究》编辑部）、检察理论研究室和信息室。编制 25 人。中国检察学会非常设机构有学术委员会和检察理论研究基金管理委员会。学术委员会负责检察理论研究规划、检察理论课题的审定、评议和检察理论研究成果的奖励、表彰工作；检察理论研究基金管理委员会负责检察理论研究基金的筹集、分配和审计监督工作。中国检察学会还将成立若干个专业委员会，负责各专业学科的研究工作。

（中国检察理论研究所　石京学）

北京市检察学会

北京市检察学会成立于 1989 年 5 月 9 日，是中国检察学会团体会员。学会的宗旨是：以马克思列宁主义、毛泽东思想和建设有中国特色的社会主义理论及党在社会主义初级阶段的理论为指导思想。坚持党的基本路线；坚持实事求是、理论联系实际的学风；坚持“百花齐放、百家争鸣”的方针。学会的任务是：团结全市有志于检察学研究的检察工作者，政法各部门的干部和法学界的专家、学者，从事检察理论、检察制度的研究，为创建具有中国特色的检察学科，为我国社会主义民主与法制建设，为北京市的检察工作实践提供科学理论根据。

学会现任会长金珂，副会长王作富、马剑光、王洪年，秘书长王洪年（兼），副秘书长孙成霞、李柱才。

学会现设办公室、学术部、咨询服务部。办公地址在北京市。

学会现有会员 825 人。下设铁路检察分会和昌平检察分会。

（北京市检察学会）

天津市检察学会

天津市检察学会成立于 1989 年 7 月 5 日，是中国检察学会团体会员。第一届理事会有理事 27 人，常务理事 6 人，陶毅民任会长，张德铨、徐大同任副会长，秘书长为许玉璞，副秘书长为赵屹松、苏长浚。

天津市检察学会下设 45 个会员小组，现有会员 315 人，会员主要是全市各级检察机关、大专院校、政法机关有志于检察理论研究的人员，具有广泛的代表性、专业性。

学会现已形成具有一定研究水平、成果较为明显的理论研究骨干队伍，拥有多位知名学者。

学会坚持党的社会主义初级阶段的基本路线，坚持理论联系实际，团结全体会员，为建设与完善具有中国特色的社会主义检察制度，增强检察机关的法律监督职能，深入开展检察学理论的研究，以繁荣全市检察学的研究事业。在理论研究中，严格恪守“为党的中心工作服务，为检察工作实践服务，为领导决策服务”的宗旨，努力创造科学、民主、活跃的学术研究气氛，鼓励探索创新，充分发挥理论研究对检察工作实践的指导作用。

学会与市人民检察院共同主办《天津检察》双月刊，同时，还自办了理论研究阵地——《检察研究动态》，不定期出刊。学会办公地址在天津市。

（天津市检察学会　张学智）

山西省检察学会

山西省检察学会是山西省检察系统研究检察理论与业务的学术团体。其前身为山西省法学会检察分会，成立于 1986 年 1 月 10 日。1992 年 6 月，经有关部门批准，改称为山西省检察学会，是中国检察学会的团体会员。

该会的宗旨是，组织、团结全省检察干警，以经济建设为中心，坚持四项基本原则，坚持改革开放，坚持理论联系实际的原则和“百花齐放、百家争鸣”的方针，研究、探讨具有中国特色的检察工作理论与实践问题，为建立具有中国特色的社会主义检察制度，为繁荣全省的法学和检察学研究事业，积极开展各项学术活动。

该会的任务是：(一) 总结我国检察工作的历史经验，研究我国检察制度的原则和检察工作的规律，对新时期的检察工作进行理论与实践相结合的研究，对我国检察制度建立、发展的情况进行探讨；(二) 对检察机构的设置和在刑事、民事、行政诉讼中的地位、职权、案件管辖范围以及行使职权的原则和程序进行研究；(三) 开展检察工作理论研究，提高全省检察干警的法学理论水平和业务素质；(四) 总结、交流检察工作的新经验，讨论疑难案例，研究政策界限和适用法律上的疑难问题，以及开展法制宣传教育活动，进行学术交流等。

学会与省检察院共同主办《山西检察》。

学会现有会员 878 人。现任会长宸耀光，副会长左祥、许家泽、王跃斌，秘书长濮稼先。学会办公地址在山西省太原市。

(山西省检察学会)

辽宁省检察学会

辽宁省检察学会于 1986 年 4 月 5 日成立，是辽宁省社会科学联合会和中国检察学会的团体会员。

学会的宗旨是，以马列主义、毛泽东思想和建设有中国特色的社会主义理论为指导思想，坚持四项基本原则，积极开展对检察制度理论和检察工作实践的研究活动，为完善和发展中国的检察制度，加强和改革检察工作，使其更好地为社会主义经济建设服务。学会的任务是，组织和团结全省检察系统的理论骨干和专家学者，为建立检察学这一新兴学科的科学研究体系，从理论和实践的结合上进行研讨，并组织撰写学术论文，编发和推荐优秀论文。定期或不定期举行学术报告会、研讨会、讲演会，交流学术研究成果，沟通学术研究信息，推动理论研究的普及与提高。

学会会长胡启成，副会长张富锦、薛海龄，秘书长邱连云。学会下设办公室，办公地址在沈阳市。学会现有会员 512 人。

(辽宁省检察学会)

吉林省检察学会

吉林省检察学会于 1986 年 8 月 11 日成立，是中国检察学会团体会员。学会以马列主义、毛泽东思想和建设有中国特色的社会主义理论为指导思想，坚持四项基本原则，理论联系实际，为发展和完善中国特色的检察制度，为促进和加强各项检察工作的发展，努力服务于社会主义四个现代化为宗旨。坚持以应用研究为重点的科研方向，结合本省实际情况探讨一些重大理论和实践问题，组织会员撰写论文，开展学术交流。学会与省检察院共同主办《检察研究》(双月刊)。

学会会长李向武，副会长索维东、赵明舜 (常务)、刘永泰。

会员代表大会为学会最高权力机构，其执行机构为理事会，理事会下设办公室和学会刊物《检察研究》编辑部，办公地址在长春市，现有会员 325 人。

(吉林省检察学会　阎学勤)

黑龙江省检察学会

黑龙江省检察学会成立于 1987 年 7 月，是以中国检察制度理论和检察工作实践为研究对象的学术性社会团体，是社会团体法人，是中国检察学会团体会员。业务主管部门是黑龙江省人民检察院。

该会以马列主义、毛泽东思想和建设有中国特色的社会主义理论为指导，坚持四项基本原则，研究探索有中国特色的检察制度，为检察工作实践服务。

该会的任务：(一) 组织会员参加检察制度理论与检察工作实践的研究等项活动，加强横向协作，开展学术交流，培养理论人才，提高理论水平，为完善有中国特色的检察制度作出贡献。(二) 从理论与实践的结合上，研究新时期检察工作的客观规律，探讨检察机关改革和工作的新经验，研究政策界限和适用法律上的疑难问题，促进和推动各项检察工作的开展。(三) 编辑检察学会刊物和有关书籍资料，组织会员撰写论文，开展社会调查，编发和推荐优秀论著，发现和总结新的科研成果。(四) 配合有关部门，开展法制和检察理论宣传。(五) 每年举行一次学会年会，交流经验，总结成果，表彰先进，推动学会工作。

学会现任会长贾成文，副会长焦喜贵，秘书长张维远，副秘书长马立业。学会工作机构为检察学会办公室，地址在哈尔滨市。现有团体会员 10 个，个人会员 523 人。

(黑龙江省检察学会)

上海市检察学会

上海市检察学会成立于 1988 年 5 月，经上海社会科学学会联合会审查同意，于 1991 年 4 月 4 日上海市民政局准予登记，为非法人社会团体，是中国检察学会团体会员。会长漆世贵，副会长倪维尧、余源浩、李思根、周富长、徐逸仁，秘书长李林森，副秘书长罗昌平、陈素珍。现有会员 542 人，会址在上海市建国西路 648 号。

学会宗旨是以马克思列宁主义、毛泽东思想和建设有中国特色的社会主义理论及党的基本路线为指导，坚持四项基本原则，坚持“百花齐放、百家争鸣”的方针，理论联系实际，结合检察工作的实践，为建设具有中国特色的社会主义检察制度，开展检察理论研究，促进检察工作发展，更好地为改革开放和经济建设服务。

(上海市检察学会　李林森)

江苏省检察学会

江苏省检察学会成立于 1988 年 6 月 18 日，是中国检察学会团体会员。该会以马克思列宁主义、毛泽东思想和建设有中国特色的社会主义理论为指导，坚持党的基本路线，团结、组织全省检察工作者、法学教学和理论工作者、政法工作者，致力于对中国特色社会主义检察理论的研究和检察实践的研究，为完善和发展中国特色社会主义检察制度服务，为各项检察业务服务，为经济建设服务。开展学术交流和法律咨询工作，培训检察干部和调研人员。

学会办有《江苏检察学会通讯》刊物。

学会现任会长秦杰，副会长周连林、李忠林，秘书长张果，副秘书长盛勇、韩向阳、马财宝。现设机构为江苏省检察学会办公室，地址在江苏省南京市。学会现有团体会员 7 个，个人会员 692 人。

(江苏省检察学会)

福建省检察学会

福建省检察学会于 1990 年 1 月 20 日成立，是中国检察学会团体会员。它是以检察理论和检察实践为研究对象的群众性学术团体，以马列主义、毛泽东思想和建设有中国特色的社会主义理论为指导，坚持党的基本路线和四项基本原则，贯彻“百花齐放、百家争鸣”的方针，发扬理论联系实际的学风。团结和组织全省广大会员及有志于检察学研究的专家、学者，开展检察理论与实践问题的研究和学术交流，为建设有中国特色的社会主义检察制度，推动检察工作全面开展，促进检察学的繁荣发展作出贡献。同时加强与省内外各检察学会和其他学术团体的学术交流与友好往来，沟通信息，互相促进。现学会主办《闽检学会通讯》刊物，并正筹办《闽检学刊》季刊。学会现任名誉会长陈明枢，会长毕振东，副会长陆永和、戴荣芳(兼秘书长)，副秘书长陈启衍。现设办事机构秘书处，地址在福州市。现有会员1015人。

(福建省检察学会　蔡美玲)

江西省检察学会

江西省检察学会于1986年9月24日成立，是中国检察学会和江西省社会科学联合会团体会员。现有团体会员11个，个人会员1519人。其宗旨和任务是：以马列主义、毛泽东思想和建设有中国特色的社会主义理论为指导，坚持四项基本原则和实事求是的思想路线，坚持“百花齐放、百家争鸣”的学术方针，提倡改革创新精神，团结全省检察工作者和社会各界有志于检察学研究的专家、学者等，紧密结合检察工作实际，开展检察理论和实践的研究，为建设有中国特色的社会主义检察制度，加强和完善检察机关法律监督职能服务，为改革开放和社会主义现代化建设服务。

学会与省检察院共同主办《江西检察》。

学会于1991年1月19日进行换届选举，现任会长王树衡，副会长阙贵善、高佩德、杜宝国、毕可曰，秘书长毕可曰(兼)，副秘书长徐敬东。该会于1992年5月由江西省民政厅复查登记，为法人团体。学会下设办公室，办公地址在南昌市，有专职干部3人。省、地、市检察院的处、室和县、市、区检察院及劳改派出检察院、江西大学法律系均成立了检察学会小组，全省共组建学会小组125个。

(江西省检察学会　徐敬东)

河南省检察学会

河南省检察学会成立于1988年3月，是中国检察学会团体会员。该会宗旨是：坚持党的基本路线，坚持实事求是、理论联系实际，坚持“百花齐放、百家争鸣”的方针，侧重于应用法学研究，为检察工作实践服务，为法制建设服务，为社会主义现代化建设服务。其任务是：团结、组织、推动全省检察干警及政法部门、法学界有志于检察学研究的专家、学者和实际工作者，开展社会主义检察制度建设的理论与实践的研究活动，积极探索检察工作规律，为加强检察工作，建设具有中国特色的社会主义检察制度，使检察工作更好地服务于社会主义现代化建设，提供科学理论依据和决策依据。现学会承担省检察院主办的《中州检察》的编辑工作。学会现任会长江清彬，副会长陈钢印、曹江轮、杨叙安、韩保纯，秘书长冯中华。办公地址在郑州市。现有个人会员927人。

(河南省检察学会)

湖北省检察学会

湖北省检察学会于1988年12月17日在武汉成立，是中国检察学会团体会员。学会以马列主义、毛泽东思想和建设有中国特色的社会主义理论为指导，研究检察学理论。其任务是团结全省检察工作者、政法各部门干部和法学界的专家、学者，共同总结和研究检察工作的经验教训，为加强法律监督职能，建设有中国特色的社会主义检察制度而奋斗。现与省检察院共同主办《楚天检察》刊物。现任会长程秀杰，常务副会长靳军，副会长周冶陶、孙德华，秘书长唐进澍。学会挂靠于湖北省人民检察院，在该院设办公室，有专职干部2人，地址在武汉市。截止1992年12月31日，有个人会员385人。

（湖北省检察学会　唐进澍）

湖南省检察学会

湖南省检察学会成立于1990年12月24日，是中国检察学会团体会员。其宗旨是，以马列主义、毛泽东思想和建设有中国特色的社会主义理论为指针，坚持四项基本原则，团结全省检察工作者及社会各界有志于检察学研究的专家、学者，遵循理论联系实际的原则和“百花齐放、百家争鸣”的方针，认真总结我国检察工作的历史经验，研究中国检察制度、原则和检察工作规律、程序及其法律保障。为创立和发展新兴的社会主义检察学，加强和完善中国检察机关法律监督职能，建设具有中国特色的社会主义检察制度，健全和发展社会主义法制建设，促进社会主义现代化建设事业作出贡献。

学会通过经常性的组织、联系、协调和指导工作，有计划地积极开展检察学术研究活动，发现和培养检察理论研究人才，不断提高理论研究水平，在检察学研究方面多出成果，出好成果。学会现主办《检察文选》刊物。

学会现任会长于龙，副会长文礼云、蒋长青、何素斌，秘书长吉家华，副秘书长郭谷新。学会现设工作机构办公室，办公地址在长沙市。学会现有团体会员3个，个人会员553人。

（湖南省检察学会　王名湖）

广东省检察学会

广东省检察学会于1988年7月1日在广州市成立，是中国检察学会团体会员。该会以检察制度的理论和检察工作实践为研究对象，以马列主义、毛泽东思想和建设有中国特色的社会主义理论为指导，坚持四项基本原则，发扬理论联系实际的优良学风，坚持实事求是的科学态度，贯彻“百花齐放、百家争鸣”的方针。该会的任务是组织全体会员参加学会各项活动，培养法学、检察学理论人才，提高会员的理论水平和业务水平，推动检察工作全面开展，为建设有中国特色的社会主义检察制度作贡献。

学会办有《检察研究》刊物。

学会会长张培宇，副会长陆成景、秦醒民、张学军、许天祥，秘书长由秦醒民兼任，副秘书长杨贯之、佘万宁、李镜清、李坤。

广东省检察学会的最高权力机关是会员代表大会，学会设理事会、常务理事会、会员小组、专业委员会、基金管理小组等，还设有顾问、名誉会长。工作机构为学会办公室。办公地址设于广州市。到1992年12月31日止，有团体会员3个，个人会员893人。

（广东省检察学会　张　熙）

广西检察学会

广西检察学会于1988年12月在南宁成立，是中国检察学会和广西社会科学联合会的团体会员。1991年5月，经自治区民政厅审查，符合社会团体法人规定，给予登记。学会的宗旨和任务是：以马列主义、毛泽东思想和建设有中国特色的社会主义理论为指导，坚持党的基本路线，坚持“百花齐放、百家争鸣”方针，坚持实事求是和理论联系实际的原则，组织会员开展检察理论研究，总结检察历史经验，完善具有中国特色的社会主义检察制度，完善我国检察机关法律监督职能，研究执行法律政策中遇到的问题，为检察实践服务，为社会主义建设服务。学会现与自治区检察院共同主办《广西检察》刊物。学会有理事30人，常务理事9人，名誉会长4人，顾问9人。会长傅耿，副会长蔡玉瑜、肖杰、梁津，秘书长肖杰（兼），副秘书长李明清、侯锐（女），名誉会长覃应机、钟枫、丘栋霖、张复海。学会工作机构设办公室，办公地址在南宁市。1992年底，学会有团体会员8个，个人会员1213人。

（广西检察学会）

海南省检察学会

海南省检察学会成立于1990年1月12日，是中国检察学会团体会员。学会的宗旨是：以马列主义、毛泽东思想和建设有中国特色的社会主义理论为指导，坚持党的基本路线，坚持四项基本原则，坚持改革开放的方针，坚持实事求是、理论联系实际的原则，遵循“百花齐放、百家争鸣”的学术方针，鼓励创新精神。学会的任务是：组织和团结全省检察工作者和政法部门、法学界及社会各界有志于检察理论研究的专家、学者和有识之士，结合大特区建设的实际，开展检察理论和实践中重大课题的研讨。注重解决检察工作在大特区建设中遇到的新情况、新问题，探索特区检察工作的客观规律，为建设具有中国特色的社会主义检察制度，发展检察理论，健全和完善大特区的民主与法制建设作出贡献。学会与省检察院研究室共同主办《调查研究》刊物。

学会现任会长傅传新，副会长王锦芳、张儒群、舒慧明，副秘书长王少黄。现设学会秘书处，办公地址在海口市。现有会员145人。

（海南省检察学会　王少黄）

四川省检察学会

四川省检察学会成立于1988年9月26日，是中国检察学会团体会员。学会的宗旨是：以马克思列宁主义、毛泽东思想和建设有中国特色的社会主义理论为指导，坚持党的基本路线，坚持四项基本原则，遵守国家宪法和法律，坚持实事求是、理论联系实际的原则，遵循“百花齐放、百家争鸣”的方针，团结全省检察工作者、政法部门和法学界有志于研究检察理论的专家、学者，紧紧围绕社会主义检察制度和检察工作的理论与实践问题，开展研究活动，为建设具有中国特色的社会主义检察制度，健全社会主义法制，推进社会主义现代化建设作出贡献。其主要任务：一是积极开展检察理论研究和学术交流；二是编辑检察学术理论刊物和有关资料、书籍，与省检察院共同主办《四川检察》；三是积极开展同省外、国外学术交流活动，加强学术联系和友好往来；四是积极开展优秀学术论文、优秀科研成果的评奖活动。现任理事会会长龚读纶，副会长李锋（常务）、庞先玉、谭洪信，秘书长罗金戈。现有团体会员2个，个人会员500人。学会设立办公室，专职干部2人。办公地址在四川省成都市。

（四川省检察学会　苏国柱）

贵州省检察学会

贵州省检察学会成立于1992年1月9日，是中国检察学会团体会员。学会的宗旨和任务是：以马列主义、毛泽东思想和建设有中国特色的社会主义理论为指导，坚持党的基本路线，遵循理论联系实际的原则和“百花齐放、百家争鸣”的方针，认真总结我国检察工作及全省检察工作的历史经验，研究当代检察制度的特点和检察工作的规律，为繁荣全省检察学研究，为建设具有中国特色的社会主义检察制度，促进社会主义法制建设作出贡献。学会通过经常性的组织、联系、协调和指导工作，团结全省检察工作者及社会各界有志于检察学研究的专家、学者，有计划地开展学术研究活动，不断提高广大干警的检察理论水平，推动全省检察工作的发展。学会会长李玲，副会长高启真、王安新、蒲其林，秘书长蒲其林（兼），副秘书长钟仁伟、杨绍铉、夏勇。会址在贵阳市。学会现有团体会员 97 个。

（贵州省人民检察院研究室）

青海省检察学会

青海省检察学会创建于 1987 年 12 月 15 日。1988 年 9 月 20 日、1991 年 5 月 9 日分别以团体会员加入中国检察学会、青海省社会科学联合会。1991 年 8 月 15 日经省民政厅核准，注册登记，具备法人资格。

学会的宗旨是：以马克思列宁主义、毛泽东思想和建设有中国特色的社会主义理论为指导，团结全省有志于研究检察学的法学工作者、法律工作者和其他国家公务人员，坚持四项基本原则，坚持改革开放，坚持理论联系实际，研究探索有中国特色的检察制度，为加强、完善我国检察机关法律监督职能服务。其任务主要是，组织推动会员开展检察理论研究，交流学术成果，不断解决检察工作中遇到的实际问题和理论问题，服务于检察工作和经济建设。学会与省检察院共同主办《青海检察》。

青海省检察学会于 1991 年 9 月 17 日进行了换届选举。第二届理事会有 23 人组成，张济民任会长，云保华、冉超凡、梁孟哲、喻良新任副会长，梁孟哲兼秘书长。

青海省检察学会现有会员 359 人。会址在西宁市。

（青海省检察学会　梁孟哲）

宁夏检察学会

宁夏检察学会是以检察制度理论和检察工作实际为研究对象的群众性学术团体。成立于 1988 年 12 月 11 日，是中国检察学会团体会员。学会以马列主义、毛泽东思想和建设有中国特色的社会主义理论为指导思想，坚持四项基本原则，坚持实事求是的思想路线，积极开展对检察制度理论和检察工作实践的研究活动，为完善和发展有中国特色的检察制度、加强和改革检察工作服务。学会坚持理论联系实际的学风，坚持“百花齐放、百家争鸣”的方针，倡导改革精神，鼓励探索创新，努力创造科学、民主的理论研究气氛，注意培养理论新人，不断推出理论研究成果。学会的任务是：团结全区检察工作者及社会各界有志于检察学研究的专家、学者，从理论和实践的结合上对检察学这一新兴学科加以研讨，认真总结我国检察工作的历史经验，研究中国检察制度的原则和检察工作的规律，并组织撰写学术论文，编发和推荐优秀论文。定期或不定期地举行学术报告会、研讨会，交流学术研究成果，沟通学术研究信息。编辑出版发行检察学刊物和有关书籍、资料。同兄弟省（区、市）检察学刊物和有关学术界进行学术合作和交流。培养检察理论骨干，特别是少数民族检察理论骨干，促进全区检察系统理论队伍的建设。学会每年举行一次年会，报告工作，评选优秀论文，部署下年度的工作等。

学会组织机构及其组成人员：会长马钊，副会长李先润、柳性德、龚明礼、张万仓、尚修建，秘书长任光荣，副秘书长陈立成。办公地点：银川市。学会现有个人会员190人，学会与自治区检察院共同主办《宁夏检察》。

（宁夏检察学会　陈立成）

新疆检察学会

新疆检察学会于1988年12月16日在乌鲁木齐市正式成立，是中国检察学会团体会员。学会的宗旨和任务是：团结全疆各族检察工作者、法律工作者和有志于检察学研究的学者、公民，从理论与实践的结合上，开展对检察理论和检察工作实践的研究，为建设具有中国特色的社会主义检察制度，提供科学理论依据。

学会现任会长刘扬，副会长托呼塔尔汗、阿不都热衣木、郭树森，秘书长张伟春，副秘书长安尼瓦尔·阿不拉。学会常设机构为办公室，地点在乌鲁木齐市。截止1992年12月31日，学会共有团体会员3个，个人会员874名。

（新疆检察学会）

新疆生产建设兵团检察学会

新疆生产建设兵团检察学会成立于1989年8月13日，会址设在乌鲁木齐市。会长郭书森，副会长谢德丰、张明法，秘书长李僚义，副秘书长林平。学会共发展个人会员350人，团体会员11个。

学会的宗旨和任务是：团结和组织新疆生产建设兵团检察工作者及有志于检察学研究的爱好者，结合检察工作实践，开展学术活动，为建设有中国特色的检察制度和健全社会主义民主与法制服务。

现学会办有《兵团检察》刊物。

（新疆生产建设兵团检察学会
李僚义）

第九部分　检察报刊和出版

中国检察报社

【综述】 1992年,《中国检察报》改为周二刊,在最高人民检察院党组的领导下,认真学习贯彻邓小平同志视察南方的重要谈话精神和中共中央政治局全体会议精神,围绕最高人民检察院的工作部署,按照“立足检察、面向社会”的办报方针,结合实际,克服困难,采取一系列措施,使报纸工作有了新的发展,较好地完成了1992年报纸和刊物的编辑、出版和发行工作,《中国检察报》期发行量达到56万份。

《中国检察报》改刊后,坚持“就社会说检察,就检察说社会”的思想进行探索。首先是开辟了月末版。在坚持检察特色的前提下,围绕社会关心的热点话题进行报道,具有广泛的社会性,受到了广大读者的欢迎和好评。其次,对版面设计、栏目设置进行了大胆改革和创新。随着国家政治经济形势的变化,及时在一版增设了“经济广角”、“热点探讨”等栏目。二、三、四版为加强社会新闻的宣传,开辟了《名人访谈录》、《社会万象》、《社会·婚姻·家庭》等专栏20余个,丰富了版面,增强了可读性。

1992年,《中国检察报》作为主办单位之一,参加了中国质量万里行和驰名商标保护组织的活动,发表了50多篇打击假冒商标犯罪活动的稿件,万里行组委会发了4篇通稿。

面对不断变化的新形势、新情况,《中国检察报》大力宣传了检察机关查处贪污贿赂等大要案,严厉打击严重刑事犯罪,积极参加综合治理,依法查处法纪犯罪案件,发表为改革开放和经济建设服务的消息、评论600多篇,推出了一批有影响、有特色的文章。如:六论检察机关为经济建设服务,八评建设有中国特色的社会主义检察制度等系列评论员文章,以及“苏鲁十日行”、“八面劲风贯中华”、“十年反腐话廉政”等受到各级检察机关和社会各界读者好评的文章。

十四大召开以后,《中国检察报》围绕十四大提出的社会主义市场经济理论,结合面临的新形势和热点问题,先后组织了厂长、经理谈检察机关为经济建设服务,全国部分县、市党政领导谈经济建设,首都检察官谈市场经济等座谈会,倾听各方面意见、建议,并通过报纸向社会迅速反馈。这些消息和评论经中央人民广播电台、中央电视台播发和其他报刊转载后,在各地引起一定的反响,收到了良好的社会效果。

积极开展和参加各种新闻评选和征文活动也是《中国检察报》新闻改革的一大

特点。1992年，该报开展了“红塔杯”、“巴公杯”、“二峨杯”、“桂花杯”等新闻、言论、摄影征文和竞赛活动，编发了一批质量较高的作品。其中有20多篇稿件被中央人民广播电台、中央电视台、人民日报等新闻媒介转播、转载；参加了中国质量万里行等好新闻评选活动，共有5件作品入选；参加了亚太地区报刊学术讨论会，该报撰写的论文被收入学术论文集。

到1992年底，《中国检察报》在全国正式建立记者站34家，在吉林、成都、黄山、唐山、郑州、广东等地设立了办事处，以业养报，开展多种经营。

1992年7月2日，《中国检察报》创刊一周年之际，召开了有中央有关部门及首都新闻界领导参加的座谈会；8月份，召开了有300多人参加的全国发行工作会议；4月和12月召开了两次本报全国记者工作会议。

1992年，《中国检察报》主办的《最高人民检察院公报》发行量达2万份。

1992年，《中国检察报》加入了中华全国法制新闻协会，副总编刘佑生当选为该会副会长。

1992年，《中国检察报》加入了中国报纸行业经营管理协会。

1992年，《中国检察报》在长沙建立了分印点，负责华东、中南8个省的发行工作，加快了投递速度。

（中国检察报社　王宪福）

【《中国检察报》创刊一周年】　1992年7月2日，《中国检察报》创刊一周年之际，在北京召开了“检察工作为经济建设服务座谈会”。全国人大、全国政协、最高人民法院、公安部、司法部、中宣部、邮电部、新闻出版署的负责人和人民日报、新华社、中央电视台、中央人民广播电台、经济日报等首都主要新闻单位的负责同志以及陕西咸阳保健用品厂、广东健力宝集团公司、首钢总公司北京带钢厂、吉林省公主岭市红光制药厂、中外合资天津华美食品有限公司等企业界代表应邀参加了座谈会。

最高人民检察院副检察长张思卿主持了会议，并宣读了刘复之检察长为《中国检察报》创刊一周年的题词：“加强检察工作，更好地为加快改革开放和经济建设服务。”肖扬副检察长介绍了《中国检察报》创刊一年来报纸的发展情况，陈明枢、王文元副检察长、咨询委员会副主任王晓光、冯锦汶等出席了会议。

肖扬副检察长在讲话中指出，在深化改革、扩大开放的过程中，经济生活的瞬息变化，要求检察机关树立强烈的全局观念，提高为经济服务的自觉性。在反贪污贿赂斗争中，要集中力量积极办理大案要案，正确处理好小案，在办案过程中，要切实从企业发展的角度着想，思考周全，服务周到。

座谈会上，国家新闻出版署、新华社、中宣部新闻局等单位的负责同志发了言，从新闻如何为经济建设服务谈了见解。参加会议的企业家就企业在深化改革开放中遇到的新情况新问题发表了意见，希望法律部门有针对性地开展法律服务。

肖扬副检察长介绍说，《中国检察报》作为检察机关的喉舌，自1991年7月4日创刊以来，就把检察工作为经济建设服务作为宣传重点。一年来共刊载了500余篇有关检察机关为经济建设服务的稿件，编发了280篇有关经济建设方面的法学理论文章，发表了保护大中型企业、保卫改革开放的评论、短评30多篇。其中“为经济建设服务”六篇系列评论和“应酬与犯罪”的热点问题讨论，在社会上产生了强烈反响。

（中国检察报社总编室）

【参加中国质量万里行活动】 为了更好地总结与宣传全国开展“质量、品种、效益”年活动的情况，报道先进典型，传播新经验，同时揭露质量差的典型，狠抓质量意识的培养，造成一种重视质量的舆论声势，人民日报经济部和中国新闻文化促进会倡议组织“中国质量万里行”系列新闻宣传活动。《中国检察报》应邀参加了“万里行”活动。

“万里行”活动自1992年2月11日正式开始后，《中国检察报》在一版开辟了“中国质量万里行”专栏。稿件内容主要是报道检察机关查处的假冒商标案件，强调依法打击假冒商标犯罪行为，维护名优产品的信誉和消费者的权益。同时也刊登一些组委会统一编发的稿件。据统计，《中国检察报》在“万里行”活动中，共刊登评论、述评、消息等“打假”稿件50多篇，其中该报记者采写的通讯《十年真假猴王战》获“中国质量万里行好新闻”二等奖，该报记者采写的《要不要依法打假》的文章，朱镕基副总理曾先后作了两次指示，公安部还为此事发了专门文件。

（中国检察报社　王宪福）

【《人民检察》被确认为中文核心期刊】 《人民检察》月刊，在1992年9月由北京大学出版社出版的《中文核心期刊要目总览》中，被确认为我国中文核心期刊。

所谓核心期刊，是指刊载与某一学科（或专业）有关的信息较多，且水平较高，能够反映该学科最新成果和前沿动态，受到该专业读者特别关注的那些期刊。面对当今社会期刊出版量激增、“文献爆炸”的局面，许多国家都很重视在众多的期刊中鉴定和确认核心期刊，以便为图书馆收藏、利用期刊和读者选择阅读期刊提供参考依据。在我国，筛选和确认核心期刊尚属首次。

这项筛选、确认工作是由北京地区高等院校期刊工作研究会和北京大学图书馆共同发起和主持的，参加研制者为41所高等院校的200余名文献情报工作者，并聘请了400余名专家为学科鉴定人。确认工作采取的是国际上通用的、公认为比较可行和可靠的方法，即根据文献离散规律，对国内近万种中文期刊在1988—1990年三年中的载文量、文摘量进行统计，并进行引文分析和综合筛选，聘请学科专家鉴定，从而得出各学科的核心期刊表。其中，从近200种法律类期刊中，确认出31种核心期刊，《人民检察》名列第20位。

专家认为，这项确认工作是我国第一次大规模使用文献计量学方法对中文期刊进行统计分析研究，具有较高的学术水平和权威性，对促进我国科学事业的发展和国际出版物交换具有重要意义。

（《人民检察》编辑部　万　春）

【全国检察刊物主编座谈会】 1992年9月25日至27日，由最高人民检察院《人民检察》编辑部召集的全国检察刊物主编座谈会在安徽省黄山市举行。来自全国近30家省级和市级检察期刊的负责人共40余人出席了会议，中国检察报社副总编辑兼《人民检察》主编刘佑生参加会议并讲了话。

会议的中心议题是总结交流全国检察刊物的办刊经验，研究探讨新形势下如何进一步提高办刊质量。会议认为，检察刊物是检察调研、宣传工作的重要组成部分，对于服务经济建设、推进检察工作、宣传社会主义民主与法制，具有不可替代的作用。今后的办刊工作，应当紧紧围绕党和国家的中心任务及检察机关的重点工作，大张旗鼓地为检察机关服务经济建设和改革开放宣传鼓劲。要及时反映检察工作先进经验和检察业务调研成果，大力宣传检察机关的先进集体和个人，不断增强刊物的业务指导性和可读性，立足检察，面向社会，办出自己的特色。各级检察刊物要以自己的工作实绩，争取所在检察院领导的关心和支持，尽快改变编辑人员量少质弱以及有些检察院领导轻视检察刊物的现状。各级、各地检察刊物要加强联系和经验交流，以便共同探索一条新形势下办刊工作的新路子，把检察刊物越办越好。

（《人民检察》编辑部　万　春）

中国检察出版社

【组织编纂《中华法学大辞典》】 由中国检察出版社组织编辑出版的《中华法学大辞典》,是以法律专业人员为使用对象的大型学术性工具书。在我国文化和出版史上，编辑出版如此规模的法学工具书尚属首次。它广泛收集古今中外有关法学以及与法学关系密切的各个词汇，力求反映80年代以来中国法学研究的最新成果及最新资料,并尽可能吸收外国同行的研究成果。该辞典被国家新闻出版署确定为“八·五”国家重点图书。

《中华法学大辞典》分卷出版。计分：法学基础理论卷，法律史学卷，宪法学卷，民法学卷，劳动法学卷，行政法学卷，经济法学卷，刑法学卷，诉讼法学卷，国际法学卷。各卷吸收相近分支学科。每卷200～250万字，全书约2000～2500万字。

《中华法学大辞典》编委会由法学界和政法部门知名专家及各卷主编组成，主持本辞典的编辑工作,决定有关的重大事项。另邀请我国政法界领导同志若干人担任特约顾问，就有关重大原则问题进行指导与把关。各卷主编，都由在法学界具有较高声望和有较深学术造诣的学者担任。

《中华法学大辞典》从1985年起着手编辑工作，参加撰稿的老中青法学工作者近千人，包括法学各部门的知名专家、学者和政法各部门的负责干部、业务骨干。在中国检察出版社专门设立的大辞典编辑部的组织协调下，经过大量艰苦细致的编审工作，到1992年底，民法学卷、宪法学卷的编辑工作已经完成，法律史学卷和诉讼法学卷已进入编审阶段。

《中华法学大辞典》编辑部在编委会常务副主任委员梁国庆的直接领导下，十分注意发挥顾问和编委会的作用，涉及到政治原则、敏感性的及其他重大问题，都请他们把关；在编撰和编务问题上，努力为各卷做好协调和服务工作，编印了6期“编纂通讯”，及时把编撰工作的信息、动态、进展情况向编委会、顾问通报，向编撰者介绍，收到了较好的效果。

（中国检察出版社　安　斌）

【参加1992年法兰克福国际图书博览会】 1992年10月2日至17日，以中国检察出版社副社长兼副总编苏德永为团长的中国检察出版社代表团一行三人，应邀赴德国法兰克福，参加了一年一度的法兰克福国际图书博览会。

法兰克福国际图书博览会是世界著名的图书博览会之一。世界各国的出版商对这一博览会都给予特殊的重视，希望在此占据一席之地，以展示自己的出版物。本届博览会的参加国达 90 余个，8000 余家出版社在数万平方米的展厅中展开了激烈的竞争。

中国检察出版社代表团参加本届博览会的目的是：开阔眼界，吸取有益的经验，开展与国外出版界的联系与合作。参会期间，代表团与德国施普林格出版公司就双方共同出版《中华法学大辞典》外文版一事进行了蹉商。

（中国检察出版社　田　永）

中国检察出版社出版主要图书目　录（续）

《中国检察年鉴》（1990）　中国检察年鉴编辑部编　1991 年 11 月

《中国检察年鉴》（1991）　中国检察年鉴编辑部编　1992 年 8 月

《中国检察年鉴》（1992）　中国检察年鉴编辑部编　1992 年 11 月

《法律用词技巧》　周广然著　1992 年 1 月

《简明法律辞典》　方昕主编　1992 年 2 月

《日本司法制度》　董璠舆主编　1992 年 2 月

《"严打"就是专政》　刘复之　1992 年 3 月

《刑事疑案研究》　陈兴良主编　1992 年 3 月

《全国法律顾问资格考试复习指导大全》上册　江平　王家福主编　1992 年 3 月

《全国法律顾问资格考试复习指导大全》下册　江平　王家福主编　1992 年 3 月

《刑事检察常用法规汇编》（七）　最高人民检察院刑事检察厅编　1992 年 3 月

《刑事检察常用法规汇编》（八）　最高人民检察院刑事检察厅编　1992 年 3 月

《刑事犯罪案例丛书》

《有关枪支、弹药、爆炸物的犯罪》　鞠永春主编　1992 年 3 月

《伤害罪》　丁慕英主编　1992 年 5 月

《拐卖人口罪》　崔南山主编　1992 年 5 月

《破坏自然资源的犯罪》　刘澄清　王钢平主编　1992 年 5 月

《强奸罪奸淫幼女罪》　路安仁　王运声主编　1992 年 5 月

《诈骗罪》　崔南山主编　1992 年 6 月

《投机倒把罪》　张忠海主编　1992 年 9 月

《交通肇事罪》　赵汝昆　王运声主编　1992 年 10 月

《反革命罪》　李开福主编　1992 年 11 月

《扰乱社会秩序的犯罪》　陈燕麟　董春江主编　1992 年 11 月

《保险欺诈》　关浣非译著　1992 年 4 月

《户口管理学》　刘光人主编　1992 年 4 月

《税务行政争讼》　周林彬　王生林主编　1992 年 4 月

《化工法规规章基础讲座教学复习大纲》　化工部政法司编著　1992 年 4 月

《劳动教养劳教检察资料法规类编》　最高人民检察院监所检察厅编　1992 年 4 月

《企业经济合同管理实务》　周渝波　赵俊贵主编　1992 年 5 月

《化学工业部法规性文件汇编》（1991）
化学工业部政策法规司编 1992年5月
《全国律师资格考试模拟试题集解及难点分析》 张思之 张玲元主编
1992年5月
《‘二、五’普法知识集解》 张进恒主编
1992年5月
《共产主义道德教育读本》 陈振梧 刘淑仁主编 1992年5月
《〈检察业务概论〉学习纲要》 雷铣主编
1992年5月
《检察制度史略》 曾宪义主编
1992年5月
《附属刑法规范集解》 储槐植主编
1992年6月
《中华人民共和国医药卫生法律全书》 卫生部政策法规司 国家医药管理局政策法规司编 1992年6月
《〈检察干部政治理论读本〉讲解》 最高人民检察院政治部宣传部、直属机关党委宣传部编 1992年7月
《新编中华人民共和国常用法律条文阐释》
刘亚平主编 1992年7月
《首届全国信访工作理论研讨会论文集》
中共中央办公厅信访局 国务院办公厅信访局编 1992年7月
《诉讼法学词典》 徐进主编
1992年7月
《〈中华人民共和国全国人民代表大会和地方各级人民代表大会代表法〉讲话》
艾其来主编 1992年7月
《纪检专业丛书》
《纪检证据学》 刘少雄 邓斌主编
1992年7月
《纪检信访学》 闵钺主编
1992年7月
《纪检调研学》 杨光汉主编
1992年7月
《党纪案件检查学》 刘少雄主编
1992年7月
《党纪处分学》 刘少雄 王龙主编
1992年7月
《党纪案件审理学》 邓崇玉主编
1992年7月
《纪检档案管理学》 刘开运主编
1992年7月
《纪检心理学》 廖志恒主编
1992年7月
《党纪监督学》 袁耀东主编
1992年7月
《纪检文书学》 朱峰主编
1992年7月
《党纪学》 刘少雄主编
1992年7月
《党风党纪教育学》 宋镜明主编
1992年7月
《全国人大常委会修改和补充的犯罪》 周其华主编 1992年8月
《破案术——形式逻辑及其应用》 于思著
1992年8月
《城市建设房地产综合开发法规汇编》 中华人民共和国建设部体改法规司房地产业司编 1992年8月
《律师如何代理行政诉讼》 苏醒 陈时恩主编 1992年8月
《罪案诉程手册》 任子孝主编
1992年8月
《国内外股票交易股份经济法规选编》 国家经济体制改革委员会政策法规司编
1992年9月
《法庭论辩艺术》 郭谷新 陈立明著
1992年9月
《昆明检察志》（1910—1988） 云南省昆明市人民检察院编 1992年10月
《知识产权法律全书》 杨金路 赵丞津主编 1992年10月

《实用安全法规选编》 山西省人民检察院法纪处编　　1992年11月

《中华人民共和国房地产法规汇编》 司法部律师司　建设部体改法规司编　　1992年12月

《检察业务系列教材》

《控告申诉检察概论》 熊传震主编　　1992年9月

《侦查监督教程》 索维东主编　　1992年11月

《检察制度基础理论》 程荣斌主编　　1992年10月

《检察管理教程》 赵文隆主编　　1992年10月

《中国的青少年与青少年保护》 全国人大内务司法委员会青少年专门小组青少年室编　　1992年12月

《比较法导论》 朱景文著　　1992年12月

《震撼美国的案件》 任岗等编　　1992年12月

《人民代表大会制度词典》 刘政　边森龄　程湘清主编　1992年12月

《疑案选评》 周恩惠　韩绍金编　　1991年12月

（中国检察出版社　何　珊）

检　察　刊　物

《中国检察年鉴》　由最高人民检察院主办，《中国检察年鉴》编辑部编辑，中国检察出版社出版发行。1988年创刊，公开发行。最高人民检察院副检察长梁国庆任编委会主任委员。

《中国检察年鉴》是一部记载我国检察工作情况，反映我国检察制度建设进程的大型资料性年刊。它以我国宪法、法律赋予检察机关的任务为轴心，以丰富、翔实的资料，反映我国检察工作在各个年度的新发展、新成就，收储了大量的信息和数据。它是广大政法工作者、从事法律专业教学和科研工作的专家、学者，以及海内外各方面人士了解和研究中国检察制度不可缺少的参考资料和工具书。是一部史料性、实用性兼备的重要读物。

《中国检察年鉴》所采用的资料都是由最高人民检察院和各省、自治区、直辖市人民检察院组织专业人员撰写和提供的，具有准确性、权威性。

《中国检察年鉴》主要有：检察工作概况、工作报告、最高人民检察院负责人重要讲话、最高人民检察院发布的重要文件、司法解释选载、案例选载、大事记、统计资料、人物名录、附录等十几个栏目，并附有英文目录。

（最高人民检察院法律政策研究室　周苏民）

《北京检察年鉴》　是北京市人民检察院编辑出版的资料工具书。内容主要反映全市各级检察机关在当年的主要工作情况和重要文件、资料等。主要栏目有：检察工作报告、重要会议简介、重要文件选编、综述与分析、重要活动记述、重要案例选载、调查研究与经验总结、大事记、检察系统基本情况、统计资料汇编和其他情况、资料、专辑等。

《北京检察年鉴》创刊于1987年，每年编辑出版一期，每期约20—25万字。目前已经出版到1990年刊，1991年刊正在印刷，1992年刊正在编辑中。

《北京检察年鉴》在内部发行。每期印刷约1000册左右。发放范围是：上级有关机关和领导同志，本市各级检察机关处、科级单位等。此外，还和全国省级检察院进行交换。

《北京检察年鉴》在筹备编辑出版期间，曾成立编辑委员会。编委会主任：金珂（市检察院副检察长）。《北京检察年鉴》的编辑出版工作，由北京市人民检察院史志办公室负责。主编王洪年，副主编李柱才，编辑吴琰。

（北京市人民检察院）

《江西检察年鉴》 由江西省人民检察院主办，1987年开始创刊，每年编辑出版一期，现已出版4期。主编杜宝国。

《江西检察年鉴》是一部全面记载江西省检察机关工作情况，反映全省检察工作概貌和各个年度的新发展、新成就的历史资料性年刊，为全省检察工作继往开来，编写江西检察史志，提供有价值的参考资料。《江西检察年鉴》收集的资料来源于江西省人民检察院各业务、行政部门和全省各分、市院法律政策研究室，并由上述各部门组织专业人员撰写，内容全面、准确。《江西检察年鉴》反映的是当年的检察工作情况，年刊于第二年编辑出版。主要栏目有：特载、全省检察工作概述、重要报告讲话选载、会议简介、检察刊物介绍、检察学会工作、经验总结选载、重要案例选载、大事记、风范谱、政治人事、统计资料等。

《江西检察年鉴》在全省各级检察机关内部发行，并赠送全国各省、自治区、直辖市检察机关。每年出版发行230本。

（江西省人民检察院法律政策研究室）

《云南检察年鉴》 由云南省人民检察院主办，《云南检察年鉴》编写组编辑。1985年创刊，每年出一期，至1991年已出版7期，共约130万字，每期印1200册，内部发行。《云南检察年鉴》是汇集和传播云南全省检察工作信息，提供各项检察业务资料的工具书。其主要任务是：如实记录当年云南省检察工作的基本概况、重大事件和各项主要业务数据，并浓缩汇编成册，为有关领导部门及检察干警提供参考和咨询资料。

《云南检察年鉴》由“检察概况”、“重要报告、决议、讲话”、“重要会议简介”、“秘书工作”、“政治工作”、“案例”、“其他”8个部分组成。每期发至全省各级人民检察院，报送最高人民检察院和有关部门，并与各省、自治区、直辖市人民检察院交换。

（《云南检察年鉴》编写组）

《甘肃检察年鉴》 是由甘肃省人民检察院主办，甘肃省人民检察院法律政策研究室编辑的资料型工具书。1987年创刊。其办刊宗旨是，记载反映当年甘肃省检察工作的主要情况，收集积累甘肃检察事业发展进程中的历史资料。1987年创刊号追述和记载了甘肃省检察机关建立以来，特别是1979年重建以来的重要资料。之后，每年编辑一期，至1991年刊，已编辑出版了5期，1992年刊正在编辑中。

《甘肃检察年鉴》的主要栏目有：省人民检察院和省辖市、自治州人民检察院工作报告；贪污贿赂检察；刑事检察；法纪检察；监所检察；控告申诉检察；检察科学技术；调研与法律政策研究；政治工作；省委领导、省院负责人重要讲话；重要文件、报告；重要通知、通报；重大典型案例；大事记；其他等。各期所设栏目根据当年实际情况略有调整或增减。

《甘肃检察年鉴》实行免费赠阅。每期印刷500册。主要发行范围是：最高人民检察院及各省、自治区、直辖市人民检察院，省委、省人大、省政府，省政法委员会及省公安、法院、司法机关，省内外主要政法院校，本省各级检察院等。

（甘肃省人民检察院法律政策研究室）

《贵州检察》 是贵州省人民检察院主办的综合性法制宣传刊物。1992年7月创刊，为月刊。

《贵州检察》旨在坚持党的“一个中心，两个基本点”的基本路线，坚持四项基本原则，坚持理论联系实际，围绕党和国家的中心任务及检察工作的重点，突出反映广大检察干警保护人民，惩腐倡廉，打击犯罪的崭新风貌，介绍检察工作的典型经验，研究中国特色社会主义检察制度的理论与实践，探讨改革开放中出现的新情况，新问题，推动检察工作的发展。

《贵州检察》主要栏目有：“调查研究”、“理论探讨”、“检察实践”、“案例分析”、“检察艺苑”、“队伍建设”、“检察官风采”、“检察通讯”、“法规选编”等。

《贵州检察》为内部刊物。发至全省各级检察院，并与各省、市、自治区检察院及有关大专院校交换。每期发行2000份。

（贵州省人民检察院办公室）

全国检察期刊一览表

期刊名称	创刊年月	刊期	主办单位	主编	发行范围	页码
最高人民检察院公报	1989.4	季刊	最高人民检察院	肖扬	公开	32页
人民检察	1956.6	月刊	最高人民检察院	刘佑生	公开	48页
检察理论研究	1991.7	季刊	中国检察理论研究所 中国检察学会	丁慕英	公开	96页
中国检察年鉴	1988	年刊	最高人民检察院	卢泰山	公开	
函授通讯	1992	季刊	中央检察官管理学院	江礼华	内部	
北京检察	1982	双月刊	北京市人民检察院		内部	32页
北京检察年鉴	1987	年刊	北京市人民检察院	王洪年	内部	
天津检察	1982	双月刊	天津市人民检察院	许玉璞	内部	42页
河北检察	1987.12	双月刊	河北省人民检察院	王占国	内部	48页
山西检察	1984.6	双月刊	山西省人民检察院 山西省检察学会		内部	48页
内蒙古检察	1992.1	季刊	内蒙古自治区人民检察院	于江	内部	52页

期刊名称	创刊年月	刊期	主办单位	主编	发行范围	页码
青城检察	1990.1	季刊	内蒙古自治区呼和浩特市人民检察院	刘世荣	内部	48页
检察纵横	1986.10	月刊	辽宁省人民检察院	梁汝亭	内部	48页
检察研究	1988	双月刊	吉林省人民检察院 吉林省检察学会	赵明舜	内部	48页
检察探索	1991.1	双月刊	黑龙江省人民检察院	郭绍祖	内部	48页
上海检察	1991.8	双月刊	上海市人民检察院	李林森	内部	48页
江苏检察	1988.3	双月刊	江苏省人民检察院	王继华	内部	64—96页
浙江检察	1988.8	双月刊	浙江省人民检察院	庄建南	内部	32页
安徽检察	1987.8	双月刊	安徽省人民检察院	方基远	内部	40页
福建检察	1988.3	双月刊	福建省人民检察院	杨子言	内部	48页
江西检察	1990.6	双月刊	江西省人民检察院 江西省检察学会	莫颂尧	内部	40页
江西检察年鉴	1987	年刊	江西省人民检察院	杜宝国	内部	
山东检察	1988.10	双月刊	山东省人民检察院	杜宗臣	内部	48页
中州检察	1990.11	双月刊	河南省人民检察院	冯中华	内部	48页
楚天检察	1991.3	双月刊	湖北省人民检察院 湖北省检察学会	刘家驹	内部	48页
武汉检察	1990.8	季刊	湖北省武汉市人民检察院		内部	48页
湖南检察	1988	双月刊	湖南省人民检察院	郭谷新	内部	48页
当代检察官	1981.1	双月刊	广东省人民检察院	陈　武	内部	48页
广西检察	1987.8	双月刊	广西壮族自治区人民检察院　广西检察学会	华芝和	内部	48页
四川检察	1989	双月刊	四川省人民检察院 四川省检察学会	苏国柱	内部	48页
贵州检察	1992.6	季刊	贵州省人民检察院	蒲其林	内部	44页
云南检察	1989.1	双月刊	云南省人民检察院	王永年	内部	36页

期刊名称	创刊年月	刊期	主办单位	主编	发行范围	页码
云南检察年鉴	1985	年刊	云南省人民检察院	杨慎言	内部	
陕西检察	1989.7	双月刊	陕西省人民检察院	白俊超	内部	48页
交流与参考	1989	季刊	甘肃省人民检察院		内部	48页
甘肃检察年鉴	1987	年刊	甘肃省人民检察院		内部	
青海检察	1984	季刊	青海省人民检察院 青海省检察学会	喻良新	内部	40页
宁夏检察	1989.12	季刊	宁夏回族自治区人民检察院　宁夏检察学会	张万仓	内部	40—48页
新疆检察	1990.1	季刊	新疆维吾尔自治区人民检察院	张伟春	内部	52页

（中国检察报社、中国检察年鉴编辑部整理）

第十部分　人物名录

最高人民检察院检察长、副检察长简历

刘复之（1917——　　）

中华人民共和国最高人民检察院检察长。男，汉族，广东梅县人。1937年11月参加革命工作。1938年2月加入中国共产党。1938年10月至1940年12月，先后任朱德、刘伯承、邓小平同志秘书；1941年至1945年，任八路军129师锄奸部副科长、科长，前方总政治部锄奸部部员。解放战争时期，任晋冀鲁豫中央局社会部科长、中央局冀鲁豫土改工作团组长，华北局社会部办公室副主任、主任兼第一处处长；1949年8月，任中央军委公安部办公厅副主任。中华人民共和国成立后，历任公安部办公厅副主任、主任，公安部副部长；"文化大革命"中，先后"靠边站"、下放到黑龙江劳动，受到迫害，被关押审查；1977年11月后，曾任文化部常务副部长、党组副书记，全国人大常委会法制委员会副秘书长、副主任、党组副书记，中央政法委员会委员、秘书长、副书记，司法部部长、党组书记兼中国政法大学校长，公安部部长、党组书记兼中国人民武装警察部队第一政委。1988年4月，任最高人民检察院检察长。中共第十二次、第十三次全国代表大会代表，十二届中央委员会委员，1985年9月当选为中央顾问委员会委员，七届全国人大代表。

张思卿（1932——　　）

中华人民共和国最高人民检察院副检察长。男，汉族，河南洛阳人。1952年加入中国共产党。1949年至1952年，任河南省新郑县支前司令部供应站工作员，华中支前司令部供应站工作员，最高人民检察署中南分署收发员，中南土改工作队广西平乐县工作队分队副队长、工作组组长。1952年至1954年，任最高人民检察署中南分署科员、调查员。1954年至1955年，任最高人民检察署东北工作团副组长、助审员。1955年至1969年，任长江水上运输检察院检察员，湖北省人民检察院检察员、党组秘书、科长。1969年至1973年，在湖北省公安机关军管会审批组工作。1973年至1974年，任湖北省高级人民法院办公室副主任。1974年至1983年，任湖北省高级人民法院副院长。1983年至1985年，任湖北省高级人民法院院长、省公安厅厅长兼武警湖北总队第一政委，省委常委兼省委政法委员会书记。1985年至1988年，任最高人民检察院副检察长、党组成员。1988年后，任最高人民检察院副检察长、党组副书记。中共第十三届中央候补委员，第十四届中央委员。

肖　扬（1938——　　）

中华人民共和国最高人民检察院副检察长。男，汉族，广东河源人。1962年中国人民大学法律系毕业。1966年加入中国共产党。历任中共韶关市武江区委书记，清远地委副书记，广东省人民检察院副检察长、检察长。1990年起任最高人民检察院副检察长。中共十四大代表。

梁国庆（1938——　　）

中华人民共和国最高人民检察院副检察长。男，汉族，吉林九台人。1964年毕业于吉林大学法律系。1972年加入中国共产党。历任天津市人民检察院研究室副科长、副主任，天津市人民检察院检察长。1986年起任最高人民检察院副检察长。

陈明枢（1933——　　）

中华人民共和国最高人民检察院副检察长。男，汉族，福建连江人。1952年加入中国共产党。历任中共连江县委宣传部副部长，霞浦县委宣传部部长、县委书记，福鼎县委书记，中共福建省委调研室副主任，建阳地委书记，福建省人民检察院检察长。1991年起任最高人民检察院副检察长。在中共十四大上当选为中纪委委员。

王文元（1931——　　）

中华人民共和国最高人民检察院副检察长。男，汉族，湖北黄陂人。历任辽宁大学副教授、教授、系主任、经济学院院长，辽宁省人民政府副省长，"九·三"学社第八届中央委员会副主席，全国政协常务委员会委员。1992年起任最高人民检察院副检察长。

（最高人民检察院政治部提供）

省、自治区、直辖市人民检察院、军事检察院检察长简历

何访拔（1932——　　）

北京市人民检察院检察长。男，汉族，广东梅县人，大学文化，中共党员，1949年1月参加工作。曾任闽粤赣边区赤石村政府文教委员，华南军区文化教员，北京市人民检察院科员、副科长，北京市石景山区金顶街中学政工组长，区人民法院副院长、党组副书记，北京市人民检察院办公室副主任、市检察院分院副检察长、市检察院副检察长、代理检察长。

陶毅民（1927——　　）

天津市人民检察院检察长。男，汉族，山东东阿人，相当高中文化，中共党员，1941年7月参加工作。曾任山东东阿县抗联工作队组长，区宣传委员、副书记，县土改办副主任，天津市公安局十分局分驻所长、秘书，局办副主任、副处长，分局局长，天津广播电台副台长，工业局副局长，公安局副局长、局长、党委书记兼武警天津总队第一政委。

刘宗欣（1931——　　）

河北省人民检察院检察长。男，汉族，河北饶阳人，大专文化，中共党员，1948年8月参加工作。曾任交通员、管理员，河北省公安厅工作队队员、科员、研究员，省民政厅办公室负责人、政工组长，省检察院刑检处处长、副检察长。

庞耀光（1930——　　）

山西省人民检察院检察长。男，汉族，山西芮城人，高中文化，中共党员，1945年6月参加工作。曾任山西省运城团地委辅导员、组长，闻喜团县委部长，省团校

教研室主任、副教育长，晋东南地革委办公室副主任，沁县县委副书记、书记，晋东南地委副书记、行署专员，运城地委书记。

张鹤松（1936——　　）

内蒙古自治区人民检察院检察长。男，汉族，辽宁辽阳人，大学文化，中共党员，1964年9月参加工作。曾任内蒙古自治区东胜县法院书记员、审判员、副院长、院长，伊克昭盟司法处副处长，内蒙大学法律系党总支副书记、书记、讲师，自治区人民检察院副检察长。

徐　生（1927——　　）

辽宁省人民检察院检察长。男，汉族，内蒙古通辽人，初中文化，中共党员，1945年11月参加工作。曾任通辽县立德区政府工作人员，辽北省公安处侦察员，辽宁省公安厅科长、副处长，宁城县委副书记，省公安厅副厅长、厅长。

李向武（1933——　　）

吉林省人民检察院检察长。男，汉族，吉林洮安人，大学文化，中共党员，1949年10月参加工作。曾任沈阳军区通讯处通讯连文书，东北军区机要交通局组长，吉林市人民检察院检察员，永吉县河湾子公社党委副书记、书记，县法院副院长、公安局长、副县长、县委副书记，吉林市副市长。

贾成文（1928——　　）

黑龙江省人民检察院检察长。男，汉族，辽宁辽阳人，高中文化，中共党员，1948年7月参加工作。曾任安达二小教员、教导主任、校长，安达县政府教育科科员、副科长，抗美援朝战勤十二大队秘书，黑龙江省民政厅副科长、科长、处长、办公室主任，省民政局副局长、局长，省政法委副书记。

石祝三（1929——　　）

上海市人民检察院检察长。男，汉族，浙江鄞县人，相当大专文化，中共党员，1946年6月参加工作。曾任上海市公安局内勤、副助理员、科长、办公室主任、副局长，上海市政法委员会书记、市委常委。

赵　虹（1942——　　）

江苏省人民检察院检察长。男，满族，辽宁沈阳人，大学文化，中共党员，1966年9月参加工作。曾任江苏省赣榆县公安局干部，县药材公司会计员，县法院秘书，徐州地区中级法院秘书，省委党校教员，中顾委委员刘顺元同志秘书，省委党校组织处长、副校长，盐城市委副书记，省委政法委副书记，省人民检察院副检察长、代理检察长。

胡灿时（1928——　　）

浙江省人民检察院检察长。男，汉族，浙江永康人，大学文化，中共党员，1949年8月参加工作。曾任浙江台州海门区司法股长，区法院副院长，台州检察分署秘书，省检察院研究室副科长、科长、副主任、主任，省检察院副检察长、省纪委委员。

冯建华（1927——　　）

安徽省人民检察院检察长。男，汉族，河南林县人，高中文化，中共党员，1945年1月参加工作。曾任小学教员、科员、副区长、区长，六安地委农委科长、地委办公室副主任，金寨县委书记，安徽劳动大学党委负责人，安徽农学院党委副书记，六安地委副书记兼宣传部长，阜阳行署专员，安庆地委书记。

郑义正（1935——　　）

福建省人民检察院检察长。男，汉族，福建寿宁人，初中文化，中共党员，1950年12月参加工作。曾任福建省寿宁县委秘书室干事、秘书，县革委会生产指挥组办事组第一副组长，县委办公室负责人，县革委会办公室主任，宁德地区计委办公室主任，省农林水办公室秘书、秘书处副处长，省农委办公室副主任、主任，莆田市委副书记兼组织部长、市委书记。

王树衡（1927——　　）

江西省人民检察院检察长。男，汉族，山东海阳人，初中文化，中共党员，1944年1月参加工作。曾任胶东平南武工队小队长，平南县政府科员、仁兆区区长，平东县杜家区区委书记，江西省贵溪县委宣传部副部长，玉山、乐平县委书记，上饶地委组织部科长、部长，地委副书记、书记，景德镇市委书记，三二〇厂党委副书记，赣州地委书记、地区革委会主任，宜春地委书记、军分区第一政委，省检察院检察长。

臧　坤（1929——　　）

山东省人民检察院检察长。男，汉族，山东五莲人，初中文化，中共党员，1944年12月参加工作。曾任五莲县公安局文书、股长，县委组织部干事，昌潍地委组织干事、组织部长、政法部长，潍坊市委副书记，柴油机厂党委副书记、书记，潍坊市委书记，昌潍地委副书记、行署副专员，青岛市委副书记、市长。

席宝山（1934——　　）

河南省人民检察院检察长。男，汉族，河南临汝人，大学文化，中共党员，1951年1月参加工作。曾任临汝县法院审判员、秘书、副院长，洛阳地区司法处副处长、检察分院检察长，三门峡市人民检察院检察长，河南省人民检察院副检察长、代理检察长。

钟澍钦（1933——　　）

湖北省人民检察院检察长。男，汉族，湖南桃江人，高中文化，中共党员，1950年10月参加工作。曾任湖北省检察院办事员、秘书、副科长、科长，十堰公社党委书记，省法院副处长、处长、副院长，省检察院副检察长、检察长，省政法委员会副书记。

齐振瑛（1927——　　）

湖南省人民检察院检察长。男，汉族，河北玉田人，初中文化，中共党员，1943年10月参加工作。曾任湖南零陵专署公安处侦察员、副科长、科长，省公安厅办公室副主任、主任、副厅长，公安部办公厅副主任，省政法办公室主任，长沙市委副书记、市长，省顾委秘书长。

王　骏（1936——　　）

广东省人民检察院检察长。男，汉族，山东栖霞人，大专文化，中共党员，1958年9月参加工作。曾任北京航空学院办公室秘书，中南局计委干部，中南局政治部办公室秘书，广东省革委会保卫组干部，省公安厅副科长、办公室副主任、主任、党组成员，副厅长、党组副书记。

李天相（1930——　　）

海南省人民检察院检察长。男，汉族，吉林柳河人，高中文化，中共党员，1947年3月参加工作。曾任辽东省公安厅预审员、科长，最高人民检察院东北工作团侦察员、助理检察员、特别检察员、最高人民检察院刑事检察厅副厅长、厅长、检察委员会委员。

丘栋霖（1929——　　）

广西壮族自治区人民检察院检察长。男，汉族，广西钟山人，高中文化，中共党员，1947年6月参加工作。曾任广西钟山县大桥中心小学教员，大桥乡人民解放委员会副主任兼农会主席，县大队指导员，广西公安厅科员、副科长、科长、主任、副厅长，广西自治区人民检察院副检察长、代理检察长。

龚读纶（1933——　　）

四川省人民检察院检察长。男，汉族，

四川成都人，高中文化，中共党员，1950年9月参加工作。曾任成都市委宣传部干事、副科长、秘书处副处长，成都市西城区委副书记、成都市委秘书长、市委书记，地市合并后为成都市委副书记。

李　玲（1931——　　）

贵州省人民检察院检察长。女，汉族，山东单县人，中专文化，中共党员，1947年11月参加工作。曾任砀山县、景德镇工作员，毕节青年联合会副主任，清镇县土改工作队组长，贵州省委党校班主任，省法院副庭长、副院长，省司法厅副厅长。

李林阁（1932——　　）

云南省人民检察院检察长。男，汉族，山东安丘人，初中文化，中共党员，1948年10月参加工作。曾任华东警备司令部战士，上海铁路公安处刑侦警、助理干事、派出所所长、保卫股长，昆明铁路检察院副科长、检察员，云南省法院民事审判庭庭长，省检察院处长、副检察长。

杨有才（1933——　　）

西藏自治区人民检察院检察长。男，藏族，云南德钦人，高中文化，中共党员，1950年参加工作。曾任部队参谋，西藏贡觉县副县长、县委书记，昌都地区行署专员、地委书记，拉萨市委书记。

杨　烈（1943——　　）

陕西省人民检察院检察长。男，汉族，陕西蓝田人，文化程度研究生，中共党员，1968年8月参加工作。曾在西北政法学院学习，陕西省汉阴县政法组、法院工作，后任汉阴县法院副院长、检察院副检察长、检察长，安康检察分院副检察长、检察长，安康地委副书记，陕西省人民检察院副检察长、代理检察长。

王　平（1931——　　）

甘肃省人民检察院检察长。男，汉族，陕西富平人，高中文化，中共党员，1949年10月参加工作。曾任甘肃省委组织部干部、副处长，水电部四工局办公室副主任，兰州高原大气所办公室负责人，省科委组织处长，省人事局副局长、局长，省政府秘书长，省委政法委员会书记。

张济民（1930——　　）

青海省人民检察院检察长。男，汉族，山西灵丘人，大学文化，中共党员，1946年3月参加工作。曾任山西灵丘县委文书，县委组织部、雁北地委组织部、省委统战部干事，青海省果洛州检察院检察员，州委副秘书长、秘书长，州委政治部副主任、主任，州委副书记，青海民族学院副院长、党委副书记、书记，省长助理。

马　钊（1931——　　）

宁夏回族自治区人民检察院检察长。女，回族，吉林长春人，大专文化，中共党员，1949年3月参加工作。曾任长春市二道河子区政府工作员，长春市人民法院书记员、助审员、审判员，宁夏高级人民法院审判员，区五金公司干部，公安局预审处副处长，自治区检察院刑检处长、副检察长。七届全国人大代表。

米吉提·库尔班（1934——　　）

新疆维吾尔自治区人民检察院检察长。男，维吾尔族，新疆托克逊人，中专文化，中共党员，1952年9月参加工作。曾任托克逊县团委工作员、县监委监察员，新疆监察厅监察员、自治区监委副处长，区机关党委副书记，自治区检察院副检察长。

刘宝臣（1938——　　）

中国人民解放军军事检察院检察长。男，汉族，山东临清人，大专文化，1956年3月参军，1959年9月加入中国共产党，1964年和1991年分别在成都军区步兵学校和国防大学学习，现为少将军衔。在部队先后任过排长、政治指导员、连长、参谋、干事和团副参谋长、参谋长、团长，在机关先后任过军委办公厅警卫处副处长、处长，总政保卫部副部长，1990年任解放军军事检察院副检察长。

（最高人民检察院政治部、解放军军事检察院提供）

最高人民检察院检察委员会委员名单

刘复之	张思卿	梁国庆	肖 扬	陈明枢
王文元	熊传震	张 穹	王 克	张凤阁
赵登举	陈振东	毛健华	罗 辑	雷 铣
陈为典				

最高人民检察院
咨询委员会主任、副主任、委员名单

主 任	李士英				
副主任	王晓光	冯锦汶			
委 员	王 甫	郗占元	关山复	张灿明	江 文
	侯 政	蔺子安	袁恭稳	王振中	刘志启
	刘砚青	蔡恩光	王 兴	秦 杰	张世祥
	陈克光	赵文隆	房昭义	马纯一	赵 练
	张复海	高振中	盛北光	何 侠	洛 林
	吴 濂				

（最高人民检察院政治部提供）

最高人民检察院特约检察员名单

党派	姓名	性别	所在单位及职务
民革	王存厚	男	北京大学法律系教授
	朱维究	女	中国政法大学研究生院行政法导师组副组长、副教授
	温崇真	女	国家外汇管理局中央外汇业务中心主任
民盟	王罔求	男	北京经济学院经济法教研室副教授
	王舜华	男	中国社会科学院法学研究所研究员
	陈祖仁	男	中国人民大学投资经济系副教授
	黄景钧	男	民盟中央委员、副秘书长兼宣传部部长
民建	迮永清	女	国家建材局科技开发中心专利代理处副处长、高级工程师
	曾广宇	男	中央财政金融学院金融系教研室主任
	高文杰	男	香港港源水利电力有限公司驻京总代表、高级工程师
民进	郭正谊	男	中国科普研究所副所长研究员
	杨学纯	男	世界知识出版社编审
农工党	蒋春松	男	农工党中央组织部副部长
	翟胜德	男	中国社会科学院民族研究所副所长
致公党	司徒擎	男	致公党中央副秘书长兼组织部部长
九三学社	王丙戍	男	九三学社北京市委副主委兼秘书长
台盟	徐萌山	男	台盟中央评议委员会委员
全国工商联	周文仁	男	全国工商联会员部部长

（最高人民检察院办公厅秘书处提供）

最高人民检察院表彰的先进集体和先进个人

授予模范检察院称号的先进集体事迹简介

湖南省华容县人民检察院

湖南省华容县人民检察院自1978年建院以来，特别是近几年来，各项检察业务全面发展，取得显著成绩。1990年，最高人民检察院授予该院“全国检察系统反贪污贿赂先进集体”称号；1991年，湖南省委、省政府命名该院为全省“文明建设先进单位”；1992年，该院分别荣获湖南省“文明建设模范单位”和全国检察系统“模范检察院”荣誉称号。

华容县人民检察院1989年、1990年、1991年分别立案查处贪污、贿赂等经济罪案102件112人、101件128人、101件137人，其中大案92件114人，查处在职科以上干部27名，共为国家和集体挽回直接经济损失415万多元，是湖南省唯一连续三年立案查处贪污、贿赂等经济罪案过百件的县级检察院。

华容县人民检察院于1987年着手探索刑事检察工作规范化模式，到1988年基本成熟。这一规范化模式受到省检察院的重视，在该院召开了现场会，使刑检规范化模式在全省检察系统推广运用。1989年至1991年，该院共受理公安机关提请逮捕的各类刑事案犯1446人，通过审查，批准逮捕1212人；受理公安机关移送起诉、免诉1666人，经审查，决定起诉1337人，免诉68人。经市、县两级人大常委会和市检察院检查，准确率达到100%，做到了不枉不纵，没有冤、假、错案和超时限等违法现象。在审查批捕和起诉工作中，该院对151名不构成犯罪或已构成犯罪不需要逮捕的人犯，作出了不批准逮捕决定，追捕人犯4人，追诉22人，不起诉1人。对公安机关的侦查活动和法院审判活动中的违法情况提出纠正意见78条（次），对法院判决提出抗诉1件，法院已改判。该院注意做好对青少年犯和免诉对象的帮教工作，全省168名免诉对象无一重新犯罪。省检察院推广了他们的经验。

三年来，该院共受理各类“侵权”、渎职案件线索112件，立案侦查60件76人，其中大案4件18人，名列省、市检察系统前茅。

华容县人民检察院始终坚持“从严治检”的方针，在该县人民群众中树立了良好的执法形象。在县委组织的年度勤政廉政民意测验中，连续三年被公认为“勤政廉政单位”。

该院有一个团结奋进的领导班子。院党组一班人都具有一定的马列主义水平和较强的政治洞察力。他们坚持自觉过好“三关”：一是秉公执法，过好权力关；二是以身作则，过好人情关；三是保持廉洁，过好金钱关。他们注重表率作用，当好排头兵，吃苦在前，享受在后。大案难案，总是亲自出征；防洪抢险，总是带头上阵；住房、用车，总是一让再让。

华容县人民检察院下大力气抓好队伍建设。他们注意把系列思想政治教育同完善约束机制有机结合起来，先后制定了工作月讲评、办案回访、跟踪考察、拒贿登记、奖惩条例、思想汇报等一系列配套制度。建院以来，没有发生一起干警违法违纪事件。据统计，近三年来，全院干警共拒贿 118 人（次），拒贿金额及实物折价共计人民币 6400 余元，拒吃请 187 人（次）。该院积极鼓励并创造条件让干警参加各种形式的成人教育。现在，大专以上文化程度的干警已达 38 人，占 70%。该院在工作实践中不断总结摸索，逐步建立完善了刑事检察、自侦工作、监所检察、控申检察、检察室工作等一系列操作规范，大大提高了工作效率。

近几年来，全院干警被最高人民检察院和省、市检察院授予“优秀侦查员”称号的 9 人，授予“办案能手”称号的 11 人，授予“优秀公诉人”称号的 5 人，占全体干警的 46%。该院贪污贿赂检察科、刑事检察一科在岳阳市 10 个县级检察院中，已经保持了 11 年的先进。1989 年以来，该院有 8 个科室的工作进入了全市先进行列。

广东省顺德市人民检察院

广东省顺德市地处珠江三角洲，毗邻港澳，是改革开放的前沿，经济活动超前，发展速度领先。顺德市人民检察院紧紧围绕维护社会稳定和促进经济发展，开展各项检察业务，为顺德的经济腾飞做出了突出贡献。该院连续三年被评为为经济、为基层、为群众服务先进单位和社会主义精神文明建设先进单位。1992 年，该院荣获全国检察系统“模范检察院”称号。

顺德市人民检察院坚持把反贪污、贿赂犯罪工作放在首位，做到既坚决又慎重，挖出了一批阻碍经济建设的蛀虫，追回赃款赃物折合人民币 312 万余元，为国家和集体挽回经济损失 258 万余元。1989 年贯彻两高《通告》以来，敦促了 22 名违法犯罪分子投案自首，全年立案侦查 28 件 36 人。而后几年一直保持良好的斗争势头。他们在查处贪污贿赂犯罪时，不畏权势，力排干扰，严肃执法。近年来，他们查处县局级干部 6 人，其中既有手握财物大权者，也有战争年代参加革命的老资格，还有曾经为顺德经济发展赚过大钱的“功臣”。

由于顺德经济活跃，外来人口大量涌入，流窜作案增多，重大案件急剧上升。该院刑检部门在人少案多，长期超负荷工作的情况下，加班加点办理批捕起诉。1985 年至 1991 年受理公安机关提请逮捕各类刑事案犯 3419 人，经审查决定逮捕 3074 人；受理公安机关提请移送起诉刑事案犯 2937 人，经审查决定起诉 2781 人。几年来，通过审查批捕、起诉案件，依法追捕案犯 78 人，不批准逮捕 173 人，不起诉 16 人，起诉案件有罪判决率为 100%，派员出庭支持公诉率为 100%。

面对改革开放的新形势和经济建设迅猛发展的热潮，顺德市人民检察院坚持解放思想，实事求是，针对改革开放试验区的特点，从实际出发，既严格执行国家法律和党的方针政策，又给企业发展生产创造条件。1989 年，他们了解到全市乡镇企业发展到 3600 多家，产品销售收入占了工业产值近七成，成为全市经济的重要支柱。但是，乡镇企业在发展中遇到许多政策法律问题亟待解决。为此，他们在深入调查研究的基础上，制定了《顺德市检察院保护和促进乡镇企业发展的十项措施》，得到市人大的肯定和赞扬，后又得到省检察院和最高人民检察院的肯定和推广。

顺德市人民检察院在办案中，注意一手抓办案一手抓治理，帮助发案单位堵漏建制，办案与治理同步进行。他们还非常注重案发前的预防工作。1988 年，他们经过调查，了解到随着经济的迅猛发展，全市驻外公司和在外资金不断增加，如何预防这方面可能出现的犯罪迫在眉睫。于是他们主动向市委、市政府提出建议。市委、市政府采取了措施，几年来没有发生此类案件。他们把提高厂长、经理的法制意识作为关键来抓，密切配合纪委、乡镇企业管理局、财政局、审计局等部门，为厂长、经理上法制课23期，听课人数达2500多名。通过培训，提高了企业家们依法经营，运用法律维护企业合法权益的意识，促进了企业的健康发展。

顺德市人民检察院的领导经常深入各大集团公司、工厂进行法律咨询服务，帮助企业经营者解决商品生产、交换等活动中遇到的政策法律方面的疑难问题。他们还通过检察长接待日、厂长经理座谈会等方式，有针对性地讲解有关法律知识，讲明合法经营与违法犯罪的界限。几年来，他们结合办案为企业追回流失资金120多万元。厂长、经理们赞扬检察干部“既是知心朋友，又是法律‘向导’”。

顺德市人民检察院注重建设一支执法严明、无私奉献的检察队伍。该院领导班子严于律己，率先垂范。金钱买不动，亲情打不动，为检清廉，两袖清风。“班子”的模范作用，潜移默化地带动了全院干警，每个干警都在自己的岗位上努力拼搏，体现了团结、奋进的精神风貌。

四川省平昌县人民检察院

四川省平昌县人民检察院自1985年以来，曾三次被评为全地区政法工作先进集体并获“文明单位”称号，连续七年被县委授予优秀党支部和先进集体称号。1992年，该院荣获全国检察系统“模范检察院”称号。

平昌县人民检察院始终坚定不移地深入开展反贪污贿赂斗争。1985年以来，共受理贪污贿赂罪案519件572人，立案侦查208件253人。其中大案72件，占立案数的34%。追缴赃款286万余元。在办案中，他们把打击、保护、促进、服务融为一体，先后使37个濒临倒闭的企业恢复了生机。由于该院反贪污贿赂斗争成绩显著，曾被最高人民检察院授予“全国检察系统反贪污贿赂先进集体”称号。

平昌县人民检察院充分发挥刑事检察工作的职能作用，严厉打击各种刑事犯罪，维护社会稳定。1985年以来，受理公安机关提请批捕人犯1459人，批准逮捕1072人；受理公安机关移送起诉1311人，决定起诉1075人，免诉175人；对228名人犯作出了不批捕决定，对19人作出了不起诉决定，追捕39人，追诉47人。对公安机关提出纠正违法意见242件（次），对法院提出纠正意见198件（次）。经过每年的执法执纪检查，未发现一起错捕、错诉、漏捕、漏诉案件。他们总结了一套实用可行的提前介入制度并在全省推广。他们还探索、制定了《交叉审查制》、《重点抽查制》、《联合复查制》、《错案追查制》等一整套工作制度，使刑事检察工作步入规范化轨道。他们致力于提高刑检干部业务素质。每年都开展“模拟法庭”、“办案经验交流”、“出庭心得”等活动。

平昌县人民检察院以查处严重的“侵权”、渎职犯罪为重点，卓有成效地开展了法纪检察工作。共受理各类法纪案件123件163人，立案侦查30件36人，建议作其它处理117人。他们果敢查处，特别是对一些危害深、影响大的犯罪案件的查处，收到了良好的社会效果。

该院的监所检察工作始终在全区名列前茅，曾被地委、行署授予“先进集体”称号。他们加强对在押人犯的教育挽救工作，提高在押人犯的认罪服法率。已判犯的上诉率从1985年前的16.5%，下降到1990年以来的2%以下。

该院的控告申诉检察工作成绩显著。他们对受理的4253件来信来访均予以落实。正、副检察长接待日，共接待来访952人（次），批阅信访1267件。他们查处了58件再申诉案件，建议法院改判了21件。他们狠抓举报工作，受理举报583件，初查后提供贪污贿赂犯罪线索314件。控申科于1990年、1991年分别被省院和分院授予“先进集体”称号。

平昌县人民检察院把社会治安综合治理贯穿于各项检察业务的全过程。他们开展多种形式的法制宣传，与有关单位互通信息，齐抓共管。七年来，他们对287名监外“五种人”进行考察达340余人（次），建立健全监改组织94个，落实监改措施156条。对175名免诉人员跟踪帮教，这些免诉人员无一重新犯罪。

平昌县人民检察院从严治检，造就了一支政治可靠、业务精通、特别能战斗的队伍。

1991年7月下旬，县政协一行20人到该院进行视察后一致认为：检察院的工作，集中体现了刚正不阿、执法如山的包公精神；艰苦奋斗、无私奉献的忘我精神；率先垂范、团结拼搏的协作精神。

授予模范检察干部称号的先进个人事迹简介

樊　痴

樊痴是辽宁省丹东市人民检察院原检察长、党组书记。从1983年任职到1992年卸任，他始终以高度的政治责任感和强烈的革命事业心，带领全院干警，模范执行党的政策和国家的法律，创造性地工作，为丹东市检察事业的发展作出了突出的贡献。1985年以来，市检察院先后七次被评为市级先进集体，1987年被评为省级文明单位，院领导班子荣立集体功一次。樊痴先后两次被市直机关党委评为优秀党员，记功一次，五次被评为市直机关先进工作者，1992年荣获全国检察系统“模范检察干部”称号。

樊痴17岁参加革命，在解放战争中出生入死，在十年动乱中经受了种种磨难。但他对党和人民的赤诚之心始终不变，在大是大非面前始终保持坚定的政治方向。他经常对干警进行形势教育，使大家在政治上与党中央保持一致。

从1989年开始，樊痴重点抓了反贪污贿赂斗争。在他的精心组织下，市检察院查处了一批有影响的大要案。全市两级检察院共查处贪污贿赂等罪案396件，其中大要案224件，查办县处级干部和政法干部贪污受贿犯罪大要案16件。

在斗争中，他不怕丢乌纱帽，始终站在前列。1989年，凤城县方庆多“买官”案暴露了。在人大改选换届之前，市委又转来了原岫岩县人大副主任陈守学索贿受贿的举报信。这两起案件牵涉面之广，案犯职务之高，在丹东地区是前所未有的。在市委和市人大的支持下，樊痴果断地采取了措施。面对重重压力和阻力他首先想到的不是个人得失，而是一名检察官的责任。在连续奋战的两个多月中，他亲自提审几个主要被告人，同办案组跑遍了15个乡镇，调查200余人，取证700余份，终于将犯罪分子绳之以法。在利诱、恫吓和诽谤面前，樊痴从没有动摇和退缩过，他把自己的生命安全置之度外。他说：“是非功过历史自会作出公正的结论，我能被犯罪分子捕倒，决不能被他们吓倒。”在人情面前，他从不拿原则做交易，也从不给自己留后路。他支持和领导了查处原丹东市园林管理处处长林乐民、市政工程处处长杨希禄、原凤城县法院副院长刘莉贪污贿赂等犯罪案件，群众拍手称快，社会效果很好。

樊痴把全部身心都用在工作上，处处严格要求自己。他生活清苦，家里至今没有一件象样的家具，坚持为官一任，两袖清风。

丁树达

丁树达是吉林省长春市朝阳区人民检察院检察员、刑检科副科长。自1985年以来，他多次被评为市、区先进工作者、优秀共产党员；省、市检察系统先进工作者；分别被省、市检察院荣记二等功；并被最高人民检察院评为全国优秀刑检干部。1992年荣获全国检察系统“模范检察干部”称号。

丁树达是一位审理大案、急案、难案、团伙案的勇将。为办案，他经常加班加点，星期天、节假日也很少休息。严打期间或平时案件比较集中时，他吃住在院里，夜以继日地工作，表现了拼搏不息的奉献精神。1987年7月到1990年，他主办审查批捕案件672件，占全科7人办案总数的41.2%。1991年任副科长后，仍办结近百件案子，无一错漏。

丁树达也是一位细致认真、善于办案的巧将。只要事实和证据有一丝不实和疑点，不管有多大难度，他都一查到底。几年来，凭着高度负责的工作作风，共防止错案91件，占防错总数的45.4%，有效地维护了法律的严肃性。

丁树达面对人情关系，有着坚定的党性原则。无论说情者是旧交，是亲友，还是老师，他从不徇私情，严格依法办案。据不完全统计，几年来，他拒礼拒贿50余次，实物折款及现金合计达8000余元。他从未吃过一次请，也从未占过发案单位及案件当事人的分文便宜。

丁树达有公而忘私的崇高思想境界。他总是把方便和利益让给同志，把困难留给自己。他从不向组织上要求什么照顾，索取什么私利。1989年他父亲病重弥留之际，不停地呼唤着他的名字，而他当时正坚守在工作岗位上。由于长时期超负荷工作，他患了较重的低血糖和心力衰竭症。但他每次看完病之后，都悄悄地将病假条揣进衣兜里，照常坚持工作。

王殿文

王殿文是黑龙江省东宁县人民检察院检察长。1985年至1991年，他连续七年被评为牡丹江市检察系统先进工作者，1986年被牡丹江市委评为端正党风先进个人。1990年和1991年被市委、市政府授予五好干警和五好干警标兵称号。1992年荣获全国检察系统“模范检察干部”称号。他所领导的东宁县人民检察院连续12年被评为全省检察系统先进集体，1991年荣获牡丹江市政法系统“爱人民创五好”先进集体标兵，省委、省政府授予的社会治安综合治理先进集体称号。

王殿文有很强的事业心，工作上求实创新，开拓进取。他根据中央提出的社会治安综合治理的要求，结合办案，帮助13个单位改变了治安状况。他大胆尝试，采取“检察建议书”与“检察建议信”相结合的办法，6年来向与发案单位存在类似问题的部门发检察建议信400多封，收到了发一案、“治一线”的良好效果。1991年，他领导制定了《东宁县人民检察院社会治安综合治理实施细则》，使检察机关参与综合治理工作规范化、制度化。

王殿文坚持检察工作为经济建设服务的指导思想。他率领全院干警打击经济犯罪活动，查处的案件逐年增多。同时结合办案，建立“帮企点”，对企业提供法律帮助，维护企业的合法经营，先后使8个发案企业提高了效益，救活了4个濒临倒闭的企业。

王殿文对领导班子建设常抓不懈。1984年初，他与党组成员讨论制定了《院党组八项革命化措施》，随后逐步完善了学习制度和党的生活制度，并且主动接受群众及社会各界的监督。领导班子团结、协作、廉洁、务实。13年来，没有发生一起违纪现象，没有办过一件人情案；近三年来，拒吃请30余次，拒说情200余人次，拒礼拒贿万余元。

王殿文善于抓队伍建设，对干警严格教育，严格管理，严格要求。他主持建立了13项规章制度，一切照章办事。1985年以来，他把竞争机制引入检察机关，实行目标管理责任制，充分调动了全院干警的积极性和创造性。1989年至1991年，先后有25人（次）荣立三等功，4人荣立二等功，6人（次）被评为县优秀党员和优秀党务工作者，18人（次）荣获市级优秀公诉人、办案能手、专项打击先进个人称号，10人（次）被评为省、市检察系统先进工作者。1991年7月，县委政法委向全县城乡发出民意测验280份，对检察院满意和基本满意的占96.8%。

王殿文秉公执法，敢于碰硬。近年来他带领全院干警查处副科级以上干部8人。他为检清廉，不徇私情，先后拒说情100多人次，仅1991年就拒礼拒贿9次，金额6000余元。

王殿文长期超负荷的工作，患了严重的心肌梗塞，发展到心脏前壁大面积心肌坏死。但他不顾病魔缠身，仍然忘我地战斗在岗位上。

骆体茂

骆体茂于1982年从部队转业，分配到安徽省芜湖市人民检察院，在办公室搞行政事务等服务性工作。在平凡的岗位上，他勤勤恳恳，任劳任怨，无私奉献。十余年来，他多次被评为先进工作者。1991年被授予优秀共产党员、模范转业军人称号。1992年荣获全国检察系统“模范检察干部”称号。

骆体茂是个一心为院的好管家。每天他总是第一个上班，最后一个下班。几年来未休过公休假。机关零星购买的桌椅、纸张等等，都是他推着小板车运回来。院办公楼的一些设施坏了，只要他自己能干，决不动用公款修理。楼梯的墙壁脏了，他一个人从一楼到七楼粉刷一新。一次，他赤脚掏厕所堵塞的下水道时，不慎被铁钉戳破脚底，鲜血直流，但他还是坚持干完。由于伤口感染，第二天高烧不止，可他仍坚持上班，直到院领导得知后，让驾驶员“强行”把他送回。骆体茂处处为院着想，精打细算，勤俭节约。几年来，经他手采购的物品，节约开支达万元。

骆体茂具有一个共产党人的高尚情操。十几年来，他的职级未动过，而过去一些职务比他低的同志已经走上领导岗位。对此他总是正确对待，对年轻同志热情支持，鼓励他们大胆工作。与他同期转业的绝大多数干部都住进了新房，可他一家五口至今仍挤在不到25平方米的旧房里。他体谅组织上的困难，从不伸手。

骆体茂心里总是装着同志，想着别人。办公室有人请假，他就把工作主动承担起来；出纳外出，他临时代替；办公室负责人不在，他就挑起领导的担子。同志们有事愿找他商量，有思想疙瘩主动与他交谈。

1991年，安徽遭受特大洪灾，尽管他家里生活困难，仍然三次捐款、捐粮票给灾区人民，并将在全市岗位责任制评选中获得的100元奖金全部捐献出来。

姚文淮

姚文淮原任山东省淄博市淄川区人民检察院经济检察科科长、副检察长，1990年2月任检察长。他忠于职守，不徇私情，无私奉献，出色地完成了各项检察任务。近几年来，曾连续三年被评为淄川区十名优秀共产党员之一；1992年5月荣获全国检察系统“模范检察干部”称号。

姚文淮有着一身正气，不怕鬼，不信邪，敢于碰硬。案子越是有阻力，他越是要查个水落石出。1990年以来，他带领干警立案查处各类经济犯罪案件142件156人，其中大案34件。在批捕起诉环节，追捕犯罪分子14人，追诉5人，纠正错案2件。

在开展检察工作中，他注意为经济建设服务。1991年2月，该区两个煤矿发生了重大责任事故，区委、区政府决定对其停产整顿。煤是淄川区的支柱产业，煤井停产严重影响着全区经济的正常运转和发展。姚文淮带领干警们通过事故图片巡回展览、以案释法、建立联系点、组织法制演讲等方式，对煤矿进行综合治理。1991年以来，全区煤矿生产实现两个百日安全无事故，事故下降了87%。

姚文淮廉洁自律，请吃不到，送礼不要，说情不听，表现了一个人民检察官的可贵品德。有人骂他“六亲不认”，有人和他反目成仇。但群众爱戴他，亲切地称他“淄川黑包公”。

姚文淮处处严格要求自己。院里制定的各项制度，他带头严格遵守，从不搞特殊。他经常和干警交心谈心，关心干警疾苦。几年来，他费心费力为十几个干警调动、安排了家属子女的工作，但却一再教育自己的子女服从组织安排，在20余里外的乡镇安心工作。区检察院大部分干警住上了较好的房子，他却两次让房，仍然住在条件较差的旧宿舍里。

姚文淮坚持对干警严格要求，严格管理，为建设一支思想好、业务精，特别能战斗的检察队伍殚精竭虑。近几年，在淄博市检察系统开展的十个项目的业务对口比赛中，淄川区检察院每年都能取得五个第一名。1992年3月，山东省检察院给他们荣记了集体一等功。

黄增灵

黄增灵曾在1979年对越自卫反击战中荣立战功。1982年，他拖着三等甲级残废的病弱身体，转业到河南省淮阳县人民检察院任副检察长。他始终用一名共产党员的标准，严格要求自己，为检察事业无私奉献。他曾多次被评为优秀共产党员，地、县政法系统先进工作者。1990年被省委、省政府命名为“优秀政法工作者”。1991年6月被国务院授予“全国模范军转干部”称号。1992年荣获全国检察系统“模范检察干部”称号。

黄增灵主管哪项工作，哪项工作就卓有成效。初到检察院他抓办公室工作，受到同志们的一致好评，后来抓刑检工作，批捕准确率、起诉有罪判决率，连续两年保持100%，并连年被评为地、县先进集体。1986年他分管经济检察工作，一年立案33起，相当于建院以来立案总和的一倍，被评为“打经”工作先进集体。1988年以来，他又分管法纪检察工作，当年就立案13起，相当于建院以来立案总和的1.4倍。此后逐年增加，法纪工作连续四年在全区名列第一，法纪检察科两次荣立集体三等功，并被评为省、地先进单位。近三年里，他分管政工科，该科又连续三年被评为全区检察系统第一名先进科室。

黄增灵取得的成绩，靠的是他的表率

作用和实干精神。九年来，他参与办理各类案件达200多起，和干警们一起下乡调查600余次，行程3万多公里，足迹遍及6省36个地、市，120多个县，800多户人家，追捕罪犯64人次。

黄增灵秉公执法，依法办案。据不完全统计，九年来，他共拒说情350余人次，拒贿60余人次，折合现金6000余元，收到锦旗16面，镜匾28块，感谢信170多封。

黄增灵坚持从严治检。他分管政工工作后，首先对自已约法三章：事事要先行，事事要公平，事事要讲原则。他善于做耐心细致的思想政治工作，全院形成了比、学、赶、帮、超的良好局面，各项工作年年上一个台阶。1989年以来，全院各科室均跨入地区先进行列。

黄增灵生命不息，战斗不止。1989年4月，黄增灵下乡查案时昏倒了。经医院检查，他患了“胃溃疡管状腺癌”。手术出院后不到一个月，他就顽强地开始了工作。10月份，他父亲去世了，而此时他正在外地捉拿罪犯。黄增灵经受住了这个沉重的打击，一如既往地战斗在岗位上。

孙原琍

孙原琍是湖北省武汉市人民检察院检察员。她于1982年毕业于湖北财经学院法律系，分配到湖北省武汉市检察院刑检二处，担负审查起诉、出庭公诉工作。经过十年的不懈奋斗，使她成为名冠湖北检察系统的杰出办案能手。1992年荣获全国检察系统“模范检察干部”称号。

孙原琍有过硬的政治素质。她坚持学习党的路线、方针、政策，无论国内发生政治动乱还是国际风云的变幻，她都毫不动摇地履行一个共产党员的光荣使命。

孙原琍同时练就了过硬的业务能力。她坚持办一个案子，作一次总结，记下了数十万字的工作体会。她在实践中学，在学中实践，业务水平迅速提高，很快成为刑检战线的一柄利剑。近几年来，全市检察系统开展三次撰写起诉书比赛，她两次夺魁，一次获第二名。1990年，她在办理全国第一起法人走私案件时所写的起诉书，被最高人民检察院作为同类案件起诉书范文，转发全国检察系统。1986年以来，她先后三次被市检察院评为优秀公诉人，两次被省检察院评为优秀公诉人。1988年被最高人民检察院评为全国优秀公诉人。

孙原琍对检察事业有着火一般的热情。为了办好案件，她吃尽苦累却从无怨言。1987年冬，她受理了一起重大的抢劫、盗窃、脱逃案。经审查案卷，发现此案有余罪漏犯。她毅然踏上征途赴新疆、青藏高原调查取证。她冒着严寒冷风，连续工作，在西北查清了罪犯的7笔漏罪，追捕追诉1人，缴回了一批赃款赃物。1989年春，她受理了一起性质恶劣的“车匪路霸”案，由于案情复杂，她立即带领书记员赴发案地复核案情。在发案地仅呆了三天，却工作了近60个小时，走访了20多名证人和被害人，补充证据27份，提审了6名被告人，攻破了这6人的攻守同盟。该案起诉后，法院很快作出了判决：4人被判处死刑，1人被判死缓，1人被判有期徒刑。1987年以来，孙原琍共办理各类重大案件155件320人，是全处人均办案数的1.6倍。共纠正侦查机关错误定性案件11件15人，自行查清补充认定罪名5人，补充认定余罪24笔，追诉漏犯5人，将起诉意见改为不起诉1件1人，对法院判决抗诉后改判的1件1人。经她审查起诉的案件准确率达100%。

吴绍衡

吴绍衡于1989年10月任湖南省华容县人民检察院检察长。几年来，他率先垂范，以身作则，带领全院干警心往一处想，劲往一处使，创造了全省检察系统一流的工作成绩。1992年荣获全国检察系统“模范检察干部”称号。

吴绍衡坚持把反贪污贿赂斗争作为第一位的工作来抓，使华容县院成为全省唯一连续三年立案查处贪污贿赂等经济罪案过百件的县级院，其中查处了27名科级干部。

该院的其它各项工作在吴绍衡的领导下也取得了显著成绩。1990年，该院8个科室，在全市夺得6个第一，被市委、市政府授予“文明建设先进单位”称号；1991年，该院8个科室，囊括全市10个县级检察院的全部8项工作第一名，被省委、省政府授予“文明建设先进单位”称号。吴绍衡本人在1991年防汛抢险期间表现突出，被最高人民检察院授予“抗洪救灾抢险先进个人”称号。

吴绍衡善于做领导工作。他要求领导班子成员都必须有职有责，明职明责，尽职尽责，一旦渎职，必须追责。他从不干预部属的工作。他说这是放心、放手、放权。他不听越级汇报，除非你是汇报领导存在的问题。对部属的过失，他敢于担担子，但事后决不马虎了事。他注重发挥群众的监督作用。每半年，他和班子成员都要向全体干警作述职报告，功过是非，先让干警当面评说，再无记名投信任票，当场计票，如果信任票少于半数，必须自动引咎辞职。在1991年7月的一次评议会上，干警向党组成员提批评意见184条(次)，但全体党组成员所得的信任票都在80%以上。吴绍衡同志深信：群众敢于提意见，讲真话，这是事业兴旺的标志。

吴绍衡对干警严格管理，严格要求，注意摸索思想政治工作的新路子。他鼓励干警自学深造，提高法律专业水平。他既注意发挥老同志的传帮带作用，又注重提拔青年干部，在实践中锻炼培养检察事业的接班人。

魏承钦

魏承钦于1980年任湖南省龙山县人民检察院检察长。他秉公执法，清正廉洁，树立了人民检察官的良好形象。1985年和1987年分别出席全国和全省检察系统双先表彰大会，1991年被湘西自治州委、湖南省委和中央组织部评为“优秀党员领导干部”。1992年荣获全国检察系统“模范检察干部”称号。

认法、认事、不认人，这是魏承钦的办案原则。因案件找他拉关系、求情的人很多，但他说情不动，送礼不收。这些年来，他拒说情200多人次，拒礼1000多元。人们称赞他是执法如山的好检察官。

十余年来，魏承钦亲自批捕案件65件，审查起诉并出庭支持公诉24件，参与办理经济、法纪罪案30多件，是全自治州检察长办案最多的。面对办案的困难，他总是身先士卒，不辞辛苦，不畏艰险。他经常教育干警要运用检察职能，结合惩治贪污贿赂等犯罪，进行综合治理，促进经济发展，该院先后帮助40多个企业进行了整顿，使2个濒临倒闭和1个已经倒闭的企业恢复了生机。

魏承钦经常组织干警进行政治理论学习，把思想政治工作纳入岗位责任制和目标管理制度，全院十多年来没有一人在政治上、经济上和执法上犯错误。

魏承钦一心扑在工作上，从不计较个人得失。他的表率作用鼓舞教育着全院干警。他们思想稳定，士气高昂，1984年以来，先后29次被省、州检察院和州、县党政机关评为先进集体、文明单位；50多名干警中，先后有15人次立功，64人次受奖。

李盛春

李盛春是广西壮族自治区南宁市人民检察院监所检察科副科长。他先后三次立功，十次获奖，1990年被授予南宁市劳动模范。1992年荣获全国检察系统“模范检察干部”称号。

李盛春忠于职守，无私奉献。为了使驻所检察经常化、制度化，他常年奔波在全市8个监管改造场所。1986年以来，他平均每年驻场317天，下监舍167个晚上，共加班6602小时，相当于两年零三个月的工作日。这几年的春节他都驻在监所。他身患多种疾病，眼睛动过三次手术，同志们劝他到医院认真治一治，但他舍不得花时间。有时实在受不了，他就在附近医院对付着取点药，从不耽误工作。

李盛春不折不扣地履行法律监督职能。1990年，广西区少管所因经费不足而加大了少年犯的劳动任务，引起不良后果。李盛春指出，这样做违背了“教育第一，生产第二”的方针，坚决予以纠正。之后他不厌其烦地找劳改局领导反映少管所的困难，终于妥善解决了这一问题。

对个别违法乱纪的管教干部，他敢于打破情面，依法查处。六年来，先后查清了34件管教干部违法乱纪案件，其中，2名被依法追究刑事责任，1名劳动教养，31名受党纪、政纪处分。李盛春清正廉洁，在人情和金钱面前不动心，即使是亲友相托，也一律拒绝。

李盛春倾注了大量的心血去感化、教育、挽救失足者。他深入各监管改造场所2800多次，配合对人犯和两劳人员进行法制宣传367次，找两劳人员个别谈话1046人次，使68名态度顽固者有了明显转变。浸透着深情厚意的教育收到事半功倍的效果。全市8个监管改造所先后获得了自治区有关部门的表彰，有的还受到司法部的表彰。

格　巴

格巴（藏族）是青海省称多县人民检察院检察长。他带领全院干警认真贯彻执行党的十一届三中全会以来的路线、方针、政策，无私无畏，艰苦奋斗，为牧区经济建设和检察事业的发展作出了优异成绩。曾先后13次被评为省、州、县先进工作者和优秀党员。1992年荣获全国检察系统“模范检察干部”称号。

格巴重视抓队伍建设。他经常对干警进行深入细致的思想政治工作，教育干警全心全意为人民服务。他在全省检察机关率先制定了考勤考绩奖罚制度，之后又陆续制定了政治业务学习、党务、行政管理、廉政建设等13项规章制度，严格执行。他狠抓干警素质的提高，制定了全院业务学习计划，鼓励干警参加培训进修。他注意关心干警生活，不管哪个同志生活上遇到困难，他都设法帮助解决。每年年终还召开干警家属座谈会，对家属进行慰问并听取意见，使全院形成了一个团结战斗的集体。几年来，全院干警中先后有53人（次）被评为先进工作者、优秀公诉人，3人被评为优秀党员，1人荣立了三等功。

格巴廉洁奉公，不徇私情。为了依法办案，他得罪了不少亲朋好友。他的表率作用带动了全院干警为检清廉。据统计，近五年来，全院共顶住“说情”风130余次，拒吃请40余次。

格巴在领导全院干警全面开展检察业务时，注意突出工作重点，抓好贪污贿赂案件的查处。1985年以来，全院共受理经济案件32件，立案侦查19件20人，建议有关部门作行政处理12人，为国家挽回经济损失156997元，收缴非法所得和违纪资金529500元。

格巴十分重视社会治安综合治理工作。1987年以来，县检察院每年组织一次对“五种人”、刑满释放人员及免诉人员的回访、帮教和考察活动，先后派出41人(次)分赴8个乡、县，行程3000公里，回访帮教对象26名。根据回访考察情况，先后向有关单位提出建议，使全县25名刑满释放人员得到了妥善安置。

格巴为了检察事业呕心沥血，无私奉献。经常冒风雪、顶严寒下乡办案。长期劳累使他患了多种疾病，近两年病情加重，可他为了工作，总是一拖再拖不去检查治疗。在生活上他严以律己，他家庭经济很困难，但从不向组织伸手；1990年组织上给他补助200元，他却让给了别的同志。他也从不因私事影响工作。

唐文明

唐文明于1980年任四川省平昌县人民检察院检察长。他满腔热情地带领全体检察干警，锐意改革，不断探索创造了第一流的工作成绩。平昌县检察院多次被县委、县政府、地委、行署授予先进称号，两次被最高人民检察院表彰。他自己也多次受到地、县党委的表彰，被省检察院授予先进工作者称号。1992年5月，荣获全国检察系统“模范检察干部”光荣称号。

唐文明注重抓领导班子建设。院里每年都要召开二至三次党组扩大民主生活会，开展批评与自我批评，听取意见；党组成员每年向全体干警作述职报告，接受群众监督；严格按民主集中制议事、决策。领导班子团结务实、开拓进取、勤政廉洁。唐文明要求每个党组成员必须深入工作第一线，了解新情况，新问题。1987年以来，5名党组成员亲自办理贪污、贿赂案件61件，其中大案32件，唐文明亲自办理或参与办理案件14件，占43.6%。

唐文明倾注心血带出了一支能攻善战、勤政为民的检察队伍。他坚持抓好思想政治工作，使全体干警牢固树立了为人民服务，为社会主义经济建设服务的观念。他坚持德才兼备的原则，精心培养了一支拥有24人的政治素质好、业务能力强的中层领导班子。他积极鼓励和支持干警参加业务培训和学习深造，现全院有41人获法律专业大专文凭，占63.5%。1989年以来，全院有3人受到省检察院的表彰，10人受到地委、行署和分院的表彰。

唐文明在实践中不断开创检察工作的新局面，探索了一套行之有效、日臻完善的工作制度。在反贪污贿赂斗争中，他设计出了融打击、保护、促进、服务为一体的“平昌模式”，使68个濒临倒闭的企业恢复了生机。在刑事检察工作中，逐步制定了一系列规范化工作制度，在全省检察系统得到了推广。省、地党委、政府和上级检察院先后10次授予该院刑检工作先进集体称号。在法纪检察、控告申诉检察、监所检察工作中，唐文明从实际出发，开拓进取，均取得了突破性进展。同时，他还将社会治安综合治理工作贯穿于各项检察业务的全过程，收到了很好的效果。

唐文明严于律己，廉洁奉公，生活上艰苦朴素。他千方百计为干警办实事。经多方筹措，建起了办公楼和职工宿舍，为24名干警解决了家属“农转非”问题，为34名干警解决了子女就业问题。

王向明

王向明（彝族）是四川省布拖县人民

检察院司法警察。他在平凡的岗位上任劳任怨，无私奉献。1988 年至 1991 年连续四年被评为县优秀驾驶员，1990 年被省检察院荣记三等功，1992 年荣获全国检察系统“模范检察干部”称号。

王向明自 1985 年从事法警兼驾驶员工作以来，始终勤勤恳恳，不怕苦不怕累。院里只有一台已到大修年限的吉普车，而财政困难，他就自己动手检修，使车辆始终保持正常运转。他注意安全行车，从未出过事故。他数年如一日，不管严冬还是盛夏，不管是早晚还是节假日，只要工作需要，他二话不说就出车。他积极履行法警职责，协助办案，做了大量工作。1991 年 4 月在办案中，他不怕牺牲与罪犯激烈搏斗致左臂骨折，但仍然坚持开车押送罪犯。

王向明一心扑在工作上，公而忘私。1985 年以来从未休过假，因工作需要，连每年一度的“火把节”、“彝族年”，也很少与家人团聚。

王向明有助人为乐的高尚品质。1990 年 11 月 20 日在行车中，他发现一辆大客车出了事故，当即投入救护。他不但自己抢救了 8 名伤员，还组织当地群众救护，挽救了 30 多名重伤员的生命。

梁桂洪

梁桂洪是广东省顺德市人民检察院检察长。他带领全院干警严格执法，打击各种犯罪活动，为顺德市经济发展作出了积极的贡献。顺德市检察院先后被市委、市政府评为为经济、为基层、为群众服务先进单位、社会主义精神文明建设先进单位。1992 年被最高人民检察院授予全国检察系统“模范检察院”称号。梁桂洪本人先后多次被评为顺德市优秀党员、先进工作者。1992 年，荣获全国检察系统“模范检察干部”称号。

梁桂洪忠于职守，执法严明。他认真抓好反贪污贿赂斗争。几年来，该院挖出了一批批犯罪分子，追回赃款赃物折合人民币 312 万余元，为国家和集体挽回经济损失 258 万余元。梁桂洪坚持“严打”不放松，充分发挥刑事检察职能作用，在“准”字上下功夫，严格把关，做到不枉不纵。重大案件他亲自参与办理，做到依法快捕、快诉。梁桂洪积极加强法纪、控申等其它检察工作，经常亲自接待群众来访和处理一些重大信访，注意消除不安定因素，维护社会的稳定。

梁桂洪以服从和服务于经济建设为中心，组织领导检察工作。他经常带领干警深入企业进行调查研究，注意掌握改革开放中出现的新情况、新问题，主动向市委提出了保护经济发展和预防经济犯罪的十项措施。他还经常深入企业宣传政策法律，同厂长经理座谈，帮助他们研究解决经济活动中遇到的政策法律问题。在办案中，千方百计保护企业的正当利益，对企业干部和供销人员有利于改革开放、经济发展的行为，旗帜鲜明地给予支持和保护。

梁桂洪致力于建设一支思想过硬、纪律严明、精通业务的检察队伍。该院的领导班子做到了“团结、拼博、求实、廉洁、奉献”，充分发挥了领导核心作用，梁桂洪坚持言传身教，他严于律己，作风民主，为全体干警做表率。他经常教育干警树立正确的人生观和价值观，关心他们的政治进步，帮助他们解决实际困难，安排干警子女入学入托就业 47 人，家属农转非 8 人。全院干警斗志旺盛，作风廉明，有效地保障了各项任务的完成。

李仲怀

李仲怀生前任广东省广州市白云区人

民检察院检察长，1992年2月病逝。在任检察长的十多年间，李仲怀以坚强的党性原则，优秀的指挥才能以及顽强拼博的精神，带领全院干警出色地完成了各项检察任务。白云区人民检察院继1985年被评为全国检察系统先进集体之后，又先后被最高人民检察院通令嘉奖，被省检察院荣记集体一等功，四次荣获省市检察系统先进集体称号。李仲怀本人也多次荣获省和全国检察系统先进工作者称号。1992年被追授全国检察系统“模范检察干部”称号。

李仲怀一贯注重加强思想政治工作。经常教育干警明辨是非，在政治上与党中央保持一致。他关心、支持院党总支开展工作，使该院党总支连续十年被评为区委直属机关先进党组织。

李仲怀作风严谨，求真务实，不做表面文章，扎扎实实地抓好各项工作。他积极培养和大胆使用干部，充实院科两级领导力量。他致力于提高干警的文化和业务素质，使全院70%的干警达到大专以上文化程度。李仲怀组织院里不断完善业务、行政、人员管理等方面的规章制度，并狠抓检查落实。经多方筹集资金，为院里配备了一批现代化办案设备。他为干警排忧解难，改善生活条件，活跃文体生活，保持了队伍的稳定。

李仲怀善于统揽全局，运筹帷幄。在他的统一指挥下，白云区检察院不仅“两打”斗争取得了显著的成绩，法纪、监所、控申等项检察工作也同步发展，人事、行政、调研等工作也都搞得有声有色，各部门的工作都得到上级检察院有关部门的好评。

李仲怀刚正不阿，执法如山，坚决查处贪污贿赂等犯罪案件。有的案子受到严重干扰，他挺身而出，不屈不挠办到底。几年来，白云区院办理了几件闻名全国的贪污贿赂案件。有的犯罪分子扬言报复，而他则把个人安危置之度外。

李仲怀执法清廉。因案件找他说情的，不管是老上级、老同事，还是老朋友，他都婉言劝说或严辞拒绝。在他的带动下，全院干警依法办事，廉洁奉公。建院十多年来，未发生一起干警徇私枉法的事。自1985年以来，全院干警抵制说情、请吃135人次，拒贿、拒礼53人次，拒贿钱物折合人民币11000多元。

李仲怀在办案中有胆有识，多谋善断。在侦破大要案过程中，他都直接指挥，发挥了关键作用。

李仲怀有着强烈的事业心和拼博精神。他事事身先士卒，处处以身作则。长期的紧张工作，使他患上了多种疾病，但他全然不顾，仍坚持工作。就在他病逝前一个月还和同志们一起加班到深夜，指挥追捕一名潜逃的特大贪污案犯。病逝前两天，他还是一心惦记着工作，表示精神稍好就回院主持讨论案件和布置工作。他始终想的是检察事业，唯独没有他自己，也没有给妻子儿女留下半句遗言。

于旭东

于旭东现任吉林省通化市人民检察院副检察长。他把全部身心投入到检察事业中，恪尽职守，无私奉献。他先后20次被评为市和院的先进工作者，6次被评为市优秀党员。1989年被评为省优秀党员，被通化市政府授予模范称号。1990年受到最高人民检察院的通令嘉奖。1991年荣获通化市“学习雷锋标兵”称号。1992年最高人民检察院授予于旭东“模范检察干部”荣誉称号。

1978年检察机关恢复重建，于旭东任原通化市（县级）检察院二科科长。他废寝忘食做了大量工作。经过刻苦学习和勤奋实践，只有小学文化的于旭东练就了过硬的业务本领，成为一名全地区闻名的优秀公诉人和侦查能手。自1978年以来，他办理的案件，没有出现过差错。最高人民检察院、省检察院都转发过他的办案经验和开展侦查监督的做法。

1986年夏天，于旭东被确诊患了直肠癌，医院为他做了四次常人难以承受的大手术。做完手术出院后，于旭东又投入快节奏的工作，赴梅河口市郊的一个偏远山村调查一起案情复杂的故意杀人案。他以惊人的毅力忍受着病痛的折磨，克服种种阻力，终于使案件真相大白，避免了一起错案，惩罚了真正的凶手。于旭东凭着对党的事业的无限忠诚和顽强意志，把个人生死置之度外，超负荷地工作。在手术后的三年多时间里，他办理了40多起案件。仅1989年，就查办贪污受贿案7件24人，其中大要案4件，为国家挽回经济损失24万多元。

于旭东执法如山，秉公办案，面对困难和阻力，从不退缩。1988年，在市委和院领导的支持下，他和办案组的同志顶住重重压力，查清了通化市房产处处长吕秋序的违法犯罪案件，同时还一举挖出了另外8名经济犯罪分子，总计为国家挽回经济损失18万多元，这一重大案件的侦破，有力地推动了该地区反贪污、贿赂斗争的深入发展。1989年，于旭东还先后查办了通化市房产局原局长刘崇宪等6名副县级以上干部的犯罪案件。

在金钱、人情面前，于旭东始终保持着清醒的头脑，厚礼打不动，人情说不动。这些年来，他因此得罪了不少人，有的亲戚责怪他没有骨肉情，他默默地承受了。但是他从不后悔这样做。群众说："于旭东这样的检察官，我们信得过。"

于旭东严于律己，公而忘私。从1958年参加工作到1984年间，他每天骑车从距单位20里远的市郊山村上下班，山路崎岖，常常是两头不见太阳，他从未迟到、早退过；他家住的三间草房补了修、修了补，但他从不向组织伸手。他的家境一直比较清贫，可院里因他的病情决定给他一部分补助，也被他婉言谢绝了。

（最高人民检察院政治部提供）

通令嘉奖的先进集体名单

北京市丰台区人民检察院
天津市和平区人民检察院
河北省高邑县人民检察院
河北省平泉县人民检察院
山西省太原市南城区人民检察院
山西省壶关县人民检察院
内蒙古自治区包头市东河区人民检察院
辽宁省锦州铁路运输检察院
辽宁省沈阳市人民检察院法律政策研究室
辽宁省营口市人民检察院
吉林省公主岭市人民检察院
黑龙江省富锦市人民检察院
黑龙江省人民检察院哈尔滨铁路运输分院
上海市嘉定县人民检察院贪污贿赂检察科
江苏省武进县人民检察院
江苏省宜兴市人民检察院
浙江省绍兴县人民检察院
安徽省临泉县人民检察院法纪检察科
安徽省蚌埠市东市区人民检察院驻省第一劳改支队检察组
福建省三明市人民检察院反贪污贿赂工作局
福建省福安市人民检察院
江西省宜春市人民检察院
山东省烟台市福山区人民检察院
山东省兖州县人民检察院
河南省郑州市管城回族区人民检察院

河南省唐河县人民检察院
湖北省武汉市汉阳区人民检察院
湖北省枣阳市人民检察院
湖南省邵阳市人民检察院
广东省清远市人民检察院反贪污贿赂工作局
广东省化州县人民检察院
广西壮族自治区恭城瑶族自治县人民检察院
四川省重庆市市中区人民检察院
四川省南充市人民检察院
贵州省纳雍县人民检察院
云南省人民检察院曲靖分院
陕西省大荔县人民检察院
甘肃省兰州市城关区人民检察院
青海省人民检察院刑事审判检察处
新疆维吾尔自治区疏附县人民检察院

通令嘉奖的先进个人名单

侯　智　天津市河西区人民检察院经检科助检员
赵万忠　河北省迁西县人民检察院检察长
赵增祥　河北省内丘县人民检察院检察长
刘景勤　河北省秦皇岛市海港区人民检察院副检察长
昝　银　山西省大同市城区人民检察院刑检科副科长
唐木色林　内蒙古自治区人民检察院阿拉善盟分院办公室主任
鲍元英　辽宁省营口市人民检察院经检处副处长
杨文英（女）辽宁省阜新市人民检察院起诉科检察员
冯基生　辽宁省鞍山市人民检察院法警队长
张盛义　吉林省集安市人民检察院贪检科科长
李凤坤　黑龙江省哈尔滨市动力区人民检察院副检察长
韩明礼　黑龙江省人民检察院松花江分院反贪局检察员
井剑平　上海市南汇县人民检察院贪检科副科长
余啸波　上海市人民检察院分院刑检二处副处长
戴元素　江苏省射阳县人民检察院检察长
刘洪举　江苏省涟水县人民检察院法纪科科长
高春喜　浙江省永康县人民检察院检察长
张梅英（女）浙江省奉化市人民检察院刑检一科副科长
李华敏　安徽省阜阳县人民检察院批捕科副科长
魏爱国　福建省将乐县人民检察院刑检科科长
谢绍顺　福建省宁德市人民检察院检察长
刘泉根　江西省樟树市人民检察院检察长
黄建生　江西省萍乡市人民检察院检察长
潘维明　山东省乐陵市人民检察院检察长
蔺仲太　山东省莱芜市人民检察院法纪科科长
贾长德　河南省郑州市中原区人民检察院检察长
陈福祥　河南省开封市人民检察院起诉科科长
王利华（女）　河南省柘城县人民检察院控申科科长
尹启香　湖北省潜江市人民检察院检察长
张忠明　湖北省通山县人民检察院监所科科长
陈继明　湖北省浠水县人民检察院政工科科长
戴礼哉　湖南省新化县人民检察院刑检科检察员
何益仁　湖南省常宁县人民检察院刑检科

检察员

谭普芬　广东省茂名市人民检察院检察长

林惠兰（女）　广东省番禺县人民检察院经检科副科长

周善娟（女）　广西壮族自治区博白县人民检察院副检察长

马秉扬　四川省资阳县人民检察院监所科副科长

张先宜　四川省遂宁市人民检察院起诉处检察员

王廷武　四川省巴中县人民检察院检察长

颜俊先　四川省犍为县人民检察院政治协理员

陈林彪　贵州省兴仁县人民检察院检察长

李琼忠　云南省呈贡县人民检察院检察长

黄定扬　云南省富宁县人民检察院检察长

吕炳林　陕西省永寿县人民检察院检察长

黄启荣　陕西省合阳县人民检察院监所科科长

彭积辉　甘肃省白银市白银区人民检察院经检科科长

杨　仁　新疆维吾尔自治区乌鲁木齐市沙依巴克区人民检察院检察长

吐拉克·司马义　新疆维吾尔自治区喀什市人民检察院批捕科副科长

授予先进集体称号的名单

北京市怀柔县人民检察院

天津市蓟县人民检察院

河北省孟村回族自治县人民检察院

河北省石家庄市长安区人民检察院

河北省武安市人民检察院法纪检察科

河北省人民检察院承德分院监所检察处

山西省稷山县人民检察院

内蒙古自治区兴和县人民检察院

内蒙古自治区呼和浩特市新城区人民检察院

内蒙古自治区赤峰市人民检察院监所检察科

辽宁省开原市人民检察院

辽宁省锦西市连山区人民检察院

辽宁省大连市中山区人民检察院

吉林省吉林市人民检察院刑事检察一处

吉林省人民检察院白城分院经济检察科

黑龙江省东宁县人民检察院

黑龙江省通河县人民检察院

黑龙江省齐齐哈尔市龙沙区人民检察院

黑龙江省桦南林区人民检察院

黑龙江省宝清县人民检察院

上海市南市区人民检察院审查批捕科

上海市上海县人民检察院驻市劳改七支队检察组

江苏省涟水县人民检察院

江苏省徐州市人民检察院刑事检察处

江苏省南京市鼓楼区人民检察院

江苏省盐城市郊区人民检察院

浙江省温州市鹿城区人民检察院贪污贿赂侦查局

浙江省舟山市定海区人民检察院反贪污贿赂局

浙江省萧山市人民检察院刑事检察二科

安徽省滁州市人民检察院刑事检察科

安徽省合肥市人民检察院刑事检察二处

安徽省淮南市人民检察院

安徽省当涂县人民检察院

福建省厦门市开元区人民检察院

福建省漳浦县人民检察院

江西省修水县人民检察院

江西省萍乡市城关区人民检察院

江西省上饶县人民检察院

江西省南昌县人民检察院

山东省人民检察院聊城分院

山东省淄博市人民检察院

山东省寿光县人民检察院

河南省舞钢市人民检察院

河南省洛阳市涧西区人民检察院
河南省淮阳县人民检察院
河南省辉县市人民检察院
湖北省公安县人民检察院
湖北省丹江口市人民检察院
湖北省远安县人民检察院
湖南省常德市人民检察院
湖南省攸县人民检察院
湖南省新晃侗族自治县人民检察院
湖南省衡阳县人民检察院
广东省广州市海珠区人民检察院
广东省新会县人民检察院反贪污贿赂工作局
广东省东莞市人民检察院反贪污贿赂工作局
广东省怀化铁路运输检察院
海南省东方县人民检察院
海南省人民检察院海南分院刑事检察二处
广西壮族自治区凭祥市人民检察院
广西壮族自治区柳州市人民检察院刑事检察二科
广西壮族自治区武宣县人民检察院经济检察科
广西壮族自治区桂林市人民检察院法纪检察科
四川省石棉县人民检察院
四川省奉节县人民检察院
四川省南川县人民检察院
四川省射洪县人民检察院
四川省重庆铁路运输检察院
贵州省贵阳市白云区人民检察院
贵州省六盘水市钟山区人民检察院法纪检察科
贵州省铜仁市人民检察院
云南省昆明市人民检察院
云南省昆明市盘龙区人民检察院
云南省开远市人民检察院反贪污贿赂工作局
西藏自治区江孜县人民检察院
西藏自治区拉萨市城关区人民检察院
西藏自治区昌都县人民检察院
陕西省宝鸡市渭滨区人民检察院
陕西省人民检察院延安分院刑事检察处
陕西省勉县人民检察院
陕西省彬县人民检察院
陕西省西安市人民检察院经济罪案侦查处
甘肃省人民检察院武威分院
甘肃省人民检察院平凉分院起诉科
青海省西宁市城北区人民检察院
青海省共和县人民检察院经济检察科
宁夏回族自治区青铜峡市人民检察院
宁夏回族自治区平罗县人民检察院
新疆维吾尔自治区伊宁县人民检察院
新疆维吾尔自治区阿拉尔垦区人民检察院
新疆维吾尔自治区石河子市人民检察院
新疆维吾尔自治区巴音郭楞蒙古自治州人民检察院
中国人民解放军沈阳军区哈尔滨军事检察院
中国人民解放军济南军区郑州军事检察院
中国民解放军兰州军区南疆军事检察院
最高人民检察院贪污贿赂检察厅

授予先进工作者称号的名单

曹福来　北京市东城区人民检察院贪检科检察员
郅　绮（女）　北京市朝阳区人民检察院副检察长
王继广　北京市宣武区人民检察院法纪科科长
张　垛　北京市大同铁路运输检察院检察长
李　兆　北京市人民检察院分院贪检处检察员
徐向丽（女）　北京市人民检察院保密办

公室主任

王玉良　天津市河东区人民检察院经检科检察员

高全运　天津市津南区人民检察院税务检察室主任

武爱冬（女）　天津市红桥区人民检察院起诉科副科长

李建平（女）　河北省石家庄市桥西区人民检察院档案员

杨火根　河北省涉县人民检察院法纪科科长

贾振明　河北省易县人民检察院法纪科科长

王蓬蓬（女）　河北省保定市人民检察院刑检二处检察员

张国征（女）　河北省廊坊市人民检察院刑检二处助检员

李宗林（女）　河北省人民检察院衡水分院刑检处检察员

翟桂芹（女）　河北省邢台市人民检察院会计

张宝基　河北省张家口市桥东区人民检察院法纪科科长

王连喜　河北省黄骅市人民检察院检察长

崔　焕　河北省东亭县人民检察院批捕科检察员

连志军　河北省邯郸县人民检察院经检科科长

王书平　山西省人民检察院忻州分院人事处副处长

谭耀常　山西省浑源县人民检察院反贪局局长

田　斌　山西省潞城县人民检察院贪检科科长

江　晨　山西省太原市人民检察院刑检处助检员

张华云　山西省平定县人民检察院经检科检察员

吴卫江　山西省祁县人民检察院技术科干部

冯智明　山西省离石县人民检察院经检科科长

崔临平（女）　山西省万荣县人民检察院刑检科副科长

石鸿贵　内蒙古自治区人民检察院值班室主任

付万鹏　内蒙古自治区巴林左旗人民检察院起诉科科长

曹凤龙　内蒙古自治区人民检察院兴安盟分院侦查局副局长

陈东光　内蒙古自治区人民检察院哲里木盟分院办公室副主任

扎木苏　内蒙古自治区西乌旗人民检察院检察长

邹志庚　内蒙古自治区扎兰屯市人民检察院侦查局局长

杨广武　内蒙古自治区东胜市人民检察院侦查局局长

德格德（女）　内蒙古自治区鄂托克前旗人民检察院刑检二科科长

吴寿山　内蒙古自治区临河县人民检察院检察长

陈彩丽（女）　辽宁省朝阳市双塔区人民检察院副检察长

齐贵春　辽宁省辽阳市铧子石门地区人民检察院办公室主任

吕俊友　辽宁省抚顺市人民检察院副检察长

李廷余　辽宁省本溪满族自治县人民检察院检察长

张立斌　辽宁省沈阳市和平区人民检察院刑检二科检察员

王俊杰　辽宁省锦州市古塔区人民检察院控申科科长

商振山　辽宁省盘锦市人民检察院法纪处处长

丛宝金　吉林省吉林市昌邑区人民检察院控申科科长
朱久仁　吉林省人民检察院白城分院经检科科长
韩永俊　吉林省廷吉市人民检察院刑检一科检察员
李富国　吉林省伊通满族自治县人民检察院派驻伊丹镇检察室主任
王兴枝　吉林省汪清林区人民检察院经检科检察员
孟广志　吉林省湾沟林区人民检察院检察长
吴玉琦（女）　吉林省公主岭市人民检察院检察长
张宝山　吉林省长春市南关区人民检察院刑检二科检察员
施向林　黑龙江省人民检察院哈尔滨铁路运输分院检察长
滕佩华　黑龙江省富锦市人民检察院检察长
能恒保　黑龙江省嫩江县人民检察院监所科检察员
李传文　黑龙江省尚志市人民检察院法纪科科长
庞兆有　黑龙江省海林林区人民检察院检察长
赵殿波　黑龙江省佳木斯市前进区人民检察院政治协理员
马　华（女）　黑龙江省勃利县人民检察院刑检二科助检员
顾质学　黑龙江省巴彦县人民检察院检察长
王显良　黑龙江省鸡西市恒山区人民检察院检察长
李政文　上海市上海铁路运输检察院经检科科长
陆浚成　上海市杨浦区人民检察院法纪科副科长
朱文言　上海市青浦县人民检察院法制宣传科科长
顾慧萍（女）　上海市崇明县人民检察院起诉科副科长
蒋财兴　上海市闵行区人民检察院贪检科科长
杨国政　江苏省无锡市北塘区人民检察院副检察长
孙学信　江苏省徐州市云龙区人民检察院刑检科检察员
吴　俭　江苏省连云港市新浦区人民检察院经检科检察员
王金凤（女）　江苏省南京市雨花台区人民检察院刑检一科副科长
张文元　江苏省句容县人民检察院经检科副科长
刘德华　江苏省靖江县人民检察院副检察长
程大俊　江苏省武进县人民检察院办公室检察员
顾烈驹　江苏省苏州市平江区人民检察院刑检科检察员
高亚香（女）　江苏省启东市人民检察院办公室法警
黄金如　江苏省南通县人民检察院经检科科长
杨华瑛（女）　江苏省洪泽县人民检察院政治协理员
陈余富　江苏省灌云县人民检察院法纪科科长
彭奇威　浙江省瑞安市人民检察院刑检二科科长
薛茂鸿　浙江省浦江县人民检察院检察长
黄华富　浙江省新昌县人民检察院副检察长
葛成富　浙江省杭州市西湖区人民检察院经检科科长
马保海　浙江省人民检察院台州分院法医

管月福　浙江省龙泉市人民检察院检察长
吴水龙　浙江省平湖市人民检察院检察长
徐俊生　浙江省龙游县人民检察院控申科科长
谢荣寿　安徽省舒城县人民检察院副检察长
金善良　安徽省萧县人民检察院法纪科助检员
何晓英　安徽省和县人民检察院经检科检察员
刘　标　安徽省凤台县人民检察院反贪局助检员
陈月静（女）　安徽省黄山市人民检察院检察员
王结宗　安徽省太湖县人民检察院起诉科科长
张维敬　安徽省淮北市杜集区人民检察院副检察长
俞　斌　安徽省铜陵市铜官山区人民检察院刑检二科副科长
吴敬榆　福建省南平市人民检察院检察长
陈季词　福建省福清市人民检察院检察长
张顺火　福建省漳州市芗城区人民检察院检察长
练彩云　福建省武平县人民检察院检察长
李永新　福建省晋江县人民检察院刑检科检察员
张文森　福建省莆田市人民检察院法医
张爱珍（女）　福建省人民检察院档案科科长
李先萿　江西省人民检察院赣州分院刑检处处长
熊初生　江西省萍乡市湘东区人民检察院刑检科副科长
俞桂模　江西省乐平县人民检察院副检察长
吴来辉　江西省人民检察院行装处司机
汤冬根　江西省安福县人民检察院检察长
王法贵　江西省都昌县人民检察院检察长
刘运志　山东省菏泽市人民检察院检察长
朱建运　山东省即墨市人民检察院检察长
李谦民　山东省徐州铁路运输检察院检察长
曲金辉　山东省阳信县人民检察院副检察长
董书堂　山东省日照市人民检察院检察长
周广才　山东省荣成市人民检察院石岛检察室主任
王荣海　山东省东营市人民检察院经检处副处长
宗瑞锦　山东省青岛市人民检察院技术处助检员
颜　杰　山东省济南市人民检察院反贪局助检员
张秀芬（女）　山东省临沂市人民检察院副检察长
张凡志　山东省平邑县人民检察院经检科副科长
刘建军　山东省济南市天桥区人民检察院刑一科科长
邹本林　山东省枣庄市人民检察院技术处处长
段克福　河南省许昌市魏都区人民检察院经检科科长
李建中　河南省桐柏县人民检察院检察长
李和平　河南省郑州铁路运输检察院办公室副主任
李百建　河南省郑州市金水区人民检察院副检察长
苏国杰　河南省郏县人民检察院检察长
黄赢章　河南省林县人民检察院检察长
云林森　河南省新乡市新华区人民检察院经检科科长
毕家孝　河南省博爱县人民检察院助检员
胡新民（女）　河南省范县人民检察院纪检组组长

李庆丰　河南省三门峡市湖滨区人民检察院检察长
邢锡亮　河南省民权县人民检察院批捕科副科长
陈克明　河南省上蔡县人民检察院检察长
孙从远　河南省商城县人民检察院检察长
刘文凯　河南省人民检察院法纪处处长
谭宜斌　湖北省英山县人民检察院起诉科科长
江惠禄　湖北省利川市人民检察院反贪局检察员
张凤英（女）　湖北省黄石市人民检察院办公室检察员
郑隆侃　湖北省十堰市人民检察院反贪局检察员
鲁普成　湖北省孝感市人民检察院副检察长
朱湘山　湖北省荆门市人民检察院办公室副主任
杜程胜　湖北省襄樊市人民检察院办公室主任
徐向京（女）　湖北省鄂州市人民检察院起诉处检察员
黄桂生　湖南省益阳县人民检察院监所科科长
李竞安　湖南省长沙市西区人民检察院法警
钟光荣　湖南省嘉禾县人民检察院研究室主任
潘振仕　湖南省祁阳县人民检察院反贪局副局长
刘仁礼　湖南省湘乡市人民检察院贪检科科长
张九林　湖南省慈利县人民检察院纪检组组长
高石昆　湖南省人民检察院控申处处长
张先绍　湖南省洞口县人民检察院法医
叶伯泉　广东省佛山市石湾区人民检察院检察长
周善发　广东省兴宁县人民检察院检察长
张金发　广东省韶关市人民检察院反贪局副局长
焦彦丰　广东省深圳市人民检察院起诉处检察员
陈华生　广东省吴川县人民检察院贪检科检察员
冯家钧　广东省阳东县人民检察院副检察长
姚经周　广东省汕头市人民检察院刑检科助检员
邓思斌　广东省珠海市人民检察院监所科副科长
罗振明　广东省肇庆市端州区人民检察院反贪局侦查科科长
郑秀娟（女）　广东省中山市市区人民检察院刑检科检察员
陈健明　海南省乐东黎族自治县人民检察院检察长
卢修发　海南省海口市人民检察院法纪科科长
郭炳华　广西壮族自治区梧州市郊区人民检察院代理检察长
高朝福　广西壮族自治区合浦县人民检察院刑检一科科长
黄俊明　广西壮族自治区百色市人民检察院法纪科科长
杨怀民　广西壮族自治区南宁铁路运输检察院经检科科长
苏忠照　广西壮族自治区宜山县人民检察院刑检科科长
温焕章　广西壮族自治区上思县人民检察院经检科副科长
甘精华　四川省南川县人民检察院贪检科科长
涂道陆　四川省永川县人民检察院检察长
张孝平　四川省成都市青白江区人民检察

院检察长

王德梅（女） 四川省成都市人民检察院控申处处长

文学治 四川省苍溪县人民检察院控申科检察员

田永泉 四川省绵竹县人民检察院贪检科科长

易思文（女） 四川省泸县人民检察院政工科科长

颜永中 四川省潼南县人民检察院贪检科副科长

张玉甫 四川省宜宾县人民检察院检察长

陈太信 四川省绵阳市市中区人民检察院批捕科检察员

刘邦泽 四川省江油市人民检察院法纪科科长

孙永宽 四川省成都铁路运输检察院检察长

马文伟 四川省攀枝花市西区人民检察院贪检科科长

韦茂隆 贵州省荔波县人民检察院法纪科科长

夏　勇 贵州省人民检察院研究室主任

李显怀 贵州省麻江县人民检察院检察长

陈光荣 贵州省正安县人民检察院检察长

王伟卿 贵州省人民检察院安顺分院研究室调研员

王黎明 贵州省大方县人民检察院副检察长

李成泰 云南省楚雄市人民检察院检察长

陈国培 云南省华坪县人民检察院反贪局副局长

谢增林 云南省耿马县人民检察院侦查监督科副科长

马　亮 云南省大关县人民检察院办公室副主任

郭琼英（女） 云南省昆明市五华区人民检察院反贪局政治教导员

何国新 云南省文山州人民检察院副检察长

周道洪 云南省永仁县人民检察院副检察长

倪惠康 西藏自治区人民检察院办公室主任

嗄玛顿珠 西藏自治区人民检察院日喀则分院检察长

戴明英（女） 西藏自治区江达县人民检察院检察员

宋日兴 陕西省洋县人民检察院检察长

高建友 陕西省延安市人民检察院法纪科检察员

赵小奇 陕西省耀县人民检察院刑检科副科长

仝恒健 陕西省西安市人民检察院刑检一处检察员

贾玉安 陕西省定边县人民检察院起诉科科长

张　炜 陕西省宝鸡市渭滨区人民检察院反贪局助检员

杨继辉 陕西省眉县人民检察院起诉科科长

张启升 陕西省紫阳县人民检察院监所科科长

刘锦汉 甘肃省甘南藏族自治州人民检察院副检察长

李国华 甘肃省金昌市人民检察院助检员

王克贤 甘肃省武山县人民检察院驻所检察组组长

张　清 甘肃省人民检察院陇南分院研究室主任

邵世伟 甘肃省人民检察院兰州铁路运输分院起诉科科长

马　禄 青海省西宁市大通回族土族自治县人民检察院检察长

张竹萍（女） 青海省人民检察院电大分校校长

白富林　青海省平安县人民检察院检察长

滕健斌（女）　青海省格尔木市人民检察院副检察长

张生友　宁夏回族自治区吴忠市人民检察院检察长

李华德　宁夏回族自治区银川市新城区人民检察院副检察长

马自元　宁夏回族自治区海原县人民检察院刑检科科长

郭应强　新疆维吾尔自治区玛纳斯县人民检察院副检察长

龙鹤敏　新疆维吾尔自治区克拉玛依市人民检察院经检科副科长

哈力吾拉　新疆维吾尔自治区托里县人民检察院副检察长

杨　健（女）　新疆维吾尔自治区乌鲁克垦区人民检察院刑检科科长

汪介平　新疆维吾尔自治区察布查尔县人民检察院法纪科科长

马卫东（女）　新疆维吾尔自治区拜城县人民检察院起诉科检察员

齐振风　中国人民解放军北京军区太原军事检察院检察长

沈兴团　中国人民解放军南京军区杭州军事检察院检察长

刘佑生　《中国检察报》社副总编

黄立志　最高人民检察院贪污贿赂检察厅侦查一处处长

（最高人民检察院政治部提供）

第十一部分　大事记

1992年检察机关大事记

一月

7日　最高人民检察院印发《关于贪污受贿案件免予起诉工作的规定》。

27日至3月6日　最高人民检察院法纪检察厅厅长陈为典作为中华人民共和国代表团副代表，出席在日内瓦联合国总部举行的联合国人权委员会第四十八次会议。

30日　最高人民检察院召开党组扩大会议，刘复之检察长传达邓小平同志视察南方时的重要谈话；张思卿副检察长传达乔石同志在全国政法工作会议上的讲话。会议提出，要按照小平同志的谈话精神，全面贯彻党的"一个中心，两个基本点"的基本路线，抓住经济建设这个中心，牢固树立为社会主义经济建设服务的指导思想，切实改变工作作风，把各项检察工作推向前进。

二月

13日　最高人民检察院在广州市召开与港澳地区个案协查座谈会。肖扬副检察长出席了会议。

27日　最高人民检察院在北京召开全国检察机关深入开展反贪污贿赂斗争电话会议。张思卿副检察长讲话，部署1992年的反贪污贿赂工作，要求各级检察机关本着"求实、务实、落实"的精神，把反贪污贿赂斗争抓紧抓好。

三月

2日至9日　应最高人民检察院检察长刘复之的邀请，以蒙古国家总检察长贡·巴赫达勒为团长的蒙古检察代表团对我国进行友好访问。

8日至12日　最高人民检察院贪污贿赂检察厅厅长赵登举率领中国代表团出席在荷兰阿姆斯特丹举行的第五届国际反贪污大会。

9日　最高人民检察院发出《关于检察机关严禁使用收审手段的通知》。

14日至19日　最高人民检察院在北京召开全国检察机关第三次反贪污贿赂侦查工作会议。

16日　最高人民法院、最高人民检察院联合发布《关于办理偷税、抗税刑事案件具体应用法律的若干问题的解释》。

19日至22日　最高人民检察院在北京召开全国民事审判监督程序抗诉工作座谈会。

20日　最高人民检察院发出《关于加强对假冒商标犯罪案件查处工作的通知》。

23日　最高人民检察院发出《关于严肃查处刑讯逼供和徇私舞弊案件的通知》。

28日　最高人民检察院检察长刘复之在第七届全国人民代表大会第五次会议上作《最高人民检察院工作报告》。4月3

日，大会通过了这个报告。

四月

10日至14日　最高人民检察院政治部、干部教育局在北京联合召开全国检察干部岗位职务培训工作会议。

15日　最高人民检察院下发《关于认真学习贯彻第七届全国人民代表大会第五次会议精神的通知》。

五月

4日至9日　最高人民检察院在北京召开第九次全国检察会议和全国检察系统先进集体、先进个人电话表彰会。会议期间，中共中央政治局常委、中央政法委员会书记乔石接见了出席两个会议的全体代表并作重要讲话。

14日至22日　应罗马尼亚总检察长米哈依·乌尔皮乌·波帕·凯勒凯亚努的邀请，最高人民检察院副检察长梁国庆率中国检察代表团对罗马尼亚进行友好访问。

18日至27日　应朝鲜民主主义人民共和国中央检察所所长韩相奎的邀请，最高人民检察院副检察长张思卿率中国检察代表团对朝鲜进行友好访问。

六月

4日　最高人民检察院印发《关于民事审判监督程序抗诉工作暂行规定》。

8日至17日　应《检察官条例》起草小组邀请，日本高级检察官清水勇男对我国进行友好访问。清水勇男向《检察官条例》起草小组介绍了日本的检察制度和检察官管理制度。在华期间，最高人民检察院副检察长肖扬会见了清水勇男。

10日至14日　最高人民检察院在武汉召开全国检察机关装备工作会议。

15日至20日　应葡萄牙总检察长罗德里格斯的邀请，最高人民检察院副检察长肖扬率中国检察代表团对葡萄牙进行友好访问。

17日　最高人民检察院发出《关于认真学习江泽民总书记在中央党校重要讲话的通知》。

七月

10日至15日　最高人民检察院在吉林省延吉市召开全国检察机关出庭公诉工作座谈会，肖扬副检察长出席了会议并讲话。

14日至18日　最高人民检察院和国家工商行政管理局在云南省昆明市联合召开查处假冒商标违法犯罪现场会。

20日　最高人民检察院发出《关于严禁检察机关越权办案插手经济纠纷违法捕人的通知》。

21日　最高人民检察院举行新闻发布会，梁国庆副检察长主持会议，王文元副检察长向新闻界通报了上半年全国检察机关深入开展反贪污贿赂犯罪斗争和开展法纪检察工作的情况。

26日至8月3日　应最高人民检察院的邀请，以马来西亚反贪局局长苏尔克夫里·默罕默德为团长的马来西亚反贪局代表团对我国进行友好访问。

八月

3日至10日　应俄罗斯联邦总检察长瓦·戈·斯捷潘科夫的邀请，最高人民检察院副检察长张思卿率中国检察代表团对俄罗斯进行友好访问。

5日至15日　应香港本地检察官协会的邀请，最高人民检察院办公厅主任、中国检察学会常务理事张穹率中国检察学会代表团对香港进行考察访问。

7日　最高人民检察院发出《关于认真查处玩忽职守和重大责任事故案件的情况通报》。

8日　最高人民检察院印发《人民检察院枪支管理办法》。

13日至15日　最高人民检察院在北京召开全国检察宣传工作和《中国检察报》宣传会议。

20日至28日　应最高人民检察院检察长刘复之的邀请，以总检察长辛基为团长的印度尼西亚检察代表团对我国进行友好访问。

九月

4日至9日　最高人民检察院在北京召开全国监所检察工作会议。

14日　最高人民检察院发出《关于检察机关和检察干警不准经商办企业等若干问题的通知》。

21日至10月4日　应委内瑞拉、古巴两国总检察院的邀请，最高人民检察院副检察长陈明枢率中国检察代表团对委内瑞拉、古巴进行友好访问。

22日至27日　最高人民检察院在广西北海市召开开放边境城市检察工作座谈会，梁国庆副检察长出席了会议。

27日至30日　应最高人民检察院检察长刘复之的邀请，以总检察长阿布·塔里布·奥斯曼为团长的马来西亚检察代表团对我国进行友好访问。

28日　最高人民检察院举行新闻发布会。张思卿副检察长向新闻界通报了检察机关打击假冒商标、生产和经销伪劣商品犯罪活动的情况，重点通报了几起重大案件的查处情况。

十月

6日至13日　应最高人民检察院检察长刘复之的邀请，以菲律宾最高法院大法官特奥多罗·帕迪利亚为团长的菲律宾司法代表团对我国进行友好访问。

17日至25日　应最高人民检察院检察长刘复之的邀请，以总检察长奥托·米勒为团长的奥地利检察代表团对我国进行友好访问。

27日　最高人民检察院发出《关于认真学习贯彻党的十四大文件精神的通知》。

十一月

13日　最高人民检察院发出《关于开展1992年度执法执纪检查的通知》。

21日至26日　最高人民检察院在广东省顺德市召开全国检察长会议，会议以邓小平同志建设有中国特色社会主义理论为指南，认真学习贯彻党的十四大精神，总结1992年工作，部署1993年工作。

十二月

3日至7日　最高人民检察院在河北省石家庄市召开全国法律（检察）专业证书教育工作会议。

11日　最高人民法院、最高人民检察院联合发布《关于执行〈全国人民代表大会常务委员会关于严惩拐卖、绑架妇女、儿童的犯罪分子的决定〉的若干问题的解答》、《关于执行〈全国人民代表大会常务委员会关于严禁卖淫嫖娼的决定〉的若干问题的解答》、《关于办理盗窃案件具体应用法律的若干问题的解释》。

19日至24日　最高人民检察院在昆明召开全国铁路检察工作会议。

21日　最高人民检察院举行最高人民检察院特约检察员续聘仪式。刘复之检察长，张思卿、肖扬、梁国庆、王文元副检察长，中央统战部副部长刘延东等出席会议并向来自各民主党派及全国工商联的

18位特约检察员颁发了续聘书。

26日　最高人民检察院在北京举行颁发检察机关工作人员荣誉证书和证章仪式。仪式由张思卿副检察长主持，刘复之检察长讲话，肖扬、梁国庆、陈明枢副检察长出席仪式，为黄火青、杨易辰、刘复之等182位老同志颁发了荣誉证书和证章。

最高人民检察院举行检察机关首批法警警衔授衔仪式。仪式由梁国庆副检察长主持，肖扬副检察长讲话，刘复之检察长，张思卿、陈明枢副检察长出席了会议。全国检察系统有383人首批被授予警监、警督警衔。

（最高人民检察院办公厅提供）

全国检察机构统计表

截止1992年12月底　　单位:个

院别		机构数
合计		3563
最高人民检察院		1
省级人民检察院		31
分、州、市检察院	小计	382
	分、州、盟、市检察院	360
	军事检察院分院	10
	铁路运输检察分院	12
县级检察院	小计	2995
	县(市、旗、区)检察院	2887
	军事检察院	51
	铁路运输检察院	57
派出检察院	小计	154
	工矿区检察院	16
	农垦区检察院	11
	林区检察院	47
	驻劳改劳教场所检察院	62
	其他检察院	18

全国检察机关人员统计表

截止1992年12月底　　单位:人

职务		人数
合计		183726
检察人员	小计	170742
	正副检察长	11723
	检察员	77052
	助理检察员	46979
	书记员	20186
	法警	7018
	其他干部	7784
工勤人员		12984

1992 年全国检察机关办理自行侦查案件统计表

表一

案件类别＼项目单位	受案	立案				结案			
		合计		其中		合计		其中	
				大案	要案			大案	要案
	件	件	人	件	人	件	人	件	人
合计	149023	78519	90906	27776	727	77681	90993	25934	610
经济案件小计	104277	61424	68501	24920	652	61476	69495	23803	551
贪污	46826	24569	28277	7898	176	25068	29342	8001	150
贿赂	19651	11964	12664	2613	411	12709	13657	2887	342
挪用公款	15926	10918	11721	7918	47	10523	11432	7120	44
偷税抗税	14372	10041	10901	4600	5	9884	10850	4413	4
其他	7502	3932	4938	1891	13	3292	4214	1382	11
法纪案件小计	44746	17095	22405	2856	75	16205	21498	2131	59
其中渎职案	21354	8199	9628	2293	65	7714	9110	1664	46

表二

办案部门＼项目单位	受案	立案		结案	
	件	件	人	件	人
合计	149023	78519	90906	77681	90993
贪污贿赂检察部门	101835	60407	67377	60598	68522
法纪检察部门	43756	16572	21648	15742	20805
监所检察部门	192	161	203	145	191
控告申诉检察部门	3240	1379	1678	1196	1475

1992年全国检察机关批准、决定逮捕人犯统计表

表一

案件分类	合计		批准公安机关提请逮捕		检察机关自行侦查决定逮捕	
	件	人	件	人	件	人
合计	316985	511150	297094	487888	19891	23262
危害公共安全案	12627	16773	12257	16295	370	478
破坏社会主义经济秩序案	6430	10619	4242	7939	2188	2680
侵犯公民人身民主权利案	84316	107920	82179	104679	2137	3241
侵犯财产案	187394	325442	176471	313288	10923	12154
妨害社会管理秩序案	21413	44640	21413	44640		
妨害婚姻家庭案	121	153	121	153		
渎职案	3822	4104			3822	4104
其他	862	1499	411	894	451	605

表二

办案部门	合计	
	件	人
合计	316985	511150
检察机关立案侦查	19891	23262
贪污贿赂检察部门立案	16253	18165
法纪检察部门立案	3235	4578
监所检察部门立案	84	103
控告申诉检察部门立案	319	416
公安、安全机关立案侦查	297094	487888
刑事检察部门审查	296838	487557
监所检察部门审查	256	331

1992年全国检察机关提起公诉案件统计表

表一

案件分类	合计		公安机关移送案件		检察机关自行侦查案件	
	件	人	件	人	件	人
合计	330604	520430	305161	489103	25443	31327
危害公共安全案	14429	18755	13409	17489	1020	1266
破坏社会主义经济秩序案	6260	10075	4140	7452	2120	2623
侵犯公民人身民主权利案	87696	110558	84963	106413	2733	4145
侵犯财产案	192798	329024	178850	312358	13948	16666
妨害社会管理秩序案	23259	44381	23259	44381		
妨害婚姻家庭案	125	180	125	180		
渎职案	5075	5770			5075	5770
其他	962	1687	415	830	547	857

表二

办案部门	合计	
	件	人
合计	330604	520430
检察机关立案侦查	25443	31327
贪污贿赂检察部门立案	20120	23815
法纪检察部门立案	4924	6911
监所检察部门立案	90	130
控告申诉检察部门立案	309	471
公安、安全机关立案侦查	305161	489103
刑事检察部门审查	301788	484778
监所检察部门审查	3373	4325

1992年全国检察机关免予起诉案件统计表

表一

案件分类	合计		公安机关移送案件		检察机关自行侦查案件	
	件	人	件	人	件	人
合计	53333	80903	19048	40587	34285	40316
危害公共安全案	4363	5162	1902	2263	2461	2899
破坏社会主义经济秩序案	8060	9895	734	1458	7326	8437
侵犯公民人身民主权利案	7164	10480	3853	5689	3311	4791
侵犯财产案	23779	39045	10225	23414	13554	15631
妨害社会管理秩序案	2268	7621	2268	7621		
妨害婚姻家庭案	11	27	11	27		
渎职案	7372	8180			7372	8180
其他	316	493	55	115	261	378

表二

办案部门	合计	
	件	人
合计	53333	80903
检察机关立案侦查	34285	40316
贪污贿赂检察部门立案	26686	30375
法纪检察部门立案	7336	9580
监所检察部门立案	73	97
控告申诉检察部门立案	190	264
公安、安全机关立案侦查	19048	40587
刑事检察部门审查	18977	40420
监所检察部门审查	71	167

1992年全国检察机关出庭支持公诉情况统计表

单位:件

办案部门	合计	一审	二审		
			小计	上诉案	抗诉案
合计	294979	292886	2093	1606	487
检察机关立案侦查	20105	19843	262	157	105
贪污贿赂检察部门立案	16535	16300	235	141	94
法纪检察部门立案	3191	3167	24	16	8
监所检察部门立案	110	107	3		3
控告申诉检察部门立案	269	269			
公安、安全、劳改机关立案侦查	274874	273043	1831	1449	382
刑事检察部门审查起诉	272000	270174	1826	1445	381
监所检察部门审查起诉	2874	2869	5	4	1

1992年全国检察机关抗诉情况统计表

单位:件

办案部门	提出抗诉	撤回抗诉	审判结果			
			合计	改判	改判率(%)	维持原判
合计	1988	178	784	433	55.2	351
检察机关立案侦查	569	60	190	85	44.7	105
贪污贿赂检察部门立案	502	55	174	78	44.8	96
法纪检察部门立案	62	3	15	6	40.0	9
监所检察部门立案	3	2	1	1	100.0	
控告申诉检察部门立案	2					
公安、安全、劳改机关立案侦查	1419	118	594	348	58.6	246
刑事检察部门审查起诉	1416	118	592	346	58.4	246
监所检察部门审查起诉	3		2	2	100.0	

1992年全国检察机关纠正违法统计表

单位：件次

项目	合计	书面通知纠正	口头通知纠正
合计	54865	6312	48553
侦查监督	11143	3856	7287
审判监督	2590	422	2168
监所监督	41132	2034	39098

1992年全国检察机关处理申诉案件统计表

单位：件

案件分类	受理	立案复查	结案	
			合计	其中改变原决定
合计	106444	10812	3985	1269
不服不立案	1658	259	138	23
不服撤案	939	233	114	42
不服刑事拘留	2025	95	15	6
不服逮捕	6311	633	96	20
不服不批捕	1564	312	138	28
不服不起诉	1171	270	148	43
不服免予起诉	10353	4165	2428	924
不服判刑	20251	1161	334	22
不服劳教	614	62	16	5
不服民事判决	13675	873	105	8
不服行政判决	1986	131	30	5
其他	45897	2618	423	143

1992年全国检察机关受理人民来信来访统计表

单位:件次

类别	数量
合计	638285
来信	494355
来访	143930

1992年全国检察干警培训情况统计表

单位:人

类别		正在学习 小计	正在学习 其中本年入学	本年度结业 小计	本年度结业 其中本年入学
合计		18131	3192	7707	59
研究生	小计	25	5	6	
	其中法律专业	20		5	
大学本科	小计	937	350	68	
	其中法律专业	808		49	
大学专科	小计	10185	2373	1545	3
	其中法律专业	9828		1448	
中专	小计	285	35	98	5
	其中法律专业	86		15	
专业证书	小计	2888	429	2614	51
	其中法律专业	2780		2516	
业务培训		3811		3376	

1988年—1992年全国检察机关办理自行侦查案件统计表

表一　　单位:件

项目 / 案件类别	受案	立案		结案	
		合计	其中大案	合计	其中大案
合计	803889	391646	93104	367674	86531
经济案件小计	572019	311800	81567	292290	78269
贪污	268933	132281	33404	125852	32645
贿赂	135891	81902	15718	76561	15779
挪用公款	49975	34083	12215	31658	10797
偷税抗税	60941	38079	12330	35322	12822
其他	56279	25455	7900	22897	6226
法纪案件小计	231870	79846	11537	75384	8262
其中渎职案	101495	35365	8946	33232	6152

表二　　单位:件

项目 / 办案部门	受案	立案	结案
合计	803889	391646	367674
贪污贿赂检察部门	548906	304336	285591
法纪检察部门	220650	74683	70590
监所检察部门	1347	1139	1021
控告申诉检察部门	32986	11488	10472

1988年—1992年全国检察机关批准、决定逮捕人犯统计表

表一　　单位：人

项目 案件分类	合计	批准公安机关提请逮捕	检察机关自行侦查决定逮捕
合　计	2701009	2568250	132759
危害公共安全案	99052	96538	2514
破坏社会主义经济秩序案	60720	39292	21428
侵犯公民人身民主权利案	498913	483687	15226
侵犯财产案	1785282	1726340	58942
妨害社会管理秩序案	214274	214274	
妨害婚姻家庭案	2780	848	1932
渎职案	28903		28903
其他	11085	7271	3814

表二　　单位：人

办案部门	合计
合　计	2701009
检察机关立案侦查	132759
贪污贿赂检察部门立案	105465
法纪检察部门立案	24750
监所检察部门立案	643
控告申诉检察部门立案	1901
公安、安全机关立案侦查	2568250
刑事检察部门审查	2565160
监所检察部门审查	3090

1988年—1992年全国检察机关提起公诉案件统计表

表一

案件分类	合计		公安机关移送案件		检察机关自行侦查案件	
	件	人	件	人	件	人
合计	1668165	2664848	1536198	2502133	131967	162715
危害公共安全案	74898	107926	69244	100957	5654	6969
破坏社会主义经济秩序案	40047	58852	22153	37188	17894	21664
侵犯公民人身民主权利案	400573	499760	387689	481034	12884	18726
侵犯财产案	1002701	1736788	942618	1663971	60083	72817
妨害社会管理秩序案	108433	209740	108433	209740		
妨害婚姻家庭案	3417	5271	958	1400	2459	3871
渎职案	29387	33547			29387	33547
其他	8709	12964	5103	7843	3606	5121

表二

办案部门	合计	
	件	人
合计	1668165	2664848
检察机关立案侦查	131967	162715
贪污贿赂检察部门立案	102172	121666
法纪检察部门立案	27487	37873
监所检察部门立案	552	744
控告申诉检察部门立案	1756	2432
公安、安全机关立案侦查	1536198	2502133
刑事检察部门审查	1513388	2472526
监所检察部门审查	22810	29607

1988年—1992年全国检察机关免予起诉案件统计表

表一

项目 案件分类	合计		公安机关移送案件		检察机关自行侦查案件	
	件	人	件	人	件	人
合计	251890	398598	84403	196688	167487	201910
危害公共安全案	17453	21740	7206	9514	10247	12226
破坏社会主义经济秩序案	44948	55559	5199	9103	39749	46456
侵犯公民人身民主权利案	29367	44026	15687	24282	13680	19744
侵犯财产案	99181	182925	44680	115899	54501	67026
妨害社会管理秩序案	9844	35234	9844	35234		
妨害婚姻家庭案	869	1617	146	278	723	1339
渎职案	46466	52197			46466	52197
其他	3762	5300	1641	2378	2121	2922

表二

办案部门	合计	
	件	人
合计	251890	398598
检察机关立案侦查	167487	201910
贪污贿赂检察部门立案	133764	157408
法纪检察部门立案	31764	42061
监所检察部门立案	390	492
控告申诉检察部门立案	1569	1949
公安、安全机关立案侦查	84403	196688
刑事检察部门审查	83733	195509
监所检察部门审查	670	1179

1988年—1992年全国检察机关出庭支持公诉、提出抗诉案件统计表

单位：件

项目		合计	检察机关立案侦查案件	公安、安全机关立案侦查案件
出庭支持公诉	合计	1450241	78385	1371856
	一审出庭	1441512	77244	1364268
	二审出庭	8729	1141	7588
提出抗诉		10202	2417	7785
撤回抗诉		761	196	565
抗诉案件审判结果	合计	3989	850	3139
	改判	2324	394	1930
	改判率(%)	58.3	46.4	61.5
	维持原判	1665	456	1209

1988年—1992年全国检察机关纠正违法情况统计表

单位：件次

项目	合计	书面通知纠正	口头通知纠正
合计	395172	52021	343151
侦查监督	50448	12112	38336
审判监督	12964	1828	11136
监所监督	331760	38081	293679

1988年—1992年全国检察机关处理申诉案件统计表

单位：件

案件分类	受案	立案复查	结案	
			合计	其中改变原决定
合计	547760	47402	24473	6439
不服刑事拘留	20852	532	218	52
不服逮捕	47984	3549	1023	200
不服免予起诉	50990	17645	12284	3766
不服判刑	189852	10414	7267	1610
不服劳教	7424	613	407	119
其他	230658	14649	3274	692

1988年—1992年全国检察机关受理人民来信来访统计表

单位：件次

类别	数量
合计	4507938
来信	3571754
来访	936184

1988年—1992年全国检察干警培训情况统计表

单位：人

类别	人数
合计	72825
研究生	16
大学本科	576
大学专科	28257
中专	4872
专业证书	25385
业务培训	13045
文化补习	674

（本部分均为最高人民检察院办公厅统计处提供）

附　　录

全国检察机关名录

最高人民检察院

北　京　市

北京市人民检察院
北京市人民检察院分院
东城区人民检察院
西城区人民检察院
崇文区人民检察院
宣武区人民检察院
朝阳区人民检察院
丰台区人民检察院
海淀区人民检察院
房山区人民检察院
石景山区人民检察院
门头沟区人民检察院
昌平县人民检察院
顺义县人民检察院
通县人民检察院
大兴县人民检察院
平谷县人民检察院
怀柔县人民检察院
密云县人民检察院
延庆县人民检察院
市人民检察院北京铁路运输分院
北京铁路运输检察院
天津铁路运输检察院
石家庄铁路运输检察院
大同铁路运输检察院
太原铁路运输检察院
临汾铁路运输检察院

天　津　市

天津市人民检察院
天津市人民检察院分院
和平区人民检察院
河东区人民检察院
河西区人民检察院
南开区人民检察院
河北区人民检察院
红桥区人民检察院
塘沽区人民检察院
汉沽区人民检察院
大港区人民检察院
东丽区人民检察院
西青区人民检察院
津南区人民检察院
北辰区人民检察院
宁河县人民检察院
武清县人民检察院
静海县人民检察院
宝坻县人民检察院
蓟县人民检察院

河　北　省

河北省人民检察院
石家庄市人民检察院
长安区人民检察院
桥东区人民检察院
桥西区人民检察院
新华区人民检察院
郊区人民检察院
井陉县人民检察院
获鹿县人民检察院
正定县人民检察院
栾城县人民检察院
井陉矿区人民检察院
唐山市人民检察院
路南区人民检察院
路北区人民检察院
东矿区人民检察院
开平区人民检察院
新区人民检察院
遵化市人民检察院
丰润县人民检察院
丰南县人民检察院
滦县人民检察院
滦南县人民检察院

乐亭县人民检察院
迁安县人民检察院
迁西县人民检察院
玉田县人民检察院
唐海县人民检察院
秦皇岛市人民检察院
海港区人民检察院
山海关区人民检察院
北戴河区人民检察院
昌黎县人民检察院
卢龙县人民检察院
抚宁县人民检察院
青龙满族自治县人民检察院
邯郸市人民检察院
邯山区人民检察院
丛台区人民检察院
复兴区人民检察院
峰峰矿区人民检察院
邯郸县人民检察院
邢台市人民检察院
桥东区人民检察院
桥西区人民检察院
邢台县人民检察院
保定市人民检察院
新市区人民检察院
北市区人民检察院
南市区人民检察院
满城县人民检察院
清苑县人民检察院
张家口市人民检察院
桥东区人民检察院
桥西区人民检察院
宣化区人民检察院
下花园区人民检察院
宣化县人民检察院
承德市人民检察院
双桥区人民检察院
双滦区人民检察院
鹰手营子矿区人民检察院
承德县人民检察院
沧州市人民检察院
新华区人民检察院
运河区人民检察院
郊区人民检察院
沧县人民检察院
青县人民检察院
廊坊市人民检察院
安次区人民检察院
三河县人民检察院
香河县人民检察院
永清县人民检察院
固安县人民检察院
文安县人民检察院
大城县人民检察院
大厂回族自治县人民检察院
武安市人民检察院
霸州市人民检察院
省人民检察院邯郸分院
大名县人民检察院
魏县人民检察院
曲周县人民检察院
丘县人民检察院
鸡泽县人民检察院
肥乡县人民检察院
广平县人民检察院
成安县人民检察院
临漳县人民检察院
磁县人民检察院
涉县人民检察院
永年县人民检察院
馆陶县人民检察院
省人民检察院邢台分院
南宫市人民检察院
沙河市人民检察院
临城县人民检察院
内丘县人民检察院
柏乡县人民检察院
隆尧县人民检察院
任县人民检察院
南和县人民检察院
宁晋县人民检察院
巨鹿县人民检察院
新河县人民检察院
广宗县人民检察院
平乡县人民检察院
威县人民检察院
清河县人民检察院
临西县人民检察院
省人民检察院石家庄分院
辛集市人民检察院
藁城市人民检察院
晋州市人民检察院
新乐市人民检察院
深泽县人民检察院
无极县人民检察院
赵县人民检察院
高邑县人民检察院
元氏县人民检察院
赞皇县人民检察院
平山县人民检察院
灵寿县人民检察院
行唐县人民检察院
省人民检察院保定分院
定州市人民检察院
涿州市人民检察院
安国市人民检察院
易县人民检察院
徐水县人民检察院
高阳县人民检察院
涞源县人民检察院
涞水县人民检察院
定兴县人民检察院
完县人民检察院
唐县人民检察院
望都县人民检察院
安新县人民检察院
雄县人民检察院
容城县人民检察院
新城县人民检察院
曲阳县人民检察院
阜平县人民检察院
博野县人民检察院
蠡县人民检察院
省人民检察院张家口分院
张北县人民检察院
康保县人民检察院

沽源县人民检察院
尚义县人民检察院
蔚县人民检察院
阳原县人民检察院
怀安县人民检察院
万全县人民检察院
怀来县人民检察院
涿鹿县人民检察院
赤城县人民检察院
崇礼县人民检察院
省人民检察院承德分院
兴隆县人民检察院
平泉县人民检察院
滦平县人民检察院
隆化县人民检察院
丰宁满族自治县人民检察院
围场满族蒙古族自治县人民检察院
宽城满族自治县人民检察院
省人民检察院沧州分院
泊头市人民检察院
任丘市人民检察院
黄骅市人民检察院
河间市人民检察院
肃宁县人民检察院
献县人民检察院
吴桥县人民检察院
东光县人民检察院
南皮县人民检察院
盐山县人民检察院
海兴县人民检察院
孟村回族自治县人民检察院
中捷农场人民检察院
南大港农场人民检察院
省人民检察院衡水分院
衡水市人民检察院
冀县人民检察院
枣强县人民检察院
武邑县人民检察院
深县人民检察院
武强县人民检察院
饶阳县人民检察院
安平县人民检察院
故城县人民检察院
景县人民检察院
阜城县人民检察院

山 西 省

山西省人民检察院
太原市人民检察院
南城区人民检察院
北城区人民检察院
河西区人民检察院
南郊区人民检察院
北郊区人民检察院
清徐县人民检察院
阳曲县人民检察院
娄烦县人民检察院
大同市人民检察院
城区人民检察院
矿区人民检察院
南郊区人民检察院
新荣区人民检察院
阳泉市人民检察院
城区人民检察院
矿区人民检察院
郊区人民检察院
平定县人民检察院
盂县人民检察院
长治市人民检察院
城区人民检察院
郊区人民检察院
长治县人民检察院
潞城县人民检察院
襄垣县人民检察院
屯留县人民检察院
平顺县人民检察院
黎城县人民检察院
壶关县人民检察院
长子县人民检察院
武乡县人民检察院
沁 县人民检察院
沁源县人民检察院
晋城市人民检察院
城区人民检察院
郊区人民检察院
沁水县人民检察院
阳城县人民检察院
高平县人民检察院
陵川县人民检察院
朔州市人民检察院
朔城区人民检察院
平鲁区人民检察院
山阴县人民检察院
古交市人民检察院
省人民检察院雁北分院
阳高县人民检察院
天镇县人民检察院
广灵县人民检察院
灵丘县人民检察院
浑源县人民检察院
应县人民检察院
左云县人民检察院
右玉县人民检察院
大同县人民检察院
怀仁县人民检察院
省人民检察院忻州分院
忻州市人民检察院
定襄县人民检察院
五台县人民检察院
原平县人民检察院
代县人民检察院
繁峙县人民检察院
宁武县人民检察院
静乐县人民检察院
神池县人民检察院
五寨县人民检察院
岢岚县人民检察院
河曲县人民检察院
保德县人民检察院
偏关县人民检察院
省人民检察院吕梁分院
孝义市人民检察院
汾阳县人民检察院

文水县人民检察院
交城县人民检察院
兴　县人民检察院
临　县人民检察院
柳林县人民检察院
石楼县人民检察院
岚　县人民检察院
方山县人民检察院
离石县人民检察院
中阳县人民检察院
交口县人民检察院
省人民检察院晋中分院
榆次市人民检察院
介休市人民检察院
榆社县人民检察院
左权县人民检察院
和顺县人民检察院
昔阳县人民检察院
寿阳县人民检察院
太谷县人民检察院
祁县人民检察院
平遥县人民检察院
灵石县人民检察院
省人民检察院临汾分院
临汾市人民检察院
侯马市人民检察院
霍州市人民检察院
曲沃县人民检察院
翼城县人民检察院
襄汾县人民检察院
洪洞县人民检察院
古县人民检察院
安泽县人民检察院
浮山县人民检察院
吉县人民检察院
乡宁县人民检察院
蒲县人民检察院
大宁县人民检察院
永和县人民检察院
隰县人民检察院
汾西县人民检察院
省人民检察院运城分院
运城市人民检察院
永济县人民检察院
芮城县人民检察院
临猗县人民检察院
万荣县人民检察院
新绛县人民检察院
稷山县人民检察院
河津县人民检察院
闻喜县人民检察院
夏县人民检察院
绛县人民检察院
平陆县人民检察院
垣曲县人民检察院

内蒙古自治区

内蒙古自治区人民检察院
呼和浩特市人民检察院
　新城区人民检察院
　回民区人民检察院
　玉泉区人民检察院
　郊区人民检察院
土默特左旗人民检察院
托克托县人民检察院
小黑河地区人民检察院
包头市人民检察院
　东河区人民检察院
　昆都伦区人民检察院
　青山区人民检察院
　郊区人民检察院
　石拐矿区人民检察院
　白云矿区人民检察院
土默特右旗人民检察院
固阳县人民检察院
乌海市人民检察院
　海勃湾区人民检察院
　海南区人民检察院
　乌达区人民检察院
赤峰市人民检察院
　红山区人民检察院
　元宝山区人民检察院
　郊区人民检察院
林西县人民检察院
宁城县人民检察院
巴林右旗人民检察院
阿鲁科尔沁旗人民检察院
巴林左旗人民检察院
翁牛特旗人民检察院
克什克腾旗人民检察院
敖汉旗人民检察院
喀喇沁旗人民检察院
自治区人民检察院呼伦贝尔盟分院
海拉尔市人民检察院
满洲里市人民检察院
牙克石市人民检察院
扎兰屯市人民检察院
阿荣旗人民检察院
莫力达瓦达斡尔族自治旗人民检察院
额尔古纳右旗人民检察院
额尔古纳左旗人民检察院
鄂伦春自治旗人民检察院
鄂温克族自治旗人民检察院
新巴尔虎右旗人民检察院
新巴尔虎左旗人民检察院
陈巴尔虎旗人民检察院
满洲里市扎赉诺尔矿区人民检察院
鄂伦春旗大杨树地区人民检察院
自治区人民检察院兴安盟分院
乌兰浩特市人民检察院
科尔沁右翼前旗人民检察院
科尔沁右翼中旗人民检察院
扎赉特旗人民检察院
突泉县人民检察院
自治区人民检察院哲里木盟分院
通辽市人民检察院
霍林郭勒市人民检察院
科尔沁左翼中旗人民检察院
科尔沁左翼后旗人民检察院

开鲁县人民检察院
奈曼旗人民检察院
库伦旗人民检察院
扎鲁特旗人民检察院
自治区人民检察院锡林郭勒盟分院
锡林浩特市人民检察院
二连浩特市人民检察院
阿巴嘎旗人民检察院
苏尼特左旗人民检察院
苏尼特右旗人民检察院
东乌珠穆沁旗人民检察院
西乌珠穆沁旗人民检察院
太仆寺旗人民检察院
正镶白旗人民检察院
多伦县人民检察院
镶黄旗人民检察院
正蓝旗人民检察院
自治区人民检察院乌兰察布盟分院
集宁市人民检察院
丰镇市人民检察院
武川县人民检察院
和林格尔县人民检察院
清水河县人民检察院
卓资县人民检察院
化德县人民检察院
商都县人民检察院
兴和县人民检察院
凉城县人民检察院
察哈尔右翼前旗人民检察院
察哈尔右翼中旗人民检察院
察哈尔右翼后旗人民检察院
达尔罕茂明安联合旗人民检察院
四子王旗人民检察院
自治区人民检察院伊克昭盟分院
东胜市人民检察院
准格尔旗人民检察院
鄂托克旗人民检察院
乌审旗人民检察院
达拉特旗人民检察院
鄂托克前旗人民检察院
杭锦旗人民检察院
伊金霍洛旗人民检察院
自治区人民检察院巴彦淖尔盟分院
临河市人民检察院
磴口县人民检察院
乌拉特中旗人民检察院
杭锦后旗人民检察院
五原县人民检察院
乌拉特前旗人民检察院
乌拉特后旗人民检察院
自治区人民检察院阿拉善盟分院
阿拉善左旗人民检察院
阿拉善右旗人民检察院
额济纳旗人民检察院
自治区人民检察院呼和浩特铁路运输分院
包头铁路运输检察院
集宁铁路运输检察院

辽 宁 省

辽宁省人民检察院
沈阳市人民检察院
和平区人民检察院
沈河区人民检察院
大东区人民检察院
皇姑区人民检察院
铁西区人民检察院
东陵区人民检察院
于洪区人民检察院
苏家屯区人民检察院
新城子区人民检察院
辽中县人民检察院
新民县人民检察院
康平县人民检察院
法库县人民检察院
大连市人民检察院
中山区人民检察院
西岗区人民检察院
沙河口区人民检察院
金州区人民检察院
甘井子区人民检察院
旅顺口区人民检察院
庄河市人民检察院
长海县人民检察院
大连市人民检察院大连港分院
大连经济技术开发区人民检察院
鞍山市人民检察院
铁东区人民检察院
铁西区人民检察院
立山区人民检察院
旧堡区人民检察院
台安县人民检察院
岫岩满族自治县人民检察院
抚顺市人民检察院
新抚区人民检察院
露天区人民检察院
望花区人民检察院
顺城区人民检察院
抚顺县人民检察院
新宾满族自治县人民检察院
清原满族自治县人民检察院
本溪市人民检察院
平山区人民检察院
溪湖区人民检察院
明山区人民检察院
南芬区人民检察院
本溪满族自治县人民检察院
桓仁满族自治县人民检察院
丹东市人民检察院
元宝区人民检察院
振兴区人民检察院
振安区人民检察院
东沟县人民检察院
凤城满族自治县人民检察院
宽甸满族自治县人民检察院
锦州市人民检察院
古塔区人民检察院

凌河区人民检察院
太和区人民检察院
锦县人民检察院
黑山县人民检察院
义县人民检察院
北镇满族自治县人民检察院
营口市人民检察院
站前区人民检察院
西市区人民检察院
鲅鱼圈区人民检察院
老边区人民检察院
大石桥市人民检察院
盖州市人民检察院
阜新市人民检察院
海州区人民检察院
太平区人民检察院
清河门区人民检察院
新丘区人民检察院
细河区人民检察院
彰武县人民检察院
阜新蒙古族自治县人民检察院
辽阳市人民检察院
白塔区人民检察院
文圣区人民检察院
宏伟区人民检察院
弓长岭区人民检察院
太子河区人民检察院
辽阳县人民检察院
灯塔县人民检察院
盘锦市人民检察院
双台子区人民检察院
兴隆台区人民检察院
大洼县人民检察院
盘山县人民检察院
铁岭市人民检察院
银州区人民检察院
清河区人民检察院
铁岭县人民检察院
西丰县人民检察院
昌图县人民检察院
朝阳市人民检察院
双塔区人民检察院
龙城区人民检察院
朝阳县人民检察院
建平县人民检察院
喀喇沁左翼蒙古族自治县人民检察院
锦西市人民检察院
连山区人民检察院
南票区人民检察院
葫芦岛区人民检察院
建昌县人民检察院
绥中县人民检察院
瓦房店市人民检察院
海城市人民检察院
兴城市人民检察院
普兰店市人民检察院
铁法市人民检察院
北票市人民检察院
开原市人民检察院
凌源市人民检察院
省人民检察院沈阳铁路运输分院
沈阳铁路运输检察院
锦州铁路运输检察院
长春铁路运输检察院
通化铁路运输检察院
通辽铁路运输检察院
吉林铁路运输检察院
大连铁路运输检察院
丹东铁路运输检察院
图们铁路运输检察院
省人民检察院辽河油田分院
辽河油田人民检察院

吉 林 省

吉林省人民检察院
长春市人民检察院
南关区人民检察院
宽城区人民检察院
朝阳区人民检察院
二道河子区人民检察院
郊区人民检察院
长春市朝阳区汽车厂厂区人民检察院
农安县人民检察院
德惠县人民检察院
双阳县人民检察院
吉林市人民检察院
昌邑区人民检察院
龙潭区人民检察院
船营区人民检察院
丰满区人民检察院
舒兰市人民检察院
永吉县人民检察院
磐石县人民检察院
四平市人民检察院
铁西区人民检察院
铁东区人民检察院
双辽县人民检察院
梨树县人民检察院
伊通满族自治县人民检察院
辽源市人民检察院
龙山区人民检察院
西安区人民检察院
东丰县人民检察院
东辽县人民检察院
通化市人民检察院
东昌区人民检察院
二道江区人民检察院
通化县人民检察院
辉南县人民检察院
柳河县人民检察院
浑江市人民检察院
八道江区人民检察院
三岔子区人民检察院
临江县人民检察院
抚松县人民检察院
靖宇县人民检察院
长白朝鲜族自治县人民检察院
松原市人民检察院
扶余区人民检察院
乾安县人民检察院
前郭尔罗斯蒙古族自治县人民

检察院
长岭县人民检察院
公主岭市人民检察院
梅河口市人民检察院
集安市人民检察院
九台市人民检察院
桦甸市人民检察院
蛟河市人民检察院
榆树市人民检察院
省人民检察院白城分院
白城市人民检察院
洮南市人民检察院
大安市人民检察院
镇赉县人民检察院
通榆县人民检察院
省人民检察院延边朝鲜族自治州分院
延吉市人民检察院
图们市人民检察院
敦化市人民检察院
龙井市人民检察院
珲春市人民检察院
和龙县人民检察院
汪清县人民检察院
安图县人民检察院
省人民检察院延边林区分院
大兴沟林区基层人民检察院
天桥岭林区人民检察院
汪清林区基层人民检察院
和龙林区基层人民检察院
八家子林区人民检察院
白河林区基层人民检察院
敦化林区基层人民检察院
大石头林区基层人民检察院
黄泥河林区基层人民检察院
省人民检察院浑江林区分院
临江林区基层人民检察院
三岔子林区基层人民检察院
泉阳林区基层人民检察院
露水河林区基层人民检察院
松江河林区基层人民检察院
湾沟林区基层人民检察院
省人民检察院吉林林区分院
石白山林区基层人民检察院
红石林区基层人民检察院

黑龙江省

黑龙江省人民检察院
哈尔滨市人民检察院
道里区人民检察院
道外区人民检察院
南岗区人民检察院
太平区人民检察院
香坊区人民检察院
动力区人民检察院
平房区人民检察院
呼兰县人民检察院
方正县人民检察院
宾县人民检察院
依兰县人民检察院
齐齐哈尔市人民检察院
龙沙区人民检察院
建华区人民检察院
铁锋区人民检察院
昂昂溪区人民检察院
富拉尔基区人民检察院
碾子山区人民检察院
梅里斯达斡尔族区人民检察院
讷河市人民检察院
龙江县人民检察院
依安县人民检察院
泰来县人民检察院
甘南县人民检察院
富裕县人民检察院
克山县人民检察院
克东县人民检察院
拜泉县人民检察院
鸡西市人民检察院
鸡冠区人民检察院
恒山区人民检察院
滴道区人民检察院
梨树区人民检察院
城子河区人民检察院
麻山区人民检察院
鸡东县人民检察院
鹤岗市人民检察院
向阳区人民检察院
工农区人民检察院
南山区人民检察院
兴安区人民检察院
东山区人民检察院
兴山区人民检察院
绥滨县人民检察院
萝北县人民检察院
双鸭山市人民检察院
尖山区人民检察院
岭东区人民检察院
四方台区人民检察院
宝山区人民检察院
集贤县人民检察院
宝清县人民检察院
友谊县人民检察院
大庆市人民检察院
萨尔图区人民检察院
龙凤区人民检察院
让胡路区人民检察院
红岗区人民检察院
大同区人民检察院
林甸县人民检察院
杜尔伯特蒙古族自治县人民检察院
肇源县人民检察院
肇州县人民检察院
伊春市人民检察院
伊春区人民检察院
南岔区人民检察院
友好区人民检察院
西林区人民检察院
翠峦区人民检察院
新青区人民检察院
美溪区人民检察院
汤旺河区人民检察院
金山屯区人民检察院

五营区人民检察院
乌马河区人民检察院
带岭区人民检察院
乌伊岭区人民检察院
红星区人民检察院
上甘岭区人民检察院
嘉荫县人民检察院
朗乡林区人民检察院
双丰林区人民检察院
桃山林区人民检察院
铁力林区人民检察院
佳木斯市人民检察院
永红区人民检察院
向阳区人民检察院
前进区人民检察院
东风区人民检察院
郊区人民检察院
桦南县人民检察院
桦川县人民检察院
汤原县人民检察院
饶河县人民检察院
抚远县人民检察院
七台河市人民检察院
新兴区人民检察院
桃山区人民检察院
茄子河区人民检察院
勃利县人民检察院
牡丹江市人民检察院
东安区人民检察院
阳明区人民检察院
爱民区人民检察院
西安区人民检察院
郊区人民检察院
海林市人民检察院
宁安县人民检察院
穆棱县人民检察院
东宁县人民检察院
林口县人民检察院
虎林县人民检察院
绥芬河市人民检察院
阿城市人民检察院
同江市人民检察院
富锦市人民检察院
铁力市人民检察院
密山市人民检察院
省人民检察院松花江分院
双城市人民检察院
尚志市人民检察院
五常县人民检察院
巴彦县人民检察院
木兰县人民检察院
通河县人民检察院
延寿县人民检察院
省人民检察院绥化分院
绥化市人民检察院
安达市人民检察院
肇东市人民检察院
海伦市人民检察院
望奎县人民检察院
兰西县人民检察院
青冈县人民检察院
庆安县人民检察院
明水县人民检察院
绥棱县人民检察院
省人民检察院黑河分院
黑河市人民检察院
北安市人民检察院
五大连池市人民检察院
嫩江县人民检察院
德都县人民检察院
逊克县人民检察院
孙吴县人民检察院
省人民检察院大兴安岭分院
加格达奇区人民检察院
松岭区人民检察院
新林区人民检察院
呼中区人民检察院
呼玛县人民检察院
塔河县人民检察院
漠河县人民检察院
图强林区人民检察院
阿木尔林区人民检察院
十八站林区人民检察院
省人民检察院哈尔滨铁路运输分院
哈尔滨铁路运输检察院
牡丹江铁路运输检察院
海拉尔铁路运输检察院
佳木斯铁路运输检察院
齐齐哈尔铁路运输检察院
加格达奇铁路运输检察院
伊图里河铁路运输检察院
省人民检察院松花江林区分院
亚布力林区人民检察院
苇河林区人民检察院
兴隆林区人民检察院
清河林区人民检察院
山河屯林区人民检察院
方正林区人民检察院
通河林区人民检察院
沾河林区人民检察院
绥棱林区人民检察院
通北林区人民检察院
省人民检察院合江林区分院
桦南林区人民检察院
双鸭山林区人民检察院
鹤北林区人民检察院
省人民检察院牡丹江林区分院
穆棱林区人民检察院
八面通林区人民检察院
东方红林区人民检察院
绥阳林区人民检察院
东京城林区人民检察院
大海林林区人民检察院
海林林区人民检察院
柴河林区人民检察院
林口林区人民检察院
迎春林区人民检察院
省人民检察院农垦分院
宝泉岭农垦人民检察院
建三江农垦人民检察院
红兴隆农垦人民检察院
九三农垦人民检察院
绥化农垦人民检察院
北安农垦人民检察院
嫩江农垦人民检察院

牡丹江农垦人民检察院

上 海 市

上海市人民检察院
上海市人民检察院分院
黄浦区人民检察院
南市区人民检察院
卢湾区人民检察院
徐汇区人民检察院
长宁区人民检察院
静安区人民检察院
普陀区人民检察院
闸北区人民检察院
虹口区人民检察院
杨浦区人民检察院
宝山区人民检察院
闵行区人民检察院
嘉定区人民检察院
浦东新区人民检察院
奉贤县人民检察院
南汇县人民检察院
金山县人民检察院
松江县人民检察院
崇明县人民检察院
青浦县人民检察院
青东农场区人民检察院
上海市石化总厂地区人民检察院
市人民检察院上海铁路运输分院
上海铁路运输检察院
南京铁路运输检察院
蚌埠铁路运输检察院
杭州铁路运输检察院
南昌铁路运输检察院
福州铁路运输检察院

江 苏 省

江苏省人民检察院
南京市人民检察院
玄武区人民检察院
白下区人民检察院
秦淮区人民检察院
建邺区人民检察院
鼓楼区人民检察院
下关区人民检察院
浦口区人民检察院
大厂区人民检察院
栖霞区人民检察院
雨花台区人民检察院
江宁县人民检察院
江浦县人民检察院
六合县人民检察院
溧水县人民检察院
高淳县人民检察院
无锡市人民检察院
崇安区人民检察院
南长区人民检察院
北塘区人民检察院
马山区人民检察院
郊区人民检察院
无锡县人民检察院
徐州市人民检察院
鼓楼区人民检察院
云龙区人民检察院
矿区人民检察院
贾汪区人民检察院
郊区人民检察院
邳州市人民检察院
丰县人民检察院
沛县人民检察院
铜山县人民检察院
睢宁县人民检察院
常州市人民检察院
天宁区人民检察院
钟楼区人民检察院
戚墅堰区人民检察院
郊区人民检察院
武进县人民检察院
金坛县人民检察院
苏州市人民检察院
沧浪区人民检察院
平江区人民检察院
金阊区人民检察院
郊区人民检察院
吴江市人民检察院
太仓县人民检察院
吴县人民检察院
南通市人民检察院
崇川区人民检察院
港闸区人民检察院
海安县人民检察院
如东县人民检察院
南通县人民检察院
海门县人民检察院
连云港市人民检察院
连云区人民检察院
云台区人民检察院
新浦区人民检察院
海州区人民检察院
赣榆县人民检察院
东海县人民检察院
灌云县人民检察院
淮阴市人民检察院
清河区人民检察院
清浦区人民检察院
淮阴县人民检察院
灌南县人民检察院
沭阳县人民检察院
泗阳县人民检察院
涟水县人民检察院
泗洪县人民检察院
洪泽县人民检察院
盱眙县人民检察院
金湖县人民检察院
盐城市人民检察院
城区人民检察院
郊区人民检察院
响水县人民检察院
滨海县人民检察院
阜宁县人民察院
射阳县人民检察院
建湖县人民检察院

大丰县人民检察院

扬州市人民检察院

广陵区人民检察院

郊区人民检察院

泰兴市人民检察院

宝应县人民检察院

靖江县人民检察院

江都县人民检察院

邗江县人民检察院

泰县人民检察院

镇江市人民检察院

京口区人民检察院

润州区人民检察院

丹徒县人民检察院

句容县人民检察院

扬中县人民检察院

江阴市人民检察院

宜兴市人民检察院

新沂市人民检察院

溧阳市人民检察院

张家港市人民检察院

常熟市人民检察院

昆山市人民检察院

启东市人民检察院

如皋市人民检察院

宿迁市人民检察院

淮安市人民检察院

东台市人民检察院

仪征市人民检察院

泰州市人民检察院

兴化市人民检察院

高邮市人民检察院

丹阳市人民检察院

浙江省

浙江省人民检察院

杭州市人民检察院

上城区人民检察院

下城区人民检察院

江干区人民检察院

拱墅区人民检察院

西湖区人民检察院

建德市人民检察院

桐庐县人民检察院

富阳县人民检察院

临安县人民检察院

余杭县人民检察院

淳安县人民检察院

宁波市人民检察院

海曙区人民检察院

江东区人民检察院

江北区人民检察院

北仑区人民检察院

镇海区人民检察院

象山县人民检察院

宁海县人民检察院

鄞县人民检察院

温州市人民检察院

鹿城区人民检察院

龙湾区人民检察院

瓯海区人民检察院

洞头县人民检察院

乐清县人民检察院

永嘉县人民检察院

平阳县人民检察院

苍南县人民检察院

文成县人民检察院

泰顺县人民检察院

嘉兴市人民检察院

城区人民检察院

郊区人民检察院

嘉善县人民检察院

海盐县人民检察院

桐乡县人民检察院

湖州市人民检察院

城郊人民检察院

德清县人民检察院

长兴县人民检察院

安吉县人民检察院

长兴县长广煤矿矿区人民检察院

绍兴市人民检察院

越城区人民检察院

上虞市人民检察院

绍兴县人民检察院

嵊县人民检察院

新昌县人民检察院

金华市人民检察院

婺城区人民检察院

永康市人民检察院

金华县人民检察院

武义县人民检察院

浦江县人民检察院

磐安县人民检察院

衢州市人民检察院

柯城区人民检察院

衢县人民检察院

常山县人民检察院

开化县人民检察院

龙游县人民检察院

舟山市人民检察院

定海区人民检察院

普陀区人民检察院

岱山县人民检察院

嵊泗县人民检察院

萧山市人民检察院

余姚市人民检察院

慈溪市人民检察院

奉化市人民检察院

瑞安市人民检察院

海宁市人民检察院

平湖市人民检察院

诸暨市人民检察院

兰溪市人民检察院

东阳市人民检察院

义乌市人民检察院

江山市人民检察院

省人民检察院丽水分院

丽水市人民检察院

龙泉市人民检察院

青田县人民检察院

云和县人民检察院

庆元县人民检察院

缙云县人民检察院

遂昌县人民检察院
松阳县人民检察院
景宁畲族自治县人民检察院
省人民检察院台州分院
椒江市人民检察院
临海市人民检察院
黄岩市人民检察院
温岭县人民检察院
仙居县人民检察院
天台县人民检察院
三门县人民检察院
玉环县人民检察院

安徽省

安徽省人民检察院
合肥市人民检察院
　东市区人民检察院
　中市区人民检察院
　西市区人民检察院
　郊区人民检察院
长丰县人民检察院
肥东县人民检察院
肥西县人民检察院
芜湖市人民检察院
　镜湖区人民检察院
　马塘区人民检察院
　新芜区人民检察院
　鸠江区人民检察院
芜湖县人民检察院
繁昌县人民检察院
南陵县人民检察院
蚌埠市人民检察院
　东市区人民检察院
　中市区人民检察院
　西市区人民检察院
　郊区人民检察院
怀远县人民检察院
五河县人民检察院
固镇县人民检察院
淮南市人民检察院
　大通区人民检察院
　田家庵区人民检察院
　谢家集区人民检察院
　八公山区人民检察院
　潘集区人民检察院
凤台县人民检察院
马鞍山市人民检察院
　金家庄区人民检察院
　花山区人民检察院
　雨山区人民检察院
　向山区人民检察院
当涂县人民检察院
淮北市人民检察院
　杜集区人民检察院
　相山区人民检察院
　烈山区人民检察院
濉溪县人民检察院
铜陵市人民检察院
　铜官山区人民检察院
　狮子山区人民检察院
　郊区人民检察院
铜陵县人民检察院
安庆市人民检察院
　迎江区人民检察院
　大观区人民检察院
　郊区人民检察院
怀宁县人民检察院
桐城县人民检察院
潜山县人民检察院
枞阳县人民检察院
宿松县人民检察院
太湖县人民检察院
岳西县人民检察院
望江县人民检察院
黄山市人民检察院
　黄山区人民检察院
　屯溪区人民检察院
　徽州区人民检察院
歙县人民检察院
休宁县人民检察院
黟县人民检察院
祁门县人民检察院
省人民检察院阜阳分院
阜阳市人民检察院
亳州市人民检察院
界首市人民检察院
临泉县人民检察院
太和县人民检察院
涡阳县人民检察院
蒙城县人民检察院
阜南县人民检察院
颍上县人民检察院
利辛县人民检察院
省人民检察院宿县分院
宿州市人民检察院
砀山县人民检察院
萧县人民检察院
灵壁县人民检察院
泗县人民检察院
滁州市人民检察院
　琅琊区人民检察院
　南谯区人民检察院
天长县人民检察院
来安县人民检察院
全椒县人民检察院
定远县人民检察院
凤阳县人民检察院
嘉山县人民检察院
省人民检察院六安分院
六安市人民检察院
寿县人民检察院
霍邱县人民检察院
舒城县人民检察院
金寨县人民检察院
霍山县人民检察院
省人民检察院宣城分院
宣州市人民检察院
郎溪县人民检察院
广德县人民检察院
宁国县人民检察院
绩溪县人民检察院
旌德县人民检察院
泾县人民检察院
省人民检察院巢湖分院

巢湖市人民检察院
庐江县人民检察院
无为县人民检察院
含山县人民检察院
和县人民检察院
省人民检察院池州分院
贵池市人民检察院
东至县人民检察院
石台县人民检察院
青阳县人民检察院

福建省

福建省人民检察院
福州市人民检察院
鼓楼区人民检察院
台江区人民检察院
仓山区人民检察院
马尾区人民检察院
郊区人民检察院
闽侯县人民检察院
连江县人民检察院
罗源县人民检察院
闽清县人民检察院
永泰县人民检察院
长乐县人民检察院
平潭县人民检察院
厦门市人民检察院
鼓浪屿区人民检察院
思明区人民检察院
开元区人民检察院
杏林区人民检察院
湖里区人民检察院
集美区人民检察院
同安县人民检察院
莆田市人民检察院
城厢区人民检察院
涵江区人民检察院
莆田县人民检察院
仙游县人民检察院
三明市人民检察院
梅列区人民检察院
三元区人民检察院
明溪县人民检察院
清流县人民检察院
宁化县人民检察院
大田县人民检察院
尤溪县人民检察院
沙县人民检察院
将乐县人民检察院
泰宁县人民检察院
建宁县人民检察院
泉州市人民检察院
鲤城区人民检察院
晋江市人民察院
惠安县人民检察院
南安县人民检察院
安溪县人民检察院
永春县人民检察院
德化县人民检察院
漳州市人民检察院
芗城区人民检察院
龙海县人民检察院
云霄县人民检察院
漳浦县人民检察院
诏安县人民检察院
长泰县人民检察院
东山县人民检察院
南靖县人民检察院
平和县人民检察院
华安县人民检察院
永安市人民检察院
石狮市人民检察院
福清市人民检察院
省人民检察院南平分院
南平市人民检察院
邵武市人民检察院
武夷山市人民检察院
建瓯市人民检察院
建阳县人民检察院
顺昌县人民检察院
浦城县人民检察院
光泽县人民检察院
松溪县人民检察院
政和县人民检察院
省人民检察院宁德分院
宁德市人民检察院
福安市人民检察院
福鼎县人民检察院
霞浦县人民检察院
古田县人民检察院
屏南县人民检察院
寿宁县人民检察院
周宁县人民检察院
柘荣县人民检察院
省人民检察院龙岩分院
龙岩市人民检察院
漳平市人民检察院
长汀县人民检察院
永定县人民检察院
上杭县人民检察院
武平县人民检察院
连城县人民检察院

江西省

江西省人民检察院
南昌市人民检察院
东湖区人民检察院
西湖区人民检察院
青云谱区人民检察院
湾里区人民检察院
郊区人民检察院
南昌县人民检察院
新建县人民检察院
安义县人民检察院
进贤县人民检察院
景德镇市人民检察院
昌江区人民检察院
珠山区人民检察院
乐平市人民检察院
浮梁县人民检察院
萍乡市人民检察院
城关区人民检察院

上栗区人民检察院
芦溪区人民检察院
湘东区人民检察院
莲花县人民检察院
九江市人民检察院
庐山区人民检察院
浔阳区人民检察院
九江县人民检察院
武宁县人民检察院
修水县人民检察院
永修县人民检察院
德安县人民检察院
星子县人民检察院
都昌县人民检察院
湖口县人民检察院
彭泽县人民检察院
新余市人民检察院
渝水区人民检察院
分宜县人民检察院
鹰潭市人民检察院
月湖区人民检察院
贵溪县人民检察院
余江县人民检察院
瑞昌市人民检察院
省人民检察院赣州分院
赣州市人民检察院
赣县人民检察院
南康县人民检察院
信丰县人民检察院
大余县人民检察院
上犹县人民检察院
崇义县人民检察院
安远县人民检察院
龙南县人民检察院
定南县人民检察院
全南县人民检察院
宁都县人民检察院
瑞金县人民检察院
会昌县人民检察院
寻乌县人民检察院
石城县人民检察院
兴国县人民检察院

于都县人民检察院
省人民检察院宜春分院
宜春市人民检察院
丰城市人民检察院
樟树市人民检察院
高安县人民检察院
奉新县人民检察院
万载县人民检察院
上高县人民检察院
宜丰县人民检察院
靖安县人民检察院
铜鼓县人民检察院
省人民检察院上饶分院
上饶市人民检察院
德兴市人民检察院
上饶县人民检察院
广丰县人民检察院
玉山县人民检察院
铅山县人民检察院
横峰县人民检察院
弋阳县人民检察院
余干县人民检察院
波阳县人民检察院
万年县人民检察院
婺源县人民检察院
省人民检察院吉安分院
吉安市人民检察院
井冈山市人民检察院
吉安县人民检察院
吉水县人民检察院
峡江县人民检察院
新干县人民检察院
永丰县人民检察院
泰和县人民检察院
遂川县人民检察院
万安县人民检察院
安福县人民检察院
永新县人民检察院
宁冈县人民检察院
省人民检察院抚州分院
抚州市人民检察院
临川县人民检察院

南城县人民检察院
黎川县人民检察院
南丰县人民检察院
崇仁县人民检察院
乐安县人民检察院
宜黄县人民检察院
金溪县人民检察院
资溪县人民检察院
东乡县人民检察院
广昌县人民检察院

山东省

山东省人民检察院
济南市人民检察院
历下区人民检察院
市中区人民检察院
槐荫区人民检察院
天桥区人民检察院
历城区人民检察院
章丘市人民检察院
长清县人民检察院
平阴县人民检察院
商河县人民检察院
济阳县人民检察院
青岛市人民检察院
市南区人民检察院
市北区人民检察院
台东区人民检察院
四方区人民检察院
沧口区人民检察院
黄岛区人民检察院
崂山区人民检察院
淄博市人民检察院
淄川区人民检察院
张店区人民检察院
博山区人民检察院
临淄区人民检察院
周村区人民检察院
桓台县人民检察院
高青县人民检察院

沂源县人民检察院
枣庄市人民检察院
市中区人民检察院
薛城区人民检察院
峄城区人民检察院
台儿庄区人民检察院
山亭区人民检察院
东营市人民检察院
东营区人民检察院
河口区人民检察院
垦利县人民检察院
利津县人民检察院
广饶县人民检察院
烟台市人民检察院
芝罘区人民检察院
福山区人民检察院
烟台经济技术开发区人民检察院
栖霞县人民检察院
海阳县人民检察院
牟平县人民检察院
长岛县人民检察院
潍坊市人民检察院
潍城区人民检察院
寒亭区人民检察院
坊子区人民检察院
安丘县人民检察院
寿光县人民检察院
临朐县人民检察院
昌乐县人民检察院
昌邑县人民检察院
高密县人民检察院
济宁市人民检察院
市中区人民检察院
市郊区人民检察院
兖州市人民检察院
邹城市人民检察院
微山县人民检察院
鱼台县人民检察院
金乡县人民检察院
嘉祥县人民检察院
汶上县人民检察院
泗水县人民检察院
梁山县人民检察院
泰安市人民检察院
泰山区人民检察院
郊区人民检察院
肥城市人民检察院
宁阳县人民检察院
东平县人民检察院
莱芜市人民检察院
莱城区人民检察院
钢城区人民检察院
威海市人民检察院
环翠区人民检察院
乳山县人民检察院
日照市人民检察院
东港区人民检察院
五莲县人民检察院
莒县人民检察院
即墨市人民检察院
胶州市人民检察院
平度市人民检察院
胶南市人民检察院
莱西市人民检察院
滕州市人民检察院
莱州市人民检察院
龙口市人民检察院
莱阳市人民检察院
蓬莱市人民检察院
招远市人民检察院
诸城市人民检察院
青州市人民检察院
曲阜市人民检察院
新泰市人民检察院
荣成市人民检察院
文登市人民检察院
省人民检察院滨州分院
滨州市人民检察院
惠民县人民检察院
阳信县人民检察院
博兴县人民检察院
沾化县人民检察院
无棣县人民检察院
邹平县人民检察院
省人民检察院德州分院
德州市人民检察院
乐陵市人民检察院
陵县人民检察院
平原县人民检察院
夏津县人民检察院
武城县人民检察院
齐河县人民检察院
禹城县人民检察院
临邑县人民检察院
宁津县人民检察院
庆云县人民检察院
省人民检察院聊城分院
聊城市人民检察院
临清市人民检察院
阳谷县人民检察院
莘县人民检察院
茌平县人民检察院
东阿县人民检察院
冠县人民检察院
高唐县人民检察院
省人民检察院临沂分院
临沂市人民检察院
郯城县人民检察院
苍山县人民检察院
莒南县人民检察院
沂水县人民检察院
蒙阴县人民检察院
平邑县人民检察院
费县人民检察院
沂南县人民检察院
临沭县人民检察院
省人民检察院菏泽分院
菏泽市人民检察院
曹县人民检察院
定陶县人民检察院
成武县人民检察院
单县人民检察院
巨野县人民检察院
郓城县人民检察院
鄄城县人民检察院

东明县人民检察院
省人民检察院济南铁路运输分院
济南铁路运输检察院
青岛铁路运输检察院
徐州铁路运输检察院

河南省

河南省人民检察院
郑州市人民检察院
中原区人民检察院
二七区人民检察院
金水区人民检察院
上街区人民检察院
邙山区人民检察院
管城回族区人民检察院
荥阳县人民检察院
中牟县人民检察院
新郑县人民检察院
登封县人民检察院
密县人民检察院
开封市人民检察院
龙亭区人民检察院
顺河回族区人民检察院
鼓楼区人民检察院
南关区人民检察院
郊区人民检察院
杞县人民检察院
通许县人民检察院
尉氏县人民检察院
开封县人民检察院
兰考县人民检察院
洛阳市人民检察院
老城区人民检察院
西工区人民检察院
瀍河回族区人民检察院
涧西区人民检察院
吉利区人民检察院
郊区人民检察院
偃师县人民检察院
孟津县人民检察院
新安县人民检察院
栾川县人民检察院
嵩县人民检察院
汝阳县人民检察院
宜阳县人民检察院
洛宁县人民检察院
伊川县人民检察院
平顶山市人民检察院
郊区人民检察院
新华区人民检察院
卫东区人民检察院
西区人民检察院
宝丰县人民检察院
叶县人民检察院
鲁山县人民检察院
郏县人民检察院
襄城县人民检察院
安阳市人民检察院
文峰区人民检察院
北关区人民检察院
铁西区人民检察院
郊区人民检察院
林县人民检察院
安阳县人民检察院
汤阴县人民检察院
滑县人民检察院
内黄县人民检察院
鹤壁市人民检察院
鹤山区人民检察院
山城区人民检察院
郊区人民检察院
浚县人民检察院
淇县人民检察院
新乡市人民检察院
红旗区人民检察院
新华区人民检察院
北站区人民检察院
郊区人民检察院
新乡县人民检察院
获嘉县人民检察院
原阳县人民检察院
延津县人民检察院
封丘县人民检察院
长垣县人民检察院
焦作市人民检察院
解放区人民检察院
中站区人民检察院
马村区人民检察院
山阳区人民检察院
修武县人民检察院
博爱县人民检察院
武陟县人民检察院
温县人民检察院
孟县人民检察院
濮阳市人民检察院
市区人民检察院
濮阳县人民检察院
清丰县人民检察院
南乐县人民检察院
范县人民检察院
台前县人民检察院
许昌市人民检察院
魏都区人民检察院
长葛县人民检察院
许昌县人民检察院
鄢陵县人民检察院
漯河市人民检察院
源汇区人民检察院
舞阳县人民检察院
临颍县人民检察院
郾城县人民检察院
三门峡市人民检察院
湖滨区人民检察院
渑池县人民检察院
陕县人民检察院
灵宝县人民检察院
卢氏县人民检察院
巩义市人民检察院
舞钢市人民检察院
汝州市人民检察院
卫辉市人民检察院
辉县市人民检察院
济源市人民检察院

沁阳市人民检察院
禹州市人民检察院
义马市人民检察院
省人民检察院商丘分院
商丘市人民检察院
虞城县人民检察院
商丘县人民检察院
民权县人民检察院
宁陵县人民检察院
睢县人民检察院
夏邑县人民检察院
柘城县人民检察院
永城县人民检察院
省人民检察院周口分院
周口市人民检察院
扶沟县人民检察院
西华县人民检察院
商水县人民检察院
太康县人民检察院
鹿邑县人民检察院
郸城县人民检察院
淮阳县人民检察院
沈丘县人民检察院
项城县人民检察院
省人民检察院驻马店分院
驻马店市人民检察院
确山县人民检察院
泌阳县人民检察院
遂平县人民检察院
西平县人民检察院
上蔡县人民检察院
汝南县人民检察院
平舆县人民检察院
新蔡县人民检察院
正阳县人民检察院
省人民检察院南阳分院
南阳市人民检察院
邓州市人民检察院
南召县人民检察院
方城县人民检察院
西峡县人民检察院
南阳县人民检察院
镇平县人民检察院
内乡县人民检察院
淅川县人民检察院
社旗县人民检察院
唐河县人民检察院
新野县人民检察院
桐柏县人民检察院
省人民检察院信阳分院
信阳市人民检察院
息县人民检察院
淮滨县人民检察院
信阳县人民检察院
潢川县人民检察院
固始县人民检察院
光山县人民检察院
商城县人民检察院
罗山县人民检察院
新县人民检察院
省人民检察院郑州铁路运输分院
郑州铁路运输检察院
洛阳铁路运输检察院
武汉铁路运输检察院
襄樊铁路运输检察院
安康铁路运输检察院
西安铁路运输检察院

湖北省

湖北省人民检察院
武汉市人民检察院
江岸区人民检察院
江汉区人民检察院
硚口区人民检察院
汉阳区人民检察院
武昌区人民检察院
青山区人民检察院
洪山区人民检察院
东西湖区人民检察院
汉南区人民检察院
蔡甸区人民检察院
武昌县人民检察院
黄陂县人民检察院
新洲县人民检察院
黄石市人民检察院
黄石港区人民检察院
石灰窑区人民检察院
下陆区人民检察院
铁山区人民检察院
大冶县人民检察院
十堰市人民检察院
茅箭区人民检察院
张湾区人民检察院
沙市市人民检察院
城郊人民检察院
宜昌市人民检察院
西陵区人民检察院
伍家岗区人民检察院
点军区人民检察院
宜昌县人民检察院
枝江县人民检察院
远安县人民检察院
兴山县人民检察院
秭归县人民检察院
长阳土家族自治县人民检察院
五峰土家族自治县人民检察院
襄樊市人民检察院
襄城区人民检察院
樊东区人民检察院
樊西区人民检察院
郊区人民检察院
襄阳县人民检察院
宜城县人民检察院
南漳县人民检察院
谷城县人民检察院
保康县人民检察院
鄂州市人民检察院
鄂城区人民检察院
华容区人民检察院
梁子湖区人民检察院
荆门市人民检察院
东宝区人民检察院
沙洋区人民检察院

神农架林区人民检察院
枝城市人民检察院
当阳市人民检察院
随州市人民检察院
老河口市人民检察院
枣阳市人民检察院
省人民检察院黄冈分院
麻城市人民检察院
武穴市人民检察院
黄州市人民检察院
英山县人民检察院
红安县人民检察院
罗田县人民检察院
浠水县人民检察院
蕲春县人民检察院
黄梅县人民检察院
省人民检察院孝感分院
孝感市人民检察院
应城市人民检察院
安陆市人民检察院
广水市人民检察院
大悟县人民检察院
云梦县人民检察院
汉川县人民检察院
省人民检察院咸宁分院
咸宁市人民检察院
蒲圻市人民检察院
嘉鱼县人民检察院
通城县人民检察院
崇阳县人民检察院
通山县人民检察院
阳新县人民检察院
省人民检察院荆州分院
仙桃市人民检察院
石首市人民检察院
洪湖市人民检察院
天门市人民检察院
潜江市人民检察院
钟祥市人民检察院
江陵县人民检察院
松滋县人民检察院
公安县人民检察院
监利县人民检察院
京山县人民检察院
省人民检察院郧阳分院
丹江口市人民检察院
郧县人民检察院
郧西县人民检察院
竹山县人民检察院
竹溪县人民检察院
房县人民检察院
鄂西土家族苗族自治州人民检察院
恩施市人民检察院
利川市人民检察院
来凤县人民检察院
建始县人民检察院
巴东县人民检察院
宣恩县人民检察院
咸丰县人民检察院
鹤峰县人民检察院

湖南省

湖南省人民检察院
长沙市人民检察院
东区人民检察院
南区人民检察院
西区人民检察院
北区人民检察院
郊区人民检察院
长沙县人民检察院
望城县人民检察院
浏阳县人民检察院
宁乡县人民检察院
株洲市人民检察院
东区人民检察院
北区人民检察院
南区人民检察院
郊区人民检察院
株洲县人民检察院
攸县人民检察院
茶陵县人民检察院
酃县人民检察院
湘潭市人民检察院
雨湖区人民检察院
岳塘区人民检察院
湘潭县人民检察院
衡阳市人民检察院
江东区人民检察院
城南区人民检察院
城北区人民检察院
郊区人民检察院
南岳区人民检察院
衡阳县人民检察院
衡南县人民检察院
衡山县人民检察院
衡东县人民检察院
常宁县人民检察院
祁东县人民检察院
邵阳市人民检察院
东区人民检察院
西区人民检察院
郊区人民检察院
邵东县人民检察院
新邵县人民检察院
邵阳县人民检察院
隆回县人民检察院
洞口县人民检察院
武冈县人民检察院
绥宁县人民检察院
新宁县人民检察院
城步苗族自治县人民检察院
岳阳市人民检察院
南区人民检察院
北区人民检察院
郊区人民检察院
临湘市人民检察院
岳阳县人民检察院
华容县人民检察院
湘阴县人民检察院
平江县人民检察院
常德市人民检察院
武陵区人民检察院
鼎城区人民检察院

桃源县人民检察院
石门县人民检察院
澧县人民检察院
临澧县人民检察院
汉寿县人民检察院
安乡县人民检察院
大庸市人民检察院
永定区人民检察院
武陵源区人民检察院
桑植县人民检察院
慈利县人民检察院
醴陵市人民检察院
汨罗市人民检察院
韶山市人民检察院
湘乡市人民检察院
耒阳市人民检察院
津市市人民检察院
省人民检察院益阳分院
益阳市人民检察院
沅江市人民检察院
益阳县人民检察院
南县人民检察院
桃江县人民检察院
安化县人民检察院
省人民检察院娄底分院
娄底市人民检察院
冷水江市人民检察院
涟源市人民检察院
双峰县人民检察院
新化县人民检察院
省人民检察院郴州分院
郴州市人民检察院
资兴市人民检察院
郴县人民检察院
桂阳县人民检察院
永兴县人民检察院
宜章县人民检察院
嘉禾县人民检察院
临武县人民检察院
汝城县人民检察院
桂东县人民检察院
安仁县人民检察院
省人民检察院零陵分院
永州市人民检察院
冷水滩市人民检察院
东安县人民检察院
道县人民检察院
宁远县人民检察院
江永县人民检察院
蓝山县人民检察院
新田县人民检察院
双牌县人民检察院
祁阳县人民检察院
江华瑶族自治县人民检察院
省人民检察院怀化分院
怀化市人民检察院
洪江市人民检察院
黔阳县人民检察院
沅陵县人民检察院
辰溪县人民检察院
溆浦县人民检察院
会同县人民检察院
新晃侗族自治县人民检察院
芷江侗族自治县人民检察院
麻阳苗族自治县人民检察院
靖州苗族侗族自治县人民检察院
通道侗族自治县人民检察院
湘西土家族苗族自治州人民检察院
吉首市人民检察院
泸溪县人民检察院
凤凰县人民检察院
花垣县人民检察院
保靖县人民检察院
古丈县人民检察院
永顺县人民检察院
龙山县人民检察院

广东省

广东省人民检察院
广州市人民检察院
东山区人民检察院
荔湾区人民检察院
越秀区人民检察院
海珠区人民检察院
芳村区人民检察院
天河区人民检察院
黄埔区人民检察院
白云区人民检察院
广州经济技术开发区人民检察院
番禺市人民检察院
花县人民检察院
从化县人民检察院
增城县人民检察院
韶关市人民检察院
北江区人民检察院
武江区人民检察院
浈江区人民检察院
曲江县人民检察院
始兴县人民检察院
南雄县人民检察院
仁化县人民检察院
乐昌县人民检察院
翁源县人民检察院
新丰县人民检察院
乳源瑶族自治县人民检察院
深圳市人民检察院
罗湖区人民检察院
福田区人民检察院
南山区人民检察院
宝安区人民检察院
龙岗区人民检察院
南山区蛇口人民检察院
罗湖区沙头角人民检察院
珠海市人民检察院
香洲区人民检察院
斗门县人民检察院
中山市人民检察院
东莞市人民检察院
梅州市人民检察院
梅江区人民检察院
梅县人民检察院

大埔县人民检察院
丰顺县人民检察院
五华县人民检察院
兴宁县人民检察院
平远县人民检察院
蕉岭县人民检察院
惠州市人民检察院
惠城区人民检察院
惠阳县人民检察院
博罗县人民检察院
惠东县人民检察院
龙门县人民检察院
肇庆市人民检察院
端州区人民检察院
鼎湖区人民检察院
云浮市人民检察院
高要县人民检察院
四会县人民检察院
广宁县人民检察院
怀集县人民检察院
封开县人民检察院
德庆县人民检察院
新兴县人民检察院
郁南县人民检察院
罗定县人民检察院
汕尾市人民检察院
城区人民检察院
陆丰县人民检察院
海丰县人民检察院
陆河县人民检察院
河源市人民检察院
源城区人民检察院
郊区人民检察院
紫金县人民检察院
和平县人民检察院
连平县人民检察院
龙川县人民检察院
汕头市人民检察院
达濠区人民检察院
龙湖区人民检察院
汕头经济特区人民检察院
金园区人民检察院
升平区人民检察院
澄海县人民检察院
南澳县人民检察院
潮阳市人民检察院
佛山市人民检察院
城区人民检察院
石湾区人民检察院
南海市人民检察院
顺德市人民检察院
三水县人民检察院
高明县人民检察院
江门市人民检察院
城区人民检察院
郊区人民检察院
新会市人民检察院
台山市人民检察院
恩平县人民检察院
开平县人民检察院
鹤山县人民检察院
潮州市人民检察院
湘桥区人民检察院
潮安县人民检察院
饶平县人民检察院
揭阳市人民检察院
榕城区人民检察院
揭东县人民检察院
揭西县人民检察院
普宁县人民检察院
惠来县人民检察院
湛江市人民检察院
赤坎区人民检察院
霞山区人民检察院
坡头区人民检察院
郊区人民检察院
吴川县人民检察院
廉江县人民检察院
遂溪县人民检察院
海康县人民检察院
徐闻县人民检察院
茂名市人民检察院
茂南区人民检察院
信宜县人民检察院
高州县人民检察院
电白县人民检察院
化州县人民检察院
阳江市人民检察院
江城区人民检察院
阳东县人民检察院
阳西县人民检察院
阳春县人民检察院
清远市人民检察院
清城区人民检察院
清新县人民检察院
连县人民检察院
阳山县人民检察院
英德县人民检察院
佛冈县人民检察院
连南瑶族自治县人民检察院
连山壮族瑶族自治县人民检察院
省人民检察院广州铁路运输分院
广州铁路运输检察院
长沙铁路运输检察院
怀化铁路运输检察院
长沙铁路衡阳运输检察院

广西壮族自治区

广西壮族自治区人民检察院
南宁市人民检察院
兴宁区人民检察院
城北区人民检察院
永新区人民检察院
新城区人民检察院
江南区人民检察院
市郊区人民检察院
邕宁县人民检察院
武鸣县人民检察院
柳州市人民检察院
城中区人民检察院
柳南区人民检察院
柳北区人民检察院

市郊区人民检察院
鱼峰区人民检察院
柳城县人民检察院
柳江县人民检察院
桂林市人民检察院
秀峰区人民检察院
象山区人民检察院
市郊区人民检察院
叠彩区人民检察院
七星区人民检察院
临桂县人民检察院
阳朔县人民检察院
梧州市人民检察院
蝶山区人民检察院
万秀区人民检察院
市郊区人民检察院
苍梧县人民检察院
北海市人民检察院
海城区人民检察院
市郊区人民检察院
合浦县人民检察院
自治区人民检察院南宁分院
凭祥市人民检察院
宾阳县人民检察院
隆安县人民检察院
扶绥县人民检察院
大新县人民检察院
宁明县人民检察院
横县人民检察院
上林县人民检察院
马山县人民检察院
崇左县人民检察院
天等县人民检察院
龙州县人民检察院
自治区人民检察院柳州分院
合山市人民检察院
鹿寨县人民检察院
象州县人民检察院
武宣县人民检察院
来宾县人民检察院
融安县人民检察院
忻城县人民检察院

融水苗族自治县人民检察院
金秀瑶族自治县人民检察院
三江侗族自治县人民检察院
自治区人民检察院桂林分院
灵川县人民检察院
全州县人民检察院
兴安县人民检察院
永福县人民检察院
灌阳县人民检察院
资源县人民检察院
平乐县人民检察院
荔浦县人民检察院
龙胜各族自治县人民检察院
恭城瑶族自治县人民检察院
自治区人民检察院梧州分院
岑溪县人民检察院
藤县人民检察院
昭平县人民检察院
蒙山县人民检察院
贺县人民检察院
钟山县人民检察院
富川瑶族自治县人民检察院
自治区人民检察院玉林分院
玉林市人民检察院
贵港市人民检察院
北流县人民检察院
平南县人民检察院
桂平县人民检察院
容县人民检察院
陆川县人民检察院
博白县人民检察院
自治区人民检察院百色分院
百色市人民检察院
田阳县人民检察院
田东县人民检察院
平果县人民检察院
德保县人民检察院
靖西县人民检察院
那坡县人民检察院
凌云县人民检察院
乐业县人民检察院
田林县人民检察院

西林县人民检察院
隆林各族自治县人民检察院
自治区人民检察院河池分院
河池市人民检察院
宜山县人民检察院
南丹县人民检察院
天峨县人民检察院
凤山县人民检察院
东兰县人民检察院
罗城仫佬族自治县人民检察院
环江毛南族自治县人民检察院
巴马瑶族自治县人民检察院
都安瑶族自治县人民检察院
大化瑶族自治县人民检察院
自治区人民检察院钦州分院
钦州市人民检察院
上思县人民检察院
灵山县人民检察院
浦北县人民检察院
防城各族自治县人民检察院
自治区人民检察院柳州铁路运输分院
柳州铁路运输检察院
南宁铁路运输检察院

海南省

海南省人民检察院
省人民检察院海南分院
海口市人民检察院
振东区人民检察院
新华区人民察院
秀英区人民检察院
三亚市人民检察院
城郊人民检察院
通什市人民检察院
琼海市人民检察院
琼山县人民检察院
文昌县人民检察院
万宁县人民检察院
定安县人民检察院

屯昌县人民检察院
澄迈县人民检察院
临高县人民检察院
儋县人民检察院
东方黎族自治县人民检察院
昌江黎族自治县人民检察院
乐东黎族自治县人民检察院
陵水黎族自治县人民检察院
白沙黎族自治县人民检察院
琼中黎族苗族自治县人民检察院
保亭黎族苗族自治县人民检察院

四　川　省

四川省人民检察院
成都市人民检察院
锦江区人民检察院
青羊区人民检察院
金牛区人民检察院
龙泉驿区人民检察院
武侯区人民检察院
成华区人民检察院
青白江区人民检察院
金堂县人民检察院
双流县人民检察院
温江县人民检察院
郫县人民检察院
新都县人民检察院
彭县人民检察院
崇庆县人民检察院
大邑县人民检察院
邛崃县人民检察院
蒲江县人民检察院
新津县人民检察院
重庆市人民检察院
市中区人民检察院
大渡口区人民检察院
江北区人民检察院
沙坪坝区人民检察院
九龙坡区人民检察院
南岸区人民检察院
北碚区人民检察院
南桐矿区人民检察院
双桥区人民检察院
江津市人民检察院
合川市人民检察院
永川市人民检察院
长寿县人民检察院
巴县人民检察院
綦江县人民检察院
江北县人民检察院
潼南县人民检察院
铜梁县人民检察院
大足县人民检察院
荣昌县人民检察院
璧山县人民检察院
自贡市人民检察院
自流井区人民检察院
贡井区人民检察院
大安区人民检察院
沿滩区人民检察院
荣县人民检察院
富顺县人民检察院
攀枝花市人民检察院
东区人民检察院
西区人民检察院
仁和区人民检察院
米易县人民检察院
盐边县人民检察院
泸州市人民检察院
市中区人民检察院
泸县人民检察院
合江县人民检察院
纳溪县人民检察院
叙永县人民检察院
古蔺县人民检察院
德阳市人民检察院
市中区人民检察院
绵竹县人民检察院
中江县人民检察院
什邡县人民检察院
绵阳市人民检察院
涪城区人民检察院
游仙区人民检察院
三台县人民检察院
盐亭县人民检察院
安县人民检察院
梓潼县人民检察院
北川县人民检察院
平武县人民检察院
广元市人民检察院
市中区人民检察院
朝天区人民检察院
元坝区人民检察院
旺苍县人民检察院
青川县人民检察院
剑阁县人民检察院
苍溪县人民检察院
荣山地区人民检察院
嘉川地区人民检察院
遂宁市人民检察院
市中区人民检察院
蓬溪县人民检察院
射洪县人民检察院
内江市人民检察院
市中区人民检察院
东兴区人民检察院
乐至县人民检察院
安岳县人民检察院
威远县人民检察院
资中县人民检察院
资阳县人民检察院
简阳县人民检察院
隆昌县人民检察院
乐山市人民检察院
市中区人民检察院
沙湾区人民检察院
五通桥区人民检察院
金口河区人民检察院
仁寿县人民检察院
眉山县人民检察院
犍为县人民检察院
井研县人民检察院

夹江县人民检察院
洪雅县人民检察院
彭山县人民检察院
沐川县人民检察院
青神县人民检察院
丹棱县人民检察院
峨边彝族自治县人民检察院
马边彝族自治县人民检察院
万县市人民检察院
　龙宝区人民检察院
　天城区人民检察院
　五桥区人民检察院
开县人民检察院
忠县人民检察院
梁平县人民检察院
云阳县人民检察院
奉节县人民检察院
巫山县人民检察院
巫溪县人民检察院
城口县人民检察院
广汉市人民检察院
峨眉山市人民检察院
江油市人民检察院
都江堰市人民检察院
省人民检察院涪陵分院
涪陵市人民检察院
垫江县人民检察院
南川县人民检察院
丰都县人民检察院
武隆县人民检察院
省人民检察院宜宾分院
宜宾市人民检察院
宜宾县人民检察院
南溪县人民检察院
江安县人民检察院
长宁县人民检察院
高县人民检察院
筠连县人民检察院
珙县人民检察院
兴文县人民检察院
屏山县人民检察院
珙县芙蓉地区人民检察院

省人民检察院南充分院
南充市人民检察院
华蓥市人民检察院
阆中市人民检察院
南充县人民检察院
南部县人民检察院
岳池县人民检察院
营山县人民检察院
广安县人民检察院
蓬安县人民检察院
仪陇县人民检察院
武胜县人民检察院
西充县人民检察院
省人民检察院达县分院
达县市人民检察院
达县人民检察院
宣汉县人民检察院
开江县人民检察院
万源县人民检察院
通江县人民检察院
南江县人民检察院
巴中县人民检察院
平昌县人民检察院
大竹县人民检察院
渠县人民检察院
邻水县人民检察院
白沙工农区人民检察院
省人民检察院雅安分院
雅安市人民检察院
名山县人民检察院
荥经县人民检察院
汉源县人民检察院
石棉县人民检察院
天全县人民检察院
芦山县人民检察院
宝兴县人民检察院
省人民检察院黔江分院
石柱土家族自治县人民检察院
秀山土家族苗族自治县人民检察院
黔江土家族苗族自治县人民检察院

酉阳土家族苗族自治县人民检察院
彭水苗族土家族自治县人民检察院
阿坝藏族羌族自治州人民检察院
汶川县人民检察院
理县人民检察院
茂县人民检察院
松潘县人民检察院
南坪县人民检察院
金川县人民检察院
小金县人民检察院
黑水县人民检察院
马尔康县人民检察院
壤塘县人民检察院
阿坝县人民检察院
若尔盖县人民检察院
红原县人民检察院
甘孜藏族自治州人民检察院
康定县人民检察院
泸定县人民检察院
丹巴县人民检察院
九龙县人民检察院
雅江县人民检察院
道孚县人民检察院
炉霍县人民检察院
甘孜县人民检察院
新龙县人民检察院
德格县人民检察院
白玉县人民检察院
石渠县人民检察院
色达县人民检察院
理塘县人民检察院
巴塘县人民检察院
乡城县人民检察院
稻城县人民检察院
得荣县人民检察院
凉山彝族自治州人民检察院
西昌市人民检察院
盐源县人民检察院
德昌县人民检察院

会理县人民检察院
会东县人民检察院
宁南县人民检察院
普格县人民检察院
布拖县人民检察院
金阳县人民检察院
昭觉县人民检察院
喜德县人民检察院
冕宁县人民检察院
越西县人民检察院
甘洛县人民检察院
美姑县人民检察院
雷波县人民检察院
木里藏族自治县人民检察院

省人民检察院成都铁路运输分院

成都铁路运输检察院
重庆铁路运输检察院
贵阳铁路运输检察院
西昌铁路运输检察院
昆明铁路运输检察院
开远铁路运输检察院

贵 州 省

贵州省人民检察院

贵阳市人民检察院

南明区人民检察院
云岩区人民检察院
花溪区人民检察院
乌当区人民检察院
白云区人民检察院

六盘水市人民检察院

钟山区人民检察院
盘县特区人民检察院
六枝特区人民检察院
水城县人民检察院

省人民检察院遵义分院

遵义市人民检察院
赤水市人民检察院
遵义县人民检察院
桐梓县人民检察院
绥阳县人民检察院
正安县人民检察院
习水县人民检察院
凤冈县人民检察院
湄潭县人民检察院
余庆县人民检察院
仁怀县人民检察院
务川仡佬族苗族自治县人民检察院
道真仡佬族苗族自治县人民检察院

省人民检察院铜仁分院

铜仁市人民检察院
江口县人民检察院
德江县人民检察院
石阡县人民检察院
思南县人民检察院
印江土家族苗族自治县人民检察院
玉屏侗族自治县人民检察院
沿河土家族自治县人民检察院
松桃苗族自治县人民检察院
万山特区人民检察院

黔西南布依族苗族自治州人民检察院

兴义市人民检察院
兴仁县人民检察院
普安县人民检察院
晴隆县人民检察院
贞丰县人民检察院
望谟县人民检察院
册亨县人民检察院
安龙县人民检察院

省人民检察院毕节分院

毕节县人民检察院
大方县人民检察院
黔西县人民检察院
金沙县人民检察院
织金县人民检察院
纳雍县人民检察院
赫章县人民检察院
威宁彝族回族苗族自治县人民检察院

省人民检察院安顺分院

安顺市人民检察院
清镇市人民检察院
开阳县人民检察院
息烽县人民检察院
修文县人民检察院
平坝县人民检察院
普定县人民检察院
关岭布依族苗族自治县人民检察院
镇宁布依族苗族自治县人民检察院
紫云苗族布依族自治县人民检察院

黔东南苗族侗族自治州人民检察院

凯里市人民检察院
黄平县人民检察院
施秉县人民检察院
三穗县人民检察院
镇远县人民检察院
岑巩县人民检察院
天柱县人民检察院
锦屏县人民检察院
剑河县人民检察院
台江县人民检察院
黎平县人民检察院
榕江县人民检察院
从江县人民检察院
雷山县人民检察院
麻江县人民检察院
丹寨县人民检察院

黔南布依族苗族自治州人民检察院

都匀市人民检察院
荔波县人民检察院
贵定县人民检察院
福泉县人民检察院
瓮安县人民检察院
独山县人民检察院

平塘县人民检察院
罗甸县人民检察院
长顺县人民检察院
龙里县人民检察院
惠水县人民检察院
三都水族自治县人民检察院

云 南 省

云南省人民检察院
昆明市人民检察院
五华区人民检察院
盘龙区人民检察院
官渡区人民检察院
西山区人民检察院
呈贡县人民检察院
晋宁县人民检察院
安宁县人民检察院
富民县人民检察院
宜良县人民检察院
嵩明县人民检察院
路南彝族自治县人民检察院
禄劝彝族苗族自治县人民检察院
东川市人民检察院
省人民检察院昭通分院
昭通市人民检察院
鲁甸县人民检察院
巧家县人民检察院
盐津县人民检察院
大关县人民检察院
永善县人民检察院
绥江县人民检察院
镇雄县人民检察院
彝良县人民检察院
威信县人民检察院
水富县人民检察院
省人民检察院曲靖分院
曲靖市人民检察院
马龙县人民检察院
宣威县人民检察院
富源县人民检察院
罗平县人民检察院
师宗县人民检察院
陆良县人民检察院
会泽县人民检察院
寻甸回族彝族自治县人民检察院
省人民检察院玉溪分院
玉溪市人民检察院
江川县人民检察院
澄江县人民检察院
通海县人民检察院
华宁县人民检察院
易门县人民检察院
峨山彝族自治县人民检察院
新平彝族傣族自治县人民检察院
元江哈尼族彝族傣族自治县人民检察院
省人民检察院思茅分院
思茅县人民检察院
西盟佤族自治县人民检察院
景东彝族自治县人民检察院
墨江哈尼族自治县人民检察院
澜沧拉祜族自治县人民检察院
景谷傣族彝族自治县人民检察院
江城哈尼族彝族自治县人民检察院
普洱哈尼族彝族自治县人民检察院
孟连傣族拉祜族佤族自治县人民检察院
镇沅彝族哈尼族拉祜族自治县人民检察院
省人民检察院保山分院
保山市人民检察院
施甸县人民检察院
腾冲县人民检察院
龙陵县人民检察院
昌宁县人民检察院
省人民检察院丽江分院
永胜县人民检察院
华坪县人民检察院
宁蒗彝族自治县人民检察院
丽江纳西族自治县人民检察院
省人民检察院临沧分院
临沧县人民检察院
凤庆县人民检察院
云县人民检察院
永德县人民检察院
镇康县人民检察院
沧源佤族自治县人民检察院
耿马傣族佤族自治县人民检察院
双江拉祜族佤族布朗族傣族自治县人民检察院
楚雄彝族自治州人民检察院
楚雄市人民检察院
双柏县人民检察院
牟定县人民检察院
南华县人民检察院
姚安县人民检察院
大姚县人民检察院
永仁县人民检察院
元谋县人民检察院
武定县人民检察院
禄丰县人民检察院
红河哈尼族彝族自治州人民检察院
个旧市人民检察院
开远市人民检察院
蒙自县人民检察院
绿春县人民检察院
建水县人民检察院
石屏县人民检察院
弥勒县人民检察院
泸西县人民检察院
元阳县人民检察院
红河县人民检察院
屏边苗族自治县人民检察院
河口瑶族自治县人民检察院
金平苗族瑶族傣族自治县人民检察院

文山壮族苗族自治州人民检察院

文山县人民检察院

砚山县人民检察院

西畴县人民检察院

麻栗坡县人民检察院

马关县人民检察院

丘北县人民检察院

广南县人民检察院

富宁县人民检察院

西双版纳傣族自治州人民检察院

景洪县人民检察院

勐海县人民检察院

勐腊县人民检察院

大理白族自治州人民检察院

大理市人民检察院

祥云县人民检察院

宾川县人民检察院

弥渡县人民检察院

永平县人民检察院

云龙县人民检察院

洱源县人民检察院

剑川县人民检察院

鹤庆县人民检察院

漾濞彝族自治县人民检察院

南涧彝族自治县人民检察院

巍山彝族回族自治县人民检察院

德宏傣族景颇族自治州人民检察院

畹町市人民检察院

瑞丽市人民检察院

潞西县人民检察院

梁河县人民检察院

盈江县人民检察院

陇川县人民检察院

怒江傈僳族自治州人民检察院

泸水县人民检察院

福贡县人民检察院

贡山独龙族怒族自治县人民检察院

兰坪白族普米族自治县人民检察院

迪庆藏族自治州人民检察院

中甸县人民检察院

德钦县人民检察院

维西傈僳族自治县人民检察院

西藏自治区

西藏自治区人民检察院

拉萨市人民检察院

城关区人民检察院

林周县人民检察院

当雄县人民检察院

尼木县人民检察院

曲水县人民检察院

堆龙德庆县人民检察院

达孜县人民检察院

墨竹工卡县人民检察院

自治区人民检察院昌都分院

昌都县人民检察院

江达县人民检察院

贡觉县人民检察院

类乌齐县人民检察院

丁青县人民检察院

察雅县人民检察院

八宿县人民检察院

左贡县人民检察院

芒康县人民检察院

洛隆县人民检察院

边坝县人民检察院

自治区人民检察院山南分院

乃东县人民检察院

扎囊县人民检察院

贡嘎县人民检察院

桑日县人民检察院

琼结县人民检察院

曲松县人民检察院

措美县人民检察院

洛扎县人民检察院

加查县人民检察院

隆子县人民检察院

错那县人民检察院

浪卡子县人民检察院

自治区人民检察院日喀则分院

日喀则市人民检察院

南木林县人民检察院

江孜县人民检察院

定日县人民检察院

萨迦县人民检察院

拉孜县人民检察院

昂仁县人民检察院

谢通门县人民检察院

白朗县人民检察院

仁布县人民检察院

康马县人民检察院

定结县人民检察院

仲巴县人民检察院

亚东县人民检察院

吉隆县人民检察院

聂拉木县人民检察院

萨嘎县人民检察院

岗巴县人民检察院

自治区人民检察院那曲分院

那曲县人民检察院

嘉黎县人民检察院

比如县人民检察院

聂荣县人民检察院

安多县人民检察院

申扎县人民检察院

索县人民检察院

班戈县人民检察院

巴青县人民检察院

尼玛县人民检察院

自治区人民检察院阿里分院

普兰县人民检察院

札达县人民检察院

噶尔县人民检察院

日土县人民检察院

革吉县人民检察院

改则县人民检察院

措勤县人民检察院

自治区人民检察院林芝分院

林芝县人民检察院
工布江达县人民检察院
米林县人民检察院
墨脱县人民检察院
波密县人民检察院
察隅县人民检察院
朗县人民检察院

陕 西 省

陕西省人民检察院
西安市人民检察院
新城区人民检察院
碑林区人民检察院
莲湖区人民检察院
灞桥区人民检察院
未央区人民检察院
雁塔区人民检察院
阎良区人民检察院
长安县人民检察院
蓝田县人民检察院
临潼县人民检察院
周至县人民检察院
户县人民检察院
高陵县人民检察院
铜川市人民检察院
城区人民检察院
郊区人民检察院
耀县人民检察院
宜君县人民检察院
宝鸡市人民检察院
渭滨区人民检察院
金台区人民检察院
宝鸡县人民检察院
凤翔县人民检察院
岐山县人民检察院
扶风县人民检察院
眉县人民检察院
陇县人民检察院
千阳县人民检察院
麟游县人民检察院
凤县人民检察院
太白县人民检察院
咸阳市人民检察院
秦都区人民检察院
杨陵区人民检察院
渭城区人民检察院
兴平县人民检察院
三原县人民检察院
泾阳县人民检察院
乾县人民检察院
礼泉县人民检察院
永寿县人民检察院
彬县人民检察院
长武县人民检察院
旬邑县人民检察院
淳化县人民检察院
武功县人民检察院
省人民检察院渭南分院
渭南市人民检察院
韩城市人民检察院
华阴市人民检察院
华县人民检察院
潼关县人民检察院
大荔县人民检察院
蒲城县人民检察院
澄城县人民检察院
白水县人民检察院
合阳县人民检察院
富平县人民检察院
省人民检察院汉中分院
汉中市人民检察院
南郑县人民检察院
城固县人民检察院
洋县人民检察院
西乡县人民检察院
勉县人民检察院
宁强县人民检察院
略阳县人民检察院
镇巴县人民检察院
留坝县人民检察院
佛坪县人民检察院
省人民检察院安康分院
安康市人民检察院
汉阴县人民检察院
石泉县人民检察院
宁陕县人民检察院
紫阳县人民检察院
岚皋县人民检察院
平利县人民检察院
镇坪县人民检察院
旬阳县人民检察院
白河县人民检察院
省人民检察院商洛分院
商州市人民检察院
洛南县人民检察院
丹凤县人民检察院
商南县人民检察院
山阳县人民检察院
镇安县人民检察院
柞水县人民检察院
省人民检察院延安分院
延安市人民检察院
延长县人民检察院
延川县人民检察院
子长县人民检察院
安塞县人民检察院
志丹县人民检察院
吴旗县人民检察院
甘泉县人民检察院
富县人民检察院
洛川县人民检察院
宜川县人民检察院
黄龙县人民检察院
黄陵县人民检察院
省人民检察院榆林分院
榆林市人民检察院
神木县人民检察院
府谷县人民检察院
横山县人民检察院
靖边县人民检察院
定边县人民检察院
绥德县人民检察院
米脂县人民检察院
佳县人民检察院

吴堡县人民检察院
清涧县人民检察院
子洲县人民检察院

甘 肃 省

甘肃省人民检察院
兰州市人民检察院
城关区人民检察院
七里河区人民检察院
西固区人民检察院
安宁区人民检察院
红古区人民检察院
永登县人民检察院
皋兰县人民检察院
榆中县人民检察院
嘉峪关市人民检察院
金昌市人民检察院
金川区人民检察院
永昌县人民检察院
白银市人民检察院
白银区人民检察院
平川区人民检察院
靖远县人民检察院
会宁县人民检察院
景泰县人民检察院
天水市人民检察院
秦城区人民检察院
北道区人民检察院
清水县人民检察院
秦安县人民检察院
甘谷县人民检察院
武山县人民检察院
张家川回族自治县人民检察院
省人民检察院酒泉分院
玉门市人民检察院
酒泉市人民检察院
敦煌市人民检察院
金塔县人民检察院
肃北蒙古族自治县人民检察院
阿克塞哈萨克族自治县人民检察院
安西县人民检察院
省人民检察院张掖分院
张掖市人民检察院
肃南裕固族自治县人民检察院
民乐县人民检察院
临泽县人民检察院
高台县人民检察院
山丹县人民检察院
省人民检察院武威分院
武威市人民检察院
民勤县人民检察院
古浪县人民检察院
天祝藏族自治县人民检察院
省人民检察院定西分院
定西县人民检察院
通渭县人民检察院
陇西县人民检察院
渭源县人民检察院
临洮县人民检察院
漳县人民检察院
岷县人民检察院
省人民检察院陇南分院
武都县人民检察院
宕昌县人民检察院
成县人民检察院
康县人民检察院
文县人民检察院
西和县人民检察院
礼县人民检察院
两当县人民检察院
徽县人民检察院
省人民检察院平凉分院
平凉市人民检察院
泾川县人民检察院
灵台县人民检察院
崇信县人民检察院
华亭县人民检察院
庄浪县人民检察院
静宁县人民检察院
省人民检察院庆阳分院
西峰市人民检察院
庆阳县人民检察院
环县人民检察院
华池县人民检察院
合水县人民检察院
正宁县人民检察院
宁县人民检察院
镇原县人民检察院
子午岭林区人民检察院
临夏回族自治州人民检察院
临夏市人民检察院
临夏县人民检察院
康乐县人民检察院
永靖县人民检察院
广河县人民检察院
和政县人民检察院
东乡族自治县人民检察院
积石山保安族东乡族撒拉族自治县人民检察院
甘南藏族自治州人民检察院
临潭县人民检察院
卓尼县人民检察院
舟曲县人民检察院
迭部县人民检察院
玛曲县人民检察院
碌曲县人民检察院
夏河县人民检察院
省人民检察院白龙江林区分院
白水江林区人民检察院
洮河林区人民检察院
舟曲林区人民检察院
迭部林区人民检察院
甘肃矿区人民检察院
省人民检察院兰州铁路运输分院
兰州铁路运输检察院
西宁铁路运输检察院
武威铁路运输检察院
银川铁路运输检察院

青 海 省

青海省人民检察院

西宁市人民检察院
城东区人民检察院
城中区人民检察院
城西区人民检察院
城北区人民检察院
大通回族土族自治县人民检察院
省人民检察院海东分院
平安县人民检察院
乐都县人民检察院
湟中县人民检察院
湟源县人民检察院
互助土族自治县人民检察院
化隆回族自治县人民检察院
循化撒拉族自治县人民检察院
民和回族土族自治县人民检察院
海北藏族自治州人民检察院
祁连县人民检察院
海晏县人民检察院
刚察县人民检察院
门源回族自治县人民检察院
黄南藏族自治州人民检察院
同仁县人民检察院
尖扎县人民检察院
泽库县人民检察院
河南蒙古族自治县人民检察院
李家峡人民检察院
海南藏族自治州人民检察院
共和县人民检察院
贵德县人民检察院
同德县人民检察院
兴海县人民检察院
贵南县人民检察院
龙羊峡地区人民检察院
果洛藏族自治州人民检察院
玛沁县人民检察院
班玛县人民检察院
甘德县人民检察院
达日县人民检察院
久治县人民检察院
玛多县人民检察院
玉树藏族自治州人民检察院
玉树县人民检察院
杂多县人民检察院
称多县人民检察院
治多县人民检察院
囊谦县人民检察院
曲麻莱县人民检察院
海西蒙古族藏族自治州人民检察院
格尔木市人民检察院
德令哈市人民检察院
乌兰县人民检察院
都兰县人民检察院
天峻县人民检察院
青海省矿区人民检察院
大柴旦矿区人民检察院
冷湖矿区人民检察院
芒崖矿区人民检察院

宁夏回族自治区

宁夏回族自治区人民检察院
银川市人民检察院
城区人民检察院
新城区人民检察院
郊区人民检察院
永宁县人民检察院
贺兰县人民检察院
石嘴山市人民检察院
大武口区人民检察院
石嘴山区人民检察院
石炭井区人民检察院
惠农县人民检察院
平罗县人民检察院
陶乐县人民检察院
自治区人民检察院银南分院
吴忠市人民检察院
青铜峡市人民检察院
中卫县人民检察院
中宁县人民检察院
灵武县人民检察院
盐池县人民检察院
同心县人民检察院
自治区人民检察院固原分院
固原县人民检察院
海原县人民检察院
西吉县人民检察院
隆德县人民检察院
泾源县人民检察院
彭阳县人民检察院

新疆维吾尔自治区

新疆维吾尔自治区人民检察院
乌鲁木齐市人民检察院
天山区人民检察院
沙依巴克区人民检察院
新市区人民检察院
水磨沟区人民检察院
头屯河区人民检察院
南山矿区人民检察院
东山区人民检察院
乌鲁木齐县人民检察院
克拉玛依市人民检察院
克拉玛依区人民检察院
独山子区人民检察院
白碱滩区人民检察院
乌尔禾区人民检察院
石河子市人民检察院
自治区人民检察院吐鲁番分院
吐鲁番市人民检察院
鄯善县人民检察院
托克逊县人民检察院
自治区人民检察院哈密分院
哈密市人民检察院
伊吾县人民检察院
巴里坤哈萨克自治县人民检察院
昌吉回族自治州人民检察院
昌吉市人民检察院
阜康市人民检察院
米泉县人民检察院

呼图壁县人民检察院
玛纳斯县人民检察院
奇台县人民检察院
吉木萨尔县人民检察院
木垒哈萨克自治县人民检察院
博尔塔拉蒙古自治州人民检察院
博乐市人民检察院
精河县人民检察院
温泉县人民检察院
巴音郭楞蒙古自治州人民检察院
库尔勒市人民检察院
轮台县人民检察院
尉犁县人民检察院
若羌县人民检察院
且末县人民检察院
和静县人民检察院
和硕县人民检察院
博湖县人民检察院
焉耆回族自治县人民检察院
自治区人民检察院阿克苏分院
阿克苏市人民检察院
温宿县人民检察院
库车县人民检察院
沙雅县人民检察院
新和县人民检察院
拜城县人民检察院
乌什县人民检察院
阿瓦提县人民检察院
柯坪县人民检察院
克孜勒苏柯尔克孜自治州人民检察院
阿图什市人民检察院
阿克陶县人民检察院
阿合奇县人民检察院
乌恰县人民检察院
自治区人民检察院喀什分院
喀什市人民检察院
疏附县人民检察院
疏勒县人民检察院
英吉沙县人民检察院
泽普县人民检察院
莎车县人民检察院
叶城县人民检察院
麦盖提县人民检察院
岳普湖县人民检察院
伽师县人民检察院
巴楚县人民检察院
塔什库尔干塔吉克自治县人民检察院
自治区人民检察院和田分院
和田市人民检察院
和田县人民检察院
墨玉县人民检察院
皮山县人民检察院
洛浦县人民检察院
策勒县人民检察院
于田县人民检察院
民丰县人民检察院
伊犁哈萨克自治州人民检察院
奎屯市人民检察院
自治区人民检察院伊犁分院
伊宁市人民检察院
伊宁县人民检察院
霍城县人民检察院
巩留县人民检察院
新源县人民检察院
昭苏县人民检察院
特克斯县人民检察院
尼勒克县人民检察院
察布查尔锡伯自治县人民检察院
自治区人民检察院塔城分院
塔城市人民检察院
额敏县人民检察院
乌苏县人民检察院
沙湾县人民检察院
托里县人民检察院
裕民县人民检察院
和布克赛尔蒙古自治县人民检察院
自治区人民检察院阿勒泰分院
阿勒泰市人民检察院
布尔津县人民检察院
富蕴县人民检察院
福海县人民检察院
哈巴河县人民检察院
青河县人民检察院
吉木乃县人民检察院
自治区人民检察院乌鲁木齐铁路运输分院
乌鲁木齐铁路运输检察院
库尔勒铁路运输检察院
哈密铁路运输检察院
新疆生产建设兵团人民检察院
新疆生产建设兵团人民检察院农一师分院
阿拉尔垦区人民检察院
喀拉玉尔滚垦区人民检察院
沙井子垦区人民检察院
新疆生产建设兵团人民检察院农二师分院
焉耆垦区人民检察院
乌鲁克垦区人民检察院
布古西库勒垦区人民检察院
新疆生产建设兵团人民检察院农三师分院
图木休克垦区人民检察院
草湖垦区人民检察院
新疆生产建设兵团人民检察院农四师分院
昭苏垦区人民检察院
伊宁垦区人民检察院
霍城垦区人民检察院
新疆生产建设兵团人民检察院农五师分院
庆达拉垦区人民检察院
塔斯尔海垦区人民检察院
新疆生产建设兵团人民检察院农六师分院
芳草湖垦区人民检察院
奇台垦区人民检察院
五家渠垦区人民检察院
新疆生产建设兵团人民检察院农七师分院

车排子垦区人民检察院
奎屯垦区人民检察院
新疆生产建设兵团人民检察院
农八师分院
下野地垦区人民检察院
莫索湾垦区人民检察院
新疆生产建设兵团人民检察院
农九师分院
额敏垦区人民检察院
叶尔盖提垦区人民检察院
新疆生产建设兵团人民检察院
农十师分院
巴里巴盖垦区人民检察院
哈密垦区人民检察院

军事检察院

中国人民解放军军事检察院
解放军总直属队军事检察院
北京军区军事检察院
北京军事检察院
天津军事检察院
石家庄军事检察院
太原军事检察院
呼和浩特军事检察院
张家口军事检察院
沈阳军区军事检察院
沈阳军事检察院
长春军事检察院
哈尔滨军事检察院
大连军事检察院
济南军区军事检察院
济南军事检察院
郑州军事检察院
南京军区军事检察院
南京军事检察院
合肥军事检察院
上海军事检察院
杭州军事检察院
福州军事检察院
广州军区军事检察院
广州军事检察院
南宁军事检察院
长沙军事检察院
武汉军事检察院
海口军事检察院
成都军区军事检察院
成都军事检察院
昆明军事检察院
西藏军事检察院
兰州军区军事检察院
甘肃军事检察院
陕西军事检察院
青海军事检察院
新疆军事检察院
宁夏军事检察院
南疆军事检察院
第二十试验训练基地军事检察院
第二十一试验训练基地军事检察院
空军军事检察院
北京军区空军军事检察院
沈阳军区空军军事检察院
济南军区空军军事检察院
南京军区空军军事检察院
广州军区空军军事检察院
成都军区空军军事检察院
兰州军区空军军事检察院
空军直属队军事检察院
海军军事检察院
北海舰队军事检察院
东海舰队军事检察院
南海舰队军事检察院

(最高人民检察院政治部提供)

PROCURATORIAL YEARBOOK OF CHINA 1993

Contents

Part I Special Feature

Strengthening the Function of Procuratorial Organs in Legal Supervision as to Serving the Reform and Opening and Economic Development ······ Zhang Siqing (1)

Part II Working Reports

Resolution of the Fifth Session of the Seventh National People's Congress on the Report of the Suprene People's Procuratorate's Work ······ (6)

Report of the Supreme People's Procuratorate's Work ······ (6)

Report of the Beijing Municipal People's Procuratorate's Work(Excerts) ······ (11)

Report of the Tianjing Municipal People's Procuratorate's Work (Excerts) ······ (16)

Report of the Hebei Provincial People's Procuratorate's Work (Excerts) ······ (22)

Report of the Shanxi Provincial People's Procuratorate's Work (Excerts) ······ (27)

Report of the Inner Mongolia Autonomous Regional People's Procuratorate's Work (Excerts) ······ (31)

Report of the Liaoning Provincial People's Procuratorate's Work (Excerts) ······ (37)

Report of the Jiling Provincial People's Procuratorate's Work (Excerts) ······ (41)

Report of the Helongjiang Provincial People's Procuratorate's Work (Excerts) ······ (47)

Report of the Shanghai Municipal People's Procuratorate's Work (Excerts) ······ (51)

Report of the Jiangsu Frovincial People's Procuratorate's Work (Excerts) ······ (55)

Report of the Zhejiang Provincial People's Procuratorate's Work (Excerts) ······ (60)

Report of the Anhui Provincial People's Procuratorate's Work (Excerts) ······ (66)

Report of the Fujian Provincial People's Procuratorate's Work (Excerts) …… (71)
Report of the Jiangxi Provincial People's Procuratorate's Work (Excerts) …… (75)
Report of the Shangdong Provincial People's Procuratorate's Work (Excerts) …… (80)
Report of the Henan Provincial People's Procuratorate's Work (Excerts) …… (84)
Report of the Hubei Provincial People's Procuratorate's Work (Excerts) …… (90)
Report of the Hunan Provincial People's Procuratorate's Work (Excerts) …… (94)
Report of the Guangdong Provincial People's Procuratorate's Work (Excerts) …… (97)
Report of the Guangxi Zhuangzu Autonomous Regional People's Procuratorate's Work(Excerts) …… (102)
Report of the Hainan Provincial People's Procuratorate's Work (Excerts) …… (106)
Report of the Sichuan Provincial People's Procuratorate's Work (Excerts) …… (110)
Report of the Guizhou Provincial People's Procuratorate's Work (Excerts) …… (115)
Report of the Yunnan Provincial People's Procuratorate's Work (Excerts) …… (121)
Report of the Tibet Autonomous Regional People's Procuratorate's Work (Excerts) …… (126)
Report of the Shanxi Provincial People's Procuratorate's Work (Excerts) …… (129)
Report of the Gansu Provincial People's Procuratorate's Work (Excerts) …… (134)
Report of the Qinghai Provincial People's Procuratorate's Work (Excerts) …… (138)
Report of the Ningxia Huizu Autonomous Regional People's Procuratorate's Work(Excerts) …… (142)
Report of the Xingjiang Uighur Autonomous Regional People's Procuratorate's Work(Excerts) …… (146)

Part Ⅲ A survery of Procuratorial Work

Procuratorial Work of China in 1992 ………… (152)
Summary ………… (152)
The Ninth Procuratorial Congress of China ………… (154)
The Conference of the Chief Procurators of People's Procuratorates of China ………… (156)
Procuratorial Work in Criminal Procedure ………… (159)
Summary ………… (159)
The Forum of Work for Appearing in Court and Public Prosecution of China ………… (160)
Procuratorial Work in Anti-Corruption and Anti-Bribery ………… (161)
Summary ………… (161)
The Foundation of Organs for Prevention of Corruption and Bribery ………… (162)
The Third Working Conference of Procuratorial Organs of China for Investigating Criminal Cases of Corruption and Bribery ………… (163)
Punishment for Crimes of False Passing off Trademarks ………… (165)
Summary ………… (165)
On-the-Spot Meeting for Investigating and Deating With Ciriminal Cases of False Passing off Trademarks ………… (167)
Punishment for Cirmes of Evading or Resisting Taxes ………… (168)
Summary ………… (168)
Procuratorial Work in law and Discipline ………… (170)
Summary ………… (170)
Forum of Investigating and Studying of Six Provincial Procuratorial Organs in South Centre of China for Procuratorial Work in Law and Discipline ………… (171)
Forum of Ten Provincial Procuratorial Organs in South of China for Crimes of Neglect of Duty ………… (172)
Procuratorial Work in Prisons and Police Cells ………… (174)
Summary ………… (174)
Conference of Procuratorial Work in Prisons and Police Cells of China ………… (175)
Procuratorial Work in Civil and Administrative Procedure ………… (176)
Summary ………… (176)
Forum of Protestation in Procedure for Supervising Adjudication in Civil Cases ………… (177)

Procuratorial Work in Complaint and Petition ······ (179)
Summary ······ (179)
Procuratorial Work in Railway and Transportation ······ (179)
Summary ······ (179)
The Tenth Anniversary of Refounding Procuratorial Organs of Railway Transportation ······ (181)
Conference of Chief Procurators of Procuratorial Organs of Railway and Transportation of China ······ (183)
Forum of Procuratorial Organs of Railway and Transportation of China for Procuratorial Work in Criminal Cases and Comprehensive Rectification of Social Order and Public Security ······ (184)
Procuratorial Science and Technology ······ (185)
Summary ······ (185)
Research for Law and Policy ······ (185)
Judicial Interpretation ······ (185)
Forum for legal Problems in Procuratorial Work Involving Taiwan ······ (186)
Construction of Procuratorial Contignent(Personnel Work) ······ (187)
Summary ······ (187)
Preparation for Changing Consecative term of Chief Procurators of the People's Procuralorates at Various Local Levels ······ (187)
Training for Candidates for Chief Procurators ······ (188)
Conferring the Ranks to Judicial Policemen in Procuratorial System ······ (188)
Awarding the Honorary Certificates and Medals to Personnels of Procuratorial Organs ······ (188)
Conference for Giving Commendation to the Advanced Units and Persons of Procuratorial Organs of China ······ (189)
Forum for Procuratorial Branches in Townships and Towns ······ (189)
Party Disciplinary Inspection and Administrative Supervision ······ (190)
Summary ······ (190)
Training for Public Prosecators ······ (191)
Summary ······ (191)
Conference of Training to Public Prosectors of China for Post and Duty ······ (193)
Conference of Education for Personnel in Procuratorial Field ······ (194)
Exchanging and Cooperation with Foreign Countries ······ (195)
The Delegation of Public Prosecutors of China Visiting Romania ······ (195)
The Delegation of Public Prosectors of China Visiting the Democratic

People's Republic of Korea …… (195)
The Delegation of Public Prosecutors of China Visiting The Portuguese Republic …… (195)
The Delegation of Public Prosecutors of China Visiting The Russian Federation …… (196)
The Delegation of Public Prosecutor of China Visiting the Republic of Venezuela and the Republic of Cuba …… (196)
The Chinese Delegation Attending the Fifth International Anti—Corruption Conference …… (196)
The Delegation of Procuratorial Society of China Visiting Hong Kong …… (197)
The Delegation of Public Prosecutors of Mongolia Visiting China …… (197)
The Delegation of the Corrupt Practices Investigation Bureau of Malatsia Visiting China …… (197)
The Delegation of Public Prosecutors of Indonesia Visiting China …… (198)
The Delegation of Public Prosecutors of Malaysia Visiting China …… (198)
The Judicial Delegation of the Republic of the Philippines Visiting China …… (198)
The Delegation of Public Prosecators of Republic of Austria Visiting China …… (199)
Foreign Public Prosecutors Were Invited to Lecturing and Exchanging with Chinese Public Prosecutors …… (199)
Resource Management …… (199)
Summary …… (199)
The Second Conference of Resource Management of Procuratorial Organs of China …… (201)
Propaganding, Archives and Information Management and Automatizing for Handling Official Business …… (202)
Procuratorial Propaganding Work of China and Propaganding Conference of China Procuratorial Newspaper …… (202)
Choosing Advanced Archives and Outstanding Archivists of Procuratorial Organs of China …… (203)
Name List of Advanced Archives and Outstanding Archivists of Procuratorial Organs of China …… (203)
The Activities of Archives of Procuratorial Organs of China for Achieving the Goal and getting up Higher Grade …… (204)
Developing the Data Bases of Applied Regalations for Procuratorial Work …… (204)

Part IV Important Reports and Speeches by the Attorney General and the Deputy Attorney General of the People's Republic of China

Bringing Procuratorial Organs into Full Play as the State Organs of Legal Supervision as to Serving Wholeheartedly Economic Development——A Report at the Ninth Procuratorial Congress of China
······ Mr Li Fuzhi, the Attorney General of the People's Republic of China (205)

Studying and Implementing Conscientiously the gist of the Fourteenth National Congress of the Communist Party of China and Strengthening the Function of Procuratorial Organs as the State Organs of Legal Supervision as to Serving for Promoting Reform and Opening and Modernization——A Report at the Conference of the Chief Procurators of People's Procuratorates of China
······ Mr Zhang Siqing, the Deputy Attorney General of the People's Republic of china (214)

Summing—up Speech at the Conference of the Chief Procurators of People's Procuratorates of China
······ Mr Xiao Yang, the Deputy Attorney General of the People's Republic of China (225)

Speech at the Conference of Education for Personnel in Procuratorial Field
······ Mr Liang Guoqing, the Deputy Attorney General of the People's Republic of China (233)

Concluding Speech at the Conference of Chief Procurators of Procuratorial Organs of Railway and Transportation of China
······ Mr Cheng Mingshu, the Deputy Attorney General of the People's Republic of China (236)

Speech at the Conference of Procuratorial Work in Prisons and Police Cells of China
······ Mr Wang Wenyuan, the Deputy Attorney General of the People's Republic of China (241)

Part V Selections of Important Documents of the Supreme People's Procuratorate

Circular of the Supreme People's Procaratorate on Printing and Distributing The Qualification and Ways of Choosing Good Reception Room of People's Procuratorates(For Trial Implementation)(January 3,1992) ······ (247)

APPENDIX:

Qualification and Ways of choosing Good Reception Room of People's Procuratorates (For Trial Implementation) ······ (247)

Circular of the Supreme People's Procuratorate on Information of Investigating and Dealing With Criminal Cases of Neglect of Duty or Major Responsible Accident (August 7,1992) ······ (249)

Circular of the Supreme People's Procuratorate on Printing and Distributing The Regalation for Management of Firearms of People's Procuratorates (August 8,1992) ······ (250)

APPENDIX:

Regulation for Management of Firearms of People's Procuratorates ······ (250)

Provisions of Supreme People's Procuratorate on Reaffirming the Disciplines of Dealing with Criminal Cases by Procuratorial Organs Going to Other Places (September 12,1992) ······ (253)

Circular of the Supreme People's Procuratorate on Printing and Distributing on The Provisions on Approving Power of Conferring the Ranks and Promoting to a Higher Grade to Judicial Policemen of People's Procuratorates (October 21,1992) ······ (254)

APPENDIX:

Provisions on Approving Power of Conferring the Ranks and Promoting to a Higher Grade to Judicial Dolicemen of People's Procuratorates ······ (254)

Circular of the Supreme People's Procuratorate on Strengthening the Prevention of Anti-Corruption and Anti-Bribery (October 30,1992) ······ (254)

Circular of the Supreme People's Procuratorate on Conducting a Major Check up on Implementing Law and Disciplines in 1992 (November 13,1992) ······ (256)

Circular of the Supreme People's Procuratorate on Printing and Distributing The Summary of the Conference of the Chief Procurators of China (January 3,1993) ······ (258)

APPENDIX:
Summary of the Conference of the Chief Procurators of China ··············· (258)

Part VI Selections of Judicial Interpretation by the Supreme People's Procuratorate

Circular of the Supreme People's Procuratorate on Printing and Distributing The Provisions of the Supreme People's Procuratorate Regarding the Work of Exempting from Prosecution in Criminal Cases of Corruption and Bribery (January 7,1992) ··· (265)
APPENDIX:
Provisions of the Supreme People's Procuratorate Regarding the Work of Exemption from Prosecution in Criminal Cases of Corruption and Bribery ··· (265)
Approval in Reply of the Supreme People's Procuratorate on the Jurisdication over Criminal Cases Involving Cadres and Policemen in Charge of Imprisonment and Reform Rape Female Prisoners (March 2,1992) ··········· (267)
Circular of the Supreme People's Procuratorate on Strictly Prohibiting Use for Means of Detention for Screening (March 9,1992) ························ (268)
Circular of the Supreme People's court and the Supreme People's Procuratorate on Printing and Distributing The Interpretations for Several Problems Involving the Specific Application of Law Regarding Handling Criminal Cases of Evading or Resisting Taxes (March 16,1992) ···························· (268)
APPENDIX:
Interpretation for Several Problems Involving the Specific Application of Law Regarding Handling Criminal Cases of Evading or Resisting Taxes ··· (268)
Circular of the Supreme People's Procuratorate on Strengthening the Work of Investigating and Dealing with Criminal Cases of False Passing off Trademarks (March 20,1992) ··· (270)
Circular of the Ministry of Justice and the Supreme People's Procuratorate on Conscientiously Handling Cases of Public Notaries Neglecting of Duty (March 21,1992) ·· (271)
Approval in Reply of the Supreme People's Procuratorate on the Way of Convicting and Handling Criminal Cases of Accident Are Caused by

Vehicles at Area of Factories or Mines (March 23,1992) .... (272)
Approval in Reply of the Supreme People's Procuratorate on Applying the Relevant Provisions of Adopting Coercive Measures of Article 77 of the Crimina Law (April 9,1992) .... (273)
Circular of the Supreme People's Procaratorate on Strictly Implementing the Adoption Law of the People's Republic of China (April 17,1992) .... (273)
Circular of the Supreme People's Procuratorate on Strictly Implementing Three Laws Adopted At the Fifth Session of the Seventh National People's Congress of the People's Republic of China (April 17,1992) .... (273)
Circular of the Supreme People's Procuratorate on Printing and Distributing The Interim Provisions Regarding the Work of Protest in Procedure for Supervising Adjudication in Civil Cases (June 4,1992) .... (274)
APPENDIX:
Interim Provisions Regarding the Work of Protest in Procedure for Supervising Adjudicationin in Civil Cases .... (275)
Circular of the Supreme People's Procuratorate on Promply Filing and Reporting the Criminals of Corruption and Bribery Who Abscond with Money (June 18,1992) .... (276)
Approval in Reply of the Supreme People's Procuratorate on the Problem Regarding the People's Procuratorates Send Personnel to Appear in Court During Retrying Cases of Protest in Procedure for Supervising Adjudication in Civil or Administrative Cases (June 25,1992) .... (276)
Circular of the Supreme People's Procuratorate ,the Supreme Court,the Ministry of Public Security,the Ministry of State Security,the Ministry of Justice and the Ministry of Foreign Affairs on Regulating the Organs in Charge of Arranging Members of Foreign Country Embassies or Consulates of China Who Vist Their Countrymen Were Imprisoned (August 26,1992) .... (277)
Circular of the Supreme People's Procuratorate on Strictly Implementing the Law Regarding Taxation of the People's Republic of China and the Supplementary Provisions of the Standing Committee of the National People's Congress Regarding the Crackdown on Crimes of Evading or Resisting Taxes (September 17,1992) .... (277)
Circular of the Supreme People's Procuratorate on Conscientious Conducting Procuratorial work in Juvenile Delinquency (September 22,1992) .... (278)
Circular of the Supreme People's Procuratorate on Investigating and Dealing with Criminal Cases of Evading or Resisting Taxes in accordance with Laws as to Actively Participate the General Checkup on Tax,

Revenues, Financial Accounts and Prices (October 14,1992) ………………… (279)
Circular of the Supreme People's Court and the Supreme People's Procuratorate on Printing and Distributing The Interpretations for Several Problems Regarding Implementing the Decision of the Standing Committee of the National People's Congress on Punishing Criminal who Abduct,Sell and Kidnap Women and Children(December 11,1992) ……………………………… (280)
APPENDIX:
Interpretations for Several Problems Regarding Implementing the Decision of the Standing Committee of the National People's Congress on Punishing Criminal who Abduct, Sell and Kidnap Women and Children ………… (280)
Circular of the Supreme People's Court and the Supreme People's Procuratorate on Printing and Distributing The Interpretations for Several Problems Regarding Implementing the Decision of the Standing Committee of the National People's Congress on Forbidding Prostitution(December 11,1992) …… (282)
APPENDIX:
Interpretations for Several Problems Regarding Implementing the Decision of the Standing Committee of the National People's Congress on Forbidding Prostitution ……………………………………………………… (283)
Circular of the Supreme People's Court ant tne Supreme People's Procuratorate on Printing and Distributing The Interpretations for Several Problems Regarding the Specific Application of Laws in Handling Criminal Cases of Theft (December 11,1992) ……………………………………………………… (284)
APPENDIX:
Interpretations for Several Problems Regarding the Specific Application of Laws in Handling Criminal Cases of Theft ……………………………… (285)
Circular of the Supreme people's Procuratorate on Conscientiously Implementing the Customs Law of the People's Republic of China and the Mine Security Law of the People's Republic of China (December 24,1992) ………………… (289)
Cicular of the Supreme People's Procuratorate on Printing and Distributing The Rules of the People's Procuratorates Regarding Procuratorial Work in Criminal Procedure(For Trial Implementation)(December 10,1991) ………… (290)
APPENDIX:
Rules of the People's Procuratorate Regarding Procuratorial Work in Criminal Procedure (For Trial Implementation) ………………………… (290)
APPENDIX
Opinions of the Part of Provincial People's Procuratorates on Implementing the Interpretations of the Supreme People's Court and the Supreme People's Procuratorate ……………………………………………………… (301)

Circular of the Higher People's Court of Heilongjiang Province and the People's Procuratorate of Heilongjiang Province on Implementing No. 20(1991) of the Plain Code Telegram of the Supreme People's Court and the Supreme People's Procuratorate and Two circulars of No. 5 (1992) of the Higher People's Court of Heilongjiang Province and the People's Procuratorate of Heilongjiang Province ······ (301)
Circular of the Higher People's Court of Hubei Province, the People's Procuratorate of Hubei Province and the Public Security Department of Hubei Province on Circulating the Circular of the Supreme People's Court and the Supreme People's Procuratorate Regarding the Revision of the Amount Level which Contitutes the Crime of Stealing Articles of Public or Private Property ······ (303)
Circular of the Higher People's Court of Hubei Province and the People's Procuratorate of Hubei Province on Circulating the Circular of the Supreme People's Court and the Supreme People's Procuratorate on Printing and Distributing the Interpretations for Several Problems Involving the Specific Application of Laws Regarding Handling Criminal cases of Evading or Resisting Taxes ······ (303)
Circular of the Higher People's Court and the People's Procuratorate on Confirming the Leval of a Relatively Large Amount, a Huge Amount and a Special Huge Amount which Contitute the Crime of Stealing Articles of Public or Private Property ······ (304)
Circular of the Higher People's Court of Hainan Province and the People's Procuratorate of Hainan Province on Implementing the Circular of the Supreme People's Court and the Supreme People's Procuratorate Regarding Revision of the Amount Level which Contitutes the Crime of Stealing Articles of Public or Private Property ······ (304)
Circular of the Higher People's Court of Sichuan Province, the People's Procuratorate of Sichuan Province, the Public Security Department of Sichuan Province and the Justice Department of Sichuan Province on Revision of Sichuan Amount Leval which Constitute the Crime of Stealing Articles of Public or Private Property ······ (305)
Circular of the Higher People's Court of Sichuan Province and the People's Procuratorate of Sichuan Province on Circulating the Interpretations of the Supreme People's Court and the Supreme People's Procuratorate on Several Problems Involving the Specific Application of Laws Regarding Handling Criminal Cases of Evading or Resisting Taxes ······ (305)

Circular of the Higher People's Court of Gansu Province and the People's Procuratorate of Gansu Province on Circulating the Circular of the Supreme People's Court and the Supreme People's Procuratorate Regarding Revision the Amount Leval which Constitute the Crime of Stealing Articles of Public or Private Property ······················ (306)

Part Ⅶ Selections of Cases

Yi Fang and Liu Xiaohu Embezzled ·· (307)
Liu Shulan Embezzled and Accepted Bribes ·· (307)
Zhang Xingtai Accepted Bribes ··· (308)
Wang Xiouying Accepted Bribes ·· (309)
Luo Deming, etc. False Passed Maotei Wine's Trademark ························ (310)
Zhou Jingheng and Kou Zhengqing False Passed the Trademark of Zhongzhou Oral Liquid of Antipyretic and Antidote ··· (312)
Sun Yonggang, etc. Misconducted office ·· (313)
Yan Yongchun Were Responsible for a Huge Accident ······························ (315)
Qiu Qunying and Li Fuxian, etc. Unlawful Imprisoned Another Person ········ (316)
Li Zhigen Engaged in Self-Seeking Misconduct ······································ (316)
Zhao Guodong Engaged in Self-Seeking Misconduct ································ (317)
Duan Hongbao, Duan Hongchai, Duan Hongxi and Duan Hongyou, etc. Organized a Huge Hooligan Criminal Group in Conducting Criminal Activities ·· (318)
Wang Shengbiao, Lu Gengming, Li Shouguo, Li Chun, Zhang Ling, Ma Wanhua, Tang Xianbo, Zhang Guochai and Peng Qianrong, etc. 45 Persons Robbed No. 294 Train ·· (320)
Yuan Hong, Yang Mingfu, Gong Cheng and Zhao Jiming Robbed ·············· (325)
Jiang Zhuangang Who Was Guilty of a Unlawful Landlord and Counterrevolution Who Complained of Doing Not Agree With Judgement ··· (326)
Supervising and Protesting an Adjudication in Civil Case of the Warehouse of Trade of Huocheng County V. the Kulun Trade Company of Akesu for a Dispute of Loan for the Settlement of Accounts in the Activity of Purchase and Sale ·· (327)
Supervising and Protesting an Adjudication in Civil Case of Mr Zhou Dexiang V. Zhu Dezhu for a Dispute of Borrowing and Lending Money ······ (330)
Supervising and Protesting an Adjudication in Civil Case of the Food Company of Qingyang V. Yang Jun for a Dispute of Being in Arrears with Loan for Purchasing and Saling Sheep's Wool ················ (331)

Supervising and Protesting an Adjudication in Civil Case of Yu Jingqian V. No. 2 Village Committee of Ganghou Township of Longjiang County for a Dispute of Contract …… (334)
Supervising and Protesting an Adjudication in Civil Case of Liu Zhonghe V. Red Star Theatre of Changchun City for a Dispute of Contract …… (334)
Supervising and Protesting on Administrative Procedure in a Case of the Adquculture Place of Dongtai Town Did Not Agree with Punishment in Fishing Management by the Bureau of Public Security of Sheyang County …… (336)

Part Ⅷ Research of Procuratorial Theory

Studying Work of Procuratorial Theory in 1992 …… (339)
Summary …… (339)
The Five Years Plan in Research of Procuratorial Theory …… (341)
Foundation of Research of Procuratorial Theory …… (342)
Summary of Viewpoints in Research of Procuratorial Theory in 1992 …… (342)
Selected Introduction of New Books in Procuratorial Work …… (346)
Title Catalogue of New Books in Procuratorial Work in 1992 …… (350)
Selected Table of Contents of Procuratorial Theory and Work in 1992 …… (351)
A Brief Introduction of Procuratorial Society …… (362)

Part IX Procuratorial Newspapers, Magazines and Publication

Procuratorial Newspapers of China …… (371)
Summary …… (371)
The First Anniversary of Starting Publication of the Procuratorial Newspaper of China …… (372)
Taking Part in the Activity of Routting Ten Thousand Li for Investigating Products Quality …… (373)
People's Procuratorial Magazine Was Confirmed One of Leading Magazines in China …… (373)
Forum of Chief Editors of Procuratorial Magazines of China …… (373)

Procuratorial Press of China ············ (374)
Compiling a Large Dictionary of Law of China ············ (374)
Taking Part in International Books Fair in Frankfort in 1992 ············ (374)
Key Catalogue of Books Were Published by the Procaratorial Press of China (Continuation) ············ (375)
Procuratorial Magazines ············ (377)
Procuratorial Yearbook of China ············ (377)
Proculalorial Yearbood of Beijing ············ (377)
Procuratorial Yearbook of Jiangxi ············ (378)
Procuratorial Yearbook of Yunnan ············ (378)
Procuratorial Yearbook of Gansu ············ (378)
Procuratorial Magazine of Guizhou ············ (379)
List of Procuratorial Magazines of China ············ (379)

Part X Who's Who

Resumes of the Attorney General and Deputy Attorney General of the People's Republic of China ············ (382)
Resumes of the Chief Procurators of the People's Procuratorates of Provinces, Autonomous Regions and Municipalities Directly under the Central Government and the Minitary Procuratorate-General of the People's Liberation Army of China ············ (383)
Name List of the Members of the Procuratorial Committee of the Supreme People's Procuratorate ············ (387)
Name List of Chairmen and Members of Advisory Committee of the Supreme People's Procuratorate ············ (387)
Name List of Special Procurators of the Supreme People's Procuratorate ············ (388)
Example Units and Persons Commended by the Supreme People's Procuratorate ············ (389)
A Brief Introduction of Deeds of the Advanced Units of the Title of Example People's Procuratorate Awarded ············ (389)
A Brief Introduction of Deeds of the Advanced Persons of the Title of Example Public Prosecutors Awarded ············ (392)
Orders Commending of the Name List of Example Units ············ (402)
Orders Commending of the Name List of Example Persons ············ (403)
Name List of Awarding the Title of Example Units ············ (404)
Name List of Awarding the Title of Example Persons ············ (405)

Part XI Chronicle

Chronicle of Major Events of Procuratorial Organs in 1992 …… (412)

Part XII Key Statistics

Statistic Tables of Procuratorial Agencies of China …… (416)
Statistic Tables of Personnel of Procuratorial Organs of China …… (416)
Statistic Tables of Cases which were Investigated by Nationwide Procuratorial Organs Directly in 1992(I) …… (417)
Statistic Tables of Cases which were Investigated by Nationwide Procuratorial Organs Directly in 1992(II) …… (417)
Statistic Tables of Arrest of Offenders Approved or Decided by Procuratorial Organs of China in 1992(I) …… (418)
Statistic Tables of Arrest of Offenders Approved or Decide by Procuratorial Organs of China in 1992(II) …… (418)
Statistic Tables of Cases in which Procuratorial Organs of China have Initiated Public Prosecution in 1992(I) …… (419)
Statistic Tables of Cases in which Procuratorial Organs of China have Initiated Public Prosecution in 1992(II) …… (419)
Statistic Tables of Cases in which Procuratorial Organs of China have Granted Exemption from Prosecution for the Accused in 1992(I) …… (420)
Statistic Tables of Cases in which Procuratorial Organs of China Have Granted Exemption from Prosecution for the Accused in 1992(II) …… (420)
Statistic Tables of Situations in which Procuratorial Organs of China have Supported the Public Prosedution in Court in 1992 …… (421)
Statistic Tables of Situations in which Procuratorial Organs of China have Protested the Judgents or Order of the People's Courts in 1992 …… (421)
Statistic Tables of Situations in which Procuratorial Organs of China Notified the Organs concerned to Correct the violations of Laws in 1992 …… (422)
Statistic Tables of Petitioning Cases Disposed by Procuratorial Organs of China in 1992 …… (422)
Statistic Tables of Letters from the Petitioner Disposed by Procuratorial Organs of China in 1992 …… (423)
Statistic Tables of situations in which Nationwide Procuratorial Organs and Judicial Polices Accepted Training Courses in 1992 …… (423)
Statistic Tables of Cases which were Investigated by Nationwide

Procuratorial Organs Directly in 1988—1992(I) …… (424)
Statistic Tables of Cases which were Investigated by Nationwide Procuratorial Organs Directly in 1988—1992(II) …… (424)
Statistic Tables of Arrest of Offenders Approved or Decided by Procuratorial Organs of China in 1988—1992(I) …… (425)
Statistic Tables of Arrest of Offenders Approved or Decided by Procuratorial Organs of China in 1988—1992(II) …… (425)
Statistic Tables of Cases in which Procuratorial Organs of China have Initiated Public Prosecution in 1988—1992(I) …… (426)
Statistic Tables of Cases in which Procuratorial Organs of China have Initiated Public Prosecution in 1988—1992(II) …… (426)
Statistic Tables of Cases in which Procuratorial Organs of China have Granted Exemption from Prosecution for the Accused in 1988—1992(I) …… (427)
Statistic Tables of Cases in which Procuratorial Organs of China have Granted Exemption from Prosecution for the Accused in 1988—1992(II) …… (427)
Statistic Tables of Situations in which Procuratorial Organs of China have Supported the Public Prosecution in Court and have Protested the Judgements or Order of the People's Courts in 1988—1992 …… (428)
Statistic Tables of Situations in which Procuratorial Organs of China Notified the Organs Concerned to Correct the Violations of Laws in 1988—1992 …… (428)
Statistic Tables of Petitioning Cases Disposed by Procuratorial Organs of China in 1988—1992 …… (429)
Statistic Tables of Letters from the Petitioner Disposed by Procuratorial Organs of China in 1988—1992 …… (429)
Statistic Tables of Situations in which Nationwide Procuratorial Cadres and Judicial Polices Accepted Training Courses in 1988—1992 …… (429)

APPENDIX

Name List of Procuratorial Organs of China …… (430)

Procuratorial Organs Directly in 1988—1992 (1) ………………… (424)
Statistic Tables of Cases which were Investigated by Procuratorial Organs Directly in 1988—1992 (2) ………………… (425)
Statistic Tables of Arrest of Offenders Approved or Decided by Procuratorial Organs of China in 1988—1992 (1) ………………… (425)
Statistic Tables of Arrest of Offenders Approved or Decided by Procuratorial Organs of China in 1988—1992 (2) ………………… (425)
Statistic Tables of Cases in which Procuratorial Organs of China have Initiated Public Prosecution in 1988—1992 (1) ………………… (426)
Statistic Tables of Cases in which Procuratorial Organs of China have Initiated Public Prosecution in 1988—1992 (2) ………………… (427)
Statistic Tables of Cases in which Procuratorial Organs of China have Lodged Protests against the Judgments of Courts in 1988—1992 (1) ………………… (427)
Statistic Tables of Cases in which Procuratorial Organs of China have Lodged Protests against the Judgments of Courts in 1988—1992 (2) ………………… (428)
Statistic Tables of Situations in which Procuratorial Organs of China have Supervised the Proper Execution of Criminal Laws, Protected the Lawful Rights and Order of the People's Courts in 1988—1992 ………………… (428)
Statistic Tables of Situations in which Procuratorial Organs of China Required the Public Security Organs to Correct the Violations of Laws in 1988—1992 ………………… (429)
Statistic Tables of Complaint Cases Disposed by Procuratorial Organs of China in 1988—1992 ………………… (429)
Statistic Tables of Cases from the Citizens Disposed by Procuratorial Organs of China in 1988—1992 ………………… (429)
Statistic Tables of Situations in which Supervisory Procuratorial Cadres and Judicial Police Accepted Training Courses in 1988—1992 ………………… (429)

APPENDIX

Name List of Procuratorial Organs of China ………………… (430)

京新登字 109 号

中国检察年鉴（1993）
中国检察年鉴编辑部
中国检察出版社出版发行
北京市东城区东总布胡同 10 号
新华书店经销
京安印刷厂印刷
787×1092 毫米　16 开　30.75 印张　插页 8　630 千字
1994 年 5 月第一版　　1994 年 5 月第一次印刷
印数：1-2000 册
ISBN7-80086-216-X/D・217
定价：32.00 元